俄國史

史

賀允宜　著

三民書局

國家圖書館出版品預行編目資料

俄國史／賀允宜著．－－初版一刷．－－臺北市：三
民，2004
　　面；　　公分
ISBN 957－14－3978－9　　(平裝)

1. 俄國－歷史

748.1　　　　　　　　　　　　　　　　93002485

網路書店位址　http：//www. sanmin. com. tw

Ⓒ　俄　　國　　史

著作人　賀允宜
發行人　劉振強
著作財
產權人　三民書局股份有限公司
　　　　臺北市復興北路386號
發行所　三民書局股份有限公司
　　　　地址／臺北市復興北路386號
　　　　電話／(02)25006600
　　　　郵撥／0009998－5
印刷所　三民書局股份有限公司
門市部　復北店／臺北市復興北路386號
　　　　重南店／臺北市重慶南路一段61號
初版一刷　2004年4月
編　　號　S 740410
基本定價　拾元肆角
行政院新聞局登記證局版臺業字第〇二〇〇號

有著作權，不准侵害
ISBN　957－14－3978－9　　(平裝)

代 序

I consider it an honor to have been asked to provide a brief preface to this publication of a textbook on Russian history written especially for Chinese readers. Among other things, it gives me an opportunity to thank individuals and former students from other lands whose contributions to my life were quite decisive in expanding my intellectual horizon and my perception of the world.

During my many years of teaching at the University of Minnesota, I had the good fortune to work with a number of excellent graduate students interested in Russian history from different parts of the world. Several of these students were from Korea and Japan, some were from China and some were from Taiwan. One of these students was the author of the present textbook, Yun-yi Ho, a graduate of the

能替一部特為中文讀者所著而出版的俄羅斯歷史寫篇扼要的序文，我感到非常榮幸。在許多事物中，這是一個能使我藉此對許多個人與以前來自各地留學生們表達謝意的好機會，因為他們是擴展我思想視野與世界觀的決定性因素。

在美國明尼蘇達大學任教的許多歲月中，我很幸運的能與來自世界各國對俄羅斯歷史有興趣的傑出研究生們一起研究。他們之中有的來自日本與韓國，有的來自中國，也有的是來自臺灣。其中有一位來自臺灣的賀允宜，畢業於臺灣大學歷史系。雖然中國史領域是他主修之一，但他堅持著對俄羅斯歷史研究的熱忱。有他選修我的講授及專題研究課程，確實是我在學術中的喜悅之事。他不但持續著對俄

National Taiwan University. Though primarily a student of Chinese history, he consistently displayed a strong interest in Russian history. It was an intellectual pleasure to have him in my lecture and seminar courses. Yun-yi Ho retained his strong interest in Russian history and continued to teach it during his entire professional career at the college level. In a way, he remained a vital symbolic link for me between Chinese and Russian cultures and I always looked forward to his return visits to Minnesota.

I was therefore delighted when I heard that he was working on a book on Russian history. In several conversations with him, I was made to understand that his objective was to provide a manual which would be useful for Chinese readers wherever they may happen to be: mainland China, Taiwan, or overseas. It is especially important that such a book comes from the pen of a scholar whose sensibility does honor to both Russian history, the subject of the book at hand, and to Chinese history and culture. Readers of this work

羅斯歷史的熱愛，並終其整個大學教書的生涯中一直講授俄羅斯歷史。對我來說，他是我聯繫著俄羅斯與中國文化不可或缺的象徵，我一直盼望著他能重回明尼蘇達來訪問。

當我聞悉他正在撰寫一本俄羅斯歷史的書籍時，我真是高興。與他數次通話與討論後，得知他寫作此書的目的是要對所有在臺灣、中國大陸以及海外的華人讀者們提供一部有用的參考書。更重要的是，這本書是出自於一個對俄羅斯與中國歷史文化都深刻了解的學者之筆。讀者必可從本書中體會出那些推動俄羅斯歷史演進的基本力量，並可將其與中國歷史的發展作一比較。最重要的是，希望讀者閱讀此書後，能打破以前固執的偏見，而對這些國家與社會有進一步的了解。

will be able to appreciate the basic forces which have shaped Russian history and compare them with those in Chinese history. Most importantly, hopefully readers of this volume will advance their understanding beyond the old prejudices toward these states and societies.

In the new global realities, understanding the historical past may help us avoid some of its vengeance on the present. Understanding the historical past of Russia is crucial, for, despite the changes that have taken place in the land mass formerly known as the Soviet Union, geopolitically, demographically, economically, and culturally Russia is destined to continue to play a pivotal role on the great Eurasian plateau and beyond.

在這個嶄新的國際現實中，對歷史的了解將會有助於避免過去對現在的傷害。對俄羅斯歷史的了解有其必然的重要性，因為雖然在前蘇聯的廣大土地上發生了許多重大的變化，但基於地理、人口、經濟以及文化上的因素，俄羅斯必然會繼續在歐洲大陸以及世界各地扮演著關鍵的角色。

Theofanis G. Stavrou
Professor of History
University of Minnesota
February 10, 2004

狄奧梵尼斯‧司達夫若
歷史教授
美國明尼蘇達州立大學
February 10, 2004

自 序

　　俄羅斯的歷史就像它空曠的原野與濃密的森林一樣，無邊無際的充滿著神秘，當時年少氣盛的我，不知天高地厚便一頭栽了進去，猛一醒來卻已經是白髮皓首；寫作這部《俄羅斯史》的過程，更像它的天氣，動筆的時間像是短暫的春夏，封筆的時間則是總走不到盡頭的寒冬。

　　對俄羅斯歷史的興趣，是中學時跟隨兄姐們閱讀托爾斯泰、屠戈涅夫與杜斯妥也夫斯基等所寫的小說開始。當時對書中的人物與情節並非十分了解，所獲得的只是些好奇感而已。進入臺灣大學歷史系後，便計劃除了中國史外，要選修俄國史，但因系中因沒有專長此領域的老師而作罷。幸好當時外文系有俄文的課程，便從大三開始選修劉宗怡教授的俄文，以為此後用原文閱讀與研究的準備。前後在大三、大四與研究所一共選了三年。

　　就在這個時候，從美國華盛頓州立大學來了一位傅爾賴特學者 (Fulbright Scholar) 的屈萊果 (Prof. Donald Tredgold) 教授到臺大講授俄國現代史。因為他用英文講課，故正式選課人數遠不如旁聽的多。多謝他的寬容，我也成為旁聽者之一，他是我俄羅斯歷史的啟蒙老師。當時他講些什麼，實在也沒有搞清楚，只記得他抽雪茄煙時有用中指不停彈煙灰的習慣。後來我在華盛頓州塔可瑪市社區學院任教擔任榮譽課程主任時，曾特地請他來校講演，談到他在臺大之事，大家都有「人生何處不相逢」之感。屈萊果教授在 1994 年逝世於華大歷史系的辦公室中，年七十二歲。

　　大學畢業後進入了臺大歷史研究所，我還是繼續著我的俄文，準備有機會到美國讀俄羅斯歷史時可以派得上用場。隨著當時的留學潮，我也在 1962 年到了明尼蘇達州立大學攻讀歷史。為了要扎實俄羅斯歷史的根基，我選了 Theofanis Stavrou（司達夫若教授）的俄羅斯史。誰知道他

是以嚴格著稱的教授，第一個學期就有五本必讀的專書。這是我第一次在美國選課，分量這麼重的閱讀也是前無所有，只好加開夜車，才能趕上進度。其他的美國同學也都在抱怨。

這位教授穿著講究，上課總是西裝筆挺、皮鞋雪亮，他講課條理分明、分析透徹，更難得是他雖然治學嚴謹，但談吐風趣，大家只好憋了怨氣按時讀畢規定的章節。最使我獲益的是他除了要我們閱讀學術性著作外，更要我們閱讀小說，以便能從另一方面來了解俄羅斯的文化。此後我連續選了他三年的課，他也是我碩士與博士的筆試與口試委員。我對俄羅斯歷史的知識，這都是他的教誨所賜。他得知我即將出版本書時，立刻允諾寫序，故特地在此表示感謝。

我在 1968 年開始執教於美國華盛頓州的塔可瑪社區學院歷史與哲學系時，當地的普濟桑大學 (University of Puget Sound) 在 1969 年也邀請我去開設暑期班的俄羅斯歷史，這是我第一次講授俄羅斯歷史。由於當時是美、蘇冷戰時期，故研究俄羅斯歷史的著作非常多，根本沒有缺乏相關的教科書問題。也正因為如此，連本來要繼續研讀俄文的計劃，也就此打消。但當我在民國 68 年獲聘為國立政治大學客座教授開授俄羅斯歷史時，就深感國內缺乏合適的教科書。由於我只是短期任教，所以就採取了 David MacKenzie 與 Michael W. Curran 合著的 *A History of Russia, the Soviet Union and Beyond* 為教科書，並沒有要寫一本中文俄羅斯史的念頭。

民國 82 年我再度回政治大學擔任歷史系專任教授，教授課程之一又是俄羅斯史。適時又正逢政治大學設立俄羅斯研究所的碩士班，所長趙春山教授特邀請我講授必修的俄羅斯史專題研究，這一教就是六年。歷史系主任張哲朗教授從一開始就鼓勵我用中文寫一本俄羅斯史，供國內學生之用。周惠民教授也有同感，並且立刻非常熱心的與三民書局接洽，約定由我寫一部俄羅斯史。但是一拖就拖了好多年。寫作的過程時，花在學習電腦程式反而比寫書的時間還要多，真是應驗了西方人所說 "you can't teach an ol' dog new tricks"（你不可能把些新花樣教給一條老狗）這句話的真理。經過多年的努力，為數二十章的書也終於全部用電腦寫

完。至少，這些電腦稿件省去了三民書局編輯同仁們再度打字的麻煩，聊表謝意與歉意之用。

在研究俄羅斯歷史時，涉獵各種書籍，受益最多的是下列幾位的名著，它們在我寫作過程中，也一直提供給我許多新的靈感與啟示。第一個作者是克柳切夫斯基，這一個中學老師，在沒有「研究助理」與優厚的「國科會補助」情況下，默默研究與寫作，寫出一本又一本的俄羅斯歷史，他五大巨冊的 *A History of Russia* 不但內容豐富，而且分析透徹，是我撰寫沙皇保羅一世以前俄國史的主要參考資料。他的成就真使得現代的「學術大師」們羞慚的無地自容。

第二位作者是現任美國國會圖書館館長、專長俄羅斯史的畢林頓 (James H. Billington)。 他所寫的 *The Icon and the Axe: An Interpretative History of Russian Culture*，用字典雅、行文美妙，我一讀再讀，每讀一次都有新的收獲。我最欣賞他能跳出傳統的陳述方式，將僵硬的紀年次序打破，然後再以專題為主，從文學 (詩歌，戲劇，小說)、藝術 (建築，繪像)、宗教 (大傳統中的神學理論與小傳統中的民俗信仰) 等各觀點廣徵博引的加以重新闡解。在政治大學俄羅斯研究的課程中，我將它列為必讀之書，啟發同學們的思考。

第三個作者是英國思想家與歷史家的柏林爵士 (Sir Isiah Berlin)，我特別喜愛他的 *The Russian Thinkers*。這本書中每一篇文章都令人百讀不厭，其中的 "The Hedgehog and the Fox." 更是精彩萬分。雖然這篇文章表面上只是比較托爾斯泰與杜斯妥也夫斯基兩位大文學家作品與思想的異同，卻實際上更是分析俄羅斯文化中總是甩不開的衝突：西化與斯拉夫化。假如借用時髦的詞彙來說，這就是外來文化與本土文化的衝突。我特愛柏林的論文，我喜歡他行文似流水，尤其是那種峰迴路轉的神來之筆，因此我在政大史研所的高級英文中，便選用他 *Four Essays On Liberty* 作讀本，希望同學們也能共沐春風。

第四個作者是大文豪杜斯妥也夫斯基，影響我最大的作品是他的《卡拉馬佐夫兄弟們》(*Brothers Karamazov*)，雖然書中的情節是描寫這一家中父子與兄弟們之間複雜關係，但他實際是藉此分析人性的善與惡。在

〈大審判官〉(The Grand Inquisitor) 這一章中，假借伊凡 (Ivan) 與阿樂沙 (Alyosha) 兄弟對「假如上帝不存在的話」的對話，正點出了此後激進知識分子認為「只要我願意，什麼都可以」的危機；在〈思想的腐蝕者〉(Corrupters of Thoughts)，則一方面痛責俄羅斯西化思想家的膚淺，但另一方面則更譴責本土斯拉夫主義（民粹主義）者的愚蠢與可怕。他的分析，真是有助於了解推動俄羅斯文化背後的精神，賜給了寫作本書的主要靈感。

但真正督促我寫作，讓我有機會能把自己思想有系統的轉變成為文字的，是我在國內教過的學生。因此，我首先謝謝他們的耐心與寬容。但是沒有三民書局編輯部的催稿與精心校稿，這本書恐仍難與讀者見面。在此特別感謝他們的合作。

最後也利用機會謝謝我的妻子張慶琪，女夢瑤與樂瑤，子宗佑，他們的鼓勵與期盼，給予了精神上的支持。

本書引用的有關史料，除在注解中指明外，皆由筆者翻譯而成，若有翻譯不妥之處，請讀者原諒，並由筆者負責。

賀允宜

美國華盛頓州塔可瑪之棄書窯

2004 年 2 月 14 日

俄國史

目 次

導　讀

　　「俄羅斯歷史」是一本既專門，但同時也是一般性的讀品，寫作的方式以陳述史實與分析專題並重，故可以作為大學生與研究生的教科書，也是幫助一般讀者欲了解俄羅斯歷史不可或缺的書籍。

　　俄羅斯歷史是一部以大俄羅斯民族為主，沿著河流從西北到南，再轉向東持續擴充，最後形成了一個多民族、多文化帝國的拓殖史。本書即一方面以此歷史發展為經的作直線式敘述，另一方面再對其歷史中的關鍵性發展作專題性分析。在書中最先觸及的是俄羅斯歷史中有關其文化起源的爭論，提出此後俄羅斯對西方及本土文化認同的癥結早已根植於此；接著敘述俄羅斯文化在靠近北歐的諾夫格羅發展後，逐漸向南發展到基輔的歷史。由於通商關係，來自君士坦丁堡的東羅馬文化，開啟了俄羅斯文化的成長，東正教隨之傳入，並成為了斯拉夫民族此後的正宗信仰。貿易重點它移的結果，基輔公國逐漸式微，在十三世紀中葉，被來自東方的蒙古民族消滅，斯拉夫族因此向各地逃竄。森林鬱密的東部是天然的良好避難所，其中的小阜莫斯科逐漸成為維護斯拉夫族生存的重鎮，莫斯科的領袖也成為眾望所歸的民族英雄。不但如此，莫斯科王國在十五世紀東羅馬帝國被鄂圖曼帝國滅亡後，更儼然以繼承歐洲正統文化的救世主自居，自認有拯救西方文化的使命感。

　　莫斯科王國在十六世紀因繼承權的危急，王位被外戚所篡，導致了內憂外患的混亂時代。但在波蘭與瑞典肆意侵奪國土，把持朝政的亂世下，國內貴族、武士及哥薩克族終能在十七世紀初，團結一致驅除外敵，收復失土。此後更願拋棄私怨，共同擁載羅曼諾夫家族為新統治者，重建了大俄羅斯民族政權。由十七世紀開始一直延續到二十世紀初為止，俄羅斯便由羅曼諾夫王朝統治。本書的重點便以此王朝為主，討論與分析俄羅斯的歷史發展。

羅曼諾夫王朝奠定了俄羅斯帝國的基礎，彼得大帝時要將俄羅斯徹底轉變成為一個歐式的國家，開始強制性推動西化政策，但由於根深蒂固的傳統頑強反抗，結果俄羅斯被分割成為西化與斯拉夫本土化兩個南轅北轍的社會，充滿著危急與矛盾。此後的凱薩琳大帝則更變本加利，特別推崇法國的啟蒙思想，將西方的自由主義傳入俄羅斯，產生了一批極端知識分子，也埋植了此後要求改革、甚至要推翻專制政體的革命運動。不過，在彼得大帝及凱薩琳大帝的軍事擴充下，俄羅斯帝國終於在歐洲成為能舉足輕重的霸主之一。

在經濟與社會結構的劇變、知識分子的革命行動，與現實局勢所迫下，沙皇政府終於廢除了歷史久遠的農奴制度。但是弊政積重難返，農奴解放不但無法解決問題，而前所淤積的危急更似山洪爆發一樣，直接威脅到羅曼諾夫的存亡。此後，以泛斯拉夫民族的龍頭地位，介入巴爾幹半島的糾紛，被迫進入了第一次世界大戰。戰爭所帶來的各項困苦，在風起雲湧的革命運動的威脅下，末代沙皇尼古拉二世被迫退位，終止了羅曼諾夫王朝。由列寧所領導的布爾什維派共產黨，奪取政權後，將俄羅斯帶入一個更為巨變的未來，但因其非本書範圍，故就不加以敘述。

不過，為了避免羅曼諾夫王朝復闢的可能，列寧決定斬草除根，在1918年下令將放逐在西伯利亞的廢皇、廢后和五個子女秘密處決。殺手們乃將尼古拉一家與隨同一共十一人，先槍殺、再焚燒屍體後加以埋藏。本書就以敘述沙皇全家遇害及屍骨被發現的撲朔迷離經過，作為終結。

撰寫俄羅斯歷史最大的困擾，是其紀年方式混淆。在彼得大帝之前，俄羅斯採取東羅馬帝國的紀元制度，定《舊約》中上帝創世為公元前5509年，每年的元旦是3月1日。彼得大帝在1699（創始紀後7208年）下令採用歐洲曾通行過的朱里安曆法，將元旦規定為1月1日，一直沿用到1918年2月。羅馬教皇格里高立十三世 (Gregory XIII, 1572–1585) 在1582年推動曆法改革，制定格里高立曆法。俄羅斯的紀年從彼得大帝到1918年2月為止是朱里安曆，通稱為舊曆；蘇維埃政府成立後，沿用格

里高立曆，是為新曆。在十九世紀時，舊曆的紀日較新曆晚十二日，二十世紀時為十三日。本書中有關二十世紀初以前的俄羅斯歷史，通採用朱里安曆（舊曆）；餘則採用格里高立曆（新曆），有時兩曆並列，以便參考。

第一章　俄羅斯文化的緣起與歷史發展的問題

「俄羅斯」(Russia, Russiya) 一詞，原本是古希臘人稱呼「羅斯人」(Rus) 所居住的烏克蘭 (Ukraine) 地帶。俄羅斯歷史中的第一個城邦國、基輔公國 (Kievan State)，便在此崛起；俄羅斯的文化也在此萌芽。彼得大帝 (Peter the Great,1672–1725) 即位後，於 1721 年下令將他所統治的莫斯科王國 (Muscovy) 正式改名為俄羅斯王國，以強調他承繼了法統與道統的合法性。俄羅斯一詞，也從此延伸含蓋了烏克蘭以外的斯拉夫民族居住地區，一直沿用到今。俄羅斯的國家疆域日漸擴大，由城邦式的基輔公國，最後形成了一個橫跨歐亞兩洲的大帝國。但其歷史淵源，仍然是要推溯到烏克蘭中基輔城 (Kiev) 所肇始的文化。

美國歷史學家畢林頓 (James H. Billington) 說，俄羅斯的文化是由基輔、莫斯科、聖彼得堡三個城市先後塑造而成。基輔城興起於九世紀初，是俄羅斯境內自北向南通商大道中的重要商埠，到了十三世紀時已經衰落不振；其地位先後由莫斯科和聖彼得堡所接替。莫斯科興起於東北部的森林地區，遠離當時的文化重鎮，在十三世紀蒙古民族入侵時，是斯拉夫民族的庇護所。長期與蒙古汗國的對抗中，莫斯科的斯拉夫民族，不但鍛鍊出不屈服與堅韌不拔的精神，也承繼了蒙古游牧民族的強悍之氣。斯拉夫民族在莫斯科公國以捍衛斯拉夫民族的存亡、驅除蒙古暴政為號召的領導下，終於團結一致，消滅了蒙古民族的金帳汗國，建立了自己的國家。莫斯科城從此就象徵著斯拉夫民族們，救亡圖存永不屈服的民族精神。它像是心臟一樣，永遠啟動著俄羅斯文化的命脈。聖彼得堡則是位處西北部、臨近芬蘭灣的小漁村。彼得大帝為了要學習西歐科技文明,推動西化運動,特別在 1703 年下令建造而成。此後它也一直繼續這個任務，將西歐新近的科技知識與思想，源源不斷的輸入。俄羅斯人稱其為俄羅斯文化的頭腦。

　　莫斯科與聖彼得堡這兩個城市，雖然分別直接影響到此後俄羅斯文化的
發展，但它們的地位都無法與基輔相比。不論基輔城曾數度淪入異族的統治，
但是在俄羅斯人的心目中，基輔城永遠是俄羅斯境內所有斯拉夫民族的慈母，
開創與滋孕了他們的文化。❶ 這個崇高與神聖的地位，是其他城市不可替代
的。

　　縱然如此，但是有關「基輔國」創建者是本土的斯拉夫族，抑或是來自
外地的異族；其文化的起端是源自本土，還是來自入侵的外族等疑問，卻是
俄羅斯歷史中爭論最激烈、一直到現在仍然無法獲得共識的議題。因為它所
牽涉的不僅是純學術性的討論，更觸及到了俄羅斯歷史中最敏感的文化認同
以及斯拉夫民族的尊嚴感。

一、俄羅斯文化緣起的爭論

　　俄羅斯歷史學家們，各就其主觀的意識形態與史觀，對於基輔城邦國家
的建立、文化緣起的問題上，分裂為「外來文化論」及「本土文化論」兩個
壁壘分明的陣營。「外來文化論」者咸認為居住在北歐斯堪的納維亞 (Scandi-
navia) 的「維京人」(Viking) 是俄羅斯文化的肇始者。「維京」一詞源自於「航
海者」(Voyager)；這些時而是商人、時而是海盜的航海民族，在八世紀時進
入俄羅斯的北部，建立了通商根據地後，再向南擴充發展到達黑海岸，開拓
了一條經由俄羅斯境內、可以由北歐一直通達羅馬帝國的通商大道。他們在
控制貿易的樞紐上，建立了基輔城邦國，開啟了俄羅斯境內的第一個國家。
北歐的文化，也因此經由維京人傳播進入。這便是俄羅斯文化的緣起。

　　由於「維京」人地處歐洲北部，被其他的歐洲人稱呼為「北方人」(North
Man)。北方人的同義字，是「諾斯」(Norse)，也是「諾蠻」(Norman，北蠻)。
因此主張俄羅斯文化由維京人首創的說法，通常被稱之為「北蠻論」(Norman
Theory)。「本土文化論」者則是堅決否認該說，強調俄羅斯的文化，是由當時
已經安居在烏克蘭地區的斯拉夫民族，靠自己的創造力，集體發展而成。

---

❶　James H. Billington, *The Icon and Axe: An Interpretative History of Russian Cul-
ture*, New York: Vintage Book Edition, 1970, p. 2.

　　「北蠻論」的啟端者，是兩位在彼得大帝所創的「皇家科學院」(Imperial Academy of Sciences) 中服務的日耳曼籍歷史研究員貝爾 (Gottlieb Bayer, 1694–1738) 與穆勒 (Gerhard Friedrich Muller, 1705–1783)。他們工作的任務是先負責收集散落各地有關記載俄羅斯早期歷史的年鑑與史籍，加以整理與分析，作為編寫一部完整俄羅斯全史的基本資料。他們採取比較語言學的研究方法，發現來自北方的「維京人」不但建立了俄羅斯境內的第一個國家，也是後世俄羅斯人祖先。他們認為此後二百年來的俄羅斯宗教、政治制度、法律典章、藝術等種種文化上的成就，也都是源自於他們的貢獻。

　　穆勒為了證明「北蠻論」的學術性與正確性，特別在 1749 年 9 月 6 日「皇家科學院」慶祝院慶時，以〈俄羅斯名詞起源〉(*De Origine gentis et nominis Russorum*) 為題，發表學術演講，從地名的語音上證明「維京人」是俄羅斯文化的創始者。在座的俄羅斯學者們，則譁然抗議、故意鼓噪以中斷其演說。其中一位天文學家普坡夫 (Nikita Ivanovich Popov,1720–1782) 並起身厲言痛責說：「你！你這個沽名釣譽的學者，故意污毀了我們的國家。(Tu, clarisime Auctor, nostrum gentem infamia afficis!)」❷ 俄羅斯學者們並聯名上書，請求女皇伊利莎白 (Elizabeth,1741–1762) 組織特別委員會，調查穆勒言論及著作中，是否有類似的謬論。反對最為激烈的委員是受國內外尊敬的俄籍科學家羅莫諾索夫 (Mikhail Vasilyevich Lomonosov,1711–1765)；他認為穆勒假借學術為名，實際上是要詆譭俄羅斯帝國的光榮歷史。因此他要求政府調查穆勒其他有關俄羅斯歷史的研究與著作，若有類似荒謬之說，應立刻沒收加以銷毀，並從此禁止他再參與俄羅斯上古史的研究。穆勒受此警告後，便立刻轉變學術方向，專門從事西伯利亞區域的研究，再也不涉及俄羅斯上古史的範疇了。

　　穆勒的「北蠻論」，雖然在當時遭到「本土論」者的攻擊而被禁止，但其所列舉出來的證據，卻仍然是學術界中繼續爭論的重點。除了日耳曼裔的貝爾與穆勒支持「北蠻論」外，許多知名的俄羅斯本土學者也贊同了他們的論點。例如以科學態度與客觀立場寫作俄羅斯歷史的卡拉拇金 (Nicholas M. Karamzin, 1766–1826)，便是一個重要的「北蠻論」支持者；終生從事俄羅斯

❷ Omeljan Pritsak, *The Origin of Rus' : Volume One, Old Scandinavian Sources other than the Sagas,* Cambridge, MASS.: Harvard Ukrainian Research Institute, p. 4.

古代史研究、並特別鑽研第一部史籍《俄羅斯編年要錄》的近代俄羅斯歷史學家沙科馬托夫 (A. A. Shakhmatov, 1865–1920)，十九、二十世紀中著作最豐富的史家克柳切夫斯基 (V. O. Klyuchevsky, 1841–1911) 也是「北蠻論」的支持者。

反對「北蠻論」、強調俄羅斯文化是由斯拉夫民族所創造者，在帝俄時期是以「親斯拉夫派」(Slavophilism) 學者為主。共產黨革命成功後的蘇聯歷史學家們，多半都嚴厲批判與反對「北蠻論」，強烈支持「本土論」。厲巴科夫 (Rybakov)❸的《基輔時代的羅斯》(*Kievan Rus*)，就是典型的代表作。此外，美國大學俄國史教科書《俄羅斯歷史》(*A History of Russia*) 的作者李亞參諾夫斯基 (Nicholas Riasanovsky)，也強烈質疑「北蠻論」者所提出的證據，而支持俄羅斯的文化「本土論」。

兩派爭論者引經據典，對許多細節前後辯論，尤其對某字發音的來源，更是站在語音學的觀點上，爭論不休。除此之外，則更因文化認同及意識形態的執著，模糊了焦點，致使讀者有失落之感。今特試圖將兩者爭論的重點，作綜合性簡介於下。

主張俄羅斯文化為外來的「北蠻論」者，認為來自北歐的「維京人」在俄羅斯北部建立了第一個名叫諾夫格羅 (Novgorod) 的城市後，在此定居，輸入了他們自己的文化。他們列舉下述的各項證據，支持其論點。

1.「羅斯」(Rus) 名稱的來源：記載俄羅斯古代史的第一部史籍《俄羅斯編年要錄》，一直都使用「羅斯」這個名詞稱呼居住在俄羅斯北部的人民。「北蠻論」者認為「羅斯」一詞是其實是由「羅茨」(Ruotsi) 的發音轉變而來。而「羅茨」則是九世紀時的芬蘭人對居住在斯堪的納維亞半島上瑞典人之稱呼。而「羅茨」則又是另一個「羅斯卡拉」(Roskarlar) 字的轉音。他們居住在瑞典沿海「烏坡攔」(Uppland) 地區中的「羅斯拉耿」(Roslagen) 處所，從事漁獵的生活。而 "Roslagen" 一字中的 (Ros)，是「划船」或「拉船」的意思；因此，早期居住在俄羅斯北部的「羅斯」民族，便是來自瑞典的海洋民族。

2.《俄羅斯編年要錄》(*The Primary Chronicle, Nachal'naya Letopis'*) 特別

---

❸ Boris Rybakov, kievan Russia. Translated from the Russian by Sergei Sossinsky. Moscow: Progress Publishers, 1989.

將「羅斯」歸類於「法蘭京人」(Varangians) 中的一支。「法蘭京人」就是「維京人」。「法蘭京人」則是包括斯堪的納維亞半島上所有民族的統稱。「羅斯」既然屬於「法蘭京人」一族，也必來自於斯堪的納維亞半島。

3. 在基輔與東羅馬帝國（拜占庭帝國，Byzantine Empire）簽訂的條約與文獻中，基輔城的「羅斯」代表們，都使用著北歐「斯堪的納維亞」人的姓名。這可以證明「羅斯人」(Rhos)，必然是來自於北歐斯堪的納維亞的民族。

4. 居住在東羅馬帝國中的希臘人，從九世紀時就一直把「羅斯人」當作是斯堪的納維亞人看待。這可以從法蘭克王國（法國前身）的史料《玻庭年鑑》(*Annales Bertinani*) 中得到證明。玻庭之名是來自於聖者玻庭 (St. Bertin, 615–709) 所建立的修院，位於法國的北部；院中僧侶嚴守赤貧戒條並專心學術，教規嚴格，成為法蘭克王國的學術中心。《玻庭年鑑》就是記載自 830–875 之間的法蘭克歷史。該年鑑的 839 年下有一項記載說，東羅馬皇帝西奧非勒斯 (Theophilus, 829–842) 派遣使臣團，前來法國朝見國王路易 (Louis the Pious, 814–840)。團員中有幾個「羅斯人」(Rhos)。在路易的詢問下，他才知道這些「羅斯人」其實就是斯堪的納維亞人。❹ 根據這個記載，很明顯的可以確定，「羅斯人」就是北歐的「斯堪的納維亞人」。居住在俄羅斯北部的「羅斯人」當然也就是「斯堪的納維亞人」。

5. 東羅馬帝國皇帝，坡非柔堅尼特斯 (Constantine Porphyrogenitus, 912–959) 在他的《帝國行政》(*Administrando Imperio*，約 950 年完成）一書中，記載德涅泊河的瀑布名稱時，有的處所是用「斯拉夫」文，有的地方則是用「羅斯」文。這足以證明，俄羅斯人與斯拉夫人在俄羅斯歷史發展的早期，是兩個不同的民族。

6. 從九到十世紀到俄羅斯境內從事貿易的阿拉伯人，對於當地的情況，有詳細的記載。一個叫阿介哈尼 (Al Jayhani) 的阿拉伯作者，在 920 年寫成的遊記中，就引用九世紀的史料說，俄羅斯境內除了斯拉夫民族外，還有馬扎

---

❹ *Annales de Saint-Bertin*, publiees par Felix Grat, Jeanne Vielliard et Suzane, avec une introd. et des notes par Leon Levillain. Paris: Klincksieck, 1964. Janet L. Nelson, Tran.,*The Annals of St-Bertin*. Manchester Medieval Sources Series, New York: Manchester University Press, 1991.

爾 (Magyar，匈牙利人)、布爾加 (Bulgar) 及卡扎爾 (Khazar) 等民族居住。他說，除此之外，居住在俄羅斯北部的民族，則是「羅斯人」。從此可見，「羅斯人」是一個與斯拉夫人不同的民族；他們就是俄羅斯文化的創始者。❺

主張文化「本土論」者，反駁上述「北蠻論」所列舉的證據，認為它們都是臆測之說，根本無法成立。因為：

1.「羅斯」的地名，起初與諾夫格羅或俄羅斯北部各地城市，並沒有關係，但卻經常被世居南部基輔城的「羅斯人」提到。敘利亞的作者在六世紀時，就已經提到在基輔城南部活動的「羅斯人」事跡。這要比主張「北蠻論」者所認為的「羅斯人」，早兩個世紀前就出現在俄羅斯境內。因此「羅斯人」不是來自北歐的異族，而是道地的土著。

2.尋遍北歐古老史詩與軼聞中，向來就沒有出現過「羅斯」這民族的記載；在斯堪的納維亞半島上，也沒有任何一個叫「羅斯」的部落或國家存在過的記錄。

3.在 839 年東羅馬帝國朝見法王路易的代表團中，確實有斯堪的納維亞姓名的「羅斯」使臣，但他們只是斯拉夫境內（羅斯）王公們的商務代表，從事外交與貿易上的談判。正因為這個原因，他們很自然地被視為「羅斯人」的後裔，卻不能證明他們一定是瑞典人。

4.《俄羅斯編年要錄》在 898 年討論基督教傳入俄羅斯時說，「斯拉夫人」與「羅斯人」都是同一個民族，只因為法蘭京人來了後，才被叫成為「羅斯人」；其實在以前，他們全是斯拉夫人。阿拉伯最古老的作家之一，九世紀的以本‧科答比 (Ibn Khurdadhbih, 820–912)，在他的著作中，已很肯定地知道「羅斯」是斯拉夫族中的一個部落。❻

5.在東歐貿易道路及城市遺址中，經考古發掘出的各種器具內，找不出斯堪的納維亞人曾經在此地活動過的任何證據。

---

❺　上述主張俄羅斯文化外來的〈北蠻論〉論點，可參看 Samuel Hazzard Cross and Olgerd P. Sherbowitz-Wetzor, *The Russian Primary Chronicle, Laurentian Text*. Cambridge, Mass.: The Medieval Academy of America, 1953, pp. 39–45.

❻　*Ibn al-Athīr's Accounts of the Rūs(10th to 13th centuries)*. Translated by William Watson. From: *Canadian/American Slavic Studies* v.35(2001).

主張俄羅斯文化的「本土論」與「北蠻論」者之間的爭執，一方面是因為學者們堅持特定的意識形態，另一方面則侷限於史籍的貧乏所造成。因此雙方仍然是自說自話，難以提出信服性的結論。其之所以如此的真正癥結，不但是因為有關俄羅斯古代史的記載幾近闕如的原因所造成，更矛盾之處，則是兩派引用同樣的史籍著作，作為維護本身及攻擊對方論證的根據。這本史籍，就是充滿矛盾記載的《俄羅斯編年要錄》。

二、《俄羅斯編年要錄》

雖然從公元九世紀開始，在俄羅斯的主要河流沿岸就已經建有城邦。但它們之間除了因商業活動往來外，都各自為政、不相隸屬。這個分割的局勢，到了十三世紀蒙古帝國統治俄羅斯時，更為嚴重。一直要到十六世紀莫斯科公國征服各地平定諸侯、建立中央集權體制後，才逐漸有統一性的大俄羅斯觀念。

莫斯科公國建立後，其統治者為了要表揚先人的豐功偉業，並希望能將之傳諸後世，乃開始籌劃編撰一部以莫斯科城為主、但也包括其他城邦國家的俄羅斯通史。在政府的推動下，各地立即展開了收集散佚的各種文獻與史籍的工作。在所有發現的史籍中，同樣以《俄羅斯編年要錄》最為重要。由於它不但記事詳盡，也是其他年鑑的範本，因此成為編撰俄羅斯通史的主要依據。此後有關俄羅斯文化緣起的爭論，也是依據該史料的記載，逐漸衍生而出。

《俄羅斯編年要錄》，也稱《奈司托年鑑》(*The Chronicle of Nestor*)；在近代的斯拉夫歷史考證論文中，通常被稱作為《往日的故事》(*The Tale of By-gone Years, Povest' Vremennykh Let*)。它是第一部以俄文寫作的俄羅斯原始史料，記載著上起公元 852 年，下迄十二世紀後半葉的「基輔大公國」歷史。目前流傳於世的有兩種版本：一為《勞倫斯版》(*Laurentian Text*)，是由一位名叫勞倫斯 (Laurence) 的僧侶在 1337 年的 1 月 14 日到 3 月 20 日抄寫而成。因此之故，被稱為《勞倫斯版》。另一版本是《海帕賢版》(*Hypatian Text*)，因其發現地是科司搓馬 (Kostroma) 的「海帕賢修道院」(Hypatian Monastery)；

該版是在十五世紀時抄寫完稿。

第一部的英文翻譯版，是由哈佛大學科羅斯教授 (Samuel Hazzard Cross) 所完成；命名為《俄羅斯編年要錄・勞倫斯版》(*The Russian Primary Chronicle: Laurentian Text*)。在 1930 年編印後，歸類於《哈佛大學語言文學研究與註釋》(*Harvard Studies and Notes in Philology and Literature*) 專輯的第十二冊。科羅斯教授對自己的翻譯並不滿意，希望能有機會修改及重新翻譯。但由於第二次世界大戰爆發，只好中斷了已經進行的翻譯工作。戰爭結束後，他又不幸死亡，始終無法完成重譯與修改的計劃。直到謝伯威茲・魏左教授 (Sherbowitz-Wetzor) 接受「美國中古研究院」(Mediaeval Academy of America) 的邀請，才完成了科羅斯教授未完成的遺志。他在 1953 年完成重譯，同樣以《俄羅斯編年要錄・勞倫斯版》的書名出版。本作者討論俄羅斯古代史的資料，便以此為依據。

兩種版本的不同處是《俄羅斯編年要錄・勞倫斯版》的編撰者斯爾威斯特 (Sylvester) 在終篇之後，特別附加幾句話說：「承蒙上帝的恩惠，名叫斯爾威斯特的我，在伏拉地密爾 (Vladimir) 統治基輔、奉命擔任聖麥可修院 (St. Michael) 主持時，於《舊約聖經・創世紀》6624 年（1116 年）完成這部年鑑。希望任何一位讀過本書的人，都會在他的祝禱中記得我。」除此之外，《勞倫斯版》也附錄了伏拉地密爾王公 (1035–1126) 留下的證言，與他親自所寫的書信。《海帕賢版》則無撰者或抄寫者姓名，也沒有《勞倫斯版》中的上述各項資料。

《俄羅斯編年要錄》之能夠完整保存，主要是彼得大帝的貢獻。彼得為了要編撰一部俄羅斯通史，曾在 1722 年下令「皇家科學院」負責收集及抄寫散留各地的年鑑，以為準備。院中的日耳曼籍學者穆勒，在他 1732 年出版的《俄羅斯歷史論集》(*Sammlung Russischer Geschichte*) 中，選載了該要錄的片段對的文翻譯後，引起了學術界對其研究的興趣。經過數十年持續地收集及研究，俄羅斯政府到了 1804 年，才開始決定正式印行《俄羅斯編年要錄》。但卻又正逢對抗法國入侵的軍事行動，該計劃被迫停頓。在 1824 年時重新開始時，只印行了十三頁而已；到 1828 年，俄羅斯政府才再度積極展開研究與考證的工作。「皇家科學院」並特別派遣學術調查團，到各地方收集尚留存的

文獻及年鑑。此後又在 1834 年時，特設立「古地理學會」隸屬於教育部下，開始系統性的整理所收集到的各種文獻與資料，分批印行。這研究機構一直持續到二十世紀的下半期。勞倫斯版的《俄羅斯編年要錄》便是「古地理學會」出版的第一部史籍，收列在《俄羅斯年鑑全集》(*Full Collection of Russian Chronicles, Polnoe Sobranie Russkikh Letopisey*) 之中。《海帕賢版》也在沙科馬托夫教授的考證後，於 1908 年印行。兩者對於研究俄羅斯史的基輔時代，都提供了寶貴的史料。

《俄羅斯編年要錄》的原作者是誰，是俄羅斯古代史中另一個具爭論性的問題。《勞倫斯版》的結論中，雖然斯爾威斯特寫明他是撰寫者，但經過古文獻學家們的考證，發現其中許多事跡的敘述，是抄襲奈司托所編的《玻立斯》(*Boris*) 與《戈列伯》(*Gleb*) 兩位聖者的傳記而成。由於這個原因，《俄羅斯編年要錄》也經常被稱為《奈司托年鑑》。《俄羅斯編年要錄》記載了包含長達三個世紀的俄羅斯歷史，內容相當詳盡繁雜，非一人之力可以撰寫而成。經過俄國與西方歷史學家們從其寫作的文字、文法、歷史及地名各方面加以分析，並對照俄文、希臘文、阿拉伯文等記載對比後，確定《俄羅斯編年要錄》是經過長時期的編輯、眾人集體撰寫而成。奈司托所編的年鑑及其他傳記，是重要的史料之一。❼

《俄羅斯編年要錄》將基輔公國的歷史，劃分為五個時期分段敘述：

第一個時期：從遠古到公元 862 年為止。《俄羅斯編年要錄》根據西方歷史寫作的格式，先從《舊約聖經·創世記》中上帝耶和華降洪水毀滅地上萬物及命令諾亞 (Noa) 造方舟避難的故事開始寫起，接著認定「羅斯人」是諾亞的幼子雅弗 (Japhet) 的後裔。然後繼續敘述「羅斯人」定居在多瑙河流域後，向四方擴充，一直到建立諾夫格羅城 (Novgorod) 為止。

第二個時期：記載「法蘭京人」，在俄羅斯境內建立政權的經過。記載的次序是從茹瑞克 (Rurik) 在公元 862 年，接受斯拉夫人民的邀請、跨海進入俄羅斯北部建立諾夫格羅城開始說起，然後分別敘述下列各繼承者的事跡：伊

---

❼ 有關《俄羅斯編年要錄》的作者與記載真偽問題，科羅斯教授有詳細的討論。可參看 Samuel Hazzard Cross and Olgerd P. Sherbowitz-Wetzor, *The Russian Primary Chronicle, Laurentian Text*, pp. 3–50.

高爾 (Igor, 913–945)、伊高爾妻子奧嘉的攝政 (Olga, 945–964)、斯威亞托斯拉
夫一世 (Svyatoslav I, 964–972)、亞若坡克一世 (Yaropolk I, 972–978)。

第三個時期：以基輔公國的大公伏拉地密爾一世（也稱聖伏拉地密爾，
St. Vladimir，978–1015）在位的時期為主，敘述基輔公國的建立。其中尤其
強調他個人皈依基督教的東正教信仰過程，及命令東正教為俄羅斯國家的重
要性。

第四個時期：從聖伏拉地密爾的繼承者斯威亞托坡洛克 (Svyatopolok,
1015–1019) 即位開始，敘述從十一世紀到十二世紀初之間，基輔公國典章制
度與法典編撰的經過。最後討論因政權繼承問題引起兄弟之間的內戰，最後
導致了基輔公國的衰落。該時期中，最重要的基輔大公是亞若斯拉夫一世
(Yaroslav I, 1019–1054)。他是俄羅斯第一部法典的編纂者，因此被尊稱為「智
者亞若斯拉夫」(Yaroslav, the Wise)。

第五個時期：主要記載亞若斯拉夫一世逝世後，他的幾個兒子為了爭奪
王位繼承，在各地割據自立，使基輔公國陷入長期內的戰的歷史。亞若斯拉
夫一世的兒子伏斯佛洛德一世 (Vsevolod I, 1078–1093) 即位後，重新統一了
基輔公國，局面暫時穩定。不過他死亡後，繼承者隨即展開戰爭，基輔公國
再度陷入四分五裂的亂局。鄰近的外族，也乘機入侵。睹此亂勢，《俄羅斯編
年要錄》的作者預言世界末日即將來臨。他在 1110 年的一條中，如此記載說：

> 這一年的 2 月 11 日，地窖修道院上空忽然呈現奇景。一股來勢兇猛的
> 火柱忽然從地下竄出、一直衝向天空。閃電照耀著整個天空，黑夜來
> 臨時的雷響聲，處處可聞。所有的人民都凝視著這個奇兆。這火柱先
> 停留在修院的靈堂上，掩蓋著十字架；然後向教堂移動，覆蓋了西奧
> 多休斯 (Theodosius) 的墳墓。❽然後從此冉冉上升，向東移動，漸漸消
> 失。

他接著說：

> 其實這奇景，並非是真正的火柱，而是天使呈現的特殊景像。因為大

---

❽ 修院的建立者。

衛王曾經說過：耶和華以風為使者，以火焰為僕役（《舊約聖經‧詩篇》，
第 104 篇之 4）。這些特殊景像只是奉創造萬物之主的命令降臨到人間
……顯示出重大事故即將發生的預兆。❾

　　《俄羅斯編年要錄》作者預測的災難，終於在 1110 年應驗了。一場突然
而來的大火，燒毀了這所地窖修道院。該編年錄的撰者斯爾威斯特，在 1116
年完成該編年錄，就以驚恐的語調描述這場災難；他的記載也以 1110 年的大
火為終點。

三、《俄羅斯編年要錄》對早期歷史的敘述

　　《俄羅斯編年要錄》的編纂者斯爾威斯特一開始就說，他敘述古老往事
的用意，是希望能讓後世的人了解「羅斯人」的出處、他們如何建立家園與
城邦及基輔國王公們創業的經過。他因襲著當時歐洲歷史家編史的傳統，先
以《舊約聖經‧創世記》的故事為起點，細述斯拉夫人的來源。他說這要推
溯到上帝懲罰人類罪惡，引洪水氾濫、消滅他所創造萬物的時候說起。但上
帝最後仍是於心不忍，乃以愛心命令諾亞製造方舟，除了全家搬入逃避災難
外，也將萬物公、母各一對，庇護其中，以為洪水後繁殖後代之用。洪水退
卻後，他與他的三個兒子各自安居樂業，繁殖的後裔分散在各地。幼子雅弗，
遷移到多瑙河岸定居，他的後裔就是以後的斯拉夫族。斯拉夫族裔繁衍眾多，
於是乃向各地發展。或因遷居附近的河流，或因其他原因而採取了新的名字。
例如「摩拉威亞人」(Moravian)，便是因居住在「摩拉窪」河 (Morava) 岸邊
而得名；「德里夫立安人」(Derevlian)，是因為居住在森林裡。從多瑙河流域
被強迫遷移到威斯土拉河 (Vistula) 旁的，就被稱為「里亞克人」(Lyakh)，他
們之間又分成為「坡立安尼人」(Polyanians)、❿「德瑞夫立安人」(Drevlian-
s)、⓫「馬佐威安人」(Mazovians)、「泊莫立安人」(Pomorians) 等等。除此之

---

❾　*The Russian Primary Chronicle, Laurentian Text,* pp. 204–205.

❿　坡立安尼人居住在德涅泊河岸的草原上。平原或草原的俄文字是 "pole"，因此
　　他們被叫做坡立安尼人。

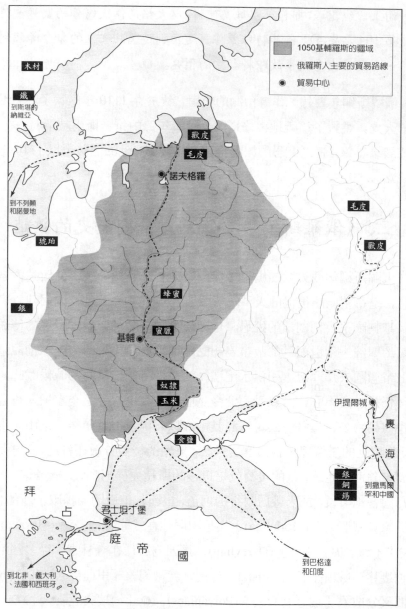

基輔公國河流與貿易圖

❶ 德瑞夫立安人居住在森林裡。"derevo" 俄文的意思是樹林，德瑞夫立安人就是
「住在樹林裡的人」的稱呼。

外，斯拉夫人還包括以後被稱作捷克、塞爾維亞、白克羅特 (White Croat) 等其他支系。

另外一支住在伊爾曼湖 (Ilmen) 邊的斯拉夫人，在靠近湖邊建築了一個城市，命名為諾夫格羅。這些人雖然稱呼不一樣，但都屬於斯拉夫的族裔，也都說斯拉夫話。斯爾威斯特的記載中如此寫道，「在俄羅斯這片土地上，斯拉夫人早在『羅斯』出現前，就已經散居各處。他們一直就與其他民族互相來往，尤其與從君士坦丁堡（Constantinople，或稱拜占庭，Byzantium）的希臘人關係密切。」❷

在這些人中，最突出的是坡立安尼人。在他們居住的境內，有一條可以直接與希臘人與法蘭京人通商的大道。這條通道可以從希臘為起點，沿德涅泊河而上，經過摟瓦特 (Lovat) 後，進入伊爾曼湖；再由此沿沃寇夫河 (Volkhov) 出湖口，到達內沃湖 (Nevo)；內沃湖則直接流入法蘭京海（波羅的海）。從這裡橫跨法蘭京海後就可以到達羅馬；由羅馬輾轉而行便可以抵達「帝都」(Tsargrad，指東羅馬帝國首都君士坦丁堡)。來自北歐的法蘭京人，也可從芬蘭灣的東南岸啟航，順內瓦河 (Neva) 進入拉斗加湖 (Lake Lodoga) 後，連接德威那河 (Dvina) 與德涅泊河，順流而下進入澎突斯海 (Pontus，指黑海) 後，便可以與希臘商人交易貨物。

假如以君士坦丁堡為起點的話，則可以先進入澎突斯海，隨著入海的德涅泊河，再銜接德威那向北逆流而上。德威那河在芬蘭灣處流入波羅的海，可以由此抵達法蘭京人處。由於俄羅斯人在澎突斯海上，活動頻繁，這個海就被叫成為了「俄羅斯海」(Russian Sea)。這條由東到西的大道，就是歷史上所慣稱的「從法蘭京人到希臘人」(From the Varangians to the Greeks) 通商大道。除了德威那河與德涅泊河貫穿了從南到北的「從法蘭京人到希臘人」大道外，伏爾加 (Volga) 河則因向東流入裏海，則成為俄羅斯與布爾加商人們的通商孔道。

由上述的描寫可見，基輔建國之前，斯拉夫商人由於水道的便捷，早已經開始了南北向與東西向的貿易，與各個鄰近的族裔發生關係。其他的民族，也因為了通商的便利，漸漸在俄羅斯境內定居、繁衍，發展成為了各個重要

❷　*The Russian Primary Chronicle, Laurentian Text*, pp. 51–55.

的族裔。來自北歐的法蘭京人所組成的「羅斯人」，便是其中一支。

俄羅斯在八世紀時之所以能成為北歐與東羅馬帝國的通商要道，是與整個歐洲歷史的發展有密切關係。羅馬帝國被日耳曼蠻族入侵後，漸漸分裂為東西兩個帝國。西羅馬帝國在 476 年被日耳曼消滅，大一統的局面告終，歐洲進入了長期的封建紛爭局勢；東羅馬帝國則延續著羅馬帝國的法統。其臨近黑海口的首都君士坦丁堡，不但是東、西雙方貿易的樞紐，也是兩者文化交會的中心。但是由於歐洲內部封建戰爭頻繁，以致商業頹廢，加上七世紀新興伊斯蘭教勢力急速擴充，阻擾了地中海東岸地區的貿易，拜占庭的希臘商人們，只好找尋新的航道，開始開拓與北歐民族的通商市場。銜接著經黑海到北歐的「從法蘭京人到希臘人」的航路，因正好符合需要，便成為了新興的通商大道。在各種經濟與文化的衝擊下，俄羅斯境內的斯拉夫民族開始發展了本身的獨特文化。

斯拉夫民族的獨特文化，在公元一世紀的時候，就受到了基督教傳教士的注意。據傳耶穌十二位弟子中的安德魯 (Andrew)❸曾在黑海岸附近西諾匹城 (Sinope) 傳教。由於他要從此地前往羅馬城，繼續他傳播福音的工作，乃決定取道德涅泊河，穿越俄羅斯境內北上。航行的途程中，曾在河岸附近一個名叫基輔的山城稍作休息。他特地下船祈禱，並豎立十字架為紀念後，才繼續航行。最後他到達了現在是諾夫格羅城的地方，看見了土著的斯拉夫人。在此休息停頓後，便與法蘭京人一同前往羅馬。到了羅馬後，他記述了他對斯拉夫族的記憶。他說那真是一個奇妙的機遇，因為他不但到過斯拉夫人居住的地方，看見過斯拉夫人，竟然還跟他們相處過。而最令他感到好奇的是他們的沐浴習慣。他說斯拉夫人酷愛洗澡，並為此特地建築一間木造浴室。洗澡前，他們先用火把整個浴室烘成高溫；然後在裡面脫光了衣服，用酸醋摩擦全身後，再用嫩樹枝鞭打身體各處，直打到死去活來為止。這個時候，他們會再用冰冷的水潑滿全身。在這種狀態下，洗澡的人冉冉蠕動，好像重新活回來一樣。他們幾乎每天都享受這樣自虐式的沐浴。❹他的描寫決非憑空臆測，因為芬蘭人與俄羅斯人，直到現在仍然繼續著他所看見過的斯拉夫

❸ 為聖彼得的弟弟，大約在公元 60–70 年間死亡。
❹ *The Russian Primary Chronicle, Laurentian Text*, pp. 54–55.

人沐浴習俗。

《俄羅斯編年要錄》正式記載斯拉夫民族的歷史，是以公元 852 年為起點。它除了使用這個慣用的紀年外，同時也採用基督教會以創世紀紀年（6360年）為人類歷史開始的方式。這一年（852 年），正好是東羅馬皇帝麥可 (Michael) 即位的同一年。❶斯爾威斯特說，採取這一年為記載的開始，是有特別的原因。因為在東羅馬的希臘年鑑中記載說，這一年「羅斯人」出兵攻打帝都 (Tsargrad，君士坦丁堡)。《俄羅斯編年要錄》的作者，即以這一年為始，歷數俄羅斯的歷史淵源及基輔公國各統治者的年限：

> 從亞當到洪水，一共是兩千兩百四十二年；從洪水到亞伯拉罕，一千零八十二年；從亞伯拉罕到摩西出埃及，四百三十年；從摩西出埃及到大衛王，六百零一年；從大衛王與索羅門王統治的初期到耶路撒冷被陷，四百四十八年；從耶路撒冷被攻陷到亞歷山大大帝，三百十八年；從亞歷山大大帝到耶穌基督的出生，三百三十三年；從耶穌出生到皇帝君士坦丁大帝，三百十八年；從君士坦丁到麥可，五百四十二年；從麥可元年到俄羅斯王公歐列格 (Oleg) 即位，中間相隔了二十九年；從歐列格遷都到基輔城到伊高爾 (Igor) 的初年，三十一年；從伊高爾的即位到斯威亞托斯拉夫 (Svyatoslav) 即位，共三十三年；斯威亞托斯拉夫 (Svyatoslav) 即位到亞若坡克 (Yaropolk)，二十八年；亞若坡克統治了八年；伏拉地密爾 (Vladimir)，三十七年；亞若斯拉夫 (Yaroslav)，四十年；因此從斯威亞托斯拉夫的逝世到亞若斯拉夫，一共有八十五年；但從亞若坡克到亞若斯拉夫的逝世，中間則相隔了六十年。

《俄羅斯編年要錄》的編撰者說，我們就以這個次序為準，從麥可皇帝的元年，開始敘述。

他說這些人民居住的地方，一直就被稱為「羅斯」，但卻各自獨立生活，不相隸屬。由於他們地處通商要道，境外的民族也開始遷入，而導致了族裔

---

❶　科羅斯教授指出這記載一開始在紀年上就有錯誤，因為麥可即位是在 842 年 1月 21 日，不是 852 年。

之間的衝突。他在 859 年下，如此的記載著：

> 從海另一邊渡過來的法蘭京人，開始向當地的居民如朱德人 (Chuds)、
> 斯拉夫人、美利安人 (Merians)、維士人 (Ves) 與克里維奇人 (Krivichi-
> ans) 等強徵貢賦。來自南方的卡扎兒人 (Khazars)，則強迫坡立安尼人、
> 塞維里安人 (Severians) 與威亞提黔人 (Viatichians) 等，每一戶必須要
> 繳納白松鼠皮一件為貢獻。
>
> 被迫繳納貢獻的各斯拉夫部落，不甘被外族欺凌，終於團結起來將法
> 蘭京人趕回到海的另一岸，開始管理自己的事務。但是他們沒有法律
> 知識，部落之間又不能維持和諧的關係，因此經常混戰，毫無秩序可
> 言。最後他們對自己說：「讓我們去找尋一位能治理我們、能以法律約
> 束我們的君主吧!」因此他們就跨海到「法蘭京的俄羅斯人」的住處去，
> 向「羅斯人」懇求說，「我們整片的土地廣大肥沃，但卻毫無秩序可言。
> 請過來統治管理我們吧。」「羅斯人」聽了他們的哀求後，就在 862 年，
> 選派了三個兄弟為領袖，帶領他們的家人、親戚及所有的「羅斯人」
> 一起遷移了過去。公元 862 年這一年，因此就成為了俄羅斯文化及第
> 一個國家的開端。

這三個兄弟進入了俄羅斯後，分別佔領了不同的城市。大哥茹瑞克
(Rurik) 進據了諾夫格羅。《俄羅斯編年要錄》特別記載說，諾夫格羅因被法蘭
京人佔領，便成了「羅斯人」的土地；現在居住這城裡的人，都是法蘭京人
的後裔；但以前在這裡居住的人民則是斯拉夫人。❶❻第二個兄弟西鈕斯
(Sineus) 佔領了比魯茲羅 (Beloozero)；第三個兄弟特魯瓦爾 (Truvor)，控制了
伊茲勃斯克 (Izborsk)。他們將這三個城市聯合起來，建立了個聯邦式的國家。

茹瑞克在 862 年率領兄弟進入俄羅斯後，便離開了諾夫格羅城，不知去
向。據傳他在入主俄羅斯前，原本是神聖羅馬帝國皇帝羅塞爾 (Lothaire, 840–
855) 的諸侯之一，領有南日德蘭 (Jutland) 及伏來斯蘭 (Friesland) 封邑。當他
入主俄羅斯後，境內武士乘機作亂，因此他必須長期居住原封邑之內，壓制
諸侯之間的紛爭，無法專心治理諾夫格羅城。一直要到 879 年，《俄羅斯編年

❶❻ *The Russian Primary Chronicle, Laurentian Text*, pp. 59–60.

要錄》中才再提到他的名字，說他在臨死前，特別將他的稚齡子伊高爾託孤給族人歐列格教養，希望長大後能親自執政。

　　歐列格接受托孤之令後，不但鞠躬盡瘁的在諾夫格羅城輔助伊高爾，而且他自己也向南方的基輔發展。《俄羅斯編年要錄》的編纂者，特別推崇他的貢獻，說他是基輔公國的創始者。由於基輔地處要津，乃逐漸替代了諾夫格羅城的重要性。諾夫格羅雖然是北歐與東羅馬帝國首都君士坦丁堡通商、「從法蘭京人到希臘人」陸路的北方起點，但來自歐洲北部各地的貨物在此聚集後，沿德涅泊河順流而下，都必須經基輔到奧比亞港 (Olbia)，才能出口黑海直抵君士坦丁堡。東羅馬帝國與來自東方的貨物，也經原路輸往到歐洲西北部。因此凡能同時佔據北部諾夫格羅及南部出海口處的據點，也就控制了北歐與羅馬帝國間的貿易。基輔正因為鄰近黑海，又是「從法蘭京人到希臘人」通商大道的樞紐，很自然的便演變成為俄羅斯歷史與文化發展的中心。

第二章　基輔公國時代

一、基輔公國的歷史

號稱為俄羅斯眾城之母的基輔，遠在茹瑞克入主諾夫格羅之前，已經由斯拉夫族的坡立安尼人建造而成。《俄羅斯編年要錄》中有如此的記載：

> 很久以前，坡立安尼人已經分成了幾個部落。在形式上他們雖然像聯邦的組織，但實際卻是各自管理所屬的土地與人民。其中一個部落有三個兄弟和一個妹妹。老大基伊 (Kiy) 住在現在叫作坡立切夫山徑 (Borichev Trail) 的山頂；老二希切克 (Shcheck)，佔有現在叫希切克威特薩 (Shchekovitsa) 的山頂；老三寇立夫 (Khoriv) 住在現在叫作寇立威特薩 (Khorivitsa) 的山頂；妹妹柳貝德 (Lybed)，史料上沒有記載她所居住的地方。三兄弟合作建築了一個城，用大哥的名字把它稱為基輔城。他們在城外圍築了一個木牆作為防衛；木牆外有一大片松林，是坡立安尼人狩獵野獸之處。這些住在基輔城中的坡立安尼人，都聰明謹慎。目前仍然居住在基輔城內的坡立安尼人，是他們的後裔。
> 基輔城主基伊曾經到君士坦丁堡拜謁過羅馬皇帝，受到至高無上的榮耀。他在回程中路過多瑙河，看見岸旁有一小鎮，非常喜愛，希望能在此築城定為都城，因臨近人民的反對而作罷。不過後世的人仍一直叫它作「基輔人鎮」(Kievets)。基伊回國後，終老於基輔；弟弟與妹妹們也都死在基輔城內。❶

以上的記載是基輔城首次出現在俄羅斯古代史料的證明。

---

❶ *The Russian Primary Chronicle, Laurentian Text*, pp. 54–55. 也可參閱 http://www.dur.ac.uk/~dml0www/kievcity.html.

茹瑞克在 862 年帶領法蘭京武士進入諾夫格羅城，除了親人與族裔外，也包括著不同血緣的異姓「博亞」(Boyar) 貴族武士階級。其中一個是阿斯寇德 (Askold)，另一個是狄爾 (Dir)。❷ 當法蘭京人穩定了諾夫格羅等地局勢後，他們兩人在 867 年時奉茹瑞克之命，率領了族人沿德涅泊河順流而下，前往君士坦丁堡朝詣羅馬帝國的皇帝。他們在途中曾經過基伊三兄弟們所建築的基輔城，得知城中的居民，已被外族卡扎兒人征服，並被迫納貢輸誠。阿斯寇德與狄爾聽後，便聚集了法蘭京武士們替當地人民奪回該城，共同治理。這條記載證明了當茹瑞克在諾夫格羅建立北蠻政權的同時，來自北歐的另一個民族，在基輔城與當地的斯拉夫貴族聯合組成了一個新政權。

阿斯寇德與狄爾北下到君士坦丁堡的目的，是要以武力作為威脅的工具，強迫羅馬帝國皇帝給以優惠的通商條件。被拒絕後，他們便動用兩百條船艦，圍攻帝國首都君士坦丁堡。在羅馬皇帝麥可三世 (Michael, 842–967) 率眾固守下，他們未曾得逞，故大肆虜殺城外居民以洩憤。《俄羅斯編年要錄》說，「幸虧羅馬皇帝虔誠祈禱，海上風浪大起，才摧毀了那些來進攻、不信神的『羅斯人』。」❸ 這也可以看出，由於基輔在「從法蘭京人到希臘人」的通商要道中，是前往君士坦丁堡的要津，自古以來就是武裝商人們必爭之地。

基輔城在歷史中再度被提起的是歐列格受茹瑞克託孤後，以武力向外擴張時的記載。他在 880–882 年之間，數度率領了法蘭京族、朱特人、斯拉夫人等武士向南發展，沿途攻佔重要的城市，最後到達了基輔城外。他隨即將兵士等埋伏城外，然後偽裝成保護茹瑞克遺孤伊高爾前往覲見羅馬皇帝的使臣，引誘阿斯寇德與狄爾開城門迎接。城內守將不疑有詐，開城門歡迎。歐列格乘機協同伊高爾率領兵士蜂湧而進，撲捉了阿斯寇德與狄爾，並當面宣稱說：「你們兩個人不但不配稱王公，甚至作為王族的屬下都沒有資格。我才是真正出於王公之家者。」說完就將他們殺害，奉歐列格正式即位為基輔主，

---

❷ 北蠻論者認為這一段記載，是模仿斯堪的納維亞與條頓族傳說中武士領袖們都是兩個人在一起活動的故事。N. K. Chadwick, *The Beginnings of Russian History: An Enquiry into Sources.* Cambridge(England), The University Press, 1946, pp. 20–21.

❸ *The Russian Primary Chronicle, Laurentian Text*, p. 60.

並尊稱基輔為俄羅斯眾城之母。在《俄羅斯編年要錄》中記載說，這些跟從歐列格前來的武士們，不論原來是法蘭京人或斯拉夫人，從今後都開始被通稱作「羅斯人」。除此之外，歐列格還命令遠在北部的諾夫格羅城，每年必須要繳納三百「格立夫那」(grivna)❹貢賦，作為維持兩者和平之用；這貢賦一直交到 1054 年才終止。

《俄羅斯編年要錄》的編纂者，將基輔公國的大公，從歐列格開始以其在位的順序，排列於下：

1. 歐列格 (Oleg I, ?–912?)

2. 伊高爾 (Igor I, 913–945?)

3. 斯威亞托斯拉夫一世 (Svyatoslav I, 964–972)，母后奧嘉攝政 (Olga, 945–964)

4. 亞若坡克一世 (Yaropolk I, 970; 972–978)

5. 伏拉地密爾一世 (St. Vladimir I, 978–1015)

6. 斯威亞托坡克 (Svyatopolk, 1015–1019)

7. 亞若斯拉夫一世 (Yaroslav I, 1019–1054)

8. 伊茲亞斯拉夫一世 (Izyaslav I, 1054–1068)

9. 伏瑟斯拉夫 (Vseslav, 1068–1069)

10. 伊茲亞斯拉夫一世 (Izyaslav I, 1069–1073)，復辟

11. 斯威亞托斯拉夫二世 (Svyatoslav II, 1073–1076)，篡位

12. 伏斯佛洛德 (Vsevolod, 1076–1077)，篡位

13. 伊茲亞斯拉夫一世 (Izyaslav I, 1077–1078)，再度復辟

14. 伏斯佛洛德一世 (Vsevolod I, 1078–1093)

15. 斯威亞托坡克二世 (Svyatopolk II, 1093–1113)

16. 伏拉地密爾二世，莫諾馬克 (Vladimir II, Monomakh, 1113–1125)

17. 密斯提斯拉夫 (Mstislav I, 1125–1132)

上列基輔大公世襲次序中，包括了外系篡位者、幾度復辟者、也有兩人同時任位大公者。譬如 3. 斯威亞托斯拉夫一世即位時，同時又有 4. 亞若坡克為大公；9. 伏瑟斯拉夫一世，11. 斯威亞托斯拉夫二世及 1076–1077 年的 12. 伏

---

❹ 基輔時期的通用銀幣。

斯佛洛德，則是來自外城的篡竊者；13.伊茲亞斯拉夫一世被推翻後，又兩度復辟。由此可見，基輔城邦向來就沒有健全的政權轉移制度，這是造成內亂頻繁而最終被蒙古帝國消滅的主要原因。

　　雖然主張俄羅斯「文化本土論」的歷史學家們認為歐列格只是北歐傳說中的英雄，不是個真正的歷史人物，但歐列格的傳說正說明了一個嶄新的局面正在基輔附近慢慢形成，使得俄羅斯南部近黑海的地區，漸漸融和本地斯拉夫與外來的法蘭京等各民族，發展成為通商與文化交流的重鎮。歐列格率領法蘭京族武士們南下佔領基輔，只不過延續著北蠻人以武力為工具，期求達到脅迫羅馬皇帝給與便利通商條件的目的而已。《俄羅斯編年要錄》詳細記載了他在 904–907 年出兵攻打君士坦丁堡的事跡，說他率領了兩千條船隻，擊敗了東羅馬帝國的艦隊。然後將船裝上大輪子，乘順風上岸，直逼君士坦丁堡城外，立即展開大肆搶掠與殺戮的暴行。羅馬皇帝利奧六世 (Leo VI, 886–912) 聞訊後，派使臣出城求和。歐列格要求東羅馬政府此後必須對前來的俄羅斯商人，供應為時六個月之久的麵包、酒、魚、肉及水果類。除此之外，也必須準備好足夠的洗澡水；當他們回程時，東羅馬皇帝也必須提供所有航海之用的必需品。

　　東羅馬皇帝們在俄羅斯大軍即將攻陷都城的威脅下，忍辱接受了歐列格的要求，但同時堅持下列條件：

> 沒有攜帶貨物前來通商的俄羅斯人，不得領取各項供應。前來的王公等，應約束航海來此的俄羅斯人，不許他們在境內各地有兇暴的行為。又當該等俄羅斯商人入境後，只准居住聖瑪馬斯 (St. Mamas) 地區；我方政府會立即派員前往登記各人姓名，以便他們能領取每月的補給。依次序，基輔來的商人最先領，其次是來自車尼高夫 (Chernigov)，然後才是來自其他城市的商人。(進都城君士坦丁堡時) 他們只准在政府特派官員的引導下，從一個特定的城門進入；每次人數不得超過五十人，且不得攜帶武器。他們可以在城中自由貿易，而不必繳付稅金。❺

東羅馬帝國與基輔公國在 912 年正式簽訂了條約。東羅馬皇帝除了大肆

❺ *The Russian Primary Chronicle, Laurentian Text*, pp. 64–65.

賞賜前來簽約的俄羅斯特使外，並特別派員帶領他們參觀宮廷珍藏的金銀、珠寶、皇冠、紫袍等御用器物。更重要的，他向他們介紹了基督教的信仰。俄羅斯使臣返回基輔後，向歐列格報告和約簽訂經過，及在君士坦丁堡所見的偉大文物與事跡。歐列格對此次收穫甚豐的行動相當滿意，因為《俄羅斯編年要錄》說他在基輔從此休兵息武，採取敦親睦鄰的政策，與所有的國家都和平相處。

歐列格曾向一巫師詢問，造致他死亡的原因究竟會是些什麼？巫師預言說他的愛駒將是他的致命之物。因此他從此不騎此馬，但命令馬童將其善加飼養，但絕不要牽到面前，以免他禁不住引誘而騎乘。當他攻打君士坦丁堡凱旋返回基輔後，曾好奇地探問該馬近況可好。得知馬已經死亡的消息後，不禁哈哈大笑並諷刺巫師說：「巫師們所說的全是謊言，他們的話除了只能騙人外什麼都不是。這匹馬已經死了，但我現在仍然活著。」說完便騎了另一匹馬去探視愛駒的屍骨，對著這一堆殘骨，他用腳踩著它的頭骨笑著說：「難道我是注定要被這頭骨害死嗎？」正說著，忽然有一條蛇從頭骸中爬出咬了他的腳，歐列格回去後因中毒發病而死。死訊傳來，全國人民齊聲哀悼。他所埋葬之處，如今仍被叫作「歐列格墓」的地方。歐列格在位前後一共三十三年。

歐列格的繼承者是伊高爾；伊高爾為茹瑞克之子，在 879 年被托交給歐列格教養。他年幼時便隨歐列格東征西討，長大後，娶歐列格女奧嘉 (Olga) 為妻。自 915 年接任後一直迄於 945 年，在位共三十年。

基輔公國由歐列格建立後，日漸強大。此後繼承者為了擴充商業勢力範圍，除了繼續掠奪羅馬帝國土地外，也經常與鄰近新興民族、尤其是游牧民族，發生戰爭。伊高爾即位後，繼續了歐列格的政策，終年征戰不息。耗費最大是公元 935–941 年進攻君士坦丁堡的戰役。他聚集了萬餘條船隻，航越黑海南下。途經各城鎮處，大肆搶掠、殺戮居民、焚燒教堂與修院。羅馬皇帝羅馬諾斯 (Romanus, 920–944，是 Constantine VII 的副皇帝) 召集國內諸侯組織軍事聯盟，採取火攻戰術，焚燒了俄羅斯大批來攻的船隻；俄軍潰敗，伊高爾與少數生還者倉皇逃歸。俄軍將其稱為希臘之火 (Greek Fire)，描述其速度之快，好似希臘人手執天上的閃電俯衝而下，徹底摧毀了俄羅斯的船隻與兵員。

伊高爾兵敗逃返，休養生息。他在 944 年召請了北歐法蘭京武士、羅斯人、披其內戈等游牧民族，以水陸兩軍分途向君士坦丁堡進攻。羅馬皇帝聞訊後，立即派遣使臣攜帶重金，祕密往訪伊高爾。他除了答應再多給金銀及遵守歐列格時所締定的條約外，並重新簽訂更有利於俄羅斯商人的條約。

伊高爾對東羅馬帝國窮兵黷武的結果，造成財政困難，入不敷出，只得強迫境內諸侯多繳賦稅。他苛捐雜稅的政策終於引起各族反抗。他在 945 年出兵征討拒絕繳稅的德里夫立安人時，中伏被殺而死。伊高爾死後留下妻子奧嘉及幼子斯威亞托斯拉夫。

斯威亞托斯拉夫即位時，因仍是幼沖之年，乃由母后奧嘉攝政 (Olga, 945–964)。奧嘉繼承伊高爾的遺志，除了擊敗德里夫立安人為夫報仇外，更積極擴充基輔國勢力。她曾數度親自領軍攻打臨近環伺的敵人，「從法蘭京人到希臘人」通商大道旁的要邑如諾夫格羅等城市，都再度接受了基輔國的領導權。奧嘉除了穩固基輔公國的根基外，最重要的貢獻是她皈依了東正教，並經常向國人宣揚基督教教義。

東正教基督教的傳教士們在此之前，已經在俄羅斯境內各地宣揚教義。奧嘉對此已經有所知悉。她在 955 年時前往君士坦丁堡詣見東羅馬皇帝君士坦丁七世 (Constantine VII, 912–959) 時，特別要求領洗，信奉耶穌基督教。君士坦丁大帝慷慨允諾為其舉行典禮，由大主教行受洗禮，並以四世紀的君士坦丁大帝妻子「海倫娜」(Helena) 之名，賜給奧嘉。此後，奧嘉在俄羅斯歷史中便以海倫娜著稱，《俄羅斯編年要錄》稱讚她的偉大，說她是俄羅斯人中第一個進入基督王國的人，因此受到所有人民的愛戴。

奧嘉信奉基督教後，時常勸導她兒子斯威亞托斯拉夫也接受同樣的宗教信仰。當時絕大多數的俄羅斯人民仍然信奉多神教，他身為基輔大公，自不能隨便改變信仰。他對母親說：「我怎麼可以接受另外一種不同的信仰呢？我的部屬會恥笑我的。」不過奧嘉的影響，最後終於在她的孫子伏拉地密爾時實現，因為伏拉地密爾在位時，正式下令將東正教制訂為國教。

斯威亞托斯拉夫在 964 年自母后奧嘉處接回政權後，共親政十年 (964–972)。由於母后奧嘉執政時，節省國用、國庫充裕，故他能終年征戰各地，繼續擴展領土。《俄羅斯編年要錄》描述他行動快如捷豹，行軍時「既無需車

駕，也不攜帶炊具煮食。餓時，便切割馬肉、鳥肉或牛肉數小條，就炭火上燒烤而食。他不攜帶帳篷，只用馬毛毯墊鋪身下，以馬鞍為枕」。他的兵士們也都如此。征討的結果，他們在頓河 (Don) 及伏爾加河流域，擊敗了宿敵卡扎兒人；在多瑙河流域，征服了布爾加及匈牙利人。

斯威亞托斯拉夫基於經濟上的考慮，計劃將基輔首都遷到布爾加人的首都裴立亞斯拉威茲 (Pereyaslavets) 處。因為該城位處在多瑙河岸，是控制來往財富的樞紐。他曾對母親奧嘉說，這城將成為基輔的心臟區，因為來自希臘的金子、生絲、美酒及各種水果，從匈牙利來的銀子、馬匹，俄羅斯的皮毛、蜂蜜、臘、奴隸等貨物，都匯集在此處交易。但遷都的計劃並未實現。因為他在 972 年攻擊披其內戈人 (Pecheneges) 時被擒處死，披其內戈酋長特用金子將其頭骸製成酒杯，作為飲酒取樂之用。

斯威亞托斯拉夫因長年在外作戰，乃將基輔國的重要城市分封給三個兒子治理。長子亞若坡克主掌基輔；次子歐列格擁有德立瓦 (Dereva)；三子伏拉地密爾佔據諾夫格羅城。亞若坡克一世在 972 年即位，但不為其他兄弟們接受，乃各邀外族入境相助，展開了爭奪繼承者職位的內戰。先是亞若坡克殺死歐列格，接著是他本人被幼弟伏拉地密爾及法蘭京武士的盟友殺死。內戰結束後，伏拉地密爾繼承為基輔公國大公。此後，基輔公國大公的繼承方式，演變成為兄弟骨肉間互相廝殺的殘暴傳統。

伏拉地密爾性格兇殘，殺死哥哥亞若坡克後即位 (978–1015)，強暴寡嫂，生下斯威亞托坡克。他在位時，繼續基輔公國傳統，不停與鄰近各民族戰爭。不過他一反父親對多瑙河布爾加人及匈牙利人地區的擴展的傳統，而將重點轉移到波羅的海沿岸，希望能控制一條比「從法蘭京人到希臘人」更短捷的通商大道。因此他多次進攻波蘭北部，降服了各地的斯拉夫族人。除此之外，他也深入東部大草原，建築城堡，希望能阻擋經常入侵基輔的披其內戈人。他每攻陷城池後，便大肆屠殺，盡情收刮財富，且強奪婦女，縱欲無度。《俄羅斯編年要錄》說他的妻妾有斯拉夫人、希臘人、布爾加人、捷克人等等；此外又在各地擁有上八百名的女奴。他不但強暴已婚婦女，也不放過童貞的少女。不過自從奉信基督教後，他便一改往日兇殘個性，在各地建築教堂，努力施行基督博愛精神。終於成為俄羅斯歷史中的賢明君主之一，被尊稱為

「聖伏拉地密爾」(St. Vladimir)。

由於《俄羅斯編年要錄》的編撰者是東正教僧侶，因此對伏拉地密爾皈依基督教，及尊奉其為國教一事，記載詳盡。在基督教被正式接受前，俄羅斯人的信仰是崇拜偶像的多神教為主。其中最重要的偶像是木製的裴融 (Perun)。伏拉地密爾在各地作戰，開始與不同的文化與宗教發生接觸。各地不同宗教的傳教士前來競相說教，伏拉地密爾在 988 年決定放棄多神教的信仰，命令將所有木製的裴融偶像打壞，拋到德涅泊河中，宣布奉東正教的基督教為國教，強迫所有的人民一致接受。（伏拉地密爾接受東正教的經過及對俄羅斯文化的影響，請參閱「基輔的宗教」一節。）

《俄羅斯編年要錄》因此尊稱他為新君士坦丁大帝，因為他像強大的羅馬帝國王君士坦丁大帝一樣，除了自己領洗認罪外，也命令全國人民領洗懺悔。說他們雖然以前性格兇殘暴虐、荒淫無道，但自從皈依基督後，就都洗心革面痛改前非，真誠懺悔、施捨，贖清了罪惡。伏拉地密爾在 1015 年逝世，教士們要求全國人民共同哀悼，為他虔誠祈禱與祝福。❻

伏拉地密爾在世時，已經將俄羅斯分給五個不同妻子所生的七個兒子治理。戈列伯 (Gleb) 與玻立斯 (Boris) 兩兄弟已經領洗信奉了東正教，伏拉地密爾特別屬意他們繼承基輔國大公職位。不過當伏拉地密爾死亡時，二人正因出征披其內戈人不在基輔。另一子斯威亞托坡克首先發難，以允賞土地為酬勞，誘惑波蘭人與披其內戈人共同出兵攻佔基輔。親兄弟戈列伯與玻立斯隨即遇害。斯威亞托坡克自 1015–1019 年控制基輔。《俄羅斯編年要錄》因戈列伯與玻立斯二人成仁取義，又信奉基督，故尊稱為「聖者」；斯威亞托坡克則被貶稱為「被詛咒者」。

伏拉地密爾的長子亞若斯拉夫，原封為諾夫格羅諸侯，驚聞基輔惡訊後，立即率領斯堪的納維亞的法蘭京武士們，直下基輔城外，與斯威亞托坡克軍對陣。斯威亞托坡克與其岳父、波蘭國王「勇者坡來斯拉夫」(Boleslav the Brave) 簽訂了軍事同盟，並獲得天主教會的支持。亞若斯拉夫則標榜以東正教為正宗信仰，出師時特別由東正教教士祈禱，請求上帝協助他替戈列伯與玻立斯報仇，消滅斯威亞托坡克。因此這場決戰，不只是基輔大公的繼承權

---

❻ *The Russian Primary Chronicle, Laurentian Text*, pp. 96–120.

之爭，也含有宗教及文化上的意義。在宗教上，關係到此後俄羅斯的宗教是延續東正教的信仰，抑或是被天主教信仰所替代。在文化上，則是決定此後的俄羅斯是仍然繼承以君士坦丁堡為主的東羅馬文化，還是要開始接受天主教為主的西歐文化。

兄弟二人的鬥爭僵局，相持數年之久。直到斯威亞托坡克在 1019 年被對方擊敗，逃竄到波蘭邊境中死亡時才終止。亞若斯拉夫正式繼位為基輔大公，為亞若斯拉夫一世 (Yaroslav I, 1019–1054)。他再度統一南北，將「從法蘭京人到希臘人」通商大道中基輔與諾夫格羅兩大城市重新連接在一起。但是亞若斯拉夫的基輔大公合法地位，並不被另外一個叫密斯提拉夫的弟弟所接受。

密斯提拉夫的根據地是黑海岸的特木托羅坎 (Tmutorakan)。此地位置適中，與東羅馬通商較基輔更為快捷，因此發展成為一個新經濟中心。密斯提拉夫以其為中心，建立了獨立於基輔公國之外的勢力範圍。他繼續向北擴充，與亞若斯拉夫的領域相銜接後，常有衝突。此後兩人協議以德涅泊河為界，分別治理俄羅斯。這分割的局面，一直要延續到密斯提拉夫在 1034 年死亡、且無後裔繼承為止。亞若斯拉夫在那個時候，才正式將首都自諾夫格羅城遷到基輔，成為真正大一統的基輔國大公。

亞若斯拉夫一世，號稱「智者」(Yaroslav, the Wise)；在他治理下，基輔公國達到了國勢最鼎盛的時期。他不但鞏固原有疆域，更向外開疆擴土。在東南，他擊潰了長期侵擾德涅泊河通商大道的披其內戈游牧民族，使其從此不曾再侵擾基輔，頓河地區因此享有了暫時的和平。在西北部，他進兵波羅的海流域各地，將威斯土拉河 (Vistula) 及布格河 (Bug) 兩岸領土納入版圖。在正北方，他除了加強諾夫格羅城外的防禦工事，驅逐了經常侵邊的芬蘭人外，並鎮服了芬蘭灣南岸的愛沙尼亞人 (Estonians)。

亞若斯拉夫利用婚姻為工具，提升基輔公國的國際地位。他自己的妻子是瑞典人，妹妹嫁給波蘭國王；三個女兒各嫁給挪威、匈牙利及法國國王為妻。另一個女兒則嫁給東羅馬帝國的王子，三個兒子各娶歐洲公主為妻。

亞若斯拉夫之被稱為智者的原因，主要不僅是他在武功上有成就，更重要的是他在文治方面的貢獻。俄羅斯歷史中第一部法典，就在他任內編輯完成。這部稱作為《俄羅斯真理》(*Russkaya Pravda, the Russian Justice*) 法典，

融合了法蘭京人的封建制度、斯拉夫民族的本土風俗習慣，及東正教基督教的教條組織而成。它根據斯拉夫民族所重視的家族觀念為主，將基輔時代的俄羅斯社會分成不同的階級，規定各人應盡的義務與所享有的權利；引用耶穌基督的仁愛精神，寬化了許多部落社會遺留下的野蠻酷刑竣法。

亞若斯拉夫也是所有基輔大公中學問最好的一位君主，《俄羅斯編年要錄》讚美他好學不倦，除了日夜讀書外，對於基督教的推廣更是熱心。自從伏拉地密爾信奉東正教後，君士坦丁堡便被尊稱為「帝都」，成為了俄羅斯在文化、宗教、建築、政治組織各方面仿效的對象。亞若斯拉夫統一俄羅斯後，便大修基輔城，擬與其媲美。在位時所建的「聖索菲亞教堂」(Church of St. Sophia)、「聖母升天教堂」(Church of Assumption of Our Lady)、「聖喬治修院」(Monastery of St. George)、「聖伊仁女修院」(Convent of St. Irene)，都是仿效君士坦丁堡的設計完成。除此之外，他還在教堂旁附設圖書館及神學院，邀請學者收集希臘宗教文籍，將其翻譯成斯拉夫文，以供學生研讀。來自西歐的主教們在參觀基輔後，都認為他足可以與君士坦丁堡媲美。俄羅斯第一位本土大主教西拉瑞翁 (Hilarion)，讚美基輔是個：

> 由聖像的光亮所閃爍著的城市，
> 充滿了裊裊鬱香，
> 迴響著讚頌、莊嚴、天堂般的歌唱。❼

亞若斯拉夫認為基輔既已是俄羅斯的政教中心，於是想要釐清俄羅斯東正教教區與希臘正教在君士坦丁堡的大主教區的關係。他特派遣使者前往交涉，交涉的結果是俄羅斯東正教區此後為君士坦丁堡「大教區」(Patriarchate) 管轄下的一個「教區」(Diocese)，但主持教務者則是由基輔城的「大主教」(Metropolitan) 負責。基輔大主教雖需君士坦丁堡大主教正式任命，但基輔國大公則擁有提名及批准候選人的特權。基輔時代的大主教，只有兩位是俄羅斯人，其餘都是希臘人。第一位的俄羅斯本土大主教西拉瑞翁，便是由亞若斯拉夫提名通過的。

---

❼ James H. Billington, *The Icon and the Axe: An Interpretive History of Russian Culture*, p. 7.

　　亞若斯拉夫晚年深感基輔大公職位的繼承，缺乏可以依據的典章制度，每次都必須經過骨肉互相殘殺後才能決定。因此他希望建立一個政權和平繼承的制度，避免兄弟們此後再度互殘。臨終前，將諸子召集在病床旁囑付說：

> 　我的兒子們啊！ 我即將離開這個世界。因為你們是同父、同母所生，一定要互相親愛。假如你們能和平相處，上帝必會與你們在一起，他會使敵人臣服於你們，得以平安居住。假如你們相處不和，互相猜忌與爭吵，則會滅亡，也會摧毀了你們祖宗努力贏取到的基業。❽

　　亞若斯拉夫所制訂的繼承法，是「兄終弟及」和平方式的「輪番」(Rota)制度。它是以基輔城及諾夫格羅城為「輪番」中心，凡是佔有這兩個城市的大公，是為基輔公國的君主，其他城市的諸侯必須向其輸誠效忠。若此兩城的統治者死亡，則由車尼高夫 (Chernigov) 城主遞補；車尼高夫城的虛位則由裝立亞斯拉沃 (Pereyaslavl) 接繼。其他如裝立亞斯拉沃、伏拉地密爾 (Vladimir) 城、斯摩楞斯克 (Smolensk) 的諸侯，則依次序類推。他認為諸子為同父同母所生，必然會相親相愛，按班繼承，不再骨肉相殘了。

　　他根據諸子長幼次序，依各城市的重要性，將基輔公國的領土分給五個兒子分別治理。長子伊茲亞斯拉夫 (Izyaslav) 接掌基輔、諾夫格羅兩城，總攬全國大政；把車尼高夫給斯威亞托斯拉夫 (Svyatoslav)；裝立亞斯拉沃給伏斯佛洛德 (Vsevolod)；伏拉地密爾城給伊高爾 (Igor)；斯摩楞斯克給威亞且斯拉夫 (Vyacheslav)。分封妥定後，他命令其他兒子必須服從伊茲亞斯拉夫，因為「他將替代我在你們心中的地位」。伊茲亞斯拉夫的任務則是維持兄弟之間的和平，若兄弟之間發生戰爭時，一定要主持正義，扶助弱者，懲罰強暴。

　　「輪番」制度在理論上雖然用意良善，但真正實行，卻是困難重重。譬如基輔城出缺，若繼任者因喜愛車尼高夫城而拒絕前往遞補的話，則整個「輪番」制度就無法依序推進。又若「輪番」中任何一城市的統治者早死，而由稚齡者繼位後，必會因大政旁落，而遭致其他大公不滿。又若重要的基輔或諾夫格羅城的繼承者為稚齡之童，其他叔叔伯伯輩份年長的諸侯，必會假借

---

❽　"The Testament of Vladimir Monomakh" 見 *The Russian Primary Chronicle*, pp. 142–143.

輔政為名，群起搶奪，而引起內戰。因此，亞若斯拉夫死後，「輪番」繼承法，不但沒有解決繼承所導致的危機，反而成為了兄弟們爭奪基輔大公位置的亂源。

　　亞若斯拉夫長子伊茲亞斯拉夫，從 1054 年即位到 1078 年被殺，前後共統治基輔公國二十五年。他初即位後，遵照父親的遺旨與諸弟合作，相安無事，得和平相處。但因要經常抵抗東南草原地區新興的「苦蠻」(Cuman) 游牧民族入侵，不但虛耗國庫，自己也疲累不堪。再加上波蘭人及匈牙利人乘機入侵與干涉內政，其他兄弟伺機作亂，平安不久的局面，再度陷入了紛爭的混亂時代。基輔在 1068 年內亂，伊茲亞斯拉夫逃亡到波蘭。他此後雖幾度想藉波蘭兵力之助重返基輔，但在 1078 年在與其侄及「苦蠻」聯盟的戰爭中被殺。基輔大公的位子，由其弟伏斯佛洛德繼任。基輔公國在 1078–1093 年的十五年中，內憂外患叢生，國力更加衰退。外患的原因是「苦蠻」族本身領土被其他游牧民族侵佔，因此屢屢逃竄進入俄羅斯邊界內以求庇護；內亂則是分封的諸侯，抗拒基輔號令所造成。亞若斯拉夫死前，雖然分封諸子以土地，並企圖以「輪番」制度達到基輔政權能和平轉移的計劃，並沒有在他死後獲得預期的效果。

　　除了內憂外患削弱了基輔國勢外，國際趨勢的改變也是另一個原因。自從阿拉伯伊斯蘭教勢力興起，控制了地中海東部後，君士坦丁堡的商業重要性便日漸沒落。俄羅斯境內從「法蘭京人到希臘人」通商大道上的貿易，直接受到影響，而每況愈下。控制這商道南部的基輔城的重要性，也因此式微，號令諸侯的權威從此不再被尊重。「輪番」分封各地的兄弟們，乘機將所分得封邑，據為私有而世襲，儼然成為獨立的國家。與中央基輔政權分庭抗禮，造成了諸侯割據的封建局面。

　　伏斯佛洛德在 1093 年死亡後的繼承者，不是自己的兒子伏拉地密爾，而是由大哥之子斯威亞托坡克二世 (1093–1113) 繼任為基輔大公。斯威亞托坡克即位後，召集諸兄弟在柳貝克 (Lyubech) 會議，修改亞若斯拉夫所定的「輪番」制度。重新擬定的繼承法廢除了以往「兄終弟及」、隨時都可能要遷徙的「輪番」原則，而根據亞若斯拉夫在 1054 年所賜封邑為基準，將封地改為世襲化的私有領邑，採取了「父子相傳」的繼承方式。

柳貝克決定的「父子相傳」繼承法，雖然解決了「輪番」制度下各城邦諸侯領邑的流動性危機，但卻製造了一個強權割據的分裂現象。因為這個「父子相傳」的原則，只規定父死子繼，沒有特別標明是「長子繼承權」(primogeniture)。因此當父親死亡後，諸子都同樣有權繼承，故導致內戰頻繁。結果是各地諸侯割據封邑而自稱為大公，互不隸屬，使基輔公國陷入了四分五裂的現象。這個在俄羅斯歷史中稱之為「食邑自主」(Appanage, udelnyi) 分封割據的亂局，從十二世紀開始，延續到十五世紀，直到莫斯科公國統一整個俄羅斯後才算結束。

斯威亞托坡克 1113 年死後，基輔城內暴民乘機作亂，到處殺人放火，搶奪財產，秩序大亂。基輔城的貴族們，認為要重整境內秩序，必須要推戴一位強有力的領袖。他們乃假借貴族議會「維其」(Veche) 之名宣布說，因世局非常，故無法遵守柳貝克會議父死子繼的決定，必須要邀請能力卓絕的伏拉地密爾為基輔國大公。他並非是斯威亞托坡克之子，而是斯威亞托坡克弟弟伏斯佛洛德之子，原受封為車尼高夫的諸侯。他即位後，為伏拉地密爾二世 (1053–1125；基輔國大公：1113–1125)。伏拉地密爾二世素以體力武功著稱，他說他少年時就曾經單獨一人，赤手空拳的用繩結活擒過十到二十匹野馬。❾

伏拉地密爾接位後，勵精圖治。為了要根絕人民因貧困而造反的原因，他立即改革斯威亞托坡克的弊政。規定放債者，不得隨意提高已經規定好的利息上限。他在《俄羅斯真理》的法典中添增條文，嚴厲禁止放高利貸者巧立名目，強迫欠債人因無法償還債務而淪為奴隸之惡行；也禁止貧窮人家賣身為奴的陋習。

伏拉地密爾雖能中興時政，重振基輔的領導地位。但他因破壞「父子相傳」及「輪番」繼承制度而被擁為基輔大公之職，觸怒其他諸侯，埋下了此後紊亂之根。而且他在位時，在頓河流域新興了一股生性兇殘的坡羅夫齊 (Polovtsy) 游牧民族，在奪取了披其內戈族的根據地後，經常侵擾基輔。伏拉地密爾在內亂外患相交加之下，疲於奔波，已是力不從心，無法專心治理基輔的國政。他兒子密斯提斯拉大一世繼任 (1125–1132) 時，基輔的頹勢已經無

---

❾ "The Testament of Vladimir Monomarkh," *The Russian Primary Chronicle*, pp.206–207.

法挽回。密斯提斯拉夫死後，從 1132–1169 年之間、不到四十年的短暫時間內，基輔大公之位，易手的次數竟然高達十六次之多。基輔城領導俄羅斯各城邦的昔日風光，到了十二世紀中葉，已是蕩然無存了。

徹底威脅基輔大公國基業的，是崛起於東北部羅斯托夫—蘇茲道 (Rostov-Suzdal) 的新勢力。該地的早期歷史，因缺乏史籍記載，故所知甚少。《俄羅斯編年要錄》中說茹瑞克在 862 年到達諾夫格羅城時，將一邊遠、且不重要的小城鎮賜給他的一個侍從。到十二世紀初 (1125)，伏拉地密爾二世之子——長臂尤立 (Yuri Dolgorukii, 1095–1157)，開創羅斯托夫王朝後，才漸漸將此發展成為一個新勢力中心。羅斯托夫—蘇茲道在奧卡河 (Oka) 與伏爾加河兩流域之間，是東西與南北貿易集中地。兩河木材產品及來自北歐各地的貨物，都在此地匯集後，經諾夫格羅城轉運往保加利亞等處。

時當基輔漸漸中落時，羅斯托夫—蘇茲道卻正發展成為貿易重鎮，勢力蒸蒸日上。經伏爾加—德威那河到與東方阿拉伯的商業，已橫跨境內，促動了該地區中政治、軍事、經濟及文化各方面的急速發展。該城內的商業貴族與武裝商人結合，掌握「維其」議會，控制大小事務。

長臂尤立之子安德魯 (Andrew, 1157–1174) 繼位後，為了擺脫貴族議會事事制肘之患，便在羅斯托夫—蘇茲道東南，另建一新都，以祖父之名命為伏拉地密爾城。安德魯後來征服基輔，被擁戴為基輔大公。不過他眷戀伏拉地密爾城，雖然繼任為基輔大公，卻委託幼弟戈列伯 (Gleb) 代理，自己則仍以羅斯托夫—蘇茲道大公自居。基輔城已經不再是重要政治與商業的重鎮了。

安德魯在伏拉地密爾城建造完成後，建築了俄羅斯境內最偉大的「聖母升天教堂」。他並將佔領基輔時所盜取的聖像與神器等，都安置在這個新建的教堂中，象徵它已經代替了基輔城，成為了統治俄羅斯政治、文化、經濟及宗教的新首都。他晚年在郊外波溝流玻沃 (Bogoliubovo)，建築了一個別墅，作為安度晚年之用。他因此城而被稱為「波溝流玻沃的安德魯」。他在 1175 年被貴族們陰謀殺死。

安德魯的死亡，象徵著統治俄羅斯的基輔城，其重要性也接近了尾聲。東羅馬帝國的君士坦丁堡城，經過十字軍東征幾度摧毀後，已是破爛不堪。昔日的國際貿易重要性，也隨之蕩然無存。與其唇齒相依的基輔城，更是商

務蕭條。由於生活困難，人民逐漸外遷另尋生路。當十三世紀蒙古游牧民族入侵時，人民們大批向各處逃亡。基輔城在俄羅斯歷史中的開創者角色，在蒙古帝國建立後，正式消逝。此後的俄羅斯則是淪入外族之統治，進入了為時百餘年、各地割據的封建時代。

二、基輔公國的經濟制度

基輔公國是以商，抑或以農為立國的根本，是俄羅斯歷史中另外一個經常討論的問題。《俄羅斯編年要錄》中有關斯拉夫人早期主要活動的記載，都是以它與東羅馬帝國的貿易為主。十世紀時的東羅馬皇帝君士坦丁坡非柔堅尼特斯 (Constantine Porphyrogenitus, 912–959) 對來自基輔公國斯拉夫商人的活動，有詳細的描寫。他說每年 11 月起，以基輔城為主的各地領袖們，會率領屬下乘坐獨木舟 (monoxyla)，從基輔出發，沿德涅泊河「巡視周圍」(polyudye) 斯拉夫人居住地區；向他們徵收貢賦後，便在當地過冬。到 4 月德涅泊河的河冰解凍，他們才再攜帶了貢物，順流返回基輔。其他各地的諸侯們，也乘冬季商業停滯時，製造船隻，以備春季到來時，便可滿載貨物駛往基輔，將船及貨物全部販賣給基輔王公們。等到諸夫格羅城的貨物到齊之後，整個船隊就由德涅泊河進黑海，駛向君士坦丁堡。❿

由於基輔是以商業為其立國之本，故其初期與東羅馬帝國的外交關係也是以此為主。斯拉夫人在 860 年攻打君士坦丁堡，此後歐列格在 907 年、伊高爾在 941 年及 944 年、斯威亞托斯拉夫在 970 年、亞若斯拉夫在 1043 年對君士坦丁堡的攻擊，都是為了爭取商業利益而發動。但是由於太重視商業利益的結果，使得基輔的經濟過於依賴商業而忽視了發展其他經濟活動，埋伏下了基輔立國基礎脆弱的遠因。因為一旦國際局勢突變而影響基輔的對外貿易時，則其國家賴以生存的命脈就會受到打擊。

俄國的歷史學家克柳切夫斯基 (Vasilii Osipovich Kluchevsky, 1841–1911)，就針對這危機分析說，基輔公國在八到九世紀中的經濟發展，違反了

❿　Basil Dmytryshyn, *Medieval Russia: A Source Book*, *900–1700*, Fort Worth, Texas, US: Holt, Rinehart and Winston, Inc. 3rd edition, 1990, pp. 21–23.

大自然原則。他認為基輔時期的斯拉夫民族主要聚集的德涅泊河中游地區，是俄羅斯境內土壤最肥沃、也是最有利於農耕的黑土地區。相反的，伏爾加河流域則是以出產木材與其他手工業著名的地區，其經濟活動，則是以貿易為重。但是因為受到外在環境的影響，使得俄羅斯人居住在德涅泊河黑土地帶時，不但不從事有利於己的農耕活動，反而過度依賴來自伏爾加地區的木材成品與其他手工業製品的商業活動，結果事倍功半。一旦商業衰退，基輔公國的經濟基礎，便隨之癱瘓。雖然德涅泊河流域，從十五世紀起，漸漸成為了俄羅斯農業經濟的最重要地區，但基輔公國在那時早已經是歷史中的陳跡了。 ⓫

　　蘇聯的歷史學家格瑞克夫 (D. B. Grekov)，則反駁克柳切夫斯基的唯商論。他強調農業才是基輔時代的主要經濟活動。因為沒有農業為基礎的話，基輔的商業經濟根本無法持久的延續下去。基輔與君士坦丁堡的通商，主要是將境內出產的農作物、皮毛、蜂蜜等原料輸出，以交換紡織、玻璃、金屬器具等成品輸入。他根據考古的資料，發現遠在基輔立國之前，當地的人民已經使用了以金屬材料製造的農具耕作，生產包括大麥、小麥、蕎麥等繁多的農產物。他認為在民間的普遍信仰中，也顯示著農業活動在人民生活中的重要性。因為在伏拉地密爾正式宣布東正教基督教為國教前，斯拉夫人的原始崇拜對象中，包括許多與農作物有關的神靈，以及與農耕有關的特別節日。亞若斯拉夫所制定的法典中特別強調任意移動農田疆界者，會被處以重罰的條文，是農業經濟的重要性另一個證據。

　　格瑞克夫又從基輔的經濟與社會制度發展上分析，以支持他的論點。他認為基輔公國時已經建立了完善的封建制度。這種制度的特點，主要是基於在土地的擁有權上。封建主之能控制諸侯，就因為他擁有廣大的土地。所謂「普天之下，莫非王土」，便是最好的寫照。封建主爭取諸侯歸心最重要的工具，乃是分封土地。而土地之有價值與否，是由居住其中的農人數字及農產量來決定。由此可見，發達的農業經濟，是穩定基輔政權不可或缺的要素。

⓫　參看 V. O. Kluchevsky, *A History of Russia*, *Volume One*, Chapter XII 中 The conditions which brought about the disruption of the social and economic prosperity of Kievan Russia, pp. 182–202.

當時的社會組織，便是依據土地的所有量及農作物的生產額為基礎，將人民分成為地主的統治階級與出賣勞力而無恆產的農民。

俄羅斯境內初期的耕作方法極為簡單。在北部森林地區中，屯墾者首先要在秋季時將樹木砍伐與燃燒，後經過冬天到來春時才開始播種。在南部的平原地帶，則不必經過類似的過程，稍加處理後，便可耕作。但俄羅斯土地廣大，加以氣候的限制，農作物的生長期相當短暫。因此農人們必須利用短暫的生長季節，盡快耕作。大家合作、努力工作的集體式耕種，乃成為了必然的現象。因此俄羅斯的農民一開始就結合在一起組織了鄉村公社 (obshchina, commune)，採取分工合作，並共同擁有農具及耕作用牲口，以求達到最大的生產量。由於各地區的土壤肥沃不同，氣候也相當懸殊，因此合作的組織與方式也不盡相同。大致上，鄉村公社可以分成兩種：一個是以血緣為主；另一個，則是因實際需要、組織而成的非血緣公社。但兩者皆是自給自足的組織。

三、基輔公國的政治組織

基輔時代的俄羅斯是個統一的國家、抑或是一群城市組合的聯邦、還是地方諸侯割據的封建局面，像其他俄國古代史中許多問題一樣，到目前仍是個爭論不休的問題。蘇聯的馬克思主義史家們，為了要強調俄羅斯的歷史演進，符合唯物史觀的法則，強調基輔的政治體制，像當時中古歐洲制度一樣，已經進入了封建制度。

《俄羅斯編年要錄》中有關茹瑞克率領武士進入諾夫格羅城，與其他武士搶奪基輔城的各項記載，都說明了俄羅斯境內的第一個國家，是由武裝集團組織而成。他們與羅馬帝國時代入侵的日耳曼蠻族，或中古時代侵入歐洲的北蠻「維京」族一樣，都是由一群武士們組織而成的戰鬥團體；其中包括了共同擁戴的封建主，及一群提供軍事服務、效忠的跟隨者。他們為了互相依賴與合作，結合在一起，以求延續已有的經濟利益。這個現象符合了中古歐洲封建制度中，封建主與其附庸 (Vassalage) 之間的關係。

封建主與其附庸之間的結合是否持久、或凝聚力是否緊密，端視經濟利

益是否能滿足雙方的需求而定。基輔公國大公每年都要舉行的「巡視周圍」慣例，就是親自到各封邑示威，一方面爭取稅收與貢賦，另一方面，則調解各封建諸侯間的糾紛。要維持其霸主的地位，基輔公國大公必須要倚仗武力，繼續擴充國土及控制商業的通道。其他的諸侯的領邑雖小，但要維持本身的勢力，也非得採取同等的做法。因此基輔時代中，或因互相侵略土地，或因繼承爭執所引起的內戰，都是封建制度中難以避免的現象。

封建主控制諸侯的工具，除了強盛的武力、血緣上宗長秩序、宗教上所領有的特殊地位外，最重要的當然是經濟力量。基輔大公手握經濟資源，乃能根據諸侯之效忠性，對其賞賜領邑或允其分享商業通道的利益。這是封建制度中，封建主與其附庸之間的經濟關係 (beneficium, fief)。因此基輔大公的霸主地位，就是建築在對諸侯論功行賞、分封土地、調解紛爭的功能上。亞若斯拉夫的「輪番」制度，就是一方面以和平的方式，依循長幼有序的原則，維持基輔大公的正統；另一方面，也可藉此保持各封邑領土的完整性。因為假如封邑因繼承而分割，最後必會變成四分五裂，破壞了基輔公國的一統性。因此，基輔公國的基本政體，既是大一統的局面，也同時是諸侯結合組成的聯邦。基輔大公的霸主地位，倚仗其血緣上的宗長關係，可以合法性的永遠繼續下去。當伏拉地密爾二世以旁支即位為基輔大公位，極力經營伏拉地密爾地區後，基輔城的正統性主導地位，便已經在蒙古入侵前消失了。

蘇聯歷史學家切立坡寧 (L. V. Cherepnin, 1905–1977)，認為基輔的政體是封建制度，與當時西歐的政體，基本上沒有什麼分別。他說，「以基輔為中心的古代俄羅斯國家是封建的……因為它是一個統治與依賴農民的封建地主權力機構。從這一點上來看，基輔俄羅斯與在羅馬—日耳曼等地中的中古國家，沒有區別……。」 ⓬

但是另一位美國的俄裔歷史學家沃納德斯基 (G. Vernadsky) 則認為，基輔公國雖然是地方分權的政體，但是其重商輕農，過於依賴對外貿易的經濟制度，並不符合封建主義中重土地所有權的原則。況且當時土地可以自由買賣，農民也有遷徙、隨時改換替不同地主耕作的自由，與歐洲莊園制度中農

⓬ Thomas Riha, ed. *Readings in Russian Civilization*. Chicago: University of Chicago Press, 1969. Vol. 2, p. 83.

民被捆綁在農地上的情形不一樣，因此俄羅斯的政治與經濟體制雖包含這些封建制度的要素，但不能算是真正封建制度。❸

基輔公國時代的國家大事，是由大公獨裁或與上層武士階級共同商議治理。這個武士會議是「博亞議會」(Boyarskaia Duma)。「博亞」專指上層階級的武士；這些貴族武士，主要是由跟隨茹瑞克進入俄羅斯時的法蘭京武士與俄羅斯境內已經存在著的斯拉夫「武士」(druzhina) 們，共同組合而成。他們所控制的「博亞議會」，擁有協助大公立法及通過對外條約的特權。它也是最高的上訴法庭；但沒有演變成為類似西方的議會 (parliament) 制度，因此缺少了此後牽制君權獨裁的功能。

封建諸國內與重要的城市中，有稱為「維其」的公共議會；這議會沒有定期召開的規定。理論上，當地的自由人民，都有權參加，不過真正控制議會者，則是貴族武士階級。「維其」的主要功能是決定作戰與議和事宜，或當繼承權發生爭執、無法決定繼任者時，推選新繼承者。俄羅斯與西方的學者都認為「維其」的議會制度，包含了真正的民主精神。

四、基輔公國的社會組織

根據沃納德斯基的估計，基輔公國當時的領土範圍約有五十萬平方哩，人口總數為七百五十萬人。在這廣闊的平原上居住的人民，其社會組織呈現著極端的兩元化特色。武士與商人是統治階級，主要居住在城市內；其餘則是大多數從事農業或其他勞力工作的庶民。基輔的史料中，沒有對社會組織的特別記載。亞若斯拉夫法典中的條文，主要是以諾夫格羅城的武士階級為主要對象；有關其他階級的敘述，則只在他們與統治階級有牽連時才不經意的被提到。

基輔的上層階級的成員，除了茹瑞克家族外，便是稱為「募植」(muzhi)的重要的武士階級。起初，這個階級只包括來自斯堪的納維亞的法蘭京武士們。後來他們與本土的斯拉夫貴族漸漸結合為一，演變成為了此後專替王公、

---

❸　G. Vernadsky, "Feudalism in Russia," Riha, ed. *Readings in Russian Civilization*, vol. 2, pp. 69–81.

諸侯提供軍事服務的世襲性「博亞」貴族階級。

基輔的農民，可以依他們人身的自由範圍為根據，分為兩類。自由農是「司畝弟」(smerdy)，這個名詞來自俄文 smerdiat，是發出臭味的意思，表示他們是地位卑下，終日勞力、身體發臭的勞苦大眾。有時候他們又被叫作為「流弟」(liudi)，是小民的意思。他們雖然地位低賤，但卻享有人身自由。《俄羅斯真理》法典中規定，假如有人殺死一個「司畝弟」，殺人者須繳付五個「格立夫鈉」罰款給家屬及封建主作為賠償；又規定，凡是「司畝弟」犯法被捉，須按罪情繳罰款。這些條文證明了「司畝弟」在法律上享有人身自由的地位。而奴隸則因為沒有人身自由，其被罰款之事，是由主人負責，自己則可以豁免。

「司畝弟」所耕種的土地，雖然為封建地主所擁有，但他們有耕作權與遷徙的自由。這些權利受到法律上的保護，不得任意被地主剝奪。他們對地主有服「勞役」(barshchina) 及繳付實物、現金、賦稅的義務（通稱為 obrok 或 povoz）。為了能盡力生產及按時繳納賦稅等義務，且又容易管理的原因，故「司畝弟」們都集體居住在鄉村的公社 (commune) 中。公社是鄉村中最基層的組織，其首長負責公社所有的行政、經濟、治安的事項。

另外一種人身自由受到限制的農民是「扎苦皮」(zakupy)；他們是因債務尚未付清而暫時失去自由、須替債主服各種勞役者。雖然如此，他們仍有可以在法庭中作證人的權利。不過，假如他們在債務或勞役尚未償還前逃跑，被捕捉後交還債主，就成為債主的奴隸。被捕捉後，他們有權在法庭上陳述逃離的原因；若法官聽信他們是因不堪地主虐待而逃跑的話，則地主不但不能將他們降為奴隸，反而會受到處罰。「扎苦皮」一旦債務還清，或滿足賠償債務工作的條件後，就可以恢復人身自由，成為自由農民。

基輔社會中，除了「司畝弟」與「扎苦皮」的農民外，尚有無人身自由、純屬於主人的奴隸。他們有的是「扎苦皮」們，因債務無法償清轉變而成；有的則是自己賣身，或被販賣而為奴者；又有的是自由人與女奴成婚後，而降為奴隸者；更多數的則是戰敗的俘虜。基輔時代許多戰爭的原因之一，便是為了擄獲戰俘，將之販賣為奴獲利而發生。奴隸們完全沒有人身地位。譬如《俄羅斯真理》中就明文規定，奴隸在任何情形下都沒有資格在法庭中作

證人（66 條）；又假如一個奴隸犯偷竊罪，不論他是屬於王公、博亞貴族或是隸屬於修院，都可免除處罰，「因為他不是一個自由人」（46 條）。

基輔社會的結構，是以商業為主的武士階級，統治著從事農業的絕大多數人民。前者主要居住在城市中，依賴著農民們的生產而生存。因此他們嚴屬控制農村，也對農民盡情剝削。農民們唯有以怠耕、逃亡、作亂或賣身為奴，以為反抗的工具。再加上封建諸侯之間內戰頻繁，經常阻擾正常的農耕活動，結果不但破壞了支持商業經濟的農業基礎，更導致了農民的普遍不滿，加強了社會階級的對立。這是導致基輔公國衰亡的重要原因之一。

五、基輔公國的法律

《俄羅斯編年要錄》在描述俄羅斯境內各斯拉夫部落時，說他們都遵守著祖宗們制訂好的法律。東羅馬帝國在 911 年與 914 年時對基輔的條約中，也曾幾度提到「俄羅斯的法律」。但是它們都沒有仔細說明這法律到底是什麼，俄羅斯本身的史籍對此也沒有詳細的記載。因此，亞若斯拉夫在 1015 年所編纂的法典，乃成為了解基輔時代法律制度的重要典籍。

若以其完成的年代為依據，基輔時代所編撰的法典共有四部。亞若斯拉夫的《俄羅斯真理》法典，是第一部以俄文所編纂的法典，也是此後編纂俄羅斯法典時的典範。這四部法典名列於下：

1. 亞若斯拉夫在 1015–1016 年所修。這就是亞若斯拉夫的《俄羅斯真理》法典，總共 18 條。
2. 亞若斯拉夫兒子們在 1072 年增補了 24 條的續篇。
3. 亞若斯拉夫兒子們對 1072 年的續篇，再加以修訂，共 52 條。
4. 伏拉地密爾二世 (1113–1125) 即位後，將前者的修訂條文，再加修訂後增加 69 條，成為 121 條。

亞若斯拉夫在 1015–1016 年所編的法典與 1072 年所續編的，合稱為《短篇》；合併後兩者的修訂條文，稱為《增篇》。基輔時代所制定的法律，在蒙古入侵建立帝國後，因不合乎時情，荒廢不用。到了莫斯科統一俄羅斯、整合各封建諸侯後，應實際需要而制定一部全國通用的法律。這部 1497 年重新

編纂的法典，取代了以亞若斯拉夫為主的古代俄羅斯法典傳統。

亞若斯拉夫的《俄羅斯真理》法典，是融合了各種不同的法律傳統制定而成。它除了保存著俄羅斯境內各斯拉夫部族的古老風俗習慣外，接受了東羅馬帝國及北歐的法律傳統，也容納了基督教的宗教法典 (Canon Laws) 精神。編纂這部法典的目的，是要劃分社會階級，釐清各階級應盡的義務及應享的權利。

六、基輔公國的宗教

基輔時代最重要的歷史發展，是伏拉地密爾一世拒絕了猶太教、伊斯蘭教、羅馬公教（天主教），而接受來自君士坦丁堡的基督教東正教信仰、奉為國教的政策。不論他的考慮是基於政治抑或宗教上的因素，對俄羅斯文化長期影響的結果是好或是壞，但基督教將俄羅斯融入了歐洲文化中的一環，卻是毋庸置疑的事實。但卻又因其所接受的基督教，來自東羅馬帝國的君士坦丁堡，而不是西方天主教的羅馬，因此俄羅斯一方面接受了君士坦丁堡文化上的各種優良傳統，同時繼承東、西羅馬帝國在宗教及文化上的衝突。尤其是在 1453 年東羅馬帝國滅亡後，俄羅斯便儼然以延續歐洲文化正統的主角自居，塑造神話式的「第三羅馬」信念，肩負了光復真正基督教信仰與古典文化非我莫屬的大任。

在基督教傳入以前，俄羅斯境內人民的宗教，與其他原始文化人民一樣，是崇拜巫術、認為世界萬物都有靈魂 (animism) 的多神教信仰。十二世紀的一位俄羅斯作家，對俄羅斯人民崇拜各種神靈的多神教，有詳細的描述。這位作家曾旅行各地，除了了解俄羅斯的原始宗教信仰外，對於埃及古宗教、伊斯蘭教、羅馬公教等信仰及十字軍東征等運動，也有深刻的研究。❶他把俄羅斯的斯拉夫民族原始宗教信仰，依時間的次序劃分為下列三類：

---

❶ 書名是《異教徒如何崇拜偶像及貢獻祭祀的故事》(*The Story of How the Pagan People Worshipped Idols and Offered Sacrifices*)，見 Boris Rybakov, tran. By Sergei Sossinsky, *Kievan Rus*. Moscow: Progress Publisher, 1989. Pp. 158–160. （Rybakov 未註明所引材料來源）。

1.最原始的斯拉夫人信奉「幽霹兒」(upir) 及「魄利吉尼」(Beregyni)，對他們定期的祭祀與貢獻祭物。「幽霹兒」是兇殘的吸血鬼，以狼的形狀出現。人們對祂都非常恐懼，相信可以用畫符與捻咒的方法避免祂們的侵擾。因此他們在衣服上、器具上及居住的場所牆上，都畫了太陽、火、水、某些植物及花朵的圖畫，以保護自己。「魄利吉尼」是仁慈的神，會保護與協助人民解決災難。人們對祂們都禮敬有加，時常祭祀與奉獻供物。對前者，是避免祂們的侵擾；對後者，則是表示感恩之意。

2.文化稍為進步，斯拉夫人開始祭祀「羅德」(Rod)，及象徵有生殖力的女神。基督教傳入之後，後者便與聖母融和為一。羅德是主管天地中日、月、雨、雷、水及其他各種自然力的至高無上的天神。祂的權威與此後基督教中耶和華相似，是以後傳教士們強調斯拉夫人早已信仰唯一真神的理論基礎。

3.當基督教傳入時，斯拉夫人除了繼續祭拜以前的各種神靈外，一種新的信仰，開始在上層階級中展開。這是對「裴融」的崇拜；「裴融」是雷神，但同時是戰神和武器的神。他的信仰與統治基輔的武士階級興起，有密切的關係。俄羅斯歷史記載中首度提到「裴融」的時候是 907 年。基輔大公歐列格，在這一年攻打東羅馬帝國勝利，強迫皇帝利奧六世 (Leo VI, 886–912) 簽訂通商條約。條約簽訂後後，利奧親吻著十字架，發誓遵守。他也要求歐列格以神之名，宣誓遵守。歐列格說，「根據我們俄羅斯人的宗教信仰，我們只以自己的武器對『裴融』宣誓。」斯威亞托斯拉夫在 972 年與東羅馬皇帝重新修訂這個約時，也是以「裴融」之名宣誓。他說：「假如我不遵守上列條約中任一項條文，我、我的從屬或我的子民們，必定會被我們所信仰的神『裴融』處罰，變成像金子一樣的黃顏色，被自己的武器殘殺而死。」這些都是有關對「裴融」崇拜的記載。❶❺

接受基督教信仰的伏拉地密爾，也是崇拜偶像的異教徒。在戰敗亞若坡克一世、繼位為基輔大公時，他就舉行了一個拜神的慶祝儀式。他在城牆外的山丘上，放置了六個木偶，最重要的是一個身體用木頭、頭用銀子、鬍鬚用金子作成的「裴融」。其餘的是「寇兒」(Khors)、「達西伯」(Dalshbog)、「司垂伯」(Stribog)、「西馬戈」(Semargl) 與「莫克西」(Mokosh) 等五個木偶。「裴

❶❺ *The Russian Primary Chronicle*, p. 90.

融」是眾神之首,環繞其旁的是一直燃燒不熄的八座火堆;「寇兒」是太陽神,
為光明之源,他像希臘神話中的阿波羅神 (Apollo) 一樣,帶給人們活力與溫
暖;「達西伯」是雨神;「司垂伯」是風神;「西馬戈」是負責灌溉的神,與農
業有關;「莫克西」是唯一的女神,象徵著大自然中的陰性力量,主宰著家庭
婦女從事的剪毛、紡織等各項工作。

伏拉地密爾將木偶安置妥當以後,便親自率領家族及武士的兒女們同來
祭祀。舉行的儀式,除了奉獻各種供品外,並用活人祭祀。《俄羅斯編年要錄》
記載說,他們的貢物褻瀆了各處,使得俄羅斯的大地及山丘,因祭祀用的血、
肉而受到污瀆。

以活人奉獻給神作祭祀品,是斯拉夫武士階級普遍的信仰。伏拉地密爾
在 982 年征戰凱旋返師基輔後,下令人民向木偶「裴融」禮拜致謝。他並以
抽籤方式選出一對童男童女,準備用他們的鮮血作為對祂的犧牲品。被抽中
的男童,是來自從希臘遷徙到基輔的法蘭京人家庭。這戶人家已經信奉了基
督教,不再崇拜偶像,所以拒絕將男童獻出;並詛咒地說這些偶像現在雖然
存在,但明天就會腐爛掉。他們說他們信仰的真神,創造了天地、日、月、
星辰及人類,賜給了地球上所有的生命。他們絕對不會捨棄自己的兒子去祭
祀這些邪惡之神。伏拉地密爾聽後大怒,喊叫著立刻把他們殺死。《俄羅斯編
年要錄》編纂者感嘆的說,這時候的俄羅斯人,仍然是無知的異教徒。**⑯**

伏拉地密爾最後終於接受基督教的原因,一方面是滿足了他祖母奧嘉未
完成的心願;另一方面是藉基督教來提高基輔公國的文化水準。奧嘉在 955 年
受洗後,幾次勸導她的兒子斯威亞托斯拉夫皈依基督;不過他恐部屬不服,
都沒有接受。伏拉地密爾在探討各種宗教信仰後,唯獨採取了東正教基督教,
終於完成了奧嘉的心願。

基督教雖然在十世紀末才成為基輔公國的國教,但傳教士們早在此之前
就已經到達俄羅斯,開始傳教了。據說耶穌弟子聖彼得的弟弟安德魯,就曾
經到過以後被建成基輔的地方,也到過諾夫格羅城。此外,卡扎兒人信仰的
猶太教、保加利亞人信奉的伊斯蘭教,也已經在俄羅斯的臨近地區發展。斯
拉夫人對各種不同的宗教信仰,必然略有所聞。伏拉地密爾統一基輔公國後,

---

⑯ *The Russian Primary Chronicle*, p. 94.

繼續向外擴張領土。各派的傳教士得以進入活動。其中尤其以來自君士坦丁堡的東正教傳教士，工作最努力，也最願意去了解當地的風俗民情，因此最後贏得人心，使得東正教成為俄羅斯及東歐的主要基督教信仰。

羅馬帝國在四世紀分裂後，君士坦丁堡的東正教傳教士們，在西面受到羅馬天主教的抗拒，東面又因為伊斯蘭教勢力高漲的壓迫下，無法展開傳教工作，只有向東歐斯拉夫人居住的區域發展。法蘭京人在 862 年入主俄羅斯後，經常以武力強迫君士坦丁堡與之通商，東羅馬皇帝麥可三世不勝其擾，因此想用宗教力量將其同化，而減少他此後的威脅。於是他在 863 年派遣了聖斯里歐 (St. Cyril, 827–869, 原名為君士坦丁) 與聖美索丟斯 (St. Methodius, 826–885) 兄弟（後來被尊稱為俄羅斯的使徒），前往莫拉威亞（Moravia，相當現在的捷克地方）正式展開了東正教的傳教工作。為了要讓居民能了解基督教教義及正確的祈禱儀式，他們攜帶了以「格拉勾立查」(Glagolitsa) 斯拉夫文字翻譯好的《聖經》及儀式規則前往。「格拉勾立查」是斯拉夫語系的通用文字，他們以當地人使用的語言作為傳教的工具，而不堅持沿襲只用正統希臘文的慣例，是東正教成功的最基本原因。

聖斯里歐與聖美索丟斯的傳教工作，在 865 年得到了初步的成功，因為保加利亞人在這一年接受東正教。接著，塞爾維亞人在 867–874 年之間，也皈依了基督。以斯拉夫文翻譯的《聖經》及儀式規則，開始在東歐各地廣泛的被使用。根據君士坦丁堡大主教弗休士 (Photius, 815–897) 的記載，基輔大公在 860 年攻打君士坦丁堡返回後，便在基輔城蓋了　所東正教教堂。但東正教在基輔歷史中突破性的成功，則要等到奧嘉代理基輔國政，及其孫子伏拉地密爾即位後之時。她在 955 年前往君士坦丁堡，接受由羅馬皇帝君士坦丁二世及大主教親自施洗禮的大典。奧嘉的受洗，雖只是個人的行為，但她當時是基輔大公斯威亞托斯拉夫的母親，實際掌握著國家大權，因此對以後東正教能夠成為國教，有決定性的影響。

伏拉地密爾在殺了合法繼承者的哥哥後，才正式即位為基輔大公。為了鞏固以暴力搶掠的政權，他在國內採取高壓的政策。在外則窮兵黷武，轉戰各地，與不同的鄰近種族都發生衝突。但也正因為如此，基輔才開始與不同的文化和宗教信仰加強接觸。伏拉地密爾深知要獲得軍事上的勝利，必須採

取遠交近攻的政策。他因此派遣使臣，到各處探訪與說項。各地傳教士也乘機前來獻策，希望藉此擴展本身的宗教勢力範圍。保加利亞的伊斯蘭教使者、卡扎兒人的猶太教士、代表羅馬天主教皇的日耳曼傳教士與來自君士坦丁堡的東正教傳教士們，都絡繹不絕的往訪基輔，求見伏拉地密爾。

伏拉地密爾在聆聽他們的陳述後，一一詢問與回答。對於禁止喝酒的伊斯蘭教，他說：「飲酒是俄羅斯人的嗜好，沒有這個樂趣，我們活不下去。」所以加以拒絕。他詢問天主教的信條是什麼時，日耳曼的教皇代表答覆說：「你們與我們的國家雖然都是國家，但兩者的信仰卻互不相同。我們的信仰是光明的。我們所信奉的神，是創造天地、日、月、星辰與萬物之主。而你們所信奉的只不過是木頭。」伏拉地密爾又問他們如何履行信仰。他們回答說：「這要依每個人的身體情況而定。不過，我們都遵守絕食的誡規。不論人吃什麼、喝什麼，都是上帝的恩惠。」他聽後說，我們的祖宗沒有這樣的信仰。叫他們趕快離開。

卡扎兒的猶太教士也敘述了他們信仰與生活習慣。伏拉地密爾問他們信仰的發源地——耶路撒冷——近況如何。他們說：「上帝對我們的祖先發怒，他依我們所犯的罪行，將我們驅散到異教人住的地方。把我們的土地給了基督教徒。」伏拉地密爾說：「連你們自己都被上帝驅逐出境，趕到海外，你們還希望能教導別人接受你們的信仰嗎？假如真愛你們的上帝的話，你們不可能被驅散到異鄉之地。難道你也期望我們遭遇到與你們同樣的命運嗎？」

伏拉地密爾又聽取希臘傳教士對他們的信仰解釋，聽後，覺得他們的宗教最近人情，也合乎俄羅斯的實際需要，因此他在 987 年，召集博亞貴族會議，討論如何對其作更進一步的了解。他說：

> 保加利亞人來訪，慫恿我接受他們的宗教。後來日耳曼人也來宣揚他們的信仰，接著來的是猶太人，最後來的則是希臘人。希臘的傳教士一方面批評了所有其他宗教的信仰，同時則特別讚美自己的信仰。他們把整個世界的故事，從開天闢地起，仔細的講述了一遍。他們言詞美麗，聽完後真是使人有奇妙與愉快的感覺。他們宣揚另一個世界的存在，說「凡是接受我們宗教的人，死了後，會再復活，一直永生」。

你們大家對這問題有什麼看法？有什麼回答? ❼

與會的博亞及元老們聽後，都建議說應該組織一個調查團，到各地去實際的考察。伏拉地密爾乃選派了一個代表團，前往各國。他們先到保加利亞參觀伊斯蘭教的儀式，認為庸俗不堪；然後經日耳曼各國參觀，最後則達到了東羅馬帝國的首都君士坦丁堡。東羅馬帝國皇帝聞訊，立刻囑咐大主教，為他們舉行一場禮拜儀式。並親自陪同基輔的代表們一起前往參加。基輔的代表們，凝視著裊裊上升的香煙，靜聽著虔誠的讚祝與優美的聖歌聲，全部都被感化的沉醉在這莊嚴的氣氛裡。典禮完成以後，東羅馬帝國皇帝又厚賜禮物，更使他們對於東正教，產生特別的好感。返國後，他們向伏拉地密爾報告他們考察的心得：

> 我們到達保加利亞人處後，觀察了他們在「摩斯克」(mosque) 教堂中所舉行的儀式。保加利亞人像是被鬼纏身一樣的，一下鞠躬，一下坐下，看看這邊，又看看那邊。他們不但毫無快樂的樣子；相反的，只有悲哀與恐怖的氣氛。他們的宗教不好。然後，我們到了日耳曼人處，參觀他們在教堂中舉行的儀式。我們也沒有看出他們在其中有什麼榮耀感之處。最後，我們到來了希臘，希臘人把我們帶領到他們禮拜上帝的大殿。在這裡，我們竟然不知道身處天堂，還是仍在人間。因為在人間地上，我們沒有見過如此的光耀與美麗。我們的震撼，簡直無法加以形容。我們才知道那邊的人都與上帝同住。他們信仰的典禮，要比其他國家美好得多。任何人在嘗試過甜蜜的東西後，就絕不可能再接受苦澀。因此，我們不能再這樣繼續的過下去了。❽

博亞與元老們聽了後，才恍然大悟奧嘉接受東正教的原因。不過，伏拉地密爾為了慎重起見，決定再仔細考慮後才定奪。

最後促成伏拉地密爾信奉東正教的原因，是外交與軍事上的考量。基輔因長期向外擴充，國防線過長，因此需要軍事同盟，以免腹背同時受敵之困。

---

❼　*The Russian Primary Chronicle*, p. 110.

❽　*The Russian Primary Chronicle*, p. 111.

東羅馬帝國的戰略地位及國際聲威，是它最理想的聯盟對象。假如結盟成功，基輔不但國境南部可以無虞，並且更可藉君士坦丁堡駕馭歐洲文化及經濟的聲威，來提高俄羅斯在國際上的地位。東羅馬帝國長期受基輔及其他外族的侵擾，國力逐漸削弱，也正思找尋聯盟，共同抗敵。若能先將俄羅斯同化，則黑海沿岸屢屢犯邊的宿敵一旦變為友邦後，則可以全心全意對付伊斯蘭教擴充的威脅。說不定，反可乘勝追擊，完成再度統一羅馬帝國，及整合分裂的基督教教會。這種戰略上的計劃，使得東羅馬帝國同時積極尋求俄羅斯的友誼。

伏拉地密爾在公元 988 年，率領大軍圍攻希臘的克松 (Kherson) 城。城中因糧食不足，終於向伏拉地密爾投降。伏拉地密爾隨即遣派使者前往君士坦丁堡，面見東羅馬皇帝巴娑二世 (Basil II, 976–1025)，警告他說，除非他將尚未出嫁的妹妹安娜 (Anna) 嫁給他，否則他將立刻進兵圍困君士坦丁堡。皇帝巴娑說，他不可能將妹妹嫁給一個異教徒；不過，假如他願接受洗禮，他不但可以娶安娜為妻，並可以成為東羅馬帝國的盟友。伏拉地密爾獲得答覆後歡喜萬分，說他早已研究過東正教教義及禮拜的儀式，覺得它們都非常完美，因此願意立刻接受基督教的洗禮。安娜雖然不願意，在哥哥的哀求下也只好答允。伏拉地密爾當時正害嚴重眼疾，深受可能失明的痛苦。他唯恐羅馬皇帝的允諾有詐，堅持非要安娜立刻親自前來克松替他行洗禮不可。安娜於是率領了教士們到了克松，與當地主教共同合作，替伏拉地密爾在聖巴娑教堂 (St. Basil) 中舉行領洗大典，正式成為了基督徒。典禮甫告完畢，他的眼疾豁然而癒。因此信心更加彌堅，隨即與安娜成婚。婚後，伏拉地密爾在克松建立了教堂，並把該城交還給東羅馬帝國，作為導引進真正信仰的酬謝。

伏拉地密爾返回基輔後，便宣布東正教為國教，禁止人民再崇拜木偶與邪神。他指派了十二位軍士，先用棍子將木偶「裴融」的頭顱擊碎，然後再將身體部分綁在馬尾後，沿玻立切夫小徑 (Borichev) 拖拉後丟入德涅泊河 (Dnieper) 中。然後他下令全基輔城的民眾，都必須在指定的日子到德涅泊河處，浸入河水中受洗；不參加者就嚴罰。該日的清晨到達時，伏拉地密爾、王后安娜、特地從克松趕來的修士及等待領洗的群眾，都歡喜萬分的聚集在河邊。伏拉地密爾一聲令下，他們爭先恐後的走進河中。有的人站在河水浸

到脖子的地方；有的則是走到到河水浸到胸口的地方；年紀較小的，就站在岸邊。他們其中還有許多人，抱著小孩進入河中。成年人走到河水更深的地方去。修士們則站在岸邊，舉行祈禱與祝福的儀式。伏拉地密爾與王后安娜看到人民這樣的熱情，感動的說能有這麼多的靈魂被解救，天上與人間都會充滿著喜悅。

伏拉地密爾以基輔大公的身分，宣布東正教的基督教成為基輔公國的國教。大多數人民接受新信仰的原因，並不是對教義了解或有信心所促使。而是因為這個命令，不得不遵從而已。基督教信仰起初的進展，並非十分順利。北部的諾夫格羅城的居民，就違抗不聽；更北部的北羅澤斯克 (Belozersk) 人民在 1071 年時，仍擁護異教首領，反抗基督教的傳入；伏爾加河流的人民，一直到十二世紀中，仍沒有完全接受基督教信仰。因此，在表面上，基輔似乎已是基督教國家，但傳統的迷信與信仰，仍然繼續在民間普遍的流行著。縱然如此，東正教對於能凝聚俄羅斯文化的統一性，確實有其重要的貢獻。它將政治、軍事及宗教融合為一。傳播福音及禮拜儀式所沿用的斯拉夫文字，成為了以後俄羅斯人民通用工具。基輔大公從此成為宗教領袖。以前窮兵黷武的戰爭，經過教會的祝福後，變成是維護上帝的正義之師。基輔大公的合法性，受到教會支持後，更是唯我獨尊。

俄羅斯東正教教會的早期組織，因缺乏歷史的記載而不詳；與東羅馬帝國在君士坦丁堡總主教之間的關係也相當混淆。最重要的史料《俄羅斯編年要錄》，對兩者在 988-1037 年之間關係的記載故意空白，要到 1039 年時才正式提到俄羅斯東正教大主教的姓名。他是希臘籍的西奧裴拇投斯 (Theopemptos)。有些學者認為這一段空白的時間中，基輔的東正教可能是受到保加利亞教會的控制，當時的大主教或許也是保加利亞人。希臘東正教在 1054 年與羅馬天主教正式分裂，俄羅斯東正教便支持君士坦丁堡的大主教，成為此後激烈反天主教與西方文化的主流。

基輔的教區屬於君士坦丁堡的總主教區，主掌教務的是大主教。由於基輔缺少符合資格的教士，因此當地的主教是由君士坦丁堡總主教直接指派希臘教士前來擔任。斯拉夫人任主教的只有兩位，地方教會也多半由希臘教士控制。由於東正教的經典與神學理論方面的著述原文，都是以希臘文為主，

因此希臘教士不但控制了東羅馬帝國的東正教會，就連基輔的教會也是由他們掌握。俄羅斯教會所閱讀的經典、舉行的儀式條文等，都是以古教會斯拉夫文 (old church slavonic)，而不是用希臘文。俄羅斯的東正教教士們，或許因為語言的障礙，故對東正教的神學理論及經典研究並不重視，他們所注重的是執行儀式的細節。

俄羅斯東正教的教士分為「受戒教士」(regular clergy，又稱為黑教士 black clergy) 與「世俗教士」(secular clergy，或稱白教士 white clergy)。前者要經過修院嚴格的清苦生活訓練，必須遵守戒規。控制教會的大主教、主教等神職，都是由他們壟斷。後者是鄉村教士，可以結婚，也不必遵守前者的嚴格教條。他們的任務是在婚喪喜慶各種場合中，提供哀傷或喜悅的儀式。他們教育水準低落，與勞苦大眾生活在一起。由於他們本身也像所服務的農民一樣貧困，又不事生產，在農村中地位不高，反而經常是大家取笑的對象。

伏拉地密爾雖然奠定了俄羅斯基督教信仰的基礎，盡力效仿君士坦丁堡的偉大建築及引進其他精細的文化成就，要使基輔成為一個媲美帝都的新文化中心。但過度模仿的結果，卻使得俄羅斯的文化始終無法超越東羅馬帝國影響的侷限，未能創造出一個屬於自己、具有本土特色的傳統。加上當時教士們所使用的古斯拉夫文字，因幾乎是希臘文的翻版，辭句深澀，文法組織僵硬，除了極少數的高級統治知識分子能運用外，一般人民幾乎全是文盲。俄羅斯的社會被分割成兩個完全無法溝通的階級：上層是有學識修養、歐化的知識分子；下層是則是不識字、默默的盲從著古老迷信與傳統的芸芸黎民。這社會的兩元化，一直都是俄羅斯文化中無法克服的矛盾。不但如此，就算是知識分子們，也因長期在外來文化的薰陶下，產生了一種既自大又自卑的文化不安症。他們對新近的文化，總是先頑強抗拒，但一旦信服後，則緊抓其教條不放，成為其最忠實的捍衛者。俄國歷史學家傅洛若夫斯基 (Georges Florovsky, 1893–1979) 就針對這現象，批評俄羅斯的知識分子，說他們像是基輔時代的前輩一樣，只會接受希臘人的成就，而不能承繼他們追求真理的精神。❶這種分裂的心態，在彼得大帝歐化時的知識分子、十九到二十世紀狂

❶ G. Florovsky, "The Problem of Old Russian Culture," *Slavic Review* 21(March 1962): 14.

熱的接受極端社會主義者、二十世紀初幾近瘋狂式的崇拜馬克思主義者中，都明顯的表示了出來。

蘇聯的歷史學家厲巴科夫在討論基督教對俄羅斯文化影響時，就特別強調他的負面效用。他說：

> 在肯定教會的貢獻時，千萬不要忘記，俄國人民也付出了相當的代價。因為基督教的毒素，比在信仰異教的時候，更滲透到了人民生活中的每一部分。它遲鈍了階級之間的鬥爭，用一種新的形式，重新恢復了原始的幼稚觀念。它在很長的一段日子裡，將來世、君權神授、神決定一切以及人民的命運都是被上帝所主宰的觀念，牢牢鎖緊在人們的意識裡。❷⓿

不過，從不受意識形態影響的論點來看，東正教對俄羅斯文化的正面貢獻，確實遠比其負面影響要偉大得多。這信仰提供了一個共同使用的語言文字、一個共同的世界觀、一個大家都可以認同的價值，將散居在俄羅斯廣大領土中的各色人民，凝聚成一個休戚相關的大家庭。東正教帶給俄羅斯的，不僅僅是東西羅馬相承襲的偉大文化，更是君士坦丁堡所融合的歐亞古老傳統，俄羅斯的文化也因此受到各地精華的滋潤。

七、基輔公國時期的文學

遠在斯拉夫人使用文字以前，唱詠式的歌謠 (bylina) 就早已經在民間流行了。它們包括了各地從古老口傳下來的神話、原始宗教的信仰、昔日英雄可歌可泣故事。蘇聯的歷史學家格瑞克夫就說，這些沒有經過文字修潤過的歌謠，是最寶貴的原始史料。❷①

由文字表現的基輔文學，大約是從 988 年開始。這是伏拉地密爾接受基督教為國教的一年。當時俄羅斯的文化非常原始，仍然停頓在沒有文字的階

---

❷⓿ B. Rybakov, *The Early Centuries of Russian History*, Moscow, 1965, pp. 51, 67.

❷① Boris Grekov, *Kievan Rus*, Moscow: Foreign Language Publishing House, 1989. P. 11.

段。但是為了要傳播教義、教導實行宗教儀式等用處，教士們才漸漸以斯拉夫文字，翻譯有關宗教的希臘文書籍，以便使用。這個工作帶動了以文字為主的文學。以後的基輔的文學著作，也因此都受到基督教的東正派與希臘文化的重要影響。

斯拉夫文字，主要是來自君士坦丁堡的東正教士們，為了傳教方便創立而成。在 863 年，東正教大主教弗休士的兩位兄弟，一個是聖斯里歐，另一個是聖美索丟斯前往莫拉威亞去傳教。弗休士允許他們不必一定使用希臘文，而可以採用地方方言，作為傳教的工具。他們以色沙隆尼克 (Thessalonic) 保加利亞話的發音為根據，把當地已經使用、但書寫困難的「格拉勾立查」字母以希臘字母簡化，創造了一套以後被稱為「斯里歐字母」(Cyrillic Alpha-bet)❷。從此以後，他們便以此新創的字母，有系統的將希臘文的聖詩、基督教教義、儀式規範翻譯出來，介紹給斯拉夫人。這書寫的文字便被叫作「古教會斯拉夫文」；它與民間通用的語言完全不一樣。由於這文字是根據希臘字母轉變而成，它所使用的詞彙與文法，都受到希臘文字極大的影響。俄羅斯早期的宗教領袖及神學家，因受到語言的限制，故都是由希臘人所把持。當斯拉夫民族的語言，因使用者的地區或時間不同而在演變時，古宗教斯拉夫的文字仍墨守古老成規，無所變化。真正屬於斯拉夫人自己的文字，一直要到十五世紀的莫斯科公國，將各地的方言系統化後才開始通用。

基輔初期的文學是以宗教性作品為主。《聖經》中的詩篇、箴言、啟示錄，以及希臘東正教長老對《聖經》的講解，都從希臘文以古教會斯拉夫文翻譯而成。到了亞若斯拉夫一世的時代，斯拉夫人本身也開始有了自己的著作。最有名的是亞若斯拉夫時期的大主教西拉瑞翁，在 1051 年所寫的《論法律與恩慈的訓誡》(Sermon on the Law and Grace, Slovo o zakone i blagodati)。它主要的內容是讚美耶穌的恩慈，認為它遠遠超越摩西嚴酷的戒條之上。十一世紀末的突若夫 (Turov) 主教斯里歐，認為用比喻性的故事與優美的修辭，最能感動信徒們的心意。因此他在寫作《證言的訓誡》(Sermon on Deposition) 一

---

❷ 「格拉勾立查」(Glagolistsa) 的始源已不可考，該字的意思是「字母」；「斯里歐字母」(Cyrillic Alphabet) 則是該字母的希臘化，書寫較簡易。請參看下頁兩者字母的附圖。

The Old Church Slavonic Glagolitic Alphabet							
a	b	v	g	d	ε	ž	dz
z	i	i	ǵ	k	l	m	n
ɔ	p	r	s	t	u	f	x (kh)
ɔ	ts	č	š	št	w/ə	i	y
æ/e	yu	ę̃	yę̃	õ	yõ	f	i/v

格拉勾立查字母

Development of the Cyrillic alphabet

10th century version

А Б В Г Д Е Ж Ѕ Ꙁ И І К Л М Н Ѻ П Р С
Т ОУ Ф Х Ѡ Ч Ц Ш Щ Ъ Ꙑ Ь Ѣ Ю ІА ІЄ Ѧ Ѫ Ѭ
Ꙗ Ѯ Ѱ Ѳ Ѵ

1708 version

А Б В Г Д Е Ж Ѕ Ꙁ И І К Л М Н О П
Р С Т ОУ Ф Х Ч Ц Ш Щ Ъ Ꙑ Ь Ѣ Ю Ѳ Ѵ

1918 version

Аа Бб Вв Гг Дд Ее Ёё Жж Зз Ии Йй
Кк Лл Мм Нн Оо Пп Рр Сс Тт Уу Фф
Хх Цц Чч Шш Щщ ъ Ыы ь Ээ Юю Яя

斯里歐字母

書時，就把聖母凝視她的愛子被釘在十字架上時所發出的哀戚描寫成為一首絕美、悲泣、動人心弦的詩篇。十九世紀的作家杜斯妥也夫斯基 (Fyodor Dostoevsky, 1821–1881) 在他的《卡拉瑪卓夫兄弟們》(*Brothers Karamazov*) 中，描寫聖母向天父替所有罪人請求饒恕的哀禱，就受到他極大的影響。

除此之外，基輔時代最重要的文學是年鑑的撰寫。上文所討論過的《俄羅斯編年要錄》，便是最具代表性的著作。其後，各地編纂的年鑑，都以它的格式為典範。

基輔時代非宗教性文學的主題，都偏向於歌頌歷史上的「博亞」英雄 (bogatyri)，讚美他們抵禦蠻族入侵的英勇行為與光榮事績的史詩。《木容的伊力亞》(*Ilia of Murom*)、《斗布立尼亞—尼基提奇》(*Dobrynia Nikitych*) 與《阿雷沙斯—坡波維奇》(*Aleshas Popovich*) 是史詩中最常寫的英雄人物。《木容的伊力亞》是描寫一個叫伊力亞的農民。他天生行動不便，但在三十歲時因為受到神賜的奇異功能，忽然跳躍而起，行動自如。當基輔城受到外族攻擊時，他奮不顧身的英勇抗敵。《斗布立尼亞—尼基提奇》，是描寫斗布立尼亞的英勇事績。斗布立尼亞—尼基提奇，是聖伏拉地密爾的叔叔，向以驍勇作戰著名；他曾協助伏拉地密爾取得了基輔的政權。阿雷沙斯是一個修士，他以赤貧、忍辱與受苦受難的精神感化了敵人。這三個不同的英雄，代表了基輔社會中，三個不同階級的精神。

基輔時期最有名的文學作品是《伊高爾—夥人的故事》(*The Tale of the Host of Igor, Slovo o polku, Igoria syna Svyatoslvia vnuka Olgova*) 的史詩；寫作的時間大約在 1185–1187 年之間。該詩的原本早已經流失，僅存的一個十六世紀抄本，被歷史學家木新·普希金 (Mushin-Pushkin) 在 1795 年發現；但又隨即在 1812 年的莫斯科大火中被燒毀。幸好有一個特別為凱薩琳二世所準備的版本，故得以保存流傳到今。學者們曾長期質疑該本的正確性，認為是後世偽造的；但它所敘述的戰爭實況，與《俄羅斯編年要錄》中的記載大致相符合；它也曾被 1307 年的一篇文稿，逐字的抄用；加上十五世紀歌頌莫斯科大公打敗蒙古的讚美詩，幾乎完全是抄襲它而成，才確定了這史詩的真實性。

這首軼名的長詩，是以諾夫格羅·塞沃斯克 (Novgorod-Seversk) 城的王公伊高爾 (Igor, 1180–1202) 為主角，先是描述 1185 年他抵抗蠻族坡羅夫其安

(Polovcian) 入侵失敗的英勇事跡；然後形容他在兄弟同室操戈失敗後、被監禁的淒涼境遇；再以扣人心弦的詩句描述他妻子亞若斯拉夫納 (Yaroslavna) 思念丈夫的悽慘哀怨；最後則描寫伊高爾從敵營安全逃歸，全城人民鼓舞歡迎的場面。這首長詩不但聲韻與辭句優美，更充分描述了伊高爾身處逆境，仍然熱愛著家人與國家的情操。它成為了以後激發斯拉夫人，對抗外敵的愛國文學著作典範。但是作者除了描寫英勇的戰鬥精神外，也喚起統治者注意兄弟間為爭奪權勢的內戰，必將導致外敵的入侵，使美麗的家園淪入異族蹂躪的悲劇。史詩中描寫伊高爾英勇可敬的行為，但也同時譴責他為了爭取權力引進蠻族相助，結果不但自己被俘，更使國家受到空前災難的罪惡。因此警告後世的君主，絕對不可忘記這個悲慘的教訓。這一篇既描寫英雄的威武事跡外，也含有政治警惕意義的文學作品。

東正教既是基輔文學的源泉，因此與之相關而發展的建築與藝術，也是基輔文化的重要成就。伏拉地密爾接受基督教後，就根據君士坦丁堡的教堂建築、聖像與其他的裝飾，在基輔建築了「什一教堂」(Church of the Tithe)。他的兒子亞若斯拉夫即位後，要將基輔城提升到與君士坦丁堡一樣的雄偉，更是大肆興建，尤以建築教堂為主。其中最有名的是聖索菲亞教堂；從 1037 年奠基動工，歷經數年後才建築完畢。它是由希臘建築師，完全模仿君士坦丁堡教堂建築而成。整個教堂是由十三個圓頂建築物圍繞組成，四周是由石塊的厚牆，配以寶石嵌鑲的透明窗子；內部則是富麗堂皇的布置滿了各種如大理石等的雕刻、古物寶石、聖像與其他的裝飾品。基輔的聖索菲亞教堂的建築及「聖像」(icon)，成為了俄羅斯境內其他各地建造教堂的模範。諾夫格羅的聖索非亞教堂便是模仿它造成；不過它的特色是洋蔥式的圓拱形屋頂，以簡樸的特色代替了基輔教堂富麗堂皇的複雜設計。基輔與諾夫格羅的教堂建造，呈現出俄羅斯人民能將追求誇張與墨守純樸的兩種民族性，融合在一起的特色。

其他的宗教建築，還包括伏拉地密爾二世於 1119–1130 年之間，在諾夫格羅城中建設的聖喬治教堂與聖喬治修院。這是純俄羅斯式的建築。它的四壁是由毫無裝飾的白色石塊砌成，莊嚴寂靜，具有一股懾人心神的吸引力。在東部的伏拉地密爾－蘇茲道，則有混合了羅馬天主教精緻宏偉與俄羅斯純

樸兩種特性的教堂：聖母升天與聖母代禱 (Intercession of Our Lady) 等教堂都
是這種格式的代表。

此外，教堂中裝飾用的寶石嵌鑲窗子、壁畫、聖像等也都是藝術上的成
就。俄羅斯最有代表性的藝術就要算是「聖像」的製作。聖像是東正教的特
色，從東羅馬帝國傳入。它是在一片特別準備好的木板，畫上經由感應而產
生上帝、耶穌或其他聖者的圖像。古教會斯拉夫文字艱澀，除了教士外，俄
羅斯人民能了解書寫的經典者，少之又少。面帶慈悲或哀戚的聖像，變成了
信徒們與神靈溝通、以求獲得慰藉的主要媒介。俄羅斯聖像繪畫者，多未經
過學院嚴格的訓練，但他們受大自然玄奇、奧妙的神奇力量感應，自然激發
出的作品，反而更真實、更富有自我的創造性。這些代表著斯拉夫民族精神
的聖像，與希臘東正教嚴謹的聖像有顯著的不同。十四世紀的聖像專家安德
瑞‧茹波列夫 (Andrei Rublev, 1370–1430) 就繼承了這傳統。❷❸蘇聯的聖像學
者就以他的作品為主，讚美古典的聖像畫包容著俄羅斯原野的景色。

他在調色版上的色彩，不是源自正宗經典派的顏色，而是取材於環繞在
他身旁、自己深深感受到的大自然力量。他所用的壯麗而深遠的藍色，象徵
著春天的藍空；他的白色，會讓人記憶起俄羅斯人最親切的白楊；他的綠色，
是多麼接近尚未成熟的裸麥；他金黃的鍺色，喚起人們對秋天落葉的感覺；
在他的深綠中，又有些像濃密松林的暮影。他把俄羅斯大自然的顏色，轉化
成為了崇高的語言藝術。❷❹

八、基輔公國的衰亡

蒙古帝國在 1240 年侵毀基輔，正式消滅了俄羅斯境內第一個統一性國
家。但實際上，蒙古民族只不過是加速了基輔已經漸漸沒落的過程，使其達
到無法避免的歷史結局而已。歷史學家對基輔公國衰亡的原因究竟為何，議
論紛紛的莫衷一是。綜合各家之說，今特將其分為下列幾點敘述：

---

❷❸　茹波列夫的聖像見 www.zeroland.co.nz/ind10.html – 24k。

❷❹　V. Lazarev, *Andrei Rublev*, p. 19. 見 James Billington, *The Icon and Axe: The In-
terpretive History of Russian Culture*, p. 30.

1. 地理與經濟因素：因其所處地理位置，受商業重心轉移而造成。
2. 政體的因素：政體不穩，缺乏政權和平轉移的機能。每逢大公之位出缺，便會爆發兄弟間爭奪繼承權的戰爭。
3. 軍事因素：基輔公國先是幾次派遣大軍跨海攻擊君士坦丁堡，再則是長期抵抗草原游牧民族的入侵，腹背受敵，致使國庫空虛。
4. 社會因素：階級不平等，統治的武士階級與農民大眾，地位懸殊，造成貧富不均的分裂性社會。

　　基輔城是位處於「從法蘭京人到希臘人」通商水陸大道上、臨近黑海的南方重鎮，主要的經濟活動，就是武士們所從事的武裝貿易。基輔大公從每年 11 月開始，就號召俄羅斯各部落領袖，率領部眾自基輔出發，沿水路巡視各屬地，徵抽貢賦；並就地渡冬。乘冬閒時，他們砍伐樹木裝載船上。來年 4 月，待德涅泊河水解凍，沿途增購新貨物後，便返回基輔；6 月，將各種貨物滿載於去年造好的船隻上，航跨黑海，直向東羅馬帝國首都君士坦丁駛去。基輔商人便在此交換貨物，直到來秋後再返航歸去。明年又重複另一次的循環。❷⑤

　　這些貿易，有時是和平的進行，但多半是以武力為後盾的搶掠式行為。自九世紀到十一世紀，基輔大公曾六次攻打君士坦丁堡，強行要脅通商。第一次是在阿斯寇德時（867 年）；第二次是 907 年，由歐列格率領了兩千艘船隻，將君士坦丁海港封鎖，希臘人以大鐵鏈鎖堵港口，才得阻擋其闖入。伊高爾時，在 935-941 年及 944 年兩度出兵；斯威亞托斯拉夫時，出兵一次（971 年）；亞若斯拉夫在 1043 年出兵過一次。每次的軍事行動，雖都能強迫東羅馬帝國給與優惠通商條件，但長久以來，則是國力消耗殆盡。國內諸侯，乃乘機抗拒中央，自立為主；一旦如蒙古般的強大武力入侵，則難以阻擋，只好割地求和。

　　由北歐及俄羅斯輸出的貨物，主要是木材、皮毛等原料與農產品。除此以外，販賣斯拉夫女童為奴，也是基輔商人在君士坦丁堡中主要的商業活動。基輔商人從事此項貿易的範圍廣闊，甚至有來自俄羅斯的女奴被販賣到埃及亞歷山大城的偏遠地區。❷⑥《俄羅斯編年要錄》也說伏拉地密爾在皈依基督

❷⑤　V. O. Kluchevsky, *A History of Russia*, vol. 1, p. 79.

教以前貪戀女色，畜養童婢數百位。以基輔大公國的經濟活動來看，他這數百位童婢，可能是要運到君士坦丁堡販賣的女奴。基輔商人販賣女奴的活動，縱然在蒙古入侵、佔領了大部分俄羅斯後，仍然沒有沒有停止過。

從君士坦丁堡出發，經「從法蘭京人到希臘人」商道輸出到西北歐的貨物，除了羅馬帝國內出產的豐富貨物外，還包括來自東方的中國、阿拉伯各地的高貴與精細產品。其中以香料與絲織品為最；它們價錢昂貴，是貴族階級及高層教士所喜愛的珍品。從事此項貿易者，咸能獲得豐厚的利潤。東羅馬帝國、俄羅斯及西北歐的商人們，都希望能控制這條通道，壟斷該項貿易。諸夫格羅與基輔正好是控制這條運輸河道的上、下游兩大重鎮，地位相當重要。基輔則因更臨近黑海，距離去君士坦丁堡的航程不遠，其重要性更超過諾夫格羅。

國際局勢的突變，直接影響了兩城的商業活動。七世紀開始，起源自阿拉伯半島的伊斯蘭教，以其狂熱的信仰，急速向外擴充。東羅馬帝國及西歐等地，都受到了威脅。八世紀建立的歐瑪亞王朝 (Omayyad Dynasty, 661–750)，發展尤其快速。它征服了非洲北部沿海地區後，在 711 年，由塔利克將軍 (Tariq ibn-Ziyad, ?–720) 率領水師，跨渡海峽後，征服了西班牙半島。**❷❼** 此後，伊斯蘭大軍又在 732 年直攻法蘭克王國城市都爾斯 (Tours)，幸被「錘子查理」(Charles Martel, 688–741) 擊敗。這一勝仗，不但鞏固了法蘭克王國，更防護了西北歐從此不再受伊斯蘭帝國的直接侵襲之患。但是地中海中各島嶼，如科西嘉 (Corsica)、西西里 (Sicily)、克里特 (Crete)、塞浦路斯 (Cyprus) 等都逐一被征服，奪取了東羅馬帝國商人所壟斷的泛地中海貿易。君士坦丁堡與歐洲的商業，也因此只好繞遠道繼續進行。「法蘭京人到希臘人」的這一條穿經俄羅斯、北與在波羅的海區從事貿易的日耳曼商團相連、南向則直接經黑海與君士坦丁堡銜接的通商大道，便是適應這個商業需求應運而生。北部的諾夫格羅、南部的基輔正是這條線上貨物集散、轉運的兩大重鎮。

---

❷❻ M. N. Pokrovsky, *History of Russia: From the Earliest Times to the Rise of Commercial Capitalism.* New York: Russell & Russell, 1966. Pp. 36–37.

❷❼ 該海峽被命名為「加巴塔利克」(Jabal Tariq)，意思是塔利克岩石，後世所稱的直布羅陀海峽 (Gibraltar)，便是轉音而成。

新接受伊斯蘭教的波斯及土耳其民族，以其狂熱的信仰，更為激烈、迅速地擴充其勢力範圍。到了十一世紀，伊斯蘭教已經奪取了東羅馬帝國領土的大部分版圖；其中包括基督教聖地的耶路撒冷。歐洲的基督教各國，為了維護聖地及前往朝聖的安全，從十一世紀開始組織十字軍運動，對伊斯蘭教勢力展開長期的反攻。十字軍東征雖沒有永遠收回、佔領聖城耶路撒冷，也沒有重新統一 1054 年分裂的基督教會。但因頻繁運送兵士及補給，卻意外的打通了阻塞已久的東西通商海道。義大利的威尼斯 (Venice)、佛羅倫斯 (Florence)、比薩 (Pisa) 等諸城市的商人，代替了伊斯蘭教商人，壟斷了地中海中獲利最豐的新市場。

為了要控制君士坦丁堡，及奪取其財富，威尼斯商人與教皇英諾申三世 (Innocent III, 1198–1216) 陰謀聯合，假借光復耶路撒冷為名，組織了實際上是要攻佔君士坦丁堡的第四次十字軍東征 (1200–1204)。威尼斯商人及其雇用的法蘭克武士，攻進城中，任意放火搶劫。據隨行者的記載，燒毀的房屋數字，超過法國三個大都市的總和。根據《羅馬帝國衰亡史》(*The Fall and Decline of Roman Empire*) 作者吉朋 (Edward Gibbon) 的估計，他們在一週內所掠奪的財富，等於當時英格蘭總收入的七倍。對於文化、藝術的破壞，更是無法估計；要比鄂圖曼土耳其帝國在 1453 年攻佔君士坦丁堡時的破壞，超過甚多。❷❽ 經過如此徹底的破壞，君士坦丁堡在國際貿易上的重要性，從此一蹶不振。

再者，義大利商人控制地中海商業及航運後，君士坦丁堡與歐洲的區域性及歐亞兩州的國際貿易，不必再繞陸路輾轉進行。因此「從法蘭京人到希臘人」的通商水道，失去了經濟上的價值。君士坦丁堡聚集、轉運與貿易的商業地位，由威尼斯等義大利港口替代。依賴與君士坦丁堡通商而獲益的基輔城，也隨之沒落。

基輔人民在蒙古人 1240 年進城前，早已經開始向外遷徙。一支是向西、屯墾波蘭與加利西亞 (Galicia) 的農業區；另一支則是向東北方奧卡河、伏爾加河流域的森林地帶遷徙。其結果是加速羅斯托夫—蘇茲道—伏拉地密爾區域的發展。仍然留在基輔城的人民大眾，從以商業為主的經濟，漸漸轉為農耕、從事農業生產。世襲的武裝商人貴族「博亞」，乃以搶奪、聚集土地維持

❷❽　Henry Treece, *The Crusades*, New York: Random House, 1963. P. 178.

生活，發展成為新興的地主階級。基輔的重要性，因此衰退。不過諾夫格羅則因為地處「從法蘭京人到希臘人」商道北部，君士坦丁堡商業地位的衰落，對其衝擊性比較小。

基輔公國崩潰的最主要原因，是爭奪領導權所造成的政治危機。縱觀俄羅斯的歷史，自古到沙皇制度的終結，領導權的繼承制度，向來就沒有妥善的機制。其制度有時是長子繼承 (primogeniture)；有時是兄終弟及；有時是母后即位或執政；又有時由「博亞貴族議會」(Boyar Duma) 推戴而出。因此每當大公領導職位懸空時，兄弟們便會因爭奪繼承者之位而發生內戰。外族勢力則乘虛而入，更加混淆國內的危機局勢。

因爭奪繼承權而引起的混亂，可以追朔到比蠻人入主俄羅斯開始；根據《俄羅斯編年要錄》的記載，茹瑞克在位時，因為要兼顧北歐境內的封邑與諾夫格羅城兩地事務，必須來回奔波，因此他早已經將俄羅斯的大政，交付給不同族系的歐列格。歐列格死後，茹瑞克的兒子伊高爾繼任；他死後，兒子斯威亞托斯拉夫年幼，由母后奧嘉攝政。斯威亞托斯拉夫要到 964 年奧嘉死亡後才真正親政。斯威亞托斯拉夫在世時，已預知他死後，兒子們會因繼承權發生戰爭，因此將基輔公國的主要城市，分由三個兒子分別治理，以免衝突。但他死亡後，長子亞若坡克雖依法即位，遠在諾夫格羅城的三子伏拉地密爾不但拒絕承認，反而邀請法蘭京人出兵相助，攻入基輔自立為大公。

伏拉地密爾以暴力所掠奪政權，在他死後又陷入了兄弟鬥爭的亂局。先是斯威亞托坡克殘殺可能繼任的兄弟戈列伯與玻立斯後而自立；然後另一兄弟亞若斯拉夫又將之擊敗，驅逐出基輔；另一兄弟密斯提拉夫不服，在 1024 年將之擊敗。此後二人協議平分基輔公國，共同治理。亞若斯拉夫擁有諾夫格羅城及德涅泊河右岸諸地；密斯提拉夫則治理德涅泊河左岸，庫本河 (Kuban) 盆地各處。若非是因為密斯提拉夫死後無子繼承，否則基輔公國的再度分裂，又會在此時發生。

智者亞若斯拉夫深知沒有妥善的繼承制度，是造成國家長期不安的主要原因。因此他特別訂立「輪番」制度，希望「兄終弟及」的制度能達到政權和平轉移的目的。他臨終前再三叮嚀兒子們，應遵守父訓，兄弟之間要親愛精誠，不得干戈相見。但其效果卻正相反，「輪番」制度不但沒有避免骨肉相

殘，反因為其所創的封邑制度，分化了中央與地方的關係，使得中央的基輔大公只空擁虛名。但由於基輔自古便是法統的中心，得勝者可以在此以基輔大公之名，藉此達到「挾天子以令諸侯」、駕臨諸侯之上之實，因此是兵家必爭之地。因此該城飽受戰爭之災，破亂不堪，已非昔日壯觀的都城。地方諸侯，擁兵自重，其勢力早已凌駕中央之上。1096 年所定的柳貝克會議規定的「父子相傳」的繼承法，便正式終止了輪番制。向來沒有妥善解決過的繼承危機，自開始時就是基輔公國衰微的禍源。

外族的侵邊，是導致基輔公國衰亡的另一個因素。俄羅斯的歷史發展，與南部臨近黑海區域的游牧民族歷史，有密切的關係。基輔國成立時，卡扎兒汗國也正在建立。其疆域東起亞若海 (Aral Sea)，經裏海 (Caspian Sea)，向西包括伏爾加河、頓河、德涅泊河迄於聶斯特河 (Dniester) 地區。許多基輔國的領土，也曾隸屬其管轄之下過。卡扎兒汗國與基輔公國同樣，也是以商業為主，它不但與以巴格達 (Baghdad) 為首都的阿巴西德伊斯蘭教國家 (Abbasid, 750–1258) 通商，也與東羅馬帝國保持著密切的軍事及經濟關係。因此它控制了東西雙方貿易，威脅著基輔的商業利益。斯威亞托斯拉夫在 965 年，出兵摧毀卡扎兒汗國的首都，以求鞏固基輔公國的商業地位。經過多年的征戰討伐，卡扎兒汗國終被削弱。但代之而起的披其內戈族，更為兇悍。斯威亞托斯拉夫在 972 年被殺後，俄羅斯的東部，此後便少有寧靜之日。

十一世紀開始，又有一個新興的「坡羅夫齊」游牧民族，崛起於亞洲的草原上。他們屬「苦蠻」族；在鏟除了卡扎兒人與披其內戈人後，便與基輔為鄰。歷經內憂外患的基輔，面對這個比以前游牧民族更兇悍的新蠻族，已經毫無抵抗的能力。

基輔從建國一開始，便是飽受外族入侵之擾。一方面與卡扎兒、披其內戈、苦蠻等游牧民族進行長期戰爭；另一方面，與西部多瑙河流域的匈牙利人及保加利亞人也經常發生戰爭。與東羅馬帝國的關係，則是時戰時和。但為了維護商業上的利益，基輔公國曾經數次大規模出兵攻擊。基輔國本是以商業為立國之本，這東、西、南三方的長期戰爭，徹底損壞國家了元氣，摧毀了商業經濟的基礎。因此一旦當威力更強的蒙古大兵壓境，基輔公國在既無軍力，也無財力，更無諸侯與人民大眾支持的困境中，只好坐以待斃。

第三章　莫斯科的興起

一、興起的原因

在蒙古金帳汗國（欽察汗，Golden Horde）統治下的俄羅斯，有能力推翻這個異族政府，重建統一秩序的，似乎不應該是地處東北的邊遠小鎮莫斯科(Moscow)，而是地處北方未經蒙古侵佔的諾夫格羅城，或是莫斯科原本依附的伏拉地密爾，或是商業要邑特沃 (Tver)。但是，最後達成這個任務的，不是這些重要城鎮，反而就是這個不被重視的莫斯科。

當時的莫斯科，是一個只以木頭建築物為主的原始城鎮。它沒有宏偉的大教堂，財富比不上諾夫格羅等商業重鎮，與文化中心的基輔及君士坦丁堡也缺乏密切的關係。在當時諸侯爭奪領土時，它更不是一個著眼的地方；在歷史文獻上，一直要到十二世紀才簡略地被提到過。這樣一個不重要的城鎮後來竟然能成功統一俄羅斯，其因素究竟為何，是歷史學家們一直都在研討的問題。綜合各家的分析，可歸納為下述幾點。第一，是處於中央心臟的地理位置，使其在蒙古入侵時，成為各處難民的庇護所；第二，是東正教對莫斯科的支持，使其在蒙古統治下，能成為凝聚斯拉夫民族向心力的領導者；第三，是持有蒙古汗國所賜特許任用狀「亞立克」(iarlyk, yarlyk) 及「大王公」(Grand Prince) 的封號，使其擁有了治理俄羅斯的合法性權威；第四，是莫斯科歷來統治者的雄才大略，安內攘外，奠定了強固的基礎；他們同時扮演著既是蒙古的代理者、也是抗蒙古的斯拉夫民族領袖的雙重角色，達到了驅除蒙古帝國、統一俄羅斯的最終目的。

1. 地理位置

俄國歷史學家克柳切夫斯基認為莫斯科的地理位置，是其成功的主要因

素。基輔雖然接近君士坦丁堡，對於其商業活動與經濟發展有極大幫助，但周圍沒有天然屏障保護，因此經常被外來的游牧民族侵擾；加上它主要的經濟活動，是靠交換貨物的商業，缺乏農業作生產基礎。假若銜接的通商大道受阻，則基輔的經濟必然發生困難，以其為主的城邦聯盟，也會隨之崩潰，成為四分五裂的割據現象。因此，基輔的地理位置雖是興盛的主要因素，但也促成它的衰亡。

莫斯科的地理位置卻不一樣。它位於俄羅斯東北隅的森林地區，佔有進可攻，退可守的良好戰略位置。它地處伏爾加與歐卡兩河中間的莫斯科瓦河 (Moskva) 旁，是東部各水道的交接處；東部則有濃密的森林，西部有森林及沼澤，是天然的屏障，足以阻擋外族的入侵。莫斯科地區，遠在俄羅斯統一以前，就已發展了相當活躍的商業活動。城中的領袖則利用向各地徵取的稅收，奠定了它與其他城市競爭的有利基礎。

當基輔公國在十一世紀中分割成為各獨立諸侯國 (udely) 時，莫斯科便漸漸開始兼併附近領土；到了十四世紀初，儼然已成為了一個極具規模的國家。俄國歷史學家克柳切夫斯基認為這個具有安全性的地理位置，吸引了大批斯拉夫人在蒙古入侵時從各地移居到此處屯墾。為了保護來此的斯拉夫民族，莫斯科的大公們，更擊退了時常侵邊的異族——立陶宛。不但如此，連基輔的東正教領袖，也在這異族入侵的混亂時刻，遷居到莫斯科，冀求莫斯科大公的禮遇與保護。因此在人民的心目中，莫斯科的大公不但是唯一一個能維持治安、保障人民生命的實際領袖，也是捍衛基督信仰、使其得以延續的支柱；沒有任何其他的城市可以替代莫斯科城的地位。❶

森林與沼澤是天然屏障，同時也是擴展生存空間的阻礙。長久以來，砍伐森林、填沼澤為良田、與大自然既奮鬥又必須共存的生活型態，就形成了俄羅斯民族能承受艱苦、忍辱的特性。斧頭在俄羅斯的文化中具有特別的意義；它能毀壞，也能創造。農民家中所懸掛兩樣東西，一件是聖像，另外一樣就是斧頭。一位俄羅斯歷史學家對莫斯科的開拓精神描寫說：「在濃穆的曠

❶ Kliuchevski, *Kur russkoi istorii*, vol. 2, pp. 26–27. 見 David MacKenzie and Michael W. Curran, *A History of Russia*. Belmont, CA.: Wadsworth Publishing Company, 1993. P. 118.

野森林中，凡是斧頭所到之地，鐮刀、鋤頭、養蜂者的驅蜂杖必然尾隨而至。凡是斧頭砍伐之處，森林必被破壞而變為稀疏。接著的，是蓋新房子、或是修理舊房子的工作，村落就這樣在森林中建立了起來。」❷

此後，俄羅斯的文化中，斧頭的功用便代表了破壞舊傳統與創造新秩序的象徵意義。1860 年代，極端的革命分子呼喚著拿起斧頭來、推翻沙皇專制政權的口號；契可夫 (Anton Pavlovich Chekkov, 1860–1904) 在其《櫻桃園》(The Cherry Orchid) 的戲劇中，便特別以砍伐櫻桃樹的斧頭聲，描繪出被迫害者在破壞舊秩序時所發出的復仇怒喊聲；托洛斯基 (Leon Trotsky, 1879–1940) 在 1940 年被暗殺的兇器，也是斧頭。因此，莫斯科的地理位置，不但將砍伐森林而求生的俄羅斯人民，鍛鍊出來艱苦奮鬥的精神，也養成了一股兇悍的個性。這正是以暴易暴、驅逐蒙古與創建新秩序的必備條件。

2. 東正教的貢獻

基輔大公伏拉地密爾在十世紀時採納基督教為國教，以政府的命令強迫人民接受。但因其教義特別重視愛、忍辱、謙恭及期望來世的彌賽亞主義 (Messianism) 理念，使其成為俄羅斯人民在蒙古統治下的重要的精神慰藉。

基輔公國被蒙古汗國征服後，該地的東正教大主教馬克斯莫斯 (Maximus) 在 1299 年，將教座暫時遷徙到比較安全的伏拉地密爾處。他周遊各地宣揚教義，特別鼓勵俄羅斯人民在異族的統治下，更應堅持信仰、團結一致。1303 年他死後，被奉為人民的精神領袖，安葬在伏拉地密爾，該地遂代替了基輔，成為了俄羅斯的東正教中心。

馬克斯莫斯的繼承者彼得，因與伏拉地密爾大公不和，乃接受莫斯科大公伊凡一世 (Ivan I) 的邀請轉移到該城暫居。他到達莫斯科後，便立即開始建築第一個用石頭作建材的「聖母升天大教堂」，蓄意要把莫斯科變為東正教的新聖地。因此，莫斯科的大公集政教大權於一身，不但是俄羅斯人民的領袖，也是大主教的保護者。莫斯科城既是政治中心，也是上帝之都。

---

❷　James Billington, *The Icon and the Axe*, p. 27.

3.蒙古帝國的因素

　　成吉思汗結合諸游牧部落成立蒙古帝國後，西征的大軍經中亞穿越高加索山，於 1223 年進入俄羅斯南部；在卡爾卡 (Kalka) 岸，擊敗俄羅斯人及游牧民族坡羅夫齊人，繼續向北推進。成吉思汗在 1227 年死亡，暫時解除了基輔與附近諸地被侵略的危機。但是當他孫子拔都繼承大蒙古汗國西部後，便旋即親自率領二十萬大軍，在 1236 年跨越烏拉山，進攻伏爾加河流域的布爾加人；基輔公國與立亞贊 (Riazan)、蘇茲道－伏拉地密爾、莫斯科等城邦都陸續失陷。拔都在攻佔大部分俄羅斯後，繼續向歐洲前進，深入波蘭、匈牙利境內。他擔心出師過久，會導致內政不安，才在 1242 年撤兵退返俄羅斯南部，在伏爾加下游岸旁的薩來伊 (Sarai) 定都，建立金帳汗國 (Kipchak Khanate, Golden Horde) 治理俄羅斯。俄羅斯境內各王公、諸侯，都在其武力的威脅下俯首稱臣。

　　北部的諾夫格羅城，雖倖免於蒙古的侵略，但卻經常遭受瑞典、波蘭、

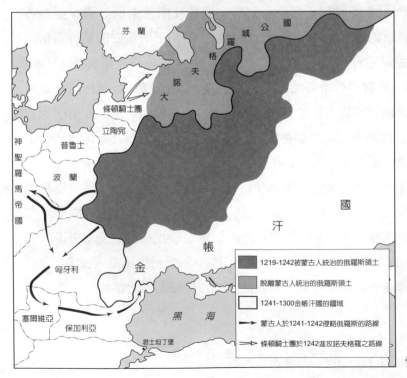

蒙古統治俄羅斯圖

立陶宛與條頓武士團的侵略。為了避免兩面受敵，諾夫格羅城的大公亞歷山大，決定先向蒙古可汗稱臣，以便專心抵抗瑞典等外敵。他因此特地親自前往薩來伊，跪領蒙古可汗所賜「亞立克」特許任用狀及「大王公」的封號。由於受到蒙古的保護，他終於在 1240 年在芬蘭灣的内瓦河 (Neva) 岸，擊潰了入侵的瑞典海軍，因此贏得了「内瓦河的亞歷山大」(Alexander Nevskii) 美名，成為俄羅斯歷史中英勇抗敵、保衛祖國的民族英雄。不過統一俄羅斯的，不是諾夫格羅城，而是他幼子丹尼爾 (Daniel) 所繼承的莫斯科城。丹尼爾在 1263 年，獲得莫斯科的封邑。他在 1277 年將封邑提升為莫斯科公國，到 1303 年為止，一直為莫斯科公。

　　金帳汗國政府在俄羅斯設有「達如伽」(Daruga)，❸ 專門管理境内各事務；其最重要的兩項任務是徵收賦稅與抽募壯丁。但蒙古人以少數民族入主，既無法獲悉當地實際的情形，更缺乏人力與治術管轄地廣人眾的俄羅斯，因此只有委託境内諸侯代為治理。被選的代理者，必須親自前往蒙古在薩來伊的宮廷，接受特許任用狀「亞立克」及「大王公」的封號。為了避免任何諸侯利用所賦予的特權擴張本身的勢力，蒙古可汗並不將此封號交由任何一個單獨的代理者壟斷與世襲。他以效忠性為標準，將「亞立克」及「大王公」的殊榮賜給最盡職、也是最恭順的諸侯。伏拉地密爾、蘇茲道和特沃等諸王國大公，都曾擁有過「亞立克」特許狀及「大王公」的頭銜。莫斯科在 1328 年，也開始獲得蒙古可汗的信任，接受了該兩項殊榮。

　　與莫斯科競爭為敵的特沃，因不滿蒙古高壓的統治，在 1327 年公開反抗當地的蒙古駐軍。莫斯科大公伊凡奉蒙古可汗之命，前往鎮亂。他乘機佔奪該城，並屠殺城中人民，從此消滅了統一俄羅斯的競爭者。蒙古可汗在平定特沃叛亂之後論功行賞，特地將大王公頭銜賜給了莫斯科大公的伊凡一世；而這一年 (1328)，也正是希臘籍的大主教西奧格諾斯特斯 (Thogonostus)，將俄羅斯教區的教座遷到莫斯科的同一年。兩個事件雖然實屬巧合，但是伊凡因此同時身兼法統與教統的權威地位，對其完成統一俄羅斯的大業是一個不

❸　「達如伽」為金帳汗蒙古帝國統治征服各地的最高行政組織，兼理文、武事務，沿襲土耳其的古老制度而成。資料見 http://www.ozturkler.com/data_english/0003/0003_04_13.htm.

可或缺的因素。伊凡的繼承者此後都能延續這個傳統，一方面是以蒙古可汗的忠實代理者權威，乘機在俄羅斯境內擴充本身的勢力；另一方面，則又以全俄羅斯的領袖自居，藉保障人民的利益而拉攏人心。到了伊凡一世的孫子狄密錘 (Dmitri, 1359–1389) 自認羽毛已豐時，在 1380 年聯合俄羅斯境內諸王公，正式反抗蒙古汗國的軍事統治，在「苦里寇沃之役」(Battle of Kulikovo) 中擊敗了金帳汗國的大軍。雖然蒙古援兵隨即趕到，狄密錘不支而敗逃，莫斯科及俄羅斯的的北部也又重回其統治。但狄密錘曾在「苦里寇沃之役」中擊敗了可汗大軍，卻在基本上動搖了蒙古軍百戰百勝的迷信，更堅定了莫斯科大公成為能外禦強敵、內保平安、統一俄羅斯非其莫屬的領導地位。

4.莫斯科公國王室本身的因素

　　莫斯科城在基輔時代因地處邊緣，不為封建諸侯重視，因此獲賜封該城的多為支系諸侯。也正因為這個原因，莫斯科公國得以免於基輔國王位繼承的鬥爭糾紛，可以專心治理本城的事務。為了避免重蹈基輔公國「輪番」制度所造成的紊亂局面，莫斯科公國自伊凡開始，就制定了確保獨尊嫡系、使其控制所有支系的傳統。另一個與基輔不同的現象，是莫斯科王公都是年長後才即位，甚少幼沖之君，因此外戚或叔伯干政紊亂朝政的情況較少。最後則是莫斯科大公們憑其才幹，能妥善利用上述各有利因素，達到了驅除蒙古，統一俄羅斯的目的。

二、莫斯科公國的發展史

1.莫斯科世系與初期的發展

　　從一個不起眼的城邦逐漸發展成為一個公國，再進而演變成為一個王國，最後則形成為一個跨越歐亞的俄羅斯帝國，都是起源於基輔東北部一個叫莫斯科的邊遠小城。它的崛起與基輔逐漸式微有密切的關係。從十一世紀開始，基輔除了跟卡扎兒、披其內戈與苦蠻等游牧民族繼續作戰外，此後更受到了新興游牧民族「坡羅夫齊」的侵擾，國力更加衰退；為了找尋可以避難之處，

基輔大公的支系們率領人民向邊遠之地避難與屯殖。伏拉地密爾二世‧莫諾馬克的三子長臂尤立便開始經營東北地區的莫斯科與其他城市。

　　莫斯科在十世紀開始就有克里維其、威亞提黔等東斯拉夫族與來自諾夫格羅的法蘭京人在此居住。《俄羅斯編年要錄》記載說威亞提黔人原居住在歐卡河邊，然後順其支流莫斯科河，到達了莫斯科盆地，故莫斯科之名或與其有關。「莫斯科」（Moscow, Moskva）一詞的來源有不同的說法，有說是來自於斯拉夫字的 (mosk)，意思是「浸透」，但也可作「狂飲」用。其用意似乎有莫斯科盆地吸取著大量莫斯科河的河水。又有說是來自於芬蘭語系的 (va)，是河流的意思。❹不論其名稱的起源為何，莫斯科城一詞則從十世紀一直沿用到今。

　　與基輔城相比，莫斯科終究是個邊緣的城市，早期的統治者只將其視為暫時避難之所，或以其為進取其他如伏拉地密爾、蘇茲道和特沃等大城市的過渡站，甚少有真正經營作久居的打算者。源此之故，史籍中有關早期莫斯科公國統治者的世系記載幾乎闕如，縱或偶爾提及，也是語焉不詳。後世學者雖然盡力想重整統治者的世系秩序，但因缺乏原始史料，故對伊凡一世前的統治者仍然是眾說紛云，難有肯定的說法。到了伊凡一世被封為莫斯科王國的大王公後，其歷史的演變才有有條理的記載。但為了說明莫斯科發展的起源，所以姑且將自建立該城的丹尼爾公 (Daniel) 起以迄於莫斯科帝國的費多爾（Fedore，或 Theodore）為止，依其在位先後分列於下，然後再在下文加以敘述。其中許多年代是後世根據不同地區的《年鑑》追溯推算而出，故同一人物或時間便會在不同的記載中出現差異的現象；加以該城早期的統治者替換頻繁及史料闕如，有關世系前後次序的安排不但有斷層、且有互相抵觸的現象，故下列資料只供參考，並不能以定論視之。

　　莫斯科王室世系：

　　丹尼爾（Daniel, ?–1303；莫斯科公，1277–1303）

　　尤立三世（Iuri III, 1281–1303；莫斯科公，1303–1325；伏拉地密爾公，1319–1322）

---

❹　S. S. Khromov, trans. Yuri Shirokov, *History of Moscow: An Outline*. Moscow: Progress Publishers, 1981. P. 13.

狄密錘 (Dmitri, 1322–1325)

亞歷山大 (Alexander, 1326–1328)

錢袋子伊凡一世 (Ivan I, Kalita, the Money Bag, 1328–1341)

驕傲的西密翁 (Simeon the Proud, 1341–1353)

溫和的伊凡二世 (Ivan II, the Meek, 1353–1359)

頓河的狄密錘 (1359–1389)

瓦西立一世 (Vasili I, 1389–1425)

眼瞎的瓦西立二世 (Vasili II, the Blind, 1425–1462)

偉大的伊凡三世，(Ivan III, the Great, 1462–1505)

瓦西立三世 (Vasili III, 1505–1533)

恐怖的伊凡四世 (Ivan IV, the Terrible, 1535–1584)

費多羅 （Fedore，或作 Theodore 音譯，1584–1598)

在俄羅斯的史料中，最先提到莫斯科源起的，是《俄羅斯編年要錄》中 882 年的記載。接受茹瑞克托孤、照顧伊高爾的歐列格，在 882 年時，從諾夫格羅城到基輔去。長途行軍疲乏，他命令眾人在莫斯科瓦河與內格林吶亞河 (Neglinnaya) 會合之處，安營紮寨休息。此後，他又下令，就在此建立一個可以防禦敵人侵擾的屯墾區（burg，或 gorodok)。建成之後，隨即被蘇茲道的一位「博亞」貴族強佔為己有。

莫斯科再度被提到時，是 1147 年。基輔大公伏拉地密爾二世·莫諾馬克 (Vladimir Monomakh, 1113–1125) 的第七個兒子蘇茲道大公長臂尤立 （Iuri Dolgoruki，蘇茲道公 1125–1155；基輔大公，1149–1150，1151，1155–1157)，在這一年率眾侵擾諾夫格羅城。事成之後，借道莫斯科轉回蘇茲道封邑。途程中，他邀請盟友車尼高夫城王公斯威亞托斯拉夫一同前往，並說，「兄弟，來呀! 跟我到莫斯科去。」斯威亞托斯拉夫於是帶同兒子歐列格前往赴約。次日，尤立在此舉辦了一個盛大的慶祝宴會。但尤立不滿莫斯科城主態度傲慢，一怒之下，將其殺死，把屍體拋棄到河流中，霸佔了莫斯科城。尤立隨即下令先在山坡上建築一座城堡（即今克里姆林宮 Kremlin 所在地）。完工後，又在它的東北部建築第二個城堡，以其子安德瑞 (Andrey) 的坡羅夫齊名字，把這個地方定名為契臺 (Kitay)。❺ 由此可見，早期的莫斯科在蘇茲道轄屬之下，

地位並不重要。

當蒙古帝國的大軍從 1156–1237 年之間入侵俄羅斯時，莫斯科像其他重要城邦一樣的被侵佔，隸屬於蒙古帝國管轄之下。由於莫斯科地處偏僻，並沒有遭遇到過太大的兵災。

基輔公國在十二世紀中衰後，繼起的俄羅斯領導者，是東北部的伏拉地密爾、蘇茲道和特沃等城市。莫斯科在當時只是伏拉地密爾的附屬，毫不著眼。它要在這些城邦逐漸式微之後，才漸漸崛起。第一個努力經營莫斯科，將其作為久居之地的是丹尼爾 (Daniel, ?–1303)。丹尼爾是諾夫格羅城大公「內瓦河的亞歷山大」(Alexander Nevskii, 1252–1263) 幼子。他在 1263 年父親死亡，哥哥升任為伏拉地密爾大王公後，獲得莫斯科的封邑。他從此努力經營該城，並在 1277 年將其擢升為一公國，進而逐漸併吞附近城邦，奠定了以後統一俄羅斯的基礎。

俄國歷史學家克柳切夫斯基分析莫斯科的崛起原因說，莫斯科大公們採取五種不同的方式，來擴充疆域與增強本身的勢力。他們分別是以用金錢收購附庸；以武力建立聲威；靠遠交近攻的外交政策兼併近鄰；又採取先幫助弱小諸侯反抗霸主、勝利後則大肆要挾金錢或土地報償的策略；再就是強迫人民以屯墾與砍伐森林的方式，開發耕地，以增加莫斯科的領土。❻丹尼爾從 1263–1303 年之間，便是以這些方法開始經營莫斯科。

丹尼爾首先在 1300 年，以莫須有的原因出兵攻打、並佔據了莫斯科河下游的立亞贊，後又在 1302 年，靠外交上的手腕，併吞了北部在伏爾加河中游

❺　安德瑞的母親來自於坡羅夫齊族，不屬於斯拉夫族。根據當時的習慣，若母親不是斯拉夫人，則她可以用自己的語言為兒子再起另外一個名字。因此「契臺」是安德瑞的坡羅夫齊名字。俄國歷史學家西廷 (Sytin) 認為 Kitay 之字，源自於蒙古語中指稱「中間」、「中國」（或與中國有關？）一詞。P. V. Sytin, *Iz istorii monksovskikh ulits*, Moscow, 1958, pp. 67–108. 見 Robert C. Howes, trans, *The Testaments of the Grand Prince of Moscow*, Ithaca, New York: Cornell University Press, 1967, p. 4. 此處的 Kitay 意指「居中」的城堡。十二、三世紀時，契臺位處莫斯科城中央，在克里姆林宮範圍之內。伊凡三世改建該城時，才將其摒除在外。

❻　Kluchevsky, *A History of Russia*, vol. 1, p. 284.

的培瑞亞斯拉夫 (Peresyaslav)。他在 1303 年死亡時，莫斯科已經控制了莫斯科河中、下游的土地。他兒子尤立接位後，又出兵攻佔了上游的莫扎伊斯克 (Mozhaisk)，控制了整條的莫斯科河流域後，與特沃公國交界。

特沃地處莫斯科東北部約一百哩、伏爾加河上游，控制著經過諾夫格羅城的東西通商大道。它本身勢力相當強大，與鄰國立陶宛保持密切的良好關係。蒙古可汗總覺得特沃的存在，是個潛在的威脅，時時有將其鏟除之意。正在此時，伏拉地密爾大公國大公死亡，莫斯科的尤立與特沃的麥可 (Michael, 1304–1318) 對此城都有奪取之心。蒙古汗國乃乘機利用這個機會，暗中協助莫斯科大公。這一場為了爭奪伏拉地密爾大公繼承權的糾紛，從此引起了兩城長達兩世紀之久、為搶奪領導俄羅斯邁向統一者的戰爭。結果是莫斯科城在蒙古帝國的庇護下，漸漸壯大，不但擊敗了特沃，最後也推翻了蒙古的金帳汗國，統一了俄羅斯。

蒙古汗國在俄羅斯的政策，原就是利用各城邦的矛盾，加以分化，使其無法團結；它也絕對不允許任何一個城邦勢力過強，如此才能保持本身的制衡力量。為了利用莫斯科對抗特沃，蒙古金帳汗國的可汗在 1317 年，將他的妹妹賜給尤立為妻，並冊命他為伏拉地密爾大公。特沃城大公不服，出兵反對，尤立奉命討伐，但出兵不利而戰敗，妻子則被敵人下毒、侵辱而死。金帳汗國可汗以麥可毒死可汗妹妹的罪名，將其處斬。隨後在 1319 年，將伏拉地密爾大公的封號再度正式封賜給尤立。但蒙古可汗見尤立自從獲得伏拉地密爾大公的封號後，便假借可汗之名，擴充自己勢力，故在 1322 年又把此封號，轉賜給特沃大公麥可之子亞歷山大。尤立不敢反對，只好忍辱接受。尤立之弟伊凡 (Ivan) 在 1325 年繼任為莫斯科大公。

亞歷山大就任特沃大公及獲得伏拉地密爾大公的封號後，勵精圖治；他與近鄰立陶宛修好，以為日後反蒙古的準備。他在 1327 年掀起了反蒙古的旗號；蒙古可汗命令莫斯科大公伊凡前往征伐。伊凡受命，努力作戰攻陷特沃後，在城中大肆搶劫、殺擄。他將擒獲的亞歷山大，送往金帳汗國受審。蒙古可汗在 1328 年，封伊凡為伏拉地密爾大公以為酬謝。因此伊凡一直到 1341 年死亡為止，都身兼莫斯科與伏拉地密爾兩城的大公。伏拉地密爾因地處俄羅斯東北部的重鎮，對伊凡統一俄羅斯的大業，有非常大的幫助。

2.從伊凡一世到瓦西立二世

從伊凡一世在 1328 年就任莫斯科大公位開始，歷經伊凡三世在 1480 年稱大帝，到伊凡四世 1584 年死亡為止，是俄羅斯歷史發展中非常重要的一個階段。莫斯科大公家族在這一段時期中，逐漸鞏固政權，不但成為統一俄羅斯的唯一力量，也替十八世紀的俄羅斯沙皇帝國打下了基礎。同時，因為莫斯科的興起，在北部與之相對抗的諾夫格羅等城邦，漸漸被納入版圖；一直威脅俄羅斯邊境的立陶宛，也終被擊敗，無法與之抗衡。這為時兩百多年的奮鬥，其成功的主要原因是伊凡一世所奠定的好基礎。他為了要使後世子孫知道創業的艱苦，及希望領導權能和平轉移，以避免基輔公國四分五裂的混亂局面，他首創了在位君主親自手寫證言 (testament) 以為警惕的傳統。後世的繼承者，都謹遵遺訓，不敢有違。從伊凡一世 1329 年的第一篇開始，到伊凡四世 1572 年為止，現仍遺存證言十三篇。它們是研究這一段歷史最重要的文獻。

伊凡一世善於斂財，致使莫斯科國庫充實，因此被稱為「錢袋子伊凡」。他對蒙古可汗特別顯得恭順。在 1328 年時，他親赴蒙古汗國的首都薩來伊，從可汗手中接過代為治理俄羅斯的特許任用狀「亞立克」及「大王公」的封號。他因克盡職守，努力為蒙古帝國效勞，故這大公的封號就從此為其世家所專有，未再旁落到其他族系。克柳切夫斯基認為「亞立克」特許狀及大王公封號，是代表蒙古可汗對伊凡的信任，把治理俄羅斯的宗主權交給了他。這對莫斯科以後的發展過程中，具有心理及政治上的兩個重大意義。心理意義是指宗主國的莫斯科公國，對由各處到此避難的難民，提供了安全感，在當時的亂世之中，能維持境內秩序與穩定的，只有莫斯科公國。因此蒙古任命伊凡代為治理俄羅斯之舉，一般人民咸信莫斯科必將以其制度為典範，開始重新整頓全俄羅斯的秩序。各地諸侯面對伊凡與蒙古可汗的友好關係，很自然地將其當作屏障，保護本身的利益，願意聽從他的命令。蒙古可汗也遵守對伊凡的信諾，不對他治理俄羅斯的政策妄加干涉。當時的一個年鑑就記載說，伊凡受命為大王公後，蒙古不再侵擾俄羅斯北部。「從此之後，韃靼停止了對俄羅斯領土的侵奪，俄羅斯得以享有了四十多年的太平」。❼

　　克柳切夫斯基所謂的政治意義，是指伊凡一世統一俄羅斯各項政策所產生的影響。伊凡的政策是先將各城邦的稅收規律化，然後再以武力與政治力量，將各自為政的封建諸侯，整合成為一個統一的國家。蒙古金帳汗國初成立時，對俄羅斯境內的政治與經濟情況毫無所知，因此首要的任務，便是盡快調查人口，以作為徵稅的依據。但蒙古以外族入侵，本身的人力與財力有限，無法進行該等重要任務，只好在俄羅斯諸侯中，選擇一個勢力較弱、威望不高，願意向蒙古效忠且又不會威脅其權威的城邦，作為統籌俄羅斯事務的代理者。地處東北邊緣之地的莫斯科大公的伊凡，便因符合這條件而被選中。

　　伊凡被任命後，克盡職守。他一方面以蒙古可汗代表的身分，盡情課徵稅收，凡是違反者，不是加重稅額，就是將土地充公以為懲罰。另一方面則以俄羅斯斯拉夫民族領袖的面貌，暗中收攬人心，以為日後反蒙古帝國的準備。為了表示忠心，他幾次親自解送稅金到汗國的首都薩來伊。每次前往時，除了清繳應付稅收外，他並另外贈送大汗、后妃和皇親貴戚禮物。因此蒙古貴族與家人，都盼望伊凡能按時到京，因為他來了，金銀寶物就跟著到來了。❽

　　伊凡一世與其繼承者運用蒙古可汗賜給的特權，加強莫斯科公國的地位。為了收稅方便，他們將各地的城邦稅制統一化，然後再以這個統一性的經濟組織為基礎，漸漸擴充到政治方面，達到了政治上的統一目的。莫斯科王公除了是蒙古可汗的代理者，代為徵收稅金外，在 1353 年，又獲得了一項重要的司法權。這就是蒙古可汗將俄羅斯境內的司法審判權，直接交由莫斯科公國管轄，命令所有諸侯，除了對其判決不公，可以直接上訴蒙古汗國政府外，都必須遵守莫斯科公國的法律裁決。從此，莫斯科王公同時掌握了政治、經濟、司法大權，漸漸成為驅除蒙古人與統一俄羅斯的民族領袖。

　　伊凡能統一俄羅斯的因素，除了上述幾點外，最重要的是東正教的支持。蒙古帝國的蒙哥將軍，率軍西征俄羅斯，毀壞了包括基輔在內的許多城市，俄羅斯人民，乃向北部較安全的地方逃竄，莫斯科變成避難所。俄羅斯東正教駐基輔城的大主教馬克斯莫斯也在 1299 年，率領教士與群眾，逃到北部的

❼　Kluchevsky, *A History of Russia*, vol. 1, p. 286.

❽　Kluchevsky, *A History of Russia*, vol. 1, p. 286.

伏拉地密爾暫時避難。基輔與伏拉地密爾兩個教區因此被合併為一。南部的俄羅斯人民，因淪陷於外族的統治下，更依賴宗教信仰，以求獲得慰藉。因此，大主教馬克斯莫斯雖已遷居伏拉地密爾，但仍必須經常返回巡視基輔，探視該處各教區的信徒。他在來回的途程中，多半停留在莫斯科城休息。馬克斯莫斯的助理彼得，時常陪伴在旁。馬克斯莫斯死後，彼得繼任為基輔與伏拉地密爾教區的主教。莫斯科大公錢袋子伊凡，便利用這個機會，與馬克斯莫斯大主教及彼得建立了相當密切的友情。

伊凡升為莫斯科大公後，接受了彼得的建議，在莫斯科城中建築了俄羅斯境內第一個用石頭做材料的教堂。這是「聖母升天大教堂」。伊凡並把基輔教堂中許多聖器都搬到莫斯科，陳列在新建的教堂中。雖然當時的教座依然是伏拉地密爾，但彼得大部分的時間都居住在莫斯科城，受伊凡的照顧。他在 1326 年死亡於莫斯科；臨終前，特別囑咐伊凡一定要將他葬在完工後的「聖母升天大教堂」中，同時並對伊凡預言說：「兒子啊！凝神聽我說；你一定要完成『聖母升天大教堂』，也一定要把我安葬在其城牆內。如此，你所受到的榮耀，必會超越所有的王公們。你的兒子們如此，孫子們也必然如此。這城市本身的榮耀也將超過俄羅斯所有其他的城市。聖者們會下降到這兒來居住。只要我的骨頭安葬在此，這城也就會與它一樣的永存不朽。」❾

彼得為了為保護俄羅斯人民的信仰，使其不受到蒙古政府的迫害，曾不顧生命危險，幾度長途跋涉，親自前往薩來伊謁見蒙古可汗，講述基督教教義，並請他善待俄羅斯人民。因此俄羅斯人民對他特別感恩，在祈禱時都會默念他的名字以求保佑；教會也在死後奉其為聖者。他的繼承者西奧格諾斯特斯 (Theognostus) 雖是希臘人，但繼續其遺志，把原基輔的大主教區正式遷到了莫斯科。

此時的「錢袋子伊凡」，已經集合政治、經濟、法律、與宗教大權於一身，除了蒙古可汗外，他已經掌握了控制俄羅斯的最高權力。這個結果，絕對不是烏茲貝克 (Uzbek) 可汗當時任命勢力薄弱、但卻忠貞的莫斯科公國為代理者時，所能預想到的。

伊凡在 1340 年死亡，由兒子、綽號叫「驕傲的西密翁」繼任；西密翁即

---

❾　Kluchevsky, *A History of Russia*, vol. 1, p. 290.

位後，立刻到金帳汗國首都報哀。可汗烏茲貝克親自接見外，並特別向他們
保證說，因為他們的父親生前為一忠實與效忠者，所以他絕對不會把俄羅斯
的宗主封號及特權賜予其他家系。

西密翁為了要討好蒙古可汗，不顧俄羅斯諸侯的反對，特意提高諸邦國
應繳的稅金數額，以滿足蒙古可汗的需求。蒙古可汗因此賜以「全俄羅斯大
王公」(Grand Prince of All Russia) 封號，作為酬謝。原本是一個地區性的莫斯
科公國，自此被提升到了一個代表全國性的政體。西密翁本人在三十九歲時
死於瘟疫，兩個兒子也在幾年前因同樣的瘟疫去世。莫斯科公國的大王公，
由弟弟「溫和的伊凡」繼任，是伊凡二世。

伊凡二世秉承伊凡一世開國的政策，繼續向外擴充領土，進逼西北部諸
夫格羅城、特沃等地區。蒙古汗國開始猜忌其用心。伊凡二世去世後由兒子
狄密錘繼承。

狄密錘初即位時，國勢危急，幾乎無法保持政權。首先是與狄密錘同名
的蘇茲道大公，質疑他繼位的合法性。此外，莫斯科與特沃為了伏拉地密爾
轄屬權的糾紛，再度發生戰爭，延續達十年之久。戰爭時，特沃獲蒙古汗國
與立陶宛協助，斯拉夫民族為此不滿。一直到特沃在 1375 年放棄爭奪伏拉地
密爾的治理權，並承認莫斯科的宗主國地位，兩者才和平相處。

狄密錘最重要的貢獻，是在 1380 年的苦里寇沃之役中，他率領莫斯科兵
眾，首度擊敗了蒙古金帳汗國的大軍。該戰爭爆發的原因是莫斯科日漸壯大，
鄰近各邦都深感威脅，要求蒙古可汗協助。而蒙古可汗馬麻伊，也正恐本身
的統治權受到挑戰而受損，想找藉口出兵征伐，以削其聲勢。他於是故意命
令狄密錘增加年貢，試探他是否聽從。馬麻伊在狄密錘拒絕後，聯合了俄羅
斯西鄰的立陶宛，率兵分兩路出發，紮營於頓河岸的苦里寇沃，與狄密錘的
莫斯科大軍對陣。《俄羅斯編年要錄》把當時這場即將展開的戰爭，形容成不
但是俄羅斯斯拉夫人民與蒙古侵略者的一場民族戰爭，也是一場為了維護基
督教信仰、鏟除邪惡異教徒的正義之役。下面是其詳細記載的節譯：

> 1380 年：金帳汗國的馬麻伊可汗，由蒙古族王公們、韃靼與坡羅夫齊
> 的軍隊及其他如土耳其、亞美尼亞……等處的傭兵伴同，並獲得立陶

宛大公拉蓋樓 (Lagailo)、立亞贊王公歐列格隨後出兵援助的承諾，向莫斯科王國的狄密錘進攻。9 月 1 日，紮營在歐卡河岸。但是答應了對馬麻伊與立陶宛大公提供援助的歐列格，卻像叛逆者猶大一樣，暗中將蒙古即將進攻莫斯科的消息透露給狄密錘。狄密錘聽後，便到聖母大教堂中祈禱良久。完畢後，他召集了所有的俄羅斯王公、諸侯及人民們，共同前來抗敵。俄羅斯從來沒有如此龐大、總數約二十萬的大軍，來到了可羅姆納河岸 (Kolomna)。

馬麻伊在距頓河不遠的草原上紮營，等候拉蓋樓前來。等了三個星期。……狄密錘在聖母大教堂祈禱，接受主教的祝福後，於 9 月 6 日，到達頓河。俄羅斯的大主教瑟爾基 (Sergi, 瑟爾鳩斯)，特別來函，鼓勵他努力與馬麻伊作戰……

9 月 8 日清晨，狄密錘下令兵士們跨越頓河，向草原前進。到了早上 6 點鐘的時候，眼中沒有上帝的韃靼突然在原野上出現，面對著（俄羅斯）的基督徒們。雙方陣營規模龐大，兩軍在面積十三里 (verst，俄里) 長的戰場上作戰。兩邊都大聲喊叫、互相砍殺、艱苦交戰。在俄羅斯公國歷史中，這樣的情形從來沒有發生過。他們從 6 點開始，一直奮戰到晚上 9 點。雙方人馬血流如注，死傷慘重。到了 9 點鐘的時候，由於上帝的憐憫，天使與殉道的聖者們開始幫助基督徒們作戰。甚至連不信上帝的韃靼們，都清楚看到在天上移動的兵團，對他們無情的攻打。過了不久，眼中沒有上帝的韃靼開始逃竄，基督徒們在後追趕打擊，一直到他們逃到了美卡河 (Mecha) 才停止。俄羅斯大王公們，則乘勝追擊，進入韃靼的營地中。❿

馬麻伊潰敗後的次日，立陶宛的拉蓋樓才慢慢趕到。他看到莫斯科公國兵士充滿了民族意識，準備殲滅異族的高漲士氣，決定不戰而退。

　　《俄羅斯編年要錄》中的記載，認為狄密錘在東正教的協助下，擊敗蒙古金帳汗國，已經奠定了統一俄羅斯的大業非莫斯科公國莫屬的基礎。但實

---

❿ *Polnoe Sobranie Russkikh Letopisei*, vol. 23, pp. 124–127. 英譯見 Basil Dmytryshyn, *Medieval Russia: A Sources Book*, 900–1700, pp. 133–135.

際情況並非如此。馬麻伊兵敗逃往薩來伊後，被投科塔密西 (Tokhtamysh) 推翻。投科塔密西繼任為蒙古可汗，隨即在 1382 年，攻陷莫斯科，並大肆殺戮城中居民。狄密錘雖然在苦里寇沃一役獲勝，但已是筋疲力盡，無法阻擋可汗的軍力，他只得再度向蒙古可汗稱臣，接受其所賜的大王公封號。

苦里寇沃之役的重要結果，是經過此役後，蒙古大軍百戰百勝的迷信，被徹底摧毀。它鼓舞了俄羅斯人民的自信心，替此後莫斯科統一俄羅斯的大業，奠定了重要的精神力量。

狄密錘在 1389 年去世，時年三十九歲。大王公位由瓦西立一世繼任。金帳汗國與俄羅斯境內諸王國無異議接受。

瓦西立繼承「錢袋子伊凡」開創的傳統，繼續擴充領土。但其發展正好與向東發展的立陶宛發生衝突。立陶宛在 1399 年出兵進攻莫斯科城，幾乎將之攻陷，幸虧蒙古汗國出兵干涉，才化解了它的危機。莫斯科與立陶宛在 1408 年議和，使莫斯科西陲的邊境暫時獲得保障。在瓦西立在位時，莫斯科公國與蒙古汗國的關係也發生變化。在瘸子帖木兒 (Tamerlane, Timur, the Lame, 1336–1405) 領導下，擊敗了腐敗的金帳汗國可汗投科塔密西，中興了蒙古帝國的威勢。他曾幾度進兵伏爾加與歐卡河流域地區，並兵臨莫斯科城下。雖然未曾攻陷城市，但對鄰近地區已造成了極大的毀壞。

瓦西立一世死後，由其稚齡十歲的兒子瓦西立二世接任；瓦西立二世的綽號是「瞎眼的」。其叔（狄密錘的次子，瓦西立一世的弟弟）尤立不服，發兵爭奪王位。尤立作亂除了要爭奪大公之位外，尚有其他的原因。莫斯科公國自從伊凡一世開始擴充中央集權，盡力削弱了地方權力，因此導致了各地諸侯的不滿。這場繼承者之戰，也是中央集權與諸侯分權兩種政治型態的衝突。尤立堅持他合法的繼承權，更是想恢復基輔時代兄終弟及的舊傳統，重新鞏固封建制度。尤立在 1434 年死亡，由綽號是「鬥雞眼」的兒子瓦西立 (Vasili Shemiaka)，與另一個名叫狄密錘的兒子繼續進行對抗中央的戰爭。

當莫斯科公國正在陷入內戰的危急時刻，韃靼酋長烏魯默哈墨德 (Ulu Mohammed) 在卡贊 (Kazan) 獨立，建立卡贊汗國。他大肆擴張領土，曾俘虜莫斯科大公瓦西立；後被莫斯科以重金贖回，兩國簽訂盟約。狄密錘在瓦西立回莫斯科後，乘機鼓動暴亂，佔領莫斯科，擒俘瓦西立，並將其雙眼刺瞎

後流放，「瞎眼的瓦西立」綽號便是因此而來。

　　狄密錘佔據莫斯科後，欲破壞莫斯科王國已經建立的大一統體制，遭致「博亞」貴族階級群起反對。流放的瓦西立也因蒙古軍力協助，重新奪回莫斯科，終止了狄密錘重建封建制度的企圖。此戰役中，瓦西立因雇用了許多蒙古傭兵，而獲得勝利。這件事，顯示出俄羅斯公國與金帳汗國的關係，正發生了一種微妙、但非常重要的變化，這就是原本是統治階級的蒙古武士，轉而成為了被統治者的傭兵。莫斯科王國與蒙古金帳汗國兩者之間勢力的消長，由此可見。

　　金帳汗國的衰退，是由於統治者之間不停的權力鬥爭，導致內部分裂而形成。莫斯科公國也趁此機會助長其勢。克里米亞汗國 (Khanate of Crimea) 在 1430 年脫離金帳汗國獨立；卡贊與阿斯特拉坎 (Astrakhan) 也都先後相繼獨立。位處薩來伊的金帳汗國，雖曾三度出兵攻打莫斯科 (1451、1455、1461)，阻止莫斯科公國介入蒙古汗國內政，但已是強弩之末，無法挽回頹勢。獨立的前蒙古汗國附屬為求自保，開始與莫斯科公國建立合作關係，提供軍事上的服務作為共同抵抗蒙古帝國的條件。瓦西立二世保衛莫斯科大公繼承戰時，蒙古王室的卡西莫夫 (Kashimov) 親王曾出兵援助，擊敗了狄密錘的叛亂。事成之後，卡西莫夫在 1452 年正式脫離蒙古金帳汗國，建立獨立的汗國；他並接受瓦西立二世所賜的封號，奉其為宗主，這是莫斯科公國首次加封蒙古汗國王族的先例。蒙古統治俄羅斯雖然要在 1480 年才算是正式終結，但莫斯科公國公然藐視其存在，儼然以全俄羅斯的統治者身分駕馭全國事務，在 1452 年就已經開始了。

　　瓦西立二世時，在歐洲所發生的兩個重大事件，對俄羅斯歷史有極大的影響。一個是 1438–1439 年，由天主教教皇所召開的佛羅倫斯大會 (Council of Florence)；另一則是鄂圖曼土耳其帝國在 1453 年攻陷君士坦丁堡，正式消滅了東羅馬帝國。

3. 伊凡三世與瓦西立三世

　　克柳切夫斯基將從 1462–1613 年的一段俄羅斯歷史，稱之為「莫斯科羅斯」(Muscovite Rus) 時代。這兩個年代代表著混亂局勢的終結，與新秩序的

開創。1462 年是莫斯科大王公伊凡三世即位，他完成了自錢袋子伊凡一世就開始的統一俄羅斯計劃，建立了莫斯科帝國。1613 年則是密開爾‧羅曼諾夫 (Mikhail Romanov) 被「全民大會」(Zemski sober) 推選為「沙皇」(Tsar)；他一方面平定了內憂外患的危機，另一方面則是創立了此後統治俄羅斯長達三百餘年的羅曼諾夫王朝。

俄羅斯的歷史在這一百五十年過程中的特色，首先是由脫離了蒙古金帳汗國附庸的莫斯科王國沙皇，以武力統一了四分五裂的國家，建立了一個中央集權的政體；再者是基輔時代割據各地的世襲性「博亞」貴族，放棄了傳統上的獨立自主特權，變成為支持莫斯科公國的地主階級。此後地主的封邑，不再是世襲，而是由沙皇根據其服務與效忠的程度賜予。最後則是為了保障地主階級的利益，政府開始制定法條，限制地主領邑上的農民隨時遷徙的自由，造成了農民終身束縛在土地上的「農奴制度」(Serfdom)。

莫斯科公國一直都在擴充領土，但因四面強敵圍繞，處處受到阻礙，無法順利進行。「頓河的狄密錘」雖然在 1380 年的苦里寇沃戰役中擊敗蒙古大軍而聲威大振，但是到了瓦西立二世時，又因繼承之戰而元氣大傷。

伊凡三世 1462 年初即位時，內有「鬥雞眼瓦西立」與狄密錘繼續對抗中央，外則有強敵襲邊的危機。然他以卓絕的才幹、堅忍的決心，以及內政外交上的巧妙運作，終能達到驅逐蒙古金帳汗國、統一了俄羅斯的目的。瓦西立二世在世時，就已經觀察到他的才能，經常告誡其他的兒子們要以他作榜樣，希望他們「對他，能像對爸爸一樣的尊敬與聽從」。後世的俄人為了感謝他的豐功偉業，特以「大帝」(Veliki, Great) 尊號稱之。

伊凡三世在位時的莫斯科公國，四面背敵。若以莫斯科公國為中心劃分國際局勢，它北方是與諾夫格羅城、普斯克夫 (Pskov)、特沃、羅斯托夫城交界；西南方是最有威脅性的波蘭—立陶宛聯合王國；南部近黑海之處，是尚未經斯拉夫民族屯墾的廣大草原，由克里米亞的韃靼族控制；東部是新獨立不久的卡贊汗國；南方是統治俄羅斯的宗主國—金帳汗國。除此之外，莫斯科城本身與各鄰國也相距甚近，經常有外敵入侵的危險。但也正因為這種地理位置，才使得莫斯科人民養成了一種危機意識，與時時警惕、不敢懈怠的精神。

　　伊凡三世在位時，用各種方式兼併了許多土地，故被稱為是「俄羅斯的收集者」(Gatherer of Russia)。其中最困難、但也是最重要的兩項事功，就是征服諾夫格羅城，與推翻金帳汗國的統治而獨立。對諾夫格羅城的攻取，不僅是擴充土地的經濟之戰，也是一場東正教與天主教的信仰之戰，更被標榜成為是捍衛大俄羅斯民族利益的民族之戰。

　　諾夫格羅城地處俄羅斯西北部，為許多河流的交會處，因此交通四通八達，從基輔時代開始，便是北歐與東羅馬帝國通商的重鎮。當蒙古入侵俄羅斯時，因距離偏遠而倖免其難，能夠保持獨立。它並在當時聯合鄰近城邦，組織了一個稱為「大諾夫格羅城公國」的商業共和國，與日耳曼為主的西方商團及立陶宛保持密切的商業關係。但因其境內氣候不適宜農作，須依靠東鄰的莫斯科供應農產品，因此也與它有了不可分割的關係。莫斯科王公代表蒙古可汗治理俄羅斯時，諾夫格羅城在名義上是歸附於其管轄之下。當莫斯科大王公在擴充領土時，西方的立陶宛也迅速的向東發展，諾夫格羅夾在兩者之間，因此其政策或親東或親西，全以莫斯科或立陶宛的國勢消長而決定。

　　立陶宛在十四世紀初，兼併了許多白俄羅斯的領土，境內東正教的人口也因之增加許多。立陶宛王公拉蓋樓在 1386 年，與波蘭公主雅德威佳 (Jadviga) 成婚，兩國因此合併，組成了立陶宛—波蘭王國。拉蓋樓因為雅德威佳公主而放棄東正教，改信天主教。他並立刻派遣傳教士到鄰國諾夫格羅，積極宣揚天主教義。他的宗教政策，不但直接威脅到莫斯科公國，也侵害了立陶宛與諾夫格羅兩地的東正教利益，因此兩者聯合反對。但莫斯科公國的「頓河的狄密錘」與其繼承者瓦西立一世及二世，都無力抑制天主教的擴充，因此造成諾夫格羅與立陶宛的關係日益親近。

　　伊凡三世即位為莫斯科大王公後，開始準備採取軍事行動，對付立陶宛—波蘭王國。十五世紀時，諾夫格羅城城主——才死了丈夫的瑪法·波蕊特斯卡雅 (Marfa, Martha Boretskaya)，在立陶宛大公麥可的勸說下，終改信了天主教；不僅如此，她更進一步的前往立陶宛，與當地的一位「博亞」貴族結婚。婚後，兩人雙雙返回諾夫格羅；在不顧大主教反對的情形下，她立刻正式宣布天主教為國教，禁止人民再信仰東正教。伊凡三世以宗主國的身分，派遣代表前往曉以大義，要求波蕊特斯卡雅維持東正教信仰，免蹈所有異端

者終將毀滅的惡運。他特別舉例說，以前偉大的君士坦丁堡城，就是因為東羅馬帝國的皇帝聽信讒言，接受拉丁天主教邪說而背叛上帝，才遭致了現在被異教徒侵佔的懲罰。**⓫**《諾夫格羅城年鑑》(*The Chronicle of Novgorod, 1016–1471*) 記載中說，波蕊特斯卡雅固持己見，一意孤行，不聽伊凡的勸告。伊凡三世才在無可奈何的情況下，以弔民伐罪的心情，號召各諸侯聯軍出兵征討。伊凡三世把一場原本是爭奪土地的戰爭，轉變成為一場俄羅斯與立陶宛的民族之戰，更把它說成了是東方正教對抗天主邪教的聖戰。

伊凡三世在 1471 年夏，率領聯軍前往討伐諾夫格羅城。他呼籲諾夫格羅城人民，為了捍衛自己的東正教信仰，應該立刻起義反應。諾夫格羅城中的居民，原本就不支持波蕊特斯卡雅隨意推翻東正教、強迫人民採取天主教的政策。現經伊凡三世以異族立陶宛人干涉斯拉夫民族的政治與宗教信仰的挑撥下，更不願意支持波蕊特斯卡雅，使伊凡三世得以輕易攻陷諾夫格羅城。伊凡三世佔領該城後，立刻將親立陶宛的貴族迫遷他處，以免後患。這些被放逐的貴族們，在渡過伊爾曼湖時，忽然狂風大作，七千餘人因此溺斃。《諾夫格羅城年鑑》描寫說：「上帝懲罰了諾夫格羅城的邪惡人民。這些思想像魔鬼一樣的人，竟然敢拋棄他們的信仰，來接受拉丁主義。」**⓬**

諾夫格羅城「博亞」貴族因不滿莫斯科高壓的統治，在 1480 年舉兵反抗。伊凡三世乘機率大軍征討；平定叛亂後，他沒收了數千名地主與富商的土地與財產，分配給效忠莫斯科的武士貴族們，增強了他們對莫斯科向心力。伊凡三世並把代表諾夫格羅城的自由之鐘，從其「維其」議會中搬往莫斯科，正式宣告諾夫格羅城滅亡；這一個連蒙古帝國都沒有攻陷過的諾夫格羅城，如今成為了莫斯科帝國的版圖。

伊凡三世征服諾夫格羅城後，境內沒有任何一個諸侯城邦，敢再挑戰他統治俄羅斯的權威。他在 1472 年與東羅馬帝國皇室遺孤索菲亞 (Sophia，或稱為鄒薏 Zoe) 的婚姻，更提高了他的聲威。使得一個地方性的莫斯科公國，突然轉變成為國際性的大國，受到歐洲各國的重視。

⓫ Robert Mitchell and Nevill Forbes, trans, *The Chronicle of Novgorod*, 1016–1471, Hattiesburg, Mississippi: Academic International , 1970. Pp. 208–211.

⓬ *The Chronicle of Novgorod*, p. 210.

　　伊凡三世自妻子瑪利亞・波立夫娜 (Maria Borisovna) 在 1467 年死亡後，就希望能再討一位身世顯赫的女子為妻。歐洲局勢的變化，正好提供了千載難逢的好機會。鄂圖曼土耳其在 1453 年攻陷君士坦丁堡，皇帝君士坦丁十一世 (Constantine XI, Paleologus, 1448–1453) 陣亡，東羅馬帝國被消滅。僅存的皇室直系親屬，是他弟弟的女兒索菲亞。索菲亞的母親是義大利費拉若公爵 (Duke of Ferrara) 的女兒，因此長年居住於羅馬，在天主教教皇特別庇護下成長。年長後，是許多歐洲王公的追求對象。但基於實際的利益考量，她在 1472 年下嫁莫斯科公國的統治者伊凡三世。

　　這個婚姻對以後的俄羅斯歷史有深遠的影響。因為索菲亞不但代表著古典羅馬文化的遺續，更是東羅馬帝國的唯一繼承者。她一直就抱著要光復羅馬帝國的宏願。下嫁莫斯科的伊凡三世後，她仍拒絕採用「莫斯科大王后」(Velikaia Kniaginia Moskovskaia, Grand Princess of Moscow) 的稱呼，始終繼續以「拜占庭帝國公主」(Tsarevna Tsaregorodskaia, Imperial Princess of Byzantium) 自稱。她在 1492 年親自縫製、保留至今的一片手帕上，便是以此頭銜署名。❸

　　索菲亞下嫁伊凡三世的意義，是將羅馬帝國長遠的傳統，轉移到了俄羅斯的莫斯科。伊凡三世也因為這婚姻，正式承襲了歐洲政治與文化的法統和道統。更重要的是，他倆人的後代正因此血緣的結合，成為了歐洲古傳統與俄羅斯文化的當然繼承者。

　　十六世紀的歷史學家，為了要強調莫斯科統治俄羅斯的合法化，便重新編撰了一部從基輔時期開始一直延續到莫斯科公國統治者的世系表，將莫斯科的王公們追溯成為茹瑞克的承繼者，說當時統治全世界的凱撒大帝在臨死前，特派他的弟弟普如斯 (Prus) 去治理現在被稱為俄羅斯的地方；茹瑞克是他第十四代嫡裔。莫斯科大公的伊凡三世，因此漸漸拋棄了蒙古汗國所賜的封號，先是改用「全俄羅斯皇帝」(Hosudar Vsia Russi, Emperor of All Russia) 的頭銜，然後在外交條約上，正式採用古羅馬凱撒的尊號，稱自己為「全俄羅斯的沙皇」(Tsar of All Russia)。他與索菲亞成婚後，為了特別強調他已經沿襲東羅馬帝國的正統與道統，乃將東羅馬帝國雙頭鷹的皇室標記，加蓋在沙

---

❸ Kluchevsky, *A History of Russia*, vol. 2, pp. 18–19.

皇所有的公文上，使得莫斯科與羅馬合而為一，成為明正言順的羅馬帝國繼承者。

伊凡大帝的最重要的成就，是擊敗了蒙古，終止了金帳汗國統治俄羅斯三百餘年的宗主權。伊凡三世在統一俄羅斯的過程中，在西是威脅到了波蘭，在南則更引起了蒙古帝國的恐慌。因此波蘭與蒙古兩者締結盟約，主要是想藉故頓挫莫斯科的銳氣。波蘭國王卡斯密爾 (Casimir, 1458–1484) 負責以推翻東正教恢復天主教之名製造事端，然後蒙古大軍乘機而入，共同消滅莫斯科王國。蒙古阿克馬特汗 (Khan Akhmat) 在 1480 年領軍繞沿歐卡河抵達立陶宛附近，等候波蘭王大軍一到，便可以馬上聯合進攻。但因帶道者誤導，到了烏格拉河渡口，波蘭王卡斯密爾始終沒有依約出現。伊凡三世率領兒子等諸侯，隨即前往迎戰。《俄羅斯編年要錄》描寫這次戰爭說：

> 阿克馬特到了立陶宛處……，等候援助。波蘭國王因為正與克里米亞的韃靼作戰，因此無法帶兵前來，也沒有派遣任何軍力前來援助。阿克馬特率領了所有的兵力到達了烏格拉，企圖渡河，並開始向我方射擊。我方也對他們還擊。有的韃靼（指蒙古軍）逼近到安德瑞王子身前，有的甚至到了大王公身旁處。我方軍士利用射箭，殺死了許多韃靼。他們的箭射落到我方時，卻沒有傷害到任何一個人。雖然他們數日來都企圖向前進攻，但總是被逼退到了河邊。因為他們無法渡河，只好停止進攻，等待河結冰……當河結了冰時，莫斯科大王公為了怕韃靼乘機進攻，便命令他的兒子伊凡大公、弟弟安德瑞，及諸侯們集合所有的兵力在一起，與敵奮戰。韃靼們驚慌逃竄……阿克馬特逃回了汗國。途中被諾蓋韃靼 (Nogai Tartars) 的伊瓦克可汗 (Khan Ivak) 殺死，金帳汗國也被其奪取。❹

伊凡三世擊敗蒙古帝國的大軍後，奠定了以莫斯科為中心的俄羅斯帝國，他成為了名符其實的「全俄羅斯的沙皇」，不再聽命於任何人。

莫斯科公國能夠完成統一的重要原因之一，是其大公位的世系繼承權，

❹ *Complete Collection of Russian Chronicles*, vol. 8, pp. 205–207, 見 *Basil Dmystryshyn*, vol. 1, pp. 159–161.

多能依照父子嫡系相續的傳統和平轉移，沒有重蹈基輔時代因爭執繼位時所產生骨肉相殘的悲劇。瓦西立二世在位的時候，依賴長子伊凡甚多，因此特別開創先例的封他為助理大公，共同執政。伊凡三世依循他父親的先例，也封長子伊凡為助理大公。但他來不及正式即位，便先伊凡三世去世，留下一子狄密錘。

　　伊凡三世與索菲亞的兒子瓦西立，年趨成長。皇后索菲亞力主瓦西立是伊凡三世次子，故在太子伊凡去世後，有權繼承皇位。但是莫斯科的「博亞」貴族，始終無法接受來自希臘的皇后索菲亞，因此聯合強烈反對。伊凡三世，為了要維護嫡系繼統的先例，當初也不太願意瓦西立接任。他並於 1498 年在聖母升天大教堂中舉行儀式時，特別在諸「博亞」與教士們面前，封孫子狄密錘為助理大公及皇位繼承者。但時隔不久，伊凡就自毀誓言，廢黜了狄密錘，改封索菲亞之子瓦西立為繼承人。當被責問為什麼出爾反爾，改變狄密錘的繼承權時，他激昂慷慨地辯白說：「難道我連處理我自己兒子與孫子事的自由都沒有嗎？我有把皇位交給誰的獨立意志。」❶❺ 因此瓦西立成為他的合法繼承人。不過，他的一意孤行，破壞了莫斯科公國政局賴以保持平穩的繼承制度。此後伊凡四世因皇位繼承而導致的混亂時代，可以溯源到此。

　　瓦西立三世由於夾在他的父親伊凡大帝與自己兒子恐怖的伊凡之間，故他在俄羅斯歷史中的地位，就顯得相當不重要。伊凡大帝在位時，為了要封他為繼承人，特地廢除了狄密錘的儲君頭銜時，招致許多「博亞」貴族極力反對。瓦西立與其母索菲亞對此懷恨在心，伺機力求報復。他即位後，便採取莫須有的罪名，將許多「博亞」貴族或下獄、或奪爵，並沒收其家族世襲的「沃其納」土地 (Votchina)，然後再將這些土地，以「坡蒐斯堤」(Pomestie，役田) 名義，轉封給效忠於他的新服役貴族。

　　瓦西立終其一世，忠實地繼承著伊凡大帝的遺志，繼續開拓疆土。他除了將普斯克夫與立亞贊納入版圖外，也從立陶宛奪取了戰略重鎮的斯摩楞斯克城。不過，他對立陶宛的經營失敗，未能阻止它與波蘭聯合。因此，俄羅斯西部疆域一直有受其侵擾的隱憂。

　　瓦西立因其第一位妻子無子，故加以廢黜後，另與海倫納‧戈林斯卡亞

❶❺　Kluchevsky, vol. 2, pp. 27–28.

(Helena–Glinskaiia) 成婚。海倫納原屬立陶宛的貴族，後來改向莫斯科公國效忠。由於立陶宛與西歐關係密切，她就是在西歐文化薰陶下成長。瓦西立為了討好她，甚至改穿歐洲服裝，並剃除俄羅斯的傳統鬍鬚。許多歐洲人、尤其是日耳曼人就在這時候，搬在莫斯科城附近定居，成為將歐洲文化介紹到俄羅斯的肇始者。海倫納在 1530 年誕生一子，取名為伊凡。三年後，瓦西立三世逝世，伊凡以三歲稚齡、在母親輔助下，即位為伊凡四世。

4.伊凡四世（恐怖的伊凡）

伊凡四世在位時，莫斯科王國統一俄羅斯的過程，進入了一個關鍵性的發展。一直企圖奪取政權與沙皇分治國家的「博亞」貴族，在他制定的特務組織迫害下，噤聲匿跡，再不敢向中央集權的體制挑戰。在領土擴張上，他征服了韃靼所控制的卡贊與阿斯特拉坎汗國。此外，他也開始經營克里米亞，將俄羅斯的勢力向南延伸到黑海北岸；在西北部，他則向立沃尼亞 (Livonia) 地區發展，替以後彼得大帝向波羅的海的擴充立下了基礎。伊凡大帝時萌芽的農奴制度，也在這時候更加制度化。為了要達到掌握中央集權目的，他經常採取非常激烈的統治手段，來去除反對者。後世便以「恐怖」(Grozny, the Terrible) 一詞，來形容他的暴虐政治，他也就以「恐怖的伊凡」(Ivan, the Terrible) 之名著稱於歷史之中。

伊凡四世在俄羅斯歷史中的角色，究竟是扮演著一個新秩序的建立者，抑或是肆意實行暴政的獨夫，像此後的彼得大帝一樣，在不同的時代中，因情勢的遞變，是最具爭議性的沙皇。史達林時代，為了要在歷史中找出往例，支持他強迫實行五年計劃的正當性，命令歷史界肯定伊凡四世在歷史上的正面地位，稱讚他是一個改革俄羅斯的急先鋒。

⑴伊凡四世的童年

伊凡四世的童年是在恐懼與不安全的環境下度過，他即位時年僅三歲，由母親海倫納・戈林斯卡亞 (Helena-Glinskaiia) 攝政。她為了鞏固自己的地位，罷黜元老的「博亞」貴族。先是啟用叔叔麥可・戈林斯基 (Michael Glinsky) 主導政局，後來則專門依賴她的情人歐波楞斯基 (Telpnev Obolensky) 獨攬朝

綱；因此她在宮中樹立了許多敵人。她在 1540 年去世，據說可能是遭「博亞」
下毒致死。年幼的伊凡成為無父、無母的孤兒。「博亞」貴族乘機搶奪政權，
假借「博亞議會」之名，掌控了一切朝政。除此之外，他們肆意所為，從事
侵佔宮殿、盜取皇家私有財產等惡行。伊凡就在他們互相爭權奪利的威脅陰
影下成長；他成年後對事與人的猜忌仇視的心理，乃是幼年痛苦的經驗所促
成。因此他一旦親政時，便以最殘酷的手段來對付以前那些為所欲為的「博
亞」貴族，以為報復。這個痛苦的成長經驗，一直困擾著伊凡，縱然在三十
幾年後，他仍然無法忘懷。在與曾是密友、後來成為仇敵的克波斯基親王
(Prince Andrei Kurbsky) 的通信中，伊凡描述了他幼年的苦難。他說他可以詳
細的舉例證明他從幼年生活開始，甚至一直到現在仍然承受著各種的苦難。
他說：

> ……自從喪失了父母親後，我們就沒有從任何地方得到照顧。為了希
> 望得到上帝的慈悲，我們只有對聖者與父母們的祈禱與乞福時，將自
> 己依託在最純潔的聖母仁慈之中。當我到了八歲的時候，他們已經滿
> 足了目中無君的欲望，不但不用愛心照顧我們，反而更是為了追逐財
> 富與虛榮，互相爭打。他們屠殺了許多支持我父親的「博亞」貴族們，
> 真是無惡不作。❶

當時最有權威的「博亞」貴族是休斯基 (Shuiskii) 與貝爾斯基 (Belskii)。
不過他們本身因利益衝突，時常鬥爭而無法團結，反因此使得伊凡四世得以
倖免於難。他們目無君上的專橫態度，可以就下面的事件看出。當伊凡還只
是十二歲少年時，休斯基的一伙人為了要追擊支持貝爾斯基的大主教約瑟佛
斯，曾在半夜中未經通報，便闖入沙皇的臥室中搜尋。當時伊凡四世正在熟
睡中，忽然被喧嘩聲驚醒，只見大批刀斧齊備的兵士，來回衝撞，幾乎被驚
惶嚇死。伊凡四世敘述過他幼年時另一件無法忘懷的痛苦經歷說：

❶ J. L. I. Fennell, ed., *The Correspondence between Prince A. M. Kurbsky and Tsar
Ivan IV of Russia, 1564–1579*. Cambridge(England) University Press, 1955. 見
Dmytryshyn, p. 179.

　　他們要等到滿足了自己所有的欲望後，……才開始餵食我們；把我們當做好像是外國人或最惡劣的賤僕一樣。從沒有衣裳穿到挨餓，我們那一樣痛苦沒有忍受過。不論是什麼事，我都無法自我作主。他們所作的每一件事，都不符合我幼小的年紀、也都違背我的心願。我記得當我們還是嬰孩、正在玩遊戲的時侯，休斯基就坐在一張椅子上，兩肘斜靠在我們父親的床上，把腳放在另一張椅子上。他連在玩耍的我們，看都不屑的看一眼。他不像父執輩，也不像師尊一樣。我看不出他對我們的態度中，有絲毫謙恭之情。誰能忍受這樣的狂傲呢？我如何才能說清我幼年時所受的無數痛苦折磨呀？ ⓱

　　由於從小就生活在充滿恐懼的環境中，伊凡四世養成了一人靜思與研讀書籍的習慣。他喜歡閱讀《舊約》中預言家及殉道者的言行。對於神學與哲理，他特別有興趣，常會引用經典中的故事與語句，來安慰自己的痛苦處境。他喜歡與人討論宗教與哲理的問題，當時的人稱他是一個「有學問的狡猾詭辯家」。因為他對自己的學識自負甚高，所以無法接受不同的意見。他曾有一次與一位視為知己的教士暢談神學，但當那位教士不小心將馬丁‧路德與聖保羅相提並論的時候，他立刻勃然大怒，認為他故意污辱聖保羅，立刻用馬鞭猛抽這位教士的頭，並大聲地嘶罵他說：「你與你的路德邪魔，馬上滾開此處。」以十六世紀的標準來衡量，伊凡四世可以算是一個學識淵博的君主。

　　伊凡四世從小就城府很深，成熟的速度也比同年紀的人要快得多。他喜歡獨自一人沉思，不願與人討論自己的決定。此後正式掌握政權時，許多政策都是在這情形下形成。因此他突然宣布一項政策時，常使人措手不及，不知如何應付。譬如 1543 年，當他只有 11 歲的時候，忽然在毫無跡象的狀況下，派貼身侍衛圍抄休斯基的家，沒收了他所有的家產。又如在 1547 年，他忽然宣布要與羅曼諾夫家族 (Romanov) 的安娜塔西亞 (Anatasia) 成婚。而且在成婚前，他要依照十二世紀時，伏拉地密爾二世‧莫諾馬克就職的古禮登基，並正式採用沙皇 "Tsar" 的尊號。這些都是他在事先未曾與任何人商議過、自己決定的事項。

⓱　Dmytryshyn, p. 179.

(2)早期執政

　　伊凡四世與安娜塔西亞成婚時，正好十七歲。婚後兩人生活美滿，安娜塔西亞皇后性格溫柔、賢慧，對伊凡早期的開明政治有極大的影響力。她在1560年忽然死亡；伊凡一直就懷疑她是被「博亞」貴族陰謀毒死，因此利用各種方法，對他們百般迫害。

　　伊凡四世在 1547 年，正式親政；在安娜塔西亞及一些出身較低的貴族協助下，他組織了一個「特選會議」(izbrannaia rada, Chosen Council)，協助他治理國事。其中包括了大主教馬卡流斯 (Makarius)、斯爾威斯特 (Sylvester) 與亞列克西斯・阿達協夫 (Alexis Adashev) 等人。此外，他並特別設立了一個由阿達協夫為首、專向沙皇進言的「上訴院」(Secretariat for Petitions to the Throne)。

　　伊凡四世為了修訂伊凡大帝 1497 年所編纂的法典，以求達到重新建立地方行政與司法制度的目的，在 1550 年召開了俄羅斯歷史中的第一次「全民大會」。他又在 1552 年召開了全國性的宗教大會，重新規劃了政教之間的關係，並擬定了限制教會擁有財產的條例。他在 1552 年出兵征服卡贊汗國，統一了東方伏爾加河中游的領土；然後又出兵進攻伏爾加下游的阿斯特拉坎汗國。在俄羅斯境內的蒙古汗國領土，除了克里米亞汗國僅存外，都被他征服，一一列入了版圖。為了要將俄羅斯的西部疆域延伸到波羅的海，他從 1558 年開始，展開了一場長期的立沃尼亞戰爭 (Livonian War)。戰爭的結果，使得俄羅斯能重新展開與西歐的接觸。除此之外，他對其他國家的關係也非常注意。譬如在 1553 年時，英國船長理查・僉塞勒 (Richard Chancellor) 為了探測到東方的新航路到達莫斯科，展開了英國與俄羅斯之間的來往，就受到了伊凡四世的優待。他回國之後，於 1555 年在倫敦成立「莫斯科公司」(Muscovy Company)，推廣兩國的關係。伊凡四世為了要向英國學習新近的商業及軍事技術，所以特別賜予英國商人在俄羅斯的權利，以便吸引他們前來貿易。❶因此他執政的初期勵精圖治，很有建樹。

---

❶　伊凡四世特准通商優待條例，見 Richard Kakluyt, *The Principal Navigation, Voyages, Traffiques, & Discoveries of the English Nation*, vol. 2, pp. 297–303.

上述伊凡四世的各項措施，都是所費甚鉅，造致「博亞」貴族與人民負荷沉重。伊凡四世在軍事上的改革，尤其使得「博亞」貴族不滿，認為伊凡四世故意處處削減貴族傳統的特權，因此兩者關係逐漸惡化。他為了要吸引幹才，因此取消了貴族在軍隊中壟斷高級軍官職位的「門閥」(metsnichestvo) 制度，改以才能作為升遷的標準。因此，非貴族出身者，也有晉階的機會。除此之外，他將軍隊隸屬中央直接管理，終止了「博亞」貴族擅自發號施令的特權。他並且特別組了一團直屬皇家御領的「長槍隊」(streltsy)，使用新式的火銃槍。這些兵士與「博亞」貴族出身不同，他們不是來自於傳統的地主武士階級，缺乏獨立的經濟來源，因此對沙皇的效忠，是保障他們經濟利益的唯一途徑。這些以服軍役而獲得封土的武士們，組成了一個新興的「服役武士」階級 (dovriane)。他們對中央集權的沙皇絕對忠貞，成為了伊凡四世打擊舊貴族勢力的有效武器。他在 1556 年將服軍役的年限制度化，貴族們從十五歲開始服役，一直要到死亡或殘廢時才能免役。這些都是招致「博亞」貴族痛恨他的主要原因。而伊凡四世故意剝奪古老貴族的特權，主要是他在控制了政權後，進一步消滅君權的傳統敵對者。

「博亞」貴族一直認為與沙皇共同治理國事，是他們古老的特權，因此對於莫斯科大王公集所有大權於一身的發展，原本就非常反對。對於女主干政，尤其是外族女主，則更是痛恨。克波斯基親王在寫給伊凡四世的信中就說：

> 假如我非要從頭到尾再述說一遍的話，我要寫的是在那些妖魔、特別是他們的邪惡妻子，如何在可貴的王宮家族中，散播了邪惡的風俗習慣。正像以前發生在以色列的國王身上一樣，做這些事的，多半是那些從外國挑選來的人。❶❾

安娜塔西亞雖然不是外族，但她的家系屬於地位較低的貴族。伊凡四世在娶妻時，根本藐視了古老家族世系的秩序而娶了她，使得「博亞」們耿耿於懷，伺機報復。伊凡四世對她在 1560 年突然神祕的死亡，一直懷疑是被「博

---

❶❾　Kurbski, *History of the Grand Princes of Moscow.* 見 Jesse D. Clarkson., *A History of Russia.* New York: Random House, 1969. P. 106.

亞」們下毒殺死。對於「博亞」貴族指責他輕信婦人讒言之事，他以反問克波斯基親王的方式回答說：「你們為什麼要把我與我的妻子分開？假如你們沒有把我的小乳牛（unitza，親熱的稱呼）硬從我處奪走的話，也就根本不可能有屠殺『博亞』貴族一事了。」[20]

伊凡四世對貴族的仇恨原因，可以從 1553 年的另一事件中看出。那年他忽然感染重病，以為自己將不久人事。他擔心繼承者年幼，恐怕難以親自治理國政，於是立刻召集「博亞」貴族及其他大臣，要求他們發誓，對尚在襁褓中的兒子狄密鍾矢志盡忠輔導。但是大部分的「博亞」們，為了怕幼主即位後，導致外戚亂政，拒絕了伊凡四世託孤的請求。相反地，他們轉而支持旁系、擁戴伊凡的堂兄弟伏拉地密爾‧司塔立茲基 (Vladimir Staritsky) 繼任。他的知己好友克波斯基親王，便是其中勸進司塔立茲基最有力的一員。但伊凡的重病隨即痊癒，解決了繼承問題所引起的危機。但他認為「博亞」們當時拒絕對他的託孤，不願繼續效忠他的繼承者，是一個叛逆的的行為，絕不能饒恕。不久，狄密鍾夭折。伊凡立刻任命另一個剛出生的兒子伊凡‧伊凡諾維奇 (Ivan Ivanovich) 為繼承者。

伊凡四世對立沃尼亞的戰爭，在 1558 年結束，兩年後又再度開始。但在這一次戰爭中，由於立沃尼亞獲得近鄰立陶宛的援助，因此俄羅斯常被擊敗，戰事進行極不順利。開戰前，「特選會議」中他最倚重的斯爾威斯特與阿達協夫曾勸告他要多加思慮，不得盲動。他懷疑二人的忠貞，乃以叛國通敵的罪名將他們處死。他並下令警告軍士，不得通敵報信，否則一概以相同罪名處死。「博亞」們眼見連最受伊凡四世倚重的斯爾威斯特與阿達協夫，都無辜地以莫須有的罪名被殺，於是紛紛出走逃離俄羅斯，找尋庇護之地。原本已經不利的戰局，更加惡化。對他打擊最大的，是率領俄軍的統帥、也是他最親信的克波斯基親王，居然也在同時逃走，轉向立陶宛效忠。伊凡四世歷年來對「博亞」貴族們所累積的猜忌與仇恨，終於爆發了。這就是他突然戲劇性的出走莫斯科城，及特別創建由沙皇直接管轄的「歐撲力其尼納」(Oprichnina) 行政區制度事件。

---

[20]　Kluchevsky, vol. 2, p. 75.

(3)「歐撲力其尼納」特區

在 1564 年的嚴冬，一隊車輛靜悄悄的停留在宮殿門外。伊凡四世沒有通知任何人，也沒說明為什麼，就攜帶了家人及少數侍從，搬運了所有的家具、器皿、衣物、聖像、十字架、珍寶等，忽然離開首都莫斯科，不知所往。城中居民在次日聞訊後，驚恐萬分。他們不知道沙皇是否因被迫退位，故而逃離京城以免被害，或是已經被殺害。伊凡四世神祕離開莫斯科後不久，在距離六十哩外、現在是伏拉地密爾區的亞歷山卓夫 (Alexandrov) 處停留了下來。經過一個月後，他突然頒發了兩道詔諭。第一道是發給「博亞」貴族們；其中首先細數了「博亞」們在他幼小時候對他的跋扈與專橫，然後指責他們在他即位後的各種非法行為，說他們根本不把沙皇放在眼裡，完全忽視了他們應該保護沙皇、國家及東正教信仰的任務。在詔諭中，他也特別指出東正教士們包庇「博亞」貴族們的罪行。由於以上的原因，因此他才帶著悲哀的心情，離別了他親愛的家園，到了上帝所指定的這個地方暫時避難。

第二道詔諭則是專門對莫斯科城中的普通人民、特別是商人及納稅者所發；他命令這道詔諭一定要在公共廣場中大聲的被宣讀。他說這道詔諭只是要祝福及告訴大家，他一切都好，並要人民不必擔心，因為他絕對不會遺棄他們而不顧。沙皇的詔諭被宣讀後，全城人民因驚嚇過度而發呆，不知如何是好；商鋪因此關門，衙門等也無人看守，整個地方充滿了悲傷與驚慌。驚恐的人民到處尋找大主教、主教及「博亞」們，哀求他們快一點到亞歷山卓夫去，迎接沙皇伊凡四世回京。在老百姓的緊迫要求下，一群包括上層教士、「博亞」貴族及政府要員，並集合了商人及其他莫斯科的人民代表們，在諾夫格羅城大主教比曼 (Piman) 率領下，一起到了亞歷山卓夫。他們涕泣交流的跪拜在沙皇面前，懇請沙皇回到莫斯科，並保證會答應沙皇所提出的所有條件。伊凡四世說他被他們的真情與懇求所感動，願意考慮回去，不過，他們一定要先接受他回京後所提出來的改革方案。

在代表團無條件的接受了他的要求後，伊凡四世在 1565 年 2 月凱旋返京。他立刻召集了「博亞」貴族與高級教士們，舉行「國家會議」(Council of State)，提出他恢復執政的條件。第一，是他以後有權可以放逐任何對他本人

不忠或不服從的人；第二，他有特權處決任何人及充公任何人的財產；第三，在他重新主埋國政時，他要求教士、「博亞」貴族及政府要員們，必須先將財產交由政府託管，不得干涉。最後則是設立「歐撲力其尼納」特區，直屬沙皇個人管轄。在該特區中，設有獨立的法庭、國庫、侍衛及全副儀仗人員與提供各種服務的僕役。他自己是「歐撲力其尼納」特區的首長，在其中服役的都稱為「歐撲力其尼基」(Oprichniki)；他們多半來自於絕對效忠沙皇的新貴族階級。

　　「國家會議」在毫無選擇的餘地下，答應了伊凡四世所有的要求。第一個「歐撲力其尼納」特區，隨即在莫斯科城中設立；莫斯科城被劃分為普通行政區與「歐撲力其尼納」特別區。伊凡選派了為數一千多名武士，分駐到莫斯科城內的特定地區。被劃分為特區中的居民，必須立刻撤離，遷往他地居住。然後，他根據莫斯科的特區模式，將國內二十餘城市及地處險要的地區，分別劃入「歐撲力其尼納」管轄區內。他本人，或以他兩個兒子的名義，擔任每一個「歐撲力其尼納」特區的首長。根據統計，大約有一萬兩千多的人民，在嚴冬的氣溫下，被迫長途跋涉遷徙到伊凡所指定、且多半是沒開發的荒涼之地居住。「歐撲力其尼納」特區並非局限在某一特定地方，而是零星的分散在正常的行政區域內。其結果是把俄羅斯劃分成有兩個不同行政系統所管轄的國家：　一個是稱之為「澤畝斯其納」(Zemstchina) 的普通行政區；另一個就是特屬沙皇管轄的「歐撲力其尼納」特區。

　　「澤畝斯其納」區的事務，仍然依照以前的慣例管理；各行政部會 (prikazi, administrative departments) 總攬全國性事務，地方性事務則由地方「博亞」控制的省級議會負責。除非有關國家安危的國政大事，非他處理不可外，伊凡四世對「澤畝斯其納」區中其他各事，則一概不予理會。而且為了要羞辱由「博亞」貴族們所控制的「澤畝斯其納」行政區，他甚至任命戰敗被俘的韃靼領袖埃地戈‧西密翁 (Ediger Simeon) 為該特區的首長。他又在 1574 年故意擁護另一個來自喀西莫夫 (Kasimov) 的韃靼領袖薩因‧布拉特 (Sain Bulat) 為首領，命令他採用古禮與使用「全俄羅斯的沙皇與大王公」的尊號登基就位。伊凡四世時常前來朝謁；朝見的時候，故意以謙恭的態度向薩因‧布拉特說：「莫斯科公國的伊凡‧互西立，特攜帶諸子前來請安。」㉑伊凡設立「歐

撲力其尼納」特區的目的，就是要以此為工具，消滅古老「博亞」貴族的勢力，而達到真正的中央集權制度。

伊凡四世要建立「歐撲力其尼納」特區的計劃，其實在 1548 年時已經慢慢形成。一個原本是立陶宛貴族、後來效忠莫斯科的伊凡·披瑞斯威耶投夫 (Ivan Peresvietov)，在 1548 年曾經上書沙皇，控訴「博亞」貴族的罪行。他在書中首先警告伊凡四世絕對不能信賴那些時時刻刻都追隨在身邊的「博亞」大臣們。他們雖然表面忠順，動輒親吻十字，假作恭謹之態，其實背後則蓄意叛國，無惡不作。凡是那些依賴家族關係，而不是靠本身軍功與才能被沙皇所錄用的人，都可能是政權的竊取者。他建議沙皇應該巡視各地，發掘真正的人才，以代替世襲的「博亞」貴族。披瑞斯威耶投夫在其書中，處處充滿了新興服役貴族仇視古老貴族的不滿語句。伊凡四世聽畢他的陳訴後，非常同意。他在以後組織自己的「歐撲力其尼納」特區的武力時，便特別重視徵召這一批出身不是「博亞」，而是武裝商人階級的「亞伯拉罕子弟們」(Children of Abraham)，把他們當作最忠貞的信從者。伊凡四世的目的，就是利用只效忠他的新興武士階級，來打擊經濟獨立的古老「博亞」貴族。「歐撲力其尼納」特區，正是實行這計劃的好工具。從莫斯科公國中央集權與諸侯地方分權的長期鬥爭發展過程來看，「歐撲力其尼納」特區的產生，有其歷史因素，絕非伊凡一時興起的決定。

伊凡四世在亞歷山卓夫隱閉的時候，就擬定了設立「歐撲力其尼納」特區的方案。首先，為了要特別表明它與「澤畝斯其納」行政區的不同，乃特以亞歷山卓夫城為特區的首都，並在其周圍，加築了護城牆及壕溝。城內的道路也都設有路霸，作為防護之用。伊凡四世在城中又建築了一個修院，作為他靜思之處。他在「歐撲力其尼基」武士中，精選了三百名特優者，組成了一個像「兄弟會」(fraternity) 一樣的宗教性祕密會社，由自己擔任「主持」(Abbot) 的職務。每一個被選中者，必須要宣誓絕對對他效忠，並斷絕與外界所有的人際關係，就連與父母、兄弟間的關係也不例外；然後經過神祕的入會儀式，才成為正式會員。他們過著與世隔絕的刻苦清修生活，穿著黑色的修士袍，頭上戴著修士帽巾，每天清晨參加由伊凡四世與他兩個兒子所主持

㉑　Kluchevsky, vol. 2, p. 81.

的彌撒典禮，虔誠的在祭臺上跪拜。伊凡四世行禮最為虔恭，每次跪拜禮成後，他的前額都會有擦傷與血跡。典禮完畢，他們開始狂飲狂食。伊凡四世則以教長的身分，乘機向他們講述教會中先賢、教父們擬訂的節制暴食、暴飲戒條，以滿足他顯示學識與教理修養高深的虛榮。講畢後他一人回房，獨自就食；飲食用畢，他有時會再講解一篇與關法律有關的道理，或回去休息，或到刑房去審判叛國賊。在這樣一個隔離的環境中，伊凡遠離了「博亞」貴族們的威脅，終於獲得了從小就沒有的安全感。

「歐撲力其尼納」特區中的服役武士們，一律穿戴黑色制服，騎黑色的馬，使用黑色的馬具。每一個武士在馬鞍旁的弓箭上，都掛有一個狗頭及一把掃帚：它們的意義是聞出潛伏各地的叛國賊後，然後加以掃除。這一批祕密殺手，在當時被稱為「地獄黑使者」，形容他們的可怕，像是漫漫無盡的黑夜。他們總人數本只有一千，後來增加到六千人。伊凡四世特定賜予封地與其他的特權，使其成為一個只忠於沙皇的新興貴族。

伊凡四世在莫斯科城中創立了「歐撲力其尼納」特區後，由於效果顯著，乃將其推廣到各地。他在 1570 年，以諾夫格羅城中「博亞」私通外敵，陰謀消滅東正教而恢復天主教為名，命令「歐撲力其尼基」武士突擊，殘殺了許多城中的顯赫世家，燒毀了許多教堂。據統計，受害者多達四萬人以上，教堂中無數珍貴寶藏，也都被盜運回莫斯科。諾夫格羅城經此浩劫，幾乎成為死城。「歐撲力其尼基」突擊隊凱旋回程中，路過特沃城，也假借其通敵之名，大肆殺戮近九千人。類似的殘暴行為，當時在各地隨時都會發生。

「歐撲力其尼納」的主要功用，就是鏟除妨礙伊凡四世建立個人中央專制體制的「博亞」階級。因此它實際上是個超越政府、直接由沙皇統馭，專門以叛國罪行的名義隨意逮捕與處死異己的特務機構。雖然「博亞」貴族中在 1553 年伊凡四世病危時，曾經拒絕擁戴他稚齡的兒子為繼承者。不過他們的用意是要穩定政局，並非要推翻莫斯科王國的世系。伊凡四世對此無法忘懷，乃伺機報復。再者，「博亞」貴族們一直要恢復他們共同諮議國政的古老特權，始終反對伊凡四世過度擴張中央集權的制度。在莫斯科王國發展中央集權體制的過程中，古老「博亞」貴族確實是個強大的阻力。伊凡四世對付「博亞」的極端政策，只是延續著「錢袋子伊凡」所奠定的傳統而已；不過，

由於他的手段過於毒辣，造成了國內極大的危機與混亂。

　　南部沿黑海的克里米亞汗國，有見於伊凡「歐撲力其尼納」在國內所造成的亂局，在 1571 年率大軍忽然進攻莫斯科，輕易入城後便大肆燒殺虜掠。沙皇伊凡四世本人也倉皇逃走，棄守京都；全國情勢非常危急，人民以為俄羅斯又將再度陷入異族統治的暴政。幸虧莫斯科公國的沃若廷斯基親王 (M. I. Vorotynskii) 整頓軍備，才將克里米亞韃靼擊退，紓解了亡國的危機。但伊凡四世事後卻又深恐他恃功而驕，轉而搶奪他的政權，藉故把他處死。

　　經此事變後，伊凡四世警覺到「歐撲力其尼納」的行政特區，是造成國家危急的禍源，開始加以整頓。首先他解散「歐撲力其尼納」特區的特殊部隊，將其編入國家的正規軍中；然後，再撤銷「歐撲力其尼納」的獨立行政、司法與經濟特權，歸屬普通行政制度管轄之下。改革的結果，大大提升莫斯科軍隊的士氣，終能擊敗了後來再度入侵的韃靼。伊凡四世因此信心大增，決定取消整個「歐撲力其尼納」特區制度。這個決定，正像他開創特區時一樣的突然。他並沒有經過任何行政或司法手續，便下令說此後任何人不得提及「歐撲力其尼納」一詞，或建議恢復其制度，違反者以死刑論罪。騷擾了莫斯科王國十餘年，殘殺了許多生命的恐怖組織，就以一紙命令取消，好像它在歷史上根本沒有存在過一樣。

　　伊凡四世自從第一任妻子安娜塔西亞死亡後，神志就一直很不正常，認為各處都潛伏著要謀害他的敵人，因此他終日生活在無安全感的恐怖氣氛中。他陸續娶了六個妻子，沒有一個人可以改變他奇特的性格。他在 1581 年的某一天，看到兒子伊凡的妻子在懷孕時穿戴著不適宜的服裝，勃然大怒，大聲苛責她行為不檢，並苛責他兒子家規鬆弛。脾氣一旦爆發，連他自己也無法控制；他竟然用一根鐵頭木拐杖把自己兒子伊凡活活打死。他從這件家庭悲劇後一直到 1584 年 3 月死亡的一段時期中，終日脾氣暴躁，情緒一直無法平復，隨時都會有突發的殘暴行為。

　　太子伊凡被他親手打死後，繼承他的是一個弱智的兒子，皇后家族乘機干涉內政。幾乎被消滅的「博亞」貴族，聯合波蘭等外族勢力，企圖再度獲取政權。統一俄羅斯的莫斯科王國，從此進入了內有權貴傾軋、外有異族入侵的危急亂局。這個被稱作「混亂的時代」(Smutnoe Vremia, The Time of Troubles) 延續十數年之久，一直要到羅曼諾夫王朝建立後才終止。

(4)歷史上的評價

　　伊凡四世殘暴的性格，及他所創立的「歐撲力其尼納」特區，是俄羅斯歷史發展過程中引起激烈爭論的問題。傳統的俄羅斯歷史學家們，多半從他政策破懷性的角度上評估，因此貶多過於褒。蘇聯史達林時代的歷史學家們，則對他的所作所為，不但辯護，而且相當推崇，認為他採取非常的手段消滅了頑強的「博亞」勢力，終於完成了莫斯科公國從「錢袋子伊凡」以來，就一直進行著的統一計劃與中央集權的政體。因此，他不但不是一個盲目亂從的暴君，而是一個洞視先機、有計劃的改革推動者。他們承認他的手段可能有時過於激烈，但是他對俄羅斯的整體貢獻，絕對遠超過他所引起的短暫性破壞。

　　俄國的第一位歷史學家卡拉拇金 (N. M. Karamzin, 1766–1826)，對伊凡四世有非常嚴苛的批評。他認為伊凡四世的暴行，替俄羅斯人民帶來比蒙古統治與四分五裂的「混亂的時代」更大的災難。另一位俄羅斯的歷史學家克柳切夫斯基，則從莫斯科公國發展的宏觀角度來看，對伊凡四世的作為各有褒貶。他承認伊凡四世的手段的確過於殘暴，招致了許多無妄的災難。但伊凡四世所要達到統一俄羅斯的目的，是一個無法阻擋的歷史潮流，若不採取極端的政策絕對無法達到。莫斯科中央集權體制的成功，必會創造一個嶄新的大局勢，使得基輔及蒙古時代以來的食邑封建舊勢力，在這潮流的衝擊下面臨存亡的危機。「博亞」貴族為了維護本身的傳統特權，故處處反抗伊凡四世的新政策，企圖阻擾歷史發展。克柳切夫斯基認為伊凡四世最大的悲劇，是他不能適時提出一套妥善的政策，將「博亞」階級納入新秩序中，使他們成為一個支持他改革舊秩序的主力。相反的，他創立了「歐撲力其尼納」特區，想以恐怖手段，在短期內消除一個歷史性及制度上的問題。結果是本末倒置，成為了莫斯科公國傾覆的根源。他不禁感慨的說，像伊凡四世這樣一個有學識、有作為的沙皇，在初執政時採納眾議、勵精圖治，很有可能將俄羅斯轉變成富強康樂的國家。只可惜他生性猜忌，無法容納超過他的文才與將才，動輒隨意亂殺異己。結果是從根本上，摧毀了原來可以大有作為的國家建設

計劃。他說:

> 我們看到他初執政時，便採用嶄新的內政、外交政策。在外交上，為
> 了要在文化與商業上和歐洲建立關係的目的，他努力向波羅的海岸擴
> 充；在內政上，首先是將立法的程序制度化，然後則是重整由省到公
> 社 (commune) 的地方組織，使得地方政府以後有規劃地方法律、決定
> 政策執行的方向及參與中央行政決策的權力。不幸地，沙皇無法與他
> 的幕僚們相處。他對維護本身權威的病態猜忌性，使他經常把誠實、
> 誠懇的勸告，當做是挑戰他至高無上權力的企圖；將與他政策不同的
> 意見，視為是對他不滿、背叛或陰謀不軌的表現。結果，他罷黜了忠
> 誠的建言者，沉緬在自己固執及片面的政治理論中，懷疑處處都有陷
> 阱與叛逆。㉒

蘇聯的馬克思主義歷史家密開爾‧坡可若夫斯基 (Mikhail N. Pokrovskii, 1868-1932)，在他花了九年 (1908-1917) 才完成的《俄羅斯通史》中，則極力為伊凡四世的酷政辯護。他認為所有批評伊凡四世消滅「博亞」階級、只帶來政局混亂的政策，都是不公允的評價。因為遠在彼得大帝一百五十年前的伊凡四世，就已經開始建立一個「個人極權體制」(personal autocracy)，為了要達到這個目的，他不得不建立一個「博亞」無法控制的「歐撲力其尼納」特區。他失敗的原因，是事前缺乏周詳考慮而已。不過，他在那時就敢斷然採取這樣的政策，確實是個有遠見、魄力、超越時代性的君主。伊凡四世認為古老的世襲「沃其納」領邑，不但可以由政府充公後，作為賞賜給服役貴族的「坡蔑斯堤」役田，也是沙皇的財富與貨幣資本的來源。但是要獲得這些土地，他必須先摧毀擁有這些土地的「博亞」貴族階級。伊凡四世在 1565 年 1 月 3 日所主導的事變，建立「歐撲力其尼納」特區的真正用意，是要以其網羅一批新武士階級，設立一絕對的中央集權政府。坡可若夫斯基說，伊凡四世雖然沒有完全成功，但是他在一百五十年前所種植的根，到了彼得大帝時終於開花結果了。㉓

㉒　Kluchevski, vol. 2, pp. 101–103.

㉓　M. N. Pokrovskii, *A History of Russia*, New York: International Publishers, 1931,

　　在史達林時代中，伊凡四世的歷史地位，普遍得到正面肯定性的評價。當時的主要歷史學家們如維坡 (R. Iu. Vipper)、巴克儒辛 (S. V. Bakhrushin)、斯默諾夫 (I. I. Smirnov) 與布德諾尼茲 (I. U. Budnonnits) 等人，都刻意美化伊凡的治世政策，替他的殘酷手段與建立「歐撲力其尼納」提出辯護。蘇聯的黨代表、官方歷史學家巴克儒辛，在國家社會科學院為了慶祝革命成功三十年的專集中，特別撰寫了《最近學術研究中的恐怖伊凡》一文。他在文中說，「根據最新的研究，可以證明伊凡是一個莊嚴且強有力的君主。他是俄羅斯歷史中最偉大的政治家之一。」他的文章代表了當時政府與一般歷史學家們對伊凡四世的典型觀點。除此之外，蘇聯政府還利用其他的方式，大力推動伊凡四世的偉大。著名的導演艾森斯坦 (S. M. Eisenstein, 1898–1948) 所導演的〈恐怖的伊凡〉一片，就是一個好證明。史達林特別在 1947 年親自接見導演與演伊凡四世的男主角，感謝他們對祖國的貢獻。他公開推崇這一部電影，特別讚揚該戲劇主題的正確性說：伊凡四世不僅是偉大、而且更是一個聰慧的君主；他所創立的「歐撲力其尼納」特區，代表著歷史演變中一股不可抗拒的進步力量。史達林很惋惜地說，伊凡四世沒有徹底消滅殘餘的「博亞」貴族，導致了他改革功敗垂成的悲劇。假如他當時真能將其恐怖的政策貫徹，以後的混亂時代根本就不可能發生了。❷❹

　　蘇聯的史學家們在史達林死亡後不久，緊跟著赫魯雪夫貶史達林的祕密演說，在 1956 年 5 月聚會，開始重新討論恐怖伊凡的歷史地位。杜布羅夫斯基 (S. M. Dubrovskii) 在其〈個人崇拜與歷史問題中的某些工作：對伊凡四世及其他人物的分析〉(*Protiv idealizatsii deiatelnosti Ivana IV, The Cult of the Individual and Some Works on Problems of History*) 的一篇論文中指出，史達林時代對伊凡褒過於貶的史論，不但不正確，而且非常危險，因為它曲解了整個十六世紀的歷史發展過程。他特別批評伊凡四世的個人獨裁與「歐撲力其尼納」特區制度的殘酷。這兩者的後果引起了行政制度的紊亂、財政空虛；外交與軍事上，則因將卒朝不保夕的恐懼而不用命，終致俄羅斯長期陷於立沃

　　　pp. 142–150.

❷❹ Anatole G. Mazour., *The Writing of History in the Soviet Union*, Stanford, Calif. Hoover Institute Press, 1971, pp. 67–68.

尼亞之戰。他的個人獨裁政體，不但沒有統一俄羅斯，反而更延長了封建制度，加深了農奴制度中農民生活的貧困。他對俄羅斯人民所帶來的災害過失，遠超那些有限的貢獻。㉕

㉕ 赫魯雪夫時代對伊凡歷史地位的修正，見 Anatole G. Mazour, *The Writing of History in the Soviet Union*, pp. 69–71.

第四章　莫斯科的文化與東正教

當基輔公國走向衰亡，其文化逐漸頹廢時，一個屬於俄羅斯本土的獨立性文化，慢慢在東北森林中的莫斯科地區形成。位處於奇支 (kizhi) 湖旁，以原始巨木為材、屋頂由二十二個直衝雲霄的巨大洋蔥形圓拱組合而成的「耶穌變容大教堂」(Church of Transfiguration)，最能顯示了莫斯科文化的獨特性。當時人以謙恭與敬畏的心情，描寫它說：

> 覆蓋教堂的拜占庭式圓頂，刻劃出了天空籠罩著大地的形象；歌德式的尖頂，象徵著一股無法抗拒、想從地面一直衝升到像岩石般沉重的天空上的形狀。最後，我們祖國的洋蔥形圓拱模式，則凸顯了一種凝視著天空、虔誠祈禱的狂熱嚮往情操。俄羅斯教堂的頂端，像是由燃燒火焰之舌所覆蓋著，渴望要觸摸到十字架。在晴空時的陽光下，從遙遠的地方眺望著古老的俄羅斯修院或城市時，它們好像正在彩色繽紛的火焰中燃燒著。當這些火焰在白雪掩蓋的無垠原野中隱隱若現，我們都被這彷彿是一座遙遠、奇妙的上帝都城的景色懾服了。❶

這一段對俄羅斯圓拱、篷帳型宗教建築如詩如畫的描寫，顯示出俄羅斯的文化已經脫離基輔時代希臘的影響。它是在東北方的森林曠野中，以莫斯科為中心，所發展出的一股獨特文化：它融合著曠野中鍛鍊出來的堅忍民族性與敬天畏主的謙恭自卑性。這座教堂象徵著莫斯科不只是統治塵世的中心，也是真正信仰上帝信徒們的聖地。因此要了解莫斯科時代的俄羅斯文化，就必須要了解東正教在其繼承傳統及開創新局面過程之中的貢獻。

---

❶ James Billington, *The Icon and the Axe,* p. 48.

一、莫斯科的新文化：修道院主義

遠在莫斯科王國成立之前，東正教已經成為凝聚斯拉夫人精神的信仰；在蒙古帝國的外族統治下，它更成為被壓迫者的重要慰藉。莫斯科王公之所以能夠驅逐韃靼，建立中央集權的王國，東正教的支持，是一個不可或缺的力量。美國俄國史專家畢林頓在討論俄羅斯的宗教時說：「東正教帶領著俄羅斯走出了黑暗的世紀，對它零散分居的人民提供了一個團結的共識；對王公們標示出了一個更高的境界；替藝術家們，則啟發了他們創造性的靈感。」❷

東正教成為俄羅斯人精神文化的源泉，主要應歸功於修道院主義 (monasticism) 的發展。基輔時代是以洞穴修院為主；莫斯科時代的特色，則是隱藏在森林曠野中的修院與孤立苦修者。在蒙古汗國統治下，三位延續著俄羅斯東正教信仰，並振興了蒙古時期中已經衰退的修院主義的聖者是亞列克瑟斯 (Alexis, 1298–1378)、瑟爾鳩斯 (Sergius of Radonezh, 1321?–1392) 與斯提芬 (Stephan, 1340–1396)。他們三個人生存在同一個時代，交情彌厚，都懷有著一股悲天憫人的熱忱，以不同的方式，維持與傳播著東正教的信仰。

亞列克瑟斯出身於古老權貴之家。父親原是車尼高夫的「博亞」貴族，後來向丹尼爾王公輸誠，成為建立莫斯科公國的輔佐功臣。亞列克瑟斯的教父是基輔大公「錢袋子伊凡」，兩家關係非常密切❸。他自幼便受到非常優良的教育，是當時少數精通希臘文的俄羅斯人。

由於亞列克瑟斯學識豐富及通曉希臘文，在 1352 年時被任命為基輔與全俄羅斯大主教，主掌俄羅斯境內的教務。當時的俄羅斯教區，仍然隸屬於君

---

❷ Billington, p. 49.

❸ 此處所引用的史料 http://www.russia-hc.ru/eng/religion/legend/alexMetr.cfm 可能記載錯誤。亞列克瑟斯 (1298–1378) 於 1298 年出生，而伊凡一世 (1304–1341) 在 1304 年出生，比亞列克瑟斯年輕，似不可能為比其年長者之教父。依照前後文的記述，亞列克瑟斯的教父應為丹尼爾王公，方算合理。不過在缺乏更多史證的情形下，姑且引用該可能有誤的史料，但特別在注解中說明並存疑。

士坦丁堡教長 (Patriarch) 管轄之下，俄羅斯境內獲任命教職者，必須前去朝詣受命。因此，他也必須特地前往君士坦丁堡去接受冊封令。由於君士坦丁堡教長始終無法信任俄羅斯籍主教的能力與經驗，因此在就職典禮時經常對他們故意刁難，亞列克瑟斯所受到的待遇，也同樣如此。教長在對他的教職授權令中特別指出說，他被任用的主要原因，絕對不是因為他的學識與才幹過人，而是由於他的人格與修養良好所致。教長規定他此後每兩年一次，必須到君士坦丁堡來報告莫斯科教區的行政效果，作為是否繼續連任的考量；又說這一次任命俄羅斯人，只是對他個人的通融，別人絕對不能引以為例，俄羅斯人以後仍不得擔任大主教職位。亞列克瑟斯因此曾經兩次親自前往造詣教長，向他報告治理莫斯科教區的成績。由於因他的能力與謙恭、治績卓絕，成為君士坦丁堡教長治理俄羅斯教務最依賴的主教，後來終於免除了他每兩年朝見一次的規定。

　　亞列克瑟斯擔任「基輔與全俄羅斯主教」時有兩項最重要的貢獻，一是在俄羅斯境內樹立了莫斯科教區大主教至高無上的威權，二是全心全意支持莫斯科大公擴充中央集權的政策。當他甫登位為樞機主教時，俄羅斯東正教正面臨內部分裂的危機。他的前任西奧格諾斯特斯 (Theognostus) 主教在位時，君士坦丁堡教長因受立陶宛的貴族們懇求，在立陶宛與沃尼亞 (Volhynia)境內新設立了一個獨立教區，使其脫離莫斯科教區管轄之外，並逕自派任羅曼 (Roman) 為新任大主教。經過西奧格諾斯特斯努力交涉，才在 1347 年將其解散，恢復了俄羅斯東正教的完整性。但當亞列克瑟斯繼任莫斯科大主教後，立陶宛又再度要求恢復獨立的教區；不但如此，立陶宛並派兵進駐基輔，擁戴羅曼為當地的大主教。經過亞列克瑟斯的努力爭取，立陶宛的獨立教區在1360 年正式告終，重新恢復了以莫斯科為中心的俄羅斯東正教。

　　亞列克瑟斯除了學識豐富外，也精通醫術。他曾幾度代表莫斯科大公前往金帳汗首都拜詣，都因此受到可汗優禮相待。尤其是他在 1357 年前往朝見時，治癒可汗皇后的眼疾，更獲得了可汗的信任。他在與立陶宛教區的鬥爭中，蒙古汗國給予了強力的支持。

　　亞列克瑟斯歷經伊凡一世、伊凡二世、驕傲的西密翁及頓河狄密鍾三世的四位莫斯科王公，盡力維護莫斯科在俄羅斯中的領導地位。為此，他特地

將俄羅斯東正教座區，正式自伏拉地密爾－蘇茲道 (Vladimir-Suzdal) 遷到莫斯科，使其成為整個俄羅斯的精神中心。這個舉動，不但奠定莫斯科城統一俄羅斯大業的地位，更將其賦予了宗教上的神聖任務，以致其他城邦無法與之抗衡。除此之外，他在莫斯科的克里姆林宮附近興建了幾座大教堂與修院，使得莫斯科城更是名實相符的政治與信仰中心。

大力恢復俄羅斯修院主義的，是來自拉斗內茲的瑟爾鳩斯。他與亞列克瑟斯同時代，也是出身於「博亞」貴族世家，原屬莫斯科王國敵對的羅斯托夫 (Rostov) 城邦。莫斯科大公伊凡一世在 1329 年攻破該城後，瑟爾鳩斯家族才舉家遷往莫斯科東北約四十五哩的拉斗內茲。瑟爾鳩斯從小就立志出家，要把自己終身奉獻給東正教；但因為要侍奉父母，故暫時作罷。到了 1340 年他才能如願的與哥哥斯提芬共同進入修院，退隱到森林中開始苦修。斯提芬後來因為無法忍受嚴格的獨自苦修生活，轉入了莫斯科的「主顯修院」(Monastery of Epiphany)，與在此修行的亞列克瑟斯成為好友；亞列克瑟斯就是以後的莫斯科大主教。由於這個原因，瑟爾鳩斯與亞列克瑟斯及貴族們，都保持著良好的關系。亞列克瑟斯屬意瑟爾鳩斯繼任大主教的職位，因此曾幾度前往造詣，但他立志終生苦修，不願被教務纏身，拒絕接受邀請。

瑟爾鳩斯在他哥哥離開後，繼續自己長達兩年之久的苦修。在這一段日子裡，除了一隻野生狗熊為伴外，就只他一人獨處。他執著與虔誠的信仰，感動了各地許多信徒，特地長途跋涉前來拜奉修道。在他的領導下，他們建築了一座命名為「三一」的修道院 (Trinity Monastery)，共同從事苦修。他訂立教規，命令修院中所有的修士必須服從嚴格規律，參加伐木開山、將荒原開墾為良田的勞動，以求達到自給自足的生活；附近的農民，也隨之到修院四周屯居，把整個地區發展成為一個富庶的農業村落。

瑟爾鳩斯堅決棄絕物質引誘、強調信仰能克服所有困難的教條，造成俄羅斯民族性中堅韌不拔的刻苦精神，它是此後反抗蒙古異族統治運動中不可或缺的原動力。俄羅斯東正教教士與農民，沿襲「三一」修院開疆闢野的精神，進入伏爾加河流域芬蘭民族聚居的原始森林境域，開拓農地，並建立修院傳播教義。這些地區因此被納入了東正教與莫斯科公國的管轄之中。虔誠的修士們不畏艱苦，專門到無人跡的深山曠野中去苦修，他們無形之中扮演

著宗教殖民的角色，將修院變成了殖民與屯居的中心，替莫斯科王國擴充了大片的疆土。根據記載，蒙古統治的前一百年 (1240–1340)，東正教新增加的修院只有三十座。但從 1340–1440 年，新建的修院則急速地增加到一百五十座。❹ 這證明了瑟爾鳩斯與他的修院主義，對俄羅斯擴充疆域所產生的深遠影響。

瑟爾鳩斯遠離塵世、隱退到森林曠野中的苦修，並沒有削弱他對俄羅斯的愛國心。他在 1365 年奉莫斯科大公「頓河的狄密錘」之命，往尼茲尼－諾夫格羅城，命令強佔該城的首領玻瑞斯前來晉見。玻瑞斯拒絕，瑟爾鳩斯立刻命令關閉當地所有的教堂，不讓人民前往敬拜，人民們恐怖無名，幾乎變亂，玻瑞斯才終於屈服受命前往。瑟爾鳩斯最愛國的表現，是 1380 年的苦里寇沃戰役時，鼓舞狄密錘與將士的祝詞。他鼓勵他們說：「勇敢地前進吧，攻擊這些不信上帝的人。不要遲疑，你們一定會征服他們。」苦里寇沃之役是莫斯科公國在其他俄羅斯城邦因屈服在蒙古暴力統治、不敢援助的情形下，獨自抵抗金帳汗國而獲得勝利的第一場戰爭，俄羅斯人民的自信心，從此大振。瑟爾鳩斯的精神感召是這場戰爭成敗的主要關鍵，因此他被後世遵奉為民族英雄。他在「三一」修院中埋骨的墳墓，歷盡幾百年滄桑的變化，直到近代仍然是俄羅斯人絡繹不絕地前來禮拜致敬之處。克柳切夫斯基描寫他對俄羅斯人的深遠影響：

> 對現在的人來說，瑟爾鳩斯所代表的意義，就像對他在世時候的人一樣。因為你可從他們（來敬拜他的現代人）的臉上看出那種與四、五百年前編纂年鑑者一樣謙恭的表情。看看那些成群來禱拜者的臉，你會了解到那股驅使著上千成萬的人，斷然拋棄家園、跟隨他前來（拓荒）的精神力量是什麼。站在這位聖者墓前的每個人，在自己的心中都會有同樣的感覺……。有的人在有限的一生中完成了留名史籍的事

❹ Kluchevsky, "St. Sergius: His Life and Work," p. 16. Vasily Klyuchevsky, 〈St. Sergius: The Importance of His Life and Work〉 *Russian Review*, II(August, 1913), pp. 45–60. *In Readings in Russian History*, edited by Sidney Harcave, pp. 153–164.

業；他們的成就，遠超過自己時代中的時空限制，永被後世感懷著；他們的優良影響，深深影響著後人的生命⋯⋯。從一個歷史人物，他們變成了一個國家的理想，他們的所作所為，也成為了我們所們熟悉的理念。對後世的人來說，這些人不僅是一個前代的偉人，更是我們後輩的一個伴侶。他們的名字，正如他們所遺留下來的貢獻一樣，被虔誠的懷念著。代表著這樣典範者的名字，就是瑟爾鳩斯。他所代表的，不只是我們歷史中有教育性、可以值得安慰的一頁，而更是我們人民精神生活中最光彩的表現。❺

與亞列克瑟斯及瑟爾鳩斯同時、也一樣重要的，是把東正教信仰與莫斯科公國聲威同時傳播的斯提芬。俄羅斯的東正教傳教士們，一向不重視向其他民族宣傳教義的工作。斯提芬是第一個深入蠻荒，首創這個風氣的俄羅斯傳教士。斯提芬天資秉賦甚高，在十八歲時 (1366) 進入修院後，除了攻讀神學理論外，也研究語言，成為當時少數會希臘文的俄羅斯修士之一。他在 1379 年，獨自前往芬蘭人居住的蠻荒之地「坡畝」(Perm) 傳教。當時芬蘭人的文化仍然非常原始，他為了使傳教方便，不但學會了當地人的方言，而且特別創制了一套字母，作為翻譯經文與儀式條文的工具。這套字母，一直到現在仍繼續被芬蘭人使用著。他的努力感化了原居民，使他們接受了基督教，願意接受莫斯科公國的管轄；因此，他也間接地替莫斯科公國增加了版圖。

二、東正教內部的爭論及與君權的關係

東正教因為一直受到莫斯科王國的支持，再加上其修院的影響力及所擁有的鉅大財富，逐漸成為了一個握有強大政治、經濟與社會勢力的團體。但同時由於過度世俗化的結果，它不但一方面威脅到莫斯科統治者的威權，另一方面也造成教會本身苦修紀律鬆懈、教士道德水準低落的危機。在伊凡三世推動中央集權的政策下，世俗政府與教會開始展開了權力的鬥爭。

伊凡三世以武力統一俄羅斯的主要原因，是他不再依賴「博亞」諸侯的

部族軍，而是由中央政府直接指揮的新軍事力量，其中的成員多半是非世襲貴族的新興服役鄉紳 (service gentry)。不像在經濟上可以依靠祖傳封邑生活的「博亞」貴族，他們的唯一收入是靠軍役與戰功而獲得的坡蔑斯堤封土。伊凡三世為了要加強本身的武力，必須要有足夠的土地，以招攬更多的服役者。教會所擁有的廣大土地與教產，便成為沙皇欲奪取的資源。教士們對教會是否應該斂財與擁有土地的爭論，及對教會改革的要求，便使得東正教與沙皇擴充中央集權的政策發生時而互相合作，時而鬥爭的錯綜複雜關係。

　　東正教內部對於教會與修院是否應該積極牽涉政治與擁有土地與錢財，抑或遠離塵世從事苦修與專門修養心靈等問題，一直就有爭議。不過，從歷史觀點上來看，東正教會內部的鬥爭，是俄羅斯歷史從基輔時代演變到莫斯科時代過程中必然的結果，兩者的爭論表示出不同社會階級利益之間的矛盾與衝突。莫斯科公國成立後，勢力中衰的「博亞」貴族支持改革派，因為改革派攻擊教會的世俗化及其過於中央專權的組織結構，這一點正可以作為他們自己反對沙皇獨裁，要求恢復古老參政權的精神依據。伊凡三世則極力支持保守派，因為他們捍衛中央集權，要求人民絕對效忠沙皇，因此連帶的鞏固了他政權的合法性基礎。改革派雖在宗教上代表著進步新氣象，但在政治上與「博亞」貴族聯合、企圖恢復老的傳統，則是不合乎潮流的反動派，終於失敗。保守派在宗教上堅持延續傳統，了無革新，但卻因在政治上，擁護莫斯科沙皇所代表的新政治秩序，而獲得了勝利。不過，在俄羅斯帝國成立、沙皇獨掌大權後，歷來努力效忠的保守派，也難逃被罷黜的命運。東正教最後一旦成為了官僚政體中的一個部門後，同時也喪失了其宗教上的自主權。今將保守派與改革派的爭執及其理論加以敘述，以便有助於對莫斯科文化與社會的了解。

　　反對東正教世俗化及斂財者的改革派分別是「剪髮者」(strigolniki)、「猶太人」(Judaizsers)，以及拋棄塵世的「外伏爾加長老」(Trans-Volga Elders)。他們認為教會腐敗的原因主要是政教不分、斂聚財產所造成，因此特別強調教士們必須放棄金錢與物質上的引誘，堅持苦修的戒條。因為只有如此，東正教才能維持自主權，不受政治因素的任意干涉。他們最重要的精神領袖是倪歐‧叟斯基 (Nil Sorskii, 1433–1508) 及希臘人馬克辛穆 (Maxim the Greek,

1470–1556)。

維護東正教傳統及強調教會必須擁有土地財產，才能保持宗教獨立的保守派，以沃羅寇拉穆斯科修院的約塞夫 (Joseph of Volokolasmsk，1440–1515) 為首。保守派認為政府與教會應分工合作，共同維持人民的幸福。塵世間的政權是上帝恩賜所形成，因此人民一定要對其領袖絕對服從，教會有協助政府的義務，財產的擁有是達到這個目的的一個不可或缺條件。

1.剪髮者

第一個挑戰東正教教理與組織，被列為邪說異端的是「剪髮派」。其源起因史料欠缺，無法考證。他們在十四世紀中葉在與莫斯科敵對的諾夫格羅城與普斯克夫城中出現；主要的成員是城鎮中的工匠與商人。他們不接受修院主義，拒絕承認教會組織的必要性，認為所有的教職都是經由金錢賄賂而獲得；他們也不相信聖餐、懺悔、受洗等各種儀式，因為這些都是教士們騙取大批金錢的伎倆。他們把耶穌當作是一個偉大的傳道家與導師來崇拜，但反對基礎教義中說他死後復活的信條。他們輕視教士們的學識與品德，所以要求非教職的世俗人，應有同樣的資格與權力來宣揚教理。由於他們出身社會中的下層階級，特別痛恨富人欺壓貧窮的人民。當時人推崇他們安於貧窮的的精神，說他們既不搶奪他人、也不自己斂聚財富，他們因此被稱作為是「非擁有者」(Non-possessors)。

2.猶太人

猶太人教派，也被稱為諾夫格羅城的異端者。最初出現於十三世紀的末期，但其確實的起源與歷史都已無法考證。有關他們信仰的理論，散布在東正教譴責他們的文獻中。他們信仰的中心是古老的猶太教教義，只遵守傳統的猶太法典，不接受基督教中三位一體的神學理論。他們拒絕承認耶穌是救世主及仁慈的贖罪者，也堅信不拜偶像的戒條。除此之外，他們也特別排斥當時興盛的修道院主義，認為這是人為的制度，違反了《新約》、《舊約》中的神聖傳統。信仰這一派的，主要是猶太人，為數並不多。但因其立論有學理上的根據，不但吸收了知識分子，也在教理上直接威脅到東正教的權威，

而招致了政府與教會雙重的迫害。

3.外伏爾加長老派

外伏爾加長老派，是一批無法忍受教會腐敗與紀律淪落，憤而拋棄塵世、退隱到深山曠野中獨自苦修的教士們。他們特別強調赤貧的苦修，認為擁有金錢與土地是教士道德低落的主因，必須全部加以禁絕。因為堅持這種信仰，他們也被稱作是「非擁有者」。

外伏爾加長老派的領袖是倪歐·叟斯基。他出身於新興服役貴族之家，哥哥是伊凡三世時的官吏。他出家後，曾經參謁過希臘修院聖地的「阿陀斯山」(Mt. Athos)，專門學習希臘文。回到俄羅斯後，進入「奇瑞羅夫修院」(Kir-illov Monastery)，負責編纂及修訂經典作品。因為不滿其他教士們的生活行為，他在1470年離開修院，獨自隱居修道。其他信徒，聞訊尾隨而至，該地乃漸漸形成一個規模相當大的修院區。為了要維持各修院間的關係及要求修士們嚴守苦修的戒律，他制定了嚴格的章程與修行要點。

他的貢獻之一是傳入了東羅馬帝國末期盛行的神祕宗教主義，加強了俄羅斯東正教正在恢復的修院運動。十五世紀東羅馬帝國宗教信仰，受到西方天主教與鄂圖曼帝國伊斯蘭教的雙重威脅，因此充滿了世界末日即將來臨、悲觀的末世感 (Apocalypticism)，咸認為脫離塵世、拋棄所有是逃避大災難的唯一方法。這個蔓延在各地、被稱為是「合西卡斯穆」(Hesychasm) 的運動，主張經由各種禁食、練習控制呼吸及生活在黑暗之中的苦修方式可以達到抑制肉慾的地步。然後，再以虔誠之心，重複不斷地默默獨念「耶穌基督，上帝之子，請恩賜憐憫給罪人的我」的禱詞，便會進入雜念俱失、心臺空洞寂靜 (hesyschia, inner calm) 的境界，這時就可以直接與上帝通靈，透視到天堂之中的神光。對他們來說，理解神學理論與施行宗教儀式，都無法達到人神互通的境界。所以神學理論與宗教儀式的存在與否，與自己的信仰毫無關係。俄國史專家畢林頓認為這種抗拒教會權威，主張以個人努力來達到獲救的觀念，發生的時間比西方類似理念的「新教主義」(potestantism) 還要早。❻這種可以自我獲得解救的信仰，不但威脅了東正教的權威性，也挑戰著它所建

❻　James Billington, *The Icon and the Axe*, pp. 46–77.

立的社會秩序，因此受到政府與教會強烈的迫害。不過他們堅持苦修與棄絕
財產的信條，則獲得沙皇的大力支持。

「剪髮者」、「猶太人」與「外伏爾加長老」各派，他們都反對教會的世
俗化，認為金錢與塵世的權力，是腐蝕教士道德的基本罪惡，應立刻棄絕。
東正教會因此視他們為邪說異端，要加以根除。最贊成要迫害他們的是保守
的「約塞夫派」(Josephite)。

4.約塞夫派

約塞夫派之得名，是因為創始者是約塞夫‧參寧 (Joseph Sanin, 1439–
1515)。他一方面譴責「剪髮者」、「猶太人」、「外伏爾加長老」各派是邪說異
端，破壞了固有的傳統及社會秩序，另一方面則強烈維護教會擁有財產，因
為這是維持社會安寧不可或缺的條件。由於他主張這樣的說法，故被稱為是
「擁有者」(Possessors)。

約塞夫七歲進入修院，二十歲剃度受持齋戒。他於 1479 年在從莫斯科城
到諾夫格羅的途中，建立了「沃羅寇拉穆斯科修院」(Volokolamsk)。由於他
的學識及才幹，各地前來朝謁的信徒絡繹不絕；土地的贈奉、財產的捐獻更
是源源而來，使得該修院立刻成為了宗教及經濟的中心。約塞夫本人便以「沃
羅寇拉穆斯科的約塞夫」著稱於世。

約塞夫建立「沃羅寇拉穆斯科修院」的動機，是希望以此修院為基地，
訓練一批既有學識也有辯才、而且道德修養高超的教士，以對抗當時要求改
革教會的極端派。他所規定的修院規則，特別強調絕對服從的信條。他除了
維護東正教的傳統教義外，對於教會不得擁有土地與財產的異論，極力反對。
他認為教會不但應該、而且非常需要擁有財產，因為只有經由財富，教會才
可以實行它對社會應盡的各項義務與責任。但是這個教會應擁有財產的理論，
不但與沙皇、同時也與「博亞」貴族的利益相抵觸，因為兩者都期望能藉故
沒收教會的土地，擴充本身的勢力。貴族們之所以支持「非擁有派」異端者
的主要原因，乃是希望獲得他們宗教理論的支持，達到本身經濟利益的目的。
伊凡三世也因為同樣的原因，強烈反對教會應該擁有財產的論點。不過在政
治上卻又非常支持約塞夫，因為他是中央集權政體的絕對擁護者。

　　約塞夫所推崇的政治理論是君權神授；他認為君主是上帝在塵世間的代表，所以他的權力應與上帝的對等。他說：

> 太陽有其職責，即是照耀地球上的人民；國君也有其職責，乃是照顧被統治者。你們的統治者，從上帝處接受了王位的權杖，因此你們就要謹慎（從事）、來滿足賞賜君主給你們的上帝。假如只就身體肌膚來說，君主像所有平常的人一樣；但是在權力上，他則與至高無上權威的上帝相同。❼

　　君主的職責是同時維護人民物質與精神上的雙重福祉，也因為這個莊嚴的地位，君主是信仰與塵世兩者事物的最高仲裁者。「上帝把最具權威的君主作為他的代表，將他放置在王座之上，以求能保護教堂、修院及俄羅斯土地內所有的正統基督教徒們。君主的命令不能被質疑，因為他的旨令是最終極的。縱然是大主教也無權上訴。」他說，人民們必須絕對服從君權：

> 當你們尊奉及效勞君主時，主要是為了取悅上帝，你們才對他恭謹與順從。君主照顧我們，正像通常所說的一樣，「不要用邪惡之言來議說君主」。使徒們也說：「畏懼上帝，供奉君主。你們這些奴隸們，應該以恐懼與敬畏之心服從主宰你們身體的主人。接受上帝眷顧而獲得權力的人，雖然無法干涉靈魂，不過，他對於人的身體，既可以保護、也可以毀滅。再者，你們應知道凡是能敬畏上帝與尊敬君王、且對其效勞者，他的靈魂絕不會受到譴責。」❽

　　他不但要求人民對沙皇要絕對服從，就是教士們也應該以同樣的態度來服從沙皇。他曾對高級教士訓示地說：

> 神聖的法規命令你們尊敬君主，不准與他爭吵。古時候的主教們在宗教大會或地區性的會議中，絕對不敢與君主爭吵；縱然是四位總教宗

---

❼　March Raeff, "An Early Theorist of Absolutism: Joseph of Volokolamsk," 見 Sidney Harcave, *Readings in Russian History*, vol. 1, p. 181.

❽　March Raeff, p. 182.

或羅馬教皇也不敢如此。當君主在會議中對某人發怒時，（教士們）只能用謙恭的態度與眼淚勸求。假如他們在會議中要與君主講話，必須先懇請許可後，才會發言。若是君主要求他們講話，他們必然遵守《聖經》中所指示一樣、謙卑地說話。❾

　　這種源自於東羅馬帝國的君權神授理論，原本就是莫斯科統治者賴以鞏固本身集權的依據。約塞夫的貢獻不僅是再度強調沙皇的世俗政權，更是把捍衛基督教信仰的宗教大權，也加諸到了莫斯科沙皇身上，使得皇權與神權真正融合為一。伊凡三世因此被賦予了替東正教會鏟除邪說異端與擁護正統教義的責任。雖然伊凡三世在教會與修院應否擁有土地與財產的爭論上，贊同倪歐・叟斯基等改革不得斂財聚產的主張；但約塞夫政教合一的理論，卻可以作為他中央集權體制的合法化依據。因此在 1503 年的宗教大會中、「非擁有派」與「擁有派」兩者爭論時，他斷然支持約塞夫的「擁有派」，宣布倪歐・叟斯基等的「非擁有派」為邪說異端，應被鏟除。

　　伊凡三世支持約塞夫理論的原因，與當時東正教將莫斯科認為是繼續君士坦丁堡後的第三羅馬觀念，有密切的關係。俄羅斯的東正教，一開始就受希臘正教的影響，因此希臘正教反天主教的情結，很自然的成為俄羅斯東正教的傳統；希臘正教與天主教的衝突，更促成了俄羅斯東正教的特色。

三、俄羅斯東正教思想的特色

　　天主教自從經過 1378–1417 年的大分裂 (Great Schism) 之後，教皇聲威與權勢都一蹶不振。各地大主教乘機一方面要求召開宗教大會，遏止教皇的獨裁大權，另一方面則同時推動教會內外的改革，這就是基督教歷史中所稱的「會議運動」(Conciliar Movement)。教皇與大主教們自 1409 年在比薩開始集會後，此後幾十年中，便繼續定時召開會議，討論有關教會教義與教會組織等各項問題。其中之一就是 1438 年，由教皇尤堅尼斯四世 (Eugenius IV, 1431–1447) 在義大利費拉若 (Ferrara) 城召開的宗教大會。會議進行了六個月

---

❾　March Raeff, p. 182.

後，因故遷徙到佛羅倫斯，繼續討論教理與儀式等問題，一直延續到 1445 年才結束。因此這個會議通常被稱為佛羅倫斯會議 (Council of Florence)。

　　西方的天主教與東方的希臘東正教，都非常重視這個佛羅倫斯會議。前者由教皇尤堅尼斯四世親自率領代表們參加；東正教則由東羅馬帝國的皇帝約翰八世 (John VIII, 1425–1448)，與東正教的君士坦丁堡教長約塞夫二世所率領的七百名教士團，浩浩蕩蕩前來與會；莫斯科的希臘籍大主教伊斯多 (Isidore)，則代表俄羅斯的東正教，前往參加會議。天主教教皇希望能藉此東、西兩教會都參加的會議，達到逼使東正教承認天主教教皇的威權，重建統一基督教教會目的。東羅馬帝國代表則希望能在會中獲得西方國家的支援，以遏止鄂圖曼土耳其帝國已經兵臨城下的危機。由於這個原因，東正教代表們認為天主教所堅持的教理、教義、儀式細節等問題，沒有實際的急迫性，都可以妥協與接受。對他們來說，真正急迫的，是如何贏得天主教的支持，援助其對抗鄂圖曼土耳其的侵略。

　　有關天主教所堅持的教理與教義的正確性爭議，可以上溯到基督教傳入羅馬帝國時的複雜因素。當時的羅馬政府視基督教為邪教，極力迫害。教會本身，則因為教父們等對於聖父－聖子－聖靈 (Holy Father-Holy Son- Holy Spirit) 三者之間的關係，各執一詞的爭論不休，造成了內部的分裂。到了公元四世紀時，基督教信仰漸漸普遍，開始被多數人民接受。尤其是來自日耳曼的蠻族，更是對之趨之若鶩。當時羅馬皇帝君士坦丁大帝的軍中，服役者以日耳曼基督徒人數眾多。他為了要獲得他們的支持，因此乃以羅馬皇帝的身分，於 325 年下令，在中亞的尼西亞 (Nicaea) 舉行了第一次的「普世性基督教宗教大會」(Ecumenical Council)，期求能協調各種不同的教條與神學理論。東、西兩教會的大主教、主教及重要教士們，都前往參加。會議的結果，通過「尼西亞信條」(Nicene Doctrine)，奠定了聖父－聖子－聖靈三位一體的基本信條 (Trinitarian Doctrine)，此後成為基督教的基本教義。

　　東正教會之所以採用「正統」(Orthodox) 一詞為其教會之名的原因，就是表示其信仰的正確性與正統性 (Orthodoxy)；也就是特別強調它能堅持第一次宗教大會所決定的基本原則。但是西羅馬帝國，由於羅馬帝國自四世紀開始被日耳曼蠻族佔據後，中央勢力崩潰，無法維持境內治安；羅馬城的基督教

教會，藉基督教信仰的普遍性，乃漸漸代替了世俗政府，成為唯一能維持秩序的機構。教皇也因此身兼凱撒 (Ceasar) 與教皇兩種不同身分，同時掌握了君權與教權。由於這個政治上的因素，西方教會勢力漸漸高漲，認為其所代表的乃是寰宇性地的信仰 (catholic, Catholicism)，應該凌駕於君士坦丁堡的東正教教皇會之上。

天主教教皇為了要鞏固其獨特的地位，乃期望從經典中找尋到理論的支持，證明其合法性。自六世紀開始，天主教便漸漸將 "filioque"（聖子）一字，加入四世紀時已奠定好的「尼西亞信條」。❿聖子是指耶穌；耶穌的大弟子聖彼得，是羅馬帝國的第一任羅馬大主教，而此後的教皇都以聖彼得的繼承者自稱。因此將聖子耶穌加入「尼西亞信條」之中，天主教教皇的崇高地位，就有了不可違抗的權威性。但是東正教則認為天主教擅自修改聖典，是背經叛道的行為，絕對不可容忍。關係本來就已不合的東西教會，由於這一個稱之為 "filioque" 的爭議，更是互相仇視。

佛羅倫斯會議正在進行時，鄂圖曼侵略東羅馬帝國，已經兵臨首都君士坦丁堡城下。參加佛羅倫斯宗教大會的東正教希臘代表們，急欲回國處理危機，早已無暇討論教理與儀式的學術問題。因此除了兩個代表外，其餘的東正教代表們在離去前，就匆匆接受了天主教的要求。教皇於 1439 年 7 月 6 日，在佛羅倫斯的大教堂中，宣讀接受東正教回歸天主教、兩個基督教會的正式統一召令。東正教代表們，公開承認並願意接受天主教教皇的至高無上威權，同意 "filioque" 一字並未違反「尼西亞信條」的基本原則。代表莫斯科公國與會的代表伊斯多，也接受了會議的決定。教皇為了感謝伊斯多的支持，特地封他為基輔與全俄羅斯的大主教。

伊斯多返回俄羅斯後，在一個隆重的宗教儀式中，宣讀教皇的詔諭，並向瓦西立二世報告東西教會統一的決定。不過，儀式完畢後，瓦西立二世便立刻將他以背叛東正教的罪名，逮捕下獄。瓦西立二世並特別宣布說，只要希臘的東正教繼續附和天主教的邪說，不認錯，且拒絕回歸正統信仰的一天，

---

❿ 原典為 "We believe in the Holy Spirit, the Lord, the giver of life, who proceeds from the Father." 天主教所加的 filioque，乃是 "We believe in the Holy Spirit, the Lord, the giver of life, who proceeds from the Father and the Son."

俄羅斯的東正教會就永遠與其斷絕關係，繼續信奉自己的正統教義。同時他也逕自派任親信鳩納 (Jonah) 為基輔與全俄羅斯的大主教。這是莫斯科王國的王公第一次不經君士坦丁堡大主教的許可，行使指派境內最高教職的權力。

東羅馬帝國皇帝於 1452 年 12 月，在君士坦丁堡正式宣布東西教會的統一。半年後，1453 年 5 月 29 日，鄂圖曼土耳其帝國攻陷該城，東羅馬帝國被滅亡。在伊斯蘭教的統治下，東、西教會是否統一，已不再是重要的問題了。但是對俄羅斯來說，君士坦丁堡被鄂圖曼土耳其的伊斯蘭教徒攻陷，卻有不尋常的意義。他們認為，這必然是上帝對背叛信仰者的處罰。這證明了俄羅斯人民絕對不屈服於天主教邪說的正確性，也證明了與君士坦丁堡東正教的叛徒斷絕關係是正當的決定。俄羅斯的東正教教徒堅信只有俄羅斯的斯拉夫民族，才是真正的信徒，他們是上帝的新選民，因此有延續與匡復真信仰的神聖義務；莫斯科是新耶路撒冷，是第三個、也是永恆的羅馬。

四、第三羅馬觀念的迷思

君士坦丁堡的淪陷，引起了基督教教義中原本就有的「末世感」危機，覺得整個基督教信仰正走向滅亡。希臘與巴爾幹區域中的基督徒們，面臨伊斯蘭教侵襲的危機下，開始向各地逃亡。東正教教會為了要安撫信徒們的恐懼感，勸慰他們說君士坦丁堡的滅亡，並不等於是基督教的毀滅，只不過是將信仰的聖地遷徙到另一個新中心、另一個新羅馬而已。莫斯科的大主教鄒司馬 (Zosima) 在 1492 年頒布的詔令中，就特別強調伊凡三世是維護基督教信仰的新保護者。

在俄羅斯的東正教教義中，西元 1492 年有特別重要的意義。因為他們根據曆法的推算，這一年正好是創世後的第七千年，也是世界末日駕到、新世紀即將來臨的一年。鄒司馬說，君士坦丁大帝創建新羅馬城（君士坦丁堡），延續了正統的基督教信仰，才能使伏拉地密爾將其傳播到俄羅斯境內，由於伊凡三世是他們的繼承者，故他的首都莫斯科就是新君士坦丁堡，而他本人自也是新君士坦丁大帝。鄒司馬是第一個將莫斯科稱作為羅馬帝國之都的教士。

在同時，諾夫格羅城的大主教艮納丟斯 (Genneadius)，引用在當時流行的
《白頭巾故事》(*The Tale of White Cowl*) 史詩，將莫斯科的獨特地位，給予歷
史上的證據。他說根據這本書的記載，君士坦丁大帝曾經將一條白色的頭巾
賜給羅馬的大主教，作為保衛基督教純正信仰的信物。但當羅馬的天主教背
棄真正信仰後，這條白頭巾就由君士坦丁堡的東正教大主教們接受保管。君
士坦丁堡城破後，它轉由諾夫格羅城主教接管；諾夫格羅城隸屬莫斯科的管
轄，因此莫斯科已經是繼承基督教正統的新羅馬了。把羅馬與莫斯科聯繫在
一起，並發揮成為「第三羅馬」理論的，是普斯克夫伊里阿澤修院 (Eleazer
Monastery) 中的菲婁修斯 (Philotheus) 修士，他上書伊凡三世說：

> 古羅馬的教會因為阿坡力納 (Apollinarian) 邪說而崩潰了，第二個羅馬
> ——君士坦丁堡——被伊斯蘭教徒們的斧頭砍倒了。但是這第三個、
> 新的羅馬、全宇宙的使徒者教堂，將會在你強有力的統治下，把正統
> 的基督教信仰、比日光更光輝地照射到地球的邊緣。在整個的宇宙中，
> 你是基督徒們唯一的主宰⋯⋯聽我說，虔誠的沙皇！所有的基督教國
> 家，都會聚集在你之下。兩個羅馬已經倒塌了，但第三個將屹立不動，
> 第四個則是根本不可能。**⓫**

第三羅馬的觀念，在 1547 年伊凡四世的登基大典中，被表現的最為明顯。
以前如伊凡三世等的莫斯科王公，雖也曾使用過沙皇的名銜，但都非正式的
頭銜，經由正式宗教儀式，採用此具有政教雙重意義的沙皇頭銜則是第一次。
在仿效東羅馬皇帝登基的華麗莊嚴儀式中，大主教馬卡流斯引經據典地藉上
帝之名，正式奉稱伊凡四世為繼承政、教兩正統的沙皇，從此之後，沙皇便
成為了莫斯科公國及以後俄羅斯帝國君主的正式頭銜。這個頭銜所代表的意
義，乃是強調俄羅斯的沙皇已經不僅僅是俄羅斯的統治者，而是像君士坦丁
大帝一樣，成為保護所有基督教信徒的領袖，是重建羅馬帝國與維護基督正
統信仰的唯一希望。馬卡流斯為了要加強俄羅斯在東正教中的崇高地位，特
別舉行了宗教大會，表揚與追贈了三十七位俄羅斯籍的修士及民族英雄為聖
者。

⓫　James Billington, *The Icon and the Axe*, p. 58.

　　除此之外，馬卡流斯並與其他教士們編撰歷史，將莫斯科統治者的世系一直追溯到羅馬帝國時代。在《聖者記》(*Great Menology*)、《皇家世系》(*The Book of Degrees of the Imperial Genealogy*) 與《伏拉地密爾王子的故事》(*Tale of the Princes of Vladimir*) 這些著作中，他們特別強調俄羅斯延續基督教道統的重要性。因為第一個到俄羅斯的基督教傳教士是聖彼得的弟弟安德魯，基輔時代的聖伏拉地密爾將基督教經由君士坦丁堡傳入俄羅斯，莫斯科的王公們是聖伏拉地密爾的直接承繼者，故伊凡大帝繼承的信仰，可以一直追溯到聖彼得，甚至耶穌本人。除此之外，他們又說君士坦丁大帝將東羅馬帝國的皇冠傳授給基輔的伏拉地密爾二世・莫諾馬克；基輔滅亡後，這頂皇冠由莫斯科皇室繼續保管。這些都證明了莫斯科公國的政統與教統，是經由基輔公國直接繼承羅馬帝國而來。

　　經由東正教的支持，莫斯科王國不但達到了統一俄羅斯的目的，也終於同時擁有了政治與宗教的大權。東正教的「擁有派」因支持沙皇的中央集權，獲得許多政府賜予的特權。但因其廣大土地與財產而衍生的政治與經濟勢力，則漸漸被世俗政府認為是威脅其統治俄羅斯的隱憂。因此一旦時機成熟，必會加以迫害。此後羅曼諾夫王朝的宗教改革，及彼得大帝的宗教政策，終於將其貶為政府的一部門，終止了它的自主性。這可說是俄羅斯政、教互相合作與對抗的自然演變結果而已。

　　俄羅斯東正教在信仰上的不妥協精神，是造成俄羅斯文化特色的主要因素。十五世紀開始的歐洲，則正是文化發展最有活力的時期。文藝復興 (Renaissance) 與宗教改革等運動，摧毀了中古歐洲的抑制性文化，使得長期被壓抑的創造力獲得解放，造成了一個以個人主義、理性主義及重視科學為主的新歐洲文化。俄羅斯仇視西方的結果，使其獨立於歐洲文化之外；也使得俄羅斯與新進的西方文化產生了相當大的差距。到彼得大帝時，因軍事的需要，發現本身在政、經、軍各方面的落伍，才積極採取極端的西化政策期望能迎頭趕上。但是沉重的歷史使命感，及狹窄的自我宗教意識，一直困擾著俄羅斯的文化，難以突破。

第五章　混亂的時代

　　伊凡四世在世所行虐政而埋伏下的危機，在他兒子費多羅於 1598 年死後，都一一浮現出來，威脅著莫斯科公國幾百年來所建立的大一統基業。這個亂局一直要到 1613 年，羅曼諾夫家族的密開爾被選為沙皇，才驅除了入侵的外族、穩定了國內的局勢而停止。在歷史上，這一段國內無合法政權、外有強敵入侵的時期，被稱之為「混亂的時代」。雖然動亂的時間只延續了短短的十五年，但其嚴重性，卻足夠改變此後俄羅斯歷史演進的方向。十九世紀的俄國歷史學家普拉托諾夫 (S. F. Platonov, 1860–1933)，在他 1899 年出版、專門研究這一段歷史的著作中指出，這看來似乎雜亂無章、沒有線索可以依循的亂世變動，實際上卻含有俄羅斯歷史演變中潛伏的朝代更替，社會、經濟及種族三個危機。

　　這三者危機前後依次發生，最後則糾纏一起，無法分割，更增加了問題的嚴重性。首先是因為王位僭越者玻立斯・戈督諾夫 (Boris Godunov, 1551?–1605) 的合法性，掀起了中央集權與「博亞」貴族主張均權的傳統鬥爭；接連著的是政治秩序崩潰的結果，凸顯了長期被壓抑的社會與經濟危機。反抗農奴制度及苛捐雜稅的暴動，在主要的農產區中風起雲湧，邊陲地區對抗中央的哥薩克 (Cossacks) 也乘機響應，摧毀了原已是相當脆弱的經濟基礎。最後則是瑞典、波蘭等外族乘俄羅斯內部混亂，聯合國內野心分子，不但佔領莫斯科城及其他城市，並且企圖爭奪王位，建立本身的王朝。除了上述的三項危機外，大自然所造成的災害，更是一項無法抗拒的破壞力。連年饑荒的結果，人們以啃樹皮、吃草根充饑的現象，早已司空見慣外，有些地方甚至已經到達了只能烹子屠父、弱肉強食求生的地步。人與人之間的倫理道德關係，因之蕩然無存。但是俄羅斯的人民終能奇蹟般的克服了所有的困難，重新建立了自己的國家。這不但加強了他們對自己文化優越感的信心，也產生了一種要救世的世界觀。協助終結混亂時代，重建俄羅斯大一統的羅曼諾夫

王朝，正可以以此民意為依歸，繼承了莫斯科公國所開創的中央集權體制，將其繼續發揚光大，發展到達了頂峰。俄羅斯人民也因為這個政權能維持穩定的局面，毫不質疑的接受它的統治方式。

一、朝代更替的危機：費多羅與戈督諾夫

伊凡四世在 1581 年因見太子伊凡・伊凡諾維奇的妻子在懷孕時期，衣著過於狹窄，而命令加以處罰，太子不服，與父親發生口角，伊凡在無法控制的盛怒下，忽然舉起隨身攜帶的鐵頭木拐杖，捶打太子的頭部，最後把自己最有才幹的兒子活活打死。伊凡四世雖然立刻覺悟他所造成的錯誤，但已經無法挽回了悲劇；體弱多病的二兒子費多爾 (Fedor) 成為繼承者。從十三世紀丹尼爾開始創立、一直未曾中斷過的莫斯科統治者的世襲秩序，便因此產生危機。當時居住在莫斯科的英國駐俄羅斯的大使蓋爾思・伏來切爾 (Giles Fletcher) 便預言一旦伊凡四世死亡後，他暴政時所累積的憤怒，一定會在王位更替時忽然爆發，將整個俄羅斯陷入一場無法避免的大災難。❶

伊凡四世在 1584 年 3 月 18 日忽然去世，他的兒子費多爾繼任為沙皇。費多爾性格軟弱、且智能不足，軍政大權概由妻兄戈督諾夫一人獨掌。他的即位並不非常順利，皇位一直懸虛了十天，最後由「全民大會」決定由他接任後，才算正式解決。費多爾未能立刻登基的主要原因，是因為執政會議中新、舊貴族，為了誰應該繼承伊凡四世所引發的權力鬥爭所造成。伊凡四世的第七位妻子瑪利亞・納高伊 (Maria Nagoi) 及其親屬，在全民大會中質疑費多爾的合法性。他們聯合其他反對者，要擁載納高伊的兒子狄密錘 (Dmitri) 為沙皇，甚至不惜威脅出兵反抗費多爾。經戈督諾夫鎮平後，狄密錘及支持其抗爭的納高伊族的外戚，皆被放逐到邊遠的烏格立奇 (Uglich)，費多爾就在這種不穩定的情況下，即位為沙皇。費多爾當時並無子嗣，因此下一任皇位的

❶ Edward A. Bond, ed., *Russia at the Close of the Sixteenth Century*, Comprising the Treatise of "Of the Russe Common Wealth," by Dr. Giles Fletcher; and the Travels of Sir Jerome Horsey. London, Published for the Hakluyt Society, 1856. 見 Basil Dmytryshyn, *Medieval Russia: A Source Book, 900–1700*, p. 213.

繼承者，仍然是個懸而未決的危機；狄密錘挑戰費多爾合法性的威脅也一直存在，成為戈督諾夫要獨掌大權的心腹之憂。

由於費多爾年幼多病、且智力不足，因此特別成立「攝政會」輔助他治理國事；會議中除戈督諾夫外，還有家世顯赫的瓦西立·蘇伊斯基 (Vasili Shuiskii, 1552-1612)，及費多爾母系的羅曼諾夫兩大家族。為了要專權，戈督諾夫先以莫須有的罪名，放逐羅曼諾夫家族。蘇伊斯基曾在 1587 年聯合大主教戴奧尼休斯，鼓動莫斯科城居民包圍克里姆林宮，要求費多爾罷黜他無法生育的皇后。這個事件發生的主要原因，是要推翻專權的戈督諾夫；因為戈督諾夫的妹妹伊蓮娜 (Ireana) 嫁給了費多羅，是當今的皇后。事敗之後，蘇伊斯基轉向戈督諾夫投誠；戴奧尼休斯大主教的職位則由戈督諾夫親信約伯 (Job) 繼任。沙皇費多爾特以「大總理的姐夫、皇宮的主宰、警長、總理與卡贊及阿斯特拉坎汗國監護」頭銜賜予戈督諾夫，使他成為了唯一的攝政。「博亞議會」並允許他可以有自己獨立的政府，從事治理國事及接待外國使臣之用。從 1587–1598 年，戈督諾夫儼然已是實際的國家領袖，代替沙皇費多爾治理俄羅斯。費多爾本人則正好乘此機會不理政事，一心一意專事修行，以敲打教堂的鐘為樂。戈督諾夫攝政的地位在 1592 年更加鞏固，因為這一年他妹妹伊蓮娜、也是費多爾的皇后，終於誕生了一個女兒，解決了費多爾沒有繼承者的危機。

「博亞」貴族為了要反對玻立斯·戈督諾夫以攝政的地位統治俄羅斯，傳播謠言說他是韃靼人的後裔，在「錢袋子伊凡」的時候才投效莫斯科大公，因此戈督諾夫沒有資格擔任俄羅斯王國的攝政，應該立刻去職。戈督諾夫家族確實是斯拉夫族，屬於澤諾夫 (Zernov) 的支系，在諾夫格羅城附近開發土地屯殖，屬於低階級武士，地位並不重要。伊凡四世時，因為他要利用低層貴族以削弱世襲「博亞」貴族的專權時，玻立斯的父親費多爾與叔叔狄密錘被徵召、編入「歐撲力其尼納」特區的特別武士，成為效忠沙皇的中堅分子。由於這個原因，戈督諾夫家族漸漸發跡。像很多下層武士一樣，戈督諾夫的家族利益與伊凡四世的「歐撲力其尼納」特區有密切的關關係。他們盡忠職守，受到伊凡四世特別信任。伊凡四世甚至將幼子費多爾交由該家族照顧。戈督諾夫及其妹妹伊蓮娜，從小就是莫斯科王位繼承者的玩伴；伊蓮娜年長

後嫁給費多爾，戈督諾夫則娶了「歐撲力其尼納」中伊凡四世最信任的首領之女瑪利亞為妻。從這個關係來看，戈督諾夫所代表的是新型的服役貴族階級，也是世襲「博亞」舊貴族的敵對者。因此他的執政，代表了新武士階級的興起，導致舊貴族階級的極力反抗。

戈督諾夫充滿了政治野心，也有篡竊皇位的企圖。但他確實是一個有作為的幹才。在輔佐費多爾，及以後被選為沙皇親政後，他都勵精圖治繼續著莫斯科公國加強中央集權及擴充領土的傳統政策。但是恐怖伊凡所遺留下的各種危機，及無法控制的天然與人為因素，始終困擾著他，使他無法施展抱負。

威脅戈督諾夫執政最嚴重的危機，是費多爾皇位的合法性，及他死後的繼承者問題。在伊凡四世逝世時，被壓抑的「博亞」貴族就以費多爾智能不足之名，擁戴他同父異母的狄密錘為沙皇，並企圖從此再度獲奪政權。事敗之後，狄密錘及母系納高伊族雖被放逐到烏格立奇，但他們仍然伺機而動。狄密錘在 1591 年夏天忽然神祕死亡，他母親及支持者立刻指控真正的謀殺者是戈督諾夫，因此煽動民眾暴動，將當地的地方官以私刑處死以為報復。戈督諾夫為了平復民怒，特別組織調查團，任命蘇伊斯基親王為首，前往實地調查。蘇伊斯基的調查報告說，狄密錘素有癲癇之疾，在 1591 年的夏天玩弄刀時忽然發作，意外被自己刺死；戈督諾夫與狄密錘之死，毫無關連。報告公布後，戈督諾夫為了懲罰造謠生事者，乃將狄密錘的母親瑪利亞放逐到邊遠苦寒之地，並強迫她出家為尼。其他納高伊家族的親屬及烏格立奇城中參加暴動者，則被流放或是處死。

調查報告的結果，應該可以相信，但人民仍始終認為戈督諾夫與狄密錘的死亡絕對有牽連，因此造成他執政時一股永遠無法消除的阻力。戈督諾夫到底是否為主謀者，或事先知情而不加阻止之事，已是俄羅斯歷史中無法解開的謎。蘇伊斯基事後為了假借替狄密錘報仇之名，以達到打擊戈督諾夫的目的，曾改口說以前的報告是在脅迫下捏造而成，不能採信。蘇伊斯基前後矛盾的說辭，使得狄密錘死因更加撲朔迷離。不過後世的文學、戲劇家們，常以狄密錘的死亡事件，作為悲劇的題材；戈督諾夫的罪行，就因此被定讞，深植人心。十九世紀的歷史學家卡拉拇金，是最支持這種說法者。此後普希

金 (Pushkin, 1799–1837) 的劇本，及俄羅斯最偉大的歌劇家穆索格斯基 (Mod-est Petrovich Musorgskii, 1839–1881) 所編的《玻立斯·戈督諾夫》歌劇，都刻意強調戈督諾夫的兇殘性格，將戈督諾夫謀殺狄密錘的邪惡深植人民之心。史學家普拉托諾夫雖想從歷史中找出戈督諾夫無辜的證據，也無法改變當時及後世人民對戈督諾夫罪行根深蒂固的成見。

　　費多爾在 1598 年 1 月 6 日逝世。他與伊蓮娜所生的女兒，也因體弱早已夭折，幾百年來延續不斷的莫斯科王公的世系，因此沒有直系的繼承人而正式告終。皇位的空虛，立刻引起了血腥的權力鬥爭。「博亞」及服役貴族為了維護本身利益，結黨營私，依附在三大豪門的權勢之下：一是攝政的外戚戈督諾夫家，以皇后伊蓮娜及其兄戈督諾夫為主；二是伊凡四世的外戚羅曼諾夫族，首領是費多爾·尼奇提奇·羅曼諾夫 (Fedor Nikitich Romanov, 1558–1633)；三是代表古老「博亞」貴族利益的蘇伊斯基族，由瓦西立·蘇伊斯基為首。蘇伊斯基曾是調查狄密錘神祕死亡的委員會主席，替玻立斯·戈督諾夫洗刷了涉及謀殺的嫌疑，因此這一族在表面上，並不與戈督諾夫族敵對。不過在皇位懸虛時，蘇伊斯基也因熱中皇位，而與戈督諾夫決裂。羅曼諾夫家族是威脅戈督諾夫的最大敵人。

　　費多爾甫去世時，戈督諾夫曾想推戴妹妹伊蓮娜，以皇后的身分即帝位，以達到他能繼續執政的目的；不過，她厭倦政治，願依從慣例進入修院，獨自度過寡居的生涯。再加上其他貴族的反對，戈督諾夫欲立刻奪取政權計劃，沒有成功。但各貴族家系，因本身利益本來就互相衝突，始終無法決定適當人選。支持戈督諾夫派的大主教約伯，乃召開全民大會，擁戴戈督諾夫為沙皇。克里米亞半島上的韃靼乘莫斯科國內政局尚不穩定的時刻，在 1598 年夏天舉兵自南方入侵俄羅斯。戈督諾夫號召全國志士抗敵，潰敗來犯的敵人。戈督諾夫在此國難當頭時，運籌帷幄，展現了其領導力，因此獲得貴族們信任，在當年 9 月 3 日凱旋返國後，舉行隆重的就職大典，登基為沙皇。

　　戈督諾夫成為沙皇，達到了控制政權的目的，便一反以前攝政時積極的作為態度，被親信包圍而孤立，漸漸與現實脫離關係。因為他面臨的最大危機是其政權的合法性，始終無法獲得認同，因此他不是事事猜忌，就是特意向服役新貴族討好，換取支持。終其一世，他的注意力一直就被政權合法性、

社會的不安與頻繁的農變三項危機所煩擾，無法集中治理政事。

他就沙皇位後的第一件事，就是消除窺伺皇位的羅曼諾夫家族；他以羅曼諾夫家族企圖毒死沙皇的陰謀被發現為藉口，乃對其成員大舉逮捕、流放、或處以死刑。族長費多爾及其妻子都被放逐，費多爾則更被迫進入修院，改名為菲拉瑞特 (Filaret)。受此打擊後，羅曼諾夫家族幾近滅亡，毫無反抗之力；不過該家族也正因為所受的迫害，受到人民們的同情，因此在混亂時期結束後，全民大會才選舉了菲拉瑞特的兒子密開爾為沙皇，奠定了往後三百年的羅曼諾夫王朝基業。

二、社會與經濟的危機

費多爾與戈督諾夫都面臨的問題，是如何疏解「博亞」貴族與服役貴族們長期以來被壓抑的不滿情緒。恐怖伊凡為了要達到中央集權的目的，除了曾沒收大批「博亞」的世襲土地，用來分封給新興的服役鄉紳外，並強迫他們替政府服軍役。伊凡四世死亡，他們乘機要求恢復被剝奪的土地與參政特權。支持伊凡四世新政策的，主要是在「歐撲力其尼納」特區中服役的新興鄉紳貴族。戈督諾夫及他的支持者也是來自於同樣的組織，他們是否繼續效忠，是決定新政府成敗的主要因素，因此戈督諾夫對他們的利益，特別關注。

「博亞」與服役鄉紳雖然家世不同，在伊凡四世時也被迫像鄉紳一樣的對沙皇提供軍役的義務。他們雖仍有世襲祖產田地支持，但在政府削弱地方勢力政策下，被各種名義沒收，面積日漸減少，生活漸漸發生困難。服役鄉紳生活的主要收入是來自於「歐撲力其尼納」役田上的農產品。但是農民們因為苛捐雜稅過重無法負擔，而大批向邊陲地區逃亡，使得農村勞動人口銳減，結果直接威脅了地主的收入。因此社會上最重要的「博亞」與服役鄉紳的貴族階級，在遭受生活困擾之苦下，形成了反戈督諾夫的聯合陣營。戈督諾夫為了解決服役者的經濟危機，一方面採取了向伏爾加河與頓河流域擴大屯墾的政策；另一方面，則制訂各種法規，禁止農民遷徙的自由。結果，前者的政策導致哥薩克族居住的土地被侵奪而生活無依，乃與逃農聯合，幾度發動大規模農變，進犯莫斯科近畿地區。此後，邊陲的哥薩克與農奴在農荒

時，聯合挑動農變與進犯莫斯科，幾乎成為俄國歷史中的常事。後者政策則是將農民在理論上可以遷徙的自由加以終止，使得農民成為名副其實的農奴。因經濟狀況而自然演變成的農奴制度，到此有了法律上的依據。

農村勞動人口銳減及稅收的不足，並不始於費多爾時代，而是由來已久。莫斯科公國不斷擴充領土，為了滿足服役鄉紳武士對政府的效忠，對農民加諸苛捐雜稅；恐怖伊凡「歐撲力其尼納」的土地政策，促使許多農民流離失所；再加上週期性的天災等因素，都是造成農村危機的主要原因。壓抑甚久的民怨，隨時可以一觸即發。伊凡四世在世時的恐怖暴政，只將其延緩而已。到了懦弱無能的費多爾繼承其位，戈督諾夫以外戚身分專權時，「博亞」及服役貴族的不滿，及農村中潛伏的危機，就開始浮現，威脅到政權的安穩了。

戈督諾夫首先要解決的危機，是如何克服農民大批逃亡對服役鄉紳所造成的經濟困境。根據統計，莫斯科區域仍然被耕種的農田面積，在 1585 年時只有原先的 60%；諾夫格羅則連 10% 都不到。有權勢的貴族、教堂及修院，因為本身財力雄厚，可以提供優裕的條件，引誘農民逃離原來耕作的田莊前來服役，使得服役鄉紳原來就因為農民不足所造成的經濟危機更為嚴重。因此戈督諾夫首先採取減稅的政策，疏解農民的負擔，使得他們能安居故土。他規定農民及城市中的居民，不得將戶籍地隨意遷徙他處，並在 1597 年時，賜權給地主，允許他們可以要求遣返已逃亡五年以上的農民，其他地主絕對不得引誘或收留逃農。傳統的俄羅斯農民在理論及法律的保護上，凡是履行了所有應盡的義務後，在每年聖喬治日（St. George's Day，11 月 26 日）的前後兩星期中，可以有遷徙的自由。到了戈督諾夫執政時，就連形式上的自由也被終止。但農民逃亡潮並未因此而消止，農村的經濟也未見改進。因為無法逃跑的農民，負擔了逃亡者所遺留下來的各種稅務，生活越加困難，不得不借貸度日。無法歸還者，有的在債務期間成為債主暫時的奴役 (kabla)，有的則索性賣身為奴 (holophy)。這都是農奴制度漸漸形成及制度化的主要原因，有幸逃亡成功的農民，在邊遠的地區與哥薩克聯合，經常發難騷擾，帶動了農村的民變，使中央政府更多了一項危機。

伊凡四世及費多爾的經濟政策，也製造了城市商人的不滿。政府為了能有效率的增加稅收，特別委派有權勢的富商與豪族，給與免稅的特權，在重

要城市充當稅吏，向商賈們徵稅。他們除了為政府收稅外，更假設名目中飽私囊。一般無法生存的小商人們，像逃農一樣，只好遠離經濟重鎮，遷徙到邊遠小埠求生。就以諾夫格羅城為例，從 1546–1582 年，其人口由五千戶劇減到一千戶。這可以看出國內人口流失的嚴重性。

社會的不安與農變，除了人為因素外，大自然的變化，也是一個無法控制及預測的主要因素。十七世紀的初期，整個歐洲都被漫長而寒冷的氣候所籠罩，嚴重地損壞了農作物的生產。地處北歐寒帶氣候的俄羅斯，情形尤其危急。俄羅斯農村在 1602 年時，由於氣候劇變而導致農產停頓，開始發生大饑荒。農民們不但耗盡了存糧，也吃光了要播種的種子。擁有糧食的商人乘機囤積，故意拒絕出售或特別提高到一般人無能力購買的糧價。於是，大批農民流竄各地尋找食物，造成農村及城市的極大騷動。賴以為生的服役級貴族，也連帶的直接受到打擊，難以生存，影響了他們對戈督諾夫的效忠性。

政府為了要解決農村的饑荒，立刻採取緊急救急方式，在各地、尤其是莫斯科城內外，設立糧食救急站發放食物，以求暫時紓解民困。但是杯水車薪，結果不但沒有解決危機，反而更製造了其他更嚴重的問題，因為有免費糧食可以充饑的消息一旦傳開，饑民風聞後大批蜂擁而來，耗盡了救濟莫斯科居民的糧食。莫斯科城中便有許多人民，因缺乏糧食被餓死。當饑荒情形變得更嚴重時，戈督諾夫希望能改革弊政，以息民怨。他在 1601 年的詔令中，恢復了農民可以在聖喬治日前後隨意遷徙的自由。並且允許佃農們若在饑荒中，被地主拒絕提供食物與補給時，可以直接投訴政府，重新恢復人身自由。他再度嚴令禁止大貴族及教會地主們，不得以優厚的待遇引誘小地主田莊上的農民逃亡來歸，以求紓解服役貴族們因農民逃亡而產生的經濟困境。❷但是這些皮毛性的改革，不是為時太晚，就是不切實際，既不能遏止農民的逃亡，也解決不了嚴重的饑荒危急。結果，反而挑起了不同階級間的利益衝突，更加劇了社會上的不安。

農變最頻繁的是鄰近莫斯科的地區。導致該城危急的主要原因，一方面是莫斯科施行免費放糧政策，因此招致各處逃亡的饑民滙集於此；另一方面

❷ Robert O. Crummey, *The Formation of Muscovy*, 1304–1613. New York: Longman, 1987. P. 216.

則因為它是全國政治中心，成了各有所謀者的必爭之地。已經潛伏了許久的危機，終於在 1601 年夏天爆發。在一個名叫克羅普寇 (Khlopko) 的農民號召下，各地農民們風起雲湧一樣的響應，發生農變。克羅普寇所率領的這一股勢力，佔領了莫斯科城外許多小鎮，切斷莫斯科與其他城市的通道。城內的農民也準備裡應外合，打開城門後聯合起事。這個急迫的情勢，直接威脅到戈督諾夫政權的存亡。戈督諾夫立刻遣派大軍，與之鏖戰甚久，最後雖終能在 1603 年鎮平了農亂，砍殺了首領克羅普寇。但餘眾則遠逃到邊陲之地，聯合當地農民，繼續反抗。政府軍頻頻發兵征討，甚為所苦。

三、僭偽者狄密錘

農變的頻繁，雖然製造了許多社會與經濟的危機，但真正威脅到戈督諾夫政權合法性的，仍是狄密錘的神祕死亡事件。狄密錘雖然已經在 1591 年死亡，蘇伊斯基也證明過戈督諾夫與其死亡無關，但人民對他涉嫌的懷疑，始終深信不衰。不但如此，民間一直就有謠傳，說狄密錘在當時並沒有死，而是被隱藏在一安全處所受到保護，等到時機成熟時，會忽然出現解救在水深火熱中受煎熬的人民。就在平定克羅普寇變亂後的 1604 年夏天，有一個人忽然在波蘭國王的宮廷出現，自稱是伊凡四世之子——沒有死亡的狄密錘。他率領了一批波蘭及俄羅斯的支持者，向莫斯科城的西南方進攻。沿途向各地發布詔令，號召農民及哥薩克族起義來歸，推翻篡竊者戈督諾夫。他是混亂時期中的第一個僭偽者 (Pretender)。

僭偽者的出現雖是由波蘭公開支持，但整個陰謀的創始者，則是受戈督諾夫迫害的「博亞」貴族階級。其中，尤以羅曼諾夫家族為最。他們的目的是要借用這個傀儡之名，重新奪取回政權。所以當他一在波蘭宮廷中出現時，戈督諾夫便立刻指責「博亞」，說這個僭偽者只不過是他們捏造而成。❸戈督諾夫的應對政策，便是揭露僭偽者的真面目，摧毀他的可信性。

僭偽者的原名是尤立‧歐崔瞥夫 (Yuri Otrepiev)，父親是烏格立奇城中的商人。他本人曾在羅曼諾夫家族中服奴役，後來出家進入修院修行，改名為

❸　V. O. Klyuchevky, vol. 3, p. 28.

格里高立 (Gregory)。由於他時常臆語日後必為沙皇，因此被認為精神錯亂而困禁在修院的密室中。他逃脫之後，潛入立陶宛境內，自稱是未死亡的狄密錘。當時並無資料確認他的身分，不過由於他始終堅持是真正狄密錘，漸漸召引了一批跟隨的信徒。歐崔瞥夫的真實身分，是當時歷史中的一件懸案。根據研究混亂時代的俄羅斯歷史學家普拉托諾夫的分析，這整個事件是「博亞」貴族為了報復戈督諾夫對他們的迫害，聯合波蘭政府捏造而成。他認為僭偽的狄密錘絕非出身低賤，而是一個道地的俄羅斯貴族。他精通波蘭文、也略諳拉丁文，與波蘭貴族有極為良好的關係，因此常在波蘭的宮廷之中出現。在波蘭居住時，皈依了天主教。當戈督諾夫忙於應付國內天災、人禍危機的時候，他正好成為了波蘭企圖干涉俄羅斯內政的工具。他在 1604 年，率領了混合著波蘭正規軍、俄羅斯逃農及哥薩克的軍隊，自波蘭邊境入侵，直攻莫斯科。戈督諾夫雖曾數度將之擊敗，但由於他在 1605 年 4 月 13 日暴斃，由兒子費多爾繼任後，情勢遂迅速惡化。六個星期後，「博亞」貴族如蘇伊斯基與格立欽 (Golitsyn) 家族等，大開城門，準備以隆重的典禮歡迎狄密錘入城。當年證明狄密錘已經死亡的蘇伊斯基，現在則公開改口說，狄密錘其實並沒有死，以前說他已死的證詞，只不過是在戈督諾夫威脅下捏造的謊言而已。他們聯合殺死了沙皇費多爾，並在大眾面前，公開捏死了戈督諾夫的妻子。戈督諾夫的女兒被迫成為狄密錘的情婦。昔日支持戈督諾夫為沙皇的大主教約伯也被罷黜，放逐邊疆。僭偽的狄密錘，在 1605 年 6 月 20 日，以沙皇的身分，凱旋進入莫斯科城。

支持偽狄密錘登位為沙皇的各階級，原就是利益不同、只因要共同反對戈督諾夫而結合的烏合之眾。「博亞」族的目的，是要恢復階級特權及參政的權力；支持他最有力的農民及哥薩克族，則要求紓解農民們的沉重負荷、平分土地及推翻農奴制度；波蘭的支持者則有藉他控制俄羅斯的政治野心；隨波蘭軍隊前來的耶穌會教士及波蘭天主教教士們，則希望能藉此機會，將東正教隸屬天主教之下，使其信從教皇的威權。因此偽狄密錘當政後所執行的政策，無法滿足各階級的要求。不過他為了感謝擁戴之功，首先赦免了受戈督諾夫迫害的各「博亞」貴族，其中以羅曼諾夫家族最被優待。已出家為修士的族長菲拉瑞特，特別被邀請回京，升為羅斯托夫大主教。蘇伊斯基族的

地位卻非常尷尬，他雖是打開城門歡迎偽狄密錘入京的功臣，但因為當初曾極力主張狄密錘已經死亡之說，所以在菲拉瑞特返莫斯科後，便漸遭冷落；而且在僭偽的狄密錘就沙皇位不久之後，竟以莫須有的罪名被處死刑，在就刑前一刻才獲赦免，改處流放之刑。

偽狄密錘的波蘭貴族未婚妻瑪利娜 (Marina) 與她的父親在 1606 年春，率領了大批波蘭貴族及天主教教士，以征服者的心態前來莫斯科成婚。婚禮不但極盡奢侈，且故意違反了東正教許多儀式，連最重要的領受聖餐儀式也忘記舉行。婚禮後，喜客狂歡痛飲達數日之久，完全藐視俄羅斯人民的尊嚴，與會的莫斯科貴族認為隨行的波蘭貴族目中無人，尤其對他們不遵守東正教禮儀，更是氣憤。這是偽狄密錘失敗的主要關鍵。

東正教在混亂時代中，是人民心目中唯一能持續維持安定的力量。偽狄密錘的皈依天主教，以及波蘭天主教教士積極宣傳天主教教義，急欲取代東正教地位的企圖，不但招致東正教會的不滿，也激起了一般人民的憤怒。莫斯科的民眾在教會鼓動下，開始展開反偽狄密錘的暴動。他們在 5 月 17 日衝進克里姆林宮，將偽狄密錘殺害。數千名的波蘭及立陶宛貴族也連帶慘遭殺戮。皇后與其父親則被貶成邊境。兩天以後的 5 月 19 日，瓦西立‧蘇伊斯基被「博亞」貴族擁戴成為沙皇，史稱「博亞」沙皇。

四、「博亞」沙皇瓦西立‧蘇伊斯基與外族侵擾

費多爾在位及戈督諾夫攝政時，除了內部經濟與社會的危機外，也繼承了恐怖伊凡時代與鄰國交惡的關係。俄羅斯國防安全最大的危機，是同時與南方克里米亞的韃靼及西方的瑞典與波蘭作戰。伊凡四世為了爭奪波羅的海出海口，1557 年時在西北方所發動的立沃尼亞戰爭，一直延續到 1582 年才暫時結束。俄羅斯雖然佔領了幾個海港，但卻埋伏下了以後與波蘭戰爭的遠因。而且這場拖延了二十餘年之久的戰爭，消耗過大，導致國疲民乏。克里米亞韃靼，則經常乘虛入侵莫斯科城附近。自至在 1591 年被擊敗後，簽訂和約，才保持了暫時的和平。

波蘭一直是俄羅斯西陲安全的隱憂，不過在 1586 年時因王位空虛，國內

局勢混亂，才暫時減低了侵擾莫斯科的行動。戈督諾夫則乘機利用這個機會，故意推薦費多爾為王位的候選人，以期能控制其內政，消除兩國的敵對關係。而波蘭也採取同樣的策略，干擾莫斯科內政，它所支持的僭偽者狄密錘事件，便是好例證。

俄羅斯的另一敵對國瑞典，也推出王儲司吉斯蒙德三世 (Sigismund III, 1587–1632) 為波蘭王位的候選人。競爭的結果，瑞典的王儲被選為王，波蘭與瑞典關係變得特別密切，反而直接威脅到莫斯科公國邊疆的安全。瑞典在 1590 年，終於以立沃尼亞戰爭和約不公為藉口，重新與俄羅斯交戰。經過五年的長期戰爭，瑞典被擊敗，在 1595 年簽訂〈特烏西納休戰和約〉(*Teushina Truce*)，俄羅斯得以繼續佔領芬蘭灣附近城市。不過兩國為了爭奪波羅的海控制權，戰爭仍頻繁不息。因此到了彼得大帝時，爆發了長達二十餘年的大西北之戰，從 1700 年開始，一直打到 1721 年才終止。

瓦西立·蘇伊斯基經「博亞」控制的全民大會，推選為沙皇後，是為瓦西立四世。他即位後特別強調，說他的皇位不是搶奪得來，而是恢復長久喪失的法統。因為他系出基輔公國始祖茹瑞克之後，因此當皇位虛空時，自有義務出面填補。為了贏取貴族們的支持，他保證在當政後，必會恢復「博亞」貴族共同參政的特權。為了鞏固本身政權的合法性，他又宣布僭偽者狄密錘確實是一個騙子。真正的狄密錘已經在 1591 年，由戈督諾夫下令殺死。他命令將狄密錘的屍體從墳墓中掘出，運回莫斯科，請東正教會證明屍體為狄密錘無誤後，以隆重的典禮重新埋葬，並將其追尊為聖者，以求取信於人。但人民對瓦西立·蘇伊斯基對狄密錘生死反反覆覆的矛盾說法，早已厭倦，不予置信，反而相信被殺的僭偽狄密錘，仍然活在世上，會隨時回來奪回皇位。這謠言尤其在農民與哥薩克族中普遍流傳，使得各地變亂不但沒有因新沙皇的即位而終結，反而因為師出有名，變得更為嚴重。莫斯科的居民幾次聚眾上街鬧事，要求偽狄密錘重新出現擔任沙皇。

瓦西立·蘇伊斯基的沙皇地位，因缺乏任何合法的依據，只有靠施惠以換取支持。他就位時公開宣布他一定依循法律致力國事，絕不會採用恐怖伊凡與戈督諾夫式的暴政，故意壓榨「博亞」貴族。博亞階級的利益的確受到了保護。但相反地，服役新貴族們則受到打擊。羅曼諾夫家族因為擁戴有功，

族長菲拉瑞特被提升為莫斯科的大主教。不過瓦西立・蘇伊斯基深知其野心，無法對之真正信任，所以在派遣他前往烏格立奇收拾狄密錘遺物時，忽然命令他依舊留守在羅斯托夫教區，不必前來莫斯科教區。羅曼諾夫家族在政治上再度受挫，更是心存不滿。

　　真正反對瓦西立・蘇伊斯基沙皇的，除了服役新貴族以外，主要的便是農民及西南方的哥薩克族。戈督諾夫執政時，為了要獲得服役新貴族的支持，需要有足夠的封地，所以極力向南方的農耕地擴充，結果威脅到了當地哥薩克族的生活，導致他們流離失所，生計困難。他們乃與逃農聯合，共同抗拒中央。蘇伊斯基時，哥薩克人勃洛特尼克夫 (Bolotnikov) 捏造僭偽狄密錘未被殺死，以擁戴他復辟為名，號召群眾起義。一時風起雲湧，各地反瓦西立・蘇伊斯基之服役新貴、農奴、逃農、哥薩克等，皆響應起事。勃洛特尼克夫於 1601 年 10 月率眾佔領莫斯科近郊，向城民述說瓦西立・蘇伊斯基罪狀，並保證攻陷京城後，立刻實行解放農奴及減稅等改革。

　　當勃洛特尼克夫即將成功之夕，支持他的不同階級開始發生內訌，使得政府軍有反攻的好機會。蘇伊斯基的侄子、能征善戰的斯寇平・蘇伊斯基 (Skopin Shuiskii) 臨危受命，開始反攻，才擊敗叛軍扭轉了劣勢。勃洛特尼克夫的烏合之眾潰不成軍，四處逃竄，迅速瓦解；他本人則撤退到莫斯科城北的卡魯加 (Kaluga)，瀕臨被消滅的命運。不過就在這存亡危機的重要關鍵時，哥薩克人又擁戴另一個叫彼得 (Tsarevich Peter) 的僭偽者沙皇，號稱是戈督諾夫之子費多爾的兒子。雖然這是一個子虛烏有的謊言，但此後假冒其他沙皇後裔、層出不窮的詐偽者，都能號召一些群眾作亂。沙皇身分的真偽，或是否真有其人，都已不是民眾考慮造反的主要因素了。這種怪現象頻頻發生，只表示困苦的農民與哥薩克人在貧苦的生活中，會響應任何一個宣傳發放土地、減低租稅，反對政府者的號召者。

　　勃洛特尼克夫與偽沙皇彼得兩股人馬於 1607 年，在圖拉 (Tula) 會合，重新進攻莫斯科，但在斯寇平・蘇伊斯基親王抗拒下，無法得逞，只好退守圖拉；在 1607 年 10 月，因城被攻陷而投降，亂首們都被押送到莫斯科。偽沙皇彼得被處以極刑，當眾吊死，以為後世再假借沙皇之名、煽動人民作亂的警告。為了安撫農民與哥薩克族，勃洛特尼克夫只被處以流刑，不過在起解

的途中，也被暗殺而死。於是，瓦西立‧蘇伊斯基的政權暫時得以延續。

　　瓦西立‧蘇伊斯基穩定政局後，警悟到威脅他政權最嚴重的，不是政權的合法性，而是農奴大批逃亡導致農村經濟破產的危急。依賴土地收入為生的「博亞」與服役新貴族，受害最深；為了對抗莫斯科及自保，他們有時反與亂民聯合一起作亂。因此他從 1607 年起，便制訂了許多法規，重新加緊管理地主與農奴、地主與政府的關係。首先，他終止了戈督諾夫時允許農民在聖喬治日前後兩星期遷徙的自由；然後他又允許地主們，可以追討回在十五年內逃亡的農奴。窩藏逃農的地主，除了要賠償原農奴主外，並須向政府交納罰款。他又命令各地官吏清查陌生人口的身世，凡是逃農，一旦發覺，都強迫送返原主。擁有奴隸者，須向政府登記奴隸數目及開始成為奴隸的日期。蘇伊斯基的新規定，除了只使少數貴族地主獲益外，根本無法真正解決社會、經濟的基本問題。

　　正當斯寇平‧蘇伊斯基弭平勃洛特尼克夫與偽沙皇叛亂時，在波蘭境內又流傳出另一僭偽者狄密錘的出現。這第二個僭偽的狄密錘，是波蘭國王司吉斯蒙德與波蘭、立陶宛貴族共同偽造而成。他們的目的是要乘瓦西立‧蘇伊斯基身陷內憂外患之際，藉他們擁載的傀儡沙皇，控制俄羅斯。偽狄密錘匯集了勃洛特尼克夫餘眾，聯合了波蘭、立陶宛軍隊，由俄羅斯西陲進攻，包圍莫斯科城。第一個偽狄密錘的遺孀瑪利娜，適時自流放處逃離，前來與第二位偽狄密錘成婚。許多與瓦西立‧蘇伊斯基再度不和的「博亞」貴族，在羅曼諾夫族長菲拉瑞特帶領下，也前來效忠。為了維持本身的利益，這些被稱為「流動博亞」的貴族，時而效忠沙皇瓦西立四世，時而又轉向偽狄密錘，更有時替外國勢力服役，將俄羅斯分割的國土瓜分得支離破碎。

　　沙皇瓦西立四世為了要擊敗偽狄密錘及波蘭、立陶宛聯軍，在 1609 年與瑞典簽訂盟約，割讓俄羅斯在芬蘭灣附近所佔領的領土，作為瑞典出兵協助的報酬。瑞典新王查理斯九世 (Charles IX, 1604–1611) 因恐懼波蘭國王、同時也是他侄子的司吉斯蒙德，勢力擴張過速而威脅到本身的利益，欣然答應瓦西立四世的請求。斯寇平‧蘇伊斯基奉命前往諾夫格羅城，與瑞典軍會合，一起攻打偽狄密錘。狄密錘兵敗，向南逃竄。

　　因瑞典軍力的協助，瓦西立得以再度保持皇位。但是波蘭國王司吉斯蒙

德則以瑞典外國勢力介入俄羅斯內政，危害了波蘭的利益為藉口，出兵佔領斯摩楞斯克，並號召曾服役偽狄密錘的波蘭與俄羅斯貴族前來效勞，共同恢復莫斯科公國的秩序。波蘭貴族反應冷淡，不過俄羅斯的「流動博亞」貴族們，在羅曼諾夫家族的領導下，卻派遣代表，私下與司吉斯蒙德祕密談判，討論如何合作推翻瓦西立四世之事。討論結果，兩者於 1609 年 2 月 4 日在斯摩楞斯克簽訂協議。俄羅斯的「流動博亞」貴族們答應支持司吉斯蒙德之子伏拉地斯拉夫 (Wladyslaw) 為沙皇。伏拉地斯拉夫保證就位後，必放棄天主教而改信奉東正教，繼續維持全民大會，與會尊重「博亞」們的參政權。

五、波蘭入侵與混亂時代的終結

　　保護莫斯科公國最有力的將軍斯寇平・蘇伊斯基，在 1610 年 4 月忽然暴斃，死因不明。謠傳他因功高震主，被叔叔瓦西立四世下令祕密毒死。他死亡後，許多跟隨他的武士們逐漸離開瓦西立四世，瓦西立四世勢力頓形孤單。俄羅斯的「流動博亞」與波蘭軍在宙克耶夫斯基 (Zolkiewski) 領導下，遵照 1609 年 2 月 4 日的斯摩楞斯克簽訂協議，共同出兵，進攻佔領莫斯科。第二個偽狄密錘與哥薩克的支持者也在混亂中重新出現。城中群眾乘機響應作亂，於 1610 年 7 月 17 日攻陷克里姆林宮，活擒沙皇瓦西立四世。在群眾的強迫下，他答應立即退位，並進入修院出家，不再過問俄羅斯政事。波蘭軍隊隨即佔領莫斯科，強迫「博亞」貴族召集全民大會，推選年方十五的波蘭王子伏拉地斯拉夫為沙皇。包括遜位的沙皇瓦西立四世、菲拉瑞特、葛立欽 (Vasili Golitsyn) 等一千二百四十人的代表團，特地前往斯摩楞斯克歡迎伏拉地斯拉夫前來就沙皇位。

　　前曾出兵協助瓦西立四世擊敗偽狄密錘與波蘭聯軍的瑞典，恐伏拉地斯拉夫一旦成為俄羅斯沙皇後，必會進一步的與波蘭組成一個聯合國家，威脅到瑞典本身的安全，因此乃出兵佔領俄羅斯的北部，以為防衛之計。

　　俄羅斯代表團由斯摩楞斯克返國後，波蘭大軍隨即護送伏拉地斯拉夫前來莫斯科就沙皇位。但出乎俄羅斯人民意外的是，前來就沙皇位者，不是伏拉地斯拉夫，而是他野心勃勃的父親司吉斯蒙德。他進入莫斯科後，完全藐

視先前伏拉地斯拉夫所答應的各項條件，不但沒有改信東正教，反而慫恿耶穌會傳教士們積極推動天主教、以求代替東正教的顛覆活動。菲拉瑞特及葛立欽因反對他的專橫，被捕後鎖往波蘭入獄。司吉斯蒙德的宗教政策，激怒了東正教會。大主教何莫根 (Hermogen) 下令，禁止俄羅斯人民向信仰天主教的司吉斯蒙德沙皇宣誓效忠。他並組織反抗波蘭沙皇的活動，事敗後，在 1612 年被捕，死於獄卒手中。

司吉斯蒙德以外族波蘭人入主俄羅斯，且蓄意摧毀東正教的行為，激起了俄羅斯人民同仇敵愾的民族意識。第二個偽狄密錘在 1610 年被殺後，民眾在立亞贊哥薩克首領普若寇丕·立亞普諾夫 (Prokopy Liapunov) 的率領下，開始了反波蘭的運動。「博亞」貴族、服役貴族、商人們及其他哥薩克部落也都相繼響應起義。這股反波蘭的各個俄羅斯民兵組織，代表著不同利益的各階級，成分相當複雜，除了決心將波蘭人驅除出境這一點相同外，其他則毫無相同之處。因此他們之間也互相作戰，使得當時莫斯科的情勢變得非常紊亂。譬如立亞普諾夫的陣營，以「人身自由與免費分發土地」為號召，吸引了大批的逃農與奴隸。他們所要消滅的的敵人，除了波蘭人外，還包括統治階級的博亞貴族與地主階級。與獄中何莫根大主教有聯絡的庫茲馬·彌寧 (Kuzma Minin)，代表著商人的利益；狄密錘·坡扎斯基 (Dmitri Pozharski) 親王，則是貴族利益的代表。坡扎斯基在 1612 年 10 月攻破防守莫斯科城的波蘭駐軍；司吉斯蒙德的援兵被哥薩克擊敗後逃回波蘭，波蘭勢力隨即敗退回國。

司吉斯蒙德被趕離俄羅斯後，沙皇之位頓成虛空。「博亞」貴族與哥薩克、農奴等階級由於傳統上的仇恨，可能因此隨時引爆成為另一場戰爭。幸好庫茲馬·彌寧、坡扎斯基與哥薩克領袖們能拋棄成見，認為當前之急應以穩定局面為重。因此他們聯合發函，邀請各地推派代表，參加全民大會，共同商議選舉沙皇事務。全國反映熱烈，包括「博亞」與服役貴族、哥薩克族、東正教教士及商人們等為數二百七十七名（又有的說是五百人）的代表，由各地前來莫斯科與會。克柳切夫斯基說這是俄羅斯歷史中，第一次包括較多階級利益的全民大會。在三天三夜的狂歡後，代表們才開始討論選舉沙皇的各項議題。經過長期內憂外患的混亂情形，與會者對於當選者的基本條件，不

約而同形成了一個共識，這就是任何波蘭人或瑞典人、信仰日耳曼任何一種
宗教者（天主教或路德教派等教徒）、或來自任何非東正教國家者、或是瑪利
娜（第二個偽狄密錘遺孀）的兒子，都絕對不能被選為沙皇。不過對於誰最
有資格被選為沙皇者，則是爭執最為激烈的問題。當時具有資格被選者包括
蘇伊斯基、葛立欽、羅曼諾夫族長菲拉瑞特、坡扎斯基親王等人。他們皆有
不同階級的支持，因此你爭我奪，各不相讓。

　　在歷經長期外有異族入侵、內有僭偽沙皇紛出的雜亂國勢後，俄羅斯人
民、尤其是哥薩克族們所期望的，已不再是由全民大會隨意推選沙皇，而是
要一個具有莫斯科王朝帝系血緣關係、能延續其法統與道統的繼承者 (hered-
itary tsar)。他們要的是一個天生的的沙皇 (born tsar)，而不是一個只靠武力，
或以欺詐手段獲得皇位的僭越者。在哥薩克代表的堅持下，全民大會經過多
次討論後，終在 1613 年 2 月 7 日推舉十六歲的密開爾・羅曼諾夫 (Mikahal
Romanov) 為新沙皇。密開爾的當選，開創了羅曼諾夫王朝三百年的基業。擁
戴最有力的是哥薩克人及其他與會者，都恭喜密開爾的父親菲拉瑞特說：「這
都是因為哥薩克人們，才使得你的兒子能成為莫斯科公國的君主。」❹

　　密開爾當選之原因，並不是基於他本身的才幹，而是在人民亂極思靜的
心態下產生。他的父親是菲拉瑞特，在混亂時代中曾幾度受迫害，放逐到修
院為僧。司吉斯蒙德為沙皇時，他又因組織反抗波蘭入侵俄羅斯的愛國運動，
被拘捕後送往波蘭下獄。因此全民大會的代表們，為了報酬該家族對驅除波
蘭所付出的犧牲，乃決定選舉他的兒子密開爾為新沙皇。除此之外，羅曼諾
夫家世的血統，也是一個非常重要的因素。這個家族的世系不但可以溯往直
推到最早的茹瑞克世系，並與莫斯科皇室有親密的血緣關係。恐怖伊凡的第
一位皇后安娜塔西亞，來自於羅曼諾夫家，是密開爾・羅曼諾夫的祖姑姑。
他的這個關係，正合乎當時民情，成為他被選為沙皇的有利條件。當時的年
鑑記載他的當選說：「上帝在他未出生前，就已經選中他了。」❺密開爾・羅
曼諾夫的當選，正式結束了「混亂的時代」。

---

❹　David MacKenzie, p. 147. 引 S. M. Soloviev, *Istorii*, vol. 9, p. 38.

❺　Klyuchevsky, vol. 3, p. 63.

第六章　羅曼諾夫王朝與新秩序

一、羅曼諾夫王朝的建立

　　密開爾・羅曼諾夫在 1613 年被全民大會推舉為新沙皇,結束了幾十年內憂外患的混亂時代,開始了一個嶄新的局面。克柳切夫斯基說這是俄國歷史演進中最重要的一個時期。它含有四個特色。第一,是新朝代延續時間之久遠。從密開爾在 1613 年被選為沙皇後,羅曼諾夫王朝一直延續到 1917 年,被布爾什維克革命毀滅後,才算正式告終。第二,是版圖的擴充及種族的多元化。原先侷限在俄羅斯族祖先所屯居地區的莫斯科王國,已從白海與波羅的海延伸到黑海及裏海區域,向南一直擴充到高加索;向東則穿越了烏拉山區,向太平洋發展,形成了一個橫跨歐亞的大帝國。在這龐大的帝國版圖中,領土擴充的結果,除了斯拉夫系中的大俄羅斯族仍然是主流外,也融匯了小俄羅斯族、白俄羅斯族及不屬於斯拉夫系如土耳其等各種不同民族。第三,緊隨著帝國的成立,國內的政治結構也發生了巨大的變化。古老的「博亞」貴族階級,或由於家族世襲繼承的中斷,或由於經濟的貧困逐漸中落,不是完全消逝,便是被新興的階級所吸收而同化。取代其地位的是效忠沙皇本人的官僚式宮廷貴族 (dvoriantvo)。第四,為了適應新帝國的需要而重新調整的經濟制度。其結果是新王朝為了要贏取武士貴族的支持,以鞏固其政權,因此賜予土地的經濟特權,剝奪農民許多自由,將農民降低到類似奴隸的地位。最後終於導致了農民既屬於地、也屬於地主所有的農奴制度。

1.密開爾 (1613–1645)

　　密開爾的父親是大主教菲拉瑞特,他政治野心相當大,在玻立斯・戈督諾夫專政時,因政見不合而被迫出家進入修院;後因支持兩個僭偽狄密錘為

沙皇成功後，被封為大主教，深獲哥薩克族的愛戴。當莫斯科被波蘭軍侵佔時，因反對外族竊據沙皇位置起義失敗，被送往波蘭獄中監禁。當全民大會商議推舉新沙皇時，仍然羈留在獄中，無法回國。在俄羅斯人民的心目中，菲拉瑞特是一個犧牲自己利益的民族英雄；但對貴族們來說，他卻是一個善於利用權謀的野心家。因此全民大會推選他的兒子密開爾為沙皇之事，一方面是感謝羅曼諾夫家族的貢獻；另一方面也藉此阻止了菲拉瑞特被當選的可能。

羅曼諾夫家世與莫斯科世系的關係，也是密開爾被選為沙皇的主要原因；這個家族的祖先可以遠溯到十四世紀「錢袋子」伊凡一世時代。當時有一支來自普魯斯 (Purus) 地方的貴族，在族長安德瑞・寇必拉 (Andrei Kobila) 率領，前來莫斯科投效服務，由於軍功輝煌，漸漸成為宮廷中擁有權勢的「博亞」之一。但這個家族自十四到十六世紀時，都以安德瑞第五子西奧多・寇希金 (Theodore Koshkin) 之名為依據，自稱為寇希金族。西奧多的後裔第四代孫羅曼・扎卡林 (Roman Zacharin) 是莫斯科大公國的重臣，他開始使用羅曼諾夫以代替寇希金的族名，奠定了羅曼諾夫家族的基礎。扎卡林的兒子尼其塔 (Nikita) 在伊凡一世時任職，甚受重用。由於他的忠諫，緩和了許多伊凡的虐政，後人甚至編纂歌謠，感謝他的貢獻。扎卡林的女兒安娜塔西亞，嫁給伊凡四世，是他第一位、也是最寵愛的妻子。

尼其塔在 1586 年死亡，留有七個兒子與六個女兒。兒子之一費多爾，也就是以後被迫改名的菲拉瑞特。菲拉瑞特雖有六個子女，但在 1611 年時，只有密開爾倖存。密開爾對此血緣關係特別重視，直稱伊凡四世為祖姑父；繼承伊凡沙皇位的費多爾則是其表叔父。據傳本身無繼承者的費多爾 (1557–1598)，曾傳口諭指定密開爾為繼承人；後來因為戈督諾夫篡位，故未曾實現。俄羅斯的歷史學家們在編纂源起自伊凡一世的帝王世系時，故意刪除戈督諾夫及混亂時代的偽君，特別說明羅曼諾夫王朝的密開爾，直接繼承費多爾，以加強其皇位的正統性。

全民大會在推舉新沙皇時，為了要防止專橫的獨裁再度霸道，特別要求密開爾以口頭與書面的方式，允諾尊重及維護貴族的特權，作為被選的交換條件。密開爾登基後，立刻公布〈信守憲章〉(*Utvershennaia Gramota, the Es-*

tablished Charter)，保證他絕對信奉與保護東正教的信仰、不追究家族間既往的糾紛、不任意制定新法與隨意修改舊法、也不獨自宣布戰爭與締結和平；凡遇重大案件，必定依循法條及傳統作為判決的根據。雖然許多歷史學家，包括克柳切夫斯基在內，都質疑該文獻的真實性，認為是貴族們為了想保持參政權所偽造的文件。不過，羅曼諾夫王朝治理俄羅斯的初期，全心全意與全民大會及貴族「博亞議會」(Boyaskaia Duma) 密切合作，卻也是不容置疑的事實。

密開爾的一生似乎只擁有沙皇的虛名，而沒有實權。除了受到貴族勢力的控制外，國家大政先是盡由母后瑪塔 (Matha) 及外戚所掌控，在父親菲拉瑞特在 1619 年自波蘭流放返國後，則全部轉由其父獨掌。菲拉瑞特不但保有原有的大主教頭銜，又被封為「大君」(Great Sovereign)，成為雖無正式名號，但卻握有實際大權的太上沙皇。凡是國家一切詔諭都必須經其副署方能生效。菲拉瑞特在 1633 年以八十歲高齡逝世後，密開爾才能親自執政。

混亂時代遺留下的危機，繼續困擾著密開爾被選為沙皇後的俄羅斯。最嚴重的問題是驅逐仍然侵佔國土的瑞典與波蘭等外族，其次則是重建國內秩序，及解決空虛的財政危機。瑞典與波蘭一直是俄羅斯帝國發展的傳統威脅，在混亂時代時，該兩國都曾聯合國內不滿的「博亞」貴族，幾度出兵侵略俄羅斯領土。它們不但干涉內政，並且曾經霸佔過沙皇的位置；在羅曼諾夫王朝的初期，仍然佔據俄羅斯的領土。密開爾即位後，邀請英國與荷蘭出面調解，在 1617 年與瑞典國王戈司塔夫斯二世 (Gustavus II, 1611–1632) 簽訂〈斯投波沃 (Stolbovo) 條約〉。瑞典正式承認密開爾為沙皇，並願在莫斯科賠賞兩萬盧布後，歸還諾夫格羅城及鄰近的幾座城市，但拒絕交還俄羅斯在芬蘭灣沿岸的土地，使得莫斯科帝國喪失了波羅的海港口，斷絕了與西方世界的交通。彼得大帝時與瑞典的大西北戰爭，與建築聖彼得堡以求控制波羅的海等軍事行動，都旨在洗刷這不平等條約。

〈斯投波沃條約〉後，羅曼諾夫王朝得以專心對付波蘭。經過長期交涉的結果，在 1618 年簽訂了〈丟里諾休戰 (Truce of Deulino) 協議〉。波蘭國土伏拉地斯拉夫答應放棄對莫斯科沙皇位的繼承權，並承認密開爾當選的合法性。他也釋放了包括沙皇父親菲拉瑞特等的俄羅斯俘虜。但莫斯科政府必須

支付十萬盧布，作為換取上述承諾的條件。菲拉瑞特等得以在 1619 年返國。菲拉瑞特無法忘懷他被波蘭監禁之辱，在 1632 年該休戰協議終止時，再度藉故與波蘭發生斯摩楞斯克戰爭。戰事對俄羅斯不利，於 1634 年結束時續訂和約。莫斯科政府不但必須增付十萬盧布的賠款，並允許波蘭可以佔領俄羅斯領土。哥薩克族曾在 1642 年時，要將佔領黑海臨近的土耳其港口阿佐夫 (Azov) 轉交給莫斯科帝國，密開爾卻因兵力薄弱不敢接受。

　　羅曼諾夫初期與外國的戰爭與交涉，都因軍事落伍，而處於不利的情況。菲拉瑞特開始增進與西方的關系，自歐洲各地邀請了四百餘位專家到俄羅斯，協助其推行軍事改革與武器的更新。這個措施，奠定了此後彼得大帝等沙皇，以西化運動作為強盛俄羅斯的傳統。

　　混亂時期結束後的社會秩序，仍然是騷動不安；尤其是自恃擁戴新沙皇有功的哥薩克人更是變本加厲的處處作亂，成為擾亂局勢的主要因素。菲拉瑞特同時採取懷柔與嚴厲的政策。對歸順者，政府以優厚的條件協助願意接受安撫的哥薩克解甲歸田，返回到原本的居住區；對付繼續作亂者，則討伐不赦。譬如擁戴第二個偽狄密錘沙皇的哥薩克領袖扎茹刺基 (Zarutsky)，就因

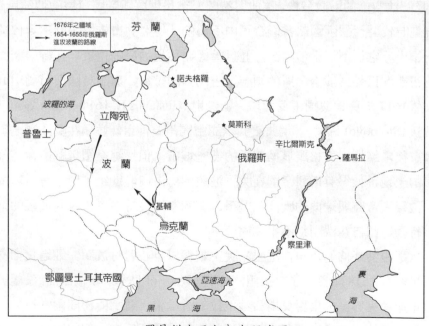

羅曼諾夫王朝初期疆域圖

拒絕接受承認密開爾為沙皇，繼續作亂而被剿捕後，公開斬首示眾以為警。

　　密開爾政府所面臨的另一個緊迫的問題，是歲入不足所造成的經濟危機，在重建國內社會秩序與對付國外侵略的雙重威脅下，它變得更為嚴重。因為稅收制度的不完全，政府只得依靠臨時徵收的附加稅，應付突發的緊急事件。被稱為「百分之五錢」(the fifth money) 或「百分之十錢」(the tenth money) 名目的特捐稅，都是為了救急之用。但每當一宣布徵收時，都會引起人民極大的抗議，而無法成功實施。密開爾時代的財政，一直無法健全。服役貴族的經濟狀況則是密開爾特別關懷的另一問題。

　　伊凡四世土地政策的結果，導致了大批農民逃亡，此後服役貴族一直就有土地荒蕪沒有農民耕作之困境。為了要平服他們的不滿，及改善他們的經濟情況，密開爾准許服役貴族，可以向政府申購「坡蔑斯堤」役田，作為私有的財產。其目的是希望藉此安定服役貴族，使其能盡力經營自己的田產。但新土地政策開始施行之後，大批農民逃離農村，致使服役貴族也陷入土地荒蕪無人耕作之困境。因此密開爾重新下令，禁止農民隨意遷徙的自由；也不准大地主、「博亞」、修院等引誘逃農前來耕種，但收效不大。密開爾‧羅曼諾夫王朝，始終無法解決財政困難的危機。

2.阿列克西斯 (1645–1676)

　　密開爾在 1645 年逝世，依據 1613 年選舉新沙皇的傳統，代表各階級的全民大會再度集會，推戴他的兒子、年方十六歲的阿列克西斯（Alexis, 1629–1676；即沙皇位，1645–1676）繼任為沙皇。但與 1613 年不同的是，「博亞」貴族階級並沒有在選舉完畢之後，向新沙皇提呈請願書，要求保證貴族們的傳統特權。因此繼任的阿列克西斯，在不受外力的鉗制下獨攬大權，再度建立了以沙皇為主的中央集權政治體制。這主要的原因，一方面是密開爾在位時遵守 1613 年的承諾，允許貴族參政，獲得了他們的信任。貴族們深信 1645 年的密開爾繼承者，必然會依循成規，因此不必再作形式上的要求；另一方面，則顯示出羅曼諾夫王朝的地位已經穩定，「博亞」貴族的影響力相形減少的情況。

　　阿列克西斯為了表現沙皇本身崇高的地位，開始以「朕」(Autocrat) 的頭

衛自稱。全民大會在此後成為只有認同沙皇政策的點綴性組織，未能進一步的發展成為可以平衡沙皇專制權力的機構。這政治體制的轉變在 1674 年的一項典禮中，表現的最為明顯。該年 9 月（俄羅斯曆的新年），阿列克西斯親自手攜兒子費多爾到紅場 (Red Square)，面對聚集的民眾，當眾舉行宣布費多爾為沙皇合法繼承人的典禮。全民大會事前既未參與籌劃，在典禮中也只是觀禮者而已。阿列克西斯的用意是要藉此典禮向全國昭示，沙皇的繼承是羅曼諾夫的家務事，不需全民大會及「博亞」貴族們的參與。只可惜此後繼位的費多爾因無子嗣繼承，得使高階層教士與博亞貴族結黨，再度以推選沙皇為由，恢復已被剝奪的參政權。

阿列克西斯的外號雖然是「沉默者」(Tishaishii)，實際上他的脾氣卻非常暴烈。他在位時，努力從事國內的改革與對外的發展，因此在歷史上獲得良好的評價。克柳切夫斯基稱讚他是一個最慈善、可以使俄羅斯人感到光榮的君主。對外，他擊敗了遠自混亂時代就一直威脅莫斯科帝國的波蘭，逼使波蘭放棄佔據的烏克蘭，使其成為莫斯科帝國的版圖之一。向東，莫斯科帝國開始經由西伯利亞直向太平洋進展，最後終於與滿清帝國在國界上發生衝突，造成了近代中俄兩國複雜的外交關係。

阿列克西斯為了改革國內政治、經濟、軍事制度，特從西方引進新科技及聘請大批專家來俄。為了要提供人數上萬的外籍專家住所，他特別在莫斯科的東北方設立了一個叫「日耳曼郊區」(Geramn Suburb, Nemetskaia Sloboda) 的特別區域（1652 年建成）。他聘請日耳曼的軍官前來俄羅斯，改革俄羅斯的軍事制度，並依照他們的方法重新訓練俄羅斯的兵士。在西方專家的協助下，俄國在裏海建造了技術先進的戰艦；在 1660 年開創了郵政制度；專門訓練本國醫師的醫學院，也在外國教授的指導下成立及招收學生。他除了對西方的科技相當重視外，也非常愛慕西方的音樂與藝術。俄羅斯的第一個芭蕾舞團，就是在他的的贊助下於 1674 年成立。他聘用大批西方專家協助俄羅斯進行各種改革的做法，對以後彼得大帝推行的西化運動，有直接的影響。

為了重建混亂時代中被破壞的社會秩序，他在 1649 年制訂《烏羅貞尼法典》(*Ulozhenie*)，規定服役貴族必須向政府服役，農民則必須向服役貴族服勞役。為了要避免服役貴族再度因農民逃亡，而無法專心服役之虞，阿列克西

斯在 1649 年制定的法典中，特別終止了農民遷徙的自由，使得農民們成為了既屬於土地，也屬於地主的農奴。最後，因受到歐洲宗教改革的影響，及欲藉宗教改革而達到統合君權與神權於一身的目的，阿列克西斯也開始對東正教實行改革，造成了教會中新信仰與舊信仰的分裂。

二、對外關係

1. 波　蘭

　　羅曼諾夫王朝的緊迫外交關係，是一直尚未解決的波蘭與莫斯科帝國交界領土的爭執。到了阿列克西斯時，又因為波蘭的宗教與哥薩克等因素，使得原來就很困難的問題，變得更為複雜。

　　十六世紀的歐洲，自馬丁路德 (Martin Luther, 1483–1546) 的新教革命開始以後，傳統的天主教勢力便在各地受到嚴重的打擊。羅耀拉 (Ignatius Loy-ola, 1491–1556) 創立的耶穌會，以光復失土為宗旨，與新教展開鬥爭，才算是遏止了天主教的頹勢。耶穌會的教士們，一方面努力保持在歐洲境內天主教信仰的固有區域，使得日耳曼南部的巴伐利亞與其他東歐國家沒有淪為新教教派；另一方面則推動向海外的傳教活動，派遣傳教士到中國及日本，以求能擴充信仰天主教的新領域。耶穌會一直認為天主教在西歐與北歐的失勢，可以從東歐推動天主教的成功中得到補償。他們的努力終於在立陶宛與波蘭境內實現。這兩地的東正教徒在耶穌會的推動下，獲得了可以維持本身固有的傳統儀式，及在行儀式時，得以使用斯拉夫語言的特惠待遇，但交換的條件是他們同時必須遵守天主教的信仰與典禮，以及承認教皇的威權。妥協的結果就是「聯合教會」(Unite Church) 的形成，它在 1596 年時正式得到教皇的承認。

　　波蘭與瑞典兩國之間長期有領土糾紛，波蘭國王司吉斯蒙德三世乃尋求外援，希望能獲得優勢。瑞典在當時已經接受路德教派，波蘭接受了耶穌會的傳教政策後，也希望得到天主教的支持，將這場原本只是領土的爭執，轉變成為一個不同信仰的宗教戰爭。司吉斯蒙德三世的宗教政策，使得天主教

勢力所依賴的神聖羅馬帝國成為了波蘭的盟友。他本人兩度與其帝系的哈普斯堡 (Hapsburg) 家族聯婚，也是為了達到這目的。

司吉斯蒙德三世要光復天主教的狂熱，受到耶穌教士彼得・斯喀夾 (Peter Skarga, 1536–1612) 的激勵，變得更加激烈。斯喀夾於 1590 年在波蘭議會中發表世界末日即將來臨的預言，特別指出波蘭在此危機時負有拯救人類的神聖義務，而這一行動是要在俄羅斯境內展開。司吉斯蒙德三世深信其言。他乘莫斯科公國玻立斯・戈督諾夫死亡、沙皇位置懸空時，出兵擁戴在波蘭境內活動的偽狄密錘奪得沙皇位子。偽狄密錘並旋即與波蘭女子在克里姆林宮中以隆重的天主教儀式，舉行結婚大典。司吉斯蒙德三世干涉俄羅斯莫斯科內政，不但企圖將俄羅斯變為波蘭領土的一部分，更希望把俄羅斯的東正教信仰轉換成天主教。

司吉斯蒙德三世的天主教政策，不但招致歐洲新教國家的聯合反對，波蘭與立陶宛境內的東正教居民，也群起抗議。波蘭與立陶宛在 1569 年簽訂「琉伯林聯盟」(Lublin Union)，將兩者合併成為一個國家。根據雙方的協定，波蘭與立陶宛合併在一起組成「共和國」（波蘭文稱之為 Rietch Rospolitaia，根據拉丁文的 Res Publica 翻譯而來），但兩者同時各自保有本身的獨立自主權；波蘭的一部分稱為王國 (kingdom)，立陶宛是邦國 (Principality)。共和國的政體採君主與議會並存；最高行政的代表是國王，經由眾議院代表選舉產生；立法大權由參議院 (Senate) 及眾議院 (Diet) 掌理。兩國的代表都由各國單獨選舉產生，但是實際上真正控制共和國的是兩國的地主貴族與高層教會階級。每次選舉，都會引起不同利益的衝突。因此被選出的國王，必須協調各階級的特權與利益；結果導致國家長期紊亂。該共和國雖有共同的政府，但除此之外，波蘭與立陶宛本國仍然繼續國內舊有的獨立行政體系與法律制度。整個行政制度，非常錯綜複雜。「琉伯林聯盟」所組成的新國家，影響到了與鄰近地區的關係；尤以烏克蘭為最。

烏克蘭因大部分在立陶宛境內，琉伯林聯盟後，便被劃入新成立的波蘭—立陶宛共和國的版圖。烏克蘭境內天主教與東正教的爭執，因此成為波蘭與俄羅斯外交關係惡化的另一個導火線。琉伯林聯盟完成後，境內原有的東正教士，於 1596 年在布列斯特 (Brest) 集會，討論東正教是否應遵行天主教與

希臘東正教 1438-1445 年在佛羅倫斯會議中所同意的原則，奉天主教教廷為宗教首領，並將東正教轉變成為「聯合教會」。但會中支持者與反對者爭論不休，無法決議，導致了東正教本部的分裂。烏克蘭的聯合教會及天主教徒們因受到羅馬教廷及波蘭的支持，開始壓迫東正教，破壞他們的教產，甚至挖掘教士們及信仰者的墳墓。烏克蘭境內的貴族與波蘭合作，並接受天主教的聯合教會；一般農民大眾則繼續信仰傳統的東正教。莫斯科帝國向來就反對東羅馬的希臘正教與天主教妥協的佛羅倫斯會議，俄羅斯的東正教士們在「第三羅馬」的信條下，就一直特別強調維護東正教、不畏邪說異端壓迫的正統地位。在立陶宛與烏克蘭的反聯合教會運動中，阿列克西斯的莫斯科帝國，很自然的便成為了東正教信徒們的重要支持力量。

　　「烏克蘭」字詞的意思是邊緣之地，十六世紀時特指波蘭一立陶宛南部的一片廣大但又不實際隸屬任何國家的大平原。這地區包括從布格河到德涅泊河流域的盆地，向東延伸到頓內次 (Donets) 而與黑海與亞速海交界。在基輔公國時，這地方有時也被稱為小俄羅斯 (Malorossia)，曾是其領土的一部分。烏克蘭的南部是亞洲游牧民族入侵的通道，來自各地從事漁牧或農業、或專門以搶奪為生活方式的人民，在此漸漸融合形成了一個特殊的民族。其中最主要的是哈薩克族。

2.哥薩克族的成立

　　哥薩克一詞來自土耳其語的「卡扎克」(kazak)；原始的意義是指那些自動逃離現實社會組織，不怕冒險犯難的自由人。最先被稱作哥薩克的，是以土耳其一韃靼後裔為主所組成的武士或強盜集團。到了十五世紀，他們的活動範圍主要是分布在頓河與德涅泊河河岸兩地；從黑海南方的草原，環繞著莫斯科帝國、波蘭、立陶宛、鄂圖曼土耳其帝國的疆界；再遠則一直擴充到西伯利亞。哥薩克族早期的生活，是以漁獵、放牧、搶劫或充當傭軍為主；要到較後期才開始從事農耕。在十六世紀時，因為人口增加，原居地不夠容納，乃向其他地區擴充，形成了六個主要部落。它們分別是頓河族、伏爾加河族、德涅泊河族、德涅泊河以西的扎坡若澤 (Zaporozhie)、烏拉河中游的亞伊可族 (Yaik) 與高加索的戈立本族 (Greben)。他們繼續發展，衍生了更多的

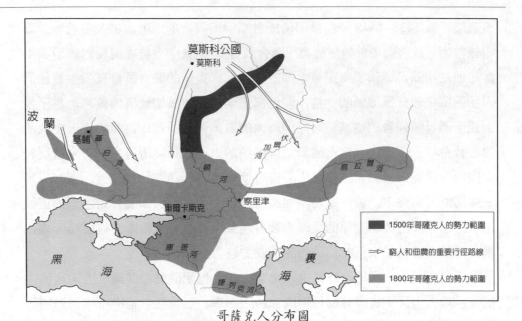

哥薩克人分布圖

部落。扎坡若澤族發展最快,佔有了橫跨俄羅斯與立陶宛的烏可蘭境內土地。

　　俄羅斯與波蘭的領土擴充,都威脅了烏克蘭地區哥薩克族的傳統生活形態。為了抵抗兩者的壓迫,居住在烏克蘭的哥薩克族,在各地漸漸組成了以平等與自主為基本原則,叫作「社棲」(Sietch) 的半軍事屯區;過著獨立與自由的生活,不受任何政府的管轄。頓河流域的哥薩克,是這種組織的肇始者;其他各地的哥薩克立刻隨之效仿。其中以依傍聶伯河的險流為保障所組成的扎坡若澤社畦軍區 (Zaporozhskaia Sietich) 最為有名。❶社畦其實是軍事城堡,以大樹桿圍饒建築而成;城牆四周安裝自土耳其或韃靼擄獲來的火炮,作為防禦之用。能在城堡之內居住的只限未婚的哥薩克武士 (rytsari);已婚者居住堡外。社棲完全按照平等與自主的精神組成;任何願意加入者,不問種族及過去的背景一概歡迎。因此,其中包括來自俄羅斯與波蘭等地的逃農、罪犯;有各地失勢或不滿現狀的貴族;也有土耳其與韃靼武士。社棲的首領是阿特曼 (atman) 或赫特曼 (hetman),由社棲中的軍事委員會選出,管理眾人

❶　「扎坡若」一字是由 za 與 porogi 合併組織而成, za 是超越, porogi 是激流與險流的意思。「扎坡若」是特指德涅泊河激流附近的哥薩克族。Kluchevsky, *A History of Russia*. Vol. 3, p. 110.

的事務。他們的主要生活方式，以搶掠或被雇用為傭軍為主。波蘭與俄羅斯漸漸正式召募哥薩克武士，以為防邊或擴充疆域之用。頓河的狄密錘 (Dmitri, the Don, 1358–1389) 是歷史記載中，第一個向莫斯科大公服軍役的哈薩克領袖。凡獲徵用者，皆以「入籍哥薩克」(reestrovye Cossacks) 稱之，享有各項特權。未被召募者，則繼續游牧或搶劫的生活方式，生活非常貧困。哥薩克族的扎坡若澤組織，因此分裂為二。

　　恐怖伊凡時代為了要增加歐撲力其尼納特區的領土，分封給支持他的服役新貴族，奪取了許多哥薩克屯居的土地。哥薩克族因此流離失所，被迫他遷，成為了反莫斯科帝國的主要力量。混亂時代便多次作亂。他們支持第一與第二個偽狄密錘，以及先後擁戴哥薩克本身推選出的偽沙皇，就是對俄羅斯不滿的最佳例證。在俄羅斯歷史中，哥薩克族曾前後發動過四次大規模的變亂，幾乎推翻了莫斯科帝國的國本。它們分別是菠羅特尼克夫 (Bolotnikov, 1606–1607)、司提芬‧拉辛 (Stephen Razin, 1670–1671)、孔德拉提‧布拉溫 (Kondraty Bulavin, 1707–1708)，以及凱薩琳女皇時代的普加切夫 (Pugachev, 1773–1774) 的叛亂。這四次由哥薩克族引起的農變，都是發生在國家內憂外患最危機、需要加稅繳糧徵兵的時候，從俄羅斯的南疆開始，然後向北擴充。各地農奴、饑民、小商人、甚至包括敗落的貴族群起響應，很快就蔓延全國。每個哥薩克領袖都假借沙皇或救世主之名，強調他們不是要推翻沙皇，而是要清君側，保護沙皇以免被奸臣所欺。他們的目的只是要消滅直接壓榨農民的地土與官僚，並保證一旦事成後，必定立刻廢除農奴制度、平分地主的土地、減低納稅與徭役的負擔。哥薩克所掀起的農變，雖然剛開始來勢兇猛，但因其缺乏組織，更無明確而長久性的政治訴求，加上組成的分子都是利益衝突的烏合之眾，故稍有小挫，便潰不成軍。更矛盾的是，每當農變運動攻城奪地成功之後，內部一定開始分裂；反叛者急與政府合作，將首領捕擒後送交政府邀功。雖然哥薩克人領導的農變頻繁，但都似曇花一現，沒有能改變俄羅斯的基本政治、經濟與社會的組織。

　　波蘭與立陶宛簽訂琉伯林聯盟後，烏克蘭境內哥薩克的處境受到空前的衝擊。因為波蘭與立陶宛在鞏固對小俄羅斯的控制後，立刻實行新政策。他們開始在宗教上，加強以耶穌會為領導的天主教活動；在經濟制度上，利用

猶太人為工具收購土地，並強行推動農奴制度；在政治上，則滲透扎坡若澤
哥薩克的組織，以波蘭人代替哥薩克人為阿特曼或赫特曼。在哥薩克人對波
蘭一立陶宛宗教政策的反對運動中，東正教便成為了他們的精神依據；因此
他們也以武力幫助東正教維持在烏克蘭的勢力。哥薩克的首領赫特曼孔納謝
維其·薩哈打其尼 (Hetman Konashevich Sahaydachny)，便在 1620 年出兵保
護君士坦丁堡的大主教到基輔，恢復了自 1593 年就被天主教關閉的六個主教
區。基輔的大主教及其繼承者彼得·牟基拉 (Peter Mogila, 1596–1647)，因此
得以在基輔開創了「基輔學院」(Kiev Academy)。以後俄羅斯的宗教改革，受
到基輔的影響相當之大。

　　哥薩克對波蘭統治一事的不滿，在 1648 年波蘭遭到韃靼侵略而戰敗後終
於暴發。哥薩克領袖波戈丹·珂摩尼剌基 (Bodgan Khmelnitsky, 1593–1657)❷
乘機聯合了各地哥薩克族起反抗波蘭，要求恢復他們以前享有的自治與自由。
他藉克里米亞韃靼之助，並乘波蘭國王伏拉地斯拉夫逝世、國內情勢因繼承
問題而產生危機時，攻陷基輔；一時聲勢大振，幾乎席捲整個烏克蘭。波蘭
的地主與助虐為患的猶太人，多慘遭殺害。波戈丹·珂摩尼剌基在贏得幾次
勝利後，已經不再只為哥薩克人爭取權益，而是有意要統治整個烏克蘭及奪
取莫斯科帝國的領土。他開始採用「羅斯的專制君主」(Monarch and Autocrat
of Rus) 的頭銜，準備大肆擴充。但是像以前幾次的哥薩克農亂一樣，他所領
導的農民運動，也因為缺乏整體的計劃與組織，一旦由武力的戰鬥力量轉變
為文治的政府時，便因面臨維持組織及紀律秩序的困境，而逐漸勢衰。波蘭
新主約翰二世在 1649 年即位，他穩定了波蘭內部局勢後，開始積極對付哥薩
克的叛亂。珂摩尼剌基除了失去了克里米亞韃靼的軍事協助，哥薩克中的上
層階級，也開始對他的政策不滿而不再支持。在內外雙重的壓力下，他在 1649
年與波蘭簽訂〈茲波若夫和約〉(*Treaty of Zborow*)，內容包括：波蘭承認他
為哥薩克族的領袖赫特曼，恢復哥薩克族以前自主的特權；將法定的入籍哥
薩克武士人數增加到四萬人；對於被波蘭天主教徒地主與猶太人所奪的土地
地主也給與金錢上的補償，波戈丹·珂摩尼剌基因此轉向波蘭效忠。哥薩克

❷　波戈丹·珂摩尼剌基的哥薩克名是 Bohdan Zinoviy Mykhaylovych Khmelnyt-
　　sky；波蘭名是 Bohdan Chmielnicki；俄文名字是 Bogdan Khmelnitsky leader。

的地主階級 (stashina) 是該和約的受益者，而一般人民仍然對現狀不滿。

　　波戈丹‧珂摩尼剌基所佔領的領土，位處波蘭—立陶宛、俄羅斯、鄂圖曼土耳其帝國交界之中。他在與波蘭簽訂〈茲波若夫和約〉後信心大增，周旋三國之間，以求利用其中矛盾，擴充本身的勢力。他在 1652 年宣布與波蘭的和約無效，兩者再度交戰。珂摩尼剌基深知僅靠哥薩克本身的力量，絕無法與波蘭—立陶宛進行長期戰爭，因此急需外力的支援。最好的對象，當然是宗教信仰、語言、文化比較相同的俄羅斯。他曾經對哥薩克軍事大會強調過說：「我們的生存，已經到了不可能沒有沙皇保護的地步。」俄羅斯也需要哥薩克的合作。因為哥薩克的軍力，一方面可以在俄波交界之處，代為捍衛邊疆，阻擋波蘭勢力的繼續延伸；另一方面，烏克蘭東正教士，是莫斯科帝國當時正在進行的宗教改革中不可缺少的協助者。因此雙方代表於 1654 年春在裴立亞斯拉沃 (Pereyaslavl) 會談，訂立盟約。珂摩尼剌基發誓轉向莫斯科沙皇效忠，沙皇阿列克西斯允諾承認哥薩克人的各項特權，並將入籍武士增加到六萬人之多。烏克蘭的東部正式成為了莫斯科帝國版圖的一部分，原本是波蘭與哈薩克的爭執，因此演變成為波蘭—立陶宛與莫斯科帝國的「十三年戰爭」(1654–1667)。珂摩尼剌基在裴立亞斯拉沃聯盟後，仍然繼續縱橫瑞典、俄羅斯、波蘭、鄂圖曼各國之間。由於他曾爭得烏克蘭的獨立與自主，故被烏克蘭族尊稱為民族英雄。他在 1657 年死亡後，烏克蘭立刻陷入內戰。

　　羅曼諾夫沙皇阿列克西斯為了表示對哥薩克的支持，特別親自率軍助其攻打立陶宛，攻獲了境內斯摩棱斯克等各重要城市，並自稱為「大、小、白俄羅斯的沙皇」。與波蘭向來敵視的瑞典，在國王查爾斯十世，利用俄、波交惡的機會，乘機佔領了波蘭首都克拉寇夫，驅逐波蘭國王約翰後自立為王。若非阿列克西斯出兵干涉瑞典的侵略，波蘭在當時就可能被滅亡，而不必等到十八世紀被瓜分時才發生。

　　俄、波的十三年之戰，徹底破壞了烏克蘭地區，也導致雙方筋疲力盡。瑞典與鄂圖曼帝國乘此機會，想奪取俄羅斯與波蘭的領土。俄羅斯因此暫時改變了對波蘭的態度，由戰爭轉變成為互不侵犯的外交政策；兩國在 1667 年簽訂〈安朱守沃和約〉(*Peace of Andrusovo*)：俄羅斯佔有東烏克蘭，並獲得基輔、斯摩棱斯克等地，波蘭則繼續擁有小俄羅斯。莫斯科帝國雖獲得烏克

蘭，但沿波羅的海岸的土地，仍被瑞典繼續佔領，阻擋其直接通達海洋；此後俄羅斯的外交與軍事重要政策，就是如何擊敗瑞典，爭取鄰近波羅的海的領土。莫斯科帝國對波蘭的政策，一方面獲得了烏克蘭的領土，另一方面則介入了歐洲的國際事務，得與歐洲發生密切的關係。與西方世界接觸的結果，使得俄羅斯的領導分子警覺到本身各方面的落伍現象，因此必須立刻向西方學習，積極推行政治、經濟、科技與軍事上的改革，以求能迎頭趕上。

3.西伯利亞

阿列克西斯在外交上的另一項成就，是將俄羅斯的疆域界限向東推展。伊凡四世在位時，已經開始了對西伯利亞的探險活動。此後歷經哥薩克及皮毛商人繼續經營，到了十七世紀時，已經有相當收獲。東向擴充快速成功的主要原因，是該地區面積廣大，且人口稀少。當地居住的人民，以游牧生活為主，甚少有私自擁有土地作為農墾的觀念；對於外來者，他們更少防備之心，外來者遂利用這種心理，盡情侵佔其土地。來自莫斯科的探險者與哥薩克族，已經在 1605 年時佔據了鄂畢河 (Ob) 流域，與蒙古的卡爾木克族 (Kalmuck) 為鄰。哥薩克人在河岸建築拖木斯克城堡 (Tomsk)，作為向東前進的據點。該地河流交叉，是皮毛密厚水產動物聚集之處；除此之外，有豐富的森林與礦產，並盛產沙金。因此哥薩克與俄羅斯的淘金者、獵取皮毛者、逃亡者、探險者都陸續前來，沿河道向各處發展。一批哥薩克人在 1633 年已經到達貝加爾湖 (Lake Baikal)；1638 年，抵達了太平洋岸；1652 年，建立了雅庫茲克 (Yakutsk)。再繼續向東發展，就臨近了尼布楚城，與滿族的版圖交接。西伯利亞地區各種商業活動，到了十七世紀初期，漸漸由斯卓戈諾夫 (Stroganov) 家族組織壟斷。斯卓戈諾夫利用開礦與經營皮毛所獲得的盈利，經常向莫斯科輸送金錢，因此與羅曼諾夫王朝建立了密切的關係；俄羅斯的西伯利亞政策，此後也就由該家族根據本身的經濟利益考量而決定了。

俄羅斯向東方亞洲的進展，雖然困難重重，但與對波蘭及西部的發展相較之下，卻是順利得多。以當時俄羅斯政府有限的人力與經濟，能侵佔如此廣大的土地，獲取豐富的天然資源，都遠遠超過當時可能預估到的一切。俄羅斯在佔有了西伯利亞，東達太平洋海岸，與中國的疆土交界後，形成了一

個多民族、橫跨兩洲的「歐亞帝國」(Eurasia)，對它的歷史演進有非常深遠的影響。當莫斯科帝國努力與西方接觸，企圖變成為一個西方國家時，卻因向東發展的結果，不經意地也成為了東方亞洲國家的一部分。外交上，雖然有時可藉東西兩海岸的地理關係，佔有了兩地雙贏的優勢地位；但也正因為國界橫跨兩洲，無法兩面兼顧而消耗國力甚鉅。在文化上，雖兼有融合兩種文化傳統的特色；但有時也免不了遭受東西兩者排斥，形成了文化上的認同危機與困惑感。

三、全民大會

羅曼諾夫初期，因混亂時期的影響，政治、經濟與社會各方面秩序仍然是一個非常動盪不安局面。加以外國勢力仍然在干涉內政、哥薩克繼續作亂、沙皇本身的性格又較懦弱，因此自伊凡四世時創立的「全民大會」，便經常協助政府決定國家大事，儼然成為了一個最有權力的永久性組織。

自從各地代表於 1613 年聚集莫斯科召開大會，選舉羅曼諾夫・密開爾為沙皇後，一直到 1622 年仍然持續運作，未曾散會。間隔十年以後，在 1633 年，因與波蘭交戰在 1633 年再度召開；此後因與鄂圖曼帝國作戰，又在 1637 年與 1642 年兩度會議。阿列克西斯時代，「全民大會」一共集會四次。第一次是為了確認阿列克西斯為沙皇，在 1645 年召開；第二次是為了討論新修《烏羅貞尼法典》(ulozhnie) 在 1648–1649 年召開；第三次是為了討論對付普斯克夫叛亂的事宜，在 1650 年召開；第四次，則是在 1651–1652 年，為了決議有關兼併烏克蘭而召開。但當沙皇鞏固政權以後，就不經常召開，其重要性也漸漸消失。除了 1682 年的 4 月、5 月兩度開會，通過彼得及伊凡當選為沙皇之外，史籍中便不再有全民大會開會的記錄。就像同時代中在東歐普遍存在類似的代議組織一樣，這種在俄羅斯制度演變過程裡曾經扮演過重要角色、可能演變成議會的組織，最後也被君主專制的政體替代。之所以會有如此的結果，歷史學家一直都在追討其背後原因到底為何。

僅從字面上看其名稱，「全民大會」或「全土大會」所指，是一個真正代表俄羅斯人民利益、根據固定的章程、經常集會討論國家大事的組織。但實

際上，全民大會既不代表全民，也無固定的章程，更無定期召開會議的日期；是個既無立法也無行政權力的機構。它只不過是當國家權力崩潰、無合法政權存在時，暫時對付危機的權宜組織而已。混亂的時代時，由於莫斯科中央政府因內憂外患，無法兼顧地方秩序時，各地「博亞」貴族、新興服役貴族、地主、商人及上層教士們為了自保，便經常不定期的集會討論有關事宜。後因哥薩克族擁兵自重，維持地區秩序的安定非其不可，因此該族也成為全民大會的重要成員。羅曼諾夫王朝建立的初期，代表各種不同利益的地方領袖，在莫斯科集會討論國策，便是依照往例召開。

俄羅斯的「全民大會」本應該像法國的三級會議 (Estate General) 一樣，可以發揮其上達民情，提供改革吏政建議的功能，但因成員的社會階級不同，很難達到這個預期的效果。代表農業利益的貴族與地主，因為要維護本身所代表的傳統利益，經常與新興的商業階級起衝突，故一旦中央集權政體穩固，全民大會參政的必要性立刻減低，其組織旋即被其他機構替代，失去了存在的必要性。

四、行政組織

遠自十五世紀的伊凡三世開始，經伊凡四世的強化，莫斯科公國建立了中央集權的行政體系。但因混亂時代的破壞，使得十七世紀的羅曼諾夫王朝在其重建國內秩序過程中，除了繼承其傳統的精神外，並無周詳的計劃。密開爾時代的中央行政，主要是由許多以前稱作為「普立卡司」部 (Prikazy)❸繼續負責。「普立卡司」組織龐大，所屬單位多達五十餘部，但各部的組織與功能卻又大同小異；其事務的決定權，由中央六位高級官員所組成的委員會主導；實際的執行權則隸屬普立卡司的「底亞稽」(Diaki)❹分層負責。各「普立卡司」組織的大小，隨職務不同而有所分別；少者僅有數名，多者則高到達千人以上。「普立卡司」的基本問題是權責劃分混淆，管轄地區時常重疊，各部毫無協調。羅曼諾夫王朝在剛建立時，又因突發事件，經常增設臨時機

❸　關於「普立卡司」部，prikaz 是單數，prikazy 是多數。

❹　類似執行祕書之職位。見 http://www.yale.edu/lawweb/avalon/econ/koval4.htm。

構以為應付，但事件結束後，其臨時機構並未取消，其結果是組織繁多，疊床架屋，行政效力低落。密開爾與阿列克西斯為了要增強中央的權力，雖曾幾度精簡其組織與人事，但都因積習太深，無法立刻奏效。一直到彼得大帝推動大規模的改革，才漸漸建立了一個完善的中央行政制度。

十七世紀羅曼諾夫王朝初期，對地方行政制度的改革比較成功。以前省長沃握達 (voevoda) 的職位是由「博亞」貴族家系的門閥 (namestniki) 所操縱；一旦經派任後，各地省長有權處理地方稅收的「食邑制度」(kormlenie)，❺故民怨載道。羅曼諾夫王朝建立後，為紓解民怨，乃將各省省長改由中央從新興服役貴族、而非「博亞」貴族中直接指派。在此新制中，中央指派的省長代表中央政府在地方上行使行政、司法、稅收、治安等各項任務。沙皇在他們臨行前，特別下令到任後，不得巧立名目徵收苛捐雜稅，以中飽私囊。但實際上，新設的省長制度，被服役貴族們認為是致富的捷徑，因此交相鑽營，以冀能被任命。俄國歷史學家瑟爾基・索羅維耶夫 (Sergi M. Soloviev, 1820–1879) 對新上任的省長心態，有極生動的描寫。他說：「（被任命）的貴族，興高采烈地準備接受省長的職務，因為這是一個既光榮、收入也非常豐厚的職位。他的妻子會非常高興，因為她也一定會收到禮物；他的孩子及姪子外甥們也很高興；因為地方上的父老們，在逢年過節時，向省長請安問好後，也絕不會疏忽他們。整個家屬、包括僕役們也一樣高興，因為他們將會享受到期望的豐裕食物。他們準備好搬家，要去掠取那些逃脫不了的獵物。」❻不過他們前往上任地區的人民，並不如此高興地歡迎他們。來自地方的代表們在1642 年的「全民大會」中，就向沙皇抱怨說：「陛下的省長們，已經將所有的

---

❺ "kormlenie" 一字是「餵食」之，即是地方官不向政府領取薪資，而以當地的稅收取代。各地方官只負責定期向中央政府繳納定額的稅金，至於稅金徵收之總額，則由地方官自己決定。此是俄羅斯地方政府最大的弊病，也是導致農民民變的主要原因。見 http://citd.scar.utoronto.ca/HISB07/2.RM/SCMEDIA/2.L/KORM.html。

❻ Sergi M. Soloviev, G. Edward Orchard, General Editor, *History of Russia From the Earliest Times*. Vol. 16, The First Romanov. Tsar Michael, 1613–1634. G. Edward Orchard. Alberta, Canada, University of Lethbridge.

人民剝削到只剩肌膚，淪落到求乞的地步。」❼政府雖再三重申舊令不得搜刮農民所有，不過正像其他許多類似的改革一樣，新設立的地方省長行政制度，因受舊習的影響，也很難立即奏效。地方上自伊凡四世開始組織的地方議會 (Zemstvo)，雖然繼續存在，但已轉變成為了另一個政府機構，失去了地方自治的特色。

五、法律：《烏羅貞尼》

正像各種穩定混亂時代後亂局的措施一樣，羅曼諾夫王朝建立後，急需一部適應新秩序的法典。莫斯科城在 1648 年所發生的暴亂，促使政府緊急聚集學者召開會議，商討編纂法典事務。與會者決定以 1550 年的《訴德部尼克法典》(*Sudebnik*) 為主，參考《聖經》中的〈使徒列傳〉、過往的沙皇詔令及拜占庭的法典，在 1649 年制定了延續長達兩百年的《烏羅貞尼法典》。這是第一部利用印刷所頒行的法典，除了〈導言〉外，一共包括 25 章及 969 條細節。雖然在〈導言〉中標明所有不分等級的人民，都會受到法律上的公平待遇，但它卻是特別優惠貴族階級，加強對其他階級的控制。貴族地主不但獲得了農奴為其耕作土地的專有權，也有權追討已經逃脫的農奴。政府對以前坡薦斯堤役田制度的限制逐漸放寬，最後終於演變成為可以世襲的私有土地。貴族們贏取這經濟特權的代價，是他們從此必須強制性的向政府服役。

這部法典也規定，教會只可以保留在 1580 年以前以非法手段取得的土地，但此後不得再利用任何藉口繼續兼併新領土。政府為了保護本國的商賈，特別給予保障，以免受外商競爭之害。俄羅斯的商人們，則必須居住在政府所規定的城鎮。《烏羅貞尼法典》的目的，主要是希望能維持國內安定的秩序，提高政府行政的效率，及人民各安其業以增加國家的財富；其結果卻是將俄羅斯變成為一個沙皇統治貴族、貴族統治農民、階級嚴格分明不得任意變動的社會。最勞苦的農民大眾負擔全國的主要稅收，免費為貴族地主服勞役，貴族終年替沙皇服兵役，沙皇高高在上，合政、教權力於一身，成為了名副

---

❼ Michael T. Florinsky, *Russia: A History and An Interpretation*. New York: The MacMillan Company, 1965, vol. 1, p. 270.

其實的獨裁者 (autocrat)。

該部法典的要目分為下列 25 章：

1. 褻瀆神明與邪說異端，9 條。

2. 沙皇的尊嚴與維持本身健康要點，22 條。

3. 嚴禁在宮廷中有暴怒與騷擾行為規則，9 條。

4. 偽造文件、簽名與印章規則，4 條。

5. 懲治鑄製貨幣與偽造貨幣罪，2 條。

6. 出國旅行許可規則，6 條。

7. 莫斯科地區軍事人員服役條例，32 條。

8. 捕獲逃奴賠賞條例，7 條。

9. 過路、渡船與使用橋樑費用等條例，20 條。

10. 法律程序，287 條。

11. 有關農民法律程序，34 條。

12. 有關教會及宮廷下屬人民、其他農民法律程序，3 條。

13. 修道院條例，7 條。

14. 誓言，10 條。

15. 契約，5 條。

16. 食邑 (pomestie) 章程，69 條。

17. 世襲封邑章程，55 條。

18. 印章稅，71 條。

19. 城市居民條例，41 條。

20. 因欠債務而被處為抵押者 (Kholop) 法律程序，119 條。

21. 強盜偷竊罪，104 條。

22. 有關死刑，及雖未被處死刑但應嚴處者條例，26 條。

23. 長槍隊員條例 (Streltsy)，3 條。

24. 哥薩克及其首領阿它特曼事項，3 條。

25. 非法酒肆條例，21 條。

六、農奴制度的發展

《烏羅貞尼法典》在保護貴族經濟利益的原則下，將在經濟演變中自然形成的債主與欠債者服役的臨時契約性關係，賦予國家法律上的認可，使其成為合法化的農奴制度。羅曼諾夫王朝許多制度雖時有更改或交替，但農奴制度則一直是持久不變，且與其盛衰有密切的因果關係。它存在時，是維持俄羅斯政治、經濟、社會傳統的基石；十九世紀時被廢除，又成了各種動亂的主要因素。沙皇制度被推翻、社會主義及最後布爾什維克政權的成功，都可溯源於此。但該制度卻遠在羅曼諾夫王朝建立以前，就已經存在。

俄羅斯的歷史學家對其形成的原因，有各種不同的解釋。十八世紀的塔提希挈夫 (V. N. Tatishchev, 1685–1750) 認為政府的法令，是促成俄羅斯農民奴役制度化的主要因素。克柳切夫斯基則覺得客觀的經濟環境，與農民的生活形態，自然地導致了該制度的形成；政府的角色並不太重要，充其量其功能只不過是將已有的制度條文化而已。但是不論是內在的主觀因素，或是經濟社會演變的外在客觀因素，兩者相輔相成鞏固了農奴制度，卻是一個不爭的事實。

農民們在經濟上漸漸失去其自由地位的各種原因，在第二章討論基輔時已經提及。基輔時代的農民，多半居住在自由的「公社」中，集體耕作。土地的所有權歸公社享有，但人民有居住及遷徙的自由。當時有一種號稱為「扎苦皮」的貧窮農民，在債務償還前暫時失去自由，替債主免費服勞役。《俄羅斯法典》中就有許多規定兩者之間的契約義務關係法條。不過「扎苦皮」與以後的農奴並不完全相同，因為前者服奴役的時間是暫時性，後者則是永久性的世代相傳。

到了蒙古統治的時代，所有的公社必須向政府繳納定量的貢賦。為了徵收方便起見，蒙古可汗委託地方王公貴族為代理者。他們除了有徵稅的責任外，同時也握有了地方上的行政及司法特權；公社中農民的自由，受到了地主們假借以蒙古代理者所頒布的各種限制，漸漸喪失。到了莫斯科公國建立時，為了召攬人才，將大批自由的公社土地賞賜給服役貴族及教會所有，作

為報酬他們服務的食邑。十六世紀時的伊凡四世，因為要打擊古老「博亞」貴族勢力，需要培養一批支持沙皇的新服役貴族階級，乃大量奪取私有土地，將其作為賜予效忠者的俸祿。因此私有莊園的面積相形增加，居住其中原有自由的農民，喪失了自己的土地，更變成要向貴族地主繳付地租的佃農。公社成為貴族的食邑之後，並沒有免除以前向政府繳納稅收的義務，因此農民們承受了雙重的經濟負擔：一方面要向地主付佃金，另一方面又要向政府繳納稅金，負擔極為沉重。

不過縱然如此，他們仍保有個人的人身自由，可以隨時自願遷徙到其他農莊、或甚至移居城鎮從事商業的活動。農民自由遷徙的結果，對農村經濟的發展與秩序的穩定，會產生負面作用；農民向城鎮的移民，則削減了農村的經濟生產力，直接影響了國家的稅收。

除了農民自動離開土地的現象外，在農村中也有富有的地主以優厚的條件召引其他莊園農民前來耕作；許多小型地主們的農民因此大批離去，致使他們的農產收入銳減，生活面臨困境。小型莊園的地主，多屬於服役貴族，他們不像世襲的古老「博亞」有其他的經濟來源，只依靠農地的收入維生。農民自由的遷徙，打擊了他們生存的根本。服役貴族是專制沙皇特意培植、以求打擊博亞貴族、鞏固中央集權的新興階級，因此農民逃離所帶來的經濟困境，必會影響到他們對沙皇的效忠度。政府乃特別制定法律限制農民們的活動，將他們束縛在土地之上，不得隨意遷徙。伊凡三世在 1497 年的《「訴德部尼克」法典》中，便明文規定農民只能在每年 11 月 26 日的聖喬治日前後兩個星期內自由遷居，其他日子都不得遷離耕作的土地。而且，要離去的農民，必須先履行完對地主的各項義務，及付出一筆為數相當大的離境費，在獲得地主的許可後才可以離開。但是農民們因地主對其過度剝削，負擔越來越沉重，縱然是在聖喬治日短暫的自由離境日中，實際上也無能力離開，最終變成永遠捆綁在土地上的農奴了。

伊凡四世創立「坡蔑斯堤」役田制度後，為了要控制服役貴族的效忠性，就更注意農民們的遷徙問題了。先是聖喬治日前後的遷徙自由受到鉗制，再則是規定在某些年份中全部禁止。這是「禁止年」(prohibited year) 制度的開端；最後「禁止年」制度化、永久化，每年都被規定為禁止年。倒是暫時解

除「禁止年」的命令，反而需要政府特別宣諭告訴農民。

農民遷居的自由或逃離的可能性，被另一政策的建立完全阻止。這是「追討年限」有效時間規定的解除。「追討年限」是指在固定年限之中，莊園地主不但有權討回非法離開的農民，並可獲得該農民離境以後所導致的經濟損失。混亂時代中，沙皇因受服役貴族的要求，「追討年限」漸漸由五年增加到十年及十五年。政府在 1646 年調查人口、重新整編戶籍，規定此後農民戶口包括戶長、配偶、子女、兄弟及姪甥等同住在一起的親屬，都必須向政府登記與註冊。1649 年的《烏羅貞尼法典》正式規定，私有莊園中的農民從今以後都不再享受「追討年限」的保護，即是一旦逃離，則一輩子都在追捕之列中。這法令不只是針對單獨的農民，而是涵蓋了整個農民戶，甚至包括了世世代代所有的農民。

因債務未還清而臨時服役的權宜性安排，經由政府法令的規定後，轉變成為永久性，最後成為世襲性的制度。克柳切夫斯基評論該法典的影響說，農戶中所有的分子，不論是戶長與配偶及子女們，或者是旁系的親屬，從此失去人身自由，成為了法律上雖然不承認、但實際上已經是確實屬於地主們的奴隸了。❽

農奴制度的建立，是羅曼諾夫王朝需要服役貴族支持其中央集權政策，所給予的報酬。根據《烏羅貞尼》的規定，私人莊園地主能擁有農奴的，僅僅限於他們這一個階級。古老的博亞貴族及教會，都不享受這特權。對於世俗政府政權的東正教教會，《烏羅貞尼法典》中設定了更嚴峻的限制。其中規定，教會從 1649 年起，不得繼續擴張領土，也不准再召募農民前來墾居。服役貴族的勝利，絕不是毫無代價。為了要繼續享受這經濟上的特權，他們須世代向沙皇服兵役，成為了另一種的世襲性的軍事奴隸。

農奴在法律上的地位與奴隸完全不同。奴隸直屬個人私有，沒有法律地位，因此也沒有應盡的納稅與服兵役的義務。農奴則是法律所承認的個體，受到法律的保護，對國家有納稅與服兵役的義務。因此，農奴的負擔還要比奴隸沉重得多。在經濟情況非常窘迫的時候，許多農奴及貧困的博亞貴族子弟，甚至願販賣自己為奴，以求獲得溫飽或及逃避政府的苛捐雜稅與軍役的

❽ Kluchevsky, *A History of Russia*, vol. 3, pp. 183–184.

義務，結果招致國家財源與兵源的短缺。《烏羅貞尼法典》中，就明令嚴格禁止。農奴制度的建立，並沒有助長私人蓄奴的制度。相反地，與其他歐洲的社會制度相比，俄羅斯帝國中並無制度化的奴隸階級。

羅曼諾夫王朝在十七世紀中，藉《烏羅貞尼法典》的編撰，削奪了俄羅斯境內中 90% 人口的遷徙自由，使其世世代代捆縛在土地之上，免費替地主提供勞役與交納實物與現金。農奴的義務主要有兩種，一是稱為「耙事畦納」(barshchina) 的勞役，一是奉獻實物與金錢的「歐布若克」(obrok)。兩者的比例，以莊園農地肥沃或貧瘠而有所不同。土壤肥沃之處，農奴服勞役的比例偏高；反之則以金錢與實物的貢獻為主。但不論那一種義務，負荷都相當沉重。人民長期被剝削的結果，終至於無法忍受而發動了全國性反沙皇虐政與地主專橫的農民起義活動。早在 1648 年，莫斯科的人民便因苛捐雜稅，圍攻克里姆林宮，強迫沙皇罷黜權臣後方才解圍。此後，又因政府以銅代替銀子鑄造貨幣，通貨大批貶值，使得莫斯科及其他大商業城市的商人，在 1656 年與 1662 年兩度暴動，抗議政府的稅收政策。

滿懷仇恨耕地的人民，終於在頓河與伏爾加河流域哥薩克族首領司提芬‧拉辛的發難下，於 1670–1671 年間，暴發成為一個大規模的變亂。拉辛曾因組織過赤足敢死隊，在波斯、裏海邊及伏爾加河沿岸搶劫而聲名大噪，故追隨者日眾。他在 1670 年春，率眾沿伏爾加河北上，以掙脫官吏與地主的束縛、爭取自由為口號吸引群眾參與；沿途攻佔城池，所到之處屠殺貴族地主，農民們無不熱烈歡迎，並爭相加入行列，總數曾高達二十萬餘眾之多。但像混亂時代的哥薩克族與農民叛亂一樣，拉辛所率者，組織鬆懈、缺乏紀律約束，無明確的目的與計劃，終是一群烏合之眾。一旦政府軍隊開始圍剿，便潰不成軍，四處逃竄了。拉辛本人雖暫時逃回頓河巢穴躲藏，但在 1671 年時被當地哥薩克領袖擒捉，交送莫斯科，當眾處死示警。拉辛起義雖未成功，但此後類似民變，最後雖然終究被政府消滅，仍是前仆後繼的發生；此足以證明農奴制度在俄羅斯歷史中，是一影響深遠的弊政。

七、宗教改革與教會分裂

　　羅曼諾夫王朝在重建俄羅斯秩序的過程中，除了重整中央集權的體制、嚴格劃分社會階級秩序、編纂新法典及將農奴制度合法化外，另一項急務便是針對組織鬆散、教士品德低落及學識膚淺的東正教，徹底加以改革。

　　自十六世紀初期在神聖羅馬帝國之內所發生的基督宗教改革，不論是路德教等新教抑或是天主教的耶穌會運動，都是經由立陶宛與烏克蘭等地，輾轉傳到俄羅斯，連帶發動了十七世紀的宗教改革。俄羅斯東正教的改革運動，沒有像歐洲宗教改革一樣長久，波及的地區也僅限俄羅斯本境，不同派別之間的鬥爭也絕對比不上歐洲境內宗教戰爭的殘暴性。因此在討論歐洲宗教史時，俄羅斯的宗教改革運動，不是全盤被忽略，就是三言兩句的輕輕帶過；連俄羅斯本國歷史學家也對它不太重視。但是這個導致東正教分裂的改革運動，在俄羅斯歷史的重要地位，卻是一個不容被漠視的事實。美國歷史學家畢林頓在描述這一段歷史時，就特別強調它劃時代的重要性：

> 這一世紀中最具有決定性、俄羅斯人稱之為「培瑞洛穆」（perelom，該俄文字的意思是樓梯的分割線、發高燒的極限點）❾的一刻，是1667年由宗教大會正式宣諭改革所導發的宗教分裂。它代表著宗教性革命（coup d'eglish）的意義。在宗教意味濃厚的莫斯科環境中，其所含的意義，正如同兩百零五年以後由布爾什維克派在已經世俗化的聖彼得堡城中奪權的事件同樣重要。俄羅斯教會在1667年的決定，也正如1917年在聖彼得堡中的那些決定一樣，成為俄羅斯歷史演進過程中，絕對不可能再轉回頭的一點。比1917年更重要的是，1667年的決定由於遭受到來自維持舊秩序各方面的批評與譴責，從當時起就沒有被真正了解過。由於推動這個改革運動的主力是來自於統治者本身，因此反對者毫無能力阻擋這個新世紀與新理念的來臨。❿

---

❾　亦有突變、事務到達危急之點的意思。

❿　James H. Billington, *The Icon and the Axe*, p. 121.

　　基督教自從在九世紀經由君士坦丁堡傳入俄羅斯後，一直就保持了原始宗教的影響，各地教會在舉行典禮時所使用的儀式，在一開始便與正統的規定有所不同。譬如，俄羅斯的地方教會把「耶穌」(Jesus) 的傳統寫法寫成「伊蘇」(Issus)；用手畫十字時，只用兩個而不是三個手指頭；舉行聖餐禮時，使用的祭餅是六張而不是五張；在讚美上帝時，只高頌兩聲「哈利路亞」(Alleluia, Hallelujah) 而不是傳統的三聲。又如舉行某些典禮時，不遵守要面對祭臺、自左到右行的環繞，而故意自右到左行走等細節。教會在當初並不太重視這些儀式的統一性，因此任由各地自行決定，不嚴加干涉。但當印刷技術被引進俄羅斯後，教會開始印行教理與儀式手冊時，這些不符合規定的儀式及祈禱辭句都一律被載入。因此各地教會在舉行典禮時無所適從，造成紊亂的現象。阿列克西斯初期改革宗教的動機，只是希望能修正俄羅斯東正教《聖經》中翻譯錯誤的語句，及消除教會舉行典禮時不合正統的儀式。這原本是一個宗教內部的問題，卻因為東正教與俄羅斯的強烈本位主義有密切情結的關係，使得十七世紀宗教儀式的改革，演變成為一個無法挽回的教會大分裂。

　　東正教在蒙古入侵時，成為俄羅斯人民在異族統治下的精神慰藉。此後在莫斯科建國時，它更提供不可或缺的支持力量，而與俄羅斯的民族意識結合在一起。當十五世紀君士坦丁堡的東正教正式接受羅馬天主教的權威時，❶俄羅斯的東正教自認是唯一捍衛真正信仰的教會，獨排眾議堅決反對，甚至不惜與其決裂。君士坦丁堡在 1453 年被鄂圖曼土耳其帝國攻陷後東羅馬帝國隨之崩潰的事實，使得俄羅斯人更堅信其信仰的正確性。再經教士們一再鼓吹莫斯科已是「第三羅馬」、俄羅斯帝國是上帝特選、唯一能拯救與匡復基督教的支柱，俄羅斯東正教徒更形成了一種救世的使命感。在皇權與教權合作下所奠定的莫斯科大一統帝國中，俄羅斯民族養成了一股唯我獨尊及排斥外來思想的狹窄民族性，結果是將國內有違正統的宗教儀式，反而強認是正確信仰的表現，絕對不得加以質疑與違反。再者，俄羅斯的基督教信仰特色，原本就不太在乎教理的了解，特別重視舉行儀式，認為這是敬奉上帝的謙恭表徵。因此，遠自莫斯科時代就流傳下來的儀式，無論其細節是否正確，一直就是信徒們希望能藉其得救的主要慰藉。

---

❶　指 1437–1439 年的「佛羅倫斯會議」(Council of Florence)。

在 1551 年的宗教大會中，俄羅斯特別肯定了其東正教的正統性，強調它為末世紀來臨時拯救人類的唯一信仰。原本與規定不符合的地方性儀式，也在此會議中獲得許可。因此，一切與東正教有關的，包括經文、聖像的繪畫格式與典禮儀式細節等，都被視為神聖的，絕對不可侵犯；任何企圖對其改革者，都會被視為離經叛道，絕不饒恕。

阿列克西斯的宗教改革，只是對某些儀式細節加以修訂，並未觸及基本的教義或神學理論。因此俄羅斯東正教會，起初並沒有將拒絕接受改革者視為必須鏟除的邪說異端者，而只是叫他們為「分離者」(Raskolniki)。由於「分離者」們仍然堅持使用古老的儀式，因此也稱為「舊信仰者」(Starovery, Staroobriadtsy, Old Believers)。這一派的精神領袖是阿瓦庫‧彼得羅維其 (Avvakum Petrovich, 1620?–1682)。極力推動改革、力行宗教新儀式者的領袖是俄羅斯的大主教尼其塔‧倪孔 (Nikita Nikon, 1605–1681)。

倪孔於 1605 年出生在伏爾加河附近的尼茲尼‧諾夫格羅城。遠祖來自芬蘭，父母以務農為生。他幼年時，因為受不了後母的虐待，逃到附近的修院出家，在此接受了些粗淺的宗教知識。事後，因為受到父親的哀求而還俗成家，娶妻生子；並在當地充當地方上的基層教士，服務鄉里。由於他辦事認真，很快的便被教會調升到莫斯科教區工作。到了 1634 年時，因為受到三個兒子先後死去的打擊，先勸說妻子出家為尼，然後獨自退隱到白海邊過苦修的生活。附近的修院獲知他在此苦修之事，特別懇請他前往該院擔任主持。他在 1646 年因修院的事務前往莫斯科，獲得沙皇阿列克西斯私人的懺悔教士——斯提朋‧沃尼法提耶夫 (Steppen Vonifatiev, ?–1656) 賞識，特別將其引見給沙皇。沙皇阿列克西斯與其幾度交談後，也賞識他的才幹，任命他住在克里姆林宮附近，執掌羅曼諾夫家族教堂的事務。倪孔因此得以經常陪伴沙皇，成為一個重要的輔佐之臣，由此慢慢掌握了控制宗教的大權。

當倪孔抵達莫斯科時，正有一批自稱為「狂熱的篤信者」(Zealots of Piety) 的年輕教士們，因深感俄羅斯東正教會的教士學識、素養過低以及各地教堂所舉行的典禮儀式也多雜亂無章、不符合規定，決定共同努力推動改革。他們包括沙皇的懺悔教士沃尼法提耶夫、伊凡‧尼若諾夫 (Ivan Neronov, 1591–1670) 與阿瓦庫等人。這是一群抱著強烈民族自尊心、堅決抗拒任何外來宗教

理念的愛國教士們。他們一方面要排除來自於烏克蘭的天主教與「聯合教派」的影響，另一方面也努力杜絕從歐洲傳入的路德教與喀爾文教的新基督教信仰。他們尤其輕視希臘正教，認為它早已離經叛道，遠離正途。他們改革的步驟是先從事經文與儀式的修正，提高教士們的學識與品質，再努力鞏固俄羅斯東正教的傳統，最後則力求使俄羅斯的東正教能達到實現「第三羅馬」使命的崇高目的。他們改革的第一步，就是設立印刷工廠，將重譯的經文與典禮儀式條規印行後，傳播到各地去。正好倪孔本人也懷有類似的改革理念，便加入了這個改革的組織。經由這一批「狂熱的篤信者」推薦，倪孔在 1648 年被沙皇任命為諾夫格羅城的大主教。

在俄羅斯的東正教教區中，諾夫格羅的重要性，只低於莫斯科城。倪孔就任諾夫格羅大主教後，立刻用嚴刑峻法的手段實行改革，消除了許多積年陳痾。為了達到徹底改革的目的，他聘請希臘教士前來協助俄羅斯教士們翻譯經典與修訂典禮、儀式方面的條規。借重希臘教士幫助俄羅斯宗教改革的作法，雖然有其必要性，但卻大大損傷了俄羅斯教士的自尊心。當初與他共同從事改革的教士們，也因此與他對立，成為他以後推動全國改革時，最難克服的阻力。

倪孔深知改革成功的先決條件，是要掌握主理全俄羅斯教務的莫斯科大主教位置，及獲得世俗君主沙皇的絕對支持。正好當時莫斯科大主教職位出缺，繼承者的權力鬥爭，給了倪孔難能可貴的機會。莫斯科教區的大主教原是反對改革的約塞夫，他與沃尼法提耶夫等主張改革者為敵。約塞夫在 1652 年 4 月去世，改革派乘機推舉沃尼法提耶夫為繼任人選。但沃尼法提耶夫只是「白教士」，不屬於出家、受過戒律的「黑僧侶」。依照教會大法的規定，擔任主教者，一定要屬於「黑僧侶」。因此他沒有資格接任莫斯科的大主教職位，乃轉而推薦倪孔續任。但是以阿瓦庫等為主的「狂熱的篤信者」，對倪孔在諾夫格羅城推動改革時，過於依賴希臘教士的作法不以為然，乃聯合一起極力反對。倪孔在沙皇阿列克西斯堅決支持下，終於在 1652 年 7 月正式被任命為莫斯科大主教。但出乎意料地，當任命狀到達諾夫格羅時，倪孔卻毫無原因的拒絕接受大主教職位，後經「博亞」貴族及其他主教代表們極力勸說下，他才勉強答應前往莫斯科。雖經沙皇幾度哀求，甚至當眾匍匐下跪，他

仍是保持初衷，拒絕接受大主教的職位。最後他說，除非沙皇、「博亞」及主
教們答應他所提出的要求，否則他永遠不會接任大主教的職位。他說：

> 假如對你來說，選擇我作為大主教能取悅於你的話，你必須給我你的
> 承諾及訂立一個誠約。你要答應我你會屬行福音的信條，維護神聖使
> 徒者與神聖教父們的旨諭，以及虔誠遵守先世帝王與沙皇們的法規；
> 並假如你願將此特權賜給我、允許我整頓教會的話，我就不會再拒絕
> 你要我擔當崇高無上的大主教職位。 **⓬**

在沙皇答應了他的請求，並願與「博亞」、主教們共同以使徒者的聖像為
證，宣誓遵守他所提出的條件後，倪孔才正式就任為大主教。從 1652 年一直
到 1658 年，倪孔成為了沙皇阿列克西斯最聽信的重臣。連他幾度因用兵遠離
京城時，都委託倪孔代理國政。阿列克西斯特別下令說，他不在國內時，事
無鉅細，若無倪孔的同意，都不得施行。在沙皇的大力支持下，倪孔不但獨
掌教務與監督貴族議會，也管理沙皇的家務事。阿列克西斯為了尊敬他，不
敢直呼其名，而尊稱「大宰」(Veliki Gosudar, Great Lord) 名號。倪孔的地位
恢復了羅曼諾夫立國之初沙皇密開爾與他父親菲拉瑞特大主教共同治理俄羅
斯的「兩元化政體」(dyarchy)。

倪孔之所以要求沙皇宣誓遵守大主教權威的作法，是希望能恢復東羅馬
帝國時，皇權與教權平等治理國家事務的傳統。他以九世紀時東正教君士坦
丁堡大主教弗休士（Photius，820–892?，任期為 858–867 與 878–886）的理
論為堅持的根據。弗休士在解釋君士坦丁大帝所編撰的《拜占庭法典》時，
對其中規劃政教關係的第二章第四條〈伊盤納勾格〉(Epanagoge) 條文最為重
視。**⓭** 他說至高無上的耶穌，經由皇帝與大主教兩個代理者，管轄全宇宙中

⓬　Matthew Spinka., "Patriarch Nikon and the Subjection of the Russian Church to the
　　State," Sidney Harcave., *Readings in Russian History*, vol. 1, p. 232.

⓭　Epanagoge（伊盤納勾格）為希臘字，是介紹、緒論的意思。源出 879 年東羅
　　馬拜占庭巴斯爾一世 (Basil I) 時期所編修的法典。其主要根據是查士丁尼皇帝
　　(527–565) 的法典。〈伊盤納勾格〉的編寫者是當時君士坦丁堡大主教主教弗休
　　士 (Photius)。其要點是釐定皇帝、大主教與主教們的關係。它特別強調政府與

的萬物與眾事。倪孔據此延伸強調，雖然沙皇統治著人民的軀體，但莫斯科的大主教則控制他們的靈魂。兩人職責或有不同，只不過是顯示出上帝整體的不同面貌而已。沙皇管理世俗事物，擁有至高無上的威權；但其權威並非無限，而是源自於上帝的旨意，因此理應歸屬於教義與宗教律法的管轄之下。倪孔特別堅持只有大主教才具有解釋教義與宗教律法的最高權威，不但如此，由於大主教親受上帝的託付，負責解救人們的靈魂，他因此持有可以抗拒沙皇命令的特權。更由於他是真理與教義的守護者，縱然是在沙皇面前，他也可以毫無畏懼的暢所欲言。阿列克西斯在教會改革的初期，必須仰賴倪孔的合作，不得不暫時容忍倪孔超越沙皇獨掌政權與教權的專橫做法。但當改革已經順利進行後，沙皇對他的依賴性日漸減低。在沙皇鞏固自己的地位後，倪孔被罷黜，只不過是時間早晚而已。

　　倪孔就任大主教後的首要任務，就是改革俄羅斯東正教中不符合希臘教會規定的各種儀式。當他尚未就任大主教前，他與「狂熱的篤信者」一樣擁有強烈反希臘東正教情結，認為他們是背叛正統信仰的邪惡之徒。但是他在1649 年，曾與來自耶路撒冷的東正教大主教排思歐斯 (Paisios, 1609–1678) 討論神學理論。交談之後，他深深感受到希臘教士的學識豐富，遠超越俄羅斯教士之上，逐漸改變了對希臘教士的輕視態度。⑭因此當他任職諾夫格羅主教推動改革時，便開始引進希臘的教士，協助重譯經文與修改儀式的工作。他並聘用大批的希臘教士主理新成立的教會出版機構，負責將修改後的儀式條文頒布到各地去。他曾公開宣稱說：「我雖然是俄羅斯人，是俄羅斯人的兒子，但是我的宗教與信仰，卻是希臘的。」他過於重用希臘教士的作法，立刻受到教會中保守派的攻擊。教會的大執事保羅就指責他說：「倪孔過度崇尚希臘而棄用俄羅斯本身的典禮與儀式，他大大地瀆穢了俄羅斯東正教的權威。」⑮

教會乃是一個不可分割的有機體，為了人民的福利，它應該由皇帝與大主教共同治理。

⑭　http://www.findarticles.com/cf_0/m1373/n6_v45/17011053/p7/article.jhtml?term.

⑮　Matthew Spinka., "Patriarch Nikon and the Subjection of the Russian Church to the State." Sidney Harcave., *Readings in Russian History*. New York: Crowell, 1962.

　　另一件影響倪孔對希臘教士態度改變的事,是 1653 年基輔與莫斯科兩個教會合而為一的事件。遠自蒙古統治的時代開始,俄羅斯境內的教會便因政治因素分裂為二。一是以基輔為主,包括主要是小俄羅斯或立陶宛的西部教區;另一則是以莫斯科為主的俄羅斯東部教區。後來因兩者對佛羅倫斯會議的決議,持不同的意見,乃分道發展。莫斯科因不恥君士坦丁堡的東正教違反傳統、向天主教低顏求和,乃脫離君士坦丁堡教區管轄,成立自己的獨立教會。但烏克蘭因受波蘭及立陶宛統治,故仍繼續隸屬君士坦丁堡的希臘教區管轄之下。再來因基輔的地理位置,它不但與希臘文化保持著親密的聯繫,也受到了來自波蘭等地天主教、尤其是耶穌會尊重學術的影響。因此縱然是東正教保守派者,也都認為基輔教士學識與品德高超,是俄羅斯宗教改革不可或缺的支助。因此兩者在 1653 年合併後,倪孔便起用許多基輔教士,協助他推動宗教改革。但他過於依賴希臘及基輔教士的作法,終於導致了這群強調本位文化、充滿了「第三羅馬」觀念的保守派反擊。

　　反對倪孔借助希臘及基輔教士,推動改革俄羅斯東正教的保守派,以「狂熱的篤信者」為主。其中尤以阿瓦庫為最。阿瓦庫與倪孔的個性極為相似,兩人都是虔誠的東正教徒,充滿了強烈的民族意識。他們一旦接受某些信仰後,就會堅持固守,永不改變。阿瓦庫的父親為一終日酗酒的鄉村教士,少年時生活非常貧苦,全靠自己努力,才接受了基礎的基督教教育。二十歲時,正式剃度出家為修士。他堅忍的信仰及嚴格苦修的精神,獲得「狂熱的篤信者」中沃尼法提耶夫與尼若諾夫等人賞識,將之引進成為會員,並推薦給沙皇。他在 1646 年時與倪孔相識,但兩人向無深交。阿瓦庫日後曾說倪孔沽名釣譽,生性狡猾,是一個無法信任的人。倪孔在 1652 年爭取莫斯科大主教職位時,阿瓦庫與尼若諾夫等,曾上書沙皇極力反對。倪孔從此記恨在心,此後便以阿瓦庫反對教會改革為由,極盡迫害,以為報復。

　　倪孔與阿瓦庫的衝突,在 1653 年開始展開。倪孔就任莫斯科大主教後,便積極推動改革宗教的各項新政。他在 1653 年時,擅自下令莫斯科的教士在舉行儀式時,必須要放棄俄羅斯舊有的單膝下跪,改採用希臘的鞠躬方式;祈禱時不得再使用傳統的兩根手指,而要使用希臘東正教的三根手指頭的儀

Vol. 1. P. 236.

式。他說三根手指頭的手勢，是代表聖父、聖子、聖靈「三位一體」的正統儀式；而兩根手指頭的手勢，則是表示耶穌具有人、神雙性的「兩元論」。由於「兩元論」早經教會宣布為邪說異端，故在儀式中仍然使用兩根手指，顯然是故意褻瀆上帝之舉，必須加以嚴禁。但倪孔忽視了俄羅斯東正教會曾在1551年宗教會議中，判決三根手指頭的手勢為非法的儀式，應加嚴禁使用的決議。倪孔就在既沒有經過合法的程序作廢1551年的命令，也沒有經過宗教大會同意的情行下，便擅自宣布廢除兩根手指頭、規定三根手指頭為法定的教會儀式。

以阿瓦庫與尼若諾夫為主的保守派，立刻召集會議，商討如何對付倪孔藐視教權與國家法律權威的專橫作法。阿瓦庫描寫與會者的心情說：「當時嚴重的情況好像嚴冬即將來臨，我們的心都僵硬了，四肢震顫著。」阿瓦庫堅信俄羅斯已是「第三羅馬」的聖地，因此他所信奉的絕對是不可能錯誤的真理。倪孔宣布傳統儀式的錯誤，是公然羞辱俄羅斯民族祖先，竟然把他們幾世紀來所遺傳下來的信念與儀式，污穢成為邪惡之物。他們無法接受倪孔所宣布的新儀式，而堅持繼續使用舊儀式。對阿瓦庫及「狂熱的篤信者」來說，儀式中的手指頭數字，並不只是形式的問題，而正代表著俄羅斯東正教信仰的特色。它更是與其他基督教信仰、尤其是與希臘東正教不同的主要因素。阿瓦庫及「狂熱的篤信者」堅持維護舊儀式，主要是要延續俄羅斯的舊傳統。

倪孔倚仗沙皇的權威，將阿瓦庫本人、妻子家小與支持者一起逮捕，放逐到西伯利亞酷寒之地的雅庫茲克，盡情折磨。尼若諾夫則因暗中與倪孔修好，只被囚禁在修道院中。

經過阿瓦庫等的反對之後，倪孔才感覺到須藉宗教大會的支持，而不只是獨斷獨行地推動改革運動。他乃於1654與1655年，兩度召開宗教會議，討論翻譯《聖經》與制定新儀式等事宜。為了要提高宗教大會的聲望，在1655年的宗教大會中，除了本國的教士外，他更特地邀請了以神學理論聞名於基督教世界中的安提亞克 (Antioch) 區大主教馬卡流斯 (Macrius) 與塞爾維亞 (Serbia) 的噶伯利爾 (Gabriel) 大主教等人共同參加。會中除了決定象徵上帝唯一合法的手勢儀式，只能用三個手指頭外，並決定採用希臘東正教其他儀式及用語，取代俄羅斯東正教的古老傳統。會議中並特別判決，此後凡是使

用兩根手指頭劃十字架者，都會被詛咒，永遠不得進入天堂。會中也採納了下列各項改革政策：將俄羅斯教會的佈道臺，根據希臘設計重新建築；主教所握的十字架、所戴的頭冠與頭巾，都以希臘式替換；儀式中的祝禱頌詞，也轉變成為希臘式的音韻；教堂與修道院，採取希臘模式重新建造等等事項。

倪孔邀請國外大主教與會的原因，是希望靠他們的聲望將俄羅斯的宗教改革，與當時歐洲各國宗教改革運動中的潮流相符。他認為只有這樣，才能將地方性的俄羅斯信仰，提升到一個維護正統信仰的宇宙性宗教、突現出莫斯科是「第三羅馬」的救世觀信念。不過，也就正是他的這個政策，激怒了保守者。他們認為倪孔的所作所為，污辱了俄羅斯信仰的傳統與獨特性。因為他整個的改革，不但沒有提高俄羅斯東正教的地位，相反地，他反將第三羅馬的莫斯科，貶降到向第二羅馬的君士坦丁堡學習。這是他們絕對無法容忍的。尼若諾夫就指責他說：「你現在贊成外邦的律法，接受他們的信條。但以前也正是你，一直告訴過我們說希臘人與小俄羅斯人已經迷失了他們的信仰，喪失了他們的力量，他們行事的方法是邪惡的。現在，對你來說，他們都成為了你宗教信仰的聖者與導師了。」

倪孔除了要求各地教會嚴格遵守修改後的經文與新頒布的儀式外，也同時要整頓教士們頹廢的生活與改進他們低落的品德，以求提高教會的威望。稍不遵守教規者，便動輒夾杖入獄，受到嚴厲的處罰。大執事保羅描述這情形說：「倪孔的武裝衛隊，隨時在城中巡邏。凡是發現任何酒醉的僧侶或教士，便立刻逮捕入獄。在他的監獄中，可以看到許多人被沉重的鐵鏈磨傷、或被大木條壓在頭上或脖子上慘不忍睹的現象。」這樣殘酷的刑罰，不只是使用在下層階級的教士身上，縱然是高級教士也不得豁免。他的嚴刑峻法，雖然提高了教士的品格與修養，但不免矯枉過正，使得大多數教士在暗中團結一起反對他。

倪孔因為受到沙皇與宗教大會決議的支持，所以毫無顧忌的推動他的改革。在整個改革過程中，他總是強調著〈伊盤納勾格〉中所載皇權與教權平等分治的理論，不時的提醒沙皇阿列克西斯說，政府與教會兩者皆是上帝所創，但是在塵世間代表上帝的大主教理應凌駕沙皇之上。沙皇對其跋扈態度，早已經心存不滿。「博亞」貴族認為倪孔大權獨攬，剝奪了他們傳統上參議國

政的特權，一直等待機會對其報復。這些「博亞」貴族主要是皇親外戚，包括了沙皇母親、他第一任與第二任妻子的親屬。倪孔推動的宗教改革，原本只激起教會中保守勢力的反對，現在則更因為政治因素，成為與「博亞」貴族的權力鬥爭。

為了要擴充他個人的勢力，倪孔曾故意藐視 1649 年《烏羅貞尼》法典中限制教會擴充教產的條文，大事開拓大主教區的土地；隸屬於莫斯科大主教區管轄之下的農戶，竟然超越十二萬餘戶。倪孔的專橫，侵及了沙皇及「博亞」貴族階級的經濟利益。在這種情況下，沙皇對他的忍耐與支持，也只不過是早晚要結束的事而已了。

1658 年，喬治亞國王前來莫斯科訪問，沙皇率領百官，以隆重的典禮歡迎。但大典之中，獨缺俄羅斯大主教倪孔。俄羅斯最高的宗教領袖，未被邀請參加這樣一個隆重的典禮，是史所未聞之事。倪孔派往探究原因的使者，被羞辱而返，他本人要求親自謁見沙皇也被拒絕。而且沙皇一反往例，從此不再繼續參加由倪孔所主持的宗教典禮。倪孔為了抗議這突然而來的不敬待遇，便隨即搬離了莫斯科教座，退隱到一個寂靜的修道院。他並聲明說，除非沙皇回心轉意請他回去，否則他不會遷返。但是出乎倪孔意料之外，沙皇不但沒有回心轉意的前來恭請他重回莫斯科，反而認為他的不告而別，等同自動放棄大主教的職位，擬將其撤職。倪孔到此時才大吃一驚，頓改以前高傲的態度，哀求沙皇原諒他過去僭越之處，要匍匐求見請罪，但沙皇都相應不理，拒絕接見。

阿列克西斯雖判定倪孔已經辭職，但因顧忌稍一處理不善，會被詛咒不得進入天堂之虞，因此他並沒有立刻填補俄羅斯大主教的職位，致使其空懸長達八年之久。一直到 1666 年 11 月，他才親自召集宗教大會，並邀請了安提亞克與埃及亞歷山大城的東正教大主教們共同與會，議處倪孔擅自離職不盡職守的罪行。大會議定倪孔因濫用職權，並枉自篡用「大宰」尊號、目中無君的罪名，故被削職為僧，放逐到距離莫斯科以北三百五十俄里的比魯茲羅 (Beloozero)。阿列克西斯去世後，他被新君召回莫斯科，結果病死途中。

該宗教大會雖然議處定了倪孔的罪狀，但通過了倪孔所推動的宗教改革，而且更進一步的積極執行，以武力的方式鏟除所有拒絕遵照新儀式行禮的舊

信仰者。阿瓦庫先被放逐到西伯利亞蠻荒之處，後則在 1682 年被處焚刑，活活被燒死。其餘頑強的反對者，或以自殺、甚至集體自殺的方式，來抗議政府命令，捍衛舊有的傳統儀式。自殺的人數到十七世紀末期時，已經超過兩萬人以上。❶❻ 更多的反對者，則是向西伯利亞等蠻荒之地逃亡。譴責「舊信仰者」的詛咒及視其為邪說異端的禁令，一直要到 1905 年 4 月 17 日才被正式取消。「舊信仰者」經歷了長時期的迫害，忍受了無數的折磨，養成吃苦耐勞、堅毅不拔的精神。這種為了信仰不惜犧牲生命的精神，成為了此後知識分子效仿的楷模。托爾斯泰就是「舊信仰者」的忠實信奉者。

從東正教的歷史觀點來看，倪孔所主導的宗教改革，實際上是延續著從莫斯科王國時代以來，教會在社會中應有何種地位的爭議。在十五、十六兩世紀時，主張教會要擁有財產、教士應該參與世俗的約塞夫派與主張教會不得聚財、教士應隱世苦修的倪歐‧叟斯基派兩者的不同意見，都在這一次的宗教改革爭執中重新顯示。從政教關係的發展過程來看，宗教改革更觸及到了皇權與神權誰為主、誰為輔的基本問題。其實，俄羅斯自莫斯科帝國開始，便以沙皇為主的中央集權體制為其立國基礎。此後歷經混亂時代一直到羅曼諾夫王朝的大一統，這個信念更為堅強。倪孔想以宗教駕越一切，與沙皇共同治理國家的作法，根本就違反了俄羅斯的歷史傳統。

若就俄羅斯的文化發展過程來看，這一次的宗教改革，也是俄羅斯重新統一後，高漲的本位文化主義抗拒外來文化的一場意識形態之戰。但就整個運動的動機來看，不論是支持或反對宗教改革者，他們所欲達到的目的則完全相同。兩者都沉醉在「第三羅馬」的神祕幻想下，希望正統的俄羅斯東正教，經由改革後，不但能振興俄羅斯本身的文化，也可以拯救西方的基督教信仰。但是羅曼諾夫王朝統治者的真正用意，是要借教會的改革，鞏固本身的政治集權。因此阿列克西斯在早期雖積極支持倪孔的改革，但一旦當教會領袖因改革成功，開始威脅到皇權時，他必會將其鏟除。阿列克西斯在 1666 年召開宗教大會，判決倪孔的主要罪狀，就是對沙皇不敬。倪孔的下場，不

---

❶❻ G. Douglas Nicoll., "Old Believers," Joseph L. Wieczynski, ed., *The Modern Encyclopedia of Russian and Soviet History(MERSH)*. Gulf Breeze, Florida: Academic International, 1976– , vol. 25, p. 232.

是因其改革失敗，而是他企圖恢復沙皇與大主教共同治理俄羅斯的「兩元化政體」所導致。

第七章　彼得大帝

一、費多爾三世 (1676–1682) 與繼承權的鬥爭

沙皇阿列克西斯共有兩位妻子。第一個妻子是從 1648 年到 1669 年的瑪麗·密洛斯拉夫斯凱亞 (Mary Miloslavkaia)；兩人共生有十三個孩子。除了以後繼位的費多爾 (Fedore, Theodore) 與伊凡兩個男孩外，其餘全是女兒，其中一個女兒是以後輔政的索菲亞公主 (Sophia)。第二個妻子是娜塔麗·納立希金娜 (Nathalie Naryshkina)，於 1671 年成婚，到 1676 年他逝世時仍然健在。他們兩人的第一個兒子是誕生於 1672 年 6 月 9 日的彼得，其時阿列克西斯已經四十三歲；彼得是他的第十四個兒子。阿列克西斯的兩次婚姻，埋伏了兩個后族外戚在他死後，為了奪取王位所引起的政治鬥爭遠因。彼得的幼年就是在這種充滿危機的環境中成長，對他以後即位掌權後的執政風格有極大的影響。

阿列克西斯沙皇在 1676 年去世，由費多爾三世接位，在位六年。費多爾沒有子嗣。由於俄羅斯並無正式的王位繼承制度，阿列克西斯兩位皇后的密洛斯拉夫斯凱亞族與納立希金家族，便立刻展開了搶奪皇位的權力鬥爭。納立希金族因為獲得大主教及貴族院中絕大多數的支持，因此皇后娜塔麗的兒子彼得在 1682 年 4 月，正式被宣布為羅曼諾夫王朝的沙皇。瑪麗·密洛斯拉夫斯凱亞所生的另外一個兒子，費多爾的弟弟伊凡，則被排除在外。

二、早期的彼得與宮廷鬥爭

彼得依照羅曼諾夫王朝家族的規定，從五歲開始啟蒙念書，首任教師是教士尼其塔·鄒托夫 (Nikita Zotov)。他一方面使用傳統的記誦之學，另一方

面則是採取了當時歐洲流行的自我啟發性教育教導彼得。他在彼得的臥室中，放置了許多有關城堡、軍艦、袖珍兵士、各種軍服與盔甲等模型，讓彼得隨時學習。鄒托夫特別重視歷史教育，他不但經常講述阿列克西斯與伊凡四世的事跡，也經常把「內瓦河的亞歷山大」(1220–1263) 擊敗瑞典、「頓河的狄密鍾」(1359–1389) 對抗蒙古的英勇故事、伏拉地密爾一世（也稱聖伏拉地密爾，978–1015）開創俄羅斯基督教文化的貢獻等歷史知識灌輸給彼得。在鄒托夫的教導下，彼得深悉俄羅斯的歷史，認為它是統治國家必備的知識。俄羅斯第一部根據科學客觀方法編纂的歷史，就是奉彼得之命而完成。

　　鄒托夫雖然對彼得提供了良好的基本教育，不過他本人由於過度喜愛飲酒，時常沉醉不醒，耽誤了不少課業。彼得卻正好乘此機會，閱讀有插圖的日耳曼歷史等課外書籍，及玩耍日耳曼的玩具武器。彼得稍大後，就戲謔地封鄒托夫為「莫斯科教區最粗暴、最愚蠢的大主教」，命令他職掌一個由十二個「最瘋狂、最愚蠢、最酗酒者」所組成的主教會議團，他封自己為大執事。他經常命令他們開會作為取笑的對象，樂此不疲。這雖是一個頑童式、純惡作劇的行為，不過也明顯的表露出彼得從小就對東正教會及教士們的輕視態度。他親自執政後，就取消了東正教會的獨立性，將之隸屬政府管轄。

　　彼得幼年自由自在的生活，在他十歲的時候忽然改變。彼得當時雖然名義上是沙皇，國家大事悉由母后的親屬掌握，他們在政府中狐假虎威的專橫，引起「博亞」家族的不滿。密洛斯拉夫斯凱亞皇后之女索菲亞，也乘機聯絡異議分子，宣稱彼得之被選，未經全民大會通過，應屬無效，因此拒絕效忠。她更捏造納立希金族迫害伊凡的各種暴行，挑動駐紮在莫斯科京城的「火槍軍團」(Streltsy) 發動兵變。如同伊凡四世年幼時目睹宮廷政變的殘酷行為，也在彼得面前再度重演。他母親的兄弟與親友，當眾被殺戮。他曾親眼看到一位母黨分子，硬被火槍隊兵士們，從母親保護的手臂中拉扯而出，當她的面以亂斧劈為數段而死的慘況；也看到母親在酒醉的火槍隊士兵脅迫下，將她躲藏在衣櫃中的親哥哥交出而被處死時的悲痛表情。除了火槍隊軍團兵變外，曾被阿列克西斯迫害的舊信仰者，也乘機起義反抗政府。宮廷政變時的各種血腥事件、莫斯科城中火槍隊的暴行、舊信仰者的反叛行為，都從此深深留在彼得的記憶中。對他來講，莫斯科與克里姆林宮，都是一個充滿了罪

惡，無法居住的地方，必須盡快搬往他處。這與他日後修建聖彼得堡以及遷都之舉，有密切的關係。

政變的結果是娜塔麗及其幼子彼得被驅除出克里姆林宮，放逐到鄰近一個叫「普力歐布拉鎮斯寇」(Preobrazenskoe) 的小村莊居住。在「火槍軍團」的脅迫之下，貴族院宣布彼得同父異母哥哥伊凡為正沙皇，彼得則被降為次沙皇；由於伊凡是索菲亞同父同母的弟弟，故她被任命為執政，以輔助兩個年幼的弟弟。因此自 1682–1689 年，名義上伊凡與彼得共為沙皇；實際上，所有的政權則由姐姐索菲亞獨掌。

在這為期七年的放逐生活中，彼得除了有時要到莫斯科去應付接見官吏的儀式，其餘的時間多半自由度過。他最喜歡的兩件事就是與玩伴操練兵士，及到鄰近的「日耳曼郊區」(Niementskaia Sloboda) 去遊玩；他因此結交了許多日耳曼人朋友，學到了很多西方軍事與新科技的知識。對他執政後實行西化運動時，有非常大的幫助。

當他住在普力歐布拉鎮斯寇時，也常與當地居民不分階級的交往。其中一位亞歷山大·孟希寇夫 (Alexander Menshikov,1673–1729) 就是一個好例子。孟希寇夫出生寒微，父親是一個作糕餅的甜點師傅。彼得與他組織當地的少年，給予真槍實彈的武器，從事攻城陷陣的軍事訓練遊戲。彼得在軍事操練時，以身作則的要求每個人一定要遵守嚴格的紀律，絕對不得苟且。他與其他人不分你我的共同起臥，一起輪流站崗，共同負責勞役。他們以「普力歐布拉鎮斯寇軍團」為名，發展成此後彼得最信賴的私人衛隊，代替了動輒作亂的「火槍軍團」兵團。也因此彼得打破階級的限制封孟希寇夫為親王，提升成為貴族階級中的一員。在他十三歲的時候 (1685)，接受了日耳曼軍官的建議，在普力歐布拉鎮斯寇宮附近，建築了個叫「普瑞斯堡」(Pressburg) 城堡，作為學習攻守戰術之用。當城堡完成的時候，他親自率領國內外的王公貴族，由京城莫斯科列隊而來，舉行一個場面非常隆重的落成典禮。

莫斯科附近的「日耳曼郊區」，是沙皇阿列克西斯為訓練俄羅斯軍士的外籍軍團所設，彼得在此處認識了許多軍官及科技人員。譬如帕崔克·戈登 (Patrick Gordon, 1661–1699)，就是協助他組織及訓練「普力歐布拉鎮斯寇軍團」的日耳曼顧問。來自荷蘭的提莫曼 (Franz Timmermann) 則提供他有關兵

器及機械方面的新知識；並修補了一條英國船艦贈送給彼得，彼得戲稱它是
「俄羅斯的艦隊之祖」。彼得頻頻往訪日耳曼區的行為，成為了索菲亞及伊凡
批評他的好理由。他們說弟弟彼得「完全不依照教會規定的方式生活，經常
跑到日耳曼區去與日耳曼人交朋友，有失體統」。

　　娜塔麗為了要使彼得生活能規律化，以為日後真正執政準備，便命令他
與納立希金族的的尤都希亞‧樓普奇納 (Eudocia Lopukhina) 成婚。不過彼得
的生活，並沒有因為這個婚姻有任何的改變。索菲亞時恐彼得年長後，隨時
可能強迫她交回政權，為了防範於未然,她便在 1689 年夏天與伊凡聯合了「火
槍軍團」,再度發動兵變,希望能一舉成功的罷黜彼得使自己成為正式的君主。
由於事出突然，在叛軍即將到達時，彼得只好不顧母親與正在懷孕的妻子安
危，單獨一人倉促逃跑到距離京城四十里的「三一修院」中躲避。幸虧索菲
亞這一次挑動的政變，因計劃不周，隨即失敗。結果索菲亞被捕，貶入修院
為尼。伊凡雖然保持了沙皇的頭銜，但只具形式而已。索菲亞失敗之後，皇
太后娜塔麗奪回政權，代彼得執政；彼得則仍然轉回到普力歐布拉鎮斯寇，
繼續操練他的軍隊及訪問日耳曼區中的朋友。而且，由於企圖奪取他皇位的
姐姐索菲亞已不再是威脅，他反而放心，有了更多的時間做自己喜歡做的事
情。除了原有的「普力歐布拉鎮斯寇軍團」，他又增設了另外一個「斯密諾夫
斯克軍團」(Semenovsk)。他本人不時率領步卒或到白海的港口練習航海，或
突擊南部土耳其佔領的阿左夫 (Azov)，以求獲得實際的作戰經驗。兒時遊玩
的軍隊與軍事訓練，已不再只是遊戲，而漸漸成為了一支訓練嚴格能實際作
戰的強有力部隊了。

　　在母親娜塔麗於 1694 年死亡後，彼得開始親政。他執政的第一件事就是
要奪回鄂圖曼土耳其帝國所佔領的阿左夫。當時控制俄羅斯南方與黑海地區
的克里米亞汗國，是鄂圖曼土耳其的保護國。彼得認為俄羅斯要控制黑海，
由此通往地中海，就必須要削弱在此區的土耳其勢力。因此他在 1695 年親自
率軍攻打阿左夫。但俄羅斯海軍裝備落伍，彼得的攻擊行動失敗。得此教訓
後，彼得知道發展海軍的重要性，因此他命令在頓河的沃若涅茲 (Voronezh)，
開始建造船隻組織一個艦隊。彼得自己在整個製造過程中，全神投入參加各
項工作，努力學習西方先進的造船技術。經過一年以上的準備，彼得在 1696

年 5 月率領了三十艘有遠洋航行能力的船艦及載貨的拖絞船，駛向阿左夫。經過兩個月的鏖戰，彼得終於在 1696 年 7 月 8 日攻陷了阿左夫。

　　彼得在 1697 年凱旋回師莫斯科時，他的哥哥伊凡五世已然在前一年過世，彼得成為名正言順的唯一沙皇。自阿左夫戰役後，他始終覺得鄂圖曼土耳其是威脅俄羅斯南方的心腹之患，應當急需處理。對此，他採取了兩項政策。第一是利用合縱連橫的外交政策，建立一個反土耳其的聯盟。第二則是向歐洲各國學習造船、航海及製造武器的新技術，以加強俄羅斯本國的軍事力量。為了要達到這些目的，俄羅斯政府開始選拔優秀的學生到荷蘭、義大利、英國等地留學，特別學習造船與航海的技術。彼得在他們返國後，都詳細垂詢他們學習的過程與所得。不過，彼得認為最有效的方法還是由他親自出國，到歐洲各國參觀與考察。彼得到歐洲各國考察的動機到底為何，在當時及日後都有不同的推臆。神聖羅馬帝國在俄羅斯的密使，曾向皇帝利歐坡德 (Leopold I, 1658–1705) 報告說：「彼得只不過是假藉考察為名，獲得些自由，乘機離開自己的國家，擺脫一下治理國家的事務。」法國啟蒙主義時代的學者伏爾泰則說：「彼得決心離開自己的國家幾年，主要是為了要學習如何能把國家治理得更好的方法。」拿破崙則說他離開自己的國家，是要暫離皇位，去體驗實際的生活，以便返國後能有所作為。但是根據他自己對考察團的祕密指示所說，他去歐洲訪問的主要目的，並不只是學習西方開明的文化，而是要到各地盡量吸取上自天文、下至海洋的各項數學、機械、造船及航海、與製造武器的新近科技知識。簡而言之，彼得是為了要增強俄羅斯的軍事力量，才決定採取以科技為主的西化政策。

三、考察歐洲

　　俄羅斯的歐洲考察團規模相當龐大，團員總共有二百五十人。該團名義上由三名特使率領，第一位特使是雷佛特 (Ftancois Lefort, 1656–1699) 將軍。雷佛特是來自日內瓦人的日耳曼探險家，足跡跨遍半個地球，是彼得最信任的顧問之一。他因攻打阿左夫有功，被封為諾夫格羅城總督；第二位是西伯利亞的總督狄奧多·葛洛夫文 (Theodore Golovin, 1650–1706)，他是俄羅斯與

滿清政府簽訂〈尼布楚條約〉時的代表，替俄羅斯贏得了許多領土與通商的特權；第三位是波寇夫省 (Bolkhof) 的省長普若寇波·沃茲尼金 (Prokop Voznitsyn)，他是一個善於談判的外交家。彼得為了避免引起不必要的注意，使其能順利學習歐洲的科技，故意改名為彼得·密開爾洛夫 (Peter Mikhailov)，隱蔽了真正的身分隨團而行。團員中許多是彼得在普力歐布拉鎮斯寇時結交，曾經一起學習造船與攻打阿左夫的忠實朋友們。其餘的則是教士、語言翻譯家、伺從僕役及康樂人員。

考察團一切準備就緒後，決定在 1697 年初出發。但是在即將出發之時，彼得突然接到「火槍軍團」又擬發動兵變、要傷害彼得生命的密報而暫時延後。「火槍軍團」是否真有企圖叛變，原本無直接的證據，不過彼得要在出國前，藉故消滅「火槍軍團」的勢力，倒是有跡可循。被指控領導「火槍軍團」兵變的魁首是校官伊凡·季可勒 (Ivan Zickler) 及阿列克西斯·索寇夫寧 (Aleixs Sokovnin) 與麥休·普希金 (Matthew Pushkin) 兩位「博亞」貴族。季可勒在索菲亞當權時被寵用，因此彼得早就有將他除去之意。這兩位「博亞」是強烈的保守派，在宗教改革時，他們堅決反對倪孔襲用外國的典禮取代俄羅斯東正教儀式。他們對於彼得要向西方學習的政策更是不滿。彼得恐怕他們會利用他不在國內的機會，聯合「火槍軍團」作亂，乘機擁戴索菲亞奪取政權。因此他藉「火槍軍團」叛變之故，先下手為強。事敗後，他們在彼得的嚴刑拷問下，承認有發動兵變的計畫，並供稱索菲亞及其族裔黨羽確為奪權的幕後主導者。彼得命令將他們立刻在莫斯科的「紅場」中當眾斬首，並把頭顱懸掛高竿子上示眾，以為警告。由於索菲亞也牽涉在內，彼得更對其嚴加懲罰；他對於索菲亞母親的氏系，仍然繼續陰謀作亂，尤其痛恨。彼得命令將已經死亡了四十餘年的族長伊凡·密洛斯拉夫斯基的屍骸，從墳墓中掘出，用豬拖拉到刑場，讓被處死刑者的鮮血噴濺到他屍骨的面部，以為詛咒。

解決了索菲亞再度企圖奪權的後顧之憂後，這龐大考察團終於在 1697 年 3 月 20 日出發。原定的計劃是經波蘭先到維也納，再到威尼斯與羅馬，然後經此地到荷蘭與英國，最後則由日耳曼返國。但是因為波蘭境內發生動亂，考察團乃轉道到波羅的海岸的里加 (Riga)，沿立陶宛邊境經過日耳曼迂迴而行。

里加位於當時瑞典所佔領的立沃尼亞境內，是邊防要地。俄羅斯的普斯克夫省長在通知里加官方考察團要借道通過時，忘記說明考察團的總人數，因此里加省長只派了一個副官，輕騎便從的前往迎接，場面相當冷落。里加因為曾經被伊凡四世攻打，當地居民都很痛恨俄羅斯人。彼得在巡視當地的一座城堡時，就被防衛的兵士大聲申斥驅逐而去。考察團到達時，正逢冰雪交加的嚴寒氣候，彼得等在此被困達一週之上。吃住都由自己負責，加上當地居民乘機盡情敲詐，使彼得對里加留下了惡烈的印象。河水一解凍，他就獨自脫隊出發了。為了保持自己的尊嚴，彼得對國人謊稱他在國外受盡禮遇，「進出城時，都接受二十四響禮砲的國賓之禮」。日後他找攻打瑞典的藉口時，就公開聲明說是要報復他當時在里加受怠慢之仇。俄羅斯軍隊在 1709 年圍攻里加時，彼得親自開了三砲以洩恨。他特地寫信給孟希寇夫說：「主、上帝，終於讓我們等到可以報復這個該詛咒的地方的時候了。」

離開了里加後，彼得到達柯蘭公爵國 (Duchy of Curland) 的米陶 (Mitau)。當地的公爵是團長雷佛特舊識，因此考察團在此受到了豐盛的酒食招待，彼得也有機會親自到工廠去學習木工。他們從米陶轉經立堡 (Libau) 去柯尼斯堡 (Konigsberg)，由於天氣狀況惡劣，行程無法繼續。不過彼得在此隨心所欲玩得非常愉快，充分表露了他性格中童心未泯戲謔的一面。有時他會在啤酒店中酒醉飯飽之後，掩護自己的身分，佯稱自己是海盜船船員，與群眾混合在一起吵鬧。有時則參觀各種商店，被新奇的東西吸引而留戀忘返。他寫信回去說他看到了一個無法令人相信、但卻又是千真萬確的事實。這就是有人把一條巨大的蜥蜴用酒浸泡在瓶子中。他還特地把它拿出來放在手掌上玩弄。天氣轉好後，彼得為了避免經過波蘭，便先乘船經海道到達了柯蘭公爵國本境，而其他團員則取道陸路前往。

布蘭登堡選侯 (Elector of Brandenburg) 腓特烈三世 (Frederick III)❶，當時正計劃將布蘭登堡擴充為普魯士王國，希望能與俄羅斯結盟。他對於這個考察團的目的與成員非常注意，尤其想知道彼得本人是否隨團而行，因此派遣特使前往立堡殷勤招待，以求獲得真相。團員們拒絕透露任何有關彼得行

---

❶　腓特烈三世 (1657–1713)，於 1688–1701 年為布蘭登堡選侯，普魯士王國成立後，為第一任國王 (1701–1713)。

蹤的消息。一直等到了柯尼斯堡後，彼得才向腓特烈顯露了自己的身分。兩人相談甚歡，很快就簽訂了兩國友好條約。但是當腓特烈希望能再進一步簽訂軍事同盟時，彼得就十分謹慎，沒有立刻答應。彼得在此停留了一個多月，除了參觀各種兵工廠、見識造船等技術外，彼得本人還隱匿身分，親自投師學習槍炮的射擊術。他學習快速，槍炮射擊術教練師在給他的合格證書上特別寫明：「在所有各項的嚴格要求下，彼得‧密開爾洛夫已成為一個技術精良、經驗與學識豐富的兵器專家。」

彼得為了避免經過波蘭與其友邦法國之地，便繞道到達了荷蘭的科本堡 (Koppenburg)；布蘭登堡選侯與漢諾威 (Hanover) 選侯都在此等待歡迎，舉行了盛大的宴會。這是彼得第一次參加正式的歐洲宴會，初開始時，他神情緊張、手足無措，不知如何應對。跳舞時並發生了錯把舞伴束腹穿戴的鯨魚骨當做是她們肋骨，而不敢亂碰的笑話。但小酌幾巡之後，他精神放鬆，開始盡情狂歡，興奮地把身旁的一個十歲、叫索菲亞的小女孩，揪著她的耳朵把她抱過來親吻，弄散了她束頭髮的絲帶，使得她頭髮紛亂無態。接著，他又親吻了她旁邊的十六歲哥哥。這位小女孩就是以後腓特烈大帝 (1712–1768) 的母親，她的哥哥是以後的英王喬治二世 (1727–1760)。彼得在宴會中的表現，使與會者深深難忘。布蘭登堡選侯與漢諾威選侯的夫人都認為他確實是身材魁梧、長相英俊，不過從他的吃相中可以看出，他根本不知道君王應具備的禮儀為何物。她們對他在用餐時，不時作鬼臉的行為，尤其印象惡劣無法忍受。不過她們願意原諒他，說他只不過是很自然地表現出他國家的粗俗文化而已。她們惋惜地說，假如他早先曾接受過較好的教養的話，他會是個有修養的人。總而言之，她們說跑這麼遠來看他，實在是件浪費時間的事。

彼得在 1697 年 7 月初，率領一小部分隨員先行出發，到達荷蘭的薩爾丹 (Sardam)。為了真正學習造船與相關的技術，他向他在莫斯科認識的一個鐵匠，租了一間小閣樓為住處，隱姓埋名地到一個私人造船場塢學做木工。空閒時，他就到鋸木廠、鐵工廠、商店、紡織廠參觀與學習。他也經常與當地荷蘭工人和他們的家屬接觸，慫恿他們移民到莫斯科去工作。他雖然穿戴像個普通的荷蘭工人，不過他的真正身分早已透露，吸引了許多要來看造船沙皇的好奇者。直到今天，薩爾丹的那間小閣樓，仍被保留著當作彼得的紀念

館。雷佛特帶領的考察團到達阿姆斯特丹 (Amsterdam) 後，彼得才重新歸隊。他與其他團員都住在阿姆斯特丹區中的荷蘭東印度公司碼頭倉庫中。他命令團員們根據個人的喜好，學習不同的技術。彼得選擇了學習木工、造船與航海的技術。在此居住的四個月中，大家日以繼夜地學習與工作。他們曾把一艘舊戰艦拆毀，在九星期後又重新安裝好龍骨，再度入水航行。

彼得在這四個月盡力學習到了木匠所應該具備的知識，不過他也發現荷蘭的造船理論與技術有很多缺點，因此急於到更先進的英國去學習。他在1698 年初，乘坐英王威廉三世 (1689–1702) 所贈送的「皇家運輸號」(The Transport Royal) 遊艇，經泰晤士河到達了英國。因他在荷蘭時已經見過英王威廉三世，二人再度相會，交談甚歡。彼得在英國時，受到了特別的禮遇。就正因為這個友情，彼得接受了英國皇家畫師為他畫像的請求。目前仍懸掛在漢普頓宮中的彼得肖像，就是在那時完成。彼得在倫敦時，租用皇家船塢附近德普特佛德 (Deptford) 的一所住宅居住，以便就近學習造船術。他雖然也參觀過英國的議會、聆聽過下議院的辯論，也接受了牛津大學贈送的榮譽法律博士學位。但對他來說，這些都比不上兵工廠、倫敦塔與鑄造廠帶給他的樂趣。當時擔任鑄造廠的總監督是英國最有名的科學家牛頓 (Issac Newton, 1642–1727)，不過史籍上並沒有他們曾會面的記載。在英國的五個月中，彼得仍像以前一樣地努力學習與考察，並親自參與各項工作。因此除了在荷蘭已經獲得的木工知識外，他在英國則獲得了豐富的造船及航海知識。

彼得在 1698 年 5 月轉回荷蘭，經此地到達了奧匈帝國的首都維也納。他到歐洲來原本就有兩個目的：一是學習新的科技，二是與歐洲結合軍事聯盟，共同防止鄂圖曼土耳其帝國的擴充。他在荷蘭與英國的學習，達到了第一個目的。他與考察團團員們不但吸取了許多新近的科技知識，也聘請七百餘位的荷蘭、英國及其他歐洲的科學、科技專家來俄羅斯服務。俄羅斯的第一所航海學校，就是來由自蘇格蘭的數學家所創。但是他所到各國，雖然很慷慨的讓俄羅斯考察團盡情學習科技知識，卻都婉拒與俄羅斯結盟的要求。他到維也納的目的，就是希望能與奧匈帝國締結軍事同盟，達到他出國的第二個目的。但是談判破裂，沒有成功。當他正要離開維也納時，忽然獲得「火槍軍團」再度兵變的緊急情報，於是匆匆趕回莫斯科。

　　彼得與考察團出國兩年，周遊各國，沿途狂食暴飲，雖時由地主國款待，但大部費用都是以俄羅斯的公款支付。返國結算，總共花去兩百五十萬盧布。不過，他們所學習到的新科技，由各國聘請的大批科技專家，對於俄羅斯軍工業的發展，都有絕對性的貢獻，是無法用金錢加以衡量的。

四、開始專政與弭平「火槍軍團」叛亂

　　彼得在獲得「火槍軍團」兵變的緊急訊息後，自維也那返回俄羅斯後，為了生命安全的考慮，並不敢直接回家，而是趕往他認為是最安全的普力歐布拉鎮斯寇宮。因為在這次事件中，除了他的姐姐與叛軍有聯絡外，連他的妻子尤都希亞也牽涉在內。直到叛亂弭平之後，將兩人都貶入修院為尼時，他才回到克里姆林宮。

　　俄文 "Streltsy" 一字是射擊手的意思，到了十六世紀時，則專指莫斯科公國新設的「火槍軍團」。其起源可以回溯到伊凡四世時，為了要削弱「博亞」貴族軍權，以建立君主中央集權的體制，乃首先開始改革軍事制度。他將從城鎮中召募而來的新興武士，分別駐紮在新設立的「歐撲力其尼納」的特區中。此後演變成為一支正規軍。他們的配備除了傳統的大刀、斧鑰、與鏢矛外，就是新式的火槍兵器。「火槍軍團」乃成為他們的專稱。伊凡四世時的「火槍軍團」兵力總共是一萬兩千人；在混亂時代後，增加到兩萬四千人；1680年，到達顛峰，共有五萬五千人。

　　「火槍軍團」以駐防的地區為準，分為兩大類。一是莫斯科軍團，另一則是地方軍團。莫斯科軍團中設有特選的騎兵師，是防守宮廷的御林軍。其餘的則分駐京師各重鎮，隨時待命而發。地方軍團分駐在諾夫格羅城、普斯克夫及基輔等主要城市。他們平時居住在特別的軍屯區，主要的收入除了政府的薪俸與補給外，也可徵收當地的雜稅，但總數有限，因此兵士的生活非常貧窮；若遇天災，則更是難以度過。他們服役的年限很長，與其他軍種服役年限到五十歲為止的制度完全不同。「火槍軍團」的士兵自十五歲開始服役，除非是受重傷或生重病，否則一概是到死才除役。他們平時居住在京城與要埠之中，戰時則外出作戰。到了十七世紀，「火槍軍團」的軍役已經演變到了

子繼父業的世襲制度，最後形成了一個封閉性的階級社會。其他人民如農奴、城鎮居民及商人等都無法加入。軍團中的上級軍官，主要來自於沒落的「博亞」貴族，中下校尉級軍官則由服役貴族擔任；階級劃分嚴明，一般士兵幾乎毫無上升的機會。「火槍軍團」上層貴族軍官，常有扣壓糧餉以中飽私囊之事，以致兵士們因生活無著，而滿懷不滿與仇恨。他們雖曾幾度告發，甚至向沙皇請願，但結果總是遭上方壓抑而不成。最後到了求告無門之時，只要稍經挑動，便會走上兵變之途。「火槍軍團」的幾次兵變，多半導因於此。

彼得對「火槍軍團」印象向來不佳。在 1682 年，他十歲的那年，他的同父異母姐姐索菲亞聯合「火槍軍團」發動政變，親眼目睹叛兵在他及母親面前殘殺母系納立希金親屬的暴行。此後在 1689 年，又經驗了「火槍軍團」為了擁戴索菲亞搶奪沙皇之位時，攻入宮中之舉。因為事出突然，彼得毫無準備，只好不顧母親與懷孕妻子生命的安危而獨自逃生。再來就是 1697 年，在他即將率領考察團出國考察的前夕，「火槍軍團」為了恢復索菲亞的執政，又一次發動兵變。這一次，則是 1698 年，乘他仍在國外考察時再度發動兵變。經過幾度兵變之後，彼得已經決定非將其鏟除不可。因此他獲得密報後，便連夜趕回莫斯科，親自處理。

這次兵變，是由原先駐紮在莫斯科的四個「火槍軍團」部隊發動。他們在 1695–1696 年間，曾隨彼得參加征討阿左夫的戰役。戰爭結束後，並沒依照慣例被調返莫斯科原軍屯區與家人團聚，反而奉命留守原地駐防。他們對此非常不滿。該部隊在 1697 年接獲調防命令，原以為可以返回莫斯科基地，但出乎意外的卻是調往波蘭邊境駐紮。消息傳出後，群情立刻激動憤慨，拒絕奉命。在以軍法處置抗命者的威脅下，他們被迫行軍前往。所經過之地，都是餓莩滿途的饑荒災區，物質缺乏，因此無法補充急需的食物與配備。許多馬匹也因無糧草而死亡，他們只得自己拖拉沉重的槍砲，步步艱難的蹣跚而行。其中有一百七十五人，脫隊到莫斯科請願。彼得當時正在國外考察，因此政府拒絕接受他們的請願，並勒令他們立刻返回駐防之地，否則以私離軍營之罪處理。不過他們在失望中，卻暗中與索菲亞祕密取得聯絡，並獲得她兩封回函，答應協助。受此鼓勵，火槍軍團決定孤注一擲，採取兵諫的方式，以求改善他們的待遇。

　　「火槍軍團」的肇事者，宣稱沙皇彼得出國甚久，不知目前生死如何。因此他們要擁護索菲亞先行復辟執政，待彼得的兒子阿列克西斯成長後，再將政權交回給他。其他各地的「火槍軍團」聞訊後，立刻響應。為數約四千人的叛軍，向莫斯科挺進，要與守城的「火槍軍團」裡應外合，進城後要先屠殺「博亞」貴族，然後燒毀鏟平日耳曼特區、殺光所有的日耳曼人，如此，在俄羅斯境內囂張的外國人勢力，就可以徹底被消滅了。但是「火槍軍團」因本身所要爭取的利益不同，各地區部隊之間的衝突也難協調，因此拖延了進攻莫斯科的先機，給與政府應變的好機會。在外籍軍官戈登將軍的指揮下，政府動員了彼得親自訓練成的「普力歐布拉鎮斯寇」與「斯密諾夫斯克」兩軍團，防守莫斯科。6月18日，雙方在莫斯科城外五十俄里處的一所修道院附近交鋒。叛亂的「火槍軍團」因遠途跋涉而來，疲勞過度，加上內部衝突不斷，終被擊敗而投降，上千名叛軍被俘。戈登立即在修道院中審問叛軍首領，五十七名主謀就地正法，其餘的共犯則貶放邊疆。

　　彼得在維也納獲得「火槍軍團」兵變的消息後，便連夜趕返，於8月25日抵達莫斯科。他認為戈登對「火槍軍團」叛軍處罰過輕，而且追究叛亂原因不夠周詳，他要重新審問。彼得在此親自主持的「大審判」中，對兵變者施以毒打、火燒、炮刑、放縱野獸啃咬、活埋等各種酷刑。審判完畢後，從1698年10月10日－31日，一共舉行了十次公開的集體處決。當時住在莫斯科的奧地利使節團祕書科爾伯 (Korb)，對第一次當眾處決的情形，描述說：

　　　沙皇陛下邀請了所有的外國大使們，前來參加這一次為正義而復仇的展覽會。他似乎特別在意不讓叛徒們懷疑他是否有獨自操縱生死的大權。在普力歐布拉鎮斯寇村邊、一個凸起小山丘頂上的軍營，是被指定的刑場。在此處安置了許多絞頭架，作為這些已經認罪的可憐蟲放置他們邪惡的頭顱，以及死後遺臭之體而用。被邀請來觀禮的外賓，被隔離到一個不太接近現場的處所。守衛的武士們，以全副武裝排列。在這個地方稍遠處的亂墳高坡上，莫斯科的民眾擁擠的形成了一個圓圈。我有個朋友是日耳曼人，曾替沙皇服役獲得頭銜，因此覺得應該與莫斯科人一樣享有特權，可以觀看囚犯被處決的經過。為了隱藏他

的國別，他穿著莫斯科人的服裝與莫斯科群眾混在一起。他回來告訴我說，五個叛逆者的頭顱剛才被斧頭砍落地上，命令揮斧頭的手臂是全莫斯科城中最尊貴的手臂（意指沙皇彼得本人）。

在流經普力歐布拉鎮斯寇的小河邊，上百名的人犯被捆綁在囚車上，等待著他們即將要面臨的死亡。每一個車上只有一名囚犯，由一個兵看守著。場中沒有一個教士，好像這些即將被處死的人不配享受這些慈悲。但是他們每一個人手上都拿著點亮的小蠟燭，以免死時連光與十字都看不見。婦女們的悲嚎混合著那些在絞頭架上等死者的悲泣嘶叫，更增加了死亡來臨前的恐怖氣氛。到處都是母親哭喊著兒子，女兒們痛嚎著苦命父親，妻子們嘶喊著丈夫的名字，加上親友們的淚水及哀傷的告別聲。但當馬被鞭打後，將囚車盡快拖向就刑處時，婦女們的飲泣就會變成為嚎啕大哭……

當囚犯都帶到刑場、被置在絞臺上後，穿著綠色波蘭外袍的沙皇陛下，由眾多莫斯科貴族簇擁著，特地到神聖羅馬帝國特使、波蘭、丹麥使節處行歡迎禮。然後彼得正式宣布就刑典禮開始。他要所有在場的人，都牢牢記住它的重要性。

行刑時，由於死囚人數過多，行刑的劊子手無法處理，沙皇便命令在場的軍官們，下場幫助執刑。就刑者在就刑前，並沒有被鐵鏈捆綁、也沒用腳鐐加以鎖扣，而是將兩腿捆綁在一條大木頭上。雖然他們無法迅速行走，但兩腿仍然可以移動。他們掙扎著，用緩慢的速度自己爬上絞頭臺的階梯，向四方手畫十字，然後依據俄羅斯的習俗，自己用布包遮蓋了臉與眼睛。為了要減少死亡的痛苦，他們很多人便盡快地把頭放在絞架上的絞首繩套中，乞求早死。總共兩百三十人，就這樣的被絞刑處死、結束了他們叛逆的惡行。❷

---

❷ Johann Georg Korb, *Diary of An Austrian Secretary of Legation at the Court of Czar Peter the Great.* 原著是拉丁文，Count MacDonnell 翻譯，1863 年，倫敦出版。Vol. 2, pp. 70–92, 101–114。轉載於 Basil Dmytryshyn, *Imperial Russia: A Source Book*, 1700–1917, pp. 8–9。

處死「火槍軍團」叛軍的行動，一直延續到 1699 年的 2 月才算結束。總計一千一百八十二人被絞而死，六百零一人受鞭刑、臉上刺字後放逐到邊疆。原駐紮在莫斯科、而沒有參加兵變的「火槍軍團」及家屬都一律驅逐出城，調防他處。「火槍軍團」並沒有立刻解散，但經此浩劫後已再無反對政府的勢力。彼得在大西北之戰時，曾命令他們的殘部與瑞典作戰。到了 1713 年，他們被整編到其他部隊中而正式解散。歷史學家對於「火槍軍團」的角色有不同的評價。蘇聯馬克思史家們強調他們的階級性，認為他們的叛亂代表著被壓迫者對政治權威及階級迫害的反抗。他們在 1682 年攻佔農奴部、燒毀服役契約文獻的行動，便是最好的證明。不過也有的歷史學家評論他們本身就是伊凡用來鞏固中央專制的極權工具，尤其在實行「歐撲力其尼納」制度、強制徵收農地時的行為，更是慘不忍睹，因此他們才是替統治階級服務，奴役農奴的階級敵人。姑不論其歷史地位為何，不過它常擬以兵變的方式來影響宮廷的政治，確實是一個不爭之實。這也是彼得無法容忍他們繼續存在的主要原因。

五、對外關係與大西北之戰

彼得繼承了俄羅斯帝國後，必須面對兩項延續下來互為因果的重要問題。第一是如何統一仍散居帝國疆域外的大俄羅斯民族；第二是如何穩定邊疆的安全，不再發生像混亂時代外族入侵的危局。最能威脅俄羅斯邊疆的是來自南方的鄂圖曼土耳其帝國，與西方的波蘭、瑞典等國。尤其是一旦俄羅斯同時受到雙方挑戰必須應付時，更是來回奔波，消耗國力而無法兼顧。彼得執政後，就決定分別處理南疆與西疆的問題，絕對不能同時進行。彼得對南疆的要求，是希望鄂圖曼土耳其帝國承認俄羅斯佔有阿左夫及其他克里米亞的據點，以便俄羅斯可以有通往黑海的孔道。此外，他也要求俄羅斯的船隻在黑海與博斯普魯斯、達達尼爾兩海峽中享有自由航海權；將天主教在耶路撒冷聖城的管轄權轉交給東正教會；允許俄羅斯使節長期居住在伊斯坦堡；保證俄羅斯東正教徒到聖地朝聖的自由。鄂圖曼土耳其帝國只勉強答應了彼得佔領阿左夫的要求，其餘的都拒絕讓步；尤其是黑海的航行權，更是堅持不

允。「因為黑海像是一個純潔無暇的少女，一定要努力保護」。不過俄土之間，經此得以維持了暫時的和平，使彼得能夠處理其他更緊迫的危機。

緊迫的危機是來自於西方邊境、傳統上的敵人——波蘭與瑞典。不過俄羅斯與波蘭在 1667 年的〈安朱守沃和約〉中，終止了雙方的敵對狀況。而且波蘭在奧地利政府的勸告下，在 1686 年與彼得簽訂軍事同盟條約，共同防止鄂圖曼土耳其帝國的擴充。西方邊境剩下來的威脅就只有瑞典了。

羅曼諾夫王朝的第一個沙皇密開爾即位時，就曾受到瑞典的侵略；後在 1617 年的〈斯投波沃和約〉中才暫時停止了兩國的爭端。自從歐洲的三十年宗教戰爭 (1618–1648) 結束，瑞典奪取了波莫拉尼亞 (Pomerania) 等日耳曼領土後，成為日耳曼邦聯的一員，國勢急速增強。它並繼續侵略鄰近丹麥與波蘭，企圖成為控制波羅的海最強的海權國家。曾經被瑞典入侵過的俄羅斯，因此深感威脅，乃與兩國簽訂盟約，共同抵抗。瑞典國王查理斯十世 (1654–1660) 在 1655 年，藉故波蘭國王有篡竊瑞典王位的企圖，聯合布蘭登堡選候共同出兵攻打，以為懲罰。丹麥與俄羅斯立即出兵相助，開始了第一次的「西北之戰」(The First Northern War, 1655–1660)。布蘭登堡因獲波蘭私下承諾，承認其對東普魯士的主權，倒戈加入了反瑞典的聯盟。查理斯曾兩度侵入丹麥，但他的忽然死亡，紓解了這個危機。即位的查理斯十一世 (1672–1679)，多虧法國的援助，才能勉強維持已經衰退的國勢。不過到了以十五歲之齡即位的查理斯十二世 (1700–1721) 時，他力圖重新振作，使得瑞典再度控制波羅的海霸權。彼得軍事改革的主要目的，就是要發展海軍。為了要控制海權，他在黑海地區有與鄂圖曼土耳其帝國的鬥爭；在波羅的海與瑞典的爭霸之戰，自是無可避免的結果。就在 1700 年 8 月 19 日，俄、土和約簽訂後的同一天，彼得便聯合了丹麥與波蘭向瑞典宣戰，展開了長達二十餘年的「大西北之戰」(The Great Northern War, 1700–1721)。

「大西北之戰」的序幕在 1700 年 1 月已經爆發，主要是因為瑞典與丹麥兩國之間的糾紛；彼得當時正與鄂圖曼土耳其討論黑海航行等問題，故無暇介入。其肇因可以推溯到波蘭國王的領土野心。波蘭國王奧古司特斯二世 (Augustus II, 1697–1733) 原是日耳曼邦聯中的撒克森選候，因有意併吞瑞典所佔的立沃尼亞，乃與丹麥結為軍事同盟。丹麥國王當時是腓特烈四世 (Frederick IV, 1699–1730)，其所擁有的西列斯威戈─霍斯坦兩地 (Schleswig-Holstien)，常受瑞典的騷擾，故乃與波蘭及俄羅斯聯合，共同抵抗瑞典。但是當俄羅斯結束與鄂圖曼土耳其談判，開始參加大西北之戰的前一天，丹麥卻已經與瑞典祕密締結〈特拉聞道 (Travendal) 條約〉，終止戰爭。波蘭的奧古司特斯則繼續作戰，進兵圍攻立沃尼亞的里加；彼得也乘機率領了倉促成軍的四萬俄軍，包圍波羅的海的納瓦 (Narva) 港口。

彼得的軍隊人數雖然眾多，但多半是由新徵召的壯丁與外籍募兵倉促組成；他們在秋雨不停、道路泥濘、寸步難行的狀況下，拖著幾個月前才向瑞典購買的大砲，自南方長途跋涉而來，到達戰場時，已是精疲力盡。彼得的戰術是先砲火猛攻，然後再緊緊包圍納瓦城、杜絕其外援，最後則領兵攻入。砲攻開始時，火力猛烈，一直到大砲管過熱、或因火藥告竭無法使用才停止放射。圍城的俄軍也像「一群貓迂迴著一盆滾燙的湯一樣」地環繞著城牆，伺機而入。但是歷經月餘的砲攻，仍然無法攻陷納瓦；到了 11 月大雪已經降臨的嚴冬中，雙方戰爭進入膠著狀況。瑞典國王查理斯就在大雪的掩護下，率領了為數僅八千名的軍隊橫渡波羅的海，奇襲納瓦，將毫無警戒的俄軍擊敗，潰不成軍。不過查理斯知道，假如等到俄羅斯的哥薩克候補隊來援、從後夾攻的話，彼得仍有轉敗為勝的機會，因此準備撤兵。但是最令人無法相信的，是彼得在交戰的前夕，忽然祕密脫陣逃向莫斯科，葬送了俄羅斯可以致勝的機會。彼得的逃跑，使得殘餘的俄軍，在群龍無首的混亂情況下，也四處逃竄。連本來可以偷襲瑞典後翼的哥薩克軍，也在此倉皇情況下，狼狽撤兵；且在渡河時人馬擁擠，損失了千餘匹戰馬。查理斯在納瓦之役後，乘勝轉向攻打波蘭國王奧古司特斯所佔領的里加，獲得大勝。查理斯在擊敗彼得與奧古司特斯後，瑞典的參議們勸他應集中力量，立刻進兵攻取莫斯科，並聯合反彼得分子，共同擁護索菲亞復辟。查理斯不聽，在最要緊的關頭，將所有的注意力，專門對付波蘭的奧古司特斯。他在里加將奧古司特斯擊敗以後，便一直追趕，經俄羅斯境直入波蘭。查理斯在此輾轉作戰六年，只留小部分軍隊防守瑞、俄的邊境。

彼得臨陣脫逃的消息，不久便傳遍歐洲。他被形容成在逃亡時，拋棄了劍與頭盔，用手帕拭擦著他淚如雨下的臉，一邊跑、一邊痛苦的哭泣著。❸

實況到底是否如此，無法證明。不過，他自己在二十年後，1724 年慶祝戰勝瑞典簽定〈尼斯塔特 (Nystadt) 和約〉時，坦然認錯。他說他在與瑞典交戰之初，對於敵人的實力與本身的資源毫無所知，像瞎子一樣地就茫然闖進入戰場。

彼得在納瓦之役中，獲得了寶貴的教訓。他知道過去的軍事組織與訓練都過於落伍，無法應付像瑞典一樣的現代化武力，因此徹底的軍事改革已是刻不容緩了。首先，他必須開發兵源增加兵員的人數。在國內，他開始不分階級的徵召壯丁入伍；此外則召募大批外籍傭兵，負責訓練及實際作戰的任務。為了吸引外籍傭兵，他擬定了許多本國兵士無法享受的特權。除了宗教信仰自由與治外法權的保護外，他們的薪酬也比給與本國服役者高很多。這個優惠外籍傭兵的待遇，導致了本國士兵極大的不滿。彼得在 1706 年規定軍隊的指揮將官必須是俄羅斯籍後，才減低了民怨。不過外籍傭兵對彼得軍事改革的貢獻，確實是遠超過他們所享受的短期特權。

彼得採取兩種不同的方式開發國內的兵源。首先，他徵召「博亞」貴族、服役貴族、地方官吏、「火槍軍團」兵士們的子弟們及未曾正式受戒的教士等，凡是年達十五歲者，組成稱之為「達特勤」(datchine) 的志願軍。他們必須先進入特別設立的學校受嚴格的基本訓練，畢業後從最基礎的階級開始服役，然後以功績的表現晉升官階。服役的年限是終身制。這個新政策培養出了一批本國籍的軍官，才將指揮權漸漸由外籍軍官手中收回。擴充基本兵員的方法，則是採取不論任何階級、根據戶籍為標準，每二十戶需出壯丁一名，服役年限為二十五年。彼得在納瓦戰役之後的十年內，用此徵募了二十萬名的兵士。這個制度雖然在開始時，只不過是填補兵額不足的權宜之計，但因為戰爭持續的需求，後來演變成為了常規，一直到 1874 年才改變。

解決了兵員補充的問題外，軍官與兵士的素質、武器的改進、實際的作戰經驗等，也都是必須立刻關注的緊急事項。彼得本人早已經了解到當時俄羅斯以長筒火槍與執斧鉞為主、以線狀排列的戰術，早已過時，根本無法對抗歐洲的新武器與戰術。歐洲已經採取了引火燧、刺刀、大砲等新式的武器，基本上改革了戰爭的方式。他到歐洲去的目的，就是要學習這些新的技術與

❸　Kluchenvsky, vol. 4, p. 51.

戰術理論。只是納瓦一役，摧毀了他剛開始的軍事革新。為了替補在納瓦戰
役中被毀壞或被俘掠的武器，他命令各地教堂捐獻大鐘，熔化後鑄造新砲。
但其他必需的原料與配件，因為國內不生產，必須由外國輸入。後因烏拉山
發現鐵礦及其他礦產，才解決了原料短缺的問題，可以自己生產新式武器。
彼得在 1704 年，重新奪回納瓦時所用的國產大砲，其鑄造技術的優良，就獲
得英國駐俄使臣公開地稱讚。

　　彼得曾向英國購買過四萬到五萬個引火燧及新式的刺刀，到了 1701 年
時，俄羅斯開始自己製造、出產了六千把刺刀；在 1706 年，增加到三萬把；
到了 1711 年，不但產量高達四萬把，而且更設計了新型的式樣，也改進了刺
刀在戰場上的實際用途。❹在西方，刺刀主要是防禦式的武器；彼得則將它
改變作為一種攻擊性的武器，成為了此後俄羅斯軍隊作戰的特色。同樣地，
他也命令騎兵佩戴大刀，作為衝鋒進攻的主要武器，等到敵人撤退時才開始
開槍射擊。在 1709 年的戰役中，又開始廣泛地使用新式的輕型砲。步、騎兵
作戰時，先由三擊砲的火力作支持，然後才向前衝殺。這種步、騎混合、再
加以輕火砲火力支持的戰鬥方式，是彼得在戰術上的一個重大改革。

　　為了要提高士氣及培養實際作戰的經驗，彼得在納瓦戰役後、查理斯轉
戰波蘭之時，先以小規模的偷襲戰術，攻擊瑞典駐軍的城堡，作為訓練新兵
之用，等新徵召的兵士因此獲得了突擊與攻城的戰技後，再擴充範圍、投入
更多的兵員。如此循環練習，這戰術相當成功。從 1701 年到 1704 年，俄羅
斯的軍隊經常獲取小型勝利，陸續奪回了俄、瑞兩國交界的城鎮。彼得於 1703
年，在內瓦河口、面對瑞典威脅的沼澤地上，興建了一個新城市，與瑞典對
峙。這個被稱為「建築在骸骨上的城堡」，就是後來的聖彼得堡 (St. Petersburg)。
次年，俄羅斯大軍攻佔了納瓦，彼得終於報復了 1700 年在同一地點的那一場
戰役中棄劍拋盔的奇恥大辱。

　　彼得生聚教訓、力精圖治改革的結果，終於擊敗了瑞典。假如當年瑞典
國王查理斯能在納瓦戰役勝利後，乘勝追擊地直攻莫斯科的話，俄羅斯的兵
力絕對無法阻擋，彼得的改革也不會如此快速地有成效。只是查理斯貪圖波

---

❹　B. H. Summer, *Peter the Great and the Emergence of Russia*. London, English
　　Universities Press, 1950, p. 58.

蘭的領土，因此轉兵南向，棄俄羅斯不顧。俄羅斯也乘機喘息恢復，得免於再次被瑞典入侵。查理斯在波蘭經過多年的征戰，終於擊敗了俄羅斯的同盟奧古司特斯。波蘭議會在 1704 年選舉了瑞典及法國所支持的斯坦尼司拉斯·勒斯金斯基 (Stanislas Leszczynski, 1677-1766) 為國王，取代奧古司特斯。奧古司特斯在兩國同時壓迫下，在 1706 年與瑞典簽訂〈奧川斯達特 (Altrand-stadt) 和約〉，答應退位及支持斯坦尼司拉斯為波蘭的合法國王，並斷絕與俄羅斯的軍事同盟。查理斯在解決了波蘭問題後，於次年 9 月整軍，再出兵攻打俄羅斯已經在波羅的海逐漸發展的海軍勢力。但他在 1707 年所面對的俄羅斯，已不是當年納瓦之役可輕易擊敗的敵人了。

為了加速完成軍事上的各項改革及充實兵員，彼得實行苛捐雜稅、強迫貴族們不分階級高低都必須服役，以及向各階級人民徵兵、長期服役的政策，引起了國內各階層的強烈反抗。尤其是本來就一直抗拒莫斯科權威的哥薩克族，更是不滿，因此時常有叛亂的行動。伏爾加流域、阿斯特拉坎的哥薩克族，便在 1705-1706 年，幾度起兵反抗莫斯科政府。其情形之嚴重，已經促使彼得派遣他最倚重的希瑞米提耶夫 (Sheremetyev) 將軍，前往征討。當查理斯已經進兵莫斯科時，頓河流域的哥薩克族在布拉文 (Bulavin) 號召下在 1707 年發動變亂，反抗彼得的改革。該變亂的原因是因為彼得下令要圍捉逃避在頓河地區的農奴與逃兵，引起當地民眾的猜忌而發生。雖然這次哥薩克族的變亂，如同以往哥薩克族所發動的變亂一樣沒有成功；但在外敵壓境的危機情況下，卻增加彼得無法兼顧西、南兩地區的困境。又如在烏克蘭境內的哥薩克領袖馬澤帕 (Mazeppa)❺ 與查理斯有裡應外合的密約。查理斯在 1707 年再度進攻俄羅斯，一方面是深信他軍力強盛，另一方面也是希望能聯合這些反對彼得的力量，裡應外合地一舉攻陷莫斯科。

查理斯在 1707 年春，率領了四萬八千的精銳部隊，跨越威斯土拉 (Vistu-

---

❺ 馬澤帕是烏克蘭哥薩克傳奇人物，詩人普希金曾寫詩描述他，李斯特在 1850 年以他為主題譜成交響樂，柴可夫斯基在 1883 年將之編成有三幕的歌劇，俄羅斯的大芭蕾舞團在 1884 年首演，此後歷久不衰。英國浪漫派詩人更以他的故事寫成長詩，流行英語世界。http://www.naxos.com/NewDesign/fintro.files/bintro.files/operas/Mazeppa.htm。

la) 河向東挺進。他有自信能順利拿下莫斯科，然後再與合作的哥薩克族瓜分俄羅斯。隨行的將軍描寫他的心情說：「他確認他是上帝在地上的特使，被派來處罰每一個不信仰上帝者。他向波蘭的國王斯坦尼司拉斯‧勒斯金斯基說，只要波蘭一天有這樣一個性情暴怒、動輒無由侵略的沙皇為鄰的話，就一天不得安寧。因此一定要先進兵前去罷黜他。這一個只靠引進了外國軍事紀律才變強盛的莫斯科力量，一定要被破壞、被消滅。」 ❻

　　大敵當前，彼得不敢貿然正面交鋒，乃採取堅壁清野的迂迴戰術。他一方面有計畫地撤退兵力，希望利用俄羅斯廣大的空間來消耗查理斯的銳氣；另一方面，則進行小規模的游擊戰，破壞瑞典軍的士氣。當查理斯發兵前，便派遣勒文皓普特 (Adam Lewenhaupt) 率領大軍駐紮在里加，準備等查理斯乘勝北上諾夫格羅城時，南北夾攻，直搗聖彼得堡。彼得聞訊，乃將主力駐紮在斯摩楞斯克，準備在此迎戰查理斯，以削弱其攻勢。查理斯大軍在 1708 年 9 月已距離斯摩楞斯克城外六十里處；就在此時，查理斯認為北方里加的立沃尼亞區長期乾旱，而且森林濃密難以行軍，突然改變計畫，掉轉軍隊向南方富裕的烏克蘭以充實軍需的補給。他期望快速佔據該地後，再以西南迂迴的前進路線，突擊莫斯科。他轉向的另一原因是烏克蘭境內的哥薩克領袖馬澤帕曾暗中與其勾結，答應出兵響應。駐紮在里加的勒文皓普特將軍在戰略改變後，受命向南進軍與查理斯相會合。但是查理斯擁兵自傲，等不及里加來會合的瑞典援軍，便自己先行出發。勒文皓普特率領為數一萬六千名大軍經斯摩楞斯克，到達勒斯納亞 (Lesnaya) 時，受困於彼得埋伏的一萬四千名俄軍而大敗，瑞典軍慘敗，損失了一萬名以上的兵士。俄軍士氣從此大振。勒斯納亞之役 (Battle of Lesnaya) 是彼得親自參與而獲得的勝仗，而被打敗的，又是俄羅斯的宿敵瑞典。彼得認為這場勝利，終於證明了軍事改革的必要性，因此必須要努力繼續推行。更重要的象徵性意義，是瑞典無堅不克的常勝軍形象，在勒斯納亞之役中被擊毀了。怪不得彼得特別說，這是波塔瓦 (Poltava) 戰役的前奏。 ❼

---

❻　B. H. Summer, *Peter the Great and the Ottoman Empire*, Hamden, Conn, 1965, p. 72, pp. 63–64.

❼　http://www.utb.boras.se/uk/se/projekt/history/articles/decline/decline5.htm.

　　勒斯納亞之役後，自芬蘭趕來的瑞典援軍，也在聖彼得堡附近被俄羅斯守軍擊敗，潰不成軍。查理斯原先與烏克蘭哥薩克首領馬澤帕簽訂盟約，準備乘機宣布烏克蘭獨立的約定，也沒有實現。因為彼得已先派遣孟希寇夫將軍前往該地，擊敗了馬澤帕的叛軍，虜獲很多輜重。馬澤帕在其威脅利誘的政策下，取消了烏克蘭獨立的計劃。查理斯在既不能北上進攻諾夫格羅城，又無法東進莫斯科的困境中，只好深入烏克蘭，熬過酷寒的冬天。彼得的處境，尚非絕對安全。假如查理斯與鄰近的鄂圖曼土耳其與克里米亞的韃靼聯合，仍然可以輕易佔領正被布拉文叛亂所侵擾的俄羅斯南方。彼得為了應付萬一，乃親自駐紮在沃若涅茲坐鎮指揮。他特別加強阿左夫的防衛工事，以防土耳其輕舉妄動。結果土耳其不但沒有與查理斯結盟，而且也警告克里米亞韃靼不得涉及瑞典與俄羅斯在這一方面的衝突。因此彼得免於被瑞典—鄂圖曼土耳其聯軍圍攻。

　　查理斯決定 1709 年夏，陳兵在德涅泊河畔的波塔瓦小鎮，與彼得的俄軍交戰。彼得雖於 1708 年 9 月，在勒斯納亞大敗瑞典；不過當時率領瑞典軍的大將是勒文皓普特，而不是查理斯本人。他仍然把與查理斯的直接交鋒，當作是一件危險的戰役，因此他對這一場戰爭並無勝算。但是查理斯已經出國甚久，兵員糧食的補給，都有匱乏。尤其兵員長期在外，無法與家人團聚，鬥志消沉；所攜帶的大砲武器，不是因故障失修無法使用，便是因缺乏火藥而無法引燃放射。再加上各將領之間的不和，及他本人足傷未癒，整個瑞典軍隊在作戰前，便已經處於劣勢。查理斯就在這種不利的情況下，於 7 月 8 日在波塔瓦發動了對俄羅斯的戰爭。俄軍在 1708 年勒斯納亞戰役獲勝以後，便士氣高漲，在波塔瓦的兵力也遠超過瑞典軍。除此之外，尚有彈藥充足的七十五座火砲。交戰時，彼得親自身先士卒、衝鋒陷陣，幾乎三度被擊中：一彈穿過頭盔，另一打中馬鞍，又一顆則摩擦頸子上的十字勳章而過。❽鏖戰四日的結果，俄軍消滅了查理斯三萬大軍，獲得全面的勝利。殘餘的瑞典軍則倉促逃亡，在強渡德涅泊河時，受到俄羅斯騎兵的攻擊，或溺斃、或被殺、或被俘，喪亡慘重。查理斯與馬澤帕則逃往土耳其帝國，尋求庇護。彼得得勝後，歡喜若狂，他大聲高呼說，這是一場沒有預料到、但確實是個卓絕的

❽　B. H. Summer, *Peter the Great and the Ottoman Empire*, p. 72.

勝利。他說，現在終於可以安放聖彼得堡的最後一塊基石了。在慶功的宴會上，他邀請了被俘的瑞典將軍們，共同列席參加，並稱呼他們為他的老師。波塔瓦之役，徹底粉碎了瑞典稱霸波羅的海的野心，也從此樹立了俄羅斯在歐洲的地位，不再被忽視。

波塔瓦的戰役，並沒有終止大西北之戰，查理斯在鄂圖曼土耳其帝國中休養生息，伺機再動。彼得則乘勝將注意力轉回波羅的海地區，奪取了英格立亞 (Ingria) 與卡雷立亞 (Karelia) 兩地，作為防護聖彼得堡的屏障。在 1710年，從芬蘭彎的威堡 (Vyborg) 一直到德威納河，包括立沃尼亞與愛沙尼亞的領土都歸俄羅斯所有。彼得在俄羅斯海軍取得威玻格時，寫信給他第二位妻子凱薩琳說：「承蒙上帝的恩惠，它現在是聖彼得堡的屏障了。」俄羅斯的艦隊從此可以在波羅的海與芬蘭灣中巡弋，接替了瑞典在波羅的海的霸權。

曾經被查理斯強迫放棄波蘭王位的撒克森選侯奧古司特斯，在彼得的武力支持下，再度回到波蘭復辟。彼得為了加強俄羅斯與波蘭的關係，特將他兄弟伊凡五世的女兒安娜 (Anna) 下嫁給波蘭屬國寇爾蘭德 (Courland) 甫喪偶的公爵為妻。這場婚姻證明了彼得的地位在歐洲逐漸提高。因為以前歐洲諸國輕視俄羅斯文化，多不願與其皇室發生姻親關係，因此俄羅斯每朝的皇后都是俄羅斯人。此後，羅曼諾夫王朝的皇后則多半來自日耳曼各地的爵國或侯國。與歐洲皇室聯姻，也成為了俄羅斯王朝與歐洲國家結盟的外交政策；比如彼得在 1716 年，將伊凡五世的另一位女兒凱薩琳嫁給日耳曼的麥克楯堡 (Mecklenburg) 爵國的公爵卡爾·勒波德 (Karl Leopold)。俄羅斯原本就受到深厚的日耳曼文化影響，現在因為婚姻的關係，更從此介入了日耳曼各邦國間複雜的政治糾紛，消耗了許多國力。

彼得戰勝瑞典，導致了盟國法國的關注。鄂圖曼土耳其帝國在 1708 年的勒斯納亞之役時，曾嚴守中立避免與俄羅斯為敵。但在彼得擊敗查理斯、稱霸波羅的海時，產生了俄羅斯會迴轉南方、重新挑起黑海北部交界各項問題的恐懼。逃亡至鄂圖曼帝國的瑞典國王查爾斯，也各處遊說，希望能以鄂圖曼帝國為首，組織成一個反俄羅斯的聯盟。在國際的壓力與本身利益的考慮下，鄂圖曼土耳其帝國終於在 1710 年 11 月，向俄羅斯宣戰，展開了將近一年的俄土之戰 (1710–1711)。彼得避免先與鄂圖曼土耳其帝國正面交鋒，而採

取先向多瑙河與巴爾幹半島進兵的戰略。他希望在進入該地後，能獲得信奉基督教的斯拉夫民族們支持，可以聯合起來挑動整個巴爾幹半島上的基督教徒，推翻伊斯蘭教土耳其異族統治政權的運動。在他出征的文告中，特別要求塞爾維亞人響應他。彼得說他是「為了你們的信仰與祖國，為了你們的光榮與榮耀，為了你們與你們子孫的自由與平等而戰」。他最終的目的，是要將這些信邪教的伊斯蘭教徒們，趕回他們的老窩——阿拉伯的沙漠與大草原去。❾彼得是此後與鄂圖曼土耳其鬥爭時，第一位假藉以宗教解放者自居的俄羅斯沙皇。

　　彼得呼籲巴爾幹半島上斯拉夫人反抗土耳其伊斯蘭教政權的號召，雖然得到普遍的支持，但除了蒙地內格羅 (Montenegro) 外，沒有任何國家提供實際上的武力支持。附屬於鄂圖曼控制下羅馬尼亞的莫達威亞 (Moldavia) 與瓦拉其亞 (Wallachia) 原曾答應起義出兵相助，但在獲悉土耳其已派遣大軍橫渡多瑙河後，便放棄了原來的合作計劃。不過彼得仍然依仗著波塔瓦勝利的餘威，率軍兵臨近普魯斯 (Pruth) 河，命令大批的騎兵攻擊停駐在多瑙河岸的土耳其軍後翼。雙方在 1711 年 7 月 19 日正式作戰時，彼得才發現敵軍的數字在俄軍五倍以上；結果俄軍大敗，彼得僥倖逃亡脫身。彼得在戰敗後，已經有了最壞的打算。他準備把阿左夫交還給鄂圖曼土耳其帝國，甚至也考慮到將諾夫格羅及普斯克夫兩城割讓給土耳其的盟邦瑞典，以免此後再受到南北夾攻的威脅。幸好在 21 日的〈普魯斯條約〉中，鄂圖曼土耳其帝國僅僅要求彼得放棄阿左夫海附近、歸還所有以前征服的領土。彼得十六年來所辛苦經營的成果，就此毀於一旦。他的繼承者安娜女皇，雖然曾經幾度再與土耳其作戰，想重新奪回這些領土，但都徒勞無功。俄羅斯在黑海地區發展海軍的勢力，也因普魯斯戰役的失敗，延遲了一世紀之久。彼得的巴爾幹政策雖然過於輕率、缺少通盤的計劃，不過也開創了俄羅斯與該地斯拉夫國家此後幾百年深遠的關係。對兩者、甚至整個歐洲的歷史，都有非常重要的影響。

　　彼得在巴爾幹半島與黑海地區擴充勢力的政策失敗之後，便將注意力再度轉向歐洲及北方的波羅的海。從 1711–1717 的七年時間中，他時而在俄羅斯境內，時而長期出外征戰奔波。彼得在 1712 年 1 月，與陪伴他渡過波塔瓦

---

❾　Summer, *Peter the Great and the Ottoman Empire*. P. 78.

戰役的凱薩琳，在聖彼得堡中舉行隆重的婚禮，並封她為正式的俄羅斯皇后，她所生的兒女們在法律上都擁有了繼承彼得的權力，不過兩個兒子幼年夭折，只有女兒們健在。

彼得最顧忌的敵人，仍然是波羅的海的瑞典。流亡國外的查理斯在 1714 年，經由匈牙利與日耳曼各地，終於返回瑞典。波塔瓦戰役後停止的「大西北之戰」，因為他的回國而再度展開。查理斯除了以前的敵人俄羅斯、撒克森、丹麥之外，又加上了普魯士與漢諾威兩個日耳曼國家。彼得在 1714 年的漢溝 (Hango) 戰役中，不但將佔據日耳曼的瑞典軍隊完全驅逐出境，更擊潰一直控制波羅的海的瑞典海軍艦隊。次年，他又攻佔了芬蘭。不過瑞典在查理斯的領導下，仍然繼續作戰，拒絕求和。彼得與日耳曼諸邦所訂的聯盟，雖然孤立了瑞典，但也使得俄羅斯因此陷入了日耳曼境內本身糾纏不清的鬥爭。結果，一方面使得日耳曼諸邦認為他隨意干涉內政，產生了強烈的反俄羅斯情結；另一方面，又由於受到日耳曼與其他歐洲等國關係的影響，俄羅斯陷入了有時親英、反法，又有時親法、反英的錯綜複雜外交漩渦之中。譬如彼得先是將他兩位外甥女當做外交工具，嫁給寇爾蘭德與麥克楞堡兩國的君主；後來又親自跑到法國，希望能將他的女兒嫁法國國王路易十五 (1715–1774)，以求解除兩國敵對的關係，成為友邦。這些反反覆覆的作為，都證明了俄羅斯的外交政策經常被歐洲諸國王朝家世的鬥爭而左右。史家克柳切夫斯基就批評彼得在波塔瓦勝利後，對歐洲的外交政策雜亂無章。❿

「大西北之戰」的持續不停，導致俄羅斯財源與人力透支，無法盡力專注於改革之急務，是彼得最關心的事。瑞典在幾度戰敗之後，依舊拒絕向俄羅斯求和的原因，主要是因為法國的支持。彼得在 1717 年到法國訪問，希望能與法國結盟，強迫瑞典休戰，終止這一場已經進行了太久的「大西北之戰」。法國當時的國王路易十五，只是一個稚齡七歲的小孩。彼得希望路易能與他女兒先訂婚，使他可以準岳父的身分、乘機影響法國的外交。真正主導法國外交的奧良公爵，對彼得素無好感，也不願意加入他與瑞典之間的糾紛，只答應在適當的時機願充當兩國的調停者而已。因此彼得代女兒求婚之旅失敗後，便敗興而歸，俄、瑞兩國仍然繼續作戰。縱然查理斯在 1718 年 12 月攻

---

❿ V. V. Kluchevsky, *The History of Russia*, vol. 4, p. 56.

打挪威時被槍殺，瑞典也沒有求和。不過彼得在巴黎參觀法國「國家科學院」時，深感興趣。回國後，他立刻下令模仿，在莫斯科創立了「皇家國家科學院」，成為俄羅斯的最高學術機構。這倒是一個意外的大收穫。

查理斯死亡後，瑞典的政治發生極大的變化。他的妹妹烏爾克里卡·愛蓮諾 (Ulcrica Eleanor) 在 1718 年繼位。兩年後，將政權交給他的丈夫腓特烈，是為腓特烈一世 (Frederick I, 1720–1751)。他接任後，便著手結束「大西北之戰」；經過兩年的交涉後，在 1721 年簽訂了一系列的〈斯德哥爾摩條約〉(*Stockholm Treaties*)，終止了與俄羅斯盟邦的丹麥、撒克森、普魯士與漢諾等國的「大西北之戰」。但與俄羅斯的談判卻遲遲沒有進展。此時，因為彼得要罷黜兒子阿列克西斯為太子，國內發生危機，因此彼得必須盡快結束與瑞典的爭執。在 1721 年 8 月 30 日，雙方終於簽訂了〈尼斯塔特條約〉(*Treaty of Nystadt*)，結束了自 1700 年就開始、前後斷斷續續進行了二十餘年的戰爭。在條約中，俄羅斯擁有了立沃尼亞、愛沙尼亞、部分的卡雷立亞及波羅的海中幾個島嶼的佔領權。彼得終於獲得通向西方的窗戶，也將俄羅斯推向歐洲列強之一；他在 1721 年宣布俄羅斯已經是一個帝國，他是「全俄羅斯的皇帝」、是「祖國的偉大父親」，彼得大帝之銜，從此流傳後世。

六、西化政策

彼得在處理「火槍軍團」的兵變問題後，便將他在歐洲的所見所聞，介紹到國內，開始推動他的西化政策。首先，就在他回國後的第二天，他出人意外地親自用剪刀剃去了幾個高級貴族的鬍鬚；然後，又割斷他們長袍的袖子，規定宮廷與政府的官員以後改穿日耳曼與匈牙利式的服裝。政府並正式規定了有關鬍鬚與服裝的命令。除了教士與農人外，其餘的人都必須剃鬍鬚，否則要繳罰款。縱然是農民，他們若是要進城而沒有剃鬍鬚的話，也同樣要繳罰款。全國的男女，除了教士與農民外，也必定要穿著政府制定的西方式樣服裝，否則會被罰款。西方人一向認為俄羅斯傳統式的長袍及高高的帽子，充滿著東方人的氣息而加以輕視。俄羅斯的考察團就因為這種服裝，在法國的凡爾賽宮中受到羞辱，因此彼得決心加以改革。他說他有關鬍鬚與服裝的

政策，主要是切斷俄羅斯人民們的亞洲習俗，並教導他們所有歐洲基督徒們如何應對的儀容與舉止。

另外，他認為煙草及吸煙代表著西方的時髦生活，應一併仿效。其實在他父親阿列克西斯的時候，俄羅斯政府就已經為了稅收而制定了煙草專賣的政策。彼得提倡使用煙草的目的，除了要模仿西方人外，增加政府的稅收是另一個重要的因素。彼得在生活習俗上及其他表面性的改革，除了觸及少數上層貴族階級外，對一般民眾來說，都無關緊要。

真正影響俄羅斯歷史的改革，都與戰爭有密切的因果關係。他從 1689 年開始親政一直到 1724 年死亡的時間中，除了晚年享有了十三個月的和平之外，幾乎都是在對外戰爭中度過。他於 1697 年出國到歐洲各國考察的目的，第一就是要學習軍工業及造船的新科技；第二則是組成一個反鄂圖曼土耳其帝國的軍事同盟。他回國後所創立的新海軍艦隊，證明他完成了第一個目的。這個改革，對俄羅斯以後的歷史發展有長遠的影響。遠在他第一次攻打阿左夫失敗之後，他就已經開始籌劃如何以海軍作為發展俄羅斯國勢的戰略。從 1696–1697 年間，在頓河所建造的艦隻便是這新政策的啟端。他從歐洲回國後，首先設立海軍部，立刻開始大規模擴建海軍，製造各種大型的軍艦。在從瑞典、荷蘭、英國、義大利各地聘請來的與本國的專家們，日以繼夜的努力工作。彼得本人也以他在國外所學習到的木工知識，親自投入工作的陣營。到了 1699 年，俄羅斯已經造就了一支擁有十四艘戰艦規模的黑海艦隊。連專門批評彼得好大喜功的荷蘭公使，在參觀了彼得親自設計、裝備著六十座火砲的「宿命」號 (Predestination) 後，也不能不嘆為觀止，佩服彼得的毅力及改革的快速。這支艦隊就是以後奪取克里米亞、將俄羅斯的南疆擴充到黑海的主要武力。彼得為了炫耀這支新建的武力，在當年的夏天，特別派遣了一艘配備著四十六座砲的快速戰艦，到伊斯坦堡訪問，震撼了鄂圖曼土耳其帝國政府。

彼得深深感覺到西化改革與戰爭之間的連貫性，因此他的重要改革都與他所進行的各場戰爭有密切的關聯。他在 1722 年自著《瑞典戰爭史》(*History of the Swedish War*) 中，對兩者的關係作了詳盡的說明。他說他在與瑞典作戰時，便開始收集與記載所有與瑞典有關的資料。舉凡與這場戰爭有關的各項

事物中，諸如陣地與兵員的安排與調動、要塞和港口的建築、船隻與戰艦的製造及在興建聖彼得堡的工程措施，都詳細的記錄。他在死前的一個月時，重新強調這本歷史著作對後世的重要性。他希望後世能根據書中的記載，作為繼續努力的指標，更要後世提高警覺，不得鬆懈。❶

彼得以戰爭為中心，擬定了下列的各項改革計劃。它們分別是：

軍事改革：增強海軍與陸軍的戰備，尤其是經由如何改變服役貴族的地位，以提高該階級對國家服役的效率。

教育改革：特別是建立大學，一方面是培養高科技專家，另一方面則是訓練實際行政人才，以求促進軍事及工業生產的改革。

經濟改革：發展工商業，並提高其品質，以求能擴充繳納稅收的勞工階級總數；同時推動財政制度改革，以達到增加國家更有效率徵稅的目的。

上列的改革項目，並不表示彼得已經擬定了一個依其重要性為次序的全盤計劃，可以按部就班的、持續的推動革新，而是因應戰爭的需要而隨時更動。由於戰爭的演變瞬息萬變，有些已經進行的改革可能已經不合時宜而立刻終止，而要從頭採取另一項新改革。因此，彼得終其一生，雖然改革眾多，但其間並無系統相連，結果落得千頭萬緒，頗有雜亂之感。

1.軍事改革

彼得的第一項、也是急不可待的改革，就是立刻整頓當時組織散漫、缺乏紀律的軍事制度。俄羅斯的兵役分為兩種，一是駐守京城莫斯科及國內其他各地的國內役 (Home Service)，另一是戍邊與外敵交戰的國外役 (Foreign Service)。前者生命危險性較小，多半由「博亞」貴族與「服役貴族」所壟斷。後者因負實際作戰責任，常有生命危險，服役者以哥薩克等傭兵為主。根據1681 年的統計，有戰鬥力的國外役兵員只有八萬九千人，與實際所需要的兵力相差甚遠，因此他特地轉調服國內役者填補，將人數升到十六萬四千名。不過縱然如此，以俄國廣大的疆土，這些兵員仍然無法應付窺伺西部、西北部及南部疆域的強敵。假如依靠這樣薄弱的兵力擴充國土的話，則更不可能了。葛立欽 (Golitsyn) 將軍在 1689 年遠征克里米亞時所率領的，就是這支兵

❶ Klyuchevsky, vol. 4, p. 61.

力，不過其中真正能投入戰場的只有八萬人，軍力及訓練之不足的危機由此可見。彼得在 1695 年進攻阿左夫時，雖有一萬四千名服外國役的士兵，但他們欠缺軍事訓練，無法作戰。因此彼得乃開始徵召志願軍予以訓練，以填補正規軍之不足。第一次召募的志願軍總數一萬二千名，來自莫斯科附近的農村，稍加訓練後，便編為正規軍，被譏諷為一群連排列、行伍都不知的烏合之眾。不過這只是彼得為了解決兵源不足一系列作為的開端。

在 1699 年「大西北之戰」的前夕，為了要填補正規軍之不足，彼得除了繼續召募志願軍外，也開始了徵兵的制度。凡是被徵召入伍的農奴，可以因此贖身、獲得自由。當年被徵召的新兵人數達二萬九千名之多。「大西北之戰」進行到 1703 年時，又以徵兵方式獲得了三萬名兵員的補充。到了 1705 年，彼得將徵兵制度推廣為全國化。此後年年繼續徵兵，一直到 1709 年才停止。徵兵的基數是以全國註冊的戶口為主，不論戶口是在城市或是鄉村，也不分階級為地主、佃農或是農奴，每二十個納稅的戶口，每年須出壯丁一名。也就是說，每一千個人，要負擔一名兵士。五年之內徵召壯丁總數，可達一萬六千八百人。但是在徵召過程中，有許多困難，無法達到真正滿足定額。不過實際的人數也已達一萬五千人，與目標相距不遠。根據這數字計算，與瑞典作戰的頭十年中，俄國的一千四百萬總人口，有三萬名的壯男因徵兵令而入伍服役。實際入伍人數，則因壯丁生病、死亡、躲匿、逃脫等事故，與官方數字有相當大區別。例如在 1712 這一年內，竟然有四萬五千名壯丁失蹤、未曾報到，另有三萬名自軍營脫逃。下頁自 1701 年到 1735 年徵兵人數的附表，可以說明徵兵對彼得改革軍事及增加俄羅斯兵員的重要性。

到了彼得的晚期，推行徵兵制度的結果，使得俄國的正規軍隊，除了由哥薩克及其他非正規軍的總數十一萬名外，經常保持十九萬六千到二十一萬二千名的步、騎正規軍。這是歐洲國家中，數字中最龐大的一支軍力。徵兵制度使得俄羅斯的軍隊，已經超越了階級的限制，成為一個真正的國家武力。歐洲當時的軍隊，則仍是由武士階級為主的傭兵所組成。

徵兵年	人　數	徵兵年	人　數	徵兵年	人數
1701	33,234	1713–1714	16,342	1724	20,550
1705	44,539	1714	500	1726	22,795
1706	19,579	1715	10,895	1727	17,795
1707	12,450	1717	12,500	1729	15,662
1708	11,289	1718	15,389	1730	16,000
1709	15,072	1719	14,112	1732	18,654
1710	17,127	1720	4,000	1733	50,569
1712	51,912	1721	19,755	1734	35,100
1713	20,416	1722	25,483	1735	45,167

⓬

　　彼得所制定的徵兵制度，一直到了 1870 年才有所改革。這在歐洲的軍事史上，也是首開的先例。西班牙雖在 1637 年實行徵兵制；瑞典在 1618–1648 年的三十年宗教戰爭中，也曾全國徵兵；法國在 1701–1714 年的西班牙王位繼承戰爭時，也採取了全國徵兵的措置，不過這些都是應付緊急情況的權宜之計，不是國家軍力的主要來源。西歐將徵兵制度正規化，要一直延遲到法國大革命之後才正式開始。比彼得的徵兵制度，晚了將近一個世紀。**⓭**

　　除了增加陸軍的兵源，及加強軍事訓練外，建立一支新而強大的海軍力量，也是彼得積極推行的計劃。他從阿左夫戰役中得到的教訓，使他知道當時俄羅斯的海軍與艦隻都過於落伍，需要盡快革新。他率領考察團到荷蘭及英國等地，就是一方面要召募當地造船專家與水手到俄羅斯去服務，另一方面則是學習新近的造船技術。不過海軍發展需資甚鉅，其經費佔所有軍備預算的三分之一，故其速度較為緩慢。俄國的第一支、擁有六艘快速戰艇的艦隊，要到在 1703 年才完成，開始巡弋波羅的海。到他臨死前，海軍已經增加到了四十七艘快艇，及八百餘條的大型手划快船。政府特地設置了海軍部，

⓬ Aracadius Kahan, "Continuity in Economic Activity and Policy during the Post-Petrine Period in Russia." *The Journal of Economic History*, vol. 25(March 1965). in James Cracraft. *Peter The Great Transforms Russia.* Lexington, Mass. D. C. Heath and Company, 1991. p. 125.

⓭ Kluchevsky, vol. 4, pp. 64–66.

統籌有關海軍的一切事務。

　　軍事的改革、兵員的擴充，在在都需要新領導階級的協助。俄羅斯傳統的「博亞」貴族階級，雖然依舊存在，但勢力早已衰落，漸漸與後起的服役貴族混合。彼得推行軍事改革時唯一可以依賴的，便是這一批新興的服役貴族。他們的主要義務是服軍役，擔任軍中的校官、士官，國家因此賜與土地作為報酬。總體來說，這是一個教育程度非常低、作戰的技能及訓練也都相當缺乏的階級。1701 年，彼得時代的伊凡・波叟士寇夫 (Ivan Pososhkov, 1652–1726) 在其 1701 年所寫的《論貧窮與財富》(*A Book on Poverty and Wealth*) 書中描寫當時貴族軍官，說「他們腐敗與無能。他們的騎術既然差，對武器的操作也相當陌生、且任其生銹而不管。凡有征戰，便多方推託不去；倘若被迫下戰場作戰，也祈禱上帝，希望能讓他們受到不太痛苦的小傷，可以乘機提早退出戰場並獲得沙皇的賞賜」。❹靠這樣的軍事領導來推動改革，自是難以奏效。「大西北戰爭」開始時，彼得便開始從根本開始、嚴格訓練服役貴族。他命令所有的貴族子弟凡年滿十歲者，必須向當地政府登記，強迫接受正式服軍役前的教育訓練。在 1708 年時，為數八千名的貴族子弟，被召往莫斯科。以智能及年齡為主，經過選拔通過者，便分發到各種特設學校就讀；資優者並被派到如荷蘭及英國等地，學習造船及航海技術；年長的，立即入伍服役。參議院並從 1714 年起，對全國十歲到三十歲的貴族進行總調查，以作為徵召的準備。

　　貴族服役的年齡，規定自十五歲開始；服役的年限，除非是陣亡、重病、或者實在年老力衰無法繼續作戰外，否則一律是終生服役。只有在和平時期，每兩年有六個月的假期。作戰時，不得私離軍營返家探親。彼得為了提高他們的知識水準，以便以後有能力率領改革後的軍隊，因此命令貴族壯丁在十五歲服正式役前，須接受閱讀、幾何、數學等課程的訓練。假若期終考試失敗，政府不發給結婚許可證，因此無法結婚。又如成績特佳者，不得以此為藉口要求繼續深造，一切由政府決定。莫斯科帝國時代貴族，以繼承或家世為主而升遷的「門閥」(metsnichestvo) 制度，已被取消。因此所有的貴族服役者，必須從最基本的兵役開始做起，不得逕自升為軍官。他在 1722 年的 1 月

24 日頒布了官階表，作為論功升階的依據。

軍　階		文　階	品　級
海　軍	陸　軍		
海軍大元帥	陸軍大元帥	總參議	一
海軍元帥	砲兵上將	總祕書	二
	騎兵上將		
	步兵上將		
海軍副元帥	中將	祕書	三
海軍少帥	少將	國家總顧問	四
海軍上校指揮	准將	國家顧問	五
海軍上校	上校	部會顧問	六
海軍中校	中校	法庭顧問	七
艦隊上尉	上尉	部會助理	八
砲艇上尉			
艦艇中尉	中尉	領銜顧問	九
砲艇中尉	騎兵中尉		
砲艇少尉	少尉	部會祕書	十
	騎兵少尉	參議院祕書	十一
海軍上士	上士	省府祕書	十二
機砲士官	中士	參議院管理	十三
掌旗官		部會管理	十四

　　根據上面的規定，任何軍人或文職因功晉級，妻子的身分也隨之晉級。不論是俄羅斯本國人或是外國人，凡因功升到第八品階者，可以將此貴族品階傳給子孫。凡出身資格不符合貴族條件，依據傳統不得為貴族者，若其軍功與第八階相等，獲得認准後，也可以上升為貴族。又若該新任貴族在晉階後沒有兒子，只在升階前非貴族時生有兒子的話，可以上書沙皇，將貴族身分賜給兒子。軍功不到此品階者的兒子，不得享受此優待。彼得的這項政策，將陳舊、腐化的貴族階級注入了新血液，也使得非貴族階級能因功晉升為貴族，成為了彼得改革新政時的主要支持者。以血緣關係為主的傳統統治階級，在彼得的新政下，演進成以事功與能力為升降標準的官僚制度。

2.教育改革

　　推動各項的改革，需要一批有知識水準及辦事能力的行政人員，因此提高普及教育，也是從事改革中的重要一環。俄羅斯的教育一直就由東正教會控制，其目的是在訓練教士，而非教育一般人民。「斯拉夫—希臘—拉丁學院」(Slavonic-Greek-Latin Academy) 是國內的最高學府，主要研究神學；對於新近科技與實用學識的教授，毫無幫助。因此要獲得這一方面的知識，只有到荷蘭等外國學習。不過留學的俄羅斯學生，因為在國內的教育準備不足，縱然到了國外也因程度太差，無法獲得真正的知識。彼得在他第一次出國學習時 (1697–1698)，便聘請了一位英國教授到俄羅斯教授數學與航海，而參與的學生多半都是被強迫而來。

　　彼得回國後，以「斯拉夫—希臘—拉丁學院」的組織為基準，在莫斯科設立了一座技術學校，專門教授數學與科學等實用課程。其中最重要的科目是航海。該學校在 1714 年時遷往聖彼得堡，改名為「航海學院」(Naval Academy)。入學學生以在海外已經念過書的服役貴族子弟為主。這是俄羅斯歷史上第一所由政府辦理的非宗教學院，打破了教會壟斷教育的傳統。彼得並將「航海學院」的教育方式，推廣到其他各地。他命令該學校學業優良、尤其是幾何與地理科目成績優秀的學生畢業後，以每兩人一組為單位，到各省去教書。因此在短短的兩年內 (1714–1716)，國內各地就設立了十二所學校；到了 1720–1722 年間，增加到了三十所。1727 年的入學學生總數是二千人。學生分別來自教士、軍人、政府雇員、工匠及鄉紳等不同的階級。雖然後來真正能繼續求學而結業者，只剩下五百人，但這個制度卻奠定了以後政府設立學校，提倡普及教育的基礎。

　　彼得對教育的重視，並不只侷限在現實的功能，他也非常重視純學術的高等研究機構。他特別讚揚法國的學院制度，因此他在 1724 年 1 月 28 日，仿效法國學院的組織及功能，設立了俄羅斯「皇家科學院」。他命令政府每年撥款二萬四千九百一十二盧布，作為學院的經費。他認為西方將研究與教學分成學院與大學的兩元制度，對俄羅斯並不適宜。當時法國的大學是學者專家聚集一起，對學生傳道授業之處。教學的科目主要是神學、法律、醫學及

哲學；學院則是提供學有專精的學者，作純學術性研究處所。彼得認為俄羅斯的教育水準過於落後，無法與西歐各國相比，因此國家所設立的最高學術機構——俄羅斯「皇家科學院」，必定要擔負雙重的責任，即是同時重視研究與教學。「皇家科學院」組成之後，分為數學與科學所、物理所與包括人文、歷史、法律的研究所。由於當時俄羅斯籍的科學家及其他的專家學者為數很少，學院中的研究者多以外籍、尤其是日耳曼學者為主；到了 1745 年才有了第一個俄羅斯籍的研究員——精通化學、物理、數學、文學與歷史各方面學問的密開爾‧羅莫諾索夫 (Mikhail Lomonosov, 1711–1762)。「皇家科學院」對俄羅斯的歷史研究有非常重要的貢獻，彼得大帝命令以科學、客觀方法編寫的第一部俄羅斯通史，便是由該院開始收集資料。有關俄羅斯源起的「北蠻論」與「本土論」爭執，便是因其中日耳曼學者對《俄羅斯編年要錄》的解讀不同而引發。

3. 經濟改革

　　彼得在世除了一年享有和平外，其餘都是不停的對外戰爭。他每年消耗在軍費上的支出，平均佔總稅收的 80% 到 85%，1705 年的比例甚至高達到 90%。剩下能用在國家其他事務的經費實在是少之又少了。在當時施行的稅收制度下，所徵取的稅額根本無法支付政府的開銷。為了繼續戰爭、維持數字龐大的兵員及各項軍事改革，彼得一定要有足夠的財源作為支持。因此彼得採取新政策開拓財源來彌補不足。由於俄羅斯的主要稅源來自於農村，因此彼得命令重新丈量土地與統計戶口，採取增加稅收效率的新政策。但是結果並不如理想。根據 1710 年調查的結果，新登記的戶口比原納稅的戶口反而少了四分之一。相對地，當年的國家收入也就因此短缺四分之一。這與全國徵兵的制度有密切的關係，因為戰爭頻繁，需要的壯丁數字年年增加，導致農村人口減少、農產力相形衰退，政府歲收也因而銳減。

　　為了填補短額，彼得只得另開稅源。各項巧立名目的苛捐雜稅，在在皆是。譬如凡是不遵守命令剃鬍鬚而依舊蓄鬍者，罰繳鬍鬚稅；舊信仰者，需交納雙倍稅金，才准保持信仰；居住在俄羅斯境內的外國人結婚時，要交特別稅金；各種行商有盈餘者，當然也必須繳盈餘稅。這些稅金的徵收，引起

民眾普遍的不滿，國家賴此獲得的總額也都微不足道，不過卻確實顯示了彼得政府財源窘迫的困境。

彼得真正的稅政改革，是他開始徵收的「人頭稅」(soul tax)。以前以戶口為主的稅收，因為戶口數字年年減少，賴其為準的歲入，也年年短缺。他在 1717 年命令參議院重新徹底調查全國的農村男丁，作為替代戶口稅與土地稅的新稅制度依據，限期一年內要調查完畢。他特別強調，調查時「從老到小，一個都不能忽略過」。首先被調查的是私有田莊上的農奴與奴隸；然後調查不耕田而附屬於地主戶、只替地主服勞役的家僕與奴隸；最後則登記流動人口。由於調查工作過於沉重，且限期完成之日又是如此短促，許多官吏故意刁難、拒絕進行合作，進行相當緩慢。在政府以死刑為威脅下，到了 1722 年才有了初步統計資料。由於許多戶口為了逃避稅役而故意逃脫，再加上調查不詳，或記載錯誤與遺漏，統計數字與實際戶口差異甚大。參議院在 1724 年徵稅的資料中，記載當時全國城市與農村應付稅的總男丁約為五百五十七萬人，其中十六萬九千人是居住在城市的納稅者。根據全國每年軍費所需，以該納稅男丁數字為基準來分派稅額，每人應付九十五科貝克 (kopeck)。後來為了減輕納稅者的負擔，減少為七十四科貝克。由於「人頭稅」的實行，統一了納稅者的義務，地主、貴族依法不得再像以前一樣地向農奴或僕役徵取稅金。為了要補償地主、貴族們的損失，因此在私人田莊上耕種的農奴，須附繳四個格瑞夫尼 (grivni) 的追加稅；在國有土地上耕種的農奴附繳一盧布；居住城市者，繳二十科貝克。

稅收制度雖然統一，但稅額沉重，農奴等納稅者無法繳足款項，政府實際收到的「人頭稅」金，經常有短收的問題，平均每人只有四十科貝克而已。在產生嚴重的稅收不足現象下，龐大的軍費開支佔有其中絕大多數，剩下用於其他開銷的款項真是微乎其微了。因此政府年年都有入不敷出的危機。以 1724 年為例，將「人頭稅」額降低到每人四十科貝克的歲入，與實際的軍事預算來比，可以看出政府財政的危機現象。**⑮**

---

⑮ Kluchevsky, vol. 4, p. 144.

納稅者	人數及總人口比例
私有田莊農奴	4,364,653(78%)
國有土地農奴	1,036,389(19%)
城居納稅者	169,426(3%)

稅　　收	總額（盧布）
人頭稅（40 科貝克為基準）	4,614,637
其他稅收	4,040,090
總稅收	8,654,727

軍事預算	總額（盧布）
陸　軍	4,596,493
海　軍	1,200,000
總開銷	5,796,493

　　彼得為了能有效率徵受稅金的「人頭稅」制度，連帶地簡化了俄羅斯的社會組織，將以前種類複雜階級，劃分成兩大類：上層是貴族、地主的統治階級，他們須對國家服終生軍役；下層的被統治階級，包括所有付「人頭稅」的農奴、僕役等分子。以前的下層階級包括自由農、佃農、農奴等納稅農民 (krestiane)，及不付稅、而隸屬於主人的奴隸 (kholopy)。1717 年所頒布的「人頭稅」令，則取消了這些分別，將他們一概歸屬到稱為「奴役人」(Kreipostnie liudi) 類別中，都有付「人頭稅」的義務。這個為了收稅方便而制定的政策，無形中降低了農奴們的地位，使他們與私人的奴隸已經沒有太大區別。此外，彼得將徵收農戶的人頭稅及追繳欠額之外，也將每年徵召壯丁、服兵役的大權交歸地主們負責。地主們對農奴們原有的威權與控制力，經此授權，獲得法律上的認同後，更變本加厲了。農奴們在經濟與法律上已毫無自由與保障的困境下，除了忍耐外，唯一的反抗方式就是造反及向西伯利亞逃亡。人民們在彼得剝削政策下所產生的痛苦，正像克柳切夫斯基所說：「為了滿足他自己窮兵黷武的政策，彼得對人民剝削所欠的債，縱然再征服五個瑞典，也無法償還得清。」❶

4.行政組織革新

彼得在 1689 年擊敗姐姐索菲亞，奪回政權後，一直到 1708 年之間，都集中精力努力改革軍事、財政及發展工業，很少兼顧中央與地方的行政事務。因此他仍繼續沿用羅曼諾夫王朝的「博亞貴族院」(Boyar Duma)。名義上，這是一個輔助沙皇治理國政的最高諮議與行政機構，擁有管理行政、立法、外交及司法等大權。當沙皇不在國內的時候，它更可以代理行使一切政權。到了彼得掌權時，雖然它仍被稱之為貴族院，但組成的分子已經不再是純貴族，而包含了許多非貴族的代表；彼得母親代為執政時，便被后系的親戚所壟斷，任意任命利益輸送者為代表。隸屬「博亞貴族院」之下，設有管理各種事務的「普立卡司」部，譬如「普力歐布拉鎮斯寇普立卡司」，管理沙皇御林軍的事務；「海軍普立卡司」，則是負責管轄海軍；以及管理各種不同事務的「普立卡司」。由於其組織缺少全盤的計劃，權職劃分也不清楚，因此「普立卡司」部門多達六十到七十個之多；有許多臨時性的「普立卡司」機構，是為應付突發事件所設，但卻並不會因為問題已經解決而立刻撤除，因此疊床架屋的部門越增越多，功能與權限重複且混淆不清。彼得在 1699 年，為了增加軍費開支，想要知道每一個「普立卡司」部門實際的財政狀況，乃新特設了一個「會計普立卡司」(Schetni prikaz)；有時這個新機構也被稱為「樞密院」(blizhnaia kantzeliaria)。他命令各「普立卡司」必須將每一週的收入與支出，向其報告。

「會計普立卡司」原始的職責是收集、整理會計報告後，送交彼得作參考。此後「會計普立卡司」因為負責徵收全國三分之二的稅收，其職權與地位，都超越其他部門之上，成為「貴族院」中掌權的機構，「貴族院」本身反而淪落為一個空有其名的形式組織。不過，「會計普立卡司」雖然權勢高漲，但其他有關財政管理的固有機構仍然存在，彼得欲藉此由中央統一控制財政的計劃，並未成功。

彼得的中央政治改革，主要是為了增加稅收及提高行政效率。他改革地方政府的動機，也是為了要達到同樣的目的。地方上舊有的最高行政長官是

⓰ Kluchevsky, vol. 5, pp. 184–185.

每省的「沃握達」，他們多半為服役貴族，由中央直接任命。他們就任地方首長的目的就是要乘機盡情搜刮，將稅收中飽私囊，未如數繳庫，影響了中央的財政收入。但因其過度搜刮，引起了地方上人民的反抗。彼得為了杜絕「沃握地」省長越權強徵稅收的惡習，特別允許商業重埠，只要願意向政府繳納雙倍的稅金，可以享有自治權，得自己選舉首長、管理當地的事務。由於雙倍稅金的條件過苛，各地反應冷淡。彼得只好放棄雙倍稅金的要求，允許各重要商埠與都市，自行選舉地方首長。他的目的是希望各地地主與富商們經由自治，能一方面促進地方行政的效率，另一方面則可以改革地方財政，增加中央的稅收。不過由於人才缺乏，及懷疑政府誠信的因素，真正實行自治的城市，少而又少。整個改革計劃，徹底失敗。

　　彼得認為年年歲入不足、地方繳庫短缺等嚴重問題，都導致了增加軍備上的困難。增設的「會計普立卡司」，也沒有達到改革稅收的預期目的。於是他在 1707 年開始了另一項的地方組織改革。這就是將全國劃分成為八個稱之為「州」(Gubernii) 的大行政區。這八個州分別是莫斯科、英格曼蘭德 (Ingermanland)、基輔、斯摩楞斯克、阿克安吉爾 (Archangel)、卡贊、亞速、西伯利亞。後來將造船的海軍基地沃若涅茲地區，提升為州，一共成為了九個州。彼得劃分新州的標準，並不是依照以前地方行政區域的疆界，而是依據地方首府與其他境內城市間交通的暢通與快捷性為主，使得每州都有一個以主要都市為主、又能與其他城市銜接的政治中心，改進了以前各地方豪族，割據分治的現象。彼得規定新劃分後的地方區域，根據本州的天然資源與稅收，每年必須對中央政府提供應盡的義務。為了能直接控制每一州的州務，州長 (Gubernator) 們的任命與罷黜都由中央直接控制。且為了避免州長們任久專權，彼得在州長之下，另外設立一個為數八到十二人的省委員會。委員們由本州內各「省」(provintsii) 的代表中選出。名義上，其功能是協助州長治理州政，實際上則是監督其行為。由於每州面積廣大，州長一人無法兼顧；因此每一州又分割成幾個「省」，由省長主理。省下設「區」(uezdy)。為了軍事上補給的考慮，每州內又添設了「都立亞」(dolia) 的軍區。每一軍區由五千五百三十個納稅戶組成。

　　地方政府改革成功的大前提，除了要有一個鞏固的中央政府以外，還要

有一個能公平協調各州之間的利益衝突、公平劃分每州應盡義務的仲裁機構。彼得長年征戰在外，留守的大臣遇有大事都互相推諉，不敢作主。由於舊有的首都莫斯科漸被拋棄不用，新興建的聖彼得堡尚未完工，因此真正的行政中心，就經常以他作戰駐紮的行營而時有所變動。因此在他準備與鄂圖曼土耳其帝國交戰的前夕，為了使他人雖不在首都，但仍能控制國事，又免於腐化的「貴族院」掣肘之虞，乃組織了一個臨時性的「參議院」(Senate) 機構。它的功能，在起初只是當彼得在外作戰時，暫時在首都代他監督國內事務，成員只有九名，與「貴族院」的代表人數相等。所有會議的決議案，要經過全體議員贊成、簽署才算通過。若有任何議員缺席而未簽署者，以無效計。他 1711 年 2 月下令，規定「參議院」可以代他暫行任務的細節，包括：⑴司法；⑵國家的稅收與支出；⑶貴族及其附屬們定期服役事項；⑷隸屬國庫的商務資源；及⑸商品的交換與貿易。命令中特別指出，所有政府部門官員不分大小，必須要像服從他一般地遵守「參議院」的決定。凡是違反該令者，他返回首都後必以死刑處置。他同時也警告參議員們，假如有任何議員有非法的行為，也必會遭遇同樣地懲罰。彼得對「參議院」權威的重視性，可以從他對孟希寇夫的諭旨中看出。孟希寇夫是彼得最依重的大臣，彼得曾警告他說，他雖身居親王之貴（被封為親王），也必須像所有的官員一樣地遵守參議院的命令。

　　「參議院」的主要職責是統籌與監督全國行政；協助彼得籌劃全國預算的機構，則是屬於「貴族院」的「會計普立卡司」。彼得為了提高「參議院」的效率，又特別在其下設立了一個叫做「會計監督」(fiskale) 的新機構，由「會計總監」(oberfiskal) 為首。隸屬其下的，則是分布在各重要地區及商業大鎮的「會計監督」(fiskal) 人員，人數總共超過五百人以上。他們的職務是祕密監督所有有關財政的措施，任何收支帳目在上呈參議院前，必須先經由其檢查核對。凡是發現官吏們在徵取稅收過程中，有虛報收入短缺、中飽私囊，或犯有其他的貪污罪狀時，要立刻提出控訴。假如因控訴獲勝，罰款的一半，則分給「會計監督」作為獎勵。但若審判無罪，提控的「會計監督」也不負任何法律責任。這種有控訴與制裁權、但對自己行為又不負法律責任的祕密警察制度，雖是要去除貪官斂財的陋習，結果卻是矯枉過正，反而違害了正

常的行政效率。「會計監督」假公濟私，栽贓嫁禍之冤獄，也累見不鮮。

　　「參議院」制度施行後，政府行政仍然效能不彰。其主要的原因是職權繁瑣、組織龐大的「普立卡司」各部，處處掣肘所造成。彼得為了要簡化中央政府的組織及更集中擴張其自身的權力，又開始了另一個牽涉甚廣的中央行政改革。1718 年，他派員到瑞典，研究當地的「部院」(College) 制度。此後並在瑞典與日耳曼等地聘請了一百五十名外籍顧問到俄國，開始草擬組織章程，設立以「部院」為行政機構的新制度，代替過去的「普立卡司」。1719 年完成了初步的計劃，其組織與職責劃分為：國務部、外交部、國稅部、司法部、審計部、兵部、海軍部、商業部與礦冶部。

5.教會改革

　　彼得在改革中央政治制度的同時，也進行對教會的改革。重組「參議院」的計劃中，除了要設立九個主管各項事務的行政部門，也曾有組織一個宗教部門管理東正教各項事物的建議，但未被彼得立即採取。當時俄羅斯教區的總主教阿椎恩 (Adrian) 去世後，彼得只命令立亞贊教區的大主教斯提芬‧亞沃斯基 (Stefan Iavorsky, 1650–1722) 代理。總主教所遺留下來的位子，一直就懸空不補。彼得在 1719 年授意亞沃斯基開設籌劃設立「宗教部」(Ecclesiastical College)，隸屬於「參議院」的管轄之中。但它一直到大主教西奧番訥斯‧普若克波威其 (Theophanes Prokopovich) 所編撰的《宗教法則》(*Ecclesiastical Reglament*) 完成、公布後，才在 1721 年 2 月 14 日正式成立。彼得親自參加組成典禮，宣諭這一個新部門應與「參議院」中其他各部門一樣地受到尊敬。他並將以前的「總主教座」(Patriarchate) 取消，以十到十二位教士組成的「神聖宗教議會」(The Holy Synod) 替代，負責宗教信仰與儀式方面的事務。另外，政府指派一名非教士的世俗官吏作「總監」(Ober-Procurator)，監督「神聖宗教議會」管理教務。彼得認為改組後的議會式組織，遠比一人獨裁的總主教制度，更能保障人民的信仰。「因為有了一個議會式的宗教組織，就會使得國家免於宗教獨裁者所引起的煽動及紊亂的恐懼。由於普通百姓無法分別君主與宗教的威力，他們會被大主教的榮耀所迷惑，把他當作是另外一個君主，認為他與國家的君主平等或甚至更為超越，錯把宗教世界當作是另一個更好

的國家。」⓱彼得為了要維護他個人的集權，必須屈服與其對抗的神權。改革後的俄羅斯東正教教會，便從此成為世俗官僚體制中的一個部門，失去了宗教上的自主權，成為輔助中央集權的工具之一。「神聖宗教議會」一直到 1917 年的革命後，才被取消。

6.曆法及其他改革

俄羅斯的古紀元是根據《舊約》中的〈創世記〉開始算起，故計日混淆；彼得大帝在 1699 年 12 月 20 日，下令取消這個陳舊的紀年制度，採取了當時歐洲通用以耶穌出生開始計算的紀元。他說：今年 (1699) 是耶穌第一千六百九十九年的誕辰，1700 年的 1 月 1 日則是一個新紀元的開始。為了要慶祝這個美好的日子，他特別命令各政府部門，都要採用新曆法，以 1 月 1 日為新紀年的開始。為了要紀念這個吉祥的開端，他又規定在首都與莫斯科等重要城市的街道上、有錢人的住宅、教堂等，都要用松樹枝或柏樹枝為裝飾來慶祝；貧窮人家至少也要在門口放棵樹或是樹枝。這些裝飾物，要從 1 月 1 日保持到 1 月 7 日。紅場上也點燈照明，並鳴放槍砲祝賀。凡是貴族、侍衛、重要官吏與富豪人家有火槍或其他火器者，可以發射三次，或根據自己彈藥所有的存量盡情放射。⓲為了要慶祝新紀元 1 月 1 日來臨的儀式，大家見面都要互相問好。

不過，彼得並不知道當時的歐洲國家，因為宗教信仰的關係，已經各自採用不同的紀元制度。原先使用的「朱里安」曆法是凱撒大帝在西元前 43 年所創；它將每一年劃分為三百六十五・二五日。但真正精確的計算，則每年應是三百六十五・二四二一九九日。因此每年的誤差是十一分十四秒；每一世紀的誤差是一天半；每一千年，則多達七日。一直到十六世紀天主教教皇格瑞戈里十三世 (Gregory XIII,1572–1585) 時，才又重新修訂，在 1582 年修訂完畢，教皇下令此後的紀元，便以新曆法為依據。由於格瑞戈里是曆法修訂的發起者，所以命名為「格瑞戈里曆法」(Gregorian Calendar)。但是當時的歐

⓱ James Cracraft, *The Church Reform of Peter the Great*. Standford, Calif., Standford University Press, 1971, p. 162.

⓲ Basil Dmystryshyn, p. 14.

洲，因為基督教宗教革命的影響，已分為羅馬公教（天主教）及新教 (Protestant)
不同的派別。因此教皇的命令，起先只在天主教國家中執行，基督教新教的
國家，較遲採行。法國、西班牙、葡萄牙、義大利等天主教國家，在 1582 年
便隨即採用了「格瑞戈里」的新曆法；丹麥、荷蘭、日耳曼境內的新教國家，
則自 1700 年開始陸續採用；英國要到 1752 年，瑞典要到 1844 年才正式使用
「格瑞戈里」新曆。彼得所考察之國，多信奉基督新教，沿用「朱里安」舊
曆法，因此他便將其採作為俄羅斯的紀元制度。一直到了 1918 年的布爾什維
克革命成功後，才改用了「格瑞戈里」新曆。

　　彼得也進行了俄羅斯字母的改革，他命令以拉丁字母為準，將原來的「古
教會斯拉夫」字母加以簡化。改革完成後，他在 1710 年親自批准，作為所有
非宗教性印刷的依據。

　　他又認為諸子均分父親財產的繼承制度，不但破壞了原有繳稅額的保障，
土地越分越少也折散了家庭，使得人人最後變成貧戶，養成了懶惰的惡習慣，
因此他在 1714 年 3 月 23 日，頒布了長子繼承權，以求保障家產與農地的完
整性。

七、彼得的繼承問題

　　彼得的各項改革、對外持續的戰爭、沉重的賦稅、不停的徵兵，使得俄
羅斯的人民不堪負荷。農奴逃亡、哥薩克在西伯利亞與頓河等地的變亂，都
是對他苛政的反抗。「普力歐布拉鎮斯寇軍團」祕密收集的情報中就有農婦們
抱怨沙皇虐政的報告：「上帝怎麼會送像他這樣的一個人來作沙皇？我們的農
社向來就沒有過這樣沉重的負擔。我們的兄弟、農民們無法休息。他是個什
麼樣的沙皇呀？他將我們的農民驅離了家園，俘虜了我們的丈夫去當兵，使
我們及我們的孩子變得孤苦無依，讓我們有流不完的淚。」❶❾人民對他下令著
西服、剃鬍鬚與抽煙等等的改革，尤其反感，懷疑他是不是真的俄羅斯沙皇。
當時民間就流行著一個謠傳，說彼得在出國考察時，被瑞典俘虜，釘在一個

---

❶❾　Jesse D. Clarkson, *A History of Russia*, p. 219. 轉引 Soloviiev, Sergi M. Soloviev.
　　History of Russia From the Earliest Times. Vol. 15, 1368–1368.

櫃子裡，被丟到了海中，任其飄流而死，現在統治俄羅斯的是一個假冒的彼得。又因為彼得向來就輕視東正教，教士們就說他是反基督者降世，要毀滅俄羅斯，人民因此就更加怨恨了。政府雖將這些反政府的教士處死刑或放逐到西伯利亞去，但仍無法阻止類似說法的傳播。雖然這些民間的反抗，力量都不足以推翻彼得的政權，但也成為了他的隱憂。他擔心在他死後，是否能有一個和他一樣強有力的繼承者繼續進行他在世時所發動的改革。他與他兒子阿列克西斯的悲劇性關係，便種因於此。

彼得是在 1689 年奉母親之命，娶了屬於服役貴族家系的尤都希亞‧樓普奇納為妻子。次年，長子阿列克西斯出生；1691 年，他再獲一子，但隨即夭折。彼得因經常在外，二人婚姻並不如意。阿列克西斯隨母親在克里姆林宮中長大；他生性軟弱，尤其討厭軍事。彼得自歐洲返國後，藉故將皇后貶入修院為尼後，要自己培養太子，把他訓練成一個強有力的繼承者，能繼續推動改革。他為阿列克西斯娶了一位日耳曼的公主索菲亞‧夏洛緹 (Sophia-Charlotte) 為妻，希望他能藉此與有尚武精神的日耳曼國家多接觸。不過因為個性使然，他對於軍事及國家大政依舊漠不關心。彼得為此非常震怒，曾經警告他說：「因為你缺乏意願去學習軍事，所以你不會自動自發地去學習，結果當然是你永遠學不到它們。你這樣怎麼能指揮別人？怎麼來判斷功過？如何論功行賞、懲罰失職者呢？你會像是個張嘴待哺的雛鳥一樣，除了靠別人的幫助外，自己什麼也不會做，什麼都不能判斷。」[20]

阿列克西斯妻子夏洛緹在 1716 年產下一子後隨即死亡,彼得立刻命名此嬰兒為彼得，希望他長大後能繼承帝位。不但彼得一直就有擔心其子過於軟弱，無法擔當大任的憂慮，阿列克西斯本人也曾經向他父親表明過，說他無意於俄羅斯的皇位，只希望能安靜的過一生。因此當阿列克西斯有兒子後，彼得便有廢太子、而立太孫為繼承者的打算。他特別警告阿列克西斯說，假如他不能發憤圖強、改變性格準備作繼承人的話，將會被放逐到修院為僧。彼得在 1716 年再度到歐洲去考察時，命令阿列克西斯隨後趕往陪伴；但阿列克西斯卻乘機離開俄國，逃亡到維也納的妻舅、也是神聖羅馬帝國皇帝查里斯六世 (1711–1744) 處躲避。彼得聞此大怒，認為阿列克西斯私通外敵，顯然

[20] Peter's Declaration to Alexis, October 11, 1715. Dmytryshyn, vol. II, pp. 24–25.

有叛逆的意圖，乃派兵前去興師問罪。最後阿列克西斯獲得彼得不對其逃匿行為加以判處的保證下，才答應在 1718 年初返國。

阿列克西斯回國後，被公開宣布無罪，獲得到赦免。不過他母親尤都希亞·樓普奇納及其他的黨羽都因意圖協助太子逃亡、圖謀不軌之罪，受到了拷打的嚴刑。尤都希亞最後被貶放到北部的拉都夾 (Laodga) 湖畔，永世不得返回莫斯科。不過她在孫子彼得二世即位後被赦免回京，於 1731 年安娜女皇在位時逝世。

但是彼得並沒有信守不處罰的承諾。首先，他在 1718 年強迫阿列克西斯當眾承認他有叛逆的企圖，然後免除他太子的頭銜，轉讓給彼得與他第二位妻子凱薩琳所生的兒子彼得·彼得羅維其 (Peter Petrovich)。然後指派了一個為數一百二十七名審判官的法庭，以極刑拷問他叛逆的根由。假如叛逆屬實，必處以死刑。彼得指示說：「因為只有這樣，我們在世界最後審判時才可以無愧良知，使我們的祖國不受到損害。」審判結果，全部法官無異議地通過阿列克西斯，因對父親及全國的國民有圖謀不軌之罪，應判處死刑。但是彼得為了親自拷問阿列克西斯，套出更多共犯者的姓名，沒有立刻批准死刑，只將他囚禁在聖彼得堡的彼得·保羅監獄中，多般折磨。彼得正式簽署死刑後，曾在 1718 年 6 月 26 日前夕，親自前往探監。阿列克西斯膝蓋跪地，匍匐於彼得面前，承認叛逆之罪，但求原諒、願能速死。彼得離開後，阿列克西斯旋即被宣告死亡。他判處的死刑，因此不必正式執行。

阿列克西斯死亡後，彼得的繼承問題並未解決。雖然彼得曾在 1718 年免除阿列克西斯太子的地位，轉封凱薩琳的兒子彼得·彼得羅維其為繼承人；但他不久之後即死亡，從此彼得就沒有再任命任何人為他的繼承者。暗中覬覦皇位者甚多，除了皇后凱薩琳及她的女兒們、皇兄伊凡五世的女兒們外，還牽扯著許多外國勢力的干涉。彼得死前一直為繼承問題憂慮。

彼得·彼得羅維其的母親凱薩琳，原名為瑪薩 (Martha)，出身於立陶宛農家；成年後在路德教教士古勒克 (Gluck) 家中幫傭。由於頗具姿色，被彼得的親信亞歷山大·孟希寇夫看中，收為情婦；後被彼得所見，也為其姿色動心，孟希寇夫乃在 1703 年慷慨轉送。彼得廢黜皇后尤都希亞·樓普奇納後，瑪薩便經常在他身旁，陪伴他東征西討、轉戰各地。當彼得脾氣暴躁、無法

控制時，只有她可以平服他。彼得在她 1712 年生了兒子後，便正式與她成婚，改名為凱薩琳，並皈依東正教。彼得對她寵愛有加，莫斯科的冬宮 (Winter Palace) 與夏宮 (Summer Palace)，以及聖彼得堡的凱薩琳宮 (Catherine Palace)，都是彼得為她所建。彼得與凱薩琳除生有彼得外，另外又生了一個男孩叫保羅，及安娜與伊麗莎白‧彼得羅夫娜 (Elizabeth Petrovna) 兩個女兒。彼得與保羅都未成年即夭折而死；安娜與伊麗莎白則健康成長。安娜長大後，嫁給霍斯坦‧句托普 (Holstein-Gottorp) 公爵為妻；伊麗莎白則終生未嫁。此後彼得與凱薩琳就沒有再生兒子，彼得仍然沒有直接的繼承者。

彼得同父異母的兄弟伊凡五世也有兩女。一是凱薩琳，另一是安娜。彼得將安娜下嫁給波蘭屬國寇爾蘭德公爵國、新鰥的腓特烈為妻；凱薩琳嫁給日耳曼的麥克楞堡國的公爵卡爾‧勒波德。她們都可能是彼得死後的皇位繼承者。

羅曼諾夫王朝向來沒有制定出皇位的繼承法，因此每當皇位懸空要遞補時，總會產生為權力而鬥爭的危機。彼得在 1725 年 1 月死亡。他在臨死前因情勢所迫，不得不託付後事，但只說了「我將所有交給……」便斷氣而死。在 1724 年才被正式加冕封為皇后的凱薩琳及其黨羽、伊凡五世家的外戚朋黨、彼得在世時被壓抑的貴族，以及保衛宮廷的禁衛隊軍，都蠢蠢欲動，要搶奪沙皇之位。皇后凱薩琳雖在禁衛軍的支持下，即位為凱薩琳一世，暫時穩定局面，但此後政權持續動盪不安。彼得大帝的各項改革，也因此中斷。一直要到凱薩琳大帝即位時，才重新整頓局勢，繼續彼得未完成的遺志。

八、彼得大帝的歷史評價

彼得雖然將俄羅斯從一個落後的國家，提升到一個不再被歐洲世界忽視的大帝國，但其改革所動用的人力、消耗的財力，及實行新政時不顧民怨的強制手段，也是俄國人民前無所有的浩劫。「火槍軍團」、哥薩克族等的叛變、舊信仰者與農民的大批逃亡以及最後與太子叛逆案有關的牽連事件，都是反對他暴政最好的證明。彼得本人也知道國內普遍存在的不滿情緒，因此他除了將親信的「普力歐布拉鎮斯寇」禁衛軍轉變成為一個刺探民情的祕密機構

外，另設一個專門審判褻瀆沙皇及叛國的祕密法庭 (Secret Chancellery)。此外，他更命令教士們在聽取信徒懺悔後，若有大逆不道的言辭，須立刻向政府告發。在這種受壓榨、服勞役與生活在恐怖的氣氛下，當時的人民為了求生存，對他除了歌頌功德外，縱有不滿，也不敢有負面的批評。不過也正因為他對俄國的貢獻，及為了達到這目的的殘忍手段，彼得在俄羅斯歷史中，一直就有褒與貶的兩個極端評價。

　　彼得同時代的經濟學家伊凡·波叟士寇夫在他的《論貧窮與財富》一書，就極力推崇彼得的改革。波叟士寇夫出身農民，靠自己努力求學，進入政府工作，因此對彼得的改革有親身的體驗。他發覺貴族官僚及教士等統治階級的顢頇與腐敗，深以為憂，擔心新政會因此失敗。他著書的目的，就是想喚起彼得的警覺，不能中途而廢。彼得死後，他立即被捕，禁錮於彼得·保羅監獄中，1726 年死於監獄。他在書中贊成彼得的每一項改革，推崇他的中央君主集權體制。他說他要把他的書獻給這個像上帝一樣、熱愛真理、永恆的支柱、屬於所有俄羅斯人民的偉大沙皇彼得大帝。他在推崇彼得改革的政策時，有時也不免質疑其施行的效果。不過他把這些失敗的原因，歸諸到執行者的阻擾與無能，而不是彼得的過錯。他說：「這偉大的主宰者，缺少正直的積極支持者。所有法官的行為都是詭譎欺詐。我們都很明顯地看出我們偉大的君主如何努力，但因為沒有太多忠心助理的幫助，結果卻是一事無成。在這種情形下，他怎麼會成功呢？」他對於彼得推動農業改革時，農民們在政府與地主雙重剝削而赤貧如洗的結果，尤其感到氣憤。他認為彼得過於重視貴族地主與軍事上的利益，而將農民交由地主直接管理，是導致政策錯誤的癥結。他說：「保護農民的，應該是沙皇，不是貴族與地主。因為貴族與地主只不過是暫時，而沙皇才是他們永恆的管理者。農民的富有，就是沙皇的富有；農民的貧困，也就是沙皇的貧困。因為這個原因，沙皇不應該只關懷貴族與軍人，也同時要關懷商人與農民。這樣的話，他們才會生活較為富庶，而不至於淪入貧窮的地步。」**㉑**

　　在自認是彼得大帝改革的直接繼承者凱薩琳時代，因為受到西方理性主

㉑ *Kniga o skudosti i drugie sochineniisa, A Book on Poverty and Wealth and Other Works*. Moscow: Akadeniia Nauk, 1951, Dmytryshyn 英譯, pp. 42–49.

義的影響，這時的歷史學家們對彼得的評價比較客觀。密開爾‧契爾巴托夫
（Mikhail Shcherbatov, 1733–1790) 親王，便是代表著此一態度的歷史家。首
先他稱讚彼得對俄國的貢獻：經由這位君主的努力與操勞，俄羅斯在歐洲中
成名，並影響它們的事務。俄羅斯的軍隊接受適當方式的組織，它的艦隊布
滿白海與波羅的海。依靠著這些武力，它征服了波蘭與瑞典等以前的敵人及
侵略者，也佔據了重要的領土及海港。科學、藝術與工藝開始在此時發揚。
商業使得它（俄羅斯）富庶。俄羅斯人也被教化而轉變了，他們從蓄鬍變成
剃刮乾淨的男人，從穿長袍變成穿短套的紳士。他們變得比較會社交，也知
道了合乎禮貌的儀態。

　　不過他對於彼得在生活習俗上的改革，則相當不滿，批評它們過於膚淺。
他認為上層階級為了討好彼得，便迎合時尚、故意標新立異來互相爭寵，結
果造成了俄羅斯傳統道德的淪落。他說：「貴族大臣們對君主的忠貞，並非真
為君主，而是為了本身的利益。這樣的忠貞，不是來自於一些真正敬愛國君
及其榮耀，一切以國家利益為出發點來考量，而是一群奴婢及唯利是圖者。
他們會為了本身的私利而犧牲一切，以卑鄙性的熱忱來矇蔽與欺騙君主。」在
這種情形下，於是宮廷中充滿著阿諛與自私、視真理為糞土的小人。討好君
主等各種邪惡習氣，也蔓延到各貴族家中。❷

　　俄羅斯的第一位歷史學家尼古拉‧卡拉拇金，受到契爾巴托夫很深的影
響。他對彼得的功過也有相似的公正評價。他說彼得毫無疑問地是一個偉大
的領袖，他吸取了歐洲的文化與風俗，展開了對俄羅斯的改革，使其變得更
強大，成為當時歐洲列強之一。不過他認為彼得對歐洲文化過度嚮往，且以
政府的力量企圖將其全部轉移到俄羅斯來替代俄國傳統文化與習俗的各項措
施，是件違反理智、無法想像的舉動。他說：「我們雖然成為了世界性的公民，
但卻損失了俄羅斯民族的優良特性。」他尤其批評彼得將西方社會倫理觀念介
紹到俄國的反效果。因為在這些影響下，「我們的婦女們，再也不會被男人放
肆的邪視而感到羞澀。歐洲式的自由替代了亞洲文化的含蓄，……我們雖然
獲得了社會倫理規則，卻遺失了文化中的教養」。他對於彼得在內瓦河旁沼澤

---

❷　Prince M. M. Scherbatov, *On the Corruption of Morals in Russia*. trans, Al Lentin.
　　Cambridge, UK: Cambridge University, 1969, pp. 144–146.

之地，興建聖彼得堡更是深惡痛絕。他問：「多少人命在此死亡？為了滿足他私自的意願，到底要消耗多少的財力與勞力？聖彼得堡是建築在淚水與屍骸之上的。」❷❸

　　彼得在歷史上的地位，到了 1830 年代時，因為俄羅斯的知識分子對於俄羅斯文化屬性的不同看法，再度成為爭辯的主題。不論個人所屬的論點如何，大家都爭相以彼得改革的功或過為主題，作為強調自己堅信正確的歷史根據。「親西方者」(Westerner) 因為瞻仰西方文化，希望能繼續接受西方文化來轉變俄羅斯，所以奉彼得為歐化的開創者，對其特別推崇。彼得·查達耶夫 (Peter Chaadayev, 1792?–1856) 就是其中最典型的代表。首先他強調俄羅斯三百餘年來，就一直嚮往歐洲的文化。但是真正能排除國內迷信的傳統，以歐洲文化為主，來開創俄羅斯新局面的只有彼得大帝。他說：

> 過去的三百餘年中，俄羅斯一直就殷切地想與西方連接在一起。在這三百餘年中，它承認自己不如西方，要從西方吸取了它所有的思想、教育，以及它所有可以享樂的事物。在我們所有的帝王之中，只有一個是我們值得榮耀、像神一樣的最偉大的君王。他在一百年以前，面對著所有的世界，拋棄了古老的俄羅斯，替我們開創了一個新紀元。因為他，我們才有現在擁有的偉大與美好事物。他用強有力的一口氣，便吹散了我們的古老制度。他在我們的過去與現在之間挖掘了一條鴻溝，將我們所有的舊傳統全部拋棄於其中。他把自己屈就成為一個卑微的人，自己到西方去學習。回來後，他成為了我們最偉大的領袖。他將西方的習俗傳入成為我們的習俗。他也根據西方的寫作方法來改革我們的寫作習慣。他厭棄我們祖宗的衣著，命令我們學習西方的穿戴。他用西方的名字作我們首都的名字。他拒絕自己傳統的「沙皇」頭銜，改用了西方「皇帝」的名稱。最後，他還放棄了自己的名字，改用西方的名字簽字。自從他那個時候開始，我們的注意力，就一直轉向面對西方。我們所吸收的沒有一樣不是來自於西方。只有它們，

❷❸　Richard Pipe, *Karamzin's Memoir on Ancient and Modern Russia*, Cambridge, Mass., Harvard University Press, 1959, pp. 123–125.

才是我們生活的依據。那些向來就比我們前進、也向來不管我們的意願強迫我們就範、經常鞭策我們的國家王公們，現在也開始將西方的生活、語言及顯赫的成就強壓制到我們身上。我們從西方書本中練習閱讀，我們向西方人學習說話。西方人教導我們的歷史。從西方我們吸取了一切，我們將它們全部移植過來。最後，我們以與西方相似而快樂。當西方把我們當成是它們一分子時，我們感到非常驕傲。你必須承認這是彼得大帝的偉大創造。❷

與「親西方派」意見相反的「親斯拉夫派」(Slavophilism)，緬懷著過去貴族階級掌權的時代，認為彼得大帝的西化，中斷了俄羅斯的傳統文化，是導致目前各種危機的主要原因。康斯坦丁・阿克沙寇夫 (Konstantin Aksakov, 1817–1860) 是其中的一個典型代表。他說在傳統的俄羅斯社會中，君主與貴族們實行「維其」的會議制度，共同攜手一起治理國政、照顧百姓，因此國內毫無紛爭。彼得即位開始改革，首先實行個人獨裁的中央集權，摧毀了貴族階級協同沙皇的合作體制；接著以政府權威推行的社會改革，更是破壞了俄羅斯立國的文化基礎。他批評彼得改革社會習俗的作法，是膚淺無知，罔顧人民的感受。說他利用人民就像是建築師利用磚頭一樣地，只為了滿足自己的私慾。結果是「消除了以前君民之間天然的互助與融洽，用沙皇壓制人民的沉重枷鎖為替代。俄羅斯的土地變成為了被征服的土地；政府執行的法律是征服者的法律。因為只有這樣，俄羅斯的君主才獲得了充滿貪婪的獨夫頭銜，把以前的自由人民，變為束縛在土地上的奴隸」。❷因此他覺得取消彼得的改革，恢復以前固有的制度與傳統、尤其是貴族主導的「全民大會」式的代議體制，才能重建君民之間的融洽，形成一個祥和的社會。

其實，「親西方派」與「親斯拉夫派」兩者選擇性的褒貶彼得，以符合本身意識形態的論點，都偏於主觀，反而掩飾了彼得大帝在歷史中的真面目，

---

❷ Mary–Barbara Zeldin, *Peter Chaadayev: Philosophical Letters and Apology of a Madman.* Knoxville, Tenn. The University of Tennessee Press, 1969, pp.165–166.

❷ Richard Hare., *Pioneers of Russian Social Thought*, New York: Random House, 1964, pp. 170–172.

使其難以獲得公正的評價。這要等到了十九世紀俄國歷史學家瑟爾基・索羅
維耶夫 (Sergi Soloviev, 1820–1879) 的研究，才漸漸有了較公允的看法。他在
1868 年出版的十八本巨冊俄羅斯歷史中，對彼得在俄國歷史中的貢獻，提出
了綜合性的結論。他說，縱然在全人類的歷史中，也找不出另外一個像彼得
大帝一樣，能在這麼短的一段時間中接受這麼多的新觀念，而且將它當作改
革的藍圖，影響了整個俄羅斯後世歷史演進的領袖。他的改革，「使得一個以
前貧窮與默默無聞的國家，不但在歐洲文化的舞臺上站穩了自己的腳步，而
且更在其政治勢力範圍中獲得了有影響力的地位；也使得以前被分割為二的
歐洲，由於斯拉夫民族的合作活動，結合為一；俄羅斯人也因為斯拉夫族佔
多數，成為了關心歐洲事務的一分子」。❷

　　他雖然強調彼得改革的創新性，但也沒有忽視以前俄羅斯統治者與西北
歐文化交流的結果，幫助他奠定新政的基礎。譬如在莫斯科王朝時代的伊凡
三世與四世、羅曼諾夫王朝的開創者密開爾、彼得父親阿列克西斯、姐姐索
菲亞等都已經開始向西方學習。彼得的重要性，則是他在歷史上承先啟後的
樞紐地位，他一方面以自己的果斷性格，開創了俄羅斯歷史中前所未有的盛
世，另一方面也繼承了先人的遺志，展開俄羅斯的新局面。

　　彼得的改革是否是根據一幅早已經草擬好的藍圖，以有系統的方式，去
達到終極的目標？克柳切夫斯基不認為如此。他說，不容否認地，彼得的改
革是有其偉大的成就，不過他並沒有一個通盤的計劃。他改革的目的是有感
於國內制度落伍，完全無法對抗外來的軍事威脅，因此非立刻不擇手段的迎
頭趕上。取得勝利是他改革的主旨。縱然在外有強敵臨境，內有哥薩克等變
亂的困苦危機下，他也絕不退縮的繼續推動各種革新計劃。因此，他的許多
改革是解決當前問題的權宜之計，前後也不一定一致，更有互相重疊之累。
他改革的手段有時雖然過於殘酷，毫不考慮民力是否可以負擔，不過他能在
有生之世，完成了幾世紀才可能將俄羅斯轉變成為歐洲列強之一的大業，絕
對是一個無法磨滅的貢獻。就這一點，大帝的封號絕對是當之而無愧的。❷

　　蘇聯時代的歷史學家，在馬克思主義史觀的侷限下，將彼得歸類為封建

❷　Sergi Soloviev, pp. 210–212.

❷　Kluchevsky, *A History of Russia*, vol. 4, pp. 212–215.

制度中地主階級與小資產階級利益的維護者，對他的評價並不太高，不過卻
特別稱讚他為了要達到改革俄羅斯鄙習而不擇手段的極端作法。列寧在 1918
年就訓示他的黨徒們，一定要效法彼得的精神，採取激進的方法來徹底改革
俄羅斯的野蠻文化。**㉘** 史達林曾拒絕與彼得大帝相比，不過他對於彼得能在
極短的時間中建立一個強大的俄羅斯帝國，則非常推崇。尤其當他不惜任何
犧牲都要達到工業化目的而推動的五年計劃 (1929–1934) 時，彼得大帝更成
為了全國效法的楷模。巴咨勒維其 (K. Bazilevich) 的論點，代表著當時蘇俄共
產黨對彼得歷史地位的代表性評價：

> 彼得大帝的重要改革，乃是俄羅斯歷史演變中所無法避免的。他滿足
> 了國家在當時社會與經濟情況下的需求。綜合其一生，彼得一直就針
> 對著落伍的經濟、軍事、政府的結構、文化等問題，進行著一場無情
> 的戰爭。他改革的目的，乃是要建立一個強大的俄羅斯，使其不但能
> 保護本身的重要利益，並足以在列強之中佔有一席重要地位。**㉙**

㉘ Cyril E. Black, *Rewriting Russian History: Soviet Interpretations of Russia's Past*,
New York: Random House, 1962, p. 238.

㉙ ¹K. Bazilevich, "Petr Veliki(Peter the Great)," *Bolshevik*, XX, 17(1943), p. 64. 轉
引於 Cyril E. Black, *Rewriting Russian History: Soviet Interpretations of Russia's
Past*. P. 253.

第八章 「宮廷革命」時代：彼得大帝的繼承者

一、凱薩琳一世

　　彼得自從以謀反的名義，將太子阿列克西斯下獄、判處死刑後，就一直沒再重新指定繼承者。因此他死亡時，皇位頓成空懸。當時有資格可以繼承者，以彼得的妻子凱薩琳及孫子彼得，與伊凡五世的後裔兩系為主。彼得的遺孀凱薩琳在他死後即位，為凱薩琳一世 (Catherine I, 1725–1727)。她死後，由彼得的孫子繼任，是為彼得二世 (Peter II, 1727–1730)。他死後，伊凡五世的女兒安娜即位 (Anne, 1730–1740)。安娜在彼得大帝在世時，為了要拉攏日耳曼地方國家，嫁給寇爾蘭德的公爵腓特烈為妻，由於彼得二世沒有子嗣，所以他死後，就由她返國就任女皇之位。她死後，由伊凡五世的曾孫即位，是為伊凡六世，只在位一年 (1740–1741)。此後，沙皇位子的繼承者，又轉由彼得與凱薩琳所生的女兒伊麗莎白・彼得羅夫娜 (1741–1762) 承繼。她因未婚，也無子嗣，故死前便指定她妹妹安娜之子為繼承者。他即位後，是彼得三世 (Peter, III, 1762)。即位後猝然死亡，沙皇之位乃由他的日耳曼妻子索菲亞繼任。索菲亞以凱薩琳為帝號，是凱薩琳二世 (Catherine II, 1762–1796)。她從 1762 年即位，一直到 1796 年死亡時為止，統治俄羅斯長達三十五年之久；她不但終止了彼得大帝死後、雜亂無章的皇位繼承危機，也重新恢復了彼得的各項改革。

　　從彼得大帝逝世到凱薩琳即位之間、為期三十餘年的混亂局面，是俄國歷史中所稱的「宮廷革命」時代 (Palace Revolutions)。它顯示了俄羅斯的貴族雖在彼得強勢的中央集權政策下喪失了許多特權，但是一旦來自沙皇的壓力減低，他們便會立即反擊，企圖恢復以前與君主共同治理國政的傳統。雖然

他們因本身有新、舊貴族之間的衝突沒有徹底成功，不過也奪取了許多特殊的利益。到了凱薩琳二世的時候，更甚至解除了必須向政府服終身軍役的義務。在政治上，他們雖然沒有達到與沙皇共治俄羅斯的目的，但在社會與經濟上，卻獲得了前所未有的特權。「宮廷革命」也凸顯宮廷的禁衛軍，再度以軍力干涉國政、隨意擁戴沙皇的專橫態度。這幾乎是伊凡四世與彼得一世幼年歷史的重演。彼得為了親自掌握軍權，因此在剷除「火槍軍團」後，特地創建「普力歐布拉鎮斯寇軍團」與「斯密諾夫斯克軍團」為禁衛軍。但在他死後，這兩個軍團反成為皇位繼承鬥爭時動盪不安的主要因素。

彼得死後的繼承問題之所以如此混亂，他本人要負很大的責任。他在1722 年 2 月 5 日時，曾宣布所謂的「二五詔令」，推翻以前當皇位空懸時，由「全民大會」推舉沙皇的舊制，而改由現任沙皇親自指定繼承者的新政策。但當他臨死前的一刻並未指定繼承者時，只說了「我將所有交給……」便嚥氣死去，所要繼續、但未說出的話，到底為何，只好任人臆測了。爭奪皇位的各黨派，都自稱能揣摩聖意，隨意解說，作為誰是合法繼承者的根據。

彼得死後爭奪皇位者，以他的廢后尤都希亞及皇后凱薩琳兩派為主。擁戴廢后者多屬殘餘的舊「博亞」貴族，如葛立欽與道格如其 (Dolgoruki) 等族的親王。他們認為尤都希亞被廢及太子阿列克西斯被削封號而下獄至死之事，都因反對彼得西化政策而造成；而他們這些「博亞」本身的地位與利益，也因彼得偏好日耳曼人的政策被削減甚多，對於廢后及太子等遭遇非常同情。同時，他們也堅持依據傳統，強調皇位的繼承者，應以直系為尊。他們擁戴羅曼諾夫王朝唯一僅存的皇太孫彼得繼任，希望能藉此恢復以前參政的特權。

支持皇后凱薩琳繼承皇位的另一派，是以皇后本人及彼得大帝生前最倚重的孟希寇夫為首。凱薩琳原是孟希寇夫的情婦，後因獲得彼得歡心，才由孟希寇夫轉贈給彼得。凱薩琳自從跟隨彼得後，便經常陪伴他征戰各地。當彼得與鄂圖曼土耳其帝國在 1712 年，進行最激烈的一場戰爭時，因感謝她在旁相守而娶她為妻。不過正式加冕封為皇后則延遲到 1724 年才舉行、離彼得死期只不過幾個月而已。彼得雖未曾明言，但該加冕典禮則廣被認為是彼得指定她為合法皇位繼承者的表示。凱薩琳是日耳曼人；彼得賴以推動改革的支持者以日耳曼人居多；替他負責訓練新兵者，也是以日耳曼軍官為主；他

所創的「普力歐布拉鎮斯寇軍團」的侍衛指揮者，更是來自他兒時玩伴的日耳曼人。因此支持凱薩琳者，主要是新興的服役貴族。他們強調彼得的改革必須繼續。

兩派鬥爭的結果，是以孟希寇夫為主、由「普力歐布拉鎮斯寇」禁衛軍軍力為後援的皇后派獲勝。「參議院」委員於 1725 年 1 月 25 日，在宮廷祕密集會，強調彼得在 1724 年所舉行的封后大典，已經明顯指定凱薩琳為繼承者，因此在他死後應該立刻承繼大統。「參議院」隨即宣布凱薩琳為「全俄羅斯的君主」，繼承彼得成為凱薩琳一世。她即位後，朝政完全由擁戴有功的孟希寇夫等及「普力歐布拉鎮斯寇」禁衛軍所專斷。自己除了感謝寵信與賄賂親信、縱慾、揮霍外，其他皆不聞不問。據當時外國駐俄使節的報告說，在短短的兩年之中，凱薩琳花在自己享樂及恩寵者身上的錢，竟高達六百五十萬盧布之多。

二、彼得二世與安娜

凱薩琳與彼得生有兩個女兒，一個是安娜，一個是伊麗莎白；所生的兒子彼得夭折，因此沒有子嗣繼承。凱薩琳死前，就預先安排了繼承者，以免再發生一次皇位繼承的危機。安娜在 1724 年下嫁霍斯坦公爵時，放棄了俄羅斯皇位的繼承權，並將其轉讓給妹妹伊麗莎白；不但如此，她也宣布她的子孫們也不再有資格繼承俄羅斯的皇位。因此凱薩琳乃指定伊麗莎白為繼承者。但以舊貴族為主的廢后尤都希亞黨羽，如葛立欽及道格如其等，都極力反對。且當時輿情譁然，認為彼得大帝之孫、廢太子阿列克西斯之子的彼得，年已十二歲，應該被指定為唯一的合法繼承者；縱然是宮廷的禁衛軍，也支持此立場。廢后黨的支持者，於是異想天開地建議，輩分是外甥的彼得應先與十七歲的姑姑伊麗莎白結婚，然後共同執政，治理俄羅斯。由於伊麗莎白堅決反對，才告放棄。皇后凱薩琳的寵臣孟希寇夫則提出另一條件，即是彼得若能與他十五歲的女兒成婚，則他將支持彼得為凱薩琳的繼承者。各派自說自話，皇位繼承問題因此一直無法妥善安排。直到 1727 年凱薩琳臨死前，才獲得協議。規定凱薩琳去世後，彼得應接任為沙皇；但若彼得死後無子嗣，則

須依安娜、伊麗莎白及彼得的妹妹娜塔麗亞 (Natalia) 的次序，遞補沙皇的位子。

　　凱薩琳在 1727 年 5 月去世，年方十一歲的彼得即位，是彼得二世。道格如其利用其女凱薩琳為彼得的未婚妻乘機奪權。他為了擺脫聖彼得堡中服役貴族們所施與的壓力，乃先將首都遷回莫斯科，然後清除孟希寇夫的勢力，將其放逐到西伯利亞。他壟斷朝政後，取消了許多彼得大帝時候所頒布的新政。彼得二世於 1730 年 1 月，因受風寒得疾、再加上天花之症，在該月 19 日死去。為了要爭奪空懸的沙皇位子，宮廷中又一次發生了繼承的危機。有的「博亞」舊貴族乘機建議廢后尤都希亞應該入繼大統，但因反對者眾多，未被接納。道格如其則不顧凱薩琳死前各派的協議，即是在她死後應先由安娜繼承的規定，突然宣布他女兒既已是彼得的未婚妻，故應有特別優先繼承權；但也在反對聲中被迫取消。反對者認為羅曼諾夫既已無男系繼承，彼得大帝的女兒們應該成為沙皇候選者。以葛立欽為首的舊貴族們認為，上帝因要處罰彼得之后凱薩琳女皇以外族入繼大統之罪，故斷絕俄羅斯帝系，因此彼得二世的繼承者，必須要與羅曼諾夫族有血緣關係；否則，另一次的浩劫將不可避免。

　　當時具此資格的僅存者，有彼得大帝與凱薩琳所生的安娜與伊麗莎白。但他們是在彼得正式娶凱薩琳之前出生的，合法性受到質疑。另外具有羅曼諾夫世系血統的，則是彼得大帝同父異母的兄弟伊凡五世的兩個女兒。她們都被彼得嫁到國外：大女兒凱薩琳嫁給麥克楞堡的勒波德公爵；二女兒安娜嫁給寇爾蘭德的腓特烈公爵。凱薩琳的丈夫是日耳曼人，若她回國承繼皇位，可能造成她死後另一次由外族丈夫繼任的危機，因此不被考慮。安娜的丈夫雖然也是日耳曼人，不過他已經死亡。安娜現年三十六歲，仍可結婚生子、能使俄羅斯的皇位再由羅曼諾夫男系繼承的希望，因此舊貴族們認為她是最適合的人選。不過他們也同時決議，在她來俄羅斯就位前，必須要接受他們所提出的條件，否則就另推選繼承者。

　　舊貴族們獲得協調後，便以「樞密院」(Privy Council) 的名義，選派代表前往歡迎安娜。代表中包括葛立欽、道格如其、立翁提耶夫 (Leontiev) 將軍等「博亞」貴族。他們攜帶密約，前往安娜停留之處，要求她先接受約中所有

條件。這密約中包括四大條件，特別要求她即位沙皇後，在未先與「樞密院」諸商及獲得其同意前，絕對：

1. 不得私自結婚。

2. 不得私自指定繼承者。

3. 不得在與「樞密院」諸商或經其同意前，濫用君主大權。

4. 不得未經樞密院同意，便：(1)私自開戰或媾和；(2)私自增加賦稅；(3)私自隨意加封上校以上的軍階；(4)私自隨意剝奪貴族的生命、財產與榮譽；(5)私自任意賜封領邑；(6)私自擢升任何俄羅斯人或外籍人士擔任宮廷職務；(7)私自動用國庫，滿足個人私欲。

除此之外，並特別要求安娜不得攜同她的倖幸比倫 (Ernst-Johann Biron, 1690–1771)，一起來莫斯科就任沙皇職位。安娜毫不考慮地答應了所有的條件，並說：「假如我在任何時候無法實現或無法維護其中任何一點，你們可以依據我現在的允諾，摘取我的俄羅斯皇冠。」❶ 安娜簽署了「樞密院」的條件後，另外又有一批的俄羅斯代表前來。他們告訴安娜說她所簽署的密約，只是一小部分舊貴族的意見，並不被大部分貴族接受，因此可以不必理會。並告訴她到達莫斯科就任沙皇以後，應該立刻實行君主專政、撕毀她簽署過的密約、廢除「樞密院」、罷黜專權的大臣。他們並向安娜提出保證，將以軍事行動支持她的決策。安娜得此密報與允諾後，便胸有成竹地前往莫斯科出發。

安娜於 1730 年 2 月 15 日到達莫斯科近郊，在此停頓五日後，才入京就職。當她進入莫斯科時，「樞密院」首席大臣已經率領諸代表迎接，並隨即以金盆中所盛的聖安德獎帶與金星進獻，準備替安娜佩戴。安娜見狀，命令隨身侍衛從金盆中取出獎帶及金星替她佩戴，而沒有多勞「樞密院」首席大臣之手。「樞密院」首席大臣見狀，正要訓告這不成禮儀的行為時，安娜立刻命令他住口，不准多言。當禁衛軍舉行新皇上任效忠典禮時，「普力歐布拉鎮斯寇兵團」故意鼓譟不安、不按規定排列。而且為數約八百名的貴族忽然圍聚克里姆林宮外喧譁，要求安娜立刻撕毀「樞密院」非法強迫她所簽署的密約，實行個人君主專制的體制。這些貴族原是為了慶祝彼得二世與凱薩琳的成婚大典從各地而來，聚集在莫斯科，他們多為新興的服役貴族，對古老「博亞」

❶ Kluchevsky, *A History of Russia*, vol. 4, p. 287.

貴族的特權及壟斷國政的傳統，向來就不滿意，因此藉擁戴新沙皇專權的機
會，來打擊他們的勢力。安娜在他們的支持下，命令「樞密院」大臣交出保
藏她簽署的密約鐵匣，將密約當眾撕毀。她並當場宣布解散「樞密院」。葛立
欽與道格如其的家族，不是被處死刑、便是放逐到西伯利亞。為了免除舊貴
族後續的煩擾，安娜命令將首都遷回聖彼得堡。

　　舊貴族們原希望藉安娜入主俄羅斯的機會，重新恢復與沙皇共同治理俄
羅斯的計劃，再度失敗。這個事件也是舊貴族與服役新貴族之間，以政治體
系為名的另一場權力鬥爭。

　　安娜為了感謝服役貴族的協助，她解除了彼得時對貴族們所設的許多限
制。譬如她在 1731 年專為貴族子弟設立了「希拉克斯基團」(Shilakhesky Ko-
rpus) 的學校，凡是進入該校，畢業後可立刻升階為軍官，不必像在彼得大帝
時，非得從基層開始做起的規定；貴族們被迫終生服軍役的年限，被縮短為
二十五年。她也允許每一戶地主，可有一個成年壯丁免服軍役，留守管理莊
園。為了討好貴族地主以換得他們的支持，她更削減了農奴們幾乎已經沒有
的保護權，增強地主對他們的控制。彼得大帝時，曾給予服兵役的農奴免除
他們對地主所服各項徭役的優待，安娜將此取消。她更下令農奴不得以任何
方式購買土地；不得擁有紡織工廠；未經地主許可，不得從事工業活動。她
也廢除了原先地主不得任意將農奴遷徙到不同或遙遠土地耕種的禁例。最重
要的是，她再度命令地主全權負責農民的稅收與徭役。不過此一優待，並沒
有滿足貴族們的真正要求。因為他們始終不能像日耳曼人一樣被安娜親信，
共同參與決定國家政策。因此他們對她始終無法真正效忠，仍時時找尋其他
可支持的人選作為沙皇。

　　受過俄羅斯貴族們脅迫的安娜，當然更無法信任俄羅斯人。因此政府的
要職，都由她所攜帶進入俄羅斯的日耳曼人充當。先前被禁止來俄羅斯的比
倫 (Ernst von Biron)，在安娜撕毀密約後，便名正言順的來到俄羅斯，成為安
娜身邊最聽信的寵臣，一切大事全由他負責。正因為這原因，安娜統治俄羅
斯的時期，就被稱作為「比倫時代」(Bironovshchina)。她因就職時親眼看到
「普力歐布拉鎮斯寇軍團」等禁衛軍的跋扈行為，深深引以為戒，不敢輕信
俄羅斯的兵士，就職後就另行組織了「拉麥洛夫斯基」(Lamailovsky) 步兵禁

衛軍與彪騎禁衛軍，一律由自立沃尼亞聘請來的日耳曼裔或瑞典裔軍官率領。原來支持他的服役貴族，因沒有獲得任用，因此懷恨在心，成為了日後反對她的主力。安娜為了鞏固自己的專制政權，及消除貴族們可能發動的政變，便在各地派駐親信，任意逮捕反對分子。其殘酷情形甚至遠超過伊凡四世的「歐撲力其尼納」特務及彼得時的「普力歐布拉鎮斯寇軍團」的密探。根據伊麗莎白女皇時代的記載，自安娜女皇即位後，她放逐到西伯利亞的人數高達兩萬名之多，其中有五千人下落不明。❷俄羅斯人民把她與日耳曼人所加諸的欺迫，稱為「日耳曼枷鎖」(German Yoke)。

　　安娜在位時，使俄羅斯涉入幾次對外的戰爭，使得俄國人民對她更加痛恨。主要的是「波蘭王位繼承戰爭」(1733–1735) 與「俄土戰爭」(1736–1739)。這兩次戰爭，都是源自於彼得大帝欲立足歐洲、陷入歐洲複雜外交關係的結果。彼得在位時，深感俄羅斯南部的危機，皆來自鄂圖曼土耳其帝國，因此希望能與奧地利結盟，以為防堵。適逢奧地利因為有許多領土被鄂圖曼土耳其帝國侵佔，深感其威脅，也有同感。奧、俄兩國遂結為盟友，共同阻擋鄂圖曼土耳其帝國的擴充。

　　「波蘭王位繼承戰爭」的原因是國王奧古司特斯二世逝世後，波蘭諸侯在法國的慫恿下，推選了法王路易十五的岳父斯坦尼司拉斯‧勒斯金斯基為波蘭的新國王。斯坦尼司拉斯曾在 1706–1709 年之間，在瑞典的庇護下當過波蘭國王，但瑞典在「大西北之戰」中被俄羅斯擊敗後，棄王位而逃。此次承蒙法國的鼎力相助，在 1733 年重回波蘭即位為國王。但俄羅斯與奧地利同時反對他的復辟，支持奧古司特斯二世之子、也是撒克森選侯的奧古司特斯三世為波蘭王。當斯坦尼司拉斯重新登位的消息傳出之後，安娜立刻命令在俄國服務的蘇格蘭籍將軍來斯 (Lacy)，率領五萬大軍隊進攻波蘭。斯坦尼司拉斯聞訊，立刻棄首都華沙逃往他處。波蘭的盟友法國，當即宣戰以響應波蘭，攻取奧國在義大利的領土，牽制其在波蘭的軍事行動。奧地利的軍隊因此無法即期前往波蘭，俄國只得再出兵兩萬增援前線。奧古司特斯三世在俄軍的強力支持下，最後終於即位為波蘭國王。經此戰爭後，俄羅斯鞏固了控

❷　Christof Herman von Manstein, *Memoirs of Russia: Historical, Political, Military from the Year 1727 to 1744*. London, 1770, pp. 25–36. 見 Dmytryshyn, p. 49.

制波蘭的勢力，獲得此後瓜分波蘭的有利情勢，但俄軍在此戰役中傷亡慘重，而且，當俄軍遠征波蘭時，南疆克里米亞的韃靼乘機擾邊，逼使俄羅斯須兩面作戰，來回奔波，疲勞不堪。人民也因此怨聲載道。

從 1736–1739 年的「俄土戰爭」，是「波蘭王位繼承戰爭」的延續。安娜在「波蘭王位繼承戰爭」中損失慘重，犧牲了十萬兵士的生命。為了顏面起見，俄軍忽然攻擊阿左夫港，並欲進一步消滅克里米亞半島上的韃靼，期能藉此重整軍威。鄂圖曼土耳其帝國乃出兵應敵，發動了「俄土戰爭」。戰爭結果，俄國獲得的只是一個防禦工事完全被剷除的阿左夫。後來受法國出兵干涉的威脅，安娜立刻下令停戰，並未繼續進軍克里米亞。她答應法國，此後俄羅斯的海軍或商船，不再在黑海航行。至於黑海附近克里米亞韃靼繼續威脅的情況，要等到凱薩琳大帝時，才有進一步的發展。

三、伊凡六世與伊麗莎白

安娜因本人無子嗣，故將皇位傳給兩個月大的伊凡，是為伊凡六世。她並同時特別宣諭說，在伊凡未達十七歲成年前，比倫應代為攝政，掌理一切國政。伊凡六世是伊凡五世之女凱薩琳的孫子。凱薩琳因嫁給麥克楞堡的勒波德公爵為妻，因此喪失了繼承俄羅斯皇位的資格；不過安娜女皇卻屬意她的孫子伊凡承繼沙皇之位。安娜在 1740 年死亡，根據她的遺囑，嬰兒伊凡即位，是為伊凡六世。由於安娜女皇生前曾特別指定她的寵臣比倫為執政，故在伊凡即位後他便壟斷一切政事，將伊凡六世的母親安娜‧勒波德擯除在外。安娜‧勒波德對此相當不滿。故當伊凡六世即位不久，她便與安娜女皇的另一位寵信慕尼黑 (Munich) 陰謀勾結，並獲得「普力歐布拉鎮斯寇軍團」的承諾，願出兵支持後，便在 1740 年 11 月，發動政變，深夜侵入比倫臥室，將從睡夢中驚醒的他與妻子加以捆綁。事成之後，「普力歐布拉鎮斯寇軍團」等禁衛軍立刻集合，重新宣誓效忠伊凡六世，並擁戴安娜‧勒波德為俄羅斯女大公爵，為年幼的沙皇執政。比倫及其黨羽都被放逐到西伯利亞，他的地位則由慕尼黑替代。

參加兵變的「普力歐布拉鎮斯寇軍團」等禁衛軍，事成之後，並沒有獲

得應有的報酬，對此甚為不滿。而且日耳曼人的勢力仍然在慕尼黑的控制下，繼續壟斷國政。因此他們希望能找到另外一位來自俄羅斯本地、也願意維護他們權益的沙皇，來替代伊凡六世及其母安娜‧勒波德執政。彼得大帝另一位女兒──沒有成婚的伊麗莎白，漸漸成為眾望所歸的擁戴對象。伊麗莎白本人也早有此野心，並已經與「普力歐布拉鎮斯寇軍團」暗中聯絡，準備擇期起事。1741 年 12 月 5 日，伊麗莎白在勒斯投克‧沃容斯投夫 (Lestock Vorontsov) 率領「普力歐布拉鎮斯寇軍團」的簇擁下，突然發動政變，侵入沙皇與執政居住處，將他們及其他黨羽全部捕捉。事成後，伊麗莎白隨即宣布詔諭，所有的僭越的竊國者及其佞幸，都已被正義之師剷除消滅，因其有合法的繼承權，故應就任她父親彼得大帝的皇位。她告訴支持者說，她將把所有的俄羅斯民族從日耳曼人的壓榨中解放出來，凡是在安娜女皇時，壟斷職權的日耳曼大臣們，都會受到嚴厲的處置。於是，日耳曼人操縱俄羅斯沙皇繼承、混亂朝政的現象到此暫時告一段落。

從 1741–1762 年間，是伊麗莎白女皇的時代。她之能奪得皇位，主要是靠「普力歐布拉鎮斯寇軍團」的協助，因此對其獎賞有加，並特地指派該軍團為侍衛隊，自己擔任團長。其他親信如拉茲莫夫斯基 (Razmovsky)、沃容斯投夫、蘇瓦洛夫 (Shuvalov) 等人，也都被封為其中的各種軍職。受此優遇的「普力歐布拉鎮斯寇軍團」，在女皇即位後，氣焰高漲，在聖彼得堡城內肆意搜刮，乘機侵佔貴族們的金錢與財產，引起極大反感。伊麗莎白女皇與安娜女皇相似，都是不親自問政，將國家大事交由佞信們負責。但她與安娜的最大不同之處是，她去除了日耳曼的勢力，改用俄羅斯人為親信。在這一方面，她至少將俄羅斯的國政交還給了俄羅斯人。

伊麗莎白的幼年，是在母親懷疑每一個人都要搶奪她皇位的驚恐氣氛下成長。安娜女皇時，為了避免她爭奪皇位，則將她送往歐洲各王府求嫁，不成後又被送入修院。幸虧後來被比倫發現，才得重返俄國。由於她曾長期居住在法國，因此深受當時歐洲最開明的文化影響；但另一方面，也因在宮廷鬥爭的環境中成長，從小養成了猜忌與喜怒不測的性格。因此即位為沙皇後，她也呈現了開明與保守的兩元化性格。她在位的二十年時間中，俄羅斯表面上平靜無事。她的年輕與美貌、罷黜日耳曼勢力重用俄羅斯人的作法、加上

她是彼得大帝的親生女兒，使得她受到俄羅斯人民普遍的愛載。實際上，若與前朝的安娜相比，她的政府與政策都不見得有任何改善。她因從小生活舒適、散漫，起居毫不定時，一切從不自己操心，即位後的生活，仍然如此。國家大政，都交由佞幸寵臣們處理，最受親信的是哥薩克人拉茲莫夫斯基。自己則盡情享受，她揮霍的情形，可以從她死後的遺物中略窺一二。她死時，留有一萬五千襲長袍、兩大櫃子的絲襪。除此之外，尚有數不清的欠帳單據。她信用之壞，甚至使得法國的珠寶店拒絕接受她的信用狀，除非用現金他們才肯交貨。

她在位時，一反俄羅斯宮廷從彼得大帝就開始崇尚日耳曼文化的情結，而改以法國文化為仰慕的對象。她特地邀請法國的建築家與藝術家到俄羅斯來協助美化市容，法國著名的建築家巴投樓密歐・拉斯崔里 (Bartolomeo Rastrelli, 1700–1771)，就被伊麗莎白女皇以公爵的頭銜聘請來俄。拉斯崔里的父親是熔鐵匠與雕刻匠，彼得大帝時曾聘請他教導鑄砲的知識。而他本人的專長是當時法國流行的「洛可可」(Rococo) 式的建築藝術，特點是強調稜角線條交叉，及纖巧華麗的裝飾。他將西方流行的格式與俄羅斯的古老傳統融合在一起，創立了一個獨特的建築風格；莫斯科與聖彼得堡中許多新宮殿的設計與建築，都是他的貢獻。

伊麗莎白女皇之朝充滿了腐化與貪污，政治也庸庸碌碌、乏善可陳。不過對貴族們來說，這是他們的好時代。她給予貴族許多前所未有的特權，減輕了服役的負擔。除此之外，她對俄羅斯也有幾項值得稱述的仁政。她在 1744 年下令廢止了死刑；在 1755 年，成立了包括法律、醫學及哲學三大科系的「莫斯科大學」。初成立時，只有十位教授，當時俄羅斯本身缺乏有學識的合格學者，這十位教授中竟然有八名是日耳曼人。在 1767 年以前使用拉丁文授課，以後才改為德文與俄文。在這個大學管轄之下，又設立兩所「預科學校」(Preparatory Gymnasium)：一所專收貴族子弟；另一所則是招收稱為「不列籍」(raznochinstsy) 的下層貴族子弟。

彼得時代開始籌設的「皇家科學院」，在安娜女皇時成立，院務也多為日耳曼學者壟斷，俄羅斯學者反而很難進入。當時的俄羅斯院士密開爾・羅莫諾索夫就對此情形忿忿不平，提出抗議。伊麗莎白因此決定加以改組，將其

劃分為三個不同的組織。一個是包含十名學者的純研究機構，作為專門保存俄羅斯最精華學術水準之用。第二個是單獨的教學機構。第三個是「預備學校」，專門教育從民間選來的優良子弟。她在 1757 年也設立了一所「藝術學院」，資優的學生畢業後，可至法國或義大利繼續深造；俄國的優良建築家與藝術家多出身此處。

伊麗莎白的外交政策，乃延續彼得大帝所擬訂的計劃，主要是削弱瑞典、波蘭與鄂圖曼土耳其帝國等傳統敵人的勢力。但當普魯士崛起，漸漸成為歐洲的一個新勢力後，俄羅斯則經常聯合奧地利與英國，共同對抗普魯士及法國。俄羅斯當時的兵力高達三十萬之眾，在當時混亂的歐洲局勢中舉足輕重，可推動建立合乎本身利益的國際秩序，只可惜她本人既無此野心，所用諸佞幸也只為滿足私欲，不求有所作為，而喪失了大好機會。她在位時，俄羅斯總共參與三場重要的戰爭。第一場是從 1741–1743 年間，對象是仍受法國支持的傳統敵人瑞典，結果瑞典再度被擊敗，割讓了更多的領土給俄羅斯。第二場是 1746–1748 年間的「奧地利皇位繼承戰爭」(War of Austrian Succession)。第三場是「七年之戰」(Seven Years' War, 1756–1763)。但其實俄羅斯在「奧地利皇位繼承戰爭」與「七年之戰」中，都沒有太積極的參與。

「奧地利皇位繼承戰爭」原本是神聖羅馬帝國內部的爭執所引起，後因其他國家的介入，演變成為歐洲的國際戰爭。從十六世紀開始，歐洲的兩大家族為了要控制歐洲，逐漸成為了世仇。一個是法國的波旁 (Bourbon) 家族；另一是奧地利的哈普斯堡 (Hapsburg) 家族，該家族一直繼承著神聖羅馬帝國的皇位。到了哈普斯堡家族的查理斯六世 (1711–1740) 就任為奧地利國王時，為了保持奧地利領土的完整性與神聖羅馬帝國的利益，宣布了「權宜准許」案 (Pragmatic Sanction)，規定奧地利王位須由他的子嗣繼承。假若他死後沒有兒子，則應由他的女兒繼承。歷經多年的外交交涉，獲得歐洲及神聖羅馬帝國中成員的保證。普魯士即是其中之一。

查理斯六世在 1740 年逝世時，沒有子嗣，只有女兒瑪利亞·德立薩 (Maria Theresa) 有資格繼承。她乃根據「權宜准許」案，繼承了奧地利的王位。由於奧地利王國的哈普斯堡家族，以神聖羅馬帝國皇帝之名，控制著人口眾多、物產豐富的大帝國，因此其王位由女性的繼承者接任，便在歐洲引起了

嚴重的危機。法國波旁王朝的傳統政策，乃是利用任何機會防止哈普斯堡王朝勢力擴張，因此堅決反對瑪利亞‧德立薩繼承奧地利的王位。

　　神聖羅馬帝國中的巴伐利亞與撒克森選侯，都支持自己的候選者，因此拒絕承認瑪利亞‧德立薩為奧地利的女王。反對最積極的是普魯士國王國王腓特烈二世 (Frederick, the Great, 1740–1786)。腓特烈繼承霍亨索倫 (Hohen-zollern) 家族兼併領土、開拓普魯士疆域、爭取統治日耳曼霸權的傳統，強調普魯士不受「權宜准許」案的約束，拒絕接受瑪利亞‧德立薩繼位的合法性。而且，他更指出哈普斯堡家族所佔領的塞立希亞 (Silesia) 土地，原屬霍亨索倫所有，理應立刻歸還。因此他在 1740 年派軍入侵奧地利，要奪回塞立希亞。這個侵略行為揭開了「奧地利皇位繼承戰爭」。法國、普魯士、巴伐利亞、撒克森與西班牙乃聯合一起，共同對付奧地利。英國與荷蘭援助奧地利。俄羅斯則因為國內「親法國」、「親奧地利」、「親英」等派互相鬥爭，使其在「奧地利皇位繼承戰爭」時，不知該採取什麼政策。直到奧地利的瑪利亞‧德立薩與俄羅斯的伊麗莎白女皇，在戰爭的末期簽訂共同防止普魯士坐大的密約後，俄羅斯才出兵協助奧地利。

　　「奧地利皇位繼承戰爭」結束後，普魯士獲得了塞立希亞，成為日耳曼世界中最強盛的國家，不但直接威脅到奧地利哈普斯堡家族的領導權，也引起了法國與俄羅斯的關注。英國與法國在爭取世界霸權的鬥爭中，一方面在歐洲較勁，另一方面則為了爭奪在北美與印度的殖民地而鬥爭。為了要保護本身的既得利益，英、法兩國都有重新調整國際關係的想法。結果導致了歐洲國際勢力均衡的巨大變化。新局勢的開始源自於奧地利駐法大使考尼茲公爵 (Count Kaunitz, 1711–1794) 的成功外交。他認為普魯士的興起，同時威脅了奧地利與法國的利益，因此奧地利與法國必須放棄敵視的傳統外交政策，改以兩國合作、共同對付普魯士的新策略。在他的努力下，奧地利的哈普斯堡家族與法國的波旁王朝終於在 1756 年，簽訂了軍事和約，化解了兩國長期以來的敵對關係，成為此後國際關係中的合作伙伴。在外交上，這個突破被稱為是「外交革命」(diplomatic revolution)。

　　英國與俄國在歐洲的外交上，向來保持合作的友誼關係。奧地利皇位繼承戰爭後，英王喬治二世擔心漢諾威王國的安全，在 1755 年與俄國簽訂軍事

合作。俄國政府答應提供隨時可以動用的五萬五千名軍隊、及四十到五十條砲艇，作為防止普魯士蠢動的不時之需。英國則對俄國給與財政上的支持。不過，英國真正的敵人是法國。因此後來獲知奧地利與法國簽訂軍事盟約，而且俄國也有加盟的可能後，便在 1756 年急促地與普魯士簽訂軍事盟約與其對抗。

　　普魯士獲悉奧地利與法國的聯盟後，決定先下手為強。腓特烈二世在 1756 年 8 月派遣了六萬七千名大軍突擊神聖羅馬帝國中的撒克森選侯，引發了歐洲的七年之戰。奧地利在 1757 年立即應戰，並與俄國簽訂軍事聯盟，計劃戰勝之後，瓜分普魯士的領土。此次戰爭中，日耳曼的邦國多半與奧地利結盟；普魯士除了英國的援助外，幾乎是單獨作戰，因此戰事非常危急，連首都柏林都幾乎被攻佔。俄羅斯女皇伊麗莎白在 1762 年去世，彼得三世即位。彼得是她姐姐安娜與霍斯坦公爵所生的兒子，自小就崇拜腓特烈大帝。因此他即位後，立刻改變了俄國親奧地利，代以親普魯士的政策，將俄羅斯軍隊撤離戰場，普魯士得以有喘息的機會，在最後轉敗為勝。

四、彼得三世

1.接位過程與政績

　　伊麗莎白女皇鑑於前朝皇位交接時，繼承者未事先指定，多以流血方式產生。為了避免類似悲劇再度重演，所以早在她即位後的次年 (1742)，就決定以她姐姐的兒子彼得為繼承者。因此彼得在 1762 年姨媽伊麗莎白女皇去世後，在沒有受到禁衛軍等的干涉下，便名正言順地繼任為俄羅斯沙皇。

　　彼得三世的原名是查理斯・彼得・烏爾瑞其 (Charles Peter Ulrich)，於 1728 年 2 月 10 日出生在霍斯坦的基爾 (Kiel)。他的母親是彼得大帝與凱薩琳的女兒安娜，在 1724 年嫁於霍斯坦的查理斯・腓特烈公爵為妻。安娜因下嫁外族，所以放棄了皇位的繼承權。她在 1728 年生了彼得後不久便去世，彼得成了孤兒。彼得也是瑞典國王查理斯十二姐姐的孫子，因此他除了是他父親在霍斯坦的繼承者，也是瑞典國王位的繼承者。所以他從小就學習了德文與

瑞典文，並信奉路德教。伊麗莎白死前唯恐安娜女皇指定的伊凡六世有復辟的可能，所以她在 1742 年，便封彼得為「俄羅斯大公爵」，正式指定他為皇位繼承者。為了使他即位後可以順利治理國事，伊麗莎白命令他立即搬入克里姆林宮中居住，在她親自教導下開始學習俄文及改信東正教，逐漸增進他對俄羅斯歷史與國情的了解。在伊麗莎白女皇的安排下，他在 1745 年 8 月，與一個日耳曼小國安豪特·澤波斯特 (Anhalt-Zerbst) 的公主索菲亞·奧古司特斯·斐特烈卡 (Sophia Augustus Frederica) 成婚。索菲亞就是日後的女皇凱薩琳二世。

彼得三世即位為沙皇，對他自己、對俄羅斯，都是一個悲劇性發展的開始。他出世前，父母因感情破裂離異，出生後不久母親即去世，因此從小就在缺少母愛照顧的環境下成長。因為他是霍斯坦的王位繼承者，自幼就接受日耳曼式的打罵教育，結果不但對書本產生抗拒，身體的發育也因為心理上的長期壓抑而受到阻礙。成長之後，身心都不健全，含有極度的厭世自卑感。在伊麗莎白宮廷中受教育的時候，不是終日沉醉不醒，就是似兒童一樣地，用蠟燭或木頭造成的玩具兵士操練陣法，並同時手彈琴弦，當作為廝殺之聲，沾沾自喜而忘我。霍斯坦地理位置鄰近普魯士，而他對斐特烈更是崇拜如神，這些玩具小兵都是身著普魯士服色的軍官與士兵。他唯一的嗜好，就是軍事。每逢節日的時候，他自己會全副武裝，命令身旁的僕役排列，接受校閱。

他的妻子凱薩琳記載說，有一次她闖入彼得的軍事操練房，幾乎被所看到的事物驚嚇地不知人事。她看到在他的玩具兵士行列前，有一隻從屋樑上懸掛下來的大老鼠。他告訴凱薩琳說，這隻老鼠因為膽敢侵入他放置兵士的盒子，吞食了兩名蠟造的衛兵，違反了軍法，因此被捕捉後，經過軍事法庭的審判，處以吊刑。❸他半似瘋狂半似痴呆的行為，也常使得他姨媽伊麗莎白女皇難過地欲哭無淚，後悔她自己的決定。她曾問上帝為什麼會給她這樣的一個繼承者。她說：「我這一個被鬼迷了心竅的外甥，真是一個惡魔。」好幾次她都想把他與凱薩琳貶回霍斯坦的老家去，另行指定他們的兒子保羅為新的繼承者。不過，一想到她的姐姐，就忍不下心，始終無法決定。

彼得三世從 1742 年就開始居住在俄羅斯，到即位時，已過了二十年；不

❸ Kluchevsky, *A History of Russia*, vol. 4, p. 359.

過，他始終無法認同這片土地。縱然是在正式即位為沙皇後，他仍然沒有把俄羅斯當作自己的國家。對他來說，俄羅斯是一個被詛咒的地方，與他沒有任何切身的利益關係。他認為一切都應該是普魯士式的，他以普魯士統治者的心態處理俄羅斯事物。但是真正處理朝政時，則又經常在沉醉中，不知所云。可能是在小時候受到路德派教士的影響，他對俄羅斯的東正教特別反感。因此他沒收教會土地，使其歸屬政府的管理之下。為了表示他對東正教的輕視，他會特別選教會正在舉行儀式的時候，故意在教堂中接見外賓，對儀式視若無睹。他要求宗教院的主持們，清除俄羅斯教會內的一切陋習。教堂中，除了聖母的畫像可以保留外，其餘一切的聖像都要撤除。他規定所有的教士一定要剃除鬍鬚，這是連彼得大帝都沒有實行的政策。除此之外，他又命令東正教的教士們不得再穿著俄式的長袍，要改穿路德派教士的服裝。他對東正教在儀表上與其他枝節的改革，引起了教會的強烈反抗，都說路德派在他的慫恿下，已經壓迫到俄羅斯的東正教頭上來了。他也無法信任俄羅斯人擔任的宮廷禁衛；因此即位後，便組織了一個全是外籍、以日耳曼人為主的「霍斯坦衛隊」(Holsteiner Guard)。他自己充當他們的領袖，終日與他們一起猛抽煙與大喝啤酒，認為這樣才能像腓特烈大帝一樣地有英雄氣概。

　　彼得三世事事效法日耳曼，而普魯士國王腓特烈大帝是他最崇拜的對象。他即位後的第一件事，就是將與普魯士作戰的俄軍撤離戰場，結束了俄羅斯在七年戰爭中所扮演的角色。這個政策對普魯士非常重要，因為俄軍不但曾擊敗過普軍，而且佔領過其首都柏林。俄軍的撤離，使得腓特烈二世可以集中力量對付奧地利。俄軍打敗普魯士的戰果，因此前功盡棄。此舉使得俄羅斯軍方非常震怒，都認為他是普魯士的走狗。

　　另一項觸怒俄羅斯人的政策，是彼得三世與丹麥的戰爭。霍斯坦與丹麥相鄰，常有領土的糾紛。他在 1762 年春天，動員俄羅斯的軍力入侵丹麥，奪取領土。這場戰爭的主要目的是增加他個人家族在霍斯坦的利益，與俄羅斯國家毫無關係。被派遣前往作戰的俄軍非常憤怒，幾欲叛變。好在彼得三世及時被推翻，才沒有釀成大禍。

　　這兩次外交上的匆忙決策，均顯示出彼得三世與他的侫倖與幕僚們，都是庸碌無能、只知滿足私欲的宵小之輩，不足以成大事。他統治俄羅斯不到

一年，治績乏善可陳；這也非他故意為之，實因他心智發展不健全、能力有限所造成。不過，他的幾項內政，卻也不應被忽視。首先，他下令廢除了專探隱私、執刑殘酷的「祕密特務」機構 (Secret Chancellory)；取消了各項限制「舊信仰者」活動的禁令，使他們不再受宗教上的迫害。他在 1762 年 2 月 18 日，頒布「貴族解放令」，解除了貴族們對國家的強迫性軍役責任。他在該詔令中，首先推崇他祖父彼得大帝竭盡心力改革俄羅斯惡習的仁政，說彼得推動新政時，事事有賴貴族的協助。但為了要盡快達到目的，有時不免對貴族苛求過甚，毫不留情地強迫他們負擔軍役及政府的職務，或將他們的子弟，送到歐洲各國去學習有實際用處的新科技，與家人離散。

在詔令中他愧疚似的說：「在一開始，這些新政確實是負擔沉重，使得貴族們無法忍受。因為要屬行應盡的軍事義務與其他責任，他們不但失去了安靜的生活，更被迫離開了自己的家園。他們的子弟必須向政府註冊，被強迫入學。許多貴族痛恨這些要求，甚至有意逃避，而被處罰。有的更被指控疏忽自己與孩子們對國家的義務，而招致財產被沒收。」但是這些在彼得大帝初期、藉施加壓力推動的沉重改革，到了他的繼承者們時便開花結果，變得對國家非常有益處。他說：「到了仁慈的伊麗莎白女皇時，她更繼續努力、發揚光大彼得的改革。國內每一位愛國的忠實的子民們，都會同意這些改革改進了俄羅斯的文化。我們的儀態改進了；知識替代了文盲；在許多有經驗與勇敢的將軍們眼神中，也表露出了對國家的熱愛表情；許多有智慧的人民，也積極的參加有益於政府及民間的各項活動。總而言之，忠貞的俄羅斯貴族們，充滿著高貴的理想，為了俄羅斯的前途犧牲了自己的利益。」他告訴貴族們：「我們認為現在已不是要再繼續強迫貴族、永無休止替國家服役的時候了，所以在此時我特別宣布，從今以後、一直到永遠，我們將自由賜給所有的俄羅斯貴族與他們世世代代的子孫們。他們可以依據下列所宣布的各項規定，繼續在國內服務，或到其他與我邦有友誼的國家去服務。」這些規定是：

(1)凡是現在仍在國內服役的貴族們，只要他們願意或是健康許可，可以繼續服役下去。但是在陸軍中服役者，不得在戰爭期中，或交戰前三個月內，請求退伍或休假。他們應該要等到戰爭結束後，才可以退休。

(2)凡退休者，曾在退休時的官階內服務一年以上、且對國家服務無瑕疵

者，在退休時，官加一階。曾服役軍中、願意轉任文職者，一旦職位有缺，可以立即任用。

⑶凡已退伍、或曾服務皇室的文武官員們，若願重新復職者，一概照准。

⑷即將除役而獲得自由的貴族們，假如要到歐洲各國旅行，可以馬上向外交部取得護照成行。不過，若國家有急需，不論在何地獲得通知時，應立刻返國。凡是抗令不返者，得沒收其財產充公。

⑸凡曾在本國服役過、但現在國外服役的貴族們，返回本國後，若有空缺准予復職。

⑹根據本宣言，俄羅斯的貴族們將永不會在違背自己意願下，再被強迫服役。我政府各部門，除非是在緊急的狀況下，由沙皇親自宣諭，也絕不會再徵用他們。但本條文法不適用於在聖彼得堡與莫斯科地區。因為彼得大帝特別指定該兩地區的退伍貴族們，將會隨時被應召擔任參議院及鴻臚司 (Heraldic Office) 的職務。

⑺依據本詔諭的仁慈精神為準，我們現將自由賜給了貴族。我們將會像父親一樣對他們及他們的子孫們，永遠加以關懷。我們現在命令，凡是年達十二歲的貴族子弟，必須向當地省、縣、城市或其他任何方便地區中的聯絡處登記。他們的雙親或監督人，必須說明他們在十二歲以前的教育程度，以及他們要到何處求學的意願：是要繼續留在國內的學校中讀，或是到歐洲留學，或者自己聘請家教自修。凡是隱瞞實情不報者，將受政府處罰。凡是擁有一千名以下農奴的貴族地主們，應立刻將子弟們送至貴族幹部團報到，學習貴族們應該具備的每一樣學識。每一個完成教育與學習的貴族子弟們，可以就其身分與成績分發，進入政府部門服務。

⑻凡是目前在皇家軍隊中服務的士兵或低級軍官者，除非服役已經滿十二年，否則不得請求退休。

彼得三世最後特別向貴族們保證說，這個詔諭中的條文，將是國家的基本大法，此後的繼承者，不得任意更改。他認為貴族們是延續俄羅斯專制體制不可或缺的支持者，一定要賜予特權來換取他們的效忠性。而貴族們在這些優惠的條件下，會自動前來服務，加強他們對政府的向心力。

2. 1762 年的政變

　　彼得三世在沒有即位以前就有預感，深恐他的姨媽伊麗莎白女皇，會臨時改變主意撤除他的繼承權，而改封他的兒子保羅為繼承者。他更怕假若發展真是如此，則他的妻子凱薩琳必會用盡心思先獲得執政之位，然後再藉故將他廢除。實際上，凱薩琳的確早已暗中籠絡宮廷的禁衛軍，並與俄國貴族和外國使節們保持密切的關係，希望能藉擁戴保羅即位之舉，自己先奪得母后輔政的身分，然後再進一步的獲得政權。彼得獲悉之後，也與貴族們結黨，以防範於未然。而伊麗莎白女皇突然死亡，未能正式宣布保羅為繼承者之事，凱薩琳與其黨徒也因措手不及，未能依照計劃發難，故彼得三世仍順利繼任為沙皇。

　　彼得三世與凱薩琳婚後，感情一直不睦。凱薩琳與禁衛軍軍官格里高立・奧羅夫 (Grigorii Orlov) 早已發生戀情。彼得對此事痛恨入骨。他即位為沙皇後，便立即將凱薩琳遷至冬宮的盡頭，作為先廢黜她再將她貶入修院的準備。除此之外，他也一直懷疑保羅不是他自己親生，而是凱薩琳與奧羅夫的私生子，因此不願指定他為皇位的繼承者。他曾私下透露，他要釋放困禁在獄中的伊凡六世，先平反他曾經謀叛的罪名，然後再指定他為合法的皇位繼承者。凱薩琳身處如此急迫的險境下，乃決定先下手為強，藉機發動兵變以奪取政權。當時的「普力歐布拉鎮斯寇」等禁衛軍，因不滿彼得三世特設普魯士「霍斯坦衛隊」軍團替代他們的重要地位，心懷怨恨，一直伺機報復。俄羅斯軍方也將彼得故意討好普魯士的腓特烈二世，忽然命令在「七年戰爭」中獲勝的俄軍撤離戰場，使得腓特烈得以轉敗為勝之舉，視為叛國的行為，無法忍受，欲鏟除他以洩恨。

　　凱薩琳乃利用軍中對彼得三世的不滿情緒，開始籌劃陰謀起事。宮廷中的禁衛軍，是她最有力的支持者。暗中策劃政變的主腦人物是彼得大帝以前的老師尼其塔・潘寧 (Nikita Panin)。奧羅夫及他的幾個弟弟，則負責聯絡軍中與禁衛軍中的不滿分子。凱薩琳陰謀政變的企圖，明顯無疑，連法國駐俄的大使布瑞特爾 (Breteuil) 都風聞此事。他在向國內的報告中說：「凱薩琳多方邀寵禁衛隊與軍士，正在等候良機的來臨。」彼得三世本人對於凱薩琳暗中

結黨、圖謀不軌的行動，雖也早有所悉，但不以為意，故沒有採取嚴密的預防措施。

真正促使政變發生的導火線，是他在 1762 年對丹麥的戰爭。彼得三世就任沙皇後，希望能藉俄羅斯的武力奪取丹麥的領土，以光耀自己在霍斯坦的家族顏面。另一方面，他也想效法彼得大帝擴充海域的計劃，以求壟斷波羅的海的控制權。彼得特別重視對丹麥的戰爭，因為它既可以滿足霍斯坦家族領土需求的欲望，也可以增強俄羅斯的國勢，一舉兩得。為了要贏取這場戰爭的勝利，他要求加強軍事訓練。他自己不時親自前來督導，也經常舉行突檢與校閱。但七年戰爭之後的俄軍，已經疲憊不堪，需要休養生息，毫無再度作戰的意願。軍紀懶散慣了的軍隊，尤其是幾度左右皇位繼承者的禁衛軍，對彼得三世普魯士式的認真訓練與嚴格軍紀，完全無法接受，時時故意怠操、抗拒。彼得三世曾因此撤除了一個兵團，作為警告。彼得在 1762 年 6 月 27 日，調動守衛京城的「依茲麥羅夫斯基」兵團，開往前線與丹麥交戰，其原駐防的任務，由他親信的「霍斯坦衛隊」軍團替代。

凱薩琳與其黨羽們在 1762 年夏天，利用軍中反戰與反普魯士的不滿情緒，祕密與禁衛隊及軍方會商，準備隨時起事。他們先製造凱薩琳已經被廢除，且被軟禁的謠言，挑動軍中的憤怒與騷亂情緒。當謠言在軍中開始傳播後，許多衛士立刻宣布為了要保護愛國的凱薩琳，應宣誓向她效忠，並推翻彼得為其復仇。「依茲麥羅夫斯基」兵團中的一名軍官，因為要探聽推翻彼得三世確實的時間，不慎被捉，透露了可能有兵變的行動。彼得當時正在前線督導對丹麥的戰役，不在京城。在獲悉京城可能有變的消息後，他便立刻動身趕返聖彼得堡。凱薩琳恐怕彼得轉回京都之後，會出兵破壞政變的計劃，乃決定孤注一擲，先行起事。就在彼得三世回京的前一天晚上，凱薩琳在「普力歐布拉鎮斯寇」與「依茲麥羅夫斯基」等禁衛軍的簇擁下，正式發動了推翻彼得的兵變。凱薩琳在自己所寫的自傳中說，她每到一處，衛隊與兵士都爭先恐後地來親吻她的手，大聲宣誓向她效忠。政變次日清晨，擁戴的兵士已多達一萬四千人。凱薩琳本人則自封為上校，特地身著俄羅斯式戎服，騎在馬上，率領大眾直奔聖彼得堡。彼得三世派來拘捕凱薩琳的首相沃榮搓夫首相 (Worontsov)、蘇瓦洛夫公爵 (Shuvalov) 及楚貝茲寇伊親王 (Trubetskoi)

的衛士，見大勢已去，也都立刻改節、轉向凱薩琳效忠。彼得三世見眾叛親
離，知道大勢已去，「為了避免讓國家陷於內戰之苦，自動提出請求願意退位」。
凱薩琳聽後，立刻慷慨答允。彼得三世於是在三百名的霍斯坦衛隊保護中，
在毫無壓力的情況下，在 1762 年 6 月 28 日將沙皇之位轉讓給凱薩琳。事畢
之後，他帶著他的寵幸伊麗莎白·沃榮搓夫 (Elizabeth Worontsov) 前來詣見
凱薩琳，並謝不殺之恩。

　　凱薩琳事後極力否認她早有奪取皇位的預謀，說她向來就沒有想到會以
這樣的方式登上皇位。但她很慶幸這是一場未曾流血、和平的政權轉移。不
過她在 1762 年 8 月事成之後，在給她的另一情夫彭尼亞托夫斯基 (Ponia-
towski) 的信中卻露骨地說：

> 我要奪取皇位的計劃，早在六個月前，就已經進行了。在女皇（伊麗
> 莎白）死後，我一直就在探聽擁戴我的訊息。奧羅夫老是跟在我身後，
> 惹了不少麻煩，⋯⋯他對我的熱愛是大家都知道的，這也是為什麼他
> 作了他應該作的事情，⋯⋯衛隊們都早已準備好了。不等他回京，而
> 就立刻集合禁衛軍，擁戴我為女皇⋯⋯這是所發生的一切實況。我不
> 要隱瞞你，每一件事都是在我指揮下發生的。⋯⋯❹

凱薩琳與他的情夫奧羅夫確實早就在計劃這場政變。彼得一直都知道他們倆
的親密關係，因此才一直懷疑保羅是他們倆所生，而不是自己的兒子。凱薩
琳與奧羅夫有染，在 1762 年再度懷有身孕。法國派駐聖彼得堡的商務領事，
就注意到凱薩琳為了掩飾窘態，經常要以寬大的衣服掩蓋腹部。1762 年 4 月，
嬰兒出生。彼得三世一氣之下乃奔往前線，親自指揮進攻丹麥的戰役。當時
丹麥駐俄羅斯的特使就敏銳地觀察到，彼得三世離開京城，是凱薩琳計劃成
功的第一步。他並說，彼得三世到前線去，根本就是凱薩琳計劃中的一部分。

　　但是凱薩琳則說她是在不得已的情形下，為了國家安全，不得不挺身而
出勉為其難的接任沙皇。因此她命令彼得三世在他擬定的退位詔書中，特別
說明他才智不足、不適宜作沙皇，是非要她接任的原因：

---

❹　Dmytryshyn, p. 74, 78.

在我短暫的統治時間中，經驗告訴了我，我的能力無法勝任這個工作。
我既不配以專制君主的身分、也不適合以其他任何身分治理俄羅斯。
連我自己也開始意識到這一點。因為我的所作所為而對國家產生的改
變，必定會將國家導致到徹底的毀滅與永恆的羞辱。❺

　　退位後的彼得三世，經由凱薩琳下令，在奧羅夫的押送之下，被貶到距
離聖彼得堡十五哩的小鎮。凱薩琳說，她對他特別優待，不但替他建蓋了舒
適的居處，而且在那裡他還可以玩馬上接力賽跑的遊戲。不過，彼得三世在
發布了退位詔書的第二天，就被發現身亡。凱薩琳感慨地說：

> 但是上帝卻有不同的想法。驚恐使他患了肚腹絞痛症。熬過了三天，
> 到了第四天他就死了。而在那一天，他飲酒過度。主要的原因是他雖
> 然擁有所有的東西，但是沒有自由。那個病症先是損壞了他的腦子，
> 接著是身體變得極為虛弱，不管多少醫生的救助，都沒有用。最後終
> 於在請求一個路德派的牧師前來祈禱後不久就去世了。我命令把他切
> 割開來看，但是胃中並沒有疾病的癥象。他死亡的原因被認定是腸子
> 發炎與中風所致。他有一顆非常小、而且已經萎縮了的心臟。❻

彼得三世的死亡，使得凱薩琳正式成為了俄羅斯的女沙皇，是為凱薩琳二世
(1762–1796)。從 1762–1796 年，她統治著一個龐大的俄羅斯帝國，其貢獻不
下於彼得大帝，因此在當時俄羅斯人民也以「大帝」尊稱她。與她相較之下，
只在位六個月的彼得三世，在歷史中真是一個微不足道、幾乎像是個不曾存
在過的角色，後世對他的了解，多半出自凱薩琳二世自己在 1771–1791 年所
寫的回憶錄。其中最重要的部分，是她記載與彼得婚後的一段時期。她把他
描寫成一個心智低劣、性情暴躁、終日酗酒昏沉不理政事的昏君。而自己則
是努力學習新知識、聰慧、謙恭的東正教教徒。這回憶錄幾度修改，每一次
修改後，他與彼得的相反對照，就更明顯地被凸化。她生動的語句與描寫，

---

❺　Carol S. Leonard., *Reform and Regicide: The Reign of Peter III of Russia*, Bloom-
　　ington, Indiana: Indiana University Press, 1993, p. 11.

❻　Dmytryshyn, p. 76.

深深感動讀者，歷史上的彼得三世形象就此被定型。連克柳切夫斯基這樣一個偉大的歷史學家，在討論這一段歷史時，就受到凱薩琳二世回憶錄過多的影響，對彼得只有貶責。

　　不過彼得三世是否真的就像傳統歷史中所描述的一樣庸碌無能，致使凱薩琳二世被迫奪取政權；是否非要她勵精圖治、拯救俄羅斯，以免其再度覆亡的說法，也值得重新商榷。彼得三世對死刑的廢除、寬容不同信仰的舊教徒、解除貴族對政府強迫性的終身役等政策，都不像是出自凱薩琳二世所描述性情殘暴的暴夫之手。他對軍事訓練與軍紀的要求，只不過是繼承彼得大帝早已經奠定好的基礎；沒收東正教教產，是宗教世俗化過程中不可避免的政策。凱薩琳二世雖然一方面盡力抹殺彼得三世的一切作為，另一方面則延續他所開始的這些政策，據為己有。這是為什麼當初擁戴凱薩琳二世即位為沙皇的「普力歐布拉鎮斯寇」等禁衛軍，事後發現彼得三世並不如凱薩琳二世所說的惡劣，覺得受騙，曾幾度鼓譟兵變。雖然這些反凱薩琳二世的運動沒有成功，但禁衛軍的不滿氣氛及日後假借彼得三世名號起義的叛亂，都含有反對凱薩琳二世篡竊沙皇位置的意涵在內。伊密立安‧普加切夫 (Emilian Pugachev, 1730–1774) 在 1773 –1775 年之間，假稱彼得三世之名起義，受到哥薩克、農奴、舊信仰者等階級的激烈支持，最後演變成進攻莫斯科的大暴動，代表著俄羅斯人民反對凱薩琳二世非法竊取皇位的最好證明。

　　彼得三世的歷史地位，最近受到比較公正的評估。美國印地安那大學的卡羅‧楞納德 (Carol S. Lennard)，就利用以前被忽略的史料與當時駐俄外國使臣的報告，糾正了凱薩琳二世在她回憶錄中，故意醜化了的彼得三世，並給予較公正與肯定的地位。❼不過，彼得三世在位僅僅六個月，對後世的影響終究有限，卻是無法否認的事實。

---

❼　Carol S. Leonard, *Reform and Regicide: The Reign of Peter III of Russia*, Bloomington, Indiana: Indiana University Press, 1993, p. 11.

第九章 凱薩琳大帝

一、執政初期的開明改革

　　凱薩琳二世的政權，主要是以宮廷禁衛軍製造兵變而奪得。因此事成之後，他們恃功而驕，向凱薩琳肆加勒索，稍不滿意則聚眾鬧事。她給予擁戴者酬謝之豐厚，可以由賞賜農奴一萬八千名、賞金十八萬盧布及終生俸祿中看出。凱薩琳曾抱怨說，她對擁戴者的報酬不可謂不足，但仍然無法滿足他們無厭的勒索。由於她所信賴的，主要是奧羅夫兄弟們等所率領的親信兵力，其他禁衛軍對此相當不滿。擁戴太子保羅早日即位及罷黜凱薩琳的耳語，遂層出不絕。禁衛軍中以巴娑‧密若維其 (Basil Mirovich) 為首的不滿分子們，就計劃在 1764 年先救出被監禁中的伊凡六世，然後發動推翻凱薩琳的兵變，輔助他為沙皇。雖然該陰謀因機密外洩而事敗，結果伊凡被殺，密若維其等也被處以極刑，但凱薩琳對此事的發生甚為震撼，使她深深感覺到她政權的不穩定，必須及早謀求補救之策。

　　凱薩琳二世來自外國，嫁給彼得三世後，又長年居住在禁宮內，對俄羅斯的國情相當陌生，更不了解俄羅斯人民實際的生活情況。她從 1763 年起，便效仿彼得大帝的往例，開始到各地巡視，一來刺探民隱，二來也是想要以親民的政策，獲得人民大眾的支持。她在 1763 年前後訪問了羅斯托夫、亞若斯拉夫地區及波羅的海各省；1767 年，率領了包括外交使節在內的兩千名考察團，從水道南下伏爾加河流域，然後再以陸路返回莫斯科，沿途親自探問民情、考察官吏的良莠。她因此獲得許多有助於治理國家的寶貴資料，更受到了民眾們普遍的敬愛。有些地方的人民，甚至把她當做是降凡的聖母，直呼她為「女皇，我們的小母親」，爭先恐後地向她跪拜與奉獻祭祀。

　　為了要了解國情，她經常出席參議院的會議，學習處理國內外各項問題

的實際經驗。她不但仔細的傾聽與觀察，而且親自做筆記，記載討論各種議題的正反意見。這些寶貴的資料對於她親自治理國政時，有極大的裨益。從她遺留下來的筆記中，可以看出凱薩琳在當時已經發現了許多必須立刻解決的怠政及其他嚴重的問題。她記載著說，在聆聽參議院的討論後，才知道在她初即位時，政府已經欠發兵士薪餉長達八個月之久；俄羅斯的對外貿易完全受控於外國勢力之下；國內所有重要的生產事業，也只由少數幾個家族壟斷；國家的財政更是瀕臨破產的邊緣。在伊麗莎白女皇時，荷蘭就因為俄羅斯積欠債務過多，拒絕支付一筆為數兩百萬的貸款。俄羅斯境內的農民，因為苛捐雜稅，生活狀況每況愈下，鋌而走險參加暴亂的人數已高達二十萬人之多。派往鎮壓的兵士，已經到了被迫使用槍彈砲火才能鎮壓民變的危急狀況了。各地的官員，也因為薪俸過於微薄、加上政府遲遲不發之故，只好強向人民徵收救急。她發現國家在如此的危機下，參議院竟然為了一個邊緣地區的牧地使用權，來回爭論了六個星期，最後仍然沒有解決。她為了要了解俄羅斯的地理，需要俄羅斯地圖作參考時，發現參議院竟然連一幅本國的地圖都沒有。她只好自己出錢購買，然後把它當作禮物送給參議院。經過幾次親自參加參議院討論後，她真正懷疑這樣一個機構，怎麼可能有治理國家的基本能力。參議院曾提出資料說國家稅收只有一千六百萬盧布，根本無法負擔國家常年的預算。經過她命令重新調查的結果，發現實際繳庫的數字應該有二千八百萬盧布，比參議院所提供的數字多達一千二百萬盧布的差額。很顯然的，一千二百萬盧布的稅收，早在解送到京之前被層層剝削、中飽私囊了。又如她在 1765 年，舉行海軍校閱時，船隻互相衝撞，既不能排齊行列，更無法擊中目標。凱薩琳看了之後極為悲傷地評論說，這個艦隊只能夠用來抓抓小沙丁魚罷了。❶

經過多次的仔細觀察後，凱薩琳深深感覺到最高決策機構效率之緩慢，議員們的愚腐與無能，是俄羅斯政治不彰的最基本原因，非徹底改革不可。當她認為她已經控制了初即位時期的不穩定局面，奪取政權及間接弒夫的不正當手段也漸漸被遺忘時，她就決定根據當時歐洲思潮中，最先進的法國啟蒙主義理念，積極在俄國推動各項改革。她在 1766 年，首先召開了籌備新政

❶ Kluchevsky, *A History of Russia*, vol. 5, pp. 27–28.

的「立法委員會」(Legislative Commission)，修改 1649 年所編纂的法典，使其能合乎人道與理性主義的精神。為了要使此後俄羅斯的制度與文化能符合歐洲文化的新思潮，她親自花了兩年的時間，寫成了包括 655 條的《訓令》(nakaz)，作為立法委員們擬定新法的根據。❷凱薩琳因為長期閱讀法國啟蒙主義的著作，並與狄德羅 (Denis Diderot, 1713–1784)、伏爾泰 (Voltaire, 1694–1778) 及 阿勒穆博特 (Jean-le-Rond D'Alembert, 1717–1783) 等重要哲士 (philsophe) 們保持通信，因此她所寫的《訓令》，多半採取了法國啟蒙主義的理想。《訓令》中五分之四的條文，是來自於孟德斯鳩 (Baron de Montesquieu, 1687–1755) 的《法意》(The Spirit of Laws)。其餘的 100 條，則是取自於貝卡立亞 (Cesare Beccaria, 1738–1795) 的《論罪與罰》(Essays on Crimes and Punishments)。伏爾泰稱讚凱薩琳的《訓令》是那個世紀中，推動改革最偉大的里程碑。

在這部《訓令》中，凱薩琳首先強調基督教法律的重要性，因此所有新的立法，必須不能違背這一個基本原則。同時，她又引用啟蒙主義重視自然法則 (the Law of Nature) 的精神，要求立法委員們在制定新法條之前，一定要先了解俄羅斯的自然情況，「因為凡是與大自然原則相融合的法律，必然也最適合於人間的情況與環境」。《訓令》中其他重要的指示包括：

> 第一章：將俄羅斯定位為一個歐洲的國家；因為從彼得大帝變法開始，他就介紹歐洲的文化與典章制度，逐漸削弱俄羅斯與東方的關係，使其走向了一個歐洲化的國家．
>
> 第二章：標明俄羅斯的疆域；緯度的 32 度，經度 165 度之間的領土都屬於俄羅斯的領土。要在這一片廣大領土中快速處理各項事物，非要有一個獨掌大權的君主。因此歐洲各國的政體，都無法在俄羅斯境內實行。
>
> 第四章：規劃除了以君主主導的行政大權之外的其他組織，其中包括

---

❷　《訓令》條文見 Polnoe Sobranie Zakonov Russkoi Imperii, (Complete Collection of the Russian Empire), 1st Series. 22, no. 16, 187. Pp. 346–351. Dmytrysun, Imperial Russia. Vol. 2. Pp. 113–117.

立法的參議院，及司法的法庭制度。

第五章：有關人民大眾的行為及權力與義務。其中特別強調人民有自由、追尋快樂及在法律前人人平等的權利。但同時警告說，政治上的自由，絕不能是因為「隨心所欲」。

第六章到第九章：說明立法的基礎與刑罰的必要性。凡是不容於自然法則的行為，也必不能被法條所准許。至善的法律在於守護中庸之道。任何使人肢體殘廢的刑法，皆違自然法則，應全部取消。

第十四章：討論教育的重要性。說明教育的目的乃是為國家培養好公民。政府必須制定教育大法，作為教育子女的典範。教育的重點要從培養敬畏上帝的謙恭精神開始，牢記十戒與東正教中的各種傳統與信條。然後再教以禮儀，灌輸榮譽感與羞恥感，以使其遠離邪惡，而成為循規蹈矩的好公民。

第十五章：貴族的特別待遇與要求；農民商人等，各從其業，各有所居。但以道德與功勳為本的貴族，則是全民之首。其職責是忠君愛國、竭力奉行職守，不能稍有違法的行為。叛國、強盜、偷竊、違反誓言、偽證欺詐等詭異行為，皆有損貴族的光榮，罪不可恕。

　　凱薩琳在《訓令》結論中說，許多人在初讀之下，或許無法了解其深意，因此她命令所有參於修改法律的委員們，在立法會議開會的每個月初，必須勤加閱讀與研討，裨能了解其真意，以為制定新法的指歸。凱薩琳寫作《訓令》的原意，並不是真要採取啟蒙主義中所特別強調的開明君主制度 (Enlightened Despotism)，而是要假借其名，獲得國內貴族與國際學者的認同，鞏固她自己的君主集權政體。

　　凱薩琳在 1766 年 12 月 14 日，正式宣布召開「立法會議」的命令。她希望該會議能達到兩個目的：第一，是政府可以藉此會議洞悉人民所需與所缺，作為日後改革的準備；第二，是適應政治與社會改變的情勢，制定一部新法典 (Ulozhnie)。會議委員是由指派與選舉兩種方式產生。指派的代表一共有二十八人，來自中央的參議院、教會及各行政部會機構。其餘的五百三十六名代表，則由各地方省市城鎮選舉出的貴族、富商、農民、哥薩克族及居住在

俄羅斯境內的外國人等選舉產生。據統計，其中一百六十一名屬於地主階級，二百零八名是來自城鎮，七十九名是國家農民的代表，八十八名是哥薩克及其他少數民族與外裔的代表。來自各地的五百六十四位代表，在 1767 年 6 月 30 日聚集在莫斯科的「天使殿」(Hall of Angels) 中，正式揭開會議的序幕。大家首先共同聆聽凱薩琳女皇的《訓令》，然後再根據《訓令》中標明的重點，分組進行討論，作為制定新法典的準備。凱薩琳曾指示新法典應符合三項基本要求：第一，是制定新法，必須依循現存的法律為基準；第二，是新的法律，必須要遵隨《訓令》中的精神；第三，是新法律必須要符合人民的需求。

這次的「立法會議」是俄羅斯歷史中第一個真正的全民大會。委員們來自各地，代表著各種不同的社會階級利益。不過也正因為代表成分的複雜，任何議題都會導致冗長的爭辯，很難獲致協議。整個「立法會議」在 1768 年 2 月 8 日奉命遷移到聖彼得堡，繼續討論新法的制定。當年年底，當正在討論貴族祖邑與封邑的複雜關係時，忽然接到政府命令說因為與土耳其的戰勢告急，「立法會議」要暫時休會，中斷一切修訂法典的工作。這一個成立了才一年半多、前後召開過二百四十三次會議的「立法會議」，就在毫無成效的情況下草草結束。凱薩琳終其一生的統治過程中，再也沒有重新召開討論立法與改革新政的會議。因此她所召開「立法會議」的初意，只不過是虛應情勢所需而已。

「立法會議」制定新法典的工作，雖然中途而廢，但會議中所收集的許多寶貴文獻與資料、各階級代表們所提出的問題與改革計劃，都成為了凱薩琳治理俄羅斯的寶貴參考。

二、普加切夫的叛亂

從 1762 年彼得三世被殺、凱薩琳隨即僭位，到 1772 年的十年間，假借彼得未死之名，聚集有志之士、除暴安良的報仇起義事件，多達四十餘次。這是凱薩琳執政的最大隱憂，也是她所強調的開明專制最明顯諷刺。但所有民變的嚴重性，都莫過於 1773 年源自於南部草原頓河流域的哥薩克人地區隨即蔓延各地，吸引了舊信仰者、逃農、逃兵以及下等貴族等各種不滿分子，

由普加切夫領導，直接進攻莫斯科威脅凱薩琳政權的民變。雖然這次民變像以前所有的民變一樣失敗了，在 1774 年底被消滅，魁首普加切夫被當眾以分屍罪處死。其意義卻代表著凱薩琳犧牲農民利益、過於優待貴族的各項政策，雖然討好了貴族階級，不再懷疑她的合法性，但是絕大多數的農民，仍視她為異族、弒夫的竊越皇位者，而無法接受。

伊密立安・普加切夫 (Emilian Pugachev, 1730–1774) 屬於頓河流域的哥薩克族，原曾服過俄羅斯軍役。他的出生地是哥薩克族反對沙皇擴充政策，時常組織抗稅、抗勞役與軍役的主要基地。羅曼諾夫王朝初期，在 1660–1671 年間率領頓河哥薩克叛亂的領袖司提芬・拉辛，也是在該地出生。

伊凡四世時，為了要增加「歐撲力其尼納」特區的土地，開始向伏爾加與頓河流域擴充。原來在該地居住的哥薩克族，只好向烏拉山區遷徙。十八世紀初，因該地發現礦產，俄羅斯本部的斯拉夫族，開始前來殖民與開礦，奪取了哥薩克族的土地，使得他們生活非常困難。加上沙皇政府在 1735 年，將該地區納入行省制度之內，不但向哈薩克各族征稅，並強迫其服兵役。凱薩琳在 1768–1774 年間第一次對土耳其戰爭時，就在哥薩克地區徵募了許多壯丁。受此雙重的壓迫與剝削，哥薩克人早已醞釀了不滿的情緒，隨時可被激動而演變成為巨亂。

彼得三世在 1762 年初，解放貴族對政府應服的強迫役時，農民都期待著政府會進一步的終止他們對貴族所服的各項義務。當他在當年夏天死亡時，就有農民們認為是貴族們懼怕他宣布農奴解放令，因此聯合他的妻子凱薩琳共同謀反，不但將其推翻，並且將其殘酷處死的傳言。而同時凱薩琳確實為了要維護她非法竊取的政權，急需貴族的支持，於是在 1767 年下令，禁止此後農民不得向政府控訴地主們對他們的任何迫害，從此扼殺了農民們在法律上唯一可以鉗制貴族們越權欺凌的管道。因此，鋌而走險的暴動成為了農民們唯一伸冤的方法。農民奉拜彼得三世，把他當作是為了維護他們利益、而被地主統治階級害死的殉道者想法，正像在混亂時代伊凡四世之子狄密錘未曾死亡、將會突然出現復國的謠傳情形一樣。當時的農民也相信彼得三世其實沒有被殺害，遇害被殺後所埋藏的，只是一個酷似他面目的代替者而已。真正的彼得現在正在各地視察民間疾苦，伺機而動。只要他能剷除篡竊者、

奪回皇位後，就會立刻廢除農奴制度，終止他們對貴族地主所服的各種苦役。哥薩克地區，假借彼得三世之名，在各地舉兵起義者層出不窮。

　　普加切夫於 1773 年 9 月在烏拉山的亞以克 (Yaik)，以彼得三世之名，正式宣布起義，在當地發動了持續兩年之久的反凱薩琳運動，起事後，旋即進攻烏拉山的首府奧倫堡 (Orenburg)。他說：

> 我（彼得三世）曾經到過基輔、波蘭、埃及、耶路撒冷。從特瑞克 (Terek)
> 河，來到了你們的頓河地區。我知道你們被虐待，所有的人都被虐待。
> 這是我不被貴族們喜愛的最大原因。他們之中的許多年輕人與中年人，
> 雖然身體健康適合服役、被給予了官職，卻回到自己的莊園上，過著
> 靠農民們工作支持的退休生活。這些幾乎毀滅了貧窮農民的貴族們，
> 控制著整個國家。我因此開始強迫他們離開鄉村，強迫他們為薪俸而
> 服役。對於那些壓榨農民及不義的貴族們，我加以懲罰，並將其監禁
> 在獄中。因此他們開始設計陷害我。當我在內瓦河上坐船的時候，他
> 們拘捕了我，編了一個有關我的謊言，強迫我在世界上各地流亡。

他說現在他回來了，要到聖彼得堡去，先把凱薩琳送入修院或驅除回國，然後與兒子保羅一起執政，拯救被貴族、惡吏欺壓的善良人民。他在起義的檄文中對農民們宣諭說：

> 朕，彼得‧費歐多若維其 (Peter, Fyodorovich) 寬恕你們所有的罪惡，
> 並賜給你們從頭到尾的河流、土地與草原、金錢的補助、鉛、火藥與
> 穀物。這些，都是朕，偉大的主宰與皇帝彼得‧費歐多若維其親自給
> 予的賞賜。❸

普加切夫的長相與彼得三世其實毫無相似之處，但這已不重要，主要的是他所說的，正是一般窮苦人民所期待的；也應證了人民一直就相信彼得沒有死的信念。凱薩琳在獲報這些宣諭時輕視地說：「它們不過是頭腦簡單的哥薩克人的宣傳而已。」但是俄羅斯偉大的文學家普希金卻不如此想，他在以普加切夫為主題的小說《上尉的女兒》中強調說，就是這些聽來幼稚與粗魯的語句，

❸　Paul Avrich, *Russian Rebels 1600–1800*, p. 192.

才能真正引起農民大眾們的共鳴。因此普加切夫登高一呼，不僅是邊野地區的哥薩克族，連逃避苦役的農奴與兵士、剛受彼得三世赦免但旋即被凱薩琳認為非法的舊信仰者，都立即群起相應，震動了整個頓河與伏爾加河流域，勢不可遏。他在 1774 年 7 月 31 日，發布了一篇全國性的〈解放令〉，號召所有被貴族地主壓迫的俄羅斯苦難人民，共同團結起來推翻暴政：

> 根據這個充滿著聖上眷念與慈父般恩典的詔令，我們要把自由賜給每一個以前身處農奴制度中、或向貴族服任何勞役者，將其轉變成為皇家的忠實人民。對舊教信仰者，我們給予可以使用古式的十字架與頌文及保留鬍鬚的權利。對哥薩克族，我們將恢復並永久保持你們自由、終止強迫的徵兵制度、取消人頭稅及其他繳納現金的雜稅。廢除土地、森林、畜牧草原、魚池與鹽場的私有權，不給擁有者的地主們任何補償。最後我們要把所有的人民，從盜賊似的貴族與敲詐成性的城市奸吏們強加諸到農民與其他人民身上的稅捐、徭役中解放出來。我們誠心為你們心靈的解救而祈禱，希望你們能在這世界上有一個快樂與平安的生活。因為我們像你們一樣，同樣地遭受了這些惡劣貴族地主們帶來的流亡與折磨的苦楚。現在我的聲名已經傳遍俄羅斯各地。我們特別親自下令宣布：所有擁有「坡蔑斯堤」或「沃其納」土地者、反對我們統治、反叛國家、使我們家破人亡的貴族們，都應該被搶奪過來、抓起來被吊死。用他們對付你們一樣的方式來對付他們！ 因為他們曾毫無基督慈愛地壓迫過你們。當這些叛國賊與竊盜似的貴族全部被消滅之後，每一個人就都會永遠活在和平與快樂中了。❹

這個詔文中強調廢除苛捐雜稅、終止強迫性的兵役、寬容舊信仰、把官吏與貴族視同盜匪般應處以絞刑致死等各項允諾，都是俄羅斯農民期望發生的。而普加切夫以彼得三世慘遭迫害後復出救世為號召，更觸動了被貴族地主奴役的農民們的同情心，因此群起相應。他所到之處，農民們都搶掠貴族的土地與財產，殺害貴族、官吏及其家人來洩恨。普加切夫並申言他即將率領群

---

❹ "Pugachev's Emancipation Decree," July 31, 1774, Paul Avrich, *Russian Rebels 1600–1800*, p. 227.

眾奪取莫斯科與聖彼得堡，捕捉凱薩琳及其逆黨，從新執掌政權。這波民變速度傳播之快、涉及範圍之廣，使得凱薩琳震撼不已，決定派遣大軍討伐。

正像以前所有失敗的民變一樣，普加切夫所能挑動起的，只是農民們一時反政、反貴族地主的仇恨感。除了空洞的口號及摧毀舊體制外，這些民變都缺少持久性的理念與實際的計劃，來吸引更多的支持者；無法將一個情緒性的暴亂，轉變成為一個有終極目標的革命運動。加上其資源與人力，無法與政府相比擬，故一旦政府決心對付，他們內部必然發生分裂，走向毀滅。普加切夫的運動在 1774 年夏開始受到挫敗，漸漸轉弱而氣衰。他本人、妻子與孩子等在事敗後，被同族的哥薩克人誘擒，交給政府。像狗熊一樣地，他被鎖在一個特製鐵籠中，運往莫斯科受審。由於鐵籠尺寸過小，普加切夫在整個途程中只能匍伏在地。到達莫斯科時，群眾爭先恐後的前來目睹這個「怪獸」。凱薩琳則尖刻的說：「我們的公爵被捕了，用手拷、腳鏈被鎖著。他像個熊一樣地被捆綁著。在莫斯科正有一個絞臺在等著他。」不過，在給伏爾泰的信中，她卻承認普加切夫是一個異常勇敢、也非常有機智的人。❺

由貴族地主、官吏、高級教士等組織的法庭，於 1774 年 12 月在克里姆林宮中審問普加切夫。審問結果，判決「將普加切夫肢解為四，頭顱須懸掛在高竿上，身體的四部分分掛在車子上，先運往城市的四周展示，然後再加以燒毀。」凱薩琳則假裝憐憫地變動判決說，普加切夫可以先被斬首，不必被活生生地被肢解。因為假如真的先肢解、再將其頭顱割下的話，可能會使普加切夫成為殉道者，而吸引更多的追隨者。1775 年 1 月 10 日，克里姆林宮城牆下莫斯科河旁的空地上，在大批等待著的群眾擁擠的觀看下，執刑者先把普加切夫的頭顱砍下後，懸掛在高竿上，然後再將肢體砍分為數塊，分送城中各處示眾。旁觀者不禁感嘆地說：「貴族們獲得了屠殺他們共同敵人的一場真正勝利。」

普加切夫的民變雖然失敗，但這場民變也是哥薩克族為了反對俄羅斯帝國繼續擴充、徹底破壞了他們傳統生活形態的最後一場戰爭。在莫斯科政府強力的拓邊政策下，哥薩克族此後不是消極的過著原始的漁牧或簡單的農業生活，便是被徵召入伍，以服兵役為主要的職業。普加切夫的變亂，也是凱

---

❺ Paul Avrich, p. 243.

薩琳所強調的開明制度最大的諷刺，顯示出她政權基礎的脆弱性。在人民的想象中，普加切夫所代表的正是被壓榨的人民，反抗貴族舊勢力暴政的道德力量。俄羅斯十九世紀的文學家普希金，就一直緬懷著他，他在 1833 年所寫的《普加切夫起義史》(*Istoriia Pugachevskogo bunta, History of Pugachev Revolt*)，更是這個運動的可貴史料。

三、優待貴族的改革政策

「立法會議」進行時，各地代表們利用討論的機會，乘機傳達了各階級面臨的嚴重問題。農民代表們警告說，鄉村農民們在政府官吏與地主雙重的苛捐雜稅壓迫下，終日生活在貧窮與饑荒中、幾乎已無喘息餘地的情況最為危險，一旦有人登高一呼，發動抗稅、抗租與搶地的運動，大批的饑民必會風起雲湧地響應，造成動搖國家根本的大亂。普加切夫的民變，正好應驗了這個警訊。凱薩琳有感於當普加切夫叛亂開始之時，各地方政府推諉責任，既不能防範於未然，一旦事起，又無法鎮服的現象，主要是彼得大帝時代以來的行省制度，產生了三個嚴重的缺點所造成。第一，是各省面積太大，地方首長無法統管全局；第二，是地方官吏人數過少，難以處理繁多的事務；第三，則是地方行政、司法、財政等職務混淆。結果不是事事推諉，便是機關重疊，以致事倍功半。她的改革就是針對這些缺點，先縮小行政區域的範圍，提高新任省長的行政效率，希望能藉此紓解民怨，避免類似普加切夫式的民變再度發生。

凱薩琳在 1775 年 11 月，頒布「省政新制度」(New Institutions for Administration of Our Gubernii) 命令，開始改革地方組織。原先以歷史或地理因素劃分的二十個行省，現在則改以人口為主，擴充到五十個行省 (gubernii)。每一省的人口，由三十萬到四十萬為基準。省之下，再以兩萬人到三萬人為根據，劃分成為十個縣 (uezd)。省長由中央指派，總攬全省行政及司法權。凱薩琳知道地方的改革必須獲得地方貴族的支持，因此她給予貴族們許多特權，鼓勵他們熱心參與地方行政。各縣縣長 (ispranvnik) 便多半由當地貴族擔任，協助省長貫徹省政。其餘的地方財政、稅務、司法等任務，主要也都由貴族們

負責。各地方的法院與審判過程，因階級不同而各有所異。凱薩琳也允許貴族們享有與普通百姓們不同的法院與審判程序。凱薩琳在改革地方制度時，對貴族的特惠待遇，到了 1785 年，更經由對「貴族特許狀」(The Charter to the Nobility) 的宣諭制度化，有了法律上的基礎。

　　凱薩琳靠貴族們的支持，以兵變的方式，奪取了彼得三世的皇位，並將他殺害。因此即位之後，一直就為她自己政權的合法性可能受到質疑而煩惱。她許多所謂的開明措施，便是向貴族們討好，冀求獲得他們的支持。她在 1785 年 4 月 21 日所頒布含有 64 條保護貴族權益的「貴族特許狀」，就是最好的證明。其中，她豁免了貴族對政府服務與強迫性軍役的規定；給予貴族們不必像其他人民一樣的要繳納人頭稅、被徵入伍服軍役等特權。從此他們不但對自己的土地及土地上居住的農民有絕對管轄權，並有自由從事農業以外的任何工商業。他們也可以自由出國旅遊與居住，甚至可以替外國君主服役。彼得大帝時代規定貴族們終生服役的束縛，自安娜女皇開始鬆綁，歷經伊麗莎白女皇與彼得三世繼續放寬，到了凱薩琳則完全獲得解放。許多服役貴族因服役而獲得的封邑與土地，在服役完畢後並沒有交還政府，而凱薩琳的特許狀，使得他們對這些土地的佔有，獲得法律上的承認。所以貴族們讚稱這是貴族的黃金時代 (Golden Age of the Nobility)。相反地，替貴族們服勞役的農民，則沒有在貴族免役的優待下，獲得對貴族停止服役的同等待遇。他們的地位更形下落，已經成為雖無其名、但有其實的奴隸了。

　　「貴族特許狀」開宗明義的說：「由於帝國在最近的擴充與成就，我們執政的方向，主要是為來世的人民增進更大的幸福與安定。在這時候，我們代表所有的俄羅斯沙皇們，特別要對永遠堅持著不動搖的信心、提供服務與熱愛國家的貴族們，致上最高的敬意。」凱薩琳說她承繼著上帝以公正、慈悲與恩惠所美化的俄羅斯皇位，為了要榮耀貴族及永遠維護他們因服務國家而應享有的特權，乃特此宣示此後子孫世世代代都不得更改的詔諭。凱薩琳特別尊重古老的「博亞」貴族，說他們是從古到今品德與功能俱全、靠本身服役而顯赫的聖賢們。因此，他們因事功所贏取到的頭銜，有不可被侵犯與免除被剝奪的權利，且死後應由妻子、子女及後代永續繼承。政府必須根據世襲性原則，保障其頭銜、榮譽、生命及財產的安全。不得未經法律程序，隨意

加以侵害。

　　貴族在法律上也享有特權。「貴族特許狀」中特別規定：貴族們只能被同僚審判。不得處以棒杖的刑罰。凡是被判刑的貴族，其土地仍可由合法繼承人繼承。又若貴族們所犯之罪，年逾十年以上而未被發現、或未受任何法律制裁者，應永不過問。

　　對於貴族們的土地與財產，也制定條文特別加以保護：若不經過法庭正式的法律程序，任何人或任何機構，都不得佔有或損壞貴族的財產。貴族們不但可以祖傳的沃其納、或政府所恩賜土地的地主名義簽署文件，也可以坡蔑斯堤土地的地主名義簽署文件。

　　不但如此，「貴族特許狀」還特別規定「坡蔑斯堤」土地的地主，有可隨意處理該土地的法律權力；他可以將其贈送給任何人，或在遺囑中指定繼承者，或作為女兒的陪嫁。也可以為了維持自己的生計變賣。

　　這項規定違反了以前坡蔑斯堤土地在服役完畢後須交還政府的政策，正式將因服役才能領有的土地，轉變成為服役貴族的私有土地。

　　除此之外，貴族得免繳人頭稅。軍隊不准強佔他們的住宅，以為軍營。最重要的是該特許狀，給與貴族們在地方上的高度自治權，允許他們在所居住的省城中，組織「貴族協會」，享有下列的各項特權：

　　1. 經由省長的同意，貴族們可在每三年的冬季時，選舉代表們聽取省長的各項執政計劃報告。

　　2. 「貴族協會」得經由其代表將貴族所需各事，直接上呈省長或總督辦理。

　　3. 「貴族協會」可依據法條規定，經由其代表，直接向沙皇本人或參議院上訴。

　　根據上述「貴族特許狀」中的各項優待，貴族成為了輔助凱薩琳共同執政的統治階級。他們世世代代的地位與特權，都獲得合法的保障。他們不但不必向政府提供各項義務，反而成為政府在地方上的代理者，對土地及農民，享有絕對的管轄權。這些從軍役與其他強迫役中被解放的貴族們，在凱薩琳歐化的開明專制制度下，享受著由農奴服勞役提供的舒適生活，與貧苦的農民大眾產生了一種無法彌補的疏離感。俄羅斯的社會，明顯地形成兩種互相

陌生的對立階級。上層是歐化的貴族階級,下層則是延續舊傳統的農奴階級。他們雖然同時生存在俄羅斯境內,卻生活在兩個完全不同的世界裡,對俄羅斯以後的歷史發展,有極嚴重的負面影響。

四、農民地位再度下降

　　凱薩琳女皇對貴族地主的特別優待,相對之下,等於將私人莊園上的農奴地位更進一步的貶降。克柳切夫斯基評論說,凱薩琳採取比彼得大帝還要嚴峻的法律及其他的限制,將農奴緊緊地束縛在土地與地主個人的權威下。

　　十八世紀的俄國農民,凡是繳納人頭稅者,都被通稱為 "Krestiane"(農民之意)。但因其居住地區與地主的主從關係,又可分為兩個不同的種類。根據 1762–1766 年的人口統計、除去烏克蘭在內的大俄羅斯及西伯利亞的地區男性農民的總數約為七千兩百萬人,佔總人口的 45%。其中為數三百八十萬、佔 53.2% 的農民,居住在私有的土地上,為地主提供勞役,他們就是通稱的「農奴」。其他有的是居住在國家擁有的土地上的,被稱為「國家農民」(gosudarstvennye, kazennye krestiane)。在 1764 年的總數是一百八十萬人。但當年政府沒收東正教教產時,原屬於教會擁有土地上、為數約一百萬的農民,重新被劃分為「國家農民」,使其總數增高到兩百八十多萬人,佔農民總比例的 39.2%。另外約四十九萬名,佔總數 6.9% 的農民,居住在宮廷與皇家的私有土地上,被稱之為「宮廷農民」(dvortsovyc 或 gosudarevy krestiane)。剩下不到總數 1% 的農民,居住在公有或私有的礦場或各種工業區中,以服苦役為主。凱薩琳為了酬謝擁戴有功的寵臣們,經常將烏克蘭及波蘭境內的大批土地賜封給他們,急劇增加了私有土地的農奴人口。在她晚年的人口總調查時 (1794–1796),私有農奴的總數,已經從原有的三百八十萬急劇增加到了一千零七十萬人。這個數字顯示了凱薩琳女皇時代,為了討好貴族階級,奴役大批農民的嚴重性。❻

　　農奴與國家農民基本的不同是,前者可由地主將其隨同土地或不隨同土

---

❻ Michael Florinsky, *A History and An Interpretation*, Two Volumes. New York: The MacMillan Company, 1965. Vol. I, p. 375.

地、像貨物一樣買賣；國家農民則是世襲被束縛在土地上，不得被買賣。不過，國家土地一旦經由封贈轉為私有田莊時，原屬國家的農民就成為私有農奴，可以被自由買賣。在經濟負擔上，國家農民對政府的義務是繳納人頭稅及被稱為「歐布若克」(Obrok) 的代金。根據 1760 年的統計，當時的人頭稅額是七十科貝克，到 1794 年時增為一個盧布。「歐布若克」是農民耕種政府土地繳付的田租，1723 年的金額是一年四十科貝克，1761 年增為一個盧布，1768 年是二個盧布，到了 1783 年，已經增加到三個盧布。「國家農民」的負擔遠較農奴為輕，因此導致農奴們深感不平，頻頻作亂，要求享受平等的待遇。他們除了要求「國家農民」多交田租外，並要他們也應該負起服兵役及各種勞役的義務。

　　與國家農民相比較，私有土地上農奴的負擔，就要沉重的多。他們除了要對政府繳納人頭稅、服兵役與其他勞役外，對地主們則有更繁重的勞役與繳納現金與實物的義務。勞役是「耙事畦納」；繳納現金和實物是「歐布若克」。兩者義務都與土地所處的地理環境與耕作方式有密切的關係。地主們通常採用兩種不同的方式經營自己的土地，一種是將部分或所有的土地交由農奴耕種，自己則定時收取「歐布若克」的租金與實物；另一方式，則是地主將土地分為兩部分，面積很小的一部分，交由農奴自己耕種與管理，絕大部分的土地則由地主自己經營。實際的耕種與有關的工作，則由農奴以盡「耙事畦納」的勞役方式，加以償還。通常情況下，服「耙事畦納」勞役的農奴，不必再承擔繳納實物或現金的「歐布若克」義務。

　　這兩種不同制度的分布，主要是由土地所在處的地理環境所決定。土壤不宜耕種的地區及面積廣大的莊園，多半採用「歐布若克」制；土壤肥沃的黑土地區及面積較小的莊園，則使用「耙事畦納」制。兩者的比例是「歐布若克」佔耕地總面積的 44%，「耙事畦納」佔 56%。從經濟的觀點上衡量，「歐布若克」制，對地主們較為有利。因為屬於該制度的地主，主要是按時收取農奴們繳納的田租現金與實物，其餘一切都是由農奴們自理。他們不必花費過多的金錢與精力，對農耕的細節加以干涉與管理。「耙事畦納」制度下的地主們，收入主要是來自於土地上的農產品。農奴們工作的勤惰可以直接影響到他們的經濟情況，因此採取「耙事畦納」制度的地主們，必須盡量剝削農

奴的勞力，以達到最高的生產量。故此地的農民生活貧苦，反對農奴制度尤其激烈，容易被煽動而發生大規模的農變。

「歐布若克」現金的數額是以人口調查為準，由各鄉村「公社」(Commune)負責分擔繳納。1760 年代，每一男丁每年繳一到二個盧布；1770 年，二到三個盧布；1780 年，則為四個盧布；1790 年代，增為五個盧布。地主們並不一定遵守這規定的數字，對於較富有的農奴，則故意巧加名目盡情勒索。曾有農奴交納超過數百盧布的記錄。❼現金以外的實物種類與數量並沒有成文規定，主要包括禽類及豬、羊、牛、牛奶、羊奶、雞蛋、奶油以及紡織品等日用物；也包括煮食與取暖的燃料。若折換成現金，這些實物的價值，大約是「歐布若克」金額的三分之一。❽

「耙事畦納」制度下的農奴，替地主服勞役耕種的日數，主要是由地主視實際情形而決定。依據 1649 年的法典中規定，星期日與假日不得被迫耕種外，農奴們每週至少必須替地主耕種三日，此外三日，則耕種地主撥給自己的土地。在地主田地上的工作時數相當長，通常每日在十小時以上。尤其收成時，則要長達十六小時之久。而且地主們也不一定遵守工作三日的限制，經常隨意增加。剩下來、能花在自己土地上的時間與精力，相對地自是減少很多。而且，自己土地上的部分農產品，也須以「歐布若克」的名義，交納給地主。與「歐布若克」制度下的農奴相比較，他們對地主的勞役與實物貢獻的總值，要沉重兩倍以上。❾凱薩琳初即位時，潘寧公爵 (Count Panin,1718–1793) 便警告她說地主權勢太大，對農奴勞役與現金的需求過苛，如不減輕他們的負擔，民變之禍只是時間早晚而已。類似的建議在「立法會議」中，也經常被提出；但她為了要討好貴族們，都故意相應不理。

地主們對農奴的期待，主要是他們能盡力服勞役，按期繳納田租、稅金及實物。除此之外，並不太干涉農奴們的日常生活。農奴們本身享有有限的自治權，管理納稅與治安等各項事務。典型的農村組織是由農戶們組成的「公社」，由地主指派其中有聲望者為社長 (prikashchik)，直接向其負責。公社的

---

❼　Florinsky, vol. I, pp. 579–580.

❽　Florinsky, vol. I, p. 580.

❾　Florinsky, vol. I, p. 581.

主要機構是由成年男性農奴組成的鄉村會議，其任務為選舉「鄉老」(elder)，負責分攤每戶納稅數額，定期繳納人頭稅、田租與實物等庶務。在定期重新劃分耕地的「公社」地區，則負責根據每戶男丁人口數及服勞役的工作量，公平劃撥給與適量的耕地。

為了要維護地方治安，政府授權給地主，可以處罰行為不軌的農奴。但這僅限於對犯規者的體罰，絕對不得故意用重刑，或因此而導致其死亡。刑事案件的管轄權屬於政府，地主不得僭越處理。若有地主違反上述兩項權責，農奴與其家屬有權可以直接向政府提出上訴，要求懲罰犯法的地主。雖然農民們深知官吏與地主的利害關係緊密，互相勾結，縱然上訴，也很少有機會平冤。真正上訴控告地主者，是少之又少。不過，至少在法律上，農民還受到政府的保障，使得地主不敢為所欲為。在 1767 年 8 月 22 日凱薩琳對修訂新法典的「立法會議」議員們訓示說：「此後凡是未經許可，膽敢上訴控告地主 (pomiestchik)，或竟然敢將該控訴狀上遞到女皇陛下的手中之事，上訴者與撰寫上訴狀者，先處以鞭打，然後放逐到涅爾琴斯克 (Nerchinsk，尼布楚)，永不赦回。被告之地主，則無罪釋放。」❿ 她並命令各鄉村的教士們，須在禮拜日及其他宗教節日中，高聲向鄉民們朗誦該訓示。農民們在法律上唯一僅存可以節制地主虐政的權力，從此被這一位自稱是開明君主的凱薩琳剝奪殆盡了。更矛盾地是，當「立法會議」議員們奉命研讀該訓令的同時，他們正好在討論凱薩琳詔令中的自由與平等條例。當她去世時，俄羅斯已被她轉化成為一個比她即位時更奴役化的國家了。

五、凱薩琳時代的教育與文化

凱薩琳遠在嫁給彼得三世之前，就鑽研法國的文學與啟蒙思想，並與當時法國著名的哲士如伏爾泰與狄德羅等通訊。就位後，曾邀請狄德羅前來訪問與講學。她的教育思想也受到了啟蒙主義深刻的影響。她認為教育的目的應注重道德、倫理與性靈的培養，而不在學習某一項專技。即位的第一年，她就下令政府負責國家的教育，將男女兒童就學的年限，由五年延伸到十八

---

❿ Klyuchevsky, vol. 5, pp. 74–75.

年。但是當時俄羅斯政府並無負責教育的機構，這紙命令始終未曾實行。她於 1764 與 1765 年，在聖彼得堡先後設立了兩所專門招收女性學生的學院。一所是斯莫尼 (Smolny) 學院，⓫ 限貴族女兒入學；另一所是諾沃德耶威其 (Novodyevichy) 學院，則是招收城市商人的女兒。兩者相同的基本課程是閱讀、寫作、算術與管理家務的基本知識；此外，貴族學校教授舞蹈、繪畫與室內設計；商人女兒的學校，則傳授與實際生活有關的課程。這兩所學校都成績斐然。到了 1794 年斯莫尼學院已經畢業了四百四十名學生；諾沃德耶威其則有四百一十名。凱薩琳之重視女性教育，不但是在俄羅斯，就是在歐洲教育史中也是一項重要的貢獻。凱薩琳的教育改革，一直要等到 1767 年立法會議修訂法律時，才有正式討論的機會。

凱薩琳在 1767 年對「立法會議」的訓令中，特別強調教育對國家的重要性。她說教育乃是培養公民的立國之本，政府應該樹立典章，作為父母們教育子女時的依歸。教育必須先從家庭中開始，父母們要教導孩子們敬畏上帝，使他們依循十誡中的教訓行事；灌輸他們敬愛國家、遵守法律的觀念。在教導孩子們時，父母最重要的是以身作則、樹立良好的榜樣，在他們面前不但不能有暴劣的行為，連粗魯的言辭，都必須避免。尤其不能讓孩子們養成說謊的習慣，因為說謊是所有壞行為中最壞的一項。「立法會議」中的教育委員會遵循凱薩琳的旨意，提出了公共教育的基本原則。第一，公立學校應分為小學、初中及高中；第二，學校中沒有班級的區分；第三，強迫性的義務教育。由於要應付對鄂圖曼土耳其帝國的戰爭與鎮壓普加切夫的變亂，這個計劃一直被擱置未曾實行。到了 1777 年，她的兒子保羅之子亞歷山大誕生，凱薩琳為了要親自教養孫子，才又重新開始注意教育的重要性。她向狄德羅與格林兄弟 (Jacob Grimm, 1785–1859; Wilhelm Grimm, 1786–1863) 等啟蒙思想家討教應如何推動公共教育，他們建議奧地利的教育模式最適合俄羅斯。奧地利的皇帝約塞夫因此特地走訪凱薩琳，討論了發展公共教育的基本方針。

凱薩琳於 1783 年在聖彼得堡先成立了一所「師範學院」(Glavnoe Uchilishche)，培養師資。於 1786 年成立公共教育部，正式籌劃推動公共教育制定學校規則。她規定全國各地都要實行公共教育。每省要在省府中建立一

⓫　在二月革命後及十月革命時，成為了蘇維埃及布爾什維克黨的總部。

所「預科大學」(Gymasium)；各地則設小學、初中及高中。省長主掌全省教育，下設公共福利處，負責教學事務及教師們的薪金。為了要提供公共教育所需要的講材，她特別自維也納大學聘請教授，將奧地利的教科書根據俄羅斯的現況，翻譯成俄文作為課本。

根據 1786 年所頒布的公共教育條則，小學的基礎教育最為重要。學習的課程、閱讀的資料，都由國家統籌編著發行到各地使用。課程除了文法、品格修養、數學、俄羅斯歷史與地理、東正教教義、公民應盡義務等基本知識外，並包括外國如亞、歐、非、美各洲的地理與歷史。高年級的學生要學習化學與物理。語言方面，除了要精通本國文字外，尚須攻讀拉丁文及與本國接鄰國家的語言。每一個學校應有一所圖書館，收藏本國與外文的書籍，並陳列生物、植物、礦冶的標本，以使學生了解大自然的進化。凱薩琳時代因為經年對外作戰、財政困乏，根本無法提供充裕的教育經費，因此各地的公立學校在財政困難的情形下，許多計劃也無法實現。凱薩琳最後決定廢除初中，只設小學與高中。雖然如此，凱薩琳的公共教育成績斐然，是一個不容置疑的事實。到了 1796 年，全國已經設立了三百一十五所公立學校，有一萬九千九百一十五名學童就學。不過，因為學校主要是設立在城市中，貴族與商人等子弟受惠甚多。設立在鄉村中的學校，一直到了凱薩琳的末期，也只不過十一所而已。農民子弟們，仍是沒有享受公共教育的機會。下列俄羅斯公共教育統計資料，可以證明凱薩琳對俄羅斯教育的貢獻。❷

1782–1800 俄羅斯公共教育統計資料

年 代	學校數目	男 童	女 童	總 計	教師數字
1782	8	474	44	518	26
1783	9	654	77	731	28
1784	11	1082	152	1234	33
1785	12	1282	209	1491	38
1786	165	10230	858	11088	394
1787	218	11968	1571	13539	525

❷ 根據俄羅斯公共教育部資料，*Sbornik materialov dlia istorii prosveshcheniia v rossi,* St. Petersburg: 1893, vol. 1, pp. 339–340, Dmytryshyn, vol. 2, p. 121.

1788	227	13635	924	14559	520
1789	225	13187	1202	14389	516
1790	269	15604	921	16525	629
1791	288	16723	1064	17787	700
1792	302	16322	1178	17500	718
1793	311	16165	1132	17297	738
1794	302	15540	1080	16620	767
1795	307	16035	1062	17097	716
1796	316	16220	1121	17341	744
1797	285	14457	1171	15628	644
1798	284	15396	1405	16801	752
1799	277	15754	1561	17315	705
1800	315	18128	1787	19915	790

　　彼得大帝逝世後，其繼承者先後都來自於日耳曼與法國文化地區，俄羅斯的文化也因此受到這兩地深厚的影響。統治階級們除了要能說俄文外，還必須要能說波蘭文、德文及法文三種不同的語言。到了凱薩琳二世時代，各種融合的文化成為了新興的俄羅斯文化。最重要的俄羅斯文字在吸收外來語與文化後漸漸成熟，成為了此後的通用書寫工具。貢獻最大的當屬密開爾‧羅莫諾索夫與尼古拉‧卡拉拇金。

　　密開爾‧羅莫諾索夫出身寒微，父親是白海地區的漁夫；他從小聰慧過人，在 1731 年被推薦到莫斯科斯拉夫—希臘—拉丁文學院就學。在 1736 年畢業後，被政府保送到普魯士的馬堡 (Marburg) 與佛萊堡 (Freiburg) 大學攻讀化學、冶金及數學；1741 年學成回國服務。隨即在 1742 年被皇家科學院聘為化學與物理教授。他是其中第一個與外國教授平坐平起的俄羅斯教授。除了在科學方面的成就外，他最重要的貢獻是俄羅斯文字與歷史的研究。他有感於俄羅斯的文字錯綜複雜，摻和著古老的教會斯拉夫文、外來的波蘭文、瑞典文、德文、法文等混雜使用，毫無章法，便力圖整理出一個可以依循的頭緒。他在 1757 年出版了《俄文文法》一書，奠定了以後俄文書寫的規格，因此被後世尊稱為現代俄羅斯文學之父。

他認為要了解俄羅斯的語言根源，必須對俄羅斯的民族及歷史演變有徹底的了解。研究的結果，使他深信俄羅斯的文字與歷史的起源，都是源自於俄羅斯的本地，不是來自於北歐的斯堪的納維亞地區。當時的皇家科學院由日耳曼籍學者壟斷。其中的佛立得瑞其‧穆勒與奧古司特斯‧施洛澤 (August Ludwig von Schloezer, 1735–1809) 等歷史學家，就倡導所謂的「北蠻論」學說 (Norman theory)，強調俄羅斯文化與歷史的起源、基輔時代的法律、政治體制、藝術及原始的宗教信仰，都非源自本土，而是來自以瑞典為主的斯堪的納維亞文化。他從 1749 年便開始撰文攻擊這些論點的荒謬，提出證據證明遠在北歐人進入俄羅斯前，斯拉夫人早已在基輔附近建立國家、發展文化。 **⓭**

另一位將俄羅斯書寫文字體裁定型的是尼古拉‧卡拉拇金。他是凱薩琳時代崇尚啟蒙主義的典型知識分子，出身於中型的貴族家庭，從小就深受法國思想家盧梭 (Jean Jacques Rousseau, 1712–1778) 著作《愛彌爾》(*Emile*) 中所提倡重視培養情操而非訓練推理的教育；從此開始努力學習法文與德文。學成後，經由在莫斯科居住的同鄉伊凡‧屠戈涅夫的鼓勵，搬到莫斯科尋求發展。當時俄羅斯文化因受外來影響過深，開始引起了國內保守分子的反彈。為了對付過於西方化的聖彼得堡，莫斯科就成為了恢復及保存俄羅斯固有文化的中心。反對法國思潮及啟蒙主義的知識分子組織，是以莫斯科城中的「共濟會」(Freemason) 為主。他到了莫斯科後，便參加了尼古拉‧諾威寇夫 (Nikolai Novikov, 1744–1818) 與約翰‧史瓦茲 (Johann Schwartz) 等「共濟會」員組成的「友好學習會」(Druzheskoe Uchenoe Obshchestvo)，負責翻譯英文、德文等文藝名著。此後他自費到日耳曼、瑞士、法國、英國等地遊學，在 1790 年法國大革命正在進行時，到達巴黎。他目睹暴民的殘酷行為，對歐洲的啟蒙主義及標榜自由的歐洲文化感到極度失望後，思想漸趨保守，開始返歸到俄羅斯的本身、努力研究其文化與歷史。他在 1810–1811 年間，出版了《對古代與現代俄羅斯的研究》(*Memoir on Ancient and Modern Russia, Zapiska o drevnei i novoi Rossi*)。這一本從基輔時代一直敘述到亞歷山大二世的著作，是俄羅斯歷史學家所寫的第一部俄羅斯通史。書中他特別讚揚俄羅斯所特有的

⓭　"Lomonosov's Challegne of the Normanist Theory," Dmystryshyn, *Imperial Russia: A Source Book, 1700–1917*, pp. 64–68.

君主專制體制，認為這是為什麼俄羅斯能維持長久和平、而免除西歐以革命流血方式改變政權的主要原因。不過他在寫作的過程中，深深感覺到教會斯拉夫文字詞彙陳舊，不足以表達許多非宗教性的敘述，因此採用了當時在知識分子中通用的法文字句與語法來補充，作為寫作的主要體裁。保守的作家們對此極力反對，認為所有的敘述性作品，必須要以古老的教會斯拉夫文字為基準。不過在經由普希金稍加修改沿用後，卡拉姆金所創作的體裁，成為了此後俄文通用的寫作格式。

　　凱薩琳對俄羅斯的貢獻，不僅是在擴充國土、或是在國際上建立聲威，更重要的是她將俄羅斯從古老的宗教世界觀束縛中解放出來，建立了一個以人為主的現世世俗文化。美國歷史學家畢林頓認為她在文化上的貢獻，是列寧以前、連伊凡大帝或彼得大帝都無法與之比擬。這文化轉變的主力，是她對法國啟蒙思想的尊崇。啟蒙主義的重要思想家伏爾泰，尤其是她崇拜的偶像。對她來說，伏爾泰所代表的是理性、懷疑的精神，與改進社會的熱忱。所以當她即位後，便立刻與比她年長三十六歲的伏爾泰通信，討論政治、哲學等各項問題。「伏爾泰主義」(Volterianstvo) 遂成為了俄羅斯貴族們競相討論的顯學。除此之外，另一位啟蒙時代的重要思想家盧梭，也被凱薩琳的親信奧羅夫邀請到他的莊園做客。在凱薩琳私人與政府公開的鼓勵下，俄羅斯貴族們模仿法國的一切，法國的文化與啟蒙主義思想成為那時俄羅斯文化的主流。啟蒙主義思想中所標榜的尊崇理性與改革社會的奉獻精神，也促使了某些貴族知識分子，開始檢討俄羅斯本身的政治、社會等各項問題。在面對農民大眾的貧苦狀況下，他們對自己的特權與享受感到內疚。這一批良知覺醒的知識分子，在思維方式上，漸漸脫離了社會原先所屬的貴族階級，形成了凱薩琳時代中貴族與農民之間的第三個社會階級。這個階級包括了下層貴族、教士子弟、商人、甚至農民子弟等不同的成分，由於他們不屬於傳統的社會階級組織，因此被稱為「無階級者」(raznochintsy)。他們共同的特徵是崇拜理性，都抱著要改革政治、經濟及社會上不合理現象的熱忱。在俄羅斯歷史中，他們有一個特別的稱呼，就是將理想付諸實現的「知識分子」(Intelligentsia)。除了前述的羅莫諾索夫與卡拉姆金外，尼古拉‧諾威寇夫與亞歷山大‧拉狄切夫 (Alexander Radishchev, 1749–1802) 都是屬於這新興階級的代

表人物。

　　諾威寇夫出身於中下層階級貴族，後來進入因擁戴凱薩琳而發動兵變的「依茲麥羅夫斯基軍團」(Izmailovsky regiment)，是凱薩琳最信任的一批貴族；1767 年他在凱薩琳召開的「立法會議」中擔任書記。在會議中，聽到有關農民悲慘遭遇的實況，親自看到貴族們的貪婪無厭的惡劣行為，決定獻身從事改善農民生活的運動。凱薩琳初即位時，看到法國政治譏諷式小說對社會改革影響，認為也可以引進俄羅斯作為改革當時弊政的工具。於是，她在 1769 年出版了一份滿含譏諷文章的雜誌《這與那》(Vsiakaia Vsiachina)，並親自撰稿。她也允許民間出版類似的刊物，縱然主編者隱瞞自己的真實姓名，政府也不加追究。原本對出版就有興趣的諾威寇夫，就在 1769 年出版了他的第一份雜誌，取名為《雄蜂》(Truten)，賣出了一千四百份，遠遠超過其他出版刊物的發行量。《雄蜂》 從 1769–1770 年共維持了一年。此後這份雜誌因為轉變成為批評政府的工具，被禁止繼續出版。他又出版了《閒聊》(Pustomelia, 1770)、《畫家》(Zhivopisets, 1772–1773) 與 《法網》(Koshelet, 1774) 等雜誌，提倡人權、真理、教育與寬恕的精神。諾威寇夫出版的的雜誌中，除了登載有迎合讀者興趣的社會言情小說外，也包含了許多揭露政府官員貪贓枉法、品德敗壞的文章。他認為俄羅斯許多問題的本源，是農奴制度。因此在《雄蜂》與《畫家》的刊物中，經常有攻擊農奴制度違反人道的批評性文章。他自己也在《雄蜂》中，多次撰文批評凱薩琳本人。

　　諾威寇夫除了出版雜誌之外，還出版了許多書籍。他在 1772 年編輯的《俄羅斯作家辭典稿》(Attempt at a Dictionary of Russian Writers)，收錄了三百名作家，是當時研究俄羅斯文學不可或缺的參考書籍。他又收集了俄羅斯政府典章制度及行政命令，編纂成十巨冊的《古代俄羅斯圖書館》(The Ancient Russian Library)。此外，他也成立了外文翻譯社，將英、法、德等書籍翻譯成俄文。

　　有些歐洲的知識分子，有感於啟蒙主義過於重視理性與客觀性知識，忽視情感與主觀的認知，無法滿足精神與心靈的需求，因此轉向到以自我為中心，想經由詩歌、神話等文學與藝術的途徑，達到物我合一的神祕境界。這思潮一方面導致了以後反啟蒙主義的「浪漫主義」(Romanticism)，另一方面

則促使了「共濟會」運動的開展。「共濟會」是以人道的立場為主，採取互相協助的方式，達到增進人類幸福的目的。「共濟會」的「總堂會」(Grand Lodge) 在 1717 年成立，是「共濟會」運動的開始；此後在伊麗莎白女皇時代，經由日耳曼傳播到俄羅斯。到了凱薩琳時期，許多開明、但不贊成啟蒙思想的貴族們，開始加入成為會員。「共濟會」的活動是慈善事業與編印出版讀物、推廣教育。諾威寇夫在 1775 年加入了「共濟會」；1779 年他遷居到莫斯科後，結識也是「共濟會」會員的莫斯科大學教授約翰・史瓦茲。兩人合作，積極推展會務，當年他們就創立了「友好學習會」，研讀與翻譯國外的名著。著名的歷史學家卡拉拇金也是會員之一。之後，他們又設立了教學方法研習會、翻譯出版社及一所小學。史瓦茲在 1784 年死亡後，他獨力繼續經營出版與教育的事業。諾威寇夫的出版品廣受讀者歡迎，其輿論在社會上有相當大的影響力，因此開始引起了凱薩琳的猜忌，要等待機會加以鏟除。凱薩琳本人痛恨「共濟會」，使得諾威寇夫的活動更蒙上一層陰影。凱薩琳在 1781 年與格林的通信中，就對「共濟會」作了嚴厲的批評：

> 「共濟會」是人類所能表露出的最荒謬行為。我曾耐性地閱讀過他們為了要表示自己主張所寫、充滿了胡言亂語的手稿與印刷品。我也曾很厭惡地看到過裡面的一些人，不管你如何恥笑他們，他們也不可能因此變得更聰明、更有智慧。「共濟會」只不過是一種騙局。真使人疑惑，為什麼一個有知覺的人，在受到無數的恥笑後，仍然無法醒覺。假如我真使用我想要做的方法的話，我會埋葬這所有的垃圾。❹

諾威寇夫在 1784 年，出版了一本有關耶穌會的歷史，被耶穌會認為是污瀆基督教的作品，請求俄羅斯政府查禁。凱薩琳乘機關閉他的出版社，並沒收、燒毀了出版社中一千多種討論各項問題的書籍。凱薩琳在 1789 年的法國大革命發生後，完全改變了她先前對啟蒙主義的看法。對她來說，以前被認為是最開明、最人道的思想，現在忽然成為了一切暴亂的根源，絕對要連根拔起。以譏諷語調批評政府的刊物，更不得繼續出版；以人道精神改革社會

---

❹　Stuart Ramsay Tompkins, *The Russian Mind: From Peter the Great Through the Enlightenment*, p. 61.

不公平現象的「共濟會」，也必須解散，不准推動任何會務。在她高壓的政策下，先是在 1790 年逮捕了極端分子亞歷山大・拉狄切夫，欲處以極刑；後又在 1792 年，將諾威寇夫以私通太子保羅、意圖對凱薩琳女皇不軌之罪捕捉，判處無期徒刑。凱薩琳在 1796 年死亡後，才受到新皇保羅的赦免。諾威寇夫在俄羅斯的歷史中，開創了自由出版的風氣，用「共濟會」的組織推動了許多改革社會與慈善事業的運動。他本人雖然被凱薩琳所迫害，他的行為卻也顯示出凱薩琳時代「啟蒙主義」思想對俄羅斯文化的貢獻。

　　凱薩琳時代開明思想政策下所培養的另一位典型知識分子，是被後世稱作為知識分子之父的亞歷山大・拉狄切夫。拉狄切夫出生於擁有農奴的地主之家。父親受過高深的教育，因以人道與公正的態度對待農奴，而受到他們的尊敬與信任。當普加切夫民變時，各地農奴乘機殺害地主洩恨時，他們家人反而受到農奴們的保護、而免於災害。他從 1762–1766 年，進入了聖彼得堡宮廷侍衛團服役。他是政府在 1766 年所挑選的十二位留學生之一，前往萊比錫 (Leipzig) 大學攻讀拉丁文、德文、法文、斯拉夫文、倫理哲學、歷史學、羅馬法律、國際法律等課程。這些被特選的學生除了上面所規定的課程外，每一位可以再選擇一門自己有興趣的科目。拉狄切夫選擇了當時法國的啟蒙哲學為研究的主題，因此閱讀了許多孟德斯鳩、伏爾泰、盧梭等思想家的著作，受到他們深刻的影響。他在 1771 年回國後，先後在「參議院」與軍中任職。俄羅斯政府在 1775 年，弭平普加切夫變亂，也打敗了鄂圖曼土耳其；拉狄切夫特別選擇這一年，以中校官銜退伍。他隨即由聖彼得堡出發，返回莫斯科附近的故居拜謁雙親。沿途所見不是農奴們在饑餓中困苦掙扎，便是在普加切夫變亂時、遭受戰火摧毀後的村落所遺留下的遍地淒涼景象。回到家後，獲悉鄰近有的地主們在農變時已遭自己的農奴殺害；幸運的是他雙親則因平時和善待人，受到田莊上農奴們的庇護，免除了災難。根據所見所聞，他有了一種強烈的恐懼感，覺得如果貴族地主們再不改革農奴的生活、或解放農奴的話，另一個比普加切夫更可怕的災難，會隨時暴發，徹底毀滅他們。他在 1777 年重回政府服務，任職於聖彼得堡的稅務局。因成績斐然，在 1785 年擢升為局長，並被封為「聖伏拉地密爾團的武士」光榮頭銜 (Knight of the Order of St. Vladimir)。

拉狄切夫在服軍役與政府任職時,向來沒有中斷過他的文藝活動。他在
1771 年回國後,便結識了出版家與「共濟會」會員的諾威寇夫。就在他的鼓
勵下,拉狄切夫在 1773 年翻譯與出版了法國激進派作家馬波立 (Gabriel Bon-
not de Mably, 1709–1785) 的《對希臘歷史的觀察或希臘人民繁榮與衰退的原
因》(*Les observations sur l'histoire de la Grece ou des causes de la propspertite et
des malheurs des Grecs, Observations on the History of Greece or the Causes of
prosperities and misfortunes of the Greeks*)。這是他的第一部出版品。他用俄文
「獨裁」(samodershavstvo, autocracy) 這一個字翻譯法文中的專制 (despo-
tisme),並特別注明這是俄羅斯羅曼諾夫王朝政體的特色,也是最違反人性的
一種政治制度。此後,他又在 1775 年,從心理學觀點上寫作了分析友情重要
性的《一週的日記》(*Dnevnik odnoi nedeli*);1781–1783年間,寫了讚美自由
的〈自由頌〉(*Vol'nost*);1790 年以匿名的方式,出版了《致居住在投波斯克
友人的信》(*Pismo k drugu, zhitel'stvuiushichemu v Tolbolske*)。

　　拉狄切夫始終無法忘懷他在 1775 年從聖彼得堡到莫斯科途中的所見所
聞。因此在 1780 年,便開始以《從聖彼得堡到莫斯科的旅程》(*Puteshestvie
iz Peterburga v Moskvu, A Journy from St. Petersburg to Moscow*) 為書名,寫出
農民們被地主壓迫與貧苦的生活。經過了八年的努力,在 1789 年完成。根據
俄羅斯的出版法,所有著作必須先獲得管理出版品的「公共道德部」許可後,
才可印行出版。拉狄切夫向政府提出印行本書的申請,「公共道德部」可能是
因其書名平淡無奇,便將這一本批評當時專制與農奴制度的書輕易地便通過、
准予出版。但當時沒有出版商願意花錢印這樣一本無法獲益的書,他只好在
1790 年初,在家中自行印刷;到了 5 月時,印妥了六百五十本,私自匿名發
行。由於書中言詞激烈,所討論的問題與一般論調大不相同,因此出版不久,
便立刻轟動。1790 年,正是法國大革命發生後的第二年,凱薩琳已對於在法
國所發生的一切,產生了極大的反感,因此對於任何討論法國大革命的書籍
都相當敏感。她在閱讀《從聖彼得堡到莫斯科的旅程》時,對於作者批評俄
羅斯政體與農奴制度中的不人道處,都特別指出、仔細地加以眉批及反駁。
她讀畢該書後,非常憤怒,她說這一個深受法國瘋癲行為腐蝕的作者,因為
在書中的每一頁裡面,都無所不用其極地要摧毀權威、故意煽動人民的憤怒

以與政府及長官作對。她說拉狄切夫是一個比普加切夫更可怕的叛逆，必須立刻將之拘捕下獄。對於「公共道德部」審查輕率，竟能通過這樣一本的書，她認為簡直荒謬到不可思議的地步。要嚴厲處罰這些怠忽職守的昏庸官僚。❺

其實這本書中有關法國大革命的記載，僅有很簡短的兩處而已。這就是他在書中提到法國激進派的密拉布 (Gabriel Mirabeau, 1745–1791)，並誇獎他的辯才足可與本國的羅莫諾索夫相比美。不過就這兩點就足夠引起了凱薩琳的憤怒。她尤其痛恨像密拉布這樣的中產階級革命分子，認為拉狄切夫在書中對密拉布的稱讚，簡直是罪不可赦。她說像密拉布這樣的人，應得的罪刑已不是用一次、而是要用好幾次的吊刑才可以處罰得清。❻

最使凱薩琳憤怒的，是拉狄切夫將俄羅斯所有的問題，都怪罪於農奴制度的存在。他公開要求政府解放農奴；並說，假如不是由政府從上而下解放農奴的話，農奴會自下往上的解放自己。倘若真是如此，情形就會相當危急、無法控制了。而且他也間接主張推翻沙皇體制，假如沙皇仍然不立刻從事改革的話。

拉狄切夫雖然匿名出版《從聖彼得堡到莫斯科的旅程》，但是書中所記載的人物、時間與事件，使得政府很快就發現了誰是原作者。拉狄切夫在 1790 年 7 月被捕下獄，已經印好的《從聖彼得堡到莫斯科的旅程》及印板，都被沒收焚毀。除了相傳的十八本手抄本外，沒有其他版本流傳後世。❼拉狄切夫被補後，被囚禁在聖彼得與聖保羅的城堡中。他被准許可以保有財產外，其他所有貴族與武士的光榮頭銜與特權全部被削奪。在 8 月中，被判處死刑。不過十日之後，凱薩琳為了慶祝戰勝瑞典，特地赦免了他的死刑，改判為放

❺ "A Journey from St. Petersburg to Moscow, excerpts"Thomas Riha, *Readings in Russian Civilization*, Chicago: University of Chicago Press, 1964, vol. 2, pp. 277–279.

❻ Leo Wiener, tran. *A Journey from St. Petersburg to Moscow*. Cambridge, Mass. Harvard University Press, 1958. P. 249.

❼ Harold B. Segel, *The Literature of Eighteenth-Century Russia: An Anthology of Russian Literary Materials of the Age of Classicism and the Enlightenment from the Reign of Peter the Great(1689–1725)to the Reign of Alexander I(1810–1825)*, New York: E. P. Dutton & Co, 1967, 2 Volumes, vol. 1, pp. 352–357.

逐到西伯利亞之東、距離聖彼得堡五千多哩伊黎木斯克 (Ilimskc) 處的十年流刑。凱薩琳在 1796 年 11 月逝世，保羅繼位為沙皇，立即終止拉狄切夫放逐西伯利亞的罪狀，允許他返回離莫斯科不遠的故鄉，在當地政府的監視下定居。次年，1801 年 3 月，保羅被暗殺死亡，新君亞歷山大即位，解除了限制拉狄切夫行動的禁令，並恢復了他被削的各種頭銜。後經由友人的推薦，再度進入政府服務，成為法律修訂委員會中的一員，協助亞歷山大推動改革。1802 年 9 月，自殺而死。

拉狄切夫是俄羅斯歷史中，第一個敢於以公開的言論，批評俄羅斯的專制政體與農奴制度的知識分子。從《從聖彼得堡到莫斯科的旅程》一書也成為了以後俄國革命分子們的經典。

六、凱薩琳的外交政策

凱薩琳二世被尊稱為「大帝」的主要原因之一，是由於她在外交與戰爭上所贏得的勝利，另外，她則為自己能繼續彼得大帝的帝業、並且發揚光大，感到特別的驕傲。終其一世，她先是與普魯士及奧地利三國合作瓜分波蘭，最後則將其佔領，解決了俄羅斯西部邊疆長期的紛擾，並進一步的侵佔了土地肥沃的烏克蘭地區。向南，她以外交與武力兼用，在「俄土戰爭」中擊敗鄂圖曼土耳其帝國，奪得黑海沿岸的土地及克里米亞半島，使其成為俄羅斯黑海艦隊的基地，並以此為根據，漸漸向地中海發展。她聯合普魯士與奧地利瓜分波蘭之事，雖解決了世代以來波蘭干擾俄羅斯內政的隱憂，卻被批評在戰略上埋下了嚴重的後果，因為從此之後，俄羅斯不但深陷於波蘭的內爭之中，更因為消滅了西疆緩衝地區的波蘭後，直接與普魯士交界，導致了日後更大的威脅。不過，凱薩琳時的歐洲，正是權力真空的地帶。普魯士與奧國經過「七年之戰」(1756–1763) 之後，都感疲弊不堪。英、法則由於對殖民地的爭奪，也自顧不暇。俄羅斯帝國乘機雄霸一方，完成了彼得大帝所欲建立的聲威，成為一個真正的歐洲帝國，使得英、法等歐洲勢力都不敢再一意孤行、藐視他的存在。凱薩琳在這一方面的貢獻，其實要比彼得大帝偉大得多。

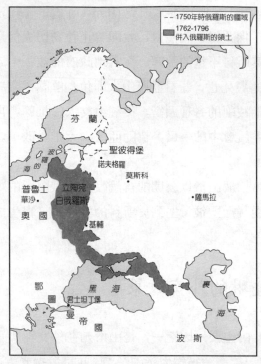

凱薩琳大帝擴張帝俄圖
(1762–1796)

地圖圖例:
-- 1750年時俄羅斯的疆域
1762–1796 併入俄羅斯的領土

地名標註:芬蘭、波羅的海、聖彼得堡、諾夫格羅、莫斯科、薩馬拉、普魯士、華沙、奧國、立陶宛、白俄羅斯、基輔、黑海、君士坦丁堡、鄂圖曼帝國、裏海、波斯

　　凱薩琳深信自己的外交能力與對歐洲的了解,因此重要的外交政策,都由她親自主導。她曾很驕傲地對坡特穆金 (Grigori Potemkin, 1739–1791) 說,「我希望讓歐洲的國家知道,我自己統治一切。」當彼得三世仍然在位時,凱薩琳對彼得最推崇的普魯國王腓特烈深惡痛絕,認為他是俄羅斯最可怕的敵人。不過當她即位後,便與普魯士修好。腓特烈也立刻善意回應。她態度的突變,願意繼續親普魯士的政策,主要是受到潘寧的影響。潘寧公爵為一資深外交家,曾擔任俄羅斯駐瑞典的大使達十年之久,深諳歐洲文化與情勢。從 1763–1780 年間,他是凱薩琳外交政策最重要的顧問。不過後來他因與凱薩琳的寵信奧羅夫及坡特穆金等的意見常有抵觸,當俄羅斯外交政策一旦轉變成為反普魯士時,便被迫辭職。

　　潘寧公爵的外交政策被稱為「北方和諧」(Northern Accord)。其重點是以俄羅斯為首,聯合普魯士、瑞典、英國、丹麥、撒克森等非天主教的北歐國家,對抗法國、西班牙與奧地利等南歐天主教國家的聯盟,以求維持歐洲的均勢。俄羅斯傳統的日耳曼政策,向來是與奧地利親善,共同預防普魯士的

擴充。彼得三世親普魯士、並出兵協助拯救了腓特烈在「七年戰爭」中的頹勢，只不過是他個人的喜好所致，並不是國家的政策。凱薩琳採取「北方和諧」的政策，與普魯士結盟而疏遠奧國的關係，則是俄羅斯自彼得大帝以來外交政策中的突變。克柳切夫斯基就評論說，這是凱薩琳所犯的最嚴重錯誤之一。因為奧地利與法國關係親密，俄羅斯故意與奧國疏遠關係，必導致其盟邦法國的猜忌。奧地利與法國則是俄羅斯對付鄂圖曼土耳其帝國時不可或缺的助力，因此一旦俄、土關係惡化時，法、奧兩國不但不會像以前一樣的協助俄羅斯，反倒會處處掣肘，製造對俄羅斯的不利情勢。**⓲**

　　但是凱薩琳尋求與腓特烈的合作，並不是真要推動「北方和諧」的政策，而是希望在侵奪波蘭領土時，能免除普魯士的干涉。凱薩琳對波蘭領土的企圖心，一方面是繼承俄羅斯的傳統外交政策，另一方面也是波蘭內部的紛爭，提供了良好的機會。其遠因可以回溯到彼得二世繼承者的安娜女皇之時。安娜為彼得大帝同父異母兄弟伊凡五世之女，被彼得下嫁到寇爾蘭德。寇爾蘭德雖是一個獨立的國家，但名義上則又是隸屬波蘭皇室的封邑。寇爾蘭德公爵死後，安娜成為合法繼承人。她在 1730 年被邀請到俄羅斯，繼承彼得二世的帝位。寇爾蘭德的內政，此後便由安娜的寵信比倫所壟斷。1758 年，波蘭國王奧古司特斯三世之子查理斯 (Charles)、也是日耳曼境內撒克森的王子，獲得安娜女皇繼承者伊麗莎白女皇的支持，替代比倫成為寇爾蘭德的公爵。經過多次的爭執，比倫在 1762 年 4 月退讓，查理斯正式就任。但當凱薩琳於 1762 年即位為俄羅斯女皇時，忽然推翻前女皇伊麗莎白的成令，強迫查理斯退位，改由比倫復辟、重為寇爾蘭德的公爵。寇爾蘭德與波蘭不理俄羅斯的威脅，堅決反對。凱薩琳在 1763 年初，派軍進佔寇爾蘭德，以為日後直接干涉波蘭內政的基地。

　　波蘭在當時的領土有二十八萬平方哩，人口一千一百萬以上，是歐洲大國之一。但其政局向來動盪不安，主要是因為其政治制度不健全。波蘭的王位不是世襲繼承，而是經由只佔總人數 8% 的貴族與地主所組成的議會選舉產生。為了要維持本身的利益，他們在議會中享有「自由否決」(liberum veto) 的特權。即是任何一位議員都有權投否決票，不但可以因此推翻討論中的提

⓲　Kluchevsky, *A History of Russia*, vol. 5, p. 17.

案，甚至可以促使議會解散。因此在這種情形下，被選出的國王必定是各派
爭權後的折衷者。為了要迎合各派的利益，波蘭國王很難推行改革、整頓弊
政。除此之外，每當王位出缺需要選舉新繼承者時，貴族們又各自聯合外國
勢力相助，支持本身的候選人。外國勢力則每每利用協助王位競選者為藉口，
干涉波蘭內政。奧古司特斯三世死後的那次選舉，是歐洲列強在波蘭境內互
相傾軋、爭取特權的典型代表。

　　波蘭國王奧古司特斯三世在 1763 年 10 月逝世，原本是波蘭本國繼承者
的選舉，卻變成國際上不同聯盟者的競爭。凱薩琳支持其前任男友司坦尼斯
拉夫・彭尼亞托夫斯基 (Stanislav Poniatowski, 1732–1798) 繼任。俄羅斯在潘
寧推動「北方和諧」的外交政策下，在 1764 年與普魯士祕密簽訂了互保的軍
事同盟條約，決定共同維持瑞典與波蘭的現狀；腓特烈並同意支持凱薩琳推
舉的候選者。波蘭境內的東正教徒及少數的基督教徒，因為長期被人數眾多
的天主教徒所迫害，希望能依靠俄羅斯軍力保護本身利益，因此也支持凱薩
琳所推薦的彭尼亞托夫斯基。另一位候選人是撒克森的選侯，受到法國、奧
地利及大多數波蘭天主教士的支持。凱薩琳宣稱為了要保證有一個公正的選
舉，特意遣派俄軍進駐華沙監視。選舉結果，彭尼亞托夫斯基以多數當選，
在俄羅斯的軍隊保護下，於 1764 年 9 月登位為波蘭國王。彭尼亞托夫斯基出
身波蘭世家，當選後，便勵精圖治、廢除弊政，加強中央權力，冀望能振興
波蘭國勢。他改革的第一步，就是將議會中的「自由否決」權，改為多數表
決的制度。

　　凱薩琳眼見彭尼亞托夫斯基努力治國，恐一旦憲政改革成功後，必會削
弱俄羅斯對波蘭的控制。她便利用波蘭境內東正教徒與天主教的爭執，以保
護前者免受天主教徒的歧視為藉口，於 1766 年出兵佔領華沙，強迫議會給與
東正教徒享有天主教徒的同等待遇，並回復已經取消的「自由否決」制度。
兩年後，1768 年 2 月，彭尼亞托夫斯基被迫與俄羅斯簽訂條約，將波蘭在憲
法上，交由俄羅斯保護；至此，波蘭實際上已是俄羅斯的屬國。俄羅斯的侵
略行為，受到波蘭貴族強烈的反抗。法、奧、瑞典、鄂圖曼土耳其等國更是
同聲譴責。連其盟友普魯士，也認為凱薩琳行為過於專橫，不予支持。波蘭
各地貴族在法國與奧地利的援助下，首先發難反俄。他們標榜著自由與信仰

為奮鬥的口號，於 1768 年 3 月，在烏克蘭的巴爾 (Bar) 宣布獨立，組織邦聯，以對抗俄羅斯的入侵。波蘭陷入了因國際勢力鬥爭而引起的內戰，兩面受敵的彭尼亞托夫斯基只得再求助於凱薩琳。結果在四年後，波蘭真正成為了俄羅斯的附庸。

凱薩琳在軍事干涉波蘭內政時，也同時與鄂圖曼土耳其帝國進行戰爭，且在 1772 年將其擊敗。普魯士的腓特烈唯恐俄羅斯一旦擊敗鄂圖曼土耳其帝國後，會乘其餘威，進一步的控制整個波蘭，直接威脅到普魯士的安全，因此才提出由俄、普、奧三國瓜分波蘭的計劃。他先曾特派他的弟弟亨利親王，在1770–1771年間前往聖彼得堡作客時，將此祕密計畫面呈凱薩琳。他在祕密計畫中說，假若這個計劃實現，則俄國可以毫無阻力的獲得波蘭境內俄羅斯農民居住的領土；普魯士也能獲得波蘭境內日耳曼民族居住之地，滿足國內人民要以武力解放同胞的需求，俄羅斯與普魯士的友誼與軍事同盟也可以因此繼續；最後則是奧國若也能在波蘭分得土地，則可以防止其與鄂圖曼土耳其帝國簽訂軍事聯盟。因此當俄羅斯在對土戰爭勝利後需要休息時，凱薩琳不顧彭尼亞托夫斯基的反對，在 1772 年 8 月接受了腓特烈的建議；於是三個性情極端不同的統治者：包括俄羅斯的女皇凱薩琳、奧地利國的女皇瑪利亞‧德立薩 (Maria Theresa, 1717–1780)，及普魯士國王腓特烈三人，卻願意互相忍受，共同合作瓜分波蘭。俄羅斯獲得了白俄羅斯 (Belorussia) 東部及立沃尼亞的一長條地帶，總面積有三萬六千平方哩；人口一百八十萬；其中斯拉夫的大俄羅斯族、信仰東正教者佔絕大多數。該地區在基輔與莫斯科公國的時代，曾隸屬於俄羅斯政權的管轄之下。普魯士獲得波蘭西北部包括但澤 (Danzig)港的領土；奧國則取得包括德聶斯特河流域的坡都立亞 (Podolia)。第一次被瓜分的結果，波蘭損失了三分之一的土地與三分之一的人民。波蘭議會在俄羅斯駐軍的監視下，於 1775 年被迫正式通過了領土的變更。

當凱薩琳正在進行對波蘭侵佔的同時，俄羅斯與鄂圖曼土耳其帝國的衝突再度發生。鄂圖曼土耳其認為彭尼亞托夫斯基當選波蘭國王，完全是依靠外力的支持，缺乏國內民意的支持，故拒絕承認他是波蘭的合法國王。凱薩琳因此一直懷恨在心，伺機報復。法國與奧地利則乘機利用兩者的衝突，與鄂圖曼結盟，阻擾俄羅斯在波蘭的侵略行為。凱薩琳的親信奧羅夫，為了要

在外交上樹立自己的聲望，乃故意對抗潘寧公爵的「北方和諧」政策，特地將制定鄂圖曼土耳其帝國的外交政策作為自己的勢力範圍。他一方面協助巴爾幹半島上的斯拉夫族及希臘人組織反土耳其的運動，另一方面則又鼓動克里米亞、多瑙河地區的莫達威亞 (Moldavia) 與瓦拉其亞 (Wallachia) 王國，脫離鄂圖曼土耳其帝國獨立，最後的目的則是將土耳其人徹底從歐洲趕出去。❶⑨

俄國哥薩克族兵士在 1768 年入侵土耳其邊境，肆意搶掠、屠殺土耳其人民。鄂圖曼土耳其帝國乃對俄羅斯宣戰，開始了長達六年的「俄、土之戰」(1768-1774)。戰爭初期，凱薩琳採取海陸同時進攻的戰略。奧羅夫的弟弟亞列克西斯‧奧羅夫 (Alexis Orlov) 被指派為海軍大帥。他在 1769 年夏，率領由英國顧問協助組成的艦隊，由克倫斯塔特 (Kronstadt) 海港出發，經地中海而直抵土耳其國界。次年六月，在茲切斯米 (Tschesme) 擊潰鄂圖曼帝國海軍，震撼整個歐洲。陸地的攻勢，於 1769 年在俄羅斯南疆、黑海附近展開。巴爾幹半島上斯拉夫民族的反土耳其運動，雖並未在俄軍進攻時如期展開，而裡應外合，但由於土軍戰鬥力薄弱，俄軍得以前後攻佔亞速海港口的阿佐夫；並在奪得克里米亞半島後，在此建立艦隊，作為直接進攻伊斯坦堡的準備。

「俄、土戰爭」初期的結果，幾乎導致了鄂圖曼帝國解體的危機，直接威脅到歐洲的勢力均衡秩序。英、法、奧與普魯士諸國都不願眼見領土廣闊、野心勃勃的俄羅斯，取代其地位，於是合作調停兩者的糾紛。

為了減輕俄羅斯對鄂圖曼的軍事壓力，普魯士的腓特列乃運用外交策略，將俄羅斯的注意力轉回到波蘭問題上。他建議俄、普、奧地利三國應聯合協商，解決有關波蘭領土爭端的問題；若凱薩琳拒絕接受，他宣稱普魯士將立刻終止與俄羅斯的聯盟。俄羅斯雖然在俄土戰爭中獲勝，但也犧牲了極大的人力與財力。而且在多瑙河作戰的俄軍在 1770 年感染瘟疫，死亡慘重；返防後，瘟疫且立刻傳播到了國內。據當時的統計，在 1771 年的夏天，僅僅莫斯科一地的死亡人數，每天都高達一千人以上。在俄、土雙方都已感筋疲力盡，需要休養生息的情況下，乃於 1772 年初同意終止戰爭，5 月正式簽署休戰協定。

不過在俄、普、奧三國合作祕密瓜分波蘭的事實公布於世後，鄂圖曼土

---

❶⑨　Florinsky, vol. 1, p. 523.

耳其與法國都認為事態嚴重，乃在 1773 年春天重啟方才議和的「俄土戰爭」。同年，普加切夫在俄羅斯國內挑動農民變亂，凱薩琳面臨內憂外患雙重危急，幸虧有米安策夫 (Piotr Rumiantsev, 1725–1796) 與蘇沃若夫 (Alexander Suvorov, 1729–1800) 兩位將軍奮戰才扭轉敗勢。鄂圖曼土耳其帝國則因以前的同盟奧國拒絕協助，勢力孤單，加上首領穆斯塔法 (Mustapha, 1717–1774) 在 1774 年 1 月逝世，軍紀渙散，無心戀戰而求和。兩國在 1774 年 7 月停戰簽署條約；條約中規定鄂圖曼土耳其帝國在償付四百五十萬盧布後，可以收回多瑙河地區的莫達威亞與瓦拉其亞兩地，但其保護權仍屬俄羅斯所有。除此之外，鄂圖曼土耳其承認克里米亞，並將該地通往黑海的亞速、恩尼卡立 (Enikale) 與克其 (Kerch) 海港割讓，使俄羅斯能在該地建立艦隊與商船進入地中海的據點。鄂圖曼也允許俄羅斯的商船可以通過博斯普魯斯與達達尼爾兩海峽，及在黑海自由航行的權力。最後，凱薩琳又爭取到了保護鄂圖曼土耳其帝國境內基督教徒的特權，埋下日後干涉其內政的口實，也導致了 1854 年俄羅斯與英法聯軍的克里米亞戰爭。

對付奧地利的「北方和諧」政策，由於俄、普、奧三國合作瓜分波蘭後而告終。該政策主導者潘寧的地位，也被年輕他十歲的坡特穆金所替代。坡特穆金的外交政策是要實行凱薩琳女皇聯合奧地利對付鄂圖曼帝國的「希臘計劃」。「希臘計劃」主要是針對鄂圖曼帝國而設計。其最終目的是要將土耳其人驅逐出歐洲；瓜分其在巴爾幹半島上的領土；及恢復古老的希臘帝國。凱薩琳並將她的孫子命名為君士坦丁，預定為第一任的希臘王國國王。她保證俄羅斯絕對不會併吞希臘。為了要討好奧國的約塞夫，凱薩琳建議他們聯合將鄂圖曼土耳其帝國內多瑙河流域的莫達威亞、瓦拉其亞與貝薩拉比亞 (Besarabia) 三地，組織成為一個名為達西亞 (Dacia) 的國家，以為奧、土兩國的緩衝區。

與凱薩琳互相仇視的奧國女皇瑪利亞・德立薩在1780年11月死亡，由兒子約塞夫二世 (Joseph II, 1780–1790) 繼位。約塞夫為太子時，曾訪問聖彼得堡，希望能改進與俄羅斯的關係，共同制衡普魯士的擴充。他即位後，俄、奧兩國便在 1781 年締訂了祕密條約，保證維持波蘭在 1773 年經由其議會所決定的現狀，並祕密協商如何瓜分鄂圖曼帝國的計劃。俄羅斯在獲得了奧國

的支持後，便積極進行併吞克里米亞的行動。根據〈庫楚克—開納基條約〉，克里米亞脫離鄂圖曼帝國而獨立。但半島上的韃靼居民，不但對此不歡迎，還擔心這是俄羅斯要將其併吞的開始。獨立後的克里米亞政局，一直就陷入親俄派與親土派的鬥爭中而無法穩定。凱薩琳在 1775 年，以支持親俄羅斯的沙金・基瑞 (Shagin-Girei) 為名，派遣大軍前往克里米亞進駐，保護他的安全。鄂圖曼土耳其提出嚴重抗議，但凱薩琳反在 1783 年 4 月，指控土耳其干涉其內政，違反了〈庫楚克—開納基條約〉的協定，正式兼併了克里米亞半島。❷

奧地利因與俄羅斯已經簽訂祕密條約，故對此侵略行為保持中立，普魯士、瑞典、英、法等國則極力抗議。鄂圖曼土耳其帝國更是憤怒，等待機會加以報復。

俄、土關係再度惡化，是肇始於 1783 年俄羅斯強迫鄂圖曼帝國在高加索的喬治亞作為其保護國。凱薩琳自與奧國結盟後，對鄂圖曼土耳其的態度更為強烈。為了炫耀俄羅斯在「俄土戰爭」中得勝的軍事威力，她在 1787 年，率領了一個規模龐大、包括奧國國王約塞夫、前任情夫的波蘭國王彭尼亞托夫斯基、及數國大使的巡視團，經由德聶泊河直流而下到克里米亞半島巡視，特地在塞巴斯投波 (Sebastopol) 港顯示新建立的黑海艦隊雄威。鄂圖曼土耳其帝國在英、法、普等國的聲援下，譴責俄羅斯違反〈庫楚克—開納基條約〉，要求立刻恢復克里米亞的獨立地位；同時，並開始向俄羅斯南部的疆界進攻。兩國在 1787 年 8 月正式宣戰，是為第二次「俄土戰爭」。為了履行軍事盟約的義務，奧皇約塞夫二世也在當年的 9 月宣布對鄂圖曼土耳其帝國作戰。此次俄、奧的合作，整個改變了第一次「俄土戰爭」時的聯盟關係。

凱薩琳在第二次俄土之戰中，積極推動「希臘計劃」。為了要增強巴爾幹半島上斯拉夫民族與希臘人民反土耳其與伊斯蘭教統治的運動，凱薩琳命令海軍大將格瑞戈 (Greig) 率領艦隊自波羅的海出發前往。一方面是企圖給予軍火上的補助，另一方面則乘機摧毀該地的土耳其海軍基地。除此之外，大批的俄羅斯東正教教士則攜帶聖像、聖鈴、文告等物隨艦同行，準備發動一次新的十字軍東征。凱薩琳的大規模軍事行動，引起了歐洲諸國的關懷。尤其是向來要藉由維持鄂圖曼帝國的存在以延續其在地中海特權的英國，更是無

❷ http://citd.scar.utoronto.ca/HISB07/10.EMP/10.L/XII.14.html.

法繼續容忍俄羅斯已經威脅到本身利益的囂張態度，因此多方阻擾其海軍行動。英國牽制俄羅斯的政策獲得普魯士、荷蘭、西班牙與法國的支持。瑞典自從俄、奧、普三國瓜分波蘭以後，就一直擔憂邊境的安全。國王戈司塔夫斯在 1788 年，公開譴責俄羅斯侵略波蘭的政策，並同時以俄羅斯非法兼併芬蘭與卡瑞立亞土地、應立刻歸還為由，恢復與鄂圖曼土耳其帝國在 1739 年所訂定的互助條約，向俄羅斯宣戰。俄羅斯陷入兩面作戰之困境。但俄、瑞兩國的戰爭只持續一年，雙方各有勝負。1790 年夏，俄、瑞簽訂〈維瑞拉 (Verela) 和約〉，兩國同意停戰，維持現狀。

　　俄羅斯雖對瑞、土兩面作戰，但並沒有停滯其對鄂圖曼帝國的戰事。俄、奧聯軍於 1789 年在佛克沙尼 (Fokshany) 擊敗土耳其後，繼續前進佔了貝爾格勒 (Belgrade)。俄羅斯大將蘇沃若夫也在同年擊破了鄂圖曼土耳其在里穆尼克 (Rymnik) 的防守，攻奪了阿克曼 (Akerman) 與夾德志貝 (Gadzhibei)。四年後，夾德志貝被改名為敖得薩 (Odessa)，發展成為俄羅斯在黑海地區最重要的軍港與商港。「俄土戰爭」的進展，因為受到國際局勢的劇變而改變。先是普魯士國王腓特烈大帝在 1786 年 8 月逝世，由仇俄的腓特烈‧威廉二世 (Frederick William II，1744–1796，普魯士國王，1786–1796) 繼任。再則是 1789 年的法國大革命及其影響，整個打破了歐洲均勢的局面。

　　腓特烈‧威廉即位後，便立刻推動反俄羅斯的外交政策。他聯合英國與荷蘭，共同支持鄂圖曼對俄的戰爭，也強烈反對俄羅斯在波蘭的侵略行為。鄂圖曼在多瑙河流域的大軍在 1790 年 1 月被俄軍潰敗，普魯士旋即與鄂圖曼土耳其帝國締訂軍事盟約，對俄宣戰。腓特烈‧威廉並特別強調說，除非俄羅斯與奧國撤出在鄂圖曼所侵佔的領土、及將克里米亞交還給鄂圖曼統治外，普魯士絕不撤離戰場。兩個月後，普魯士再與波蘭簽訂軍事聯盟條約。俄羅斯則因其盟國奧地利，在 1790 年撤離對土的戰場，將軍力調回本國鎮壓尼德蘭 (The Netherlands) 境內反哈普斯堡王朝統治的革命運動，只得單獨作戰。同年，奧地利的約塞夫二世逝世，由弟弟利阿坡二世 (Leopold II, 1790–1792) 繼位。他即位後便立刻與普魯士協議，要共同保持歐洲均勢。並於 1791 年 8 月在英國與普魯士的調停下，與鄂圖曼土耳其帝簽訂了和約，中止了戰爭。

　　英國首相威廉‧庇特 (William Pitt, 1759–1806) 為了防止鄂圖曼土耳其

帝國的崩潰而引起歐洲國家秩序的劇變，曾數度警告凱薩琳必須要尊重歐洲均勢，不得再繼續侵奪鄂圖曼土耳其的帝國的領土。但是在蘇沃若夫將軍的率領下，單獨作戰的俄軍相應不理，屢屢重創土軍。庇特軍事支援鄂圖曼的計劃，因國內的反對而無法實現。俄羅斯海軍在 1791 年 8 月再度獲得大勝後，鄂圖曼提出停戰的要求；雙方在 1792 年 1 月 9 日簽訂了〈夾斯 (Jassy) 條約〉。鄂圖曼答應放棄對克里米亞與喬治亞的擁有權，割讓德聶斯特河與布格河兩條河之間的領土給俄羅斯，並重新承認〈庫楚克─開納基條約〉的有效性。凱薩琳雖未能完全實現「希臘計劃」，但在外交上確實獲得了空前的勝利。她在 1795 年 1 月 3 日俄、奧的祕密條約中，詳細擬定了進攻伊斯坦堡及瓜分鄂圖曼土耳其帝國的計劃。只因她的死亡，才未能使其實現。

　　當俄羅斯陷入對瑞典與鄂圖曼同時作戰時，無法兼顧另一個要併吞的領土──波蘭。波蘭國王彭尼亞托夫斯基在普魯士國王腓特烈‧威廉的協助下，乘機推動國內政治與社會的改革。他在1787–1791年間的「四年議會」時間中，與議會積極合作，首先廢止議會選舉君主的制度，指定此後由撒克森選侯世襲。再則是取消議員們在議會中的「自由否決」與任意組織邦聯的特權，以免他們勾結外力干涉內政。凱薩琳對於波蘭的改革，最初是抱著支持的態度，她並撤退俄羅斯的駐波蘭軍隊以表示誠意。但是由於普魯士的過度參與，引起她的猜忌。俄軍在 1791 年大敗鄂圖曼後，她的態度忽然轉硬，命令彭尼亞托夫斯基立刻終止所有的改革，恢復以前的舊秩序。在此威脅下，撒克森選侯因恐懼而拒絕接受波蘭的王位。普魯士與奧地利因要維護受到法國大革命挑戰的歐洲舊制度，在 1792 年締訂軍事聯盟，對法國作戰，無法兼顧波蘭。一群反對改革的波蘭貴族，譴責波蘭的新議會就像法國大革命時期中，推動各種反傳統的極端革命政策而導致社會不安的議會，要求恢復波蘭的古老自由制度。他們並向凱薩琳求援；十萬俄軍在 1792 年 5 月又進入波蘭。普魯士的腓特烈‧威廉拒絕實現對波蘭軍事援助的承諾，其他國家更是無法顧及。被孤立的彭尼亞托夫斯基，只得潛逃國外尋求庇護。波蘭「四年議會」中所有的改革法案全部作廢。

　　當波蘭第一次被瓜分後，俄羅斯與普魯士就一直祕密商討如何解決波蘭其他領土的問題。但是當反俄的腓特烈‧威廉即位後，雙方的接觸便告停頓。

1792 年 9 月 20 日，法軍大敗普魯士軍於瓦密 (Valmy)，並隨即全部佔領比利時後，腓特烈·威廉開始擔憂法國在歐洲的霸權及俄羅斯獨佔波蘭的結果，必會威脅到普魯士的發展。他才因此派密使到聖彼得堡，重新討論波蘭的問題。1793 年 1 月 23 日，兩國宣布為了防止法國即將併吞波蘭，及即將引進有害的極端共和新政，因此同意合作，維護波蘭的傳統體制。俄羅斯取得了威爾納 (Vilna)、明斯克 (Minsk) 以及坡都立亞與沃立尼亞東部地區；白俄羅斯的全部與烏克蘭西部，皆屬俄羅斯所有，其總面積是八萬九千平方哩，擁有三百萬人口。普魯士則兼併了包括但澤、嵩恩 (Thorn)、波森 (Posen) 等總面積共二萬三千平方公里，人口百萬的地區。這是波蘭第二次被瓜分，它喪失了 54% 的領土與半數以上的人口。俄羅斯與普魯士對此次瓜分波蘭的協議，保持高度的機密，連以前曾經合作過的奧地利，直到 1793 年 3 月才獲得消息。波蘭的傀儡議會在 1793 年 7 月與 9 月分別通過了對俄、普兩國的土地割讓。俄羅斯在 1793 年 10 月強迫波蘭與其簽訂永久的軍事盟約，在名義與事實上，波蘭已經成為了俄羅斯的保護國。

　　波蘭兩度被國外列強瓜分，英、法等國雖提出強烈的抗議，但因缺乏武力作後盾，終歸無效。以知識分子與城市居民為主的波蘭人民，在國家兩度被瓜分後，在各地組織推動復國的運動。他們擁戴曾經參加過美國獨立運動戰爭的塔丟斯·科修斯科 (Thaddeus Kosciusko, 1746–1817) 為領導。反瓜分的波蘭民族革命分子在 1794 年 3 月，攻佔首都華沙與威爾，殺害了駐紮在當地的俄軍與奧地利軍，奧軍被迫撤離。科修斯科乃向國外求援，並宣布解放農奴及發放土地，藉以號召農民起義。統治波蘭的地主階級主要是波蘭人，被剝削的農民則多半為俄羅斯人，因此農民們對科修斯科反俄羅斯的運動，反應都相當冷淡。期待的外援更是遙遙無期，波蘭只有孤立奮戰，抵抗俄、普的聯軍。在蘇沃若夫將軍的率領下，強大的俄羅斯軍隊進攻波蘭，擊敗波軍，並俘虜了受重傷的科修斯科。這一波波蘭的復國運動，到此終止。

　　當科修斯科領導波蘭復國運動的時候，凱薩琳與普魯士已經商議如何再次瓜分波蘭的領土、徹底解決波蘭的問題。奧地利因一方面希望能保持波蘭獨立、作為緩衝的地區，另一方面又要避免像在上次瓜分波蘭時被擱置一邊、毫無所得的尷尬的立場，遲遲無法決定是否參加俄、普瓜分波蘭的計劃。直

到 1795 年 1 月 3 日，才同意參加。1797 年 12 月 5 日，三國正式同意採取手段解決波蘭的領土問題。這是第三次，也是最後一次瓜分波蘭。俄羅斯取得了寇爾蘭德、立陶宛、坡都立亞與沃立尼亞的西部；奧地利獲得包括克拉哥 (Cracow) 的小波蘭地區；普魯士割取了包括首都華沙的其他領土。寇爾蘭德的最後一位公爵比倫在 1795 年 4 月 15 日退位；波蘭的彭尼亞托夫斯基也在 1795 年 11 月退位，此後便隱居在聖彼得堡，於 1798 年逝世。幾次被瓜分後，波蘭這個獨立的政治個體就此消失。凱薩琳女皇是三次瓜分波蘭中唯一的全程參與者。

影響凱薩琳在外交政策的另一個原因，是 1789 年的法國大革命。法國大革命所標榜的自由、平等、博愛的基本信條，原本來自於啟蒙主義的思想。凱薩琳初即位時，特別推崇啟蒙主義的思想，與當時許多的法國哲士書信來往、討論改革政治與社會的各項問題，也與他們保持良好的友誼關係。她特別強調她所推行的各項政策，就代表著啟蒙主義思想所主張的的開明專制。不過當法國大革命爆發、要推翻舊制度及取消專制代以共和政體時，凱薩琳開始改變她對法國、及啟蒙主義的態度。尤其是法國革命政府在 1792 年當眾處決波旁王室的路易十六，及俄羅斯知識分子俄羅斯亞歷山大‧拉狄切夫著書公開批評本國農奴制度，提倡以革命方式推翻現存的專制體制時，她反法的情緒變得更為極端。她不但首先承認波旁王室流亡政府的合法性，更準備聯合英、奧、普等國，以武力干涉、推翻法國的革命政權。只是她的死亡，阻止了俄羅斯出兵計劃的實現。

除此之外，凱薩琳要擴充俄羅斯領土與國勢的野心，並沒有因為獲得波蘭與年齡日漸高邁而有所抑制。她從來沒有真正要放棄實行的「希臘計劃」的企圖，只是因為長期牽涉在鄂圖曼、波蘭的複雜衝突中，無暇顧及而已。到了 1796 年，她臨死的這一年，另一個年輕的情夫坡拉通‧朱波夫 (Platon Zubov)，提出了一個規模更大的「東方計劃」後，野心復燃。這計劃是先進攻高加索與波斯，再佔領土耳其與西藏之間的重要通商據點，俄羅斯則可以藉此直接控制貫穿印度與伊斯坦堡的貿易。要實現這計劃，必須要採取水、陸並進的戰略。陸路分由蘇沃若夫將軍率領大軍，經由北方跨越巴爾幹半島直搗土耳其首都，另外再指派朱波夫之弟，年方二十四歲的瓦勒瑞安‧朱波

夫 (Valerian Zubov) 為總指揮，進攻波斯。水路則由凱薩琳女皇本人親率黑海艦隊，穿越博斯普魯斯與達靼尼爾兩海峽，直逼伊斯坦堡。❷朱波夫在 1796 年 2 月先自聖彼得堡出發，5 月攻取了巴庫等地。但凱薩琳忽然覺悟這計劃過於兒戲而放棄，因為俄羅斯縱然準備犧牲數十萬的軍力與百萬的盧布，也未必有成功的可能。她死後，繼承者保羅立刻終止該計劃，撤回所有的俄軍。

七、凱薩琳外交成就與其歷史地位

　　傳統與近代蘇聯時代的歷史學家們，都推崇凱薩琳在外交上的成就，認為這是她對俄羅斯最重要的貢獻。波蘭的兼併，從此替俄羅斯解決了外國勢力經由西疆干涉內政的威脅；取得烏克蘭與白俄羅斯後，不但增加了豐富的資源，也重新團結了各地的斯拉夫民族；對鄂圖曼土耳其的長期鬥爭，終於擊敗了南方經常擾邊的強敵；獲得克里米亞後，更使俄羅斯的海軍控制黑海，得以經由兩海峽直抵地中海，成為歐洲霸權之一。彼得大帝許多未完成的遺志，都由她達到。因此凱薩琳很驕傲的自稱她才是彼得大帝真正的繼承人。不過她為了要實現自己的政治野心，犧牲多少生命與花費無數資源也在所不惜的政策，也遭致史家嚴厲的批評。佛羅林斯基 (Michael Florinsky, 1894–?) 認為凱薩琳領土擴張的結果，兼併了強烈仇俄的波蘭、韃靼與立陶宛族，造成了以後種族衝突、內政不穩的隱憂。❷克柳切夫斯基的批評更為嚴厲，他說凱薩琳的外交政策從一開始就犯了兩個極嚴重的基本錯誤。第一，是採取潘寧公爵的「北方和諧」政策，這個政策主要目的是對付法國與奧地利。其成員包括俄羅斯、英國與普魯士等北歐新教的國家。他們之間的政治體制與宗教信仰既不相同，外交與經濟的走向更是南轅北轍，很難有真正的合作的空間。結果，此一政策使得俄羅斯犧牲了與奧地利與法國的關係，促成兩國與鄂圖曼帝國之間的密切關係，致使俄羅斯在與其長期的鬥爭中，失去了可以及早獲勝的良好機會。第二，是與普魯士的結盟。因為俄羅斯此後不但牽涉入日耳曼本身的鬥爭，成為普魯士挑戰奧地利的助手，而且在波蘭問題上更

❷　見網路資料 http://35.1911encyclopedia.org/C/CA/CATHERINE II.htm。

❷　Florinsky, vol. 1, p. 544.

失去主動，反而聽從普魯士計劃行事。譬如，三次瓜分波蘭的結果，完全符合了普魯士，但違反了俄羅斯與波蘭的利益。因為從此之後，俄羅斯因與普魯士缺少波蘭作為緩衝國、直接為鄰，將面臨普魯士的直接威脅。克柳切夫斯基認為這是一個不可原諒的錯誤。不過他也為凱薩琳自波蘭獲取白俄羅斯與烏克蘭等地，極力辯護說這是歷史上的正確政策，因為它們本來就屬於俄羅斯。俄羅斯只不過是收復失土而已。他贊成縮小波蘭的領土，因為這僅是恢復其古老、規模本就較小的疆域，但不應該消滅它的存在。可惜凱薩琳聽從普魯士的慫恿，將原本可以保持為斯拉夫民族的獨立波蘭國，分割成為被斯拉夫與日耳曼共同佔領的地區。俄羅斯不但無法繼續推動俄羅斯化的政策，倒反給予普魯士在其佔領區中實行日耳曼化的機會。不過克柳切夫斯基也沒有完全忽視凱薩琳在波蘭問題上的貢獻。他說凱薩琳初即位時的俄羅斯人口只有兩千萬，到她臨死時的 1796 年，增加到了三千六百萬之多，若不是她努力擴充國土，又怎會有如此的成就呢！ ❷❸

---

❷❸ Kluchevsy, *A History of Russia*, vol. 5, pp. 21–23.

第十章　保羅一世與亞歷山大一世

一、保羅一世

　　凱薩琳二世於 1796 年死亡，她與彼得所生的兒子保羅繼任，是為保羅一世 (Paul I, 1796–1801)。保羅於 1754 年出生，即位時已經是四十二歲的中年人了。他這一生夾在姨婆伊麗莎白女皇、父親與母親權力鬥爭的各種壓力下長大，因此養成喜怒無常的乖僻性情。他以後執政時隨意所為、朝令夕改的習氣，與成長過程有密切的因果關系。

　　伊麗莎白女皇未婚，無子繼承皇位，乃指定了她妹妹安娜的兒子彼得為皇儲。但她隨即發現彼得行為怪異、智能不足後，深恐他繼承皇位後，無法治理俄羅斯，而再度引起宮廷政變，因此她曾有意將其廢除，改行指定他的兒子保羅為繼承人。因此保羅出生後不久，便被姨婆伊麗莎白女皇從父母處抱離，親自教養長大。他幼年時在潘寧公爵的教導下，獲得了良好的教育。彼得三世的繼承權雖然沒有被廢除，不過他從此把保羅視為與他爭奪政權的主要敵人。除此之外，彼得更懷疑保羅的出身，認為保羅不是他親生，而是凱薩琳與她的情夫奧羅夫的兒子。但是他的疑慮並沒有證據支持，保羅本人向來也沒有懷疑過自己不是彼得的兒子。而父子之間，始終存在著敵對與猜忌。

　　彼得三世在 1762 年因為凱薩琳主導的宮廷政變，被捕身亡後，保羅理應繼承皇位，但凱薩琳卻自己就任為女皇，將保羅擱置一旁。即位後她深怕反對者會利用保羅，陰謀奪取她的政權，因此處處提防保羅，將他軟禁，隔離人世，不准他過問任何政事。他就在這種孤獨的環境中成長，並且時常受到凱薩琳佞幸與情夫的羞辱。保羅的第一任妻子難產死亡後，便在 1776 年與日耳曼沃騰堡 (Wurttemberg) 的索菲亞・桃樂絲 (Sophia Dorothea) 公主成婚，生

有子女多名。凱薩琳二世強迫他們必須將長子亞歷山大與次子君士坦丁，交由她扶養教育成人。她親自規劃他們的服裝與飲食，教他們識字與念書，並編童謠教他們唱。凱薩琳的最終目的，是將保羅廢除後，由亞歷山大來繼承她的皇位。凱薩琳這樣的安排，不但導致了她與保羅母子關係的破裂，也破壞了保羅與亞歷山大及君士坦丁的父子情感。1801 年保羅被暗殺而死，亞歷山大雖未直接動手參與，卻是知道實情而未曾阻止。

凱薩琳二世在 1796 年 11 月忽然逝世，來不及宣布她的孫子亞歷山大為繼承者。此時，保羅是唯一的合法繼承者，在毫無反對的情況下，名正言順地登上了沙皇的位子。他即位後所作的第一事，就是將他父親彼得三世的屍體從墳墓中掘出，把他的棺木與凱薩琳二世的棺木，在公開的出殯行列中、平行並列在一起，抬到「彼得－保羅大教堂」中，埋藏在彼得大帝等沙皇的陵墓中。他根據自己本身等待了幾十年、到了四十二歲才能登基的的痛苦經驗，在就位時就宣布廢除彼得大帝所決定由現任沙皇制定繼承者的制度，改為此後沙皇的位置，應依照嫡系長子為尊的繼承法。他的決定，使得俄羅斯的皇位繼承問題，終於有了一個妥善的解決方法，使得權力轉移制度化，免除了以前每當皇位出缺，便是以宮廷政變決定繼承者的危機。

由於對母親的強烈仇恨感，保羅即位後的政策便故意反其道而行，特意推翻凱薩琳二世時所實行的各項政策。他首先是罷黜了凱薩琳的佞幸，釋放了下獄的諾威寇夫與拉狄切夫；親自到監獄中接見了波蘭獨立運動的首領科修斯科，並贈送他前往美洲的豐厚旅費。他也赦免了 1795 年凱薩琳所禁錮的反俄羅斯統治的波蘭民族獨立分子，准許他們返回波蘭。雖然他以前曾反對過瓜分波蘭，但即位後，便主張保持現狀，反對波蘭復國。

保羅即位時，要求所有的人民，包括貴族與農奴等，全部要向他宣誓效忠。他的用意是要俄羅斯人民知道他是唯一的主宰；尤其是要農奴們知道他們效忠的第一對象是俄羅斯沙皇，其次才是他們的地主。農奴們聞訊之後，以為即將獲得解放。這被誤解的謠言一發生，便迅速地傳播各地，造成地主階級人人不保的恐懼，社會秩序因此大亂。保羅一世下令否認政府有解放農奴的計劃，並嚴屬處決所有謠言的傳播者。農奴們大感失望。貴族地主們則認為向保羅宣誓效忠，是故意要剝奪凱薩琳時代賜給他們的特權，也非常不

滿。事實上，保羅一世的用意，原本就是要削減貴族們的特殊利益。

保羅雖然沒有正式廢除凱薩琳在 1785 年頒發保障貴族權利的特許狀，不過他用各種不同的名義，奪取了他們的階級利益。譬如，他終止了貴族免服軍役、免稅及可以不必向政府服務的特權；他也取消了貴族地主們在地方上自由選舉議會的自治權。各地方原本由貴族推選出的官吏，現則改由政府直接指派。除此之外，為了打擊貴族們的經濟利益，他規定地主要求農奴服勞役的工作日數，每週不得超過三天；禮拜日則絕對不得強迫他們工作。他在 1797 年 8 月下令，規定在烏克蘭地區中的地主們，不得將農奴不與土地在一起零星販賣。保羅減輕農奴工作日數的目的，並不表示他要改革農奴制度或增進農奴的福利；他主要的目的是要藉此打擊地主階級的經濟利益。相反地，他將農奴制度推廣到南部的新俄羅斯地區；他也將國有土地隨意贈送給親信，使居住在其上的農民變成私人農奴的肇始者。在他短短五年執政期間，因國有土地改變為私人土地，而導致被奴役的農民總數，高達五十萬人之多。凱薩琳在位的三十六年中，國有農民因為土地轉贈給私人而淪為農奴的人數才八十萬人。保羅為了打擊地主擁有農奴的專有權，並允許商人們也可以擁有農奴，讓他們成為在工廠中服役的勞奴。

最令貴族痛恨的，莫過於保羅的軍事改革。像父親彼得三世一樣，他對軍事尤其感興趣。軍中事無大小，都由他本人獨自策劃。他崇尚普魯士嚴格的軍事制度，要將其介紹到俄羅斯來。他特別重視整肅的軍容與嚴格的紀律。為了廢除凱薩琳遺留下來的法國式軍裝，他親自重新設計所有的制服、儀仗與配備。他喜歡用檢閱的方式檢查軍紀是否合乎嚴格的標準，因此經常強迫兵士與軍官不斷操練基本動作，稍不符合標準，便受到鞭打的體罰。凱薩琳時代特別給予貴族免於體罰的特權，保羅則下令全部取消。貴族若有犯法的行為，必須與平民一樣在公共場所接受鞭打。他最喜歡在兵士的面前，故意羞辱貴族軍官，對犯規或操練有差錯者，處以括打雙頰的刑罰。生活怠惰、懶散過久的貴族，對此尤其痛恨，無法忍受，都伺機欲將之去除。

保羅一世的外交政策像他的內政一樣的前後矛盾，沒有一定的準則。凱薩琳的晚年，因為要阻止法國大革命的傳播，決定與英國、奧地利、普魯士聯盟來對抗法國。保羅即位之後，雖未曾正式宣布脫離聯盟，但卻以俄羅斯

長年作戰、國家疲蔽的藉口，逕自退出戰場。不過兩年後，卻因為一件無關俄羅斯國家利益的瑣事，再度與法國作戰。此一戰爭牽涉到當時一個叫作「馬爾它武士團」(The Knights of Malta) 組織的事件。

「馬爾它武士團」的前身，是在 1099 年第一次十字軍東征的僧侶們所組織的宗教團體。當時的名稱是「聖約翰教士團」，或是「聖約翰醫院教士團」(Order of the Hospital of St. John)。參加者必須是僧侶，要發願終生奉獻給聖約翰，宣誓秉受服從、貞潔、赤貧的戒條。他們的目的，主要是保護前來耶路撒冷朝聖者的安全，以及救護受傷的武士。到了 1113 年，受到羅馬公教教宗的正式承認；名義上隸屬於教廷的管轄之下，但實際上，它不受任何教廷或世俗法律的管轄，內部組織與管轄完全自理，是一個獨立而且超越國界的國際組織。當十字軍成立耶路撒冷王國以後，它經常與土耳其伊斯蘭教徒作戰。原本是以救護為主的「聖約翰醫院教士團」慈善組織，漸漸變為戰鬥團體，具有中古時代歐洲武士團的特色。十字軍在中東所建立的基督教王國，在 1291 年後全部被伊斯蘭教徒毀滅，「聖約翰醫院教士團」乃遷往地中海中的塞浦路斯島。他們將該島發展成為一個海軍基地，建造了一支強大的海軍，維持東地中海航行的安全。此後經過幾次遷徙，到了 1530 年 10 月 26 日佔領義大利南部的馬爾它島，因此以後便被稱為「馬爾它武士團」，仍繼續與鄂圖曼土耳其作戰。在 1571 年的勒潘托 (Lepanto) 海戰中，「馬爾它武士團」大敗鄂圖曼土耳其的海軍，接替了控制地中海的霸權。神聖羅馬帝國的皇帝特別將神聖羅馬帝國親王的頭銜，加封給武士團的統帥，以為獎勵；教宗也給予團長可以享有與大主教平等的榮譽。

「馬爾它武士團」不但海軍軍力強大，在歐洲各地也擁有許多修院與教產。其中之一是在波蘭境內的沃立尼亞。凱薩琳瓜分波蘭之後，「馬爾它武士團」在該處的修院與教產都轉為俄羅斯所有。「馬爾它武士團」幾度派特使前來討回教產，要求俄羅斯政府承認武士團對修院與教產的所有權，凱薩琳不予理會。保羅即位後，則不但答允了「馬爾它武士團」所有的要求，並且更贈賜土地與金錢。當拿破崙在 1798 年攻陷馬爾它時，「馬爾它武士團」打破世俗人不得為團員的傳統，反而決定邀請保羅一世為其最高統帥；保羅欣然接受。他擔任最高統帥的第一件事就是要求拿破崙立即撤離馬爾它。拿破崙

佔據馬爾它的目的，是以此島為基地，作為藉口進攻埃及，打擊英國在地中海的海軍勢力，自然不可能接受保羅的要脅。鄂圖曼土耳其帝國是埃及的宗主國，為了保護其統轄權，極力向各國求援，保羅慷慨答允。歷來交惡的俄、土兩國，突然成為軍事聯盟。俄羅斯的艦隻乃得毫無阻擋地通過兩海峽、進入地中海，與鄂圖曼土耳其艦隊會合，在 1798 年進攻愛奧尼亞 (Ionia) 等島嶼。

俄羅斯正式對法作戰，則是在 1799 年參加了由英國為首，組成包括奧地利、鄂圖曼土耳其等國的第二次大聯盟。俄羅斯的軍隊在老將蘇沃若夫的率領下，轉戰義大利與瑞士各地。俄羅斯在義大利戰勝法軍，鼓勵當地人民提倡民族主義運動，建立獨立國家，直接挑戰奧地利，阻撓奧地利戰後重新控制該地區的計劃，因此觸怒奧地利，兩國絕交。俄羅斯對英國的外交關係，也逐漸惡化。主要是 1800 年，英國海軍擊敗駐守馬爾它的法軍後，逕自佔領該島。身為馬爾它大統帥的保羅一世，積極要求英國應該立刻將其歸還給「馬爾它武士團」。英國拒絕，保羅認為這是奇恥大辱，與英斷絕關係。在保羅的眼光中，俄羅斯的敵人是英國，而不是法國。他重新恢復了凱薩琳時代的外交政策，在 1800 年，與丹麥、瑞典、普魯士三國簽訂軍事中立條約，孤立英國。

保羅在 1801 年，忽然下令動員兩萬名哥薩克騎兵，自烏拉河的奧倫堡向東出發，進取英屬殖民地的印度。這項軍事戰略上毫無意義的行動，典型地暴露出保羅處事時隨性而為、毫無原則、前後矛盾的心理狀況。在他即興而為的政策下，俄羅斯在歐洲的外交情勢是一片混亂的局面。除了與奧地利絕交外，一方面仍然與法國處於作戰的狀況，另一方面則是與英國進行未曾正式宣戰的戰爭。最諷刺的是，俄羅斯在歐洲唯一能維持較好的外交關係者，卻是它的世仇鄂圖曼土耳其帝國。

保羅一世的行政與軍事政策，招惹了貴族階級的極大反感。外交上，則缺乏原則地肆意改變政策。依本身喜好，敵友之間的關係可以在瞬息之間易位。在歐洲各地的戰爭，不但勞民傷財，更是與俄羅斯的國家利益毫無關係。五年之短的統治時期，已是怨聲載道。在國外，尤其是英國的慫恿之下，貴族們開始祕密進行推翻保羅一世的行動了。保羅自己或許已經有預感，他特

別建築了一所既安全又堅固的堡壘。1801 年 3 月 25 日，他就在這稱作為「麥可堡壘」的新居中活活被勒死。

二、保羅一世之死

保羅一世之死是在眾叛親離的情況下發生。主導者是在他自己的老師潘寧公爵與最親信的聖彼得堡總督彼得・帕楞 (Peter Pahlen, 1745–1826) 將軍。他們計劃殺暗沙皇的陰謀，不但獲得京中大部分禁衛軍的支持，連保羅的兒子亞歷山大在整個事件的過程中，也都與叛逆者私通訊息，保持密切的聯繫。為了保持機密，潘寧第一次晉見亞歷山大討論這個計劃，特別選在亞歷山大在浴室的時候。他和帕楞將軍力陳保羅的虐政已經對俄羅斯造成無可彌補的傷害，假如不立刻鏟除，國家必然會急速滅亡。他們希望亞歷山大能拋棄親情的顧慮，以國家利益為重，允許他們能實現計劃；並且保證在事成之後，亞歷山大一定會繼承保羅為沙皇。居住在聖彼得堡的亞歷山大好友波蘭親王阿丹・薩托立斯基 (Adam Czartoryski, 1770–1861) 日後回憶說，在當時的首都中，已經傳遍了要暗殺保羅的謠言；保羅本人似乎也有所聞。有一日，保羅一世以銳利的眼光凝視著帕楞，問他說:「我聽說有一個不利於我的陰謀正在進行中，此事是否屬實?」帕楞回答:「陛下，除非我是參與者，否則這是一件不可能進行的事。」保羅的疑心，使得潘寧等認為若是一再拖延，必會暴露計劃真相，因此應該盡早行事。在獲得亞歷山大首肯之後，他們決定在 1801年 3 月 3 日發動。潘寧在幕後主持大局，掌握一切；實際下手者是帕楞將軍與坡拉通・朱波夫、尼古拉・朱波夫兄弟。瓦勒瑞安・朱波夫則因在波蘭戰役中受傷，失去一條大腿，故未參加謀刺沙皇保羅一世的陰謀。朱波夫兄弟在凱薩琳晚年時放逐邊疆，剛經保羅赦免返回聖彼得堡。起事的當晚，亞歷山大與父親保羅一世共進晚餐。他餐畢告退，保羅就寢。叛軍便在帕楞與朱波夫在兄弟率領下，衝入保羅的臥室。保羅已經被吵鬧聲驚醒，躲藏在幕帷之後。亂軍簇擁而上，拖出已經因為驚恐、嚇得近乎死亡的保羅。他們解開他的圍巾，用力地纏繞他的頭頸捆綁。保羅雖喊叫求饒，朱波夫等視若無睹，終因氣竭而死。

　　亞歷山大在晚餐告別父親保羅一世後，並未更衣就寢，而是盛裝危坐地等待消息。午夜一時，尼古拉・朱伯夫觀見亞歷山大，再三稱呼他為陛下，興奮地報告說：「一切都完成了。」亞歷山大聞訊後，匍匐於地，表現出痙攣與痛苦的樣子。二十四歲的亞歷山大於父親死後登基，是為亞歷山大一世 (Alexander I, 1801–1825)。他就任為沙皇後，除了藉故強迫帕楞退休外，沒有懲罰任何一個與弒君有關的牽涉者。

三、亞歷山大一世

1.亞歷山大的性格

　　二十四歲的亞歷山大，背負著弒父的罪惡感，在 1801 年繼承了保羅一世，是為亞歷山大一世。正像他在殺害自己父親陰謀中所扮演的曖昧角色，他這一生所作所為，處處顯示出二元性的矛盾。虔誠與虛偽的性格、開明與反動的思想，不但使得後世的歷史學者很難給他一個公正的歷史評價，就是當時的人，對他也有同樣的疑惑。有時他被稱讚是一個不但開明而且是重視自由的君主，美國的總統湯莫斯・傑佛遜 (Thomas Jefferson, 1743–1826) 就這樣稱呼他。但在同時，他也被視作是一個反動與崇尚武力的獨裁者，英國的詩人拜倫，也曾如此譴責過他。亞歷山大本著基督救世愛人的精神，在歐洲組織神聖同盟，追求以和平的方式，維護國際間的秩序。但為了滿足自己的權力欲，他卻又不惜贊同弒父的非道德行為。聚集了一群自由分子，處心積慮要改革弊政的是他；採取軍屯制度，奴役人民，禁止他們遷徙自由的也是他。他縱橫歐洲的國際舞臺，充滿信心要主導一切；但又不時沉湎於宗教的神祕思想中，進入虛幻與消極的境界。他在 1825 年死亡時，只有四十八歲，正值壯年之期。由於他執政的後半段，性格變得極為消極，沉緬於基督教的神祕主義，並常有欲藉出家解脫一切的想法，因此他的死亡被認為只是一種虛偽的掩飾，其實他是拋棄了皇位，化名為狄奧多・庫茲密其 (Theordore Kuzmich)，獨自一人逃到西伯利亞隱居苦修，一直到 1864 年 1 月 20 日才真正死亡。❶又有別的謠傳，說他因為無法繼續忍受弒父的罪惡感煎熬，以自

殺了結了自己的生命。真相到底如何，因缺乏史料的證據，已可能永遠無法
獲知。不過宮廷御醫在當時拒絕簽署他的死亡證書一事，更增加了這個解不
開之謎的神祕性了。在俄羅斯的統治者中，他被稱作是一個「謎一樣的沙皇」
(the Enigmatic Tsar)，或是「戴著皇冠的哈姆雷特」(Crowned Hamlet)。拿破
崙有與他交往的經驗，就說他是一個狡猾的拜占庭人。

　　凱薩琳女皇厭惡自己兒子保羅，因此蓄意不將帝位傳繼給他，因此保羅
的長子亞歷山大與次子君士坦丁從小便被凱薩琳女皇帶在身邊，在她的監護
與教育下長大。他們兩人就在祖母與父親相互仇視的複雜環境中，養成了應
付雙方、兩面討好的性格。亞歷山大即位後許多政策前後矛盾的主要原因，
或許與此有密切的關係。凱薩琳二世對亞歷山大最為喜愛，有意把他培養成
像她一樣的統治者，從小就灌輸他有關啟蒙思想的知識。她特地為他請到一
位瑞士籍的啟蒙哲士拉哈辟 (Fredric-Cesar de LaHarpe, 1754–1838)，作為他的
啟蒙老師。拉哈辟一方面相信及宣揚當時法國的激進思想，另一方面也推崇
開明專制的政治體制。亞歷山大本人則在父親處結交了阿列克西斯‧阿拉克
其耶夫 (Alexei Arakcheyev)。阿拉克其耶夫原是圖拉 (Tula) 的地主，後因軍功
被仍是太子的保羅欣賞，提拔為他的軍事顧問，負責訓練保羅的私人軍隊。
阿拉克其耶夫認為為官之道，不在邀響，而是要克盡職守。他特別重視嚴格
的紀律與絕對的服從，認為嚴刑峻法是能夠達到任務與命令的唯一方式。思
想與性格極端兩元化的拉哈辟與阿拉克其耶夫，同時對亞歷山大有同樣重要
的影響力。

　　亞歷山大成長過程中，先是陷入了祖母要立他為繼承者，再是父親要將
他廢儲雙重危機。凱薩琳在死前的三年中，曾以各種不同的方式，幾次要廢
除保羅而直接任命亞歷山大為她的繼承者。她先是經由拉哈辟試探，後則親
自詢問亞歷山大的意願。亞歷山大在 1796 年與友人的一封信中表示，他對父
親絕對忠貞。為了要杜絕當時流傳他要爭奪皇位的謠言，他願意公開放棄皇
位繼承權，攜帶家小到萊茵河畔去隱居，絕不過問政事，表示自己的決心。
凱薩琳二世在 1796 年 11 月，忽然死亡，保羅就位為沙皇，她要指定亞歷山
大為繼承者的問題也同時消失。不過保羅對於母親曾經要廢除他、另立他的

---

❶　Hugh Seton–Watson, *The Russian Empire: 1801–1917*, p. 34.

兒子為繼承者一事，卻是耿耿於懷，無法忘卻。他即位後，便計劃削奪亞歷山大與君士坦丁兩人的皇位繼承權。亞歷山大在 1797 年 9 月 27 日忽然去信給拉哈辟，諮詢他對一個非常重要問題的意見。信中他首度透露說，他以前雖然曾經有放棄凱薩琳指命他為繼承者的意願，不過假若國家的危機非他拯救不可，為了大局著想，他也就只好義不容辭了。❷ 可見亞歷山大從一開始，就參與了弒害保羅一世的陰謀。

　　在京城貴族們的歡呼下，亞歷山大一世於 1801 年登基為沙皇。他當前的急務，是疏解貴族們在保羅時代所鬱積的不滿，及恢復他們在凱薩琳時代所享有的一切特權。首先，他恢復了一萬兩千名被保羅一世貶職軍官們的原階；然後，赦免了被放逐的潘寧公爵，派任為外交院的首長，使其重新掌握俄羅斯的外交。擁戴有功的帕櫞公爵，則以身體健康不佳為藉口，被迫歸隱田莊。亞歷山大又在 1802 年 4 月 2 日宣布恢復凱薩琳在 1785 年頒布給貴族的特許狀中所列舉的所有特權；並在同月模仿凱薩琳在 1768 年的先例，設立了由上層貴族所組成的永久性會議，負責處理有關貴族們的各項權益事宜。同時他也計劃重新召開古老的「參議院」，推動修改與制定新法的急務。他的措施獲得貴族們廣泛的支持，因為他們認為這些都是貴族應該具有、但被保羅無故剝奪了的權力。

2. 早期的亞歷山大 (1801–1805)

　　亞歷山大初即位後，便立刻邀請拉哈辟重回俄羅斯，參與制定新政與修改法典的準備工作。他並組織了一個「非官方委員會」(Unofficial Committee)，討論如何推動內政、經濟、教育與外交各方面的改革。其中包括了亞歷山大四個最親信的朋友：第一個是來自波蘭的阿丹・薩托立斯基親王，他深信崇尚開明思想的亞歷山大必會恢復波蘭的自由。第二個是出身於烏拉山與西伯利亞地區富豪家庭的保羅・斯特拉格諾夫 (Paul Stroganov, 1772–1817)，他曾在法國求學時參加過法國立憲派的會議，贊同他們君主立憲的主張，認為值得俄羅斯效法。第三個是主張溫和改革的自由派尼古拉・諾沃斯策夫 (Nicholas Novosiltsev, 1761–1838)。第四個是維克托・寇楚貝 (Victor

❷　Hugh Seton-Watson, p. 70–71.

Kochubey, 1768–1834），他主張開明專制的體制，認為君主要有絕對的權力，但同時也必須率先遵守國家的法令，以為全民的典範。他們四人對於如何改革俄羅斯，縱有不同的意見，不過都認為當前的急務是制定一部憲法或基本大法。亞歷山大本人甚至去信美國的湯莫斯‧傑佛遜，向他請教美國憲法的精髓。湯莫斯‧傑佛遜在回信中，提供了不少他參與美國修憲的經驗。

亞歷山大一世所期望的基本大法，並不是那些限制君主集權的美國或法國式憲法。他所要仿效的是能維護君主權威，但同時也能保障人民權利的普魯士或奧地利式憲法。他討厭獨裁或是專橫的暴政，不過他也無法完全接受民主的體制。他的理想仍然是十八世紀的開明專制政體，強調執政者應該握有絕對的立法大權，對人民們則要以家長的胸懷加以愛護與督促。「非官方委員會」認為在制定憲法之前，應該先調查與了解國內的實情，然後再制定憲法內容。從 1802–1803 年之間，亞歷山大與會員們頻繁討論改革計劃，但並無實際的成果。會議中最重要的討論議題，仍是存在已久的農奴制度改革或存廢問題。

亞歷山大一世與「非官方委員會」的會員們，都毫無異議的譴責農奴制度違反人道精神，應該加以改革。不過他們特別強調，改革農奴制度的方式是要採取由政府主導，從上到下，而不是聽從農奴的意見，由下到上所策動。他們也一直同意改革必須要謹慎、緩慢，絕對不能採取激進的方式。因為如此會引起社會與經濟的不安，危害到立國的根本。會議中為了是否允許非貴族者購買有農奴居住的土地，以終止貴族擁有農奴的特權，或是主人不得將農奴與土地分開買賣的溫和改革建議，爭議最久。拉哈辟與諾沃斯策夫反對非貴族者可以擁有農奴及地主不得將農奴與土地分割買賣。因為他們認為這兩項政策，都會引起貴族們的猜忌，使他們感覺沙皇即將立刻解放農奴，感到恐懼，影響到他們對政府的支持。寇楚貝與薩托立斯基親王則認為，任何溫和的改革都比不改革要好得多。斯特拉格諾夫則要求更積極的改革，他說政府要恐懼的不是貴族們的不滿，而是來自農奴們因本身境遇未獲改革，而可能暴發的變亂。結果亞歷山大採取了妥協的政策，他允許商人等非貴族階級可以擁有農奴；但是保羅時代不得將農奴與土地分割買賣的禁令，卻無限期的延緩實行。

他對農奴制度的改革，有一項重要的貢獻，就是他在 1803 年宣布了「自由農民法條」(Free Agriculturalists Law)，規定地主們可以隨自己的意願，在保證給予他們足夠生活的土地條件下，解放屬下的農奴，使他們成為自由農民。在他的治世之中，總共有一百六十一件農奴獲得自由的案例，男口的人數達到四萬七千一百五十三人。其中一件釋放農奴自由的案例發生在立陶宛，這個地主釋放了為數七千名的農奴。雖然「自由農民法條」實行的範圍以非俄羅斯地主區為主，也只有極少數農奴受惠，但其意義卻非常重大。唯有貴族地主可以擁有農奴的壟斷權，至少到此告終。

「非官方委員會」的主要貢獻是推動了政治體制的改革。從凱薩琳時代就已經掌權的貴族們，在亞歷山大一世即位後仍然健在。他們企圖利用亞歷山大初即位，尚不熟悉政務的機會，組織以他們為主的「寡頭政體」(Oligarchy)。代表貴族階級的得查文 (G. R. Derzhavin, 1743–1816) 就曾向沙皇力陳，應該重新加強參議院權力的必要性。他說政府所擁有的行政、立法、司法與總理各項事務四項權力，應該交由參議院主掌、統籌，然後根據不同的職務，再在其下設立四部。參議員的產生是先由現有貴族中前四等的貴族階級選出候補名單，然後再由沙皇從中挑選而成。除此之外，各地方貴族也可以每省選舉兩名參議員的比例，到京就任。得查文的用意是要恢復貴族們在保羅一世時代被剝削的特權，並想以控制參議院而與沙皇共同治理俄羅斯，得以永久維護其階級利益。亞歷山大幾乎接受他的建議，設立總攬行政、司法、立法大權的參議院。但經「非官方委員會」極力的反彈，參議院只保持了原先崇高的最高法院地位，其他的實際行政職務，則由新創的部院 (ministries) 負責。亞歷山大在 1802 年宣布廢除彼得大帝所設的「學院」制度，設立職守分明的內政、外交、國防、海軍、財政、司法、教育等七部；隨後又增加了商業部，每部直接向沙皇負責。

新設立的教育部，對俄羅斯的貢獻最大。當時俄羅斯雖然有「皇家科學院」，但其中的學者仍是以外籍為主，學術作品也是用英文、德文或法文發表，與俄羅斯的現實狀況脫節甚多。莫斯科大學則僅收數百名公費學生，教授的學識與素質都極為貧乏。散處各地的國民學校，則更是水準低落。教育部在 1803 年公布新教育法條，將全國分為了幾個學區。每學區設大學一座，該大

學校長 (Curator, popechitel') 除了管理本校事務外，也總管本學區各省的教育。每省則設立數所高級中學 (gymnaziya)，隸屬於大學校長管轄。每省在各縣 (uezd) 設立學校，由本省的高級中學總監督管理。各縣學校的總監則管理縣中各教區的小學。根據 1808 的官方記錄，該制度實行了五年後，各地學校的入學人數都顯著增加，教師與教學品質也逐漸改進。聖彼得堡的學區中，設有三所省立高級中學，有二百九十四名學生；五所縣立學校，共一千零六十六名學生。莫斯科學區有十所省立高級中學，四百四十七名學生；四十四所縣立學校，共二千三百五十六名學生；威爾納 (Vilna) 學區有六所省立高級中學，共一千三百零五名學生，五十四所縣立學校，七千四百三十三名學生；卡寇夫 (Kharkov) 學區有八所省立高級中學，四百七十七名學生，十八所縣立學校，一千七百四十七名學生；卡贊學區有五所高級中學，三百一十五名學生，五所縣立學校，二百四十八名學生。❸

教育部除了加強已經存在的大學外，又在聖彼得堡、卡贊、卡寇夫、威爾納、都帕特 (Dorpat) 等地各設立大學一所。卡贊大學特別重視有關韃靼與西伯利亞地區的教育，卡寇夫則負責烏克蘭地區的教育；威爾納與都帕特大學，則是專門管理波蘭地區的教育，此兩所大學主要是以波蘭文與德文為教學的語言。大學教育雖然仍是以貴族為主，但非貴族階級的學生，甚至是非俄羅斯民族的學生，若成績優良也有機會入學攻讀。貴族壟斷大學教育，也到此結束。

3.亞歷山大一世早期的外交 (1801–1809)

亞歷山大在認為內政的初步改革已經完成後，在 1803 年解散了「非官方委員會」，將注意力轉向到外交事務。拿破崙在歐洲軍事行動的成功，已經毀壞了以往的勢力均衡狀況。亞歷山大初即位時，曾想以調停者的身分，化解各國之間的衝突，並努力保持俄羅斯的中立地位。不過由於拿破崙軍事勝利後，重新劃分日耳曼聯邦，一心一意要獨霸歐洲的野心及稱帝的企圖，引起了亞歷山大的猜忌。法國密探在 1804 年 3 月 14 日將匿居在日耳曼巴登

---

❸ Hugh Seton-Watson, *The Russian Empire: 1801–1917*, p. 98. 引 Istoricheskii obzor deyatel'nosti MNP, p. 71.

(Baden) 的波旁王族恩翰 (Enghien) 綁架回法國。一週後，以謀叛的罪名，在巴黎處死。由於亞歷山大一世的皇后是來自巴登的公主，因此他對拿破崙這種非法、隨意侵入、藐視巴登主權存在的侵略行為，非常憤怒。恩翰事件發生後，亞歷山大立刻與法國斷絕邦交。拿破崙在 1804 年 5 月 18 日正式宣布即位為法國皇帝，俄羅斯、奧地利、瑞典、土耳其等國都拒絕承認。俄羅斯因為馬爾它的問題，原與英國有齟齬，現今則開始重修舊好。兩國在 1805 年 4 月 11 日正式簽訂軍事聯盟，對抗拿破崙的侵略行為，並矢志要解放普魯士、瑞士、荷蘭、與義大利等地為目的。在條約中，俄羅斯承諾將提供四十萬兵員，英國則以每十萬名兵為基準，每年給予一百二十萬鎊的金錢援助。亞歷山大也與奧地利及普魯士先後簽訂了軍事同盟。俄羅斯成為由英國組織的第三次聯盟要員，擔當起阻擋拿破崙擴充霸權的主要任務。

在英國組成第三次反法聯盟後，拿破崙立刻展開反擊的軍事行動。他在 1805 年 10 月侵佔維也納；俄羅斯的軍隊在亞歷山大本人及庫圖佐夫 (Michail Kutuzov, 1745–1813) 將軍親自率領下，前往援助。12 月，他們在奧斯特立茲 (Austerlitz) 展開了所謂的「三帝之戰」；結果拿破崙獲得了空前的勝利，俄羅斯與奧地利兩國則潰不成軍。奧地利在 12 月 26 日，與法國簽訂了〈普萊斯堡 (Pressburg) 和約〉，向法國投降，並退出戰場。奧地利失敗後，法國囊括了日耳曼的領土。拿破崙在 1806 年 7 月，組織了「萊茵邦聯」(Confederation of the Rhine)，除了奧地利、普魯士、赫斯 (Hesse) 及布倫斯威克 (Brunswick) 等邦外，其餘的日耳曼邦國都屬於這個組織，受法國的控制。自西元九世紀成立的「神聖羅馬帝國」也在 1806 年 8 月 6 日，正式被取消。「神聖羅馬帝國」的皇帝法蘭西斯二世，改變了頭銜，稱為奧地利皇帝法蘭西斯一世 (Francis I, 1792–1835)。原來想保持中立不與法國敵對的普魯士，現感到勢力孤單，開始與俄羅斯討論軍事的合作。拿破崙在 1806 年 10 月 14 日，大敗普魯士大軍於耶納 (Jena)；兩週以後，佔領了柏林。他隨即在 11 月 21 日，宣布了制定「大陸政策」(Continental System) 的「柏林詔令」(Decree of Berlin)，命令所有的國家不得與英國通商，以期藉此打敗最頑強的敵人——英國。

拿破崙擊敗普魯士後，隨即率軍進入普魯士佔領的波蘭，於 1806 年 11 月 28 日佔領華沙。波蘭人民夾道歡呼，迎接解放者拿破崙的到臨。拿破崙組織

了波蘭臨時政府，呼籲波蘭人民與他合作，在東歐建立一個新秩序。在約塞夫·彭尼亞托夫斯基親王的號召下，波蘭人民組織了一支擁有五萬人的志願軍，協助法軍作戰。波蘭成為法國的保護國後，法國的勢力立刻逼近俄羅斯邊境。亞歷山大一世乃派遣本尼格森 (GeneralBennigsen) 將軍，率領大軍前往阻擋法軍繼續向東的進展。俄軍在 1806 年 12 月華沙附近的普魯斯克 (Pulusk) 與 1807 年 2 月在東普魯士的艾勞 (Eylau) 兩場戰役中，被法軍大敗，傷亡高達二萬六千人。不過，拿破崙的犧牲也相當慘重，是他起兵以來從未遭受過的打擊。亞歷山大為了提高士氣，在 1807 年 3 月親自趕往前線，要與士卒共同起臥，對抗法軍。沿途經過普魯士時，他與普魯士簽訂軍事互保條約，答應幫助普魯士恢復 1805 年時的版圖，並調停普魯士與奧地利之間的糾紛。亞歷山大的親征，並沒有收到鼓舞士氣的預期效果，反而因為要保護他的安全，俄軍行動處處掣肘，無法展開。

　　俄羅斯除了對法之戰外，也在 1806 年年底，因為在巴爾幹半島上的擴充，與法國暗中支持的鄂圖曼土耳其帝國作戰。與英國的關係，也因為爭奪鄂圖曼土耳其曼帝國在地中海的商業利益，充滿了矛盾與危機。因此在 1807 年 6 月 14 日，拿破崙在佛萊德蘭 (Freidland) 重創俄軍後。亞歷山大深感處處為敵，加以師老軍疲，需要先行休養生息，因此決定向法求和。拿破崙立刻同意。兩國在 6 月 22 日停戰；亞歷山大與拿破崙於 6 月 25 日在隄爾斯特 (Tilsit) 涅門河中的皮筏上攜手相見，祕密會談；談話內容史無記載，不得而知。不過就亞歷山大日後曾說他痛恨拿破崙就像痛恨英國一樣，拿破崙說亞歷山大一世是狡詐的拜占庭人的偏見，可以略知兩人談判氣氛的詭疑。根據兩人的祕密協定，決定歐洲命運的〈法國與俄羅斯的和平與友誼條約〉(*The Franco-Russian Treaty of Peace and Friendship*) 以及其他法、俄之間的一連串密約，便在 7 月 7 日正式完成。在這些條約中，亞歷山大承認了拿破崙所組成的「萊茵邦聯」。奧地利與普魯士在日耳曼世界中的領導地位，因此被徹底摧毀。為了要討好亞歷山大，〈法俄友誼條約〉中的第 4 條就特別指出：「為了對全俄羅斯皇帝的尊敬，拿破崙大帝同意將下列已經征服的普魯士土地交還給普魯士。它們包括易北河 (Elbe) 右岸的馬德堡 (Magdeburg) 的部分領土，原屬於撒克森王國的某些領土，波美樓尼亞 (Pomerania) ……等領土。」❹ 若非亞歷山

大的堅持，普魯士早就像波蘭一樣，忍受亡國之痛。拿破崙之所以答允亞歷山大的請求，是希望他不與英國結盟，並且支持法國封鎖英國商業的政策。因此在兩國的密約中，亞歷山大願意擔當英、法兩國之間利益衝突的調停者，若英國持意不肯，俄羅斯將加入法國的大陸政策，斷絕與英國所有的貿易關係。

但是法俄密約中有一項有關普魯士侵佔波蘭領土的協定，導致兩國日後關係的惡化。根據〈法俄友誼條約〉中的第 5 條決定：「在 1772 年 1 月 1 日仍屬波蘭，但此後被普魯士所佔據的各省分，將以『華沙公國』(Duchy of Warsaw) 的名稱，歸屬為撒克森王國國王所有。」撒克森王國為「萊茵邦聯」的一員，「華沙公國」實際上本就屬於拿破崙大帝國控制之下。在法國的庇護下，此地的波蘭愛國分子，積極展開了復國的運動。這個復國運動直接威脅到了俄羅斯所佔領的波蘭領土部分。

亞歷山大與拿破崙曾於 1808 年 9 月 27 日，在艾福 (Erfurt) 再度相會。兩人在互相熱情擁抱與親吻表示親密的友誼後，特別表示要以精誠合作的態度，來實踐法俄密約中所協商的各項決定，及劃分兩者在東西歐洲的利益區域範圍。兩國再度重申要共同對付英國。俄羅斯在法國的同意下，獲得了芬蘭、莫達威亞與瓦拉其亞兩地，並以多瑙河為與鄂圖曼土耳其的國界線。俄羅斯特別承諾，若非獲得法國的同意，它不再隨意變更與歐洲各國家之間的疆域；同時也答應一旦法國與奧地利作戰，俄羅斯必定出兵援助法國。瑞典在 1809年，正式接受了俄羅斯割據芬蘭的事實。但是法、俄合作對付對奧地利及糾纏的波蘭問題，埋下了以後兩國失和的原因。

拿破崙在 1809 年忽然以奇兵突擊奧地利，奧軍節節失利的結果，引起了一連串複雜的連鎖反應。首先波及的是奧地利的加利西亞地區。加利西亞在波蘭被瓜分時，由奧地利取得。加利西亞地區的波蘭人民，在獲知奧地利被拿破崙擊敗的消息後，立即起義要求獨立。亞歷山大深知假若該地波蘭復國運動成功，必會引起俄羅斯境內波蘭民族的響應，因此立刻遣派大軍進入奧地利，強迫其與法國訂立和約，以穩定國內局勢。在俄羅斯與法國兩國大軍的脅迫下，奧地利只好投降，將加利西亞割讓給法國控制的華沙公國。波蘭

---

❹　Basil Dmytryshyn, *Imperial Russia: A Source Book, 1700–1917*, p. 176.

人在此地的復國運動,在法國的壓制下,暫時消聲匿跡。不過,拿破崙在獲
得加利西亞後,逐漸將其發展成為干涉俄羅斯境內波蘭問題的基地。亞歷山
大對此相當不滿。拿破崙與妻子約瑟芬離婚後,曾向亞歷山大的幼妹求婚,
但被亞歷山大拒絕。拿破崙認為這是奇恥大辱,耿耿於懷,意圖報復。拿破
崙與亞歷山大兩人的互相猜忌,使得隄爾斯特的法俄密約,蒙上了陰影。

4.麥可‧斯波倫斯基的改革

　　亞歷山大一世在 1807 年與拿破崙簽訂友好條約之後,將他的注意力,重
新轉回到內政改革上。他初即位時的「非官方委員會」,早已被解散,當時共
同討論國事的朋友們也早不在身旁。1807 年改革的籌劃者是麥可‧斯波倫斯
基 (Michael Speransky, 1772–1839)。

　　麥可‧斯波倫斯基在 1772 年出生於伏拉地密爾地區,父親是該地區的鄉
村教士。他在當地及聖彼得堡的教會學校就讀時,以聰明、強記而著名。畢
業後,先在聖彼得堡教會學院中教授數學,因成績優良,被大主教推薦給庫
拉金 (Kurakin) 親王為私人助理。在 1802 年時,被亞歷山大「非官方會員」
的委員庫楚貝發覺,擢升到內政部擔任主管。他在 1806 年向沙皇亞歷山大一
世報告內政部事務時,因口齒清晰、報告條理分明,甚為沙皇賞識,從此便
命令他跟隨在身旁。在 1808 年亞歷山大與拿破崙在艾福會談時,他就列席為
沙皇的顧問。在此後的四年中,斯波倫斯基成為亞歷山大最信賴的大臣,託
以負責草擬改革俄羅斯內政的計劃。

　　斯波倫斯基可以說是當時俄羅斯朝中最有分析力的官員。他在愛妻伊麗
莎白‧斯提芬（Elizabeth Steven,英國人）死亡後,便埋首研究學術,幾乎與
世隔絕;因見在朝之人多為庸碌之輩,孤芳自賞地不齒為伍。他在 1809 年所
提的憲政改革,雖然條理分明、組織嚴密,就因為同僚消極地抵制,而沒有
被亞歷山大接受。斯波倫斯基深知俄羅斯積弱之本,是政治上與社會上的不
平等所造成。若要改革,必須要從這兩方面開始著手。早在 1802 年的建議中,
他已經痛責俄羅斯社會的弊病。他說:

　　　表面的感覺上,我們好像已經擁有了一切,但實際上、沒有一件真正

縈根的事情。假若君主政府不只是一個空有其名的自由的話，則顯然的我們仍然不是在君主制度之下。事實上，我們先拋開各種政府組織皆屬無用之物不談，讓我們先問一問，當一個人的財產、光榮以及所有的一切，都不來自於法律而只是依靠君主一個人的意願所形成的貴族階級到底是什麼。難道這些法律的本身不也是建築在君主的意旨上嗎？

我希望有人能指出，附屬於地主之下的農奴與附屬於君主之下的貴族之間的區別到底是什麼？我也希望有人能發現君主對地主是否有像地主對農奴一樣的權力。因此我們可以撇開自由的俄羅斯人民確實是被劃分成地主、商人以及其他的階級之事不論，但我在俄羅斯所看到的只不過是兩個階級而已：即是君主的奴隸與地主的奴隸。第一個階級號稱享有自由，只不過是與第二階級相比而已。在俄羅斯，除了乞丐與哲學家外，就沒有真正自由的人。造成俄羅斯人民活力之所以如此羸弱，就是這兩種奴隸之間的關係所造成。貴族的利益是將農奴屈服在他們的無限勢力之下；對農民來說，貴族應該像他們一樣地，屈服在君主之下。貴族因為在政治上毫無保障，他們必須將自己的自由生活完全建築在土地與土地上耕種所得的收入，結果就是必須要奴役農民。農民生活在壓榨他們的奴役情況下，只能仰望沙皇，把他當作是唯一可以制衡地主權威的力量。❺

　　不過斯波倫斯基知道農奴制度已積習太深，不可能採取積極改革的政策，更無法從根鏟除。他認為目前可以先實行的，是逐漸改良農奴的生活，與建立一個比較不肆意濫用權力的政府。首先他希望俄羅斯能效法歐洲十八世紀君主專制的政體，將政府的權力劃分為行政、立法與司法三個不同的機構，分別負責。他在 1809 年，向亞歷山大一世提出了名為「國家法律章程」(Statues of State Laws) 的改革方案。

　　「國家法律章程」採取三權分立的原則，將政府的行政權交由外交、軍

---

❺　原載於 1961 年蘇聯科學院出版的 *Speransky: proekty i zapiski.* 英文翻譯見 Hugh Seton-Watson, *The Russian Empire: 1801–1917*, p. 103.

事、海軍、內政、財政、司法、宗教及警察等八部分別執掌；每部設部長一名。立法權則屬於「國家議會」(State Duma)；「國家議會」議員由來自各省議會代表組成。被選為省議員的基本條件，是他們必須是擁有財產的自由公民。所有的立法必須由政府提出，經過「國家議會」討論、議決，最後由沙皇批准後，才能正式成為法律。負責全國司法的機構是「參議院」，參議員也是以選舉方式，從貴族階級中選出。「參議院」的主要職責是總管全國的法律；其中設有高等刑事法院，權職超越政府各部門之上。遇有重大事件，除了參議員們當然出席外，「國家會議」(State Council) 議員，及「國家議會」議員都可以列席參加。在上述行政、立法、司法三部組織之上，另外設立一個由元老級政治家所組成的「國家參議會」(Council of State)，議員們主要是沙皇的親近顧問，負責審核各部所提法案與擬行的政策後，交由沙皇裁決。他們並決定是否接納或向沙皇轉呈人民所提出的請願書。❻

亞歷山大讀畢斯波倫斯基的改革計劃後，甚為重視。他隨即命令斯波倫斯基負責修改俄羅斯的法典，作為實現改革計劃的準備。斯波倫斯基根據《拿破崙法典》為基準，開始修訂俄羅斯法律。為了要提高行政效率，他在 1809年，要求沙皇廢除貴族們不必經由基層，直接晉級到第五級官位的特權；並建議假如貴族們要擔任更高級的國家職位，則必須要先到大學中進修，或是通過國家的考試方可任用。這兩項建議，都受到貴族們強烈的攻擊，認為出身微賤的斯波倫斯基假借改革之名，企圖取代他們的地位。在沙皇的初步支持下，斯波倫斯基得以實現了他改革案中的部分計劃。譬如，亞歷山大一世就在 1810 年命令成立「國家參議會」，自己擔任主席，任命斯波倫斯基為執行祕書。這個組織的主要功能，是從法律的觀點討論與審查各行政政策的合法性。不過由於斯波倫斯基所建議的其他改革，並未及時展開，「國家參議會」因此無法施展它本來應該具有的功能。「國家參議會」是斯波倫斯基改革計劃中，唯一成立的機構，一直到 1905 年才被廢除。其他的建議，因為受到貴族等利益團體的強烈反對，都只成虛文，完全無法推動。

貴族們指責斯波倫斯基的所作所為，完全是抄襲拿破崙時代的法國，達

---

❻ Speransky: *proekty i zapiski*, pp. 222–231. Basil Dmytryshyn, *Imperial Russia: A Source Book*, 1700–1917, pp. 184–190.

到他蓄意摧毀俄羅斯傳統的目的。他被指稱是法國的間諜、是俄羅斯的叛國賊。亞歷山大一世在當時俄羅斯與法國的關係日趨緊張的情況下，深恐他的改革會削弱國內貴族對他的支持，便在 1812 年突然罷黜斯波倫斯基，並將他流放到西伯利亞去。亞歷山大一世的第二次改革，就像第一次的改革一樣，有始無終的被中斷。他的注意力由內政，完全轉向到如何應付拿破崙進攻俄羅斯所帶來的危機了。填補斯波倫斯基的是國防部長阿列克西斯·阿拉克其耶夫。從 1812–1825 年，亞歷山大一世的政策便由阿拉克其耶夫及他所代表的極端保守主義所掌握。

5. 俄、法關係惡化與戰爭

「國家參議會」根據俄羅斯與法國在隄爾斯特所訂的條約，認為俄羅斯有調停英國與法國之間衝突的義務，假若英國拒絕，則俄羅斯應該協助法國對英作戰。因此在英國拒絕接受俄羅斯的斡旋後，亞歷山大一世隨即對其宣戰。這為期五年之久的戰爭，除了俄羅斯關閉了幾個對英貿易的港口，英國扣留了幾條俄羅斯單桅帆船外，並沒有什麼實際的戰爭行動。瑞典是另外一個拒絕參加法國大陸政策，繼續與英國保持商業關係的國家。亞歷山大為了遵守〈法俄友誼條約〉及實現對拿破崙的承諾，曾出兵瑞典，一直進攻到斯德哥爾摩的近郊。亞歷山大之所以對付英國與瑞典，有實際政治利益的考量，乃是希望拿破崙能協助俄羅斯完成併吞鄂圖曼土耳其帝國中莫達威亞與瓦拉其亞兩片領土的計劃。除此之外，他也希望拿破崙會同意他們共同瓜分鄂圖曼土耳其帝國。根據這個政策，法國可以擁有阿爾巴尼亞、希臘、馬其頓、埃及與敘利亞等地；俄羅斯則可以佔有保加利亞、伊斯坦堡、博斯普魯斯與達達尼爾海峽。拿破崙認為俄羅斯的要求對法國不公平，因為僅僅佔領兩海峽，就比其他所有的地區重要多了，因此拒絕合作。亞歷山大一世雖曾與拿破崙在艾福再度會面協商，不過他感覺到兩國關係已經惡化，因此開始漸漸與英國改善關係，作為一旦與法國決裂後的準備。

拿破崙以維持大陸政策為藉口，一方面繼續擴充領土，另一方面則採取海軍封鎖戰略，杜絕英國與其他國家的貿易。在與法國簽訂了友好條約的初期，俄羅斯堅持遵守大陸政策，拒絕與英國貿易。結果俄羅斯因此喪失本國

穀物、木材、大麻與亞麻等農產品的外銷市場。在 1810 年，僅僅是穀物的外銷量，就比堤爾斯特條約前降低了六分之一；國內的地主階級對政府禁運的政策也極端不滿。原先由英國船隻輸入的貨物價格，也因為現在禁止由英國船隻載運，變得非常昂貴。為了要紓解國內的經濟危機，亞歷山大在 1810 年接受了斯波倫斯基的建議，開始允許掛有其他國家旗幟的英國船隻及美國船隻運載英國的貨物進入俄羅斯的港口。同時，他也開始對法國酒徵稅，並禁止輸入來自法國的奢侈品。拿破崙認為這是違反大陸政策、挑戰法國在歐洲霸權的行為，應立刻停止，否則將以兵戎相見。俄、法兩國關係在 1811 年終，已經惡化到互相動員，準備應付隨時可能爆發的衝突局面。

拿破崙在 1812 年夏天，聚集了足夠的兵力，準備進攻俄羅斯。這一支被戲稱為是由二十幾個國家混合組成的軍隊，包括了四十五萬正規軍及十五萬的補給、預備兵員。其中以法國兵為主要的正規軍，總數為二十五萬人，其次是二十萬的日耳曼人、十萬的波蘭人，剩下的則是摻雜著來自於義大利、西班牙、葡萄牙等地的士兵。其中最值得注意的是由波蘭的華沙王公彭尼亞托夫斯基所組成的十萬波蘭軍。亞歷山大一世在拿破崙成立華沙公國時，就預感到此地必會成為拿破崙進攻俄羅斯的基地；如今，這個恐懼果然實現。而彭尼亞托夫斯基之所以要協助拿破崙進攻俄羅斯，就是要乘機合併加利西亞，以達到波蘭獨立的目的。

拿破崙在 1812 年 6 月 22 日，率領了這支為數六十萬的大軍，從波蘭公國出發、跨越涅門河進攻俄羅斯，駐紮在立陶宛的威爾納。迎戰拿破崙的俄軍總數只有十八萬人。阻遏法軍前進的主力，是由國防部長巴克雷・托里 (Barclay de Tolly, 1761–1818) 率領的十萬兵員。托里的祖先是來自蘇格蘭的移民，他本人個性乖僻且剛愎自用，與其他俄軍將領不和。亞歷山大一世為了避免將帥不和，導致原本就薄弱的俄羅斯兵力因此更缺乏鬥志，只好親自指揮作戰。

拿破崙在威爾納滯留三週之久，未能因鼓動立陶宛的獨立運動，與立陶宛人民合作共同反俄羅斯，失去了主控戰局的好機會。雖然拿破崙在進入俄羅斯的初期，沒有因俄軍的反抗而遭受到挫敗，不過為了應付俄軍游擊戰似的突擊，及必須要維持一條相當長的補給線，消耗了法軍的兵員及減弱了他

們進軍的速度。尤其是在向東移進的過程中，法軍因不服水土、體弱不堪負荷而死的事件屢見不鮮，加以因沿途損失的馬匹多達二萬匹以上，增加了兵士們搬運武器與輜重的負擔，士氣因此日漸消沉。雖然如此，與俄羅斯的軍勢相比，拿破崙的法軍仍是強盛很多。

拿破崙沿隨著「大西北戰爭」時，瑞典國王查理斯十二世進攻俄羅斯的路線，在 1812 年 8 月 16 日率軍臨近斯摩楞斯克城；由托里及巴格拉遜親王 (Prince Bagration, 1765–1812) 兩位將軍分別率領的俄軍到此會合迎敵。為了不再蹈奧斯特立茲戰役中，由亞歷山大親自指揮導致潰敗的覆轍，他們要求沙皇不要再臨陣指揮，應該立刻趕回莫斯科去穩定國內人心。俄羅斯軍方為了要特別衛護亞歷山大的安全，緩慢許多正常的軍事行動；但他的缺席，卻使前線缺少了調和將領之間歧見的力量，使得俄羅斯本不樂觀的戰局，更形悲觀。巴格拉遜主張俄軍應在斯摩楞斯克與法軍正式作戰，以確保莫斯科的安全。托里則考慮俄軍的戰力不足，不應該急急作戰，因此前後猶豫、無法果斷。1812 年 8 月 17 日，俄、法兩國終於在斯摩楞斯克會戰，結果雙方損失都相當慘重，死亡人數各達二萬人以上。當晚托里忽然下令撤兵，向東逃竄。拿破崙乘機追擊，向莫斯科進攻。亞歷山大一世遂撤換了托里，改派麥可・庫圖佐夫 (Michael Kutuzov, 1745–1813) 親王，總掌抵抗拿破崙的軍事大權。

庫圖佐夫是俄羅斯最偉大的蘇沃若夫將軍的學生，曾在對鄂圖曼土耳其戰役中表現卓絕。他在 1812 年臨危受命時已經六十七歲；他的一隻眼睛在以前的戰役中受傷失明，又體重過重行動不便，要靠車輛的協助，才可以巡視各地。接任後，他深知俄羅斯的軍力過於薄弱，實在無法直接與拿破崙的法軍對抗。他贊同托里撤退的戰略。不過在全國輿情要求與法軍決戰的壓力之下，他不得不決定在撤守莫斯科之前，選定莫斯科郊外的波若狄諾 (Borodino)，孤注一擲地要與拿破崙進行一場大規模的戰爭。拿破崙在經過斯摩楞斯克的戰役後，原本計劃先在該地休養生息，度過冬季後，在次年春季再向莫斯科進攻。不過他在獲得庫圖佐夫被任命的消息後，放棄了在斯摩楞斯克過冬的計劃，在 1812 年 8 月 24 日只派留了六萬名兵士防守斯摩楞斯克外，便率領了十三萬大軍直接向莫斯科前進。他在 9 月 5 日到達了莫斯科西方約七十九哩（一百一十公里）的波若狄諾。那一年的 9 月天氣仍然非常炎熱，經

過了半個多月的長途跋涉行軍後，法國士兵沿途死亡，到達者也已經勞累不堪。聚集在波若狄諾的法軍戰力是十二萬五千人及五百八十座機槍砲。等待的俄軍是十二萬二千人與六百四十座大砲。兩軍對陣的兵力相差並不懸殊，俄軍雖是以守勢為主，但防衛的工程建築緩慢，竟然到了法軍開始進攻時還在趕工。

為了爭奪波若狄諾附近山丘作為安放大砲的臨時堡壘，俄、法兩軍在1812 年 9 月 5 日正式交鋒。經過激烈的戰鬥後，法國攻陷山丘，作為安置大砲及拿破崙觀戰與指揮的中心。法軍因為行軍疲乏，沒有乘勝追擊，給予俄軍喘息的機會。經過一天休息後，兩軍在 9 月 7 日黎明，再度展開激烈的戰鬥。雙方將士都奮不顧身地勇猛攻擊。向來戰無不克的法軍，受到了俄軍的抵抗，無法立刻獲勝，以致士氣受到相當大的打擊。到傍晚時，拿破崙眼見戰局危急，急忙調動他親自指揮的御林軍加入戰場，才扭轉逆勢，穩定了戰局。日落之後，戰爭暫告結束。雖然為期只有一天，被拿破崙稱之為最艱苦的戰役中，雙方損失都非常慘重。俄羅斯的十二萬二千大軍中、包括巴格拉遜將軍在內的將官死亡多達二十餘人，士兵五萬八千名。法國為數十二萬五千人的大軍的損失，包括傷亡的四十七名將軍，及五萬名士兵。法軍雖然暫時擊敗俄軍，但並沒有捕獲俄軍俘虜。拿破崙對此感到非常氣餒，因為他期望俄羅斯的農奴們會趁他入侵時與他裡應外合、揭竿而起，反抗沙皇專制與農奴制度，不但沒有發生，反而在沙皇的高呼下，為了保護祖國，他們英勇地抵抗法軍。

俄軍在 7 日的波若狄諾戰役中，雖然損失慘重，卻仍能堅守陣地。庫圖佐夫將軍經過了這一次戰役後，知道法軍仍然有摧毀俄軍的實力；他深深了解到，目前能遏止拿破崙攻勢的，不是俄羅斯的軍隊，而是俄羅斯的無垠曠野。因為法軍在此戰役中已經耗損的兵員與物資都難以補充，假如再深入俄羅斯的內陸，必會陷入泥淖而無法自拔。為了此後長期抵抗法國的拖延戰術，目前必須要保持俄軍的元氣。他說：「我最重要的任務是保護軍隊的安全。」因此他祕密下令大軍由波若狄諾撤退，棄守莫斯科，他要利用莫斯科作為埋葬拿破崙的死亡陷阱。為了要保持撤退的高度祕密性，連莫斯科的總督都不知道庫圖佐夫的計劃。拿破崙在 9 月 14 日，凱旋進入了莫斯科。他不但相信

莫斯科的官員、貴族們與人民一定會夾道歡迎他們這一批解放者的來臨，而且更確定沙皇在失去莫斯科後，會立刻向他提出停戰的請求。令他失望的是，不但沒有歡迎的群眾，而且他進入的莫斯科幾乎是一座空城，各地都是被火燒後的餘燼。亞歷山大一世更堅決的表示，只要有一個法國兵士仍在侵佔俄羅斯的土地，他就絕對不會與拿破崙議和。他的堅強態度振奮了民心，是獲得最後勝利的主要原因。

就在拿破崙 9 月 14 日進城的次日，莫斯科城內忽然大火。由於莫斯科的建築主要是以木材造成，火勢一旦展開，立刻蔓延各地。大火燃燒三日之久。到了 9 月 16 日，四分之三的莫斯科城已經被大火毀滅。拿破崙原想要依賴莫斯科補給他所需的人力與物資的計劃，也在這一場大火中灰飛煙滅。對拿破崙來說，這場大火是對法軍往後漸漸潰敗的致命打擊。莫斯科大火起始的原因究竟為何？是意外抑或是縱火？下令縱火者又是誰？有謂是法軍痛恨俄軍拒絕求和，藉焚燒莫斯科以洩憤。倘若如此，則法軍是自斷物資補給的生路，理應不會出此下策。又有傳說是莫斯科城的若斯托波金 (Rostopchin, 1763–1826) 總督親自下令放火，不讓法軍喘息，取得任何補給。當焚燒莫斯科城被稱讚為是擊敗拿破崙的決定性戰略時，若斯托波金不但不阻止他是下令縱火的謠言，反而沾沾自喜；當俄羅斯內外同聲指責該策略導致許多無辜生命死亡，是違反人道作法時，若斯托波金則立刻極力否認與此事有任何牽連。就像其他俄羅斯歷史中許多解不開的謎，這是另一件到現在尚無確實證據的懸案。

拿破崙困坐這一座幾乎全毀的莫斯科城，一籌莫展。他親自寫了兩封信給亞歷山大一世，希望重拾以前的友誼，展開和平的談判。他也寫信給庫圖佐夫，建議兩軍先行停戰再談判其他有關事宜。沙皇與庫圖佐夫都對之斷然拒絕。法國軍事家因此指責拿破崙在莫斯科空等亞歷山大與庫圖佐夫的回音，浪費了可繼續進攻或是撤退的寶貴光陰。拿破崙到了 10 月下旬，決定自俄境撤兵，為時已經太晚，因為 1812 年的嚴冬比往年來的早得多。他的撤退，是兵敗的開始。不過，俄羅斯對於將拿破崙的失敗歸功到嚴寒的氣候一說，向來無法接受。因為這個說法，只是說拿破崙是被大自然的威力所擊敗，完全藐視俄羅斯人民抵抗外族入侵的愛國情操。

拿破崙在歐洲新征服的各地，都需要派駐大軍鎮壓、維持秩序。而他卻率大軍深入俄羅斯，佔領莫斯科後，進退失據。法軍沉陷在俄羅斯泥淖中的消息傳回歐洲後，諸地開始蠢動。拿破崙必須盡快脫離俄羅斯的戰場，返回歐洲。在既無法求和、也不能繼續作戰的兩難矛盾情況下，他在 1812 年 10 月 20 日，終於下令法軍從莫斯科撤退。為了預防撤退時會遭遇到補給不足的危機，法軍將在莫斯科附近搜刮的大批糧草及其他擄獲，用馬匹載運，取道南向的路線、迂迴輾轉返國。俄羅斯南方受到戰爭破壞的程度較低，拿破崙希望能在沿途獲得輜重的補給。庫圖佐夫為了避免法軍有喘息及獲得新補給的機會，開始採用突擊的戰術，逼迫拿破崙轉回到他入侵俄羅斯的斯摩楞斯克舊路線。因為這條路線左右的一切，幾已全部破壞無存，拿破崙無法取得任何補給。在俄軍及哥薩克游擊軍不停的騷擾與偷襲之下，拿破崙只得重新經過上次大戰後、許多屍骨仍未被埋葬的波若狄諾荒原，向斯摩楞斯克撤退。沿途上兵士們忍受著冰凍的氣候與饑餓的痛苦，緩緩前進。體弱多病者，則倒斃路旁，無人理會；倖存者在饑不擇食的情況下，只好屠殺馬匹充饑。但是馬匹被殺的結果，反而增加了兵士運輸的負擔，使他們更是怨氣載道。士氣幾臨崩潰的法軍，只希望早日離開俄羅斯。經過將近二十日的長途跋涉，拿破崙終於在 11 月 8 日到達了斯摩楞斯克城。他所率領撤離莫斯科的兵士，在進入斯摩楞斯克城中時，是已經損失了一半，只剩下了四萬二千人；尚有作戰能力的，僅僅二萬餘人而已。

法軍在俄羅斯受到挫敗的消息傳回歐洲以後，除了被法國佔領的各地展開抗法的軍事行動外，法國本境也傳出了推翻拿破崙的計劃。他獲訊後，便立即率領了尚能作戰的二萬餘名的將士，急忙取道趕回巴黎去平定內亂。他在撤退的沿途上受到俄軍不停的攻擊，庫圖佐夫將軍時而攻擊，時而銷聲匿跡，神出鬼沒的遙遙跟隨在後。拿破崙在 11 月 25 日強渡貝里茲納河 (Berezina) 時，已是疲憊不堪。但俄軍判斷錯誤，痛失可以輕易捕捉拿破崙的機會。庫圖佐夫日後被指責疏忽職守時，為自己辯護說拿破崙仍有一支頑強的軍力，因此他不願意用俄羅斯將士的生命，作無謂的犧牲。他更強辯說俄羅斯的嚴冬已經降臨，敵人的兵士遲早都會因疲乏、饑餓而被凍死。事實上，酷寒的天氣是在拿破崙渡過貝里茲納河後才真正來臨。

拿破崙渡過貝里茲納河後，便率領他自己統帥的精銳部隊，先行趕回到了巴黎。仍然滯留在俄羅斯的法軍，在遭受疲乏、饑餓與冰天雪地的天氣侵襲下，加上思鄉的苦楚，早已經沒有鬥志，只願能早日回家。殘餘的法國部隊在 12 月 1 日，跨越了亞歷山大一世與拿破崙在 1807 年曾攜手談和共遊的涅門河，狼狽不堪地進入了普魯士。到了 1813 年的元月，前後陸續逃出的法軍與盟軍人數，共達三萬人之多。拿破崙 1812 年 6 月所率領、入侵的六十萬大軍，在不到半年的時間內，犧牲於俄羅斯戰場的竟高達 80% 以上。此後拿破崙雖然在歐洲戰場上仍能獲得勝利，不過這都已經是強弩之末，在俄羅斯戰役後，他再也無法重新整頓他的霸業了。

6.歐洲的拯救者

亞歷山大一世在擊敗拿破崙之後，面臨了是否要乘勝追擊，揮兵進入歐洲，抑或是到此為止，先休養生息，整頓內部被戰爭摧毀的家園。庫圖佐夫贊成後者；亞歷山大一世則認為如不徹底消滅拿破崙，歐洲根本不可能有和平。他堅決認為應該繼續進攻。為了提高士氣，他再度親自到達前線督陣。亞歷山大在 1812 年 12 月 30 日率領俄軍，進入普魯士，當地人民夾道歡迎，把他當作是歐洲的解放者。普魯士國王腓特烈·威廉二世畏懼拿破崙會立即重整軍力，扭轉敗勢，因此在俄軍初入普魯士時，態度模稜兩可。看到俄軍在庫圖佐夫指揮下，節節勝利，才在 1813 年 2 月 28 日與俄羅斯結盟，對法宣戰。奧地利的哈普斯堡家族與拿破崙有姻親關係，只同意以和談的方式解決歐洲在拿破崙失敗後可能產生的危機，拒絕參加俄、普的軍事聯盟對法作戰。在國王法蘭西斯的命令下，奧地利的首相梅特涅 (Clemens von Metternich, 1773–1859) 開始在俄、法、英等國之間斡旋交涉，希望拿破崙能接受波旁王朝復辟，並恢復歐洲原來的國際秩序。拿破崙斷然拒絕。於是，奧地利於 1813 年的 8 月 8 日向法宣戰；以俄、普為主的聯軍，在 1813 年 10 月 16 到 19 日的萊比錫 (Leipzig) 大戰中，擊敗了拿破崙大軍。在眾叛親離、受到四面包圍的情況下，拿破崙勉強同意和談。但俄、普、英等國不予理會。次年 1 月，聯軍進入法境。俄羅斯的沙皇亞歷山大一世在 3 月 31 日率領了俄軍及普魯士的腓特烈·威廉二世國王凱旋進入巴黎。他說這是他人生中最快樂的一天。

　　拿破崙眼見大勢已去，在 1814 年 4 月 11 日退位，被放逐到艾爾巴 (Elba)
島上。在聯軍的衛護下，法國波旁王室的路易十八順利即位。為了要解決戰
後當前急務，戰勝國先於 5 月 30 日在巴黎集會。有關領土重新劃分等的複雜
問題，則延後到亞歷山大一世在 9 月遊畢英國之後，在維也納會議中討論。
不過拿破崙在 1815 年 3 月 1 日，忽然率領了一千五百人從艾爾巴逃出，重回
巴黎，恢復了為期一百日的政權（3 月 20 日–6 月 29 日）；在 6 月 18 日的滑
鐵盧戰役慘敗後，終於徹底粉碎了拿破崙的帝國夢。他再度退位，被永遠放
逐到南大西洋中的聖海侖納孤島。維也納會議中原本要對法國寬容的政策，
也因為拿破崙的復返，變得相當嚴峻。

　　因為拿破崙突然重返巴黎而被擱置的維也納會議，直到 1815 年 6 月 8 日
才完成了協議。雖然維也納會議主要是討論拿破崙戰敗後，在歐洲所遺留下
來的問題，但亞歷山大一世則以歐洲解放者的身分自居，在會議中扮演一個
非常重要的角色。他最關心的是希望建立一個面積廣大、以他為國王而與俄
羅斯合併的波蘭王國，免除日後因波蘭問題再引起戰爭。為了達到這個目的，
他與普魯士的腓特烈‧威廉二世祕密商議，答應俄羅斯將盡全力支持普魯士
獲取整個撒克森的版圖，而腓特烈‧威廉二世則以贊同俄羅斯重建波蘭王國
的計劃為交換條件。法國代表塔列蘭 (Charles-Maurice de Talleyrand, 1754–
1838) 聞訊後，立即聯絡奧地利與英國，共同反對，幾度爭論的結果是再度的
瓜分波蘭。俄羅斯獲得了拿破崙時代波蘭公國的大部分，以華沙為其首都；
普魯士取得波蘭的西北部及五分之二的撒克森領土；奧地利重新佔領了 1809
年失陷給拿破崙的加利西亞。俄羅斯所佔據的波蘭王國面積比預期的要小得
多，因此俄皇亞歷山大一世對此甚為不滿，認為他們忘恩負義地遺忘了他是
歐洲的拯救者。亞歷山大就任波蘭國王後，在 1815 年 11 月 27 日，頒布了憲
法，給與波蘭高度的自治權，允許他們有經由自己選舉產生的國家議會。當
波蘭第一屆議會在 1818 年開幕時，亞歷山大一世還親自蒞臨參加。

　　亞歷山大原本就沉迷於基督教的神祕主義，戰勝拿破崙後，更是變本加
厲。他自認他有維持歐洲和平及延續基督教秩序的歷史使命。他在 1815 年 9
月 26 日所組織成的「神聖同盟」(Holy Alliance)，是其最明顯的標示。為了
召開這個會議，他親自撰寫文告，呼籲歐洲所有的基督教君主們，都應該像

兄弟一樣的互相關懷，秉承基督教教意，共同維護歐洲的和平。除了教皇、鄂圖曼土耳其與英國君主不予理會外，其他的歐洲君主，如奧地利國王法蘭西斯、普魯士腓特烈·威廉二世國王等，都對其熱烈支持。英國的外相加斯里拉 (Castlereagh, 1769–1822) 就譏諷這宣言是一紙充滿了玄奧的神祕主義與荒唐之詞。教宗則半譏諷的說，教廷從古到今都一直擁有基督的正理，不需要任何新的解釋。

英國外相雖然不屬神聖同盟的組織，但同意亞歷山大一世認為要維持歐洲和平，各國的元首與外交首長應該定期集會，討論如何避免危機的議題。拿破崙在滑鐵盧兵敗之後，俄羅斯、英國、普魯士與奧地利四個戰勝國，在1815 年 9 月 26 日簽訂了「四國同盟」(Quadruple Alliance)，約定各國政府定期會商國際事務，並以集體力量阻止任何導致歐洲紊亂的事件。這個以集體力量維護歐洲和平秩序的體制，就是「歐洲協調」(Concert of Europe)。歐洲各國於 1818 年在艾克斯·拉·查普 (Aix-la-Chapelle) 首次集會，落實「歐洲協調」的理念，商討法國的賠償與聯軍撤離法國等各項問題。法國波旁王朝的代表，在會議中斡旋各國之間，儼然以戰勝國自居，結果提升了它的國際地位，也成為會員之一，「四國同盟」演變成「五國同盟」(Quintuple Alliance)。

「歐洲協調」組織成立之後，就從 1820 年起面臨了西班牙及其美洲的前殖民地、義大利與希臘等地革命運動的挑戰。歐洲列強於 1820 年 10 月到 12 月在特拉波 (Troppau)、1821 年 1 月在雷巴克 (Laibac)、1822 年 12 月在凡戎納 (Verona) 召開了幾次國際會議，討論是否應該依照「歐洲協調」的集體安全精神，出兵干涉之事。英國外相加斯里拉受到國內絕不能干涉他國內政的指示，因此反對俄羅斯、法國與奧地利共同出兵去鎮壓各地革命的行動。英國拒絕集體行動的最大受惠者是美國，美國門羅總統 (Monroe, 1817–1825) 在英國的支持下，宣布了「美洲是美洲人的美洲」的「門羅宣言」(Monroe Doctrine)。不過，英國的態度，也導致了「歐洲協調」中集體行動政策的失敗。

亞歷山大一世雖然堅決主張各國應該不惜代價，採取任何手段來達到維持歐洲固有秩序的目的。不過他對希臘的革命，卻抱著相反的態度。遠自凱薩琳女皇時代的「希臘計劃」開始，俄羅斯就一直慫恿希臘脫離鄂圖曼土耳

其帝國獨立。法國大革命挑起了各地的民族主義，希臘的民族主義分子在俄羅斯的資助下，於 1814 年在奧德薩組織了「希臘同盟會」(Philike Hetaireia) 的祕密會社，推動希臘的革命。在 1821 年 3 月 4 日，一位希臘籍的俄羅斯軍官亞歷山大・葉甫斯蘭提 (Alexander Ypsilanti, 1783–1828) 率領了一小伙同志，進入了莫達威亞，號召當地的希臘人民起義。希臘本地與鄂圖曼土耳其帝國內其他希臘人民的聚集區，也發生了反土耳其的運動。葉甫斯蘭提原以為俄羅斯會提供軍援，協助他鼓動的希臘革命。但亞歷山大一世不願意違反他自己所制定不幫助任何叛亂團體以暴力奪取合法政權的原則，拒絕提供原先承諾的援助。因為缺少外援，葉甫斯蘭提的獨立運動隨即失敗。為了要懲罰希臘的革命運動，土耳其政府將東正教大主教格里高立斯 (Greogoris) 吊死在其教堂門上，以示警戒。

希臘人雖非斯拉夫民族，但俄羅斯的文化深受其影響，也與俄羅斯人一樣地信奉東正教。土耳其對希臘革命者的殘酷報復，引起了俄羅斯人的憤怒，要求政府出兵干涉。其他歐洲國家的人民、尤其是英國，也呼籲組織國際武力協助希臘獨立並懲罰鄂圖曼土耳其的暴行。但是鄂圖曼土耳其帝國地處樞紐之位，關鍵著整個歐洲的勢力均衡。英國、法國與奧地利都不希望俄羅斯藉此機會削弱鄂圖曼土耳其，進而擴張本身在黑海與地中海的勢力。亞歷山大一世在缺乏其他國家的合作下，不敢貿然行事。英國、法國、奧地利與俄國於 1824 年在聖彼得堡會議，討論希臘問題。亞歷山大認為要解決希臘問題的急迫性，是鄂圖曼土耳其帝國必須立刻給予希臘人高度的自治權。否則，希臘的獨立運動終將再度爆發，並會挑動其他民族的反土耳其革命。各國對於應採取何種對策對付鄂圖曼土耳其帝國，各持己見，莫衷一是，聖彼得堡會議也未解決任何有關希臘的問題。1825 年 11 月 19 日，亞歷山大一世逝世，希臘獨立問題在他的繼承者尼古拉時，重新爆發。經俄羅斯與鄂圖曼土耳其帝國作戰後，獨立的希臘王國才獲得鄂圖曼土耳其與國際上的正式承認而成立。

7. 對遠東的發展

亞歷山大一世的外交重心，雖然是在歐洲，不過他也沒有忽略俄羅斯在

各地已經獲得的利益。遠東與太平洋地區的發展就是一個好例證。彼得時代，俄羅斯的探險家已經佔據了堪察加半島 (Kamchatka)，作為繼續向東發展的基地。他們曾到過庫頁島及鄂霍次克 (Okhotsk) 海岸。1728 年，服務於俄國海軍中的丹麥人威士斯・白令 (Vitus Behring, 1681–1741) 在北太平洋各地航海，橫跨了亞洲與美洲交接的海峽，這就是以後以他名字命名的白令海峽 (Bering Strait)。❼他的部下馬丁・斯潘波格 (Martin Spanberg) 在 1739 年，航海到達日本的海岸。日本當局因德川幕府正採取鎖國政策，不予接見並將之驅逐而去。

　　十八世紀時，俄羅斯人開始在北美洲大陸建立據點。一個叫什里寇夫 (Shelikhov) 的西伯利亞商人，率領了探險者到達過庫頁島沿岸，並曾進入了阿拉斯加附近的島嶼。❽他在 1788 年，將在阿拉斯加的寇地阿克 (Kodiak) 基地交託給巴拉諾夫 (A. A. Baranov)。巴拉諾夫在 1797 年成立了「聯合美利堅公司」(United American Company)；1799 年，改名為「俄羅斯－美利堅公司」(Russian-American Compnay)。保羅一世在位時，特地頒給了特許狀，管轄在北緯 55 度以北的美洲與阿留申 (Aleutian) 群島與庫頁島上的俄羅斯人聚集區。到了亞歷山大一世時，巴拉諾夫在距離現在稱為舊金山北方一百哩的地方，設立了羅斯港 (Fort Ross)。在 1815 到 1817 年中間，服役俄羅斯軍中的的日耳曼籍醫生交格・契佛 (Georg Scheffer) 到達夏威夷，他企圖挑動各島之間的衝突，然後乘機加以佔據。在陰謀揭穿後，被驅逐出夏威夷島。❾

　　到了亞歷山大一世時，在遠東行商的俄羅斯商人希望能與到日本貿易。巴拉諾夫的妹夫尼古拉・瑞縶諾夫 (Nikolai Rezanov, 1764–1807) 在 1805 年時，到了日本的長崎。他在遭到日本拒絕通商的回應後，採取海盜的行為，攻擊庫頁島上的日本基地。1811 年, 瓦西里・葛洛夫文 (Vasily Golovin, 1776–1831) 率領俄國海軍再度攻打日本時，兵敗被俘，囚困在北海道，一直到 1813 年才被釋放。❿俄羅斯除了要與日本通商外，主要是在此建立據點，有助於

---

❼　http://www.dpc.dk/PolarPubs/Digital/VitusBering.html.

❽　http://www.nps.gov/katm/hrs/hrs3.htm.

❾　http://www.islander-magazine.com/germans.html.

❿　http://www.google.com/search?hl=en&ie=UTF–8&oe=UTF–8&q=Vasily+

俄羅斯在北美洲的屯殖。不過俄羅斯因過於牽涉在歐洲事務之中，沒有餘力積極推動其在遠東與太平洋的發展，最後只得將阿拉斯加以廉價出售給美國。

8. 亞歷山大一世的晚期

　　亞歷山大一世擊敗拿破崙以後，便以戰勝國首領的地位，經常居住在歐洲而不返國。他將治理國家的大權，交託給部長委員會；不過部長委員會們不敢擔負責任，事無大小還是都煩勞他在國外決定，使得他無法專心於歐洲的外交事務。他在 1815 年 12 月，任命阿列克西斯‧阿拉克其耶夫為部長委員會的首長，總管國家內政。此後事無鉅細，都必須先經過他過目後，才轉呈沙皇。阿拉克其耶夫擔任此職位長達十年之久，因此亞歷山大的晚期也被稱為「阿拉克其耶夫」時代 (Arakcheyevshchina)。

　　阿拉克其耶夫生性木訥、不善言辭；不過他強調服從與紀律，認為在嚴刑峻法的治理下，再艱苦的任務都可以完成。他矢志效忠的精神不但被保羅一世賞識，也被亞歷山大一世注意到，因此成為他父子倆人同時的顧問。亞歷山大初執政時，就有意任命他為「非官方委員會」的一員，但他因與其他委員意見不同而拒絕任命。到了 1815 年，「非官方委員會」早已解散，亞歷山大一世賴以諮商的幼年好友也都已漸漸離去；斯波倫斯基的改革也因為反法的情結，全部被擱置不用。在歷經了與拿破崙的艱苦作戰，及需時常居住歐洲主持恢復戰後國際局勢，亞歷山大一世認為國內的政務應該交託給人品持重且能盡忠職守的人。就在這種考量的因素下，他任命了性格保守的阿拉克其耶夫。

　　「阿拉克其耶夫」時代中最被質疑與痛恨的，是他所制定「軍屯」(military colonies) 制度。「軍屯」制度的產生與亞歷山大的社會改革有密切關係。沙皇根據他親自作戰的經驗，發現遠離家人的俄羅斯士兵單獨到各地服役，常因思鄉與思家的情緒而無法專心作戰，導致了士氣低落與軍紀等其他問題；另一方面，他又覺得政府因必須長期維持人數眾多且不事生產的軍隊，開銷之大，也常造成財政上的困難。他在 1810 年曾經到阿拉克其耶夫私人的莊園參觀，有感其環境清潔、秩序井然、農奴勤奮工作；每一件工作、每一個人的

Golovin&btnG=Google+Search.

職位都是根據周詳的計劃進行，非常有效率。他回來後，就計劃要將阿拉克其耶夫的莊園制度作為改革俄羅斯軍事制度的楷模；指派阿拉克其耶夫為改革的主要推動者。這就是阿拉克其耶夫「軍屯制度」的緣起。

「軍屯」制度與伊凡四世的「歐撲力其尼納」特區有許多類似之處。就是在俄羅斯境內，特選某些位置險要的重鎮作為軍屯的特區，該地區原有的地主，被迫遷往政府賠償的其他土地居住；商人與其他的中產階級，則獲得政府所給予的象徵性補償後，立即遷離。劃分好的「軍屯」特區，由士兵及其家眷遷入居住。居住在「軍屯」中的成年男丁，除了要接受軍事訓練與作戰外，還須從事耕種及學習手工藝。「軍屯」區自 1810 年開始以小規模的方式建立與經營，此後屯區逐年增加。在亞歷山大 1825 年死亡時，僅僅在諾夫格羅城中就有九十個「軍屯」的軍團；烏克蘭有三十六個軍團；南方省分共有二百四十個騎兵隊的「軍屯」。那時居住在「軍屯」中、包括婦女與兒童的總人數已經高達七十五萬人。

政府在初期非常注意「軍屯」區的建立，希望能將其奠定為以後該制度擴充到全國的模範。因此政府在新「軍屯」區內，除了供給品質優良的木材建築住宅、引進改良的農業技術、招募工匠前來教導居民外，並設立醫院與學校。學校中的課程甚至還包括外國語文。來自國外的參觀者，都對「軍屯」制度讚不絕口。但相反的，俄羅斯的貴族地主與「軍屯」區中的居民，卻怨聲載道。貴族們反對的原因，一方面是怕「軍屯」區的自治權，會影響到他們的農奴也開始要求同等的待遇；另一方面，則是恐懼在政府特別扶助下的「軍屯」區的農業產物，品質必定較高，而直接打擊貴族本身的商業利益。「軍屯」區的士兵本身，對此制度也深惡痛絕，其主要的原因是阿拉克其耶夫的管理方式過於專橫；他深信嚴刑峻法是唯一保持紀律與提高效率的方法，因此各地的指揮官遵照他的指示，對於下屬，稍有差錯便動輒鞭罰。「軍屯」區的士兵們，除了像其他士兵們要服兵役外，更多了一項他們所沒有的農耕苦役。烏克蘭的一個「軍屯」區在 1819 年發動兵變，阿拉克其耶夫以血腥的手段加以鎮服。經過這一次的兵變，「軍屯」制度的擴充，漸漸停頓。阿拉克其耶夫的暴虐手段，引起了他屬下農奴的仇恨。1825 年，他寵愛的情婦安娜塔西亞‧密金娜 (Anastasiya Milkina) 被殘暴殺死後，他就向亞歷山大一世提

出辭呈，告老還鄉。亞歷山大一世還沒有來得及批示，就先行死亡。尼古拉即位後罷黜阿拉克其耶夫，終止了「阿拉克其耶夫」時代。

亞歷山大一世晚期的另外一項重要政策，是他在俄羅斯宗教上的貢獻。或許是因為弒父的內疚，或許是 1812 年與拿破崙戰爭中獲得的啟示，亞歷山大就在這個時候忽然沉湎於基督教的神祕主義。他在信仰方面所依靠的人是葛立欽親王 (Prince A. N. Golitsyn, 1773-1844)。早在 1802 年，亞歷山大一世就任命他為東正教會的總監。在對拿破崙作戰時，他一直跟隨著沙皇前後，給予精神上的慰籍。尤其是在 1814 年，亞歷山大一世與情婦納立希金娜 (Naryshkina) 公主所生的私生女死亡時，痛不欲生，只有葛立欽在旁安慰，才使他度過幾乎要精神崩潰的危機。從此之後，他勤讀《聖經》，堅信一種「彌賽亞」式的救世神祕主義。在葛立欽的建議下，亞歷山大在 1812 年設立了「俄羅斯聖經會」(Russian Bible Society)，其主目的是以俄羅斯境內所使用的各種語言，重新翻譯《聖經》，藉此將基督教義傳播到更廣闊的地區去。他在 1816 年任命葛立欽為教育部長，將教育部改名為「心靈事務與教育部」(The Ministry of Spiritual Affairs and Education)，以便世俗教育與宗教能融合為一。在 1818 年，聖彼得堡的宗教學院，用當時流行的俄文，重新翻譯了以前用教會斯拉夫文所翻譯的《新約》。除此之外，「心靈事務與教育部」在各貧窮地區設立學校，並免費教導有關基督教教義的課程。

亞歷山大一世在 1815 年參加維也納會議的時候，遇見了朱莉安娜‧克魯德納 (Juliana Kruedener, 1764-1824) 夫人。這一位似乎不屬於塵世，但信心虔誠、崇尚神祕主義的女公爵，對亞歷山大一世發生了很大的影響。他在 1815 年所倡導的「神聖同盟」，就是在這個心靈轉變時所提出。此後，他變得甚為消極，國內的事務也多交由阿拉克其耶夫處理。因此他在 1825 年死亡的消息過了很久還不被人民接受，認為這是他出家苦修的煙幕；至少這個謠傳與他晚年厭倦塵世轉而潛心宗教，有密切的因果關係。

第十一章　十二月革命

一、十二月革命的肇因

亞歷山大一世在 1825 年 11 月 19 日巡視克里米亞時，忽然死亡。但死亡的消息並沒有立刻、而是在延遲了一週以上的時間，在 11 月 27 日才傳回首都聖彼得堡。亞歷山大一世本身沒有子嗣可繼承皇位，因此他的大弟弟、住在波蘭的君士坦丁大公爵 (Grand Duke Constantine, 1779–1831)，就被認為是必然的繼承者。二弟尼古拉 (Nicholas)，立刻率先宣誓向他效忠。首都的禁衛軍也隨即宣誓效忠，擁戴君士坦丁為新沙皇。但是遠在波蘭華沙的君士坦丁大公爵與波蘭官員們，卻在同時向尼古拉宣誓效忠，把他當作是合法的新沙皇。在京城中的尼古拉、朝廷官員與禁衛軍都被這個撲朔迷離的局勢所困擾，不知如何應對。

這一段在俄羅斯歷史上、沒有一個沙皇在位的真空時期，導致了史無前例的危機。文武官員驚恐不安；聖彼得堡內充滿了祕密會社打算乘機製造事端，掀起推翻沙皇體制運動的謠傳。為了盡早穩定國內人心，尼古拉在狀況明朗之後，立刻在 12 月 14 日登基為沙皇，舉行第二次的宣誓效忠典禮。中央政府的國家會議、參議院、各部會等機構，都按順序宣誓效忠無虞。但是在一個已經由「北社」(Northern Society) 滲透的禁衛軍團中，便有軍官計劃乘機製造紊亂，以兵諫的方式強迫政府推動改革。沙皇即位當天下午，約有三千名來自此軍團的校尉與士兵，以全副戰鬥的裝備，排列在參議院門口的廣場前，故意高聲呼喊效忠君士坦丁的口號為信號，等待已經承諾合作的兵團來響應，一起發動兵變。或許是因為聯絡信號有誤，或許是對方臨陣畏怯，預期的援助完全沒有即時響應。連本來是計劃者之一、事成之後將暫時擔任新政府獨裁者的楚貝茲寇伊親王 (Prince Trubetskoi, 1790–1860)，都在當日忽

然逃避、不見蹤跡。由於時間緊迫,「北社」分子只好按計劃行動。尼古拉在兵變初起之時,無法確知其他軍團的效忠性,故態度謹慎,不敢輕舉妄動。直到午後,在獲得其他軍團效忠的保證後,才敢下令砲擊叛軍。在極短的時間內,政府以迅速的手段鎮壓了參加叛變的部隊。鼓動鬧事的首領在二十四小時之內都被拘捕殆盡,參與兵變的整個部隊被勒令返回營地,接受調查後重新整編。這個曇花一現、由禁衛軍軍官所主導的兵變,就被稱之為「十二月革命」;直接參加或間接涉及導致兵變運動的人士,都被稱之為「十二月黨人」。

「十二月革命」在俄羅斯歷史中,具有特別的意義。它雖然延續著宮廷禁衛軍以兵變干涉政治的往例,但參與此次事變者是一批充滿理想、希望能藉此推動改革弊政的革命分子,因此其意義與以往的兵變迥然不同。「十二月革命」發生的導火線之一是一直纏擾著羅曼諾夫王朝的皇位繼承問題;另一原因,則是來自於某些因與拿破崙作戰到達歐洲、深受歐洲進步現象衝擊的中下級軍官們,在軍中組織如何將西歐理性與自由的思想介紹回國,作為改造本國政治與社會的祕密會社所挑起。

亞歷山大一世本人沒有子嗣,在 1791 年制定新的繼承法中規定他死後,皇位應該由他的弟弟君士坦丁繼承。君士坦丁當時身為波蘭總督,在 1820 年與俄羅斯的元配妻子離婚後,隨即與波蘭的津內特・格如金斯卡 (Jeannette Grudzinska) 女公爵結婚。格如金斯卡是信奉天主教的波蘭人,與俄羅斯皇后應該信奉東正教的傳統不符合,她也沒有要改信東正教的想法。亞歷山大一世因此就在皇位繼承法中,特別增設了一項新條例,規定凡是與非東正教教徒成婚者,他本人或配偶子女們,都無權繼承俄羅斯的皇位。君士坦丁在 1822 年 1 月 26 日,正式向亞歷山大一世提出放棄繼承皇位的權力。他說:「自認本身既無聰明才智,更缺乏能力擔當只因出生而被提升到可以繼承統治者的權位,今為能永久維護帝國的安定,特懇請將此繼承權轉讓給名列我之後的任何一個繼承者。」❶亞歷山大一世收到這個請求後,在 1823 年 8 月 23 日宣諭照准。這個宣諭的重點包括: 1. 批准君士坦丁公爵放棄俄羅斯皇位繼承權

---

❶ Basil Dmytryshyn, "Costantine's Renunciation of His Right to the Throne, January 26, 1822." *Imperial Russia: A Source Book*, 1700–1917, p. 202.

的請求；且此被批准的請求，永不可因君士坦丁的反悔而被撤銷。2.因此之故，俄羅斯的皇位繼承權，應轉讓給亞歷山大沙皇的二弟尼古拉大公爵。3.為了保證該放棄繼承權請求狀確實存在，特將該狀鎖藏下列各處：莫斯科的天主升天大教堂、全國的三個最高法院、東正教的聖教院 (Holy Synod)、參議院及國家參議會等處。亞歷山大一世在宣諭狀的結論中特別強調，改變皇位繼承權的決定一旦定案而不可反悔的原因，就是要在新君即位時，避免混淆，使得國內軍民能無所猶豫地盡快效忠。❷但是事實的發展，卻並沒有如此明確。

亞歷山大一世曾經將他與君士坦丁之間有關皇位繼承權的協定，告知尼古拉；亞歷山大也以宣諭的方式，使其合法化。但或許亞歷山大一世認為這只是件家務事，外人不必參與，因此他並沒有將這件兄弟之間的祕密協定，正式公布於世，而君士坦丁本人也沒有因繼承權的問題，與亞歷山大再度磋商。君士坦丁當時是波蘭總督，同時也是波蘭軍隊的最高軍事統帥，握有九萬名訓練嚴格的波蘭新軍。他在波蘭因為推動憲政改革，不但受到波蘭人的愛戴，連俄羅斯人也希望他能繼承亞歷山大一世，在俄羅斯境內推動類似的改革。可能因為這個原因，君士坦丁在提出放棄皇位繼承權的請求狀後，一直存有僥倖的心理，希望亞歷山大一世會改變主意，重新指定他為繼承人。因此他在亞歷山大死前，一直沒有真正公開表示過自己已經完完全全放棄了繼承俄羅斯皇位的事實。尼古拉也始終不確定，到底是君士坦丁還是他，才是亞歷山大一世真正的合法繼承者。由於亞歷山大一世忽然死亡，君士坦丁知道已經決定好的皇位繼承法不可能再度被更改，故乃盡快地向新皇尼古拉宣誓效忠，以免引起他的疑惑。尼古拉本人則因無法揣摩君士坦丁真正的居心，一直認為他根本就沒有放棄過皇位的繼承權，因此亞歷山大一世死亡後，便將君士坦丁當作是新即位的沙皇，立刻向他宣誓效忠。結果，兩人都同時認為對方是合法的新沙皇，拒絕接受支持者宣誓對自己效忠。這個混淆的局面一直要等到尼古拉的另一個弟弟麥可，從波蘭帶回君士坦丁大公爵絕對放棄俄羅斯皇位及支持尼古拉為沙皇的保證後才明朗化。尼古拉於是下令舉行

❷ "Alexander I's Manifesto on the Succession, August 28, 1823." Basil Dmytryshyn, *Imperial Russia: A Source Book*, 1700–1917, pp. 203–204.

登基大典，舉行宣誓效忠典禮。在從亞歷山大一世的死亡到尼古拉登基中間的這一段時間，俄羅斯竟然沒有沙皇在位。這是一個史無前例的危機。一直在伺機要發動政變的祕密會社，就乘此危機，發動了兵變。這個祕密會社在1813年就已在軍隊中漸漸形成。它的起源可回溯到1816年的「救世聯盟」(Union of Salvatio, Soiuz Spaseniia)。

二、祕密會社

1.「救世聯盟」與「福利聯盟」

「救世聯盟」是1816年2月在亞歷山大‧穆拉夫耶夫 (Alexander N. Muravyov, 1792–1863) 領導下成立，會員人數只有三十餘人。他們包括尼其塔‧穆拉夫耶夫 (Nikita Murvyov, 1796–1866)、楚貝茲寇伊親王、瑟爾基‧穆拉夫耶夫—阿波斯托 (Sergi Muravyov-Apostol, 1796–1826)、馬特威‧穆拉夫耶夫—阿波斯托 (Matvei Muravyov-Apostol, 1793–1886) 兄弟。他們都是在1812年抵抗拿破崙進攻俄羅斯時的軍中校尉；在1813–1814年，他們的部隊進入歐洲繼續與拿破崙作戰。追趕拿破崙而進入普魯士、奧地利及法國等地的俄羅斯軍士們，第一次親身體驗了歐洲的文化。在經歷法國大革命與對抗拿破崙的長期戰爭後，歐洲雖已是到處破爛不堪，沒有以前繁榮的風光，但啟蒙主義時代所遺留下來的開明文化與理念，仍然存在。俄羅斯的軍士們深受此地自由、平等及博愛等基本觀念的影響，希望能將它們介紹到自己的祖國去。「救世聯盟」就是在這種情況下產生。

「救世聯盟」在1817年通過新憲章，改名為「祖國中忠誠兒子們的會社」(The Society of True and Faithful Sons of the Fatherland, Obshchestvo isinnykh i verynykh Otechestva)。這個組織的目標主要是廢除農奴制度，及利用新沙皇登基時的機會發動兵變，迫使他採取君主憲政的政治體制。會員們一方面積極準備隨時可能發生的兵變，另一方面，則在軍營中及政府文官部門中，爭取同志參加。

「救世聯盟」採取「共濟會」式的祕密組織，凡是入會者，都必須通過

祕密的入會儀式，宣誓絕對效忠，以及絕對服從紀律。會員們以入會的時間順序被分成為三個不同的階級：「博亞」、「人」(muzhi) 與「兄弟」(bratia)。由「博亞」組成的「高階議會」控制一切，會員們對其決定必須絕對服從。「救世聯盟」在對於應如何有效推動會務及實施改革計劃時，發生爭論，分裂為溫和派與激進派。溫和派主張以教育、緩進的方式，推動君主憲政及政治、社會及經濟各方面的改革；激進派則主張採取恐怖的手段，以刺殺沙皇推動革命運動。結果，「救世聯盟」在 1818 年解散，由「福利聯盟」(Union of Welfare) 替代。

根據「福利聯盟」憲章規定，這個組織的成立有兩大目的：第一，促進知識分子與統治階級在道德及精神上的素養，以求能奠定此後改革政治與社會的基礎。第二，根據本組織的信念，實際推動政治、經濟與社會各方面的改革。❸ 要達到這些最終的目的，是採取從兒童時期就開始的緩進教育方式，灌輸每一個人都應該具有高超的道德、強烈的羞恥感與正義感的美德。但這種緩進的改革方式，仍然無法化解溫和派與激進派之間的爭執，「福利聯盟」在 1821 年也被解散。

「福利聯盟」解散後，駐紮在烏克蘭的第二軍團激進分子繼續集會，由於烏克蘭地處南部，他們的組織被稱為「南社」(Southern Society)；以聖彼得堡為中心的組織，則以「北社」著稱。

2.穆拉夫耶夫與「北社」的組織

在 1825 年 12 月鼓動兵變造成「十二月革命」的，是以駐紮在聖彼得堡的「北社」為主。「北社」成員多半是軍官團中來自於上層貴族階級中精英分子，他們的理念是以溫和的步驟，逐漸推動改革。遠在十二月兵變之前，「北社」首領之一的楚貝茲寇伊親王便以他的名字發表宣言，列舉改革俄羅斯的詳細方針：

　(1)推翻現存政府。

　(2)在由人民選舉出的正式政府成立前，先設立臨時政府。

---

❸ "Constitution of the Union of Welfare." March Raeff, *The Decembrist Movement*, pp. 71–72.

(3)言論自由，廢除出版檢查制度。

(4)信仰任何宗教的自由。

(5)廢除把人當財產一樣擁有的陋習。

(6)法律之前人人平等；廢除所有軍事法庭與特設的司法委員會；所有仍
然進行中的案件，應立刻轉交就近的民事法庭處理。

(7)人民有從事任何職業的自由；因此之故，貴族、商人、城市居民及農
民等各階級享有同等的權利，即是：有權服務軍職、文職，或成為教
士；凡是繳納定額費用後，任何人都可以從事批發或零售商品的事業；
可在城市或鄉村中購買任何的房屋或土地；有權在法庭中訴訟。

(8)釋免人頭稅及其欠額。

(9)廢除鹽、酒等轉賣權，並允許根據出產量繳納稅收後，人民有釀酒及
開礦的自由。

(10)廢除徵兵制及「軍事屯墾區」。

(11)縮短下級軍士服役年限；確實服役年限，在修訂全國男丁義務兵役規
定後，再重新決定。

(12)所有下級軍士，只要服役滿十五年，一律無條件退伍。

(13)設立「城鎮」、「縣」、「省」及「特區」等行政區域；制定選派新官員
替補現任官員的法則。

(14)公開審判制度。

(15)民事法庭與軍事法庭應採取陪審員制度。

革命成功之後，立刻設立臨時政府，實現上述的各項政綱。❹

　　楚貝茲寇伊親王的宣言，實際上源自於「北社」創始者尼其塔・穆拉夫
耶夫所提倡的理念。尼其塔・穆拉夫耶夫出生於上層貴族家庭，父親曾經擔
任過參議員，也是亞歷山大一世與君士坦丁幼年時的塾師。穆拉夫耶夫從小
就受到良好的教育；他父親除了親自教導他之外，並聘請了歐洲學者教導他
拉丁文、希臘文、法文、德文及英文等各種語言。❺其中有一位屬於「雅各

---

❹　"A Proclamation by Prince Sergi Petrovich Trubetskoi," 轉載於 *Vosstanie Dekabristov*, 1 (1925), pp. 107–108. 見 March Raeff, *The Decembrist Movement*, pp. 101–103.

賓俱樂部」(Jacobin) 的法國人馬捷爾 (Magier)，對他日後改革理念的形成有極大的影響。穆拉夫耶夫在 1813 年加入了禁衛軍，參加了在奧地利與日耳曼境內的對法戰役。他是滑鐵盧戰役後，第一批凱旋進入巴黎的俄軍之一。回國後，與禁衛軍中其他來自上層貴族的瑟爾基‧穆拉夫耶夫－阿波斯托、馬特威‧穆拉夫耶夫－阿波斯托兄弟及帕維爾‧培斯特 (Pavel Pestel, 1799–1826) 等軍官們組織了「救世聯盟」，祕密討論改革俄羅斯的計劃。為了要確定「救世聯盟」的組織方針及如何改革俄羅斯的方向，穆拉夫耶夫編寫了一部《憲法草案》(*A Project for A Constitution*)。由於這部《憲法草案》的草稿是寫在綠色封面的冊子上，所以也被稱之為《綠冊》(*Green Book*)。

　　尼其塔‧穆拉夫耶夫認為改革俄羅斯的計劃，除了首先必須要符合本國的傳統與國情外，並要吸取英、美、法各國體制的特色。最可以作為重組俄羅斯政體的典範，是美國憲法及聯邦制度。他在《綠冊》的初稿中就指出說：「根據所有國家累積的經驗，獨裁政體對於統治者與被統治者雙方都有害處。它既不符合我們宗教信仰的真理信條，也違反理性的原則。沒有人可以容忍把一個人的肆意統治變為政府的常規；也沒有人能接受只有某些人享受所有的權力，而讓其他人負擔所有義務的現象。盲目的順從只是建築在恐懼之上，對於有理性的君主與大臣來說，這是毫無價值的。統治者將自己放置在超越於法律之上的時候，等於同時也將自己置於法律管轄之外。假如發生有關他們的事件，而他們故意藐視法律存在的話，則當類似事件發生在別人身上時，他們就難以依法行事。這樣的話，一定會引起兩種疑問：第一，假如法律是公平的話，為什麼他們自己不遵守它。第二，假如法律是不公平的話，那為什麼要強迫其他的人遵守？所有歐洲的國家都在爭取法律與自由，我們的俄國人民不是更應該贏取它們嗎？」❻

❺　http://www.abcgallery.com/R/rossika/mosnierbio.html.

❻　Nikita Mikhailovich Muravev, "A Project for A Constitution(Extracts)," W. J. Leatherbarrow and D. C. Offord, ed. and trans., *A Documentary History of Russian Thought: From the Enlightenment to Marxism*, Ann Arbor, Mich., Ardis Publishers, 1987, p. 42.

人口數字	州　名	首　都
450,000	波斯尼亞 (Bothnia)	赫爾幸佛斯 (Helsingfors)
1,685,000	沃寇夫 (Volkhov)	聖彼得城（City of St. Peter）
750,000	波羅的海	里加 (Riga)
2,125,000	西方州	威爾諾 (Vilno)
2,600,000	聶伯	斯摩楞斯克
3,465,000	黑海	基輔
750,000	高加索	提夫立斯 (Tiflis)
3,500,000	烏克蘭	卡寇夫 (Kharkov)
2,450,000	外伏爾加 (Trans Volga)	亞若斯拉沃 (Iaroslavl)
2,000,000	卡馬 (Kama)	卡贊
1,425,000	低地草原 (Lower Steppe)	薩拉托夫 (Saratov)
490,000	歐波 (Ob)	投勃斯克 (Tobolsk)
250,000	列納 (Lena)	伊爾庫茲克 (Irkutsk)
	莫斯科特區	莫斯科
	頓河特區	赤爾卡斯克 (Cherkassk)

在闡述了啟蒙時代所特別強調的自然法則與自由基本原則後，穆拉夫耶夫繼續討論俄國應該具有的政體。他認為俄國幅員廣大、人口眾多，中央集權制度下的政府管轄權無法遍及各地，因此應該效法美國的聯邦制度，將全國劃分為十三個州 (derzhava)、兩個特區 (oblast) 及五百六十九個縣 (uezd) 或鎮 (povet)。當時全俄羅斯的男性總人口是二千二百六十三萬人。他便採取這個數字，作為劃分州人口與首都的基本資料。

他認為中央政府組織應該採取英國式的君主憲政，再配合美國行政、立法、司法三權分立的混合體系。全俄羅斯的領袖及實際負責全國行政大權的首領仍由世襲的沙皇擔任；沙皇的職位則沿襲傳統的嫡長子繼承方式產生。在憲法中要特別規定，俄羅斯的統治者必須是男性，女性絕對沒有繼承權。假如一旦現行王朝因無子嗣繼承而終止的話，人民有選舉其他王朝接任，或甚至改變政體的權力。不論以何種方式產生的沙皇，要受到憲法的約束，不能像以前一樣地握有絕對的獨裁權；他即位時必須宣誓遵從憲法，忠實履行憲法中所賦予的各種責任。

改革後的君主憲政體制中,立法機構是由「最高議會」(Verkhovnaia Duma, Supreme Duma) 與「人民大會」(Narodnoe Veche, People's Assembly) 所組成。「人民大會」是由「人民代表會議」(Palata narodnykh predstvitelei, Chamber of People's Representative) 選舉而出。模仿英、美國會中參議院與眾議院的組織,俄羅斯的「最高議會」是由各省選派三人參加;「人民代表會議」則是全民選舉而出。由「最高議會」與「人民大會」所組成的立法機構,除了不得修改現行憲法外,他們有權討論與制定所有的法律,也控制國家的稅收與預算。

司法大權則是隸屬於全國性的「最高法院」,法官由沙皇提名經「最高議會」通過後,才可以合法就任。「最高法院」之下設有各州的地方法庭。根據現有行政面積的大小,每一州又被劃分為若干「道」(okrug),在其中設立巡迴法庭,受理上訴的案件。

穆拉夫耶夫在這部憲法中強調,在法律前所有的俄國人民完全平等;農奴或奴隸制度應立刻被廢除;貴族與平民階級之間的不等待遇也永不再存在,因為他們之間的差異,本來就違反了俄羅斯民族中大家都是兄弟的信仰。解放後的農奴,可以繼續擁有他們以前所居住的房屋、農具、菜園及耕牛;但是他們無權從地主處獲得以前所耕種的土地。不但如此,《綠冊》中特別強調,所有其他各地的奴隸若能到俄羅斯來,立刻可以成為自由人。穆拉夫耶夫也建議取消軍屯制度,將充公的土地瓜分給農民,賠償他們以前的損失。❼穆拉夫耶夫主張的憲政體制與貴族階級可繼續享有特權的溫和改革態度,引起了「福利聯盟」中激進派的不滿。沙皇的禁衛軍「斯密諾夫斯克軍團」在 1820 年發動兵變,事敗後被解散整編。其中某些祕密「福利聯盟」會員,隨軍調防到烏克蘭。烏克蘭地處聖彼得堡之南,他們的組織乃被稱為「南社」。在帕維爾‧培斯特 (Pavel Invanovich Pestel, 1793–1826) 的領導下,他們繼續集會,討論各項改革運動。

3. 帕維爾‧培斯特與「南社」的組織

「南社」的會員以軍中的中下級軍官為主;成立者主要是帕維爾‧培斯特。帕維爾‧培斯特的家族來自於日耳曼的撒克森,歸化成為俄羅斯公民,

❼　Marc Raeff, *The Decembrist Movement*, pp. 103–118.

並因軍功被封為貴族。他的父親在 1806–1818 年間擔任西伯利亞的總督。帕維爾‧培斯特從小就接受了最好的貴族式教育；年長後進入最有榮譽的沙皇近身侍衛團。在 1812 年的波若狄諾戰役中，他身先士卒、表現英勇，庫圖佐夫將軍親自賜給他一把上面刻有他名字的黃金寶劍，以為獎勵。此後他也參加了萊比錫戰役及攻陷巴黎的戰役，而再度獲得勳章。像其他曾經在歐洲服役的軍官一樣，帕維爾‧培斯特在目睹歐洲進步的文化後，認為俄羅斯的政治與社會制度過於落伍，應立刻改革。回國後，他參加了「福利聯盟」的組織；但是他無法忍受穆拉夫耶夫等人繼續維持沙皇體制與貴族特權的的溫和改革態度，而旋即離開，宣揚他的極端理論。

　　帕維爾‧培斯特在 1821 年開始撰寫《俄羅斯法典》(*Russkaya Pravda, Russian Justice*)，闡述他改革俄羅斯的計劃。他在 1825 年尼古拉即位時，在南方發動兵變，響應「北社」所發動的十二月革命，事敗被捕;《俄羅斯法典》一書也因此始終無法完成。穆拉夫耶夫的改革計劃，主要是受到英、美政治理念影響的啟示；帕維爾‧培斯特則深深受到了法國共和主義——尤其是極端派「雅各賓」——的影響。他認為亞歷山大一世的死亡，提供了徹底改革俄羅斯的最好機會。革命分子應該抓緊機會，推翻沙皇的專制體制，立刻設立一個「臨時最高政府」(Provisional Supreme Administration)，由制定新法開始，漸漸從事各方面的改革，以達到共和與民主政體的最終目的。

　　他認為俄羅斯國土廣大、民族複雜，因此一定要有一個強有力的中央集權政府，凝聚有分離傾向的各地方利益勢力；他堅決反對穆拉夫耶夫效法美國、採取聯邦制度的改革方式。因為古代俄羅斯之所以被分割、遭受到蒙古侵略的主要原因，就是被當時類似美國聯邦式的食邑割據制度 (Appanage) 所造成。他說：「俄羅斯的國家，是一個整體的，絕對不可以被分割。」❽根據盧梭在《社會契約》的理論，帕維爾‧培斯特也堅持為了整體的安全，個人必須犧牲小我的利益，以遵從大我的意見為主。但誰有能力來決定什麼是大我的意見呢？他說任何社會中，都會有少數道德高超的精英分子，具有辨別

❽　"The Russian Law by Pavel Ivanovich Pestel," 錄自 *Vosstanie Dekabristov*, VIII (1958), pp. 113–68; 169–209. 見 Marc Raeff, *The Decembrist Movement*, pp. 136–137.

是非、解疑釋惑的能力。因此任何社會都會分為少數統治者與大多數被統治者兩種階級；被統治的階級應該服從統治階級。

他說，任何社會都有其存在的目的，這就是追求社會整體及個人的幸福。但要達到兩者目的的方式有基本上的差別，這也是人民被分為統治者及被統治者的原因。達到社會整體利益，是統治階級應盡的責任，被統治者必須絕對服從。統治者是政府，被統治者是人民。政府必須要採取最有效的方式去達到社會整體及個人的幸福，因此它有權強迫人民對其要求絕對服從。人民有服從政府命令的責任；也正因為如此，人民有權要求政府必須盡力追求社會整體與個人的幸福。政府之所以存在，全賴責任與義務兩者的均衡。一旦均衡失調，政府必將以暴政維持其政權，因此俄羅斯的立法者及法律，必須維持兩者均衡的基礎。「臨時最高政府」的任務，是建立一個不被貴族階級或財富干涉，由人民純以個人才能為標準選舉出來的「人民大會」(narodnoe sobranie, People's Assembly)，負責全國的事務。

為了提高行政效率，他建議將全國分成為五十三省。其中的五十個省稱為「州」(okrug, areas)，另外的三個省則稱為「特別區」(Udel, District)。每五個「州」組成一個「區域」(oblast, region)；特別區則維持原狀。每一個「區域」與「特別區」中，都設有由人民選舉組成的地方議會。帕維爾·培斯特是俄羅斯化的日耳曼人，因此對於俄羅斯境內其他民族的利益也非常注意。他一方面承認他們因種族、宗教及生活習慣，與俄羅斯族有所不同；另一方面則支持積極的俄化政策。他將居住在俄羅斯境內的非斯拉夫族分為十類：⑴芬蘭人；⑵包括拉特維亞人與立陶宛的雷特族 (Letts)；⑶莫達威亞人；⑷俄羅斯境內的外國移民；⑸游牧民族；⑹韃靼；⑺高加索族；⑻哥薩克族；⑼東西伯利亞族；⑽猶太族。他認為這些民族既然居住在統一的俄羅斯國家之內，就應該不分彼此地融合成為一族。政府必須推動以俄文為唯一語言，將統一的俄羅斯法律，推行到各族與各地；不論各族自己的宗教信仰如何，但必須承認東正教是國家的信仰，不得與之抵觸。最後他則要求各族都拋棄每一族的特有名稱，一概以俄羅斯族之名為稱呼；只有這樣，一個不可被分割的俄羅斯，才可以生存下去。帕維爾·培斯特在其強烈的俄化政策中，卻不將波蘭包括在內。他認為波蘭數世紀以來，早已經形成了一個主權獨立的

國家。假若波蘭民族能恢復以前被他國瓜分的領土，俄羅斯應該寬宏大量的
支持它發展成為一個獨立的國家。

帕維爾‧培斯特堅信啟蒙主義的理念，支持法律之前人人平等的基本原
則，因此認為「臨時最高政府」必須立刻廢除農奴制度，鏟除貴族階級所擁
有的其他世襲特權。除了取消所有的貴族頭銜外，貴族們不得再享有豁免權。
他們應該與平民一樣地繳稅、服兵役及接受法律的制裁。他知道過急的改革，
不但會導致貴族的反對，並會挑起農奴們因期望過高、無法滿足要求時的憤
怒與暴動，導致整個國家陷於崩潰的危機，因此他特別強調逐步性與溫和的
改革。《俄羅斯法典》中就規定農奴的解放，絕對不能損害地主階級們來自於
土地上的收入。假如農民們乘機煽動暴亂，引起社會不安，政府一定要毫不
猶豫地以最嚴峻的方式鎮壓。

帕維爾‧培斯特始終沒有完成他所撰寫的《俄羅斯法典》，他的改革理念
到底如何，就只能從這些斷簡殘編中略窺一二。不過與穆拉夫耶夫的改革相
較，他堅持推翻沙皇專制政權及設立共和政體的主張，則更具革命性。在十
二月革命時，他們的軍團正駐紮在烏克蘭地區，無法直接參與行動。在獲知
起事後，才間接響應，已是無補於事。

4.「斯拉夫聯盟會社」

除了上述的「南社」與「北社」的祕密組織之外，駐紮西南邊境的軍團
也組織了一個「斯拉夫聯盟會社」(The Society of United Slavs, Obshchestvo
soedinennykh slavian)。與「南社」或「北社」成員多半來自於精英的禁衛軍
團不同的是，「斯拉夫聯盟會社」是由地方部隊中的低級士官們組成。他們多
半沒有受過正式教育，也未曾在歐洲作戰過。當時歐洲的各種思潮與政治制
度，對他們沒有深厚的影響。一小群這樣志同道合、駐紮在烏克蘭地區的士
官們就在 1823 年組成了這個會社，希望能藉此團結所有的斯拉夫族。他們對
於誰屬於斯拉夫族一事，並沒有確實的知識。因為他們把居住在匈牙利的馬
扎兒人，也當作是斯拉夫族，認為他們應該與俄羅斯人一起團結起來。

「斯拉夫聯盟會社」既沒有一套改革的理論，也沒有如何推動改革的實
際計劃。他們的目的，只是要恢復斯拉夫民族的舊傳統；至於什麼是斯拉夫

民族的舊傳統，他們卻茫然不知。每一位會員入會時要宣誓效忠及遵守聯盟的主義與規條；其中最重要的是不得擁有農奴，也拒絕被奴役。其他的要求則是強調虔恭、純樸與培養扶助及保衛弱小者的道德操守。為了要鞏固斯拉夫民族的基地，他們呼籲居住在黑海、白海、北極海、達爾馬西亞海 (Dalmatia) 岸的斯拉夫人，共同出資興建四隻艦隊；並在此建築一座城市，專為啟蒙主義的女神榮登寶座之用。最後，「斯拉夫聯盟會社」要求因受各種原因而被迫分居在各地的斯拉夫人，應該捐獻總年收入的十分之一，作為此後能夠再度居住、團結在一起的經費。❾當「南社」響應「北社」發動兵變時，「斯拉夫聯盟會社」曾與「南社」結合共同起事，事敗後則一起被消滅。

「斯拉夫聯盟會社」對於十二月革命，幾乎沒有任何貢獻。它的組織與理念，相當原始；成員的教育水準也非常低落。縱然如此，它的成立卻顯示了一個不可忽視的現象：即是受到西方影響要改革俄羅斯各種弊政的熱望，已不只侷限於聖彼得堡等大都市中的知識分子，而是蔓延到了駐紮在邊遠地區、典型的俄羅斯下層軍士；證明俄羅斯的現狀，已經是到了非要改革不行的地步了。他們要團結所有斯拉夫民族的理念，影響了以後的泛斯拉夫主義運動。

三、「十二月革命」後的調查審判與執刑

禁衛軍在 1825 年 12 月 14 日舉事失敗，煽動兵變的領導者與參與者都先後被捕。沙皇尼古拉隨即在 17 日成立「調查委員會」(The Committee of Investigation)，審訊參與者發動兵變的動機。調查委員包括俄羅斯的民族英雄庫圖佐夫、沙皇的弟弟麥可親王及東正教「宗教院」大持事等上層貴族。尼古拉有時也親自參加審訊。經過了為期五個多月的時間，在 1826 年 5 月 30 日審訊結束；被判刑者共一百二十一名。尼古拉親自閱讀罪狀後，將嚴重的罪犯定刑如下：處以分屍死刑者，五名；斬首者，三十一名；先執行「政治死刑」後，再處以貶刑、放逐偏遠之地，十七名（所謂的「政治死刑」就是將頭顱放置在斷頭架上待斬以為警告）；終生勞役者，二名；奪爵後，以罪名輕重先

❾ Marc Raeff, *The Decembrist Movement*, pp. 157–159.

服滿年限不等的勞役，再放逐西伯利亞、永不赦返者，三十八名；奪爵後，終生放逐指定的流放地域者，十五名；奪爵後，終生放逐西伯利亞，三名；奪爵後降為士兵服役、永不得升遷者，一名；奪爵後降為服士兵役，可因功升遷者，八名。直接發動兵變的「北社」與「南社」領導者如穆拉夫耶夫─阿波斯托、帕維爾‧培斯特等人，原被判決分屍死刑，後改判為吊刑。但當舉行吊刑時，吊刑架因建築不穩而倒塌。穆拉夫耶夫─阿波斯托感嘆地說：「主啊！在俄國連執行吊刑都會出差錯。」❿撰寫《綠冊》憲法計劃的穆拉夫耶夫，在十二月革命發動時，沒有親身參加兵變。但在事敗後，也被捕下獄。幸好他的岳父是調查委員會委員之一，替他說情，而得以免於分屍或斷頭的死刑，改判為流放到尼布楚的二十年苦役。

四、「十二月革命」的特別意義

　　嚴格地說來，「十二月革命」並不是俄國歷史第一次，也不是最後一次的革命，從參與者多半來自於貴族組成禁衛軍的身分，及其起事的方式來看，這都與以前宮廷衛士為奪權而起的兵變非常相似。因此「十二月革命」並不是一個特例，只是俄羅斯歷史中許多兵變的延續而已。不過兩者之間的相同點也只限於此，因為「十二月黨人」兵變目的，不在於奪取維護自身的階級利益，而是想藉著從首都的兵變開始，得到各地的響應之後，能徹底改革俄羅斯的政體，將其發展成為一個包括經濟與社會的整體改革運動。因此從這一點來說，「十二月革命」的性質，與以前的宮廷衛士兵變截然不同。它替俄羅斯的改革運動奠定了一個新方向，黨人們慷慨就義的殉道精神，也成為了後繼者的楷模。就是列寧也總不忘懷「十二月黨人」的貢獻。

　　「十二月黨人」是第一批俄羅斯知識分子，將世襲的政權與國家的觀念劃分為二。他們認為他們有義務去改革專橫的俄羅斯政體，摧毀不人道的農奴制度，以及增進俄羅斯人民社會經濟的地位，並提高他們道德與教育的修養。在「調查委員會」中被訊問的時候，他們拒絕接受自己是叛國者的罪名；相反地，他們特別強調，他們是真正的愛國者。因為他們所要作的，不是為

---

❿　Marc Raeff, *The Decembrist Movement*, p. 177.

了私利，而是為了整個俄羅斯國家的利益。他們不是要推翻沙皇的專制，而是希望沙皇能在憲法的規定下，領導俄羅斯的改革。因此當「調查委員會」要以弒君之罪將黨人處以重刑的時候，魯寧 (Lunin) 校尉就回答說：「各位大人，我們的祕密會社向來就沒有要刺殺沙皇；我們的目的要比這個更尊貴、更崇高。不過各位也一定知道，弒君的念頭在俄國絕不是一件新奇的事。因為最近就有類似的事件發生過。」「調查委員會」中的塔提希切夫與庫圖佐夫將軍聽後，都羞慚地無地自容。因為他們都是在 1801 年勒死亞歷山大一世的父親保羅一世的參與者。

　　「十二月黨人」為了要實現自己的理想，毫不畏懼犧牲生命的精神，震撼了俄國的知識分子。他們從消極的旁觀者，開始投入了積極行動的行列。下面一封由穆拉夫耶夫的太太亞歷山德拉 (Alexandra) 冒著生命危險，攜帶著詩人普希金給在西伯利亞服苦役的亞歷山大・奧都耶夫斯基 (Alexander Odoevskii) 親王及其他「十二月黨人」的詩，就代表著知識分子們，讚嘆他們的犧牲精神及預期革命成功的日子終將到來的熱望：

> 在西伯利亞深沉的礦穴中
> 驕傲地忍受著。
> 艱苦的奮鬥將不會失敗
> 抗爭的思想也絕不屈服。
>
>
> 在這暗無天日的沉寂中的牢獄裡
> 懷抱著人類命運摯友的「希望」。
> 它必會振奮你的勇氣與喜悅，
> 盼望著的日子就要來臨了。
>
>
> 熱愛與友情
> 將會穿越牢獄的鐵欄向你們傾訴。
> 我高唱自由的音樂，
> 必會圍繞著困居的囚房。

在聽到「自由」這個字的聲音時，
你沉重的枷鎖即將脫落，
牢獄的圍牆也必倒塌；
「自由」在大門口迎接著你，
兄弟們將會把刀劍交還給你。 ⓫

亞歷山大・奧都耶夫斯基感謝他的鼓勵，以詩相酬：

你充滿熱情的預言
終於傳達到了我們的耳中。
正當我們的手要去撫摸武器時，
沉重的手銬腳鐐阻止了我們。

歌唱者啊，不要消沉，
我們會把枷鎖當作是我們的命運。
縱然被囚禁在獄門之後，
我們像以前一樣地痛責著國家的統治者。

我們辛苦的耕耘不會喪失，
燎原的大火即將由火星燃發。
我們的人民再也不會被蒙蔽，
他們要宣示一個新的誓約。

我們會從銬鐐中鍛鍊出鋼刀，
我們要重新點燃起自由的火炬。

⓫ 原詩見 *Polnoe sobranie sochinenii*，Moscow, 1936, vol. II, p. 24. 英譯見 Basil Dmytryshyn, *Imperial Russia: A Source Book, 1700–1917*, pp. 228–229. 以及 http://www.majbill.vt.edu/history/ewing/syllabi/Imperial_Russia/Decembrist_Poetry.htm。本書作者中文翻譯。

讓國家在黑夜中驚醒時

它會突然地懾服了沙皇。❿

❿　A. I. Odoevskii, "Stikhotvoreniia," *Sovetskii pisatel*, 1936, p. 44. 英譯見 Basil Dmytryshyn, *Imperial Russia: A Source Book, 1700–1917*, p. 229. 以及 http://www.majbill.vt.edu/history/ewing/syllabi/Imperial_Russia/Decembrist_Poetry.htm. 中文為筆者從英譯所譯。

第十二章　尼古拉一世——
「歐洲憲兵」

一、尼古拉的個性

尼古拉在 1825 年 12 月繼承了亞歷山大一世為沙皇，為尼古拉一世 (Nicholas I, 1825–1855)。他是保羅一世的三子，出生於 1796 年。當凱薩琳女皇在位時，因不滿意她自己的兒子保羅的行為，曾經有意廢儲，改立孫子亞歷山大為繼承者；只因為她忽然死亡而沒有實現。凱薩琳在亞歷山大與弟弟君士坦丁年幼時，便將他們搬離親生父母處，移往皇宮內居住，親自教導。另外兩個男孩——尼古拉與麥可，則被允許與雙親居住。因此，亞歷山大一世與君士坦丁兩人從小就感情親密，與尼古拉和麥可兩位弟弟關係則較為疏遠；也正因為如此，尼古拉一世與麥可則關係親近。君士坦丁放棄繼承皇位的承諾，被尼古拉認為是大哥、二哥他們兩人私下的協議，沒有把它當作一件太重要的正事看待。亞歷山大一世在 1824 年死後，尼古拉一世率先向君士坦丁宣誓效忠一事，就證明了尼古拉到那個時候，都還無法確實亞歷山大一世是否會臨時改變主意，再度承認君士坦丁的繼承權。

尼古拉一世在成長過程中受到了良好的教育。他的保姆是蘇格蘭的簡愛・里昂 (Jane Lyon) 女士；正式的軍事教育則是在注重嚴格紀律的蘭穆斯多夫將軍 (Matthew Lamsdorff) 監督下完成。他除了學習俄文外，也學習了英文與德文。他承認他對歷史、經濟、社會等課程，都毫無興趣；閱讀它們時，總無法控制昏昏欲睡的感覺。軍事則是他最喜愛的科目，他尤其喜歡親自參加校閱。軍事教育中所重視的嚴格紀律、絕對服從等要求，深深影響了他的性格。他當上沙皇之後，就把自己當作是最高的軍事統帥，要求臣僚們一定要嚴格遵守紀律，絕對服從命令。十二月革命時，禁衛軍們擁戴君士坦丁而

不是他繼承皇位的原因，與他過分要求嚴格的軍紀有直接的關係。他在這一輩子中，都以作為軍人而自豪，也認為只有軍人可以信賴。他的親信與重要的官僚，都是軍人出身。由於他對軍紀與服從特別重視，因此，堅持著一切危機都可以軍事方式解決的信念，為他贏得了「歐洲憲兵」(The Gendarme of Europe) 的稱號。

當亞歷山大一世於 1814 年率俄軍進入巴黎時，尼古拉也隨軍前往。在1817 年前，他曾到英國、蘇格蘭及普魯士等國家訪問；對於英國與法國的社會與文化，都相當的讚賞。不過，他認為最值得學習的不是英、法的體制，而是普魯士的君主專政與軍事式的政府組織。他在 1817 年與普魯士的夏洛緹公主 (Princess Charlotte) 成婚，親普魯士的情結因此更加堅固。同年，他晉升為陸軍工程部隊的將軍，並親自指揮一團禁衛軍。這是他首度有機會可以依照自己的方法，訓練出一支他認為可以作為典模的部隊，因此，對將士的要求特別嚴格。稍有違反紀律與命令者，動輒以鞭杖處罰。臣僚與軍士們都在私下稱他為「鞭杖者尼古拉」(Nicholas Palkin)。

尼古拉一世並不能算是一個反動派，但個性相當固執，自認是彼得大帝變法的繼承者。在辦公的桌子上，他放置了一個彼得大帝的半身雕像，並時常提醒自己說：「這是我治理國家效法的楷模。」❶受到了十二月革命的衝擊後，他認為威脅政府的基本危機，不是革命黨人故意強調長期存在的腐敗吏治與農奴問題，而是中央政府的君主專制過於鬆懈所導致。因此，他將重整君主獨裁的威權與提高行政效率，作為他這一生要達到的終極目的。在親自審判十二月黨人的過程後，他深感知識分子及其所傳播的自由思想，是動搖國家根本及危害社會治安的基本毒素，決定要加以根除。他為此特別設立「第三部」(The Third Section)，審查所有的出版品，從嚴阻止知識分子們傳播推翻專制的顛覆性思想。他並特別欽定「法定正統」(Official Orthodoxy)，與知識分子進行思想上的戰鬥。他曾經對他的弟弟麥可說：「革命已經跨上了門檻。但是我發誓，只要我還有一口氣在的一天，就絕不會讓它在國內滲透。」他對自由思想及革命行動的痛恨，影響到了他治世中所有的政策；一切措施，都以阻擋自由者所提倡的改革為主。他雖然了解農奴制度是造成各種危機的禍

❶　Hugh Seton-Watson, *The Russian Empire*, 1801–1917, p. 200.

源，但為了要維持地方的治安，尼古拉堅決反對將之廢除。他怕農奴制度一旦廢除，必會引起連鎖性的反應，導致全國性的混亂。他給予地主們無上的權力，以高壓的政策防止農變的發生。他的顧忌到了亞歷山大二世廢除農奴制度，引起普遍的反抗以致被刺殺時得到了應驗。他也要建立一個以斯拉夫民族與文化為主的帝國，因此，要強制實施俄化政策，強迫其他民族放棄本身的文化與語言，融合進入俄羅斯的傳統。這個強化的俄化政策引起了非斯拉夫民族的強烈反抗。

二、控制思想的組織：第三部

　　尼古拉是在禁衛軍兵變、情形非常危急時，真正確定了他是繼承者後才敢即位，這對他以後治理俄羅斯的方式有極密切的影響。由於十二月革命的發生與影響，尼古拉不但不相信知識分子，也相當懷疑政府官員們的忠貞性。因此，他初期治理國的方式是超越正常的行政管道，設立了許多祕密委員會，處理各種不同的問題。其中最重要、且漸漸發展成為實際權力中心的是直屬沙皇管轄的「沙皇樞密院」(His Imperial Majesty's Own Chancery)。隸屬該特別組織管轄，共有五個不同的部門。第一部，是主管沙皇各種庶務的祕書部。第二部，主管修訂法律。亞歷山大一世時代負責重組政府結構的斯波倫斯基，再度被尼古拉重用。他的任務是根據 1649 年的《烏羅貞尼法典》為準，修訂一部符合實情的法典。斯波倫斯基在 1833 年完成了這一部《俄羅斯帝國法令總集》(*Complete Collection of Laws of the Russian Empire*)，其內容包括了從 1649 年到 1830 年之間的所有法令。第三部，負責國家安全與思想。第四部，則是管理皇太后瑪利亞・費歐多若夫納 (Maria Fyodorovna) 時所設立的慈善基金與女子學校。第五部，是在 1835 年為了處理國家農民事務，短期設立的暫時性機構。在這些特別組織中，以主管國家安全與思想的第三部最為重要。

　　第三部的前身雖然可以上溯到伊凡四世的「歐撲力其尼納」特務組組織、阿列克西斯沙皇時代的「祕密事務局」或彼得大帝的「普力歐布拉鎮斯寇」或亞歷山大一世的警察局，不過這些機構的任務主要是侷限在揭發各種對沙皇不利或不良言行的陰謀，不牽涉到思想的管制。尼古拉一世的「第三部」

除了包括這些任務外，並更進一步地要負責預防及鏟除導致危害政府及社會安定的言行與思想。換句話說，第三部是為了要維護專制君權，所建立的一個箝制自由思想的系統性特務機構。建立的主要原因是要預防十二月革命死灰復燃。不過，尼古拉一世建立第三部還有另外一個目的，就是要用這個祕密組織調查腐敗的吏治與找出民變頻繁的潛在原因。尼古拉在 1826 年 7 月 3 日結束了對十二月黨人的審判之後，就下命令由他的親信本肯多夫將軍 (General A. K. Benckendorff, 1783–1844) 負責成立第三部。

本肯多夫將軍是普魯士人，比尼古拉年長十三歲。早在沙皇即位以前，他就已經居住在他的官邸之中任職，成為他最信賴的助理。十二月革命時，本肯多夫將軍所率領的禁衛隊首先向尼古拉一世效忠，是瓦解了十二月黨人兵變的主要功臣。尼古拉一世因此對他更是信賴。十二月革命發生後次年，他曾上書沙皇，建議設立一個更能完善保護國家安全的特殊機構。在這一篇以法文寫成的《組織高級警察部計劃書》(*A Project for the Organization of a Higher Police*) 中，本肯多夫指出普通警察部門因為組織腐敗、警員素質太差，早已無法使用，因此，必須要重新設立一個與以前完全不同的高級警察組織。他特別強調說，在他這個新組織中任職的警察，一定要兼具高超的素質與道德修養。「每個值得受尊敬的人都願意、也都感覺到政府有必要設立一支具有警戒心的警察部門，來維持公共治安與預防罪犯的侵擾；但同時每個人也對專門從事告發與陰謀為主的警察們感到恐懼。(新組織的警察)會對誠實的居民提供安全感；(舊制的警察)則只會恐嚇人民，疏離他們與沙皇的關係。因此，只有重視道德修養的高級警察，才會使得國內所有的文治與軍事機構，把它當做是一個助手及伙伴。」❷本肯多夫將軍的計劃，是要成立一個不但效率高超而且能維持國家道德的祕密警察組織。尼古拉一世閱讀這份建議書後，非常同意本肯多夫的意見。他認為為了要避免重蹈政府機構被傳統官僚組織腐化的覆轍外，必須要將其納入直屬沙皇的私人行政部門中。他旋即指派本肯多夫將軍負責成立隸屬「沙皇樞密院」的第三部；兩年後，又建立實際負

---

❷ P. S. Squire, *The Third Department: The Establishment and Practices of Political Police in the Russia of Nicholas I*, Cambridge, UK: Cambridge University Press, 1968, pp. 50–51.

責偵察與維持治安的「憲兵團」(Corps of Gendarmes)。由本肯多夫身兼兩者的最高首長。

　　根據尼古拉一世的詔令，第三部的功能包括下列九項權責：

　1. 處理所有該部認為有關的事務。

　2. 收集國內各宗教派別及宗教異議分子的情報。

　3. 收集散布偽鈔、偽郵票、偽造文件等情報。調查與判決隸屬財政部與內政部管轄權內的羈留案件。

　4. 收集所有被警察監視者的詳細資料。

　5. 逮捕與放逐可疑或危險分子。

　6. 監視國內監獄的財政與管理。

　7. 處理所有與外國人在國內居住、旅行、入出境有關的法令與事務。

　8. 事無鉅細地，收集所有事件的情報。

　9. 整理與警察事務有關的統計資料。❸

為了能確實達到探察民隱的功能，他更將全國分為五個「憲兵區」(okrugi)，由憲兵團管理。除了第三部在各地的線民與憲兵隨時收集情報外，尼古拉一世並命令各省中的文、武主管，須對當地的各種事務定期向代表他的「憲兵區」提出報告。凡是直接上訴沙皇的請願案，尼古拉一世都強調親自處理。第三部初期只有十六名成員，到了 1856 年則增加到了四十名。根據 1840 年代的統計，每年經過該部的請願案件高達一萬五千件，最後直接由尼古拉一世親自定讞的，有兩千件到五千件不同的案件。❹

　　第三部的功能可說是充當沙皇的耳目，收集與報告各項不利朝廷的謠言與行為。經過十二月革命的教訓後，尼古拉一世認為要防範的是俄羅斯的貴族與知識分子。第三部受命要偵察的對象包括服役宮廷與政府中的高級貴族階級；退休後回歸莊園的貴族地主；居住城市中的非服役貴族、商人、作家與知識分子。最受注意的是從十七到二十五歲受過教育的青年。因為「這些是帝國中受到法國邪惡影響、最危險的一批人」。本肯多夫將軍為了能讓沙皇

---

❸ Sidney Monas, *The Third Section: Police and Society in Russia under Nicholas I*, pp. 62–63.

❹ Sidney Monas, p. 89.

有可靠的情報，他委任了他的好友、也是普魯士籍的沃克 (M. I. von Vock) 作他的主要助理，整理從各地收集的祕密報告，定期編輯《公共民意調查》(*Surveys of Public Opinion*，後改名為《俄羅斯境內的道德與政治情況》，*The Moral and Political Situation in Russia*)，專供尼古拉參考。沃克原來任職於內政部，與聖彼得堡中的文學家及出版業者極為熟悉，著名的詩人普希金就是他的好友之一。沃克認為，政府可以從民意調查中看出人民思想的走向是否偏差，依此為根據，追究出影響力的來源後，可以制定適宜的對付方針。他更相信假若政府能善於利用民意，則可以將其轉變成為支持它的重要力量。他說民意調查正像將軍在作戰時的地形圖一樣地重要，絕對不可忽視。

尼古拉一世成立第三部與組織憲兵團的原始目的，並不是要效法恐怖伊凡的「歐撲力其尼納」特務機構，而是要藉此鏟除危險的思想，以維持國內安定。他深深地認為經由第三部的管道，他可以不經過腐敗的官僚系統，便能與人民緊緊地連接在一起，直接知悉民眾的需求。但執行任務者或因急功近利討好沙皇，或因品質良莠不齊，第三部與憲兵團最後卻演變成一個恐怖組織，緊緊控制著俄羅斯人民的思想與行為。不過，最諷刺的是，不知是否因為無能，抑或是故意放縱的原因，許多內含諷刺俄羅斯政治與社會現象的文學作品，卻能逃避檢查，流行於世。尼古拉一世君主專制的反動時代，也是俄羅斯思想與文學創作的黃金時代。

三、尼古拉的「法定正統」三信條

為了要防止十二月黨人及其他知識分子所標榜的自由主義繼續傳播，尼古拉一世需要制定一套與之對抗的思想體系。波蘭在 1830 年 11 月受到法國以中產階級為主的七月革命影響，也發動了反俄羅斯統治的運動，要求憲政改革。接著是在 1830–1831 年前後，俄羅斯境內各地霍亂傳染病肆虐，人心惶惶，社會上充滿了世界末日即將來臨的危機感。尼古拉認為政府有義務提供精神上的慰藉，幫助人民度過心理上的難關。他在 1832 年任命曾是俄羅斯科學研究院教授的尤瓦若夫 (S. S. Uvarov, 1786–1855) 為教育部副部長，負責調查國內的教育狀況，並提出一套全國人民都可以信服的精神思想體系。根

據他調查莫斯科地區大學及大學預科教育的結果，尤瓦若夫在 1832 年 12 月，撰寫了一份詳盡的改革教育建議書，上呈尼古拉沙皇。他說雖然少數學生受到自由出版業者與其他不良思想的影響，不過，從學生總體的基本教育上來看，素質尚稱滿意。但他隨即警告說，膚淺的興趣會導致道德的腐化，為了要加強學生們的愛國情操，他建議學校應該增加俄羅斯歷史知識課程。他說研究歷史可以引發學生們的興趣，使他們不再沉湎於那些會激發人民盲目激動的神祕哲學與抽象的政治理念之中；它更可以對抗歐洲自由思潮的壞影響。政府只要採取信任與溫和的態度，重視學生們的道德教育，則俄羅斯的教育制度必然可以成功。他所建議的理想教育原則是：「在我們這一個時代中，一個正確的基本教育，是要能對俄羅斯救星的君主專制政體、東正教信仰與民族特性的信條保持一個堅強的信仰。這些信條是解救我們國家的屏障與鐵錨，也促使我們偉大國家充滿活力與擁有最堅強的實力。」❺尼古拉一世閱讀他的建議書後，發現尤瓦若夫所強調之處正好與他的信念相符合，便在 1833 年 3 月任命他為教育部長。尤瓦若夫在他任職後第一道制定教育方針的指令中，就特別詳細說明君主專制政體、東正教信仰與民族特性三大信條的意義。1870 年代的歷史學家亞歷山大・庇平 (Alexander Pypin, 1833–1904) 將此三信條賦名為「法定正統信條」(Official Doctrines)。它們是「正統東正教」(Othodoxy)、「君主專制」(Autocracy) 與「民族特性」(Nationality, narodnost) 三項基本信條；此後成為了尼古拉一世時代對抗西方思想影響的理論基礎。它不但是教育的基本方針，也是欽定的信條，因此政府各項政策與人民的言論都絕對不得與之違背。

尤瓦若夫的指令中說：

> 當宗教與各種政府制度都在歐洲急速地崩潰，當腐蝕性的邪惡思想在氾濫著，在面對環繞我們四周的罪惡現象時，(我們) 一定要將祖國建立在一個基於人民幸福、力量與生命的堅固基礎上。我們一定要找出形成俄羅斯民族特性、也只屬於俄羅斯人民特殊性格的原則是什麼。我們一定要將俄羅斯民族特性中的神聖傳統，凝聚成為一個整體，把

---

❺　Hugh Seton–Watson, *The Russian Empire*, 1801–1917, p. 220.

它與解救我們的鐵錨緊緊捆縛在一起。非常幸運地，俄羅斯對於那些沒有它、俄羅斯就不可能繁盛、無法增強活力與生命的神聖信條，一直維持著忠誠的信仰。俄羅斯人民虔恭地、緊密在一起地依附著他們祖先的教堂；他們從古以來，就信奉教堂是保障家庭與社會幸福的依靠。對自己祖先的信仰不尊敬的話，個人與整個民族都會滅亡。摯愛祖國的俄羅斯人都會同意，沙皇皇冠上的一顆珍珠被偷竊的結果，遠趕不上我們正統信仰中任何一個單一信條被破壞的嚴重性。君主專制造成了俄羅斯在政治上生存的主要條件。巨人一樣的俄羅斯，屹立在這偉大象徵的基石之上。沙皇陛下的無數臣民都感受到它的真理：他們可能因生活環境而處於不同的地位、或因教育的高低、或與政府關係有疏密之感，但他們對於只有一個強壯、仁慈與開明精神的君主專制，才能保障俄羅斯人民生命的堅固信念，卻是完全一樣。這些堅守的信念，一定要充實在所有的教育中，與教育同時成長。與這兩個原則連接在一起，但重要性決不低於它們，力量也絕不輸於它們的，就是民族特性。❻

尼古拉沙皇衷心接受尤瓦若夫所標示的三個基本信條，不但要求全國人民遵從，也將其列為自己的家訓，命令所有的家人都要一起遵守。其他的知識分子，如莫斯科大學的歷史教授密開爾・波格丁 (Michael Pogodin, 1800–1875) 與謝夫瑞夫 (S. Shevyrev)、出版《北方蜜蜂》(*The Northern Bee*) 的布加林 (F. Bulgarin, 1789–1859)、名作家果戈里 (Nikolai Gogol, 1809–1852)，甚至連普希金在內，也都贊成尤瓦若夫的理念，並且撰寫專文加以推崇。莫斯科大學的教授謝夫瑞夫的一段話，最能代表當時一般知識分子，對於「法定正統」三信條的肯定性看法：

雖然我們在與西方的接觸中，確實拾取了一些無法避免的瑕疵。但在另外一方面，我們自己也保存了三項基本、純正性的感情。而這些感

❻ Uvarov, *Desys atiletie ministerstav narodnogo prosveshcheniya 1833–1843*, pp. 2–3. Nicholas Riasanovsky, *Nicholas I and Official Nationality in Russia, 1825–1855*, pp. 74–75.

情，正包含了保證我們將拓展出的未來。我們保持我們古老的宗教感情；基督教對我們的生活與教育，都留下深刻的影響。其次，是使得俄羅斯強壯及保障未來幸福的感情，這就是對我們國家在歷史演變中一直保持著團結的感情。歐洲沒有任何一個國家，能像我們一樣驕傲地宣稱說，我們的國家在政治上一直就和諧地存在著。在西方的任何地方，紛爭與衝突似乎是人民生活中的法則，一輩子永遠在鬥爭中度過。只有在我們的土地中，沙皇與人民共同形成了一個無法被破壞的整體，絕對不允許存有任何導致他們分歧的阻礙。這種緊密的連接是建築在相互的愛護與信仰之上、是建築在人民對沙皇毫無保留的奉獻之上……，我們的第三個基本感情，是對於我們民族特性的認知，確信任何開明的思想，只有被我們民族情感所溶化、經由我們自己的思想與語言表達出來，才算是在我們的領土中落地生根。正因為這三項的基本感情，我們的俄羅斯才能堅強地屹立於世，它的未來才會鞏固。❼

對尼古拉一世來說，「法定正統」中最重要的，莫過於東正教的基督信仰。他與他的支持者都虔誠地相信，在東正教教義中所教導的上帝、耶穌與神的旨意是俄羅斯立國的基礎；不但提供了個人道德生活的準則，也是保佑與解救俄羅斯國家危機的屏障。他們也都認為只要是在政府的監督之下，藉著家庭與學校兩者的合作，加強道德與精神的教育，俄羅斯人民必將會成為完美的基督徒。謝夫瑞夫描述東正教與家庭不可分割的關係。他說：

> 我們也要在家庭中嚴格地建立起基督教的氣氛，首先一定要將整個包括生命本身意義與外在儀式的基督教教義引進家庭。更進一步地，一定盡可能的使家庭與教堂保持不斷的聯繫。其中最重要的，是要在家庭舉行宗教儀式。因為這些儀式是我們信仰的派別中，最美妙也最具有特色的。它顯示出我們的教堂真正體會到了俄羅斯家庭生活的特殊性，因此，才特別將除了彌撒以外的所有儀式都交付給家庭來舉行。

❼ Nicholas Riasanovsky, *Nicholas I and Official Nationality in Russia, 1825–1855*, pp. 75–76.

> 凡是一個越因祈禱而神聖化、越充滿了十字架與教士們祝福聲音的家
> 庭,則經由外在感受到的神聖宗教真諦,才越能滲透到兒童們的心靈
> 之中。❽

「法定信仰」中的第二條是君主專制政體。尼古拉一世之所以特別標榜這一條,只不過是延續自莫斯科王國以來就重視的立國原則。彼得大帝時的軍法中第二十條就明文規定說:「凡有對沙皇陛下本人不敬的言語;凡是用惡言惡語、肆意污穢沙皇的計劃或作為者,都將處以終止生命的斬首之罪。講解:沙皇陛下是獨裁的君主,他不必對任何人解釋自己的行為。他以基督徒的主宰者身分,根據上帝意旨與裁判,握有治理土地與國家的力量與權威。」❾尼古拉本人也特別強調沙皇至高無上的威權。他在 1832 年鎮服波蘭反叛時就宣諭說:「全俄羅斯的沙皇是一個專制與絕對的君主。上帝命令我們要遵守沙皇至高的權威,這並不只是基於畏懼,也是自動自發的出自於良知之感。」❿俄羅斯的君主專制體系,不只是世俗傳統政體的延續,也是維持東正教基督信仰的主要精神力量。因為「在基督教世界裡,專制的君主有最高的力量。他是人與上帝權力之間的終極銜接者」。當時的文學家果戈里就認為俄羅斯的君主,具有雙重但不可分割的性格。他一方面代表神的意旨,完全而絕對地控制著人類;同時在另一方面,他則自己毫不保留、心甘情願地臣服於上帝之下。他說:

> 為什麼在我們之中,必須要有一個地位高於其他人,或甚至可以超越
> 法律界限的人呢?因為法律是刻板的,會使人覺得它只包含著嚴酷無
> 情與不友善的成分。沒有人可以僅利用法律的條文達到預期的效果。
> 但我們絕不可觸犯法條或拒絕遵守它。這是為什麼我們需要至高無上
> 的仁慈者來緩和法律的嚴峻性。在人世中,他唯一呈現的方式是至高
> 無上的權威。一個沒有具有絕對威權君主的國家,只會像是一個自我
> 操作的機械。⓫

---

❽ Nicholas Riasanovsky, p. 94.

❾ Nicholas Riasanovsky, p. 96.

❿ Nicholas Riasanovsky, pp. 96–97.

他們認為，沙皇的任務是一視同仁地愛護著他的子民們。在道義上，這是他應盡的責任；也只有他才配、才能完成這樣的任務。他與所有的人民都保持著相等的距離，因此絕對不會偏袒任何人。只有他能與人民共甘苦，也只有他能治療所有人民的病痛。果戈里說，俄羅斯的沙皇像大衛王與索羅門王一樣地偉大，「只有當君主徹底感受到上帝的重要性，願意在地球上扮演著上帝就是愛的形象時，人民才能夠被完全的治療癒痊」。**⓬**

俄羅斯的君主專政體制，在東正教教會及學者們賦予宗教色彩的支持下，發展出了一套思想體系完整的君權神授理論。第一條的「東正教正統信仰」與第二條的「君主專制政體」，因此緊密地連接在一起，以宗教與權力的雙重力量維護著尼古拉專制政權的合法性。

與東正教信仰及君主專制政體結合成為「法定信條」的第三條，是俄羅斯的民族特性。這一條最難了解的信條，是尤瓦若夫利用當時風行的浪漫主義思想，與俄羅斯古老的信仰摻和在一起，把俄羅斯的斯拉夫民族描繪成是上帝選民的神話。在這個信條中，俄羅斯的斯拉夫人被說成是最溫順、最虔恭、最敬畏上帝與沙皇、最吃苦耐勞但絕不怨天尤人、同時也是最堅強的民族。莫斯科大學教授謝夫瑞夫在讚賞俄羅斯民族性時說：「不論是身在祖國或是在歐洲各地，凡是一聽到俄羅斯民族這個名詞時，我就會有一種寧靜的感覺。這主要的原因是人民對上帝、教堂的徹底信服，與他們對沙皇同樣的奉獻與遵從的兩個不同觀念，已經在俄羅斯民族這個名詞中緊密地融合在一起了。」**⓭**歷史學家土契夫 (Feodor Tyutchev, 1803–1873) 則更強調地說俄羅斯是一個真正的基督教國家；俄羅斯人民是基督教徒，並不只是因為他們信仰的正確性，而是那些比信仰更重要的因素。他們是基督教徒，主要是因為他們擁有著能棄絕自我與犧牲小我精神的胸懷；這些才正是陶冶道德行為的基礎。他說：「俄羅斯人民肅穆與安祥的虔誠，對沙皇毫無保留的奉獻，對權威的服從，堅韌的忍耐性，透徹且充實的智慧，一個善良卻又好客的靈魂，樂天的脾氣，在最危險的時刻都能保持著的勇氣以及對國家的驕傲感等特性，使他

⓫　Nicholas Riasanovsky, pp. 96–97.

⓬　Nicholas Riasanovsky, pp. 97–98.

⓭　Nicholas Riasanovsky, p. 125.

們產生了一個堅定的信念。這就是沒有另外一個可能比俄羅斯更好的國家，也沒有任何一個君主會比東正教沙皇更具有權威的原因。」❶

自從彼得大帝開始施行西化政策後，俄羅斯的上層階級與知識分子就以能說德文或法文自傲。他們認為若要與一般下層階級群眾劃清界線，就只有這樣才能突顯自己在教育與文化修養上的高尚。在強調民族特性信念的驅使下，尼古拉在思考應如何提高俄羅斯民族的文化自尊心的政策時，開始強調俄羅斯語言的特性。他在推崇俄羅斯的光榮歷史與它獨特的政治與社會組織時，就特別讚美俄羅斯語言的美妙。文學家果戈里也說俄羅斯的語言像詩一樣的美，像俄羅斯人民永不歇的生命力一樣，它融合了《聖經》中莊嚴的詞句與各地不同的俚語，包含著各種不同的音節與語調。它既深奧不可測，但同時也是鄉佬們都能聽懂的語言。凡是羞於用本國語言說話的，也就是以祖先為羞的人，應該受到詛咒。當時的詩人庫寇尼克 (Pavel Kukolnik, 1795–1884) 寫詩諷刺喜歡用法文的俄羅斯人說，這些能思想但卻故意不願意說本國俄語的人，已經不只是在炫耀自己了，他們像是沒有根的樹，已經喪失了俄羅斯人一樣的感受。❺

語言既是文化的表徵，因此俄羅斯人能混合內、外各種影響而形成的語言，更表現出了他們民族性的特殊感。俄羅斯人認為自己是上帝的選民，肩負著歷史上救世的重要使命。當時的一位文學家格瑞克 (N. Grech, 1787–1867) 便批評歐洲的拉丁語系，說它是一個含有許多基本的缺點、完全不自然的語言。它不是格式過於僵化，就是摻雜了許多生硬的外來字。相對地，俄羅斯的語言則遠遠超越它們，是最完善、最美麗的。尼古拉曾下令規定俄文為處理公務時的法定語言。教育部在尤瓦若夫的督導下，加強推廣俄化政策，將俄文的教學傳播到非俄羅斯民族居住的地區，強迫所有的人必須學習。尼古拉所強調的俄羅斯民族特性，因此也成為了支持俄羅斯的泛斯拉夫主義與帝國主義的道義力量。

在強調俄羅斯民族特性的過程時，連俄羅斯社會中最被詬病的農奴制度也被美化，描繪成為了是延續俄羅斯偉大傳統的支柱。教育部長尤瓦若夫是

❶　Nicholas Riasanovsky, p. 125.

❺　Nicholas Riasanovsky, p. 131.

它最強烈的辯護者之一，他說政治信仰就像是宗教信仰一樣，有它不可侵犯的信條，「在我們國家裡，它們就是君主專制政體與農奴制度」。在辯護它應該存在的必要性時說：

> 農奴制度的問題與專制政體、甚至與君主制度體系，緊密地連接在一起。它們是同時發展而成的兩個平行力量；兩者具有同樣的歷史緣起；兩者也都具有同樣的法律地位。不論人們怎麼去想，農奴制度確實是存在著的。若一旦將其廢除，必會導致貴族階級的不滿，促使他們從別的地方來取得補償。他們能找尋補償的地方，除了專制體制範圍之內的，不可能會有別的地方；彼得一世的基業必因此被毀滅。農奴制度像是一顆樹，它的根遙遠地蔓延著，同時庇護著教堂與沙皇的職位。❶❻

尤瓦若夫對農奴制度的辯護，反映出當時統治階級者的一般性意見。尼古拉本人雖然知道農奴制度是導致許多危機的基本因素，但他唯恐一旦對其有所變動，可能會導引起社會上更大的不安，故始終不敢輕易著手改革。其他的保守知識分子，更是同意這樣的看法。格瑞克就說：「要在這毫無道德秩序、缺少純真與精神上的宗教信仰，加上下層官員腐敗的情況下，解放這些野蠻的農奴，結果一定會替俄羅斯帶來無盡的災害與徹底的毀滅。」

　　經尼古拉欽定批准，在保守的知識分子大力推動之下，尤瓦若夫希望融合東正教、君主專制體制與俄羅斯民族特性的三大法定信仰，能一方面維持俄羅斯傳統的延續，另一方面則可以阻擋西方進步思潮入侵的危機。但是從凱薩琳時代就慢慢醒覺的新知識分子，尤其是那些受到十二月革命精神感召者，不顧第三部的嚴密監視與迫害，向法定信條挑戰，要求積極與快速的改革。1848 年 2 月，法國的中產階級與勞工階級，為了要求積極改革政治與經濟不成，在巴黎展開革命，是為「二月革命」，歐洲各地都受到影響。俄國也不例外。法定三信條無法阻擋新近思想的輸入，尤瓦若夫引咎辭職。不過他努力制定、解釋與維護的三個原則，並沒有因他的離職而消失。親斯拉夫派者，甚至包括西化派者，在討論俄羅斯的前途應何去何從的時候，都多少受

❶❻　Nicholas Riasanovsky, p. 141.

到它們的影響。

四、尼古拉的改革

只把尼古拉一世當作是反動與毫無人情的暴君，認為他的政府只會利用祕密警察的第三部與憲兵團，以恐怖的手段控制人民之說，並非公允的評論。十二月革命的教訓與他固執的軍人性格，是影響他治理俄羅斯兩個最重要的因素。他執政的目的，就是要保持國家的穩定，絕對不允許任何挑動社會不安的運動。不論是知識分子們改革要求，或是農奴們反對農奴制度而爆發武力抗爭，都會遭遇到政府嚴格手段的禁阻。不過在修訂法律與發展教育方面，尼古拉有其不可被磨滅的貢獻。

審查十二月黨人革命動機的委員會會長亞歷山大‧波若夫寇夫 (Alexander Borovkov)，在審訊參與者完畢之後，上書沙皇尼古拉一世，建議以後要防止類似運動所應該採取的步驟時說：

> 採取有效率的司法程序頒布法令，以樹立法律的公正性。提高教士們的道德修養；加強貴族們的地位；頒布肯定性條文，以促進工商業的復興；對年輕人提供一個進步、而且適合所有階級的教育；改革農奴制度，禁止販賣人民的非人道行為；重整海軍艦隊。總而言之，改革許多已經呈現出來的亂象與虐政。❶

波若夫寇夫之敢如此直言，表示尼古拉確實想要知道國家紊亂的原因及他改革的決心。他在 1826 年 12 月，召集了一個祕密委員會，以寇楚貝親王 (Kochubey, 1768–1834) 為主席，包括瓦西其寇夫親王 (Prince Vasilchikov, 1777–1847)、葛立欽親王 (Prince A. N. Golitsyn, 1773–1844)、托爾斯泰公爵 (P. A. Tolstoy, 1761–1844) 與亞歷山大一世時代的斯波倫斯基等人為委員，討論應改革事項。這委員會前後持續五年之久，主要討論三項重要的改革：中央政府機構與各機構之間的關係、地方政府組織與功能及社會階級問題。祕密

---

❶ David Saunders, *Russia in the Age of Reaction and Reform, 1801–1881*, pp. 119–120.

委員會的目的並不是要接受十二月黨人所要求的君主憲政體制，而是要加強
沙皇的專權。因此，委員們在一開始就聲明說沙皇是唯一的獨裁，他不可能
將治理人民的權力委託給任何一個專業性的機構。他成立祕密委員會的目的，
就是要利用他能信任的組織與個人，協助他達到修訂陳舊、創制新法典與制
度，增強沙皇的絕對威權。

　　祕密委員會根據沙皇是唯一獨裁者的原則，建議將以前主管全國事務的
國家參議會，降格成為一個諮詢性的立法機構，削減其立法與司法的權力。
它此後的功能是閱讀來自各部的公文，將失職的官員與案件上報沙皇。祕密
委員會認為有效的政府，必須奠定在行政與司法權力分立的基礎上，因此建
議取消「部會首長會議」(Committee of Ministers)；將參議院改名為「司法參
議院」(Judicial Senate)，成為全國的最高法院。而其原先所掌握的行政權力，
則轉隸屬於新成立的「行政參議院」(Governing Senate)。「行政參議院」委員
除了包括各部會委員之外，沙皇並可特別指派親信，作為他的耳目以監督其
功能。祕密委員會的這些建議，其實是斯波倫斯基遠在 1811 年就曾向亞歷山
大沙皇提出、但沒有被採納的舊建議。但由於尼古拉深信藉直屬沙皇、不必
經過官僚體制管道的樞密院，更能夠有效控制一切，因此並未採取祕密會議
的行政改革計劃。

　　尼古拉雖然被描述成為是一個反動保守、利用祕密警察控制人民思想的
沙皇。不過公共教育卻在他的時代發展迅速；一批新興的知識分子也開始漸
漸形成。推動公共教育最有力的是教育部長尤瓦若夫。尤瓦若夫從小就受到
良好的俄國與西方式教育。他啟蒙的業師是一個法國教士，曾在 1806–1810 年
之間，兩度擔任過駐維也納與巴黎的俄羅斯代表。尤瓦若夫是一個歷史學家，
也是文學家，對東方的歷史與文學特別有興趣。他在 1832 年 12 月向沙皇報
告莫斯科大學與附近地區的教育報告中，特別建議俄羅斯的學校此後應該特
別加強俄羅斯歷史的教學；因為只有這樣，才可培養學生的愛國情操，而不
被外國思潮的影響所迷惑。尼古拉讀後，甚有同感，於 1833 年任命他為教育
部長。從 1833 年一直到 1849 年為止，尤瓦若夫在這長達十六年的任職期中，
提高教師品質、擴充學校，奠定了俄羅斯的公共教育基礎。他在 1843 年向沙
皇提出他在任內十年中，公共教育進展情況的報告：全國的大學生（不包括

波蘭在內），從 1842 年的二千一百五十三名，已經增加到了三千四百八十八名；獲得大學文憑的在 1832 年有四百七十七人，到了 1842 年則有七百四十二人。1832 年的全國就學兒童有六萬九千二百四十六名；到了 1842 年增加到九萬九千七百五十五名。❸ 這總數並不包括教會學校與軍事學校，也不包括皇太后瑪利亞・費歐多若夫納基金會所支助的女子學校學生在內。除此之外，尤瓦若夫設立政府的公費獎學金，並鼓勵地方貴族設立獎學金，幫助當地的清寒學生完成教育。凡是獲得公費或私人獎學金者，畢業後必須返回原地服務六年以上的時間。這個政策使得許多貧寒貴族與非貴族的學生有完成教育的機會。他們在社會上形成了一個不真正屬於貴族、也不是農民的新非傳統知識階級，稱為 "raznochintsy"（不列籍者，不隸屬貴族階級者）。他們是以後要求積極推動改革的一批激進派知識分子。這是尼古拉與尤瓦若夫努力推廣教育時所未曾預期到的結果。

　　儘管尼古拉利用第三部壓制極端思想的蔓延，預防反政府的革命活動，採取法定三信條灌輸愛國的教育，讓俄羅斯人民能安於現實，及以能擁有正統思想的東正教信仰、君主專制政體與特殊的民族性而自傲；不過他在位時的國勢卻並不太平與安定，而處於內有頻繁的農變、外有處處戰亂的情況之中，其中尤以農變為最。據統計，1826–1834 年之間，總共有一百四十五個農民組織的變亂；1845–1854 年，變亂的數字則超過三百四十八次以上。農民攻擊地主且登記有案的，在 1834–1854 年之間有二百五十件。其中地主遭殺害者共一百七十三人。尼古拉曾經先後派遣正規軍，前往二百二十八處的地主莊園幫助地主鎮亂；其中的三十八次，規模已不只是局面的紊亂，而是實際作戰式的進攻才加以平定的大型農變。❹

　　尼古拉本人並不贊成農奴制度的存在。他根據在軍隊中曾親自與士兵言談及共同生活的經驗，深深感覺到農奴制度對俄羅斯社會所造成的傷害。他認為農變頻繁，除了極端思想的鼓動外，地主們濫用威權、虐待農民也是主要的原因。因此，他早在 1827 到 1828 年起，就漸漸開始削弱地主們管理農

---

❸　Hugh Seton–Watson, *The Russian Empire 1801–1917*, pp. 222–223.

❹　Anatole G. Mazour, *Russia: Tsarist and Communist*, p. 218. 轉引自 *Entsiklope-dichesky Slovo* (Brockhaus-Efrom, ed.) Vol. XXXII.

奴們的權威。首先，他禁止地主們不得無故、肆意地將農奴放逐到西伯利亞；1829 年，禁止農奴主人不得將農奴與土地分割買賣；1834 年，農奴服兵役的期限，也從二十五年減少到十五年；1841 年，規定不擁有土地的貴族，不得在沒有購買土地就先自行購買農奴。他在 1842 年開始正式考慮農奴制度的存廢問題時，毫不掩飾地宣稱，「毫無疑問地，我國現行的農奴制度是邪惡的。這樣的情況不可能繼續太久。要求改革的理念與其所帶來的混亂，最近已經經常一再發生。」❷他在同年一封給妻子的信中也透露說：「我現在正處於我在位時、要採取最重要一項措施的關頭。我即將在國家會議中，提出朝向解放農奴第一步的政策。」他又說：「任何一個思想清晰的人，都會很清楚觀察到，目前的情況一定要改良，絕對不可能再繼續下去。」❷不過尼古拉同時又擔心假如一旦斷然廢除農奴制度，地方秩序必然蕩然無存，替俄羅斯帶來的傷害更為可怕。為了安撫貴族們的不安與他們可能帶來的軍事反對，他特別向他們保證說，他目前尚不至於採取將自由交還給農奴的步驟。

國家議會討論的結果，在 1842 年頒行了內容相當保守的「服役農民法條」(Law on Obligated Peasants)。根據這法條，農奴可以金錢、勞役或農產品為交換，耕種屬於地主名下的部分土地。雙方的義務與責任，必須以書寫的契約為準。這看來似乎不重要的規定，其實是以法律的約束力，限制了以前地主濫用農奴勞役的肆意作為。接著在 1845–1846 年，政府又頒布命令禁止地主們隨意對農奴體罰。尼古拉在 1846 年 3 月，組織了另一個以太子（即位後的亞歷山大二世）為首的委員會，討論有關廢除農奴制度的各項問題。尼古拉在 1847 年允許農奴們在地主拍賣自己的土地時，有權購買自己的人身自由；1844 年，農奴首度被准許可以擁有不動產。這一連串的零星改革，雖然沒有動搖農奴制度的根本，但至少表示尼古拉已經認識到由於經濟與社會的變化，地主們以農奴制度為主的傳統利益，阻擋了商業經濟的發展，勢必遲早改革或廢除。連許多地主們也深深感覺到，廢除農奴制度的呼聲已經是一個無法阻擋的潮流。他們所重視的是在農奴制度尚未被廢除前，如何未雨綢繆地保持自己的經濟利益。尼古拉的零星改革，使得貴族地主們在心理上有了準備，

---

❷　Hugh Seton-Watson, pp. 227–228.

❷　David Saunders, *Russia in the Age of Reaction and Reform, 1801–1881*, p. 134.

以致在亞歷山大二世正式解放農奴時，他們不曾感覺到太大的震撼，也沒有採取極端的抗爭而動搖俄羅斯的國本。

五、尼古拉時代的外交

1.對中亞的發展

尼古拉的外交政策是他內政的延續。他絕對無法忍受危害舊秩序的任何行為與言論。因此在國內他以武力與特務組織，維持君主專制的體制；以東正教信仰為唯一的正統信仰，箝制人民思想的自由。在國外，他保持著同樣的態度。繼承著亞歷山大一世所堅持的合法性正統原則 (principle of legitimacy)，他認為歐洲安定的秩序，只有在基督教國家們組織聯盟，採取「歐洲協調」的方式下，共同出兵鎮壓各地的變亂或革命才可以維持。若其他國家拒絕合作時，他不惜以俄羅斯的單獨力量完成這個義務。以軍事干涉歐洲各地衝突的結果，為他贏得了「歐洲憲兵」的稱號。他本人也以此自豪。

尼古拉的外交大臣是卡爾·納索羅德 (Karl Nesselrode, 1780–1861)，不過實際決定一切的是沙皇本人。他在位三十年的外交政策，除了在歐洲與英、法等國的衝突導致了 1855 年的克里米亞戰爭外，對於在亞洲的高加索、中亞與遠東各地領土的擴充都相當的積極。世代為仇的鄂圖曼土耳其帝國，也在此時因與俄羅斯多次戰爭之後，日漸式微。結果是與被稱為遠東病夫的大清帝國一樣，遭受列強欺凌，成為了「近東病夫」。

尼古拉即位後不久，就因為向高加索山區的擴充，與波斯帝國發生戰爭。遠在 1813 年與俄羅斯簽訂〈古立斯坦 (Gulistan) 條約〉中，波斯帝國割讓了德本特 (Derbent)、席爾瓦 (Shirva) 與卡拉巴克 (Karabakh) 等地，並放棄對喬治亞的管轄權。喬治亞的國王伊拉克立二世 (Irakli II) 在 1783 年向俄皇凱薩琳宣誓效忠以換取支持其脫離波斯帝國的控制而獨立時，就已經成為了俄羅斯的附庸。俄羅斯在 1825 年向波斯提出要求，希望能擴充其在喬治亞佔領的地區。波斯國王為了要光復喬治亞與亞塞拜然 (Azerbaidjan) 的失土，在 1826 年出兵，拒絕俄國的要脅。俄軍隨即宣戰，且戰爭進展順利，不但擊敗了波

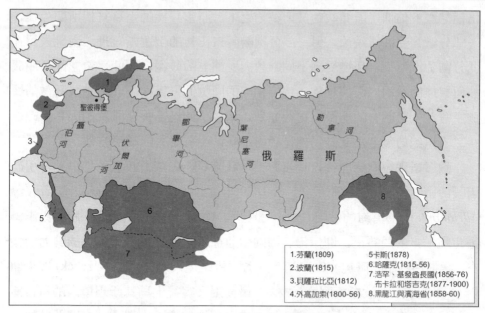

1.芬蘭(1809)　　　5.卡斯(1878)
2.波蘭(1815)　　　6.哈薩克(1815-56)
3.貝薩拉比亞(1812)　7.浩罕、基發酋長國(1856-76)
　　　　　　　　　布卡拉和塔吉克(1877-1900)
4.外高加索(1800-56)　8.黑龍江與濱海省(1858-60)

十九世紀帝俄擴張圖

斯軍隊，並在 1827 年入侵波斯本國。1828 年 2 月，波斯求和，與俄國訂立了
〈特曼查伊條約〉(*Treaty of Turkmanchay*)，除了重新聲明承認喬治亞的獨立
外，並將東亞美尼亞 (East Armenia) 割讓給俄羅斯統治。

　　喬治亞地處高加索山區、崇山峻嶺之處，與外界交通非常不便。尼古拉
為了加強對其統治，命令開築了一條長達一百五十哩的軍用公路，銜接了提
夫立斯與伏拉地卡夫卡茲 (Vladikavkaz)。在當初工程技術落伍且地形困難的
情況下，花費了幾年的時間才完成。俄羅斯軍隊此後長期駐紮於此，隨時征
討喬治亞人的反俄運動。在擴充新疆域、征服非斯拉夫民族的過程中，使得
俄羅斯文化在接觸到不同民族的語言與文化之後，逐漸多元化，促使文學的
創作獲得了新穎的題材，充滿了創造性的生命感。普希金的《高加索的俘虜》、
列爾蒙托夫 (Mikhail Lermontov, 1814–1841) 的《現世英雄》與托爾斯泰的《哈
吉穆拉特》(*Hadji Murat*) 都是以高加索為背景的作品。

　　俄羅斯與波斯在 1828 年的條約中，將完整的亞美尼亞與亞塞拜然地區，
分裂隸屬於兩個宗教信仰不同的統治者下。亞美尼亞人信仰基督教，東區居
民在這個條約割讓給俄羅斯後，受到了基督教東正教會的保護；其餘居民則

仍然隸屬於信仰伊斯蘭教的波斯統治之下。亞塞拜然的土耳其伊斯蘭教徒，一部分繼續受波斯統治，另一部分則轉歸東正教的俄羅斯管理。兩地人民在此分割的狀況下，都遭受到不同宗教與民族上的歧視，因此，希望能掙脫異教與異族的統治，而與種族、信仰相同的同胞們聚集在一起。這股狂熱的民族主義在聖戰觀念的煽動下更行激烈，造成了此地區長期戰亂的因素。即是在二十世紀的後半，此地仍然是動盪不安，沒有妥善的解決方法。

俄羅斯取得喬治亞後，直接與土耳其臨界。俄羅斯故意製造事端，引起兩國的衝突。土耳其被擊敗後，於 1829 年簽訂〈亞德里諾堡條約〉(*Treaty of Adrianople*)，將黑海的波隄 (Poti) 與阿納帕 (Anapa) 割讓給俄國。尼古拉漸漸穩定高加索的局勢後，開始沿裏海向中亞進展。先是順著哥薩克族勢力的擴充，乘機佔據了哈薩克 (Kazakh) 大草原；然後進入烏茲別克 (Uzbeck) 與土庫曼 (Turkmen)，與波斯與阿富汗交界。最後則又窺視土耳其斯坦境內的科吉斯 (Kirghis) 與塔吉克 (Tadzhik) 等地，並進而到達鄰近天山與大清帝國西北的邊陲。俄羅斯在中亞擴充的迅速與成功，促使英國感到它必須要盡快採取預防的對策，以保護在印度殖民的經濟利益。

2.向東發展

俄羅斯在向中亞地區擴充的同時，並沒有忽略繼續其穿越烏拉山脈，向西伯利亞屯殖及向太平洋海岸躍進的政策。尼古拉一世努力在遠東擴張的結果，終於使得俄羅斯兼併了滿清在西伯利亞東部的領土，成立了濱海省 (Maritime Province)。

從十六世紀的伊凡四世開始，俄羅斯就向西伯利亞各地探險，逐漸建立了開礦、冶金等工業與獵取皮毛的商業基地。壟斷西伯利亞礦冶與皮毛貿易的斯特拉格諾夫 (Stroganov) 家族及哥薩克族，在 1583 年突擊西伯利亞地區的錫伯汗國，並將之佔為己有，奠定了殖民西伯利亞西部的基地。大批探險者與商人隨之湧入。他們順著西伯利亞境內葉尼塞 (Yenisei) 與勒那 (Lena) 河的流向，繼續向各地發展。有的哥薩克商人已經跨越西伯利亞到達了鄂霍次克海海濱；有的沿河道向北航行，抵達了北極海；更有的甚至遠行到達以後被稱為白令海峽處探險。這些地區本來就是未開發的處女地，當地居民生活

原始，因此，俄羅斯的探險者就在幾乎毫無阻擋的情況下，建立了殖民與通商的據點。十七世紀的中期，西伯利亞的俄商與哥薩克族，沿著河流及貝加爾湖 (Lake Baikal)，逐漸到達了滿清疆域之內的黑龍江上游，建築城堡。1689年中俄的〈尼布楚條約〉劃分兩國疆界，並規定雙方商人的貿易事項。俄羅斯向東的擴允在此遭受到了第一次的挫敗。其後 1727 年，兩國再簽訂〈怡克圖條約〉(*Treaty of Kiakta*)，重新劃分邊界及規定通商與互市的各項問題。

　　為了要向太平洋岸擴充，俄羅斯特別重視研究該地的地形與航行河道狀況。彼得大帝在結束了「大西北之戰」後，就在 1725 年命令在俄政府服務的荷蘭後裔白令 (Vitus Bering, 1681–1741)，率領探險隊向東前往鄂霍次克海域探測航道。他花了兩年的時間才將所有的裝備與食物跨越西伯利亞到達鄂霍次克海岸，隨即在此建造船隻，到了 1728 年，開始由堪察加 (kamchatka) 半島的南岸向北航行，經過風浪滔天的海峽、也就是以後根據他名字命名的白令海峽，希望最後能到達美洲。雖然此行沒有成功，但在 1740 年的另一次航行中，他終於完成了抵達美洲的目的。他的團員們繼承著他沒有完成的遺志，繼續沿太平洋探險，最後甚至在美洲大陸建立了基地。俄羅斯與哥薩克的商人於 1797 年在美洲組織了「俄羅斯─美利堅公司」（簡稱「俄美公司」），從事販賣皮毛的貿易。其貿易的範圍廣達歐亞各地，並遠及中國。

　　滿清帝國在 1830 年代遭到列強的侵擾，因此無法兼顧東北疆域，俄羅斯乃乘機更積極向其鄰近的西伯利亞及太平洋岸發展。海軍少將普提雅廷 (E. V. Putyatin, 1803–1883) 在 1842 年中英鴉片戰爭結束後，曾向沙皇獻計派遣探險團前往黑龍江口偵察，與中國重新劃分太平洋岸的疆域界線。外相納索羅德勸以謹慎為主，尼古拉才沒有立刻採納他的建議。不過到了 1848 年，他任命尼古拉‧穆拉夫耶夫 (Nicholas Muravyov, 1809–1881) 為東西伯利亞的總督，開始積極探測黑龍江下游地區與水道。1849 年 2 月，沙皇並成立特別委員會，命令納威爾斯寇伊 (G. I. Nevelskoy, 1813–1876) 統籌該地區探險事宜。納威爾斯寇伊於當年 8 月航抵河口，並經由海峽來回庫頁島與大陸之間，終於解決了在地理上庫頁島是否與大陸銜接的爭議。俄羅斯在中俄邊境上繼續兼併領土及搶奪通商特權的侵略行為，要留待因擴充進入地中海所引起的克里米亞戰爭失敗後，才更積極進行，並大有斬獲。

　　納威爾斯寇伊探查黑龍江河口完畢後，決定在此建築基地。外相納索羅德恐怕此舉會激怒滿清政府而不允許；但沙皇在「俄羅斯的國旗一旦升空之後，不得降落」的原則下，支持納威爾斯寇伊的舉動。納威爾斯寇伊乃於 1850 年 8 月 13 日，在該地正式建築了城堡。為了紀念沙皇的支持，特命名為尼古拉堡 (Nikolayevskii Post)。1853 年，俄羅斯政府將庫頁島隸屬於東西伯利亞總督管轄之下，委託「俄美公司」派遣代表治理庶務。

　　俄羅斯的探險船隊在普提雅廷將軍的率領下，幾度臨近日本的海域，並曾在 1853 年到達長崎港要求通商而被拒絕。俄羅斯見到 1854 年日本江戶幕府與美國培立 (Matthew Perry, 1794–1858) 海軍大將簽訂〈神奈川條約〉之例，向日本幕府要求同樣的待遇。江戶幕府在被逼迫下，不得不答應。

3.與鄂圖曼土耳其帝國的關係

　　俄羅斯雖然向亞洲的東部繼續發展，但其在歐洲與英、法、普魯士的關係及與鄂圖曼土耳其帝國的傳統衝突，仍是它最關懷的外交問題。尼古拉繼承了亞歷山大一世的保守外交政策，不惜以武力為干涉的工具，阻嚇任何威脅歐洲穩定秩序的行為。在他看來，法國在 1830 年與 1848 年的兩次革命，都只不過是 1789 年革命失敗後的死灰復燃，一定要毫不猶疑地加以撲滅。他真像是個憲兵一樣，在歐洲各地忙於執行維持秩序的責任。最使他注意的仍然是波蘭。

　　由法國中產階級在 1830 年發動的七月革命，主要是反對維也納會議所決定強行恢復的舊秩序與傳統。事起之後，歐洲各地紛紛響應。同年 11 月，波蘭的民族主義分子受其鼓舞，也在首都華沙起義，反對俄羅斯的統治。波蘭軍隊與民眾在高漲的愛國情緒下，處處挫敗駐守的俄軍。俄國總督君士坦丁大公，因事出突然，措手不及，無法控制波蘭情勢。尼古拉獲訊後立即派遣大軍，由帕斯克威其 (Paskevich, 1782–1856) 將軍率領進攻波蘭。在無法獲得農民大眾的支持下，波蘭的革命運動隨即被擊敗，替波蘭帶來了另一次悲劇。

　　亞歷山大一世曾經在 1815 年頒布保障波蘭自由的憲法。其中允許波蘭可以擁有兩參院的國會，可以每兩年開會一次；規定波蘭文為當地的法定語言；保障人身與出版的自由；波蘭的官員由波蘭人擔任；波蘭並可以擁有一支四

萬名的軍隊。鎮定了 1830 年的革命後，尼古拉一世任命帕斯克威其為波蘭的總督，改採取高壓的政策。1815 年的憲法被 1832 年重新制訂的「基本律令」(Organic Statute) 所替代。表面上，它保留了 1815 年憲法中給予波蘭人民的所有自由；實際上，尼古拉以此法令為掩飾，嚴格地實行俄化政策，將俄羅斯的專制政體與文化，強加諸波蘭人民之上。俄文被強制成為了法定語言，他命令波蘭的學校，此後全部隸屬於俄羅斯的教育部管轄之下，從小學就開始教授俄文，散播波蘭民族主義的作品一律禁止出版。為了處罰天主教會積極支持 1830 年的革命運動，尼古拉下令沒收教會的土地與財產，天主教教士們此後也像東正教教士一樣，領取政府規定的定額薪俸，成為了政府機構中的另一種官僚人員。俄羅斯政府在 1839 年取消了波蘭的國家議會；1850 年，兩地的關稅合併統一，波蘭正式成為了俄羅斯帝國的一部分。

　　俄羅斯在波蘭與其他歐洲地區的軍事行動，主要是藉打擊新勢力的興起，以達到維持舊秩序與安定秩序的目的。不過尼古拉對鄂圖曼土耳其帝國的外交政策，則一反其維持均勢的原則，積極支持其境內斯拉夫與希臘民族反伊斯蘭教、推翻鄂圖曼土耳其統治的各種運動。希臘民族雖非斯拉夫族，但其宗教信仰與俄羅斯的東正教，源出一支；加以希臘民族在法國大革命後，因民族主義高漲，要脫離鄂圖曼土耳其統治的獨立運動，正迎合了俄羅斯的利益。因為假如希臘革命成功，則會導致鄂圖曼境內其他民族響應、發動類似的運動，而嚴重削弱其國勢。如此一來，俄羅斯在黑海與地中海地區擴充的機會，就會減少許多壓力。俄羅斯對於希臘反鄂圖曼土耳其的革命運動，不但不反對，反而極力推動，盼望其能早日成為事實。

　　英國的外交政策，是維持鄂圖曼帝國的現狀，以保障它在地中海的商業利益。尼古拉為了避免因希臘的革命運動，演變成為俄、土之間的戰爭，而導致英國最後干預的危機，乃接受了英國外相威靈頓 (Wellington, 1769–1852) 的建議，於 1826 年 4 月簽訂〈聖彼得堡草約〉，共同維護鄂圖曼土耳其與希臘之間的和平關係。草約中規定希臘必須承認鄂圖曼土耳其帝國對其擁有的宗主權，鄂圖曼則答應改革對希臘的統治政策。

　　條約簽訂後，鄂圖曼土耳其的皇帝瑪穆德二世 (Mahmud II, 1784–1839) 於 1826 年派遣埃及總督默廮特・阿里 (Mehmet Ali, 1769–1849) 之子伊布拉

希穆・帕沙 (Ibrahim Pasha, 1789–1848) 率領埃及軍隊進入希臘。埃及軍隊是
鄂圖曼帝國中最精銳的武力，希臘情勢岌岌可危。俄羅斯、英國、法國於 1827
年 7 月，簽訂〈倫敦條約〉，化解希、土之間的衝突。其中規定，若兩者在三
十日內拒絕同意停戰協議，三國將盡一切力量促成雙方到達此目的。〈倫敦條
約〉其實是英國怕俄羅斯單獨出兵協助希臘，迫使其不得不與鄂圖曼作戰而
採取的預防性消極政策。希臘接受〈倫敦條約〉的約束；鄂圖曼則斷然拒絕。
英、法海軍 1827 年 10 月 20 日聯合行動，摧毀了埃及停泊在那瓦里諾
(Navarino) 的艦隊。鄂圖曼皇帝接獲埃及海軍兵敗的消息後，更強化其不妥協
的態度，並以聖戰 (Jihad) 的名義號召伊斯蘭教徒繼續抵抗異教徒的侵略戰
爭。英國的威靈頓公爵新任首相之職，認為要保持英國在地中海的利益，需
要鄂圖曼土耳其的合作，因此堅決反對英國政府直接介入希臘與鄂圖曼的衝
突。尼古拉沙皇則斷然採取以武力援助希臘的強硬政策，展開了「俄土戰爭」。
俄國海、陸軍於 1828 年 5 月，在巴爾幹半島與外高加索兩地同時發動軍事攻
擊。海軍駛入達達尼爾海峽，直接威脅伊斯坦堡的安全；陸軍則跨越多瑙河
下游，進攻都布如加 (Dobruja) 地區，奪取黑海西岸的瓦納 (Varna) 港口，最
後侵佔了亞德里諾堡。鄂圖曼土耳其在 1829 年 8 月 14 日被迫求和，簽訂了
喪權辱國的〈亞德里諾堡條約〉。根據這條約，土耳其須付為數一千萬「杜卡
特」(ducat) 的賠款，賠償俄羅斯因戰爭而損失的商業利益。此外，俄羅斯不
但擴充了在喬治亞佔領的面積，也成了莫達威亞與瓦拉其亞兩地的保護國。
塞爾維亞與羅馬尼亞 (Roumania) 在此條約中獲得自治，但必須承認土耳其的
宗主權。俄土兩國雖仍以普魯斯河為界，不過多瑙河下游的商業，從此由俄
羅斯壟斷。土耳其政府也將其境內俄羅斯人民的管轄權，直接交由俄羅斯的
領事處理，開始了治外法權 (extra-territoriality) 的惡例。

　　「俄土戰爭」本是希臘獨立運動所引發。俄羅斯出兵攻擊鄂圖曼帝國時，
法國也在 1828 年夏，乘機派軍進入希臘，擊敗了伊布拉希穆・帕沙屬下的埃
及駐軍。鄂圖曼土耳其帝國在俄軍與法軍雙重攻擊下，只得 1830 年同意與俄、
法、英三國簽訂〈倫敦草約〉，正式承認希臘獨立。希臘獨立後的第一位國王，
是俄皇尼古拉強烈堅持的卡波地斯特里亞斯 (Capodistrias)。卡波地斯特里亞
斯是希臘人，但與俄羅斯的關係非常密切。他從 1809 年起便在俄羅斯政府服

務；1815 年時，曾代表俄國出席維也納會議。此後，他協助亞歷山大一世的外相納索羅德辦理外交事務。卡波地斯特里亞斯即位後次年，被謀殺而死，虛懸的王位，一直到 1833 年，才由巴伐利亞的歐托王子 (Prince Otto) 前來填補。

　　俄國在簽訂〈亞德里諾堡條約〉之後，對鄂圖曼帝國的外交政策，作了一個徹底的改變。尼古拉從鼓勵巴爾幹半島民族運動以毀滅鄂圖曼土耳其帝國的角色，忽然轉身一變成為它的維護者。因為他感覺到其他在鄂圖曼帝國中獨立的小國，必會在英、法的支助下團結起來，形成遏止俄羅斯在巴爾幹半島上繼續擴張的聯盟。反之，俄羅斯若是能保障鄂圖曼土耳其的現狀，防止其繼續衰退，不但可以穩定巴爾幹半島騷動不安的局勢，更可藉此取得鄂圖曼政府的感謝。因此，他覺得與鄂圖曼土耳其帝國合作，採取和平與緩進的方式，俄羅斯可以在此地有繼續擴張勢力的空間。

　　俄羅斯支持鄂圖曼土耳其帝國的新政策，在 1832 年鄂圖曼與埃及的糾紛中，首度表現。鄂圖曼與埃及的交惡，可以回溯到 1826 年開始的希臘獨立運動。鄂圖曼國王瑪穆德曾在 1826 年派遣埃及總督默廉特·阿里與其子伊布拉希穆·帕沙出兵希臘鎮亂。出兵前，瑪穆德曾允諾事成之後，將敘利亞割讓給埃及以為酬謝。希臘獨立後，瑪穆德未曾實現諾言。阿里乃在 1832 年，逕自率軍佔領敘利亞，強迫鄂圖曼政府承認已成立的事實。在鄂圖曼政府拒絕接受後，阿里繼續向鄂圖曼土耳其帝國心臟地帶的小亞細亞進攻，並直接威脅伊斯坦堡的安全。由於事出突然，鄂圖曼政府無力應付，只得向外國求援。法國因從拿破崙時起，就與埃及有密切的友好關係，因此婉拒了鄂圖曼的請求。英國當時，正逢國內議會大改革的爭議，無暇外顧，也難像以前一樣地支援鄂圖曼。唯一可以依靠的，是態度逐漸友善的俄羅斯政府。

　　尼古拉接受鄂圖曼的邀請，在 1833 年 2 月 20 日派遣艦隊駛往伊斯坦堡。法國見狀大驚，對鄂圖曼政府請求俄援之事提出抗議。廉特·阿里與伊布拉希穆·帕沙見俄羅斯出動海、陸軍干涉，知道難成大事，乃與鄂圖曼政府在 1833 年 5 月簽訂和約，埃及獲取了敘利亞的統治權。當阿里與帕沙開始撤兵終止戰爭時，俄羅斯與鄂圖曼政府祕密協商兩國此後互相合作的計劃。1833 年 7 月 8 日，兩國簽訂了〈恩克爾斯克勒斯 (Unkiar Skelessi) 條約〉。根據條

約的規定，若經鄂圖曼土耳其政府的邀請，俄羅斯願意出兵援助其解決境內的危機；又若當俄羅斯正式提出請求時，鄂圖曼土耳其政府應關閉兩海峽，禁止其他外國武裝船隻進出。俄羅斯在條約中也特別強調尊重鄂圖曼土耳其帝國領土的完整性，並強調若其帝國面臨崩潰威脅時，兩國當採取集體行動，共同阻止其發生。條約的有效期限到 1841 年為止，屆時可以續約。俄羅斯採取友好的外交政策，使其在鄂圖曼帝國危機時，成為了最重要的依賴；相對的，俄羅斯也因此助長了它對此地區的影響力。〈恩克爾斯克勒斯條約〉公諸於世後，英法等國譁然抗議，設法使條約到期時不再繼續延長。

尼古拉認為要保持巴爾幹半島的均勢，除了維護鄂圖曼土耳其帝國的繼續存在外，也必須要與奧地利合作。他認為從 1830 年的法國革命後，歐洲君權神授的舊體制，在各地都受到挑戰。為了要防止革命風潮繼續傳播，以免其伸延到俄國境內，只有與其他兩個也是君主專制的國家合作，它們就是奧地利與普魯士。奧地利的首相梅特涅，有鑑於英、俄兩國曾在希臘問題上合作，威脅到奧地利在巴爾幹半島上的利益，有意離間兩者的關係。就在〈恩克爾斯克勒斯條約〉簽訂後的兩個月，尼古拉與奧皇法蘭西斯一世及普魯士的王儲威廉於 1833 年 9 月在孟城格拉茲 (Munchengraetz) 會議。會後，俄、奧兩國簽訂〈孟城格拉茲密約〉，約定兩國除了保證尊重鄂圖曼土耳其帝國領土的完整性外，又若當鄂圖曼帝國無法遏止本身瓦解的危機時，兩國也必須互相合作，在該區域創造有利兩國的新均勢秩序。

尼古拉的政策雖然拉攏了奧地利，共同維護歐洲的君主制度。不過這個新政策，卻在無形中削損了俄羅斯在鄂圖曼土耳其帝國問題上的主導者優勢。依據〈恩克爾斯克勒斯條約〉的規定，俄羅斯是鄂圖曼土耳其帝國領土完整性的維護者，當其有危機時，也有出兵協助的義務。但在〈孟城格拉茲密約〉中，俄羅斯卻將這些特權與奧地利同享，促使此後俄羅斯的政策，間接地受到奧地利的牽制；而其欲獨佔鄂圖曼帝國瓦解後的利益，也因此條約要與奧地利分享。

埃及總督默麇特・阿里一直是導致鄂圖曼帝國秩序不穩定的主要因素。他的目的是要以埃及為主，兼併敘利亞等領土後，成立一個以阿拉伯民族為主的阿拉伯帝國，以與土耳其民族的鄂圖曼土耳其帝國相對抗。他與兒子伊

布拉希穆・帕沙在 1839 年在法國的協助下，再度起兵攻打鄂圖曼土耳其帝國，土耳其守軍在納茲布 (Nezib) 被擊敗，情勢危急。俄羅斯恐鄂圖曼帝國有可能被瓦解，乃急促與英國合作，共同協助鄂圖曼帝國，對抗法國支持的埃及。但是英國與法國的關係，因為在埃及利益的衝突，從合作轉為疏離後，恐無暇他顧，因此對尼古拉的呼籲在起初並不積極。尼古拉逐漸感覺到俄羅斯勢力孤單，難憑其一國之力維護鄂圖曼帝國領土的完整。不過，俄、英兩國利益仍是比較相近，最後乃開始對鄂圖曼土耳其的問題採取同一立場的政策。尼古拉在 1839 年 9 月派布魯諾夫 (Brunov) 伯爵為特使，到倫敦討論有關鄂圖曼土耳其帝國的問題。為了取得英國的信任，布魯諾夫伯爵建議列強應該支持在和平時不得允許任何外國戰艦駛進鄂圖曼土耳其所擁有的兩海峽政策。他並保證說，假如俄羅斯戰艦為了要支援鄂圖曼土耳其攻打埃及叛軍而必須要通過博斯普魯斯海峽的話，這只是權宜之舉，絕不會成為永久的行動。英國首相巴麥斯騰 (Palmerston) 回答說，假若俄羅斯在不得已的情況下，非得行駛博斯普魯斯海峽的話，則英國也有權在相同的情況下，航行達達尼爾海峽。兩國來回交涉的結果，終於獲得協議。巴麥斯騰建議，除了英、俄之外，也應邀請奧地利與普魯士共同保證鄂圖曼土耳其帝國領土的完整。四國代表在 1840 年 7 月 15 日，集會於英國的倫敦，簽訂了〈倫敦公約〉(London Convention)，強迫阿里接受。阿里認為該條約對他所列的條件與限制過於苛刻，拒絕接受。四國乃採取聯合軍事的攻擊，不但擊敗了阿里在埃及的根據地，也收復了他曾佔領的敘利亞，更徹底破壞了阿里要建立阿拉伯民族的阿拉伯帝國計劃。

　　法國見大勢已去，最後也參加了四國的「倫敦公約組織」。五國在 1841 年 7 月 13 日，召開「海峽會議」(Straits Convention)，討論列強與鄂圖曼土耳其帝國之間的關係。會議中最重要的決定，是與會各國重申維護鄂圖曼土耳其帝國領土的完整性，任何外國戰艦在和平時都不得進入兩海峽的協議。該項決議使得鄂圖曼帝國擺脫了〈恩克爾斯克勒斯條約〉俄羅斯壟斷兩海峽的特權。在國際性的允諾上，鄂圖曼土耳其領土的完整性、兩海峽的安全，才受到真正的保護。原本要在 1841 年續約的〈恩克爾斯克勒斯條約〉，因為「海峽會議」的決定，失去了繼續存在的價值，到此終止。

　　尼古拉對於「海峽會議」的協議，並不十分滿意。雖然鄂圖曼土耳其政府承諾在和平時會關閉兩海峽，禁止外國戰艦駛入；但戰爭或危急狀況時，是否也是如此，則並未明文規定。比如鄂圖曼因境內革命造成危機，或俄、土兩國再度發生戰爭需要外力協助時，鄂圖曼竟可以允許外國戰艦由此駛入黑海，直接威脅到俄羅斯的安全。尼古拉認為防患未然，俄羅斯必須要在黑海維持一支強大的海軍以為自保。不過建立強大的俄羅斯海軍，又一定會引起鄂圖曼帝國的猜忌，促使其依賴英國海軍的保護。為了避免因鄂圖曼土耳其帝國境內的民族運動，引發國際的衝突，進而破壞了巴爾幹半島均勢的危機，尼古拉希望能盡早在國際上獲得處理此問題的共識，以免事到臨頭而措手不及。他在 1843 年的 9 月，首先在華沙與前駐聖彼得堡的奧地利公使非克括芒特 (Ficqulemont) 數度會晤，說明一旦鄂圖曼土耳其帝國崩潰時，俄羅斯除了希望取得羅馬尼亞等土地外，別無他求。俄羅斯不會佔據伊斯坦堡，同時也不願意英國擁有它，但若奧地利對其先加以佔領，則不反對。奧地利首相梅特涅認為尼古拉的動機模糊，拒絕合作。因此尼古拉決定於 1844 年 6 月親自訪問英國，試探英國政府的反應。

　　尼古拉在英國訪問時，除了受到維多利亞女皇的禮遇外，並與首相羅伯特・庇爾 (Robert Peel, 1788–1850) 及外相阿伯丁 (George Aberdeen, 1784–1864) 多次商討有關鄂圖曼土耳其帝國情勢的問題。雙方都公開承認應該盡可能維護它的存在；不過在它滅亡到來的那一刻時，兩國必須共同諮商如何對付之策。尼古拉曾坦然的說：「土耳其已是一垂死的病人，我們應該盡力幫助他活下去。但是他即將、也一定會死亡。對這件事，除了法國以外，我不擔心其他任何國家。我們應如何避免讓靠近火焰旁的上噸軍火著火呢？我們必須很理性地考慮，嘗試去獲得公正與誠實的諒解。」❷英國對此默然同意。在場的俄羅斯駐英大使布魯諾夫特將雙方會話內容登錄在備忘錄中。英外相阿伯丁事後曾致函俄羅斯外相納索羅德，肯定備忘錄記載的正確性。尼古拉對鄂圖曼土耳其帝國前途，一方面既要維持其繼續存在，另一方面則同時又要瓜分其領土的建議，其實是一個互相矛盾的政策。英國政府模稜兩可，其對來回公文與備忘錄中記載內容默認的態度，卻被尼古拉認為是對他政策的

---

❷　Bernard Pares, *A History of Russia*. New York: Alfred A. Knopf, 1964, p. 352.

贊同，具有法律上的效力。因此他堅信縱然英國內閣會改組，會施行不同的外交政策，英國對俄羅斯的承諾，絕對不可能有任何的改變。尼古拉的期望，最後終將破滅。

　　對於如何應付鄂圖曼土耳其帝國隨時可能崩潰的危機，在尚未獲得滿意的解決方案時，另一場革命又於 1848 年 2 月在法國爆發。雖然尼古拉對路易‧腓力普 (Louis Phillipe，1773–1850；法王 1830–1848) 被推翻感到欣喜，因為他認為路易‧腓力普是破壞法國合法波旁王朝的始作俑者，早就應該被推翻。不過這號稱二月革命的事件，也肯定了他一直都堅持的信念。這就是被撲滅的法國革命，會以各種不同的方式，死灰復燃地隨時再度發生。他在這場法國革命發生後，立刻動員了數千名士兵，準備向萊茵河進軍。法國革命的傳播速度驚人，在尼古拉要採取軍事行動以前，就已經蔓延到了同為君主政體的奧地利與普魯士。兩地的革命分子，積極推動制憲與改革的運動。象徵歐洲保守勢力的奧地利首相梅特涅，在 1848 年 3 月 13 日被迫去職。同月 18 日，柏林城內有革命暴動，腓特烈‧威廉四世答允改革。緊接著，類似的革命也在義大利各地展開。波蘭革命分子也起義響應。尼古拉扮演著維持歐洲秩序的憲兵角色，出兵到各地，期望能鎮壓革命。在他的軍事協助之下，波蘭屬於奧地利與普魯士境內的革命運動都被擊敗，俄屬波蘭則未響應革命。羅馬尼亞境內的莫達威亞與瓦拉其亞都有革命的運動，但在俄軍的干預下先後失敗。1849 年，奧地利帝國中另一成員匈牙利境內，也發生了革命。奧皇在無可奈何的情況下，只好邀請俄軍共同平亂。匈牙利的革命領袖路易‧科蘇士 (Louis Kossuth, 1802–1894) 失敗後，逃亡到鄂圖曼境內獲得庇護。奧地利與俄羅斯聯合要求將他引渡失敗，不惜進軍前往搶奪，鄂圖曼乃請求英國協助。英國派遣海軍進駐貝斯卡 (Besika) 港，一場國際性的戰爭，可能一觸即發。尼古拉綜觀大局後，認為不必為此小事觸怒英國，主動撤銷以武力強迫引渡科蘇士的恐嚇，才轉緩了對立的危機。

六、克里米亞戰爭

　　俄羅斯在近東的激進外交政策，威脅到鄂圖曼土耳其帝國的生存，破壞

了該地區列強的微妙均衡關係。英、法兩國在這個情況下，終於拋棄了兩國外交上的長期抗爭，在 1853 年採取聯合軍事行動，共同遏止俄羅斯在黑海地區的過度擴張。這就是克里米亞戰爭，也是一場歐洲在長達幾近四十年和平秩序後，列強之間的第一次戰爭。它徹底摧毀了奧地利梅特涅首相在 1815 年維也納會議中所主導，賴以維持歐洲均衡秩序的「歐洲協調」政策。矛盾的是：俄羅斯自亞歷山大一世起，就是「歐洲協調」最有力的支持者，亞歷山大甚至不惜採取軍事干涉的方式達到此目的，繼任的尼古拉態度更是積極，他為了要保持歐洲的均衡秩序，不惜以俄羅斯一國的力量，獨自擔當這沉重的任務。但破壞「歐洲協調」的，卻也正是俄羅斯。究其因，主要是它對於鄂圖曼土耳其帝國的外交政策，違反了保持現狀，一反常態地支持希臘的獨立革命及慫恿巴爾幹上斯拉夫的民族運動所造成。

　　早在凱薩琳女皇將俄羅斯領土向黑海地區擴充時，俄羅斯與鄂圖曼土耳其帝國的關係，就變得非常錯綜複雜。法國大革命所引起的民族主義，促使鄂圖曼土耳其帝國中非伊斯蘭教、非土耳其的斯拉夫與希臘民族，紛紛要求獨立或宗教信仰的自由。身為斯拉夫族，且是東正教信仰人數最多，又與其鄰界的俄羅斯，在經濟利益的考量與泛斯拉夫主義的煽動下，儼然成為該帝國中斯拉夫民族的代言者。不過俄羅斯對鄂圖曼土耳其的政策經常互相矛盾，很難前後一致。因為它一方面希望能利用協助巴爾幹半島上民族運動的機會，迫使鄂圖曼政府接受有利俄羅斯、尤其是包括兩海峽航行權的各種要求；但另一方面則擔心該地民族運動成功後，在巴爾幹半島上新成立的斯拉夫國家，反而會結盟形成反俄羅斯大斯拉夫主義情結的團體，損害其利益。因此俄羅斯對鄂圖曼土耳其帝國的政策，總是因循國際局勢的變化隨時調整。從先要摧毀它，漸漸變為支持它，最後則又是等待時機成熟時，將以瓜分。俄羅斯同時也深深了解到，當鄂圖曼土耳其認為其黑海利益受到損失，無法防守伊斯坦堡時，必會向英國求援以牽制其擴張。俄羅斯在處理鄂圖曼土耳其帝國的問題時，必須要考慮英國的立場。因此之故，俄羅斯先是向英國建議，兩國應盡可能合作，維護鄂圖曼土耳其帝國繼續生存；倘若它實在無法避免崩潰的悲劇，至少它們兩國可以預先安排，如何瓜分它的領土與財富。尼古拉在 1844 年訪問英國時，就正式提出了瓜分鄂圖曼的想法。英國的首肯，被尼

古拉認為是支持他意見的表示。至於鄂圖曼土耳其帝國究竟何時會壽終正寢，
兩國則有不同的解釋。至少俄國的沙皇尼古拉認為，這個時刻已經在 1853 年
來臨了。

　　尼古拉在 1853 年 1 月 9 日的黃昏，召見英國駐俄的全權大使漢密爾頓・
西穆 (Hamilton Seymour) 時說：

> 土耳其的局勢正陷入一個非常紊亂的狀態之中。這國家的本身，似乎
> 要分裂成碎片，這分裂將是一個極大的不幸。對英國與俄羅斯而言，
> 最重要的是兩國對這些事務一定要先有一個最妥善的良好諒解。即是，
> 雙方的任何一方，都絕對不能在不照會的對方情形下，採取任何一項
> 有決定性的措施。
> 請注意！在我們的懷中，有一個病人，非常嚴重的病人。我很誠懇地
> 告訴你，假如他在這些所有必要措施還沒有被採取前的日子中就逝去
> 的話，這將是一個很大的不幸。不過，現在還不到談這些事的時候。㉓

尼古拉在 1853 年之所以有如此急促感的原因，是擔心 1848 年革命以後的法
國積極參與近東的國際糾紛，可能會削弱俄羅斯在此地的影響力。法國 1848
年革命的受益者拿破崙三世 (1852–1870)，在 1852 年毀壞共和、假借名義稱
帝，建立了第二個帝國。由於他的帝位缺乏合法化的基礎，因此，在內他努
力經營各項改革，在外則必須提高國家在國際上的地位以爭取民心的支持。
結果將關係本來就錯綜複雜的近東問題，變得更是詭譎難測，處理稍一不慎，
便會引起國際性的衝突。俄羅斯與英、法聯軍在 1853 年的克里米亞戰爭，就
在這種情況下慢慢引發而成。

　　法國大革命時的共和政府，禁止了天主教為國教的傳統，並沒收其教產，
強迫教士發誓效忠新政府。但天主教根深蒂固地生存在法國，仍是絕大多數
人民的信仰。為了誰擁有保護耶路撒冷聖地中教堂的特權，天主教廷與東正

㉓　"Semyour to Russian, 11 January 1853." *Correspondence Respecting the Rights
and Privileges of the Latin and Greek Churches in Turkey, 1853–1856*, 8 volumes,
Foreign Office, Great Britain（簡稱 CORR），pp. 1–98. David M. Goldfrank, *The
Origins of the Crimean War*, London: Longman, 1994, p. 1.

教一直進行著激烈的鬥爭。拿破崙三世認為他若能協助天主教取得聖城的保護權，必會得到法國天主教的認同，以強化他政權合法化的基礎。因此他以維護天主教利益的代言者身分，在國內挑動天主教應在聖城有優先權的運動，引發他們的愛國情操。但拿破崙三世涉入耶路撒冷聖地的爭執，不但觸及俄羅斯東正教的禁忌，也攪亂了俄羅斯及鄂圖曼土耳其帝國之間最微妙的均衡關係。俄、土兩國之間的另一次戰爭，就因為法國的介入，演變成為了歐洲維也納會議後的第一次國際戰爭。

　　天主教與希臘正教，為了耶路撒冷城中的各種聖地與聖跡的保護權，遠自十字軍東征時就已經發生，歷經幾個世紀，始終無法獲得兩全其美的善策。身為宗主國的鄂圖曼土耳其政府，一直就不願意陷入這是非難辨的困局。在十九世紀的中葉，由於宗教信仰復興所引起的熱潮，耶路撒冷的地位變得比以前更為複雜。英國的英格蘭教 (Anglican Church) 於 1842 年也在該地設立了一個新主教區。同年，俄羅斯的東正教也成立了巴勒斯坦使節團。1845 年，希臘東正教決定將暫時設立在伊斯坦堡（君士坦丁堡）的耶路撒冷區大主教，遷回耶路撒冷。天主教教宗庇爾斯九世 (Pius IX, 1846–1878) 也在 1847 年派遣了一位大主教，恢復了從 1291 年起就屬教廷管轄的耶路撒冷天主教區。奧地利在 1846 年，用金錢支持當地的聖方濟教會 (Franciscan Order) 出版社，專門印行宣揚天主教教義及鼓動將希臘正教驅逐出聖地的宣傳品。這麼複雜的局勢，就因為 1847 年的一件聖廟貨物遺失案，慢慢發展成為 1853 年的國際戰爭導火線。

　　一個原先安置在耶穌出生地伯利恆的聖廟屋頂上，刻有拉丁文的銀星，在 1847 年的年底忽然消失不見。天主教士認為它一定是被希臘教士偷去，因此群情大譁，要他們立刻交出。不但如此，天主教士們更乘機請求法國政府協助，強迫希臘教士們將其他的東西，甚至包括是聖廟的管轄權，都必須交還給天主教教會。法國政府尚未來得及回答，1848 年的革命已經在國內發生，因此沒有採取任何政策。路易‧拿破崙控制政權之後，便認為這是一個可以利用的好事件。他認為一方面，他可以藉此籠絡法國的民心；另外一方面，他也可以就此介入近東的問題，改善與英國的關係。天主教與希臘正教所爭執的銀星遺失案，到此演變成為俄羅斯、法國、英國如何控制鄂圖曼土耳帝

國角力的關鍵。

在國內特別宣揚東正教信仰的俄羅斯沙皇尼古拉一世，認為他不但有維護希臘正教在耶路撒冷聖地的各種權益，也有保護鄂圖曼帝國境內所有東正教教徒們安全的義務。他曾幾度向鄂圖曼政府強調，早在 1774 年與凱薩琳女皇所簽訂的〈庫楚克─開納基條約〉中，鄂圖曼政府就已經把保護伊斯坦堡東正教教徒的安全權，交託給俄羅斯政府負責。

其實，鄂圖曼政府曾與天主教與東正教，前後都簽訂過許多類似規定基督教在耶路撒冷中擁有及管轄各種聖跡與神廟權益問題的條約。這些條約簽訂的年代相隔甚遠，且條文又常互相衝突，因此爭執與訴訟歷時不斷，都沒有妥善的解決辦法。鄂圖曼土耳其政府也對於這些基督教本身的爭議，抱著任其自然發展的消極態度，不願積極涉入。俄羅斯駐鄂圖曼的公使狄托夫 (Titov)，就勸解法國欲故意藉教產的所有權，將之擴大為政爭一事評論說：「這樣的訴訟案既老舊又複雜，希望能解決它們問題的嘗試從未成功過。因為它們的權狀本身就是既含混又互相矛盾。」俄羅斯另一位駐法國的代表其瑟列夫公爵 (N. N. Kiselev, 1788–1872) 也對拿破崙三世的近東宗教政策甚不以為然。他說這樣的作法，或許能在法國國內贏取天主教選票，不過對於鄂圖曼土耳其帝國及整個地區的和平來說，卻是相當有害。❷❹

俄羅斯外相納索羅德在 1851 年，將沙皇的意旨轉述給駐鄂圖曼土耳其的代表，強調俄羅斯對耶路撒冷的東正教徒有保護的義務，警告他絕對不得允許有任何侵犯其權益的行為。他說：

> 當沙皇看到不論是在聖城中，或其他任何地方教堂中的崇拜儀式，因為受到局外人的煽惑，或因政治目的所造成的傷害與屈辱的時候，陛下就會毫不猶豫、不顧任何犧牲地，擔負起保護相同信仰者的榮耀責任。他會堅持地維護著他們從遠古以來就享有的看管聖墓與優先舉行典禮的豁免權。對這些權益的任何侵害，都不可能不會招致嚴重的懲罰。

❷❹　David M. Goldfrank, *The Origins of the Crimean War*, London: Longman, 1994, p. 79.

尼古拉為了要鞏固東正教在鄂圖曼土耳其帝國中的特殊地位,他在 1853 年派遣了親信亞歷山大‧孟希寇夫 (Alexander Menshikov, 1787–1869) 為特使,與鄂圖曼土耳其政府討論俄羅斯所提出的條件。同時尼古拉並在俄、土邊境部署兵力,作為交涉不成時,一舉佔領多瑙河地區的準備。孟希寇夫的使命,除了堅持鄂圖曼政府必須尊重 1774 年〈庫楚克─開納基條約〉中的各種承諾外,並要求其協助希臘正教解決與天主教在耶路撒冷聖地中的各項爭端。

孟希寇夫以宣揚軍威的方式,乘坐一艘安裝著兩座能發射八十四磅砲彈的大砲,以及八座較小型大砲的蒸汽型巡洋艦,於 23 日到達了伊斯坦堡。在與鄂圖曼總督伏阿德 (Fuad) 的討論中,他首先提出有關耶穌聖基的管轄權與聖墓教堂的圓頂修建問題,他建議鄂圖曼政府應該取消由天主教在此地負責的命令,將其改交給東正教的耶路撒冷主教區全權處理。然後他要求鄂圖曼政府允許俄羅斯在耶路撒冷城的附近建蓋一所行館,由當地的俄羅斯領事管轄。最後,他要求擴充俄羅斯在 1774 年條約中保護伊斯坦堡東正教教徒的特權,使其能包括多瑙河的莫達威亞、瓦拉其亞,與巴爾幹半島上塞爾維亞等地區的東正教徒在內。換言之,若鄂圖曼答應孟希寇夫的要求,尼古拉就能成為鄂圖曼土耳其帝國中,所有東正教教徒的保護者。此外,孟希寇夫更建議鄂圖曼土耳其與俄羅斯簽訂密約,接受俄羅斯保護其領土完整的保證。鄂圖曼總督伏阿德認為俄羅斯要求過甚,假如全盤接受的話,鄂圖曼土耳其帝國將不啻是俄羅斯的附庸,所以斷然拒絕。在俄羅斯的脅迫之下,伏阿德被逼辭職。

尼古拉原以為他曾與英國政府多次討論過鄂圖曼土耳其帝國的問題,雙方對此已經獲得諒解,不會干涉俄羅斯的鄂圖曼政策。因此孟希寇夫的強硬態度,主要是針對企圖染指鄂圖曼的法國而發。而且尼古拉已經決定,一旦鄂圖曼拒絕俄羅斯的要求,即派遣軍隊進攻鄂圖曼土耳其的多瑙河地區。在英國駐鄂圖曼的大使甘寧 (Stradford Canning, 1786–1880,封爵後為 Lord Stradford de Redcliffe) 斡旋下,鄂圖曼政府接受了俄羅斯有關耶路撒冷聖地的各項要求;但對於俄羅斯政府要求保護鄂圖曼土耳其帝國之內所有東正教教徒的建議,則被認為顯然是干涉內政,應斷然拒絕。英、法政府對於俄羅斯與鄂圖曼土耳其締訂密約,並出兵佔領莫達威亞與瓦拉其亞作為要脅之舉,

更不以為然。兩者都支持鄂圖曼土耳其政府採取強硬的態度。孟希寇夫在回報政府的密函中就提出警告說，假如俄國堅持這些要求的話，結果必會導致鄂圖曼與法國的聯盟。不過尼古拉一世心意已定，對孟希寇夫的警告置之不理。孟希寇夫在 1853 年 5 月 21 日，奉令離開伊斯坦堡返國，斷絕了俄、土的外交關係。俄軍隨即在 1853 年 7 月 2 日跨越普魯斯河，佔領羅馬尼亞王國。英國立刻調動海軍前來，抗議俄羅斯挑釁的軍事行為，法國也採取同樣的行動。

為了化解俄、土關係惡化所引起的國際危機，奧地利的首相布歐公爵 (Count Karl-Ferdinand Buol, 1797–1865) 在沙皇尼古拉的默許下，在 1853 年 8 月 1 日公布了「維也納說帖」(Vienna Note)，建議鄂圖曼土耳其政府，除了拒絕將境內東正教教徒的保護權完全交予俄羅斯外，不妨接受孟希寇夫所提出的其他各項要求。布歐的用意，是要將俄羅斯與鄂圖曼兩國之間的衝突，從局部性轉變成為國際化，使得鄂圖曼土耳其帝國不致陷入孤立的情勢。尼古拉願意接受布歐的調停，先暫緩軍事行動，等待鄂圖曼土耳其政府的正式答覆後，再決定此後的行動。英、法與普魯士也同意接受「維也納說帖」，鄂圖曼政府則斷然拒絕，認為它根本沒有化解基本的衝突。布歐調停失敗後，俄、土關係再趨緊張。英國與法國已經漸漸獲得共識，要合作保護鄂圖曼土耳其帝國的安全。

英國在 1853 年初，命令艦隊穿越達達尼爾海峽向伊斯坦堡進駛；法國隨即效法。鄂圖曼土耳其政府有鑑於英、法海軍的出現，對俄羅斯的態度更行強硬。在要求俄羅斯撤退佔領多瑙河地區被拒之後，鄂圖曼土耳其政府在 1853 年 10 月 8 日，正式向俄羅斯宣戰。土耳其軍隊在 10 月 23 日，由土特拉翰 (Tutrakhan) 渡過多瑙河，與俄軍交陣，正式揭開了克里米亞戰爭的序幕。

俄羅斯與鄂圖曼土耳其的戰爭，分別在高加索與多瑙河地區的陸戰，與黑海的海戰同時進行。最重要的一場是 11 月 30 日的西諾普 (Sinope) 海戰。西諾普是土耳其北方的黑海港口，距離東方的伊斯坦堡有三百五十哩，但距南方的克里米亞卻只有一百八十哩。土耳其的總督歐斯曼 (Osman) 在 1853 年的 11 月，計劃派遣土耳其的艦隊駛往伊斯坦堡。他的動機或許是將土耳其的援軍，運輸到多瑙河的戰區；或許是故意以此為餌，導引俄羅斯海軍攻擊後，

逼使英國改變其猶豫的政策，非直接投入戰場不可。俄羅斯政府認為不論土耳其的動機到底如何，它本身龐大的海軍行動，就是對俄羅斯的挑釁。納其莫夫將軍 (Admiral P. S. Nakhimov, 1802–1855) 奉令監視土耳其艦隊的行蹤。他在 17 日發現土耳其的艦隊停泊在西諾普海港，隨即下令封鎖港口，23 日封鎖港口完畢。同時，他令克里米亞艦隊急速前來支援。土耳其的艦隊沒有一艘戰鬥艦，船隻的裝備更是低劣。可以使用的砲彈只有五百二十顆。俄羅斯則有六條主要的戰艦，擁有總數高達七百二十座的機動砲，可以發射爆炸性彈頭。納其莫夫將軍仗著優勢的火力，限令土耳其在一週內投降；當 11 月 30 日限令時期截止到達時，納其莫夫下令開火攻擊土耳其艦隊。在兩小時之內，俄國海軍毀滅了土耳其整個艦隊，殺死二千名土耳其將士。本身除了少數兵士傷亡外，俄羅斯海軍沒有一條船艦受到損壞。英國政府在獲悉後，把俄羅斯的勝利描述成一場大屠殺。國內輿情沸騰，要求政府立刻向俄羅斯開戰。法國的反應也是同樣的激烈。

俄羅斯摧毀土耳其的艦隊，震驚了英國與法國。他們都認為這是俄羅斯真正控制黑海的前兆，一定要立刻加以阻止。英、法兩國政府同時在 1854 年 1 月 12 日，呈遞通牒給俄國外相納索羅德，宣布兩國的艦隊已經通過博斯普魯斯海峽，在黑海中巡弋；2 月 27 日，兩國提出最後通牒，要求俄羅斯在兩個月中，全部撤離佔領多瑙河區莫達威亞與瓦拉其亞的俄軍。尼古拉一世斷然拒絕。英、法於 1854 年 3 月 28 日，正式向俄羅斯宣戰。

尼古拉對鄂圖曼土耳其戰爭的目的，只不過想藉此獲取更多的特權，原本就沒有將之擴大成為國際戰爭的計劃。西諾普海戰的結果，逼使英、法兩國參戰，確實是他始料未及。況且當時在高加索與多瑙河地區的戰役，並不是進行得非常順利；俄國的海軍分駐在波羅的海與黑海兩地，也是勢力分散。黑海艦隊雖然能擊敗土耳其的艦隊，但絕不是英、法兩國聯合海軍力量的對手。除去英、法的威脅外，波羅的海與太平洋兩岸都將可能是其他國家攻擊的對象。尤其是瑞典可能乘機攻打芬蘭，直接威脅到首都聖彼得堡的危急，使得俄羅斯不敢調動各地的軍力，前往赴援。尼古拉雖然表面態度強硬，其實仍然期望能借奧地利的調停，避免與鄂圖曼土耳其、英、法聯盟的正式戰爭。

　　奧地利在英、法向俄羅斯宣戰之後，也逐漸改變以前較祖護俄羅斯的政策。促使其改變的主要原因，是來自俄羅斯佔領鄰近奧地利邊疆、在多瑙河區的莫達威亞與瓦拉其亞等地的隱憂所引起。奧地利深恐俄羅斯佔領此地後，必會將之變為附庸國，轉而干涉巴爾幹半島事務，直接威脅到奧匈帝國在該處的利益。奧地利外相布歐公爵乃乘俄羅斯與鄂圖曼、英、法三國作戰的機會，向尼古拉一世提出處理該地區問題的建議。他要求俄國撤離多瑙河地區的駐軍，由鄂圖曼土耳其與奧地利兩國接管瓦拉其亞，莫達威亞則由奧地利單獨佔領。

　　尼古拉獲悉這些類似的要脅後，非常憤怒，大罵奧地利忘恩負義，出賣俄羅斯對它的忠實友誼。不過出乎意料地，尼古拉在 8 月 8 日接受了奧地利政府的要求，立刻下令撤離多瑙河俄軍。奧地利軍隊隨即進入，佔領了瓦拉其亞。其實，俄羅斯的統帥帕斯克威其將軍，早在 1853 年的 1 月就已經向沙皇建議過，說俄軍在此地是孤軍深入了無進展，應該即速撤離。奧地利在同一天、也就是 8 月 8 日，向俄國政府提出了與鄂圖曼土耳其、英國、法國協商同意的「四點條件」。其中包括：俄羅斯須放棄對於莫達威亞、瓦拉其亞、塞爾維亞三地的保護權，改由歐洲諸國共同保證其安全；維護多瑙河的自由航行權；俄羅斯政府不再堅持要求保護鄂圖曼土耳其帝國中所有東正教教徒的權力，鄂圖曼政府向俄羅斯保證負責他們的安全；最後，為了保持歐洲的勢力均衡，要求俄羅斯能同意修改 1841 年「海峽會議」中的條文。俄羅斯在 8 月 26 日，拒絕了奧地利調停。

　　當奧地利企圖和緩俄羅斯與英、法的危機時，戰事仍然在海陸兩地繼續進行。英、法的海軍巡弋波羅的海，曾經深入芬蘭灣，到達臨近聖彼得堡的克倫斯塔特 (Kronstadt)。雖然兩國知道此地沿海防禦堅固，放棄了攻擊的計劃，但俄羅斯卻深恐英、法的突擊，不敢輕易調動在此駐防的重兵。為數二十萬的大軍與波羅的海的艦隊因此被牽制在此，無法前往支援黑海地區的俄軍。陸地的戰事仍是以高加索與瓦拉其亞地區最為激烈。英、法聯軍在 1854 年 6 月，佔領了保加利亞東岸的瓦納港口為基地，準備對俄羅斯進行大規模的攻擊。但是聯軍一再考慮採取攻佔克里米亞以斷俄羅斯的海軍供應據點，抑或是自黑海東岸的舍卡西亞 (Circassia) 登陸，直接偷襲高加索地區的俄軍，

逼使俄羅斯早日求和，拖延了寶貴的時間。經過多次討論，英、法兩國政府在不顧海軍的反對下，約定採取速戰速決，一舉攻下俄羅斯海軍基地的塞巴斯投波 (Sebastopol) 海港，逼使沙皇尼古拉求和的戰術。鄂圖曼土耳其、英國、法國三國為數六萬的聯軍，在 1854 年 9 月 14 日，從克里米亞西岸登陸，向南推進。孟希寇夫將軍所率領為數相當的俄國守軍，在 20 日被來犯的聯軍擊敗，開始撤逃。

聯軍本擬直接乘勝圍攻防禦非常脆弱的塞巴斯投波海港。但在獲得該港防禦工事堅固，不宜輕取的情報後，猶豫了兩天之後，聯軍採取迂迴的戰術，不直接攻打港北，而繞道從南方進攻。經過了六天的行程，聯軍到達目的地，開始砲擊塞巴斯投波海港。但是聯軍猶豫的兩天，使得俄軍獲得喘息的好機會。在新統帥納其莫夫將軍的領導下，俄軍加強了防禦的工事。為了爭奪塞巴斯投波海港，俄羅斯與英、法聯軍展開了漫長的拉鋸式戰爭。雙方的將士在攻守的戰爭中，都表現英勇，死傷也非常慘重。但是就在這悲慘的戰況中，許多醫護人員自願在戰場中擔負療傷與看護的工作，現代的護士制度在此逐漸發展成形。在英國的，有南丁格爾 (Florence Nightingale, 1820–1910) 女士；在俄國，則是尼古拉弟弟麥可的遺孀伊蓮娜・帕沃洛夫娜 (Elena Pavolovna, 1807–1873) 女公爵。

英、法聯軍久困力疲的兵力，在 1855 年獲得援兵。為了替以後統一義大利作準備，薩丁尼亞 (Sardinia) 王國派遣了一萬五千名生力軍前來。1855 年初，尼古拉一世也獲知土耳其的援軍即將到來，命令俄軍將領克魯勒夫 (K. A. Khrulev) 前往阻擋。但克魯勒夫深知聯軍防範之嚴，猶豫不敢前往。意志已經相當消沉的尼古拉，在得知俄軍毫無進展的消息後，更是沮喪。他在 1855 年 2 月 18 日，含恨以終，由他的兒子亞歷山大二世繼位，繼續這一場將老兵疲的戰爭。

英、法聯軍在 1855 年幾度想攻佔塞巴斯投波海港，都被守軍擊退。亞歷山大二世在 8 月 15 日，命令守軍反攻，也是損失慘重。一萬名俄軍陣亡，聯軍只有兩千人犧牲。聯軍決定在 9 月 8 日再大舉進攻。塞巴斯投波海港在久圍之下，彈藥糧食都在減少，俄羅斯防守士兵的傷亡人數更是日益增加。高查寇夫親王 (Prince Michael D. Gorchakov, 1793–1861) 在 2 月代替陣亡的納

其莫夫將軍，雖然能率眾英勇抗敵，但無法持久對付聯軍猛烈的砲火攻擊。經過兩天的鏖戰後，他下令摧毀所有的軍事設備與彈藥，撤離塞巴斯投波。聯軍終於進佔了這經過長期砲火攻擊，瓦礫遍地的圍城塞巴斯投波海港。俄軍在這場戰爭中犧牲了一萬三千名兵員；聯軍的損失也高達一萬一千人。總計一年來攻擊塞巴斯投波致死的總人數：俄軍，十萬二千人；聯軍：七萬一千人。❷⑤

　　英國在進攻塞巴斯投波海港戰爭結束之後，國內好戰派的巴麥斯騰再度主政，堅持除非俄羅斯立刻求和，否則將繼續作戰，一直要打到將波羅的海與黑海兩處的俄羅斯艦隊全部摧毀為止。奧地利雖然在 1854 年底加入了英、法軍事聯盟，由於顧慮到與俄羅斯交接地區的安全，並沒有派軍正式作戰。但是在聯軍奪取塞巴斯投波海港之後，態度忽然變強。外相布歐在 1855 年的 12 月，向俄羅斯提出最後通牒，要求亞歷山大二世重新考慮他在 1853 年 8 月已經提出過、但被拒絕的「維也納說帖」。布歐在原有的四點要求外，額外增添了兩條。第一，俄羅斯必須將多瑙河與莫達威亞之間的貝薩拉比亞交還給鄂圖曼土耳其帝國。第二，列強保留在和會中提出其他要求的權利。倘若俄羅斯拒絕接受，奧地利將正式對俄宣戰。沙皇亞歷山大二世在接獲這個警告時，就立刻召集緊急會議商討對策。討論結果，都認為俄羅斯經過塞巴斯投波海港戰役之後，已是筋疲力盡無法繼續作戰，更不可能開闢另一新戰場。亞歷山大於是在 1856 年 1 月 15 日，決定接受奧地利所提結束戰爭的六點條件。鄂圖曼土耳其、英國、法國、皮德蒙隨即同意停戰，決定在巴黎集會，討論戰後問題。不過俄羅斯始終無法忘懷奧地利這種近乎忘恩負義的做法，一直等待機會報復。塞爾維亞革命分子在 1914 年 6 月 28 日刺殺奧地利皇儲，引發了第一次世界大戰，其導火線早已經在此埋下了。

　　克里米亞戰爭國的代表們，從 1856 年 2 月到 3 月，在巴黎集會商討如何處理俄羅斯與鄂圖曼土耳其之間與巴爾幹半島上的問題。與會者在 1856 年 3 月 30 日，簽訂〈巴黎和約〉，正式結束了克里米亞戰爭。戰勝國制定〈巴黎和約〉的主要目的，只是要藉國際力量牽制俄羅斯軍事干涉鄂圖曼土耳其帝國內政的獨斷行為，以及削弱它在黑海中逐漸壯大的海軍力量，而並不是故

---

❷⑤　David M. Goldfrank, *The Origins of the Crimean War*, p. 289.

意以割地賠款的方式來羞辱它。因此俄羅斯在戰後，並沒有失去他在歐洲的重要地位。根據條約，俄羅斯同意廢除與鄂圖曼土耳其在 1774 年所簽訂的〈庫楚克—開納基條約〉，取消了它享有保護伊斯坦堡中東正教教徒的特權。鄂圖曼土耳其帝國中的東正教教徒的安全，此後由歐洲各國共同擔保。莫達威亞、瓦拉其亞與塞爾維亞的獨立，也從俄羅斯的單獨保證，改由各國共同負責。和會中列強同意共同保證鄂圖曼土耳其帝國領土的完整性，因此暫時延後了它可能被瓜分而遭受滅亡的危機。鄂圖曼政府也接受列強的要求，立刻改革內政，平等對待境內所有的基督徒，不得歧視巴爾幹半島上的非伊斯蘭教民族，以免刺激民族主義情結，再度引發民族獨立運動，而導致外力干涉之虞。俄羅斯同意將位於瓦拉其亞與多瑙河之間的貝薩拉比亞南方的佔領區，還給鄂圖曼土耳其帝國。多瑙河在國際組織的監視下，成為國際化的區域，所有國家的船隻都可以自由航行。俄、土之間最嚴重，也是英、法等國最關心的糾紛，仍是黑海與兩海峽的通行權問題。在和約中，俄羅斯答應為了維持歐洲的均勢，支持黑海的非軍事化，在和平時禁止所有國家的軍艦自由進出兩海峽。

克里米亞戰爭是許多日積月累的複雜因素所引起，參與諸國事先都毫無準備，但又乏力阻止其發生。總觀其導火線，是由三個互相糾纏的因素所組成。第一，是有關耶路撒冷聖地的糾紛。天主教與東正教從十一世紀十字軍東征後，便為了管理聖地神廟與其他神跡權責，一直爭論不休。但是到了拿破崙三世，為了要提高法國國際地位與鞏固自己的政權，忽然以維護天主教特權為訴求，拉攏國內天主教徒人心，這古老的宗教問題，便演變成為了法國與俄羅斯之間的鬥爭焦點。第二，是孟希寇夫到伊斯坦堡的祕密特訪團。鄂圖曼土耳其政府唯恐俄羅斯的威脅與利誘的雙重政策，會同時干擾其內政與威脅黑海的安全及兩海峽的通行權，因此求救於以英國為主的歐洲列強。為了維持各國在鄂圖曼土耳其帝國內的均勢，英、法、奧地利乃組成軍事聯盟，圍堵俄羅斯的擴充。第三，則是奧地利在 1853 年所召開的維也納國際會議。英、法等國結盟的主要目的，是阻止俄羅斯的繼續擴充，破壞了歐洲的勢力均衡，並非以軍事行動協助鄂圖曼阻擋俄羅斯的攻擊。但是鄂圖曼土耳其獲得國際的支持後，便開始對俄羅斯採取強烈的政策。其艦隊在 1853 年 10

月 30 日的西諾普黑海戰役中被殲滅的結果,才逼使英、法放棄了觀望的態度,正式對俄羅斯宣戰。而此次的英、法聯軍,也是國際秩序重整的一個重要發展。原先為了爭奪殖民地的敵人,互相結成聯盟。兩者的合作,不但決定了克里米亞戰爭的結果。此後英、法聯軍與滿清的戰爭,是兩者另外一個合作的實例。

　　克里米亞戰爭是第一次的現代化戰爭,雙方都使用了當時發明的機械化武器,導致了慘重的損失。根據統計,這場為期三年戰爭中俄國傷亡的人數是四十五萬名;法國:八至九萬人;英國:二萬五千人;義大利(皮德蒙):二千人;鄂圖曼土耳其的傷亡人數,根據不同的統計,則高達二十萬到四十萬人之多。是第一次世界大戰前,死亡人數最多的一次戰爭。❷❻克里米亞戰爭替俄羅斯帶來極大的損失,但是戰場上挫敗的震撼,遠不如其對俄羅斯政治、社會與經濟所造成的衝擊力。戰場上的失敗,只不過是國內危急情勢的反映。這場戰爭徹底暴露了俄羅斯制度的基本缺點。俄羅斯的士兵們雖然英勇奮戰,但是毫無效率的行政、落伍的運輸與補給、過時的武器及其品質,都不可能與西方長期對抗。亞歷山大二世深深警覺到,假如再不實行徹底的改革,俄羅斯會遭遇到另一次、但是卻同樣的結果。❷❼

---

❷❻　David M. Goldfrank, *The Origins of the Crimean War*, p. 289.

❷❼　David Saunders, *Russia in the Age of Reaction and Reform, 1801–1881*, p. 117.

第十三章　亞歷山大二世——解放者

亞歷山大二世 (Alexander II, 1855-1881) 在 1855 年繼承父親尼古拉一世為沙皇時，已經三十七歲了。他即位時就立刻面臨著兩大危機：一是仍在進行的克里米亞戰爭，另一是日漸脅迫社會安定的農奴問題。克里米亞戰爭在 1856 年的巴黎和會中獲得解決。雖然俄羅斯接受了戰敗的事實，但並沒有在國際會議中被戰勝國給予太大的屈辱。農奴制度則累積了長年衍生出來的問題，牽涉到統治階級的傳統經濟政治利益，錯綜複雜，稍一處理不慎，便會動搖俄羅斯的國本。

亞歷山大出生於 1818 年；在 1841 年與赫斯‧達木斯塔德 (Hesse Darmstadt) 成婚，婚後她改名為瑪利亞‧亞歷山卓夫納 (Maria Alexandrovna)，並信奉東正教，夫妻兩人共育有六名子女。他從小就接受了良好的教育。尼古拉一世任命當時最有名的浪漫派詩人瓦西里‧朱可夫斯基 (Vasili Zhukovsky, 1783-1852) 負責他的教育，朱可夫斯基的自由思想深深影響了亞歷山大的成長。在 1835 到 1837 年之間，他又專門向法律專家麥克‧斯波倫斯基 (Michael Speransky, 1772-1839) 學習法律及政治制度。

沙皇尼古拉為了使他了解本國的實情，曾派他到各地旅行考察，親身體驗了許多寶貴的經驗；這對他以後決定要解放農奴，有密切的關連。他又於 1838-1839 年到歐洲旅行，熟悉國際的局勢。在 1841 年他被任命為國家議會與部長委員會的委員，1482 年擔任鋪設聖彼得堡到莫斯科之間鐵路的委員會主席，1849 年繼承他叔叔麥克擔任俄羅斯軍校的校長。在克里米亞戰爭時，他代表尼古拉沙皇，決定統帥的任命權。1855 年父親去世時，他不但學識豐富，而且已經具有了可貴的實際執政經驗，理應駕輕就熟地繼承俄羅斯的帝位，從容處理國內外許多複雜的問題。

亞歷山大像他父親一樣重視紀律與服從，討厭抽象的理論，痛恨花言巧語。與他父親不同的是，他不必依仗威嚴而可以用很自然的親和態度來獲得

別人的尊敬與服從。不過在這親和的面貌背後，卻是另一種不同的多疑性格。他因為缺乏自信，不能相信別人，所以始終沒有一個可以推心置腹、商討問題的人。日後成為無政府主義者、在 1850 年時曾是沙皇侍從團團員的彼得‧克魯泡特金 (Peter Kropotkin, 1842-1921)，就觀察到亞歷山大有嚴重的性格分裂症，在他身上好像有兩個不同的人同時生存著；他們兩者都性格強烈，經常互相廝殺。他可能在一個場合中表現得非常和藹，但下一刻就會顯露出極端暴戾的行為；在面對真正危機的時候，他抱著鎮靜與理性的決斷力，但同時他也一直生活於他腦中存在著許多危機的恐怖感之中。❶

一、廢除農奴制度與解放農奴

亞歷山大一輩子最重要的貢獻，就是廢除農奴制度。他廢除農奴制度的動機相當複雜，攙和著經濟、政治、社會、軍事各方面的考量，而不是基於某單一因素。其中最急切的是經濟與軍事。隨著經濟制度的改變，大地主們感覺到原始的奴隸生產方式，已經無法與追求利潤的市場經濟競爭。小型地主們在大環境的改變下，自己本身的生活也是非常窘迫，更遑論照顧農奴。對他們來說，農奴已經不是生產的工具，反而是經濟上的累贅，希望能早日將他們擺脫。加以農奴們經年累月的叛亂，摧毀了農村的安全秩序，使農耕常無法正常進行，削減了農產量。根據官方的記載，在農奴制度被取消前，十九世紀的農變次數總共有五百五十件。若根據蘇聯歷史學家伊格納托威奇 (Ignatovich) 的統計數字，農民革命的次數則高達一千四百六十七次：分別是從 1801-1825 年的二百八十一件；佔總數的 19%；1826-1854 年共七百一十二次，為總數的 32%；亞歷山大解放農奴前的短短六年中，農變數字竟然高達四百七十四件。因此有些地主們已經漸漸被迫考慮如何採取一個一方面可以改革農奴制度，但同時又能維護本身經濟利益的折衷生產方式。

除此之外，俄羅斯國內外的知識分子所鼓吹的推翻農奴制度運動，風起雲湧的在各地擴散，已經到了威脅沙皇政權存亡的緊要關頭。在國內外主觀與客觀的大環境壓迫下，亞歷山大勢必要盡快解決與農奴制度息息相關的各

---

❶　Peter Kropotkin, *Memoirs of a Revolutionist*, Boston, Mass., 1899, p. 244.

種危機。最後，克里米亞戰爭的失敗，則成為他立即改革農奴制度的導火線。

亞歷山大在俄羅斯即將被英、法聯軍擊敗的危機時即位。他在 1856 年 3 月接受〈巴黎和約〉的停戰宣言中，首度向國人宣布要改革農奴制度的意願。他說，俄羅斯在和約中被迫接受的損失，很快就會被人民在和平的生活中彌補回來。他所謂的和平生活，乃是「每一個人都能在法律下獲得正義與平等的保護，享受到自己努力所爭取到的成果」。❷他這句話的含義，是他要正式解放農奴，使所有的俄羅斯人民在法律中受到同等的待遇。下列所徵引的資料，可以看出十九世紀中葉地主與農奴的比例：

根據 1835 與 1858 年人口調查中貴族與農奴的數字❸

貴族類別	貴族總數	農奴總數	每一貴族擁有農奴比例
1835 年資料			
無莊園者	17,763	62,183	3
擁有 20 名以上者	58,457	450,037	8
擁有 21–100 農奴者	30,417	1,500,357	49
擁有 101–500 農奴者	16,740	3,634,194	217
擁有 500–1000 農奴者	2,273	1,562,831	688
擁有 1000 名以上農奴者	1,453	3,556,959	2,448
總計	127,103	10,766,561	
1858 年資料			
無莊園者	3,633	12,045	3
擁有 20 名以上者	41,016	327,534	8
擁有 21–100 農奴者	35,498	1,666,073	47
擁有 101–500 農奴者	19,930	3,925,102	197
擁有 500–1000 農奴者	2,421	1,569,888	648
擁有 1000 名以上農奴者	1,382	3,050,540	2,207
總計	103,880	10,551,182	

❷ Jerome Blum, *Lord and Peasant in Russia: from the Ninth to the Nineteenth Century*, Princeton, New Jersey: Princeton University Press, 1961, p. 578.

❸ Basil Dmytryshyn, *Imperial Russia: A Source Book, 1700–1917*, Third edition, p. 305.

早在尼古拉沙皇的時代，他就有廢除農奴制度的計劃。經歷了「十二月革命」震撼後就位的他，非常重視禁衛軍兵變的原因。從參與者的證詞中，他獲知十二月黨人事變的目的，就是要藉拒絕宣誓效忠沙皇為由發動政變，進而廢除農奴制度以推行政治、經濟、社會體制的改革。他在親自審訊十二月黨人完畢後，立刻召集祕密會議，商討如何改善農奴們的生活，以避免因民變而產生的國家危機。他在 1842 年與 1847 年，兩度通過立法抑制農奴主人濫用威權，及允許農奴在農莊土地公開拍賣時，可以自己購買人身自由與土地。不過他顧忌過大的改革，會引起地主們的集體反抗，反而替國家帶來更大的災害，因此不敢繼續推動廢除奴隸制度，但亞歷山大二世的這段話立刻震驚了貴族地主階級。

保守派的莫斯科總督扎克列夫斯基公爵 (Count A. A Zakrevsy, 1783–1865) 就代表地主們向沙皇亞歷山大釐清他宣言的真正目的，究竟所指何事。亞歷山大很誠懇地回答說：「諸位紳士們，我知道在你們的圈子中正在流傳著我要毀滅農奴制度的計劃。為了防止有關這個重要問題的各種沒有根據的議論，我認為我有必要讓大家知道，我沒有立刻實行它的計劃。你們當然也很清楚，像目前擁有農奴的情況不可能延續不改。最好的辦法是從上面開始廢除農奴制度，而不是一直要等到非要從下面開始廢除它的時候。我請各位仔細的去盤算，用什麼比較妥善的方法，可以將它完成。請把我的話傳遞給貴族們，好讓他們思考。」❹ 同時他呼籲貴族地主們，盡快提呈改革農奴制度的計劃。

貴族們聆聽了沙皇的談話與要求他們提呈改革農奴制度的建議後，並沒有積極的反應，因為他們認為沙皇在國家面臨戰敗的危機中，不得不故作應付式地發表如此的言論，以平服民心，而不是真正計劃要改變農奴制度。亞歷山大眼見貴族地主們相應不理的態度後，決定不再諮商他們的意見，而逕由政府主動著手草擬改革的計劃。他在 1857 年 1 月，指派了一個以高級官員為主的祕密委員會，制定解放農奴的基本原則。委員們多半出身於地主階級，在會議中多般拖延與刁難，想藉此阻擾改革。一直到沙皇指派他贊成改革的弟弟君士坦丁為主席之後，委員會才在 1857 年 8 月 18 日，提出一個第一是

❹　Jerome Blum, p. 578.

蒐集資料、第二是過渡階段、第三是取消農奴制度的逐步實行方案。計劃中既沒有實行的細節，更沒有規定每一階段實行的時限。委員會中大部分委員抱著虛與委蛇的態度，希望能無限期地拖延改革。

　　正當俄羅斯的地主消極抵抗改革農奴制度時，代表立陶宛省威爾諾 (Vil-no)、格如德諾 (Grodno) 與寇夫諾 (Kovno) 三地的納茲莫夫總督，在 1857 年 10 月晉見亞歷山大沙皇，要求准許當地貴族們能在不給予土地作賠償的條件下，解放農奴。立陶宛地區的地主不是俄羅斯貴族，而耕種土地的農奴卻多數是俄羅斯人民。前幾次農奴受惠的改革，都是以這些地區為主。當地的地主深恐亞歷山大的改革，必會命令他們割讓大批的土地給俄羅斯的農民作為賠償，因此他們寧願自動早日解放農奴，而保留自己的土地。亞歷山大接到他們的請願後，命令內政部長蘭斯寇宜公爵 (Count Lanskoy, 1787–1862) 草擬計劃，交由祕密委員會討論立陶宛的地主們在什麼情形下，可以解放他們的農奴。這個被稱為「沙皇給納茲莫夫的訓令」的建議，經由沙皇在 1857 年 11 月 20 日簽署後，奠定了此後解放農奴的基本政策。

　　根據沙皇給納茲莫夫的訓令，立陶宛的三個省分中的貴族應組織委員會，商討解放農奴的方法與實行的步驟。地主們將被允許可以保持他們的土地所有權，農民們可以暫時居住在他們現居的房屋中；不過，農民們必須在約定的期限內自己出錢購買它們。地主們必須提供足夠農民們生活下去的土地，農民們可以現金或服勞役為代替的方式支付田租。獲得土地的農民們，將分屬於鄉村的公社。地主們繼續握有管轄農民的警察權；公社則統籌農民們繳納稅收與負責地方勞役的義務。亞歷山大希望三省的委員會，能根據這個原則，在六個月之內提出具體的實行方法。亞歷山大原擬對「納茲莫夫訓令」的內容保持祕密，不欲公布。不過他隨即改變主意，在 11 月 24 日，命令蘭斯寇宜將其內容通告每省的省長與地方貴族首長，並附帶要求他們提出建議。

　　俄羅斯的貴族們聞訊後，無法確知類似的政策是否也將在國內其他地區實行，便委託聖彼得堡總督為代表探詢。亞歷山大在 12 月 5 日答覆他們時，首次當眾說明了「納茲莫夫訓令」的內容；幾天後報紙加以刊載，肯定了解放農奴與廢除農奴制度是亞歷山大沙皇執政的不變方針。同時沙皇也將祕密委員會公開化，正式命名為「農民事務主要委員會」(Chief Committee on Peasant Affairs)。貴族們知道大勢所趨,已經無法抗拒改革的潮流,於是開始在各省組織委員會討論對策。每一個委員會包括全省貴族選出的兩名代表與省長從地方地主中指派的兩位代表。

當主張廢除農奴制度的訓令一經公布後,連向來反對沙皇政府的知識分子都讚揚亞歷山大二世的改革魄力。遠在倫敦的亞歷山大‧赫森 (Alexander Ivannovich, 1812–1870) 都在他隔雙週發行一次的報紙《警鐘》中寫著:「上帝啊,你終於勝利了。」他說:「當權威與自由、少數的知識分子與全國、沙皇的意志與大眾輿論全部結合在一起時,地主們再也無法抗拒了。」提倡極端社會主義的尼古萊‧車尼契夫斯基 (Nikolai Chernishevsky, 1828–1889) 把亞歷山大二世比成為彼得大帝,他在《現代》(*Sovremennik, The Contemporary*) 雜誌中這樣地稱讚他說:「只有和平使者與溫馴的人才能享受到的祝福,現在加冕於亞歷山大之首。歐洲沒有任何一個君主能像亞歷山大一樣地,享受到單獨一個人開創與完成解放他人民的喜悅。」被選派為皇太子老師的卡夫林 (Kavelin, 1818–1885),也在《現代》中撰文,向沙皇建議說,農奴們不但應該從地主的威權中全部解放出來,他們更應該擁有現在所耕種的土地。❺ 由於這種極端的言論,沙皇取消了他擔任太子老師的任命。

地主們關心的問題,是如何處理在對「納茲莫夫訓令」中規定地主必須提供足夠農民生活土地的要求。由於地理區域與經濟發展形態不同,各省委員會的決議呈現出極大幅度的差距。根據以柯尼洛夫 (A. A. Kornilov, 1862–1925) 為主的傳統派解釋,黑土 (black soil, chernozem) 地區的土壤肥沃,地主們的收入主要來自於土地。從經濟利益的觀點來估計,世襲的農奴工作效率遠遜於獨立的佃農;土地的價值遠超過農奴的勞力。因此他們贊成解放農奴,但堅決要保留耕地。假如非要割讓土地給解放的農民,他們堅持割讓的土地面積越小越好,或甚至完全不給。又若政府允許他們能保留他們原有的土地,他們寧願自動解放農奴而不收取補償金。相反地,地處非黑土地帶及中部工業地區地主們的主要收入來自於農奴們繳納的現金 (obrok),土地價值反沒有勞動者重要。根據生產力的經濟觀點來判斷,農奴對他們的重要性,已經遠超過他們擁有的土地價值。農奴的解放,必會導致他們經濟上的損失。因此

❺ Hugh Seton-Watson, *The Russian Empire 1801–1917*, p. 339.

他們不在乎割讓給農民的耕種面積大小，但要求超額的賠償金來彌補他們因農奴解放後損失的現金收入。**❻**

　　美國歷史學家傑洛姆・布倫 (Jerome Blum, 1913-) 根據他自己的統計，則覺得這樣的解釋過於簡單。他認為地理環境固然是決定割讓土地面積大小、賠償金多少的主要考慮，其他如各地特殊的經濟發展、委員會委員們的不同看法等，也都是不可忽視的因素。**❼** 不論各委員會達成協議的動機到底如何，地主們已經獲得了共識，知道解放農奴與廢除農奴制度，是不可能再被推延了。

　　下列的調查可以看出兩種不同服役土地所分布的地區。

1858 年重要省分中農奴服勞役與繳付現金比例資料 ❽

省分 (Gerbinia)	繳付現金 (obrok) 農奴	服勞役 (barshchina) 農奴
寇斯綽瑪 (Kostroma)	87.5	12.5
亞若斯拉夫 (Iaroslav)	87.4	12.6
沃羅格達 (Vologda)	84.0	16.0
歐妻涅茲 (Olonets)	72.0	28.0
伏拉地密爾 (Vladimir)	70.0	30.0
莫斯科 (Moscow)	68.0	32.0
尼茲尼・諾夫格羅列 (Nizhnii Novgorod)	68.0	32.0
卡魯夾 (Kaluga)	55.0	45.0
諾夫格羅 (Novgorod)	45.6	54.4
沃若涅茲 (Voronezh)	45.0	55.0
特沃 (Tver)	41.0	59.0
立亞贊 (Riazan)	38.0	62.0

---

❻ A. A. Kornilov., "Gubernskie komitey po krest, ianskomu delu v 1858–1859 gg.," 錄入 A. A. Kornilov., *Ocherki po istorii obshchestvennago dvizheniia krestanskago delv v Rossi*(St. Petersburg, 1905). 見 Jerome Blum, pp. 582–583.

❼ Jerome Blum, pp. 583–585.

❽ Basil Dmytryshyn, *Imperial Russia: A Source Book, 1700–1917,* Third edition, p. 306.

歐瑞爾 (Orel)	28.0	72.0
斯摩楞斯克 (Smolensk)	27.0	73.0
突拉 (Tula)	25.0	75.0
盆扎 (Penza)	25.0	75.0
柯斯可 (Kursk)	24.5	75.5
普斯可夫 (Pskov)	23.0	77.0
塔姆波夫 (Tambov)	22.0	78.0
總平均	47.6	52.4

　　農民事務主要委員會從 1858 年的元月起，開始整理各省匯集的資料。亞歷山大任命羅斯托夫策夫將軍 (General Y. I. Rostovtsev, 1803–1860) 擔任起草委員會 (editing commission) 的主席，撰寫解放令的條文。羅斯托夫策夫與許多十二月黨人是好朋友；當他們準備兵變時，他曾警告他們說，假如他們不立刻放棄這個計劃的話，他因攸關職守必會向沙皇揭露他們的陰謀，他因此成為了尼古拉沙皇信賴的大臣。他在起草委員會的揭幕典禮中，轉述了沙皇所期望的改革方向指令，要求草擬完成的解放條文中，必須要特別強調農奴的解放是附帶給予土地的解放政策；政府應該安排農民們得經由償付地主們土地損失的賠償金方式，成為土地的擁有者，盡量避免農民在解放後繼續替地主們服役的過渡階段；假如實在非要設立過渡階段的話，時間則是越短越好；除非農民們自己要求保存外，農村的公社在三年內一律廢除；獲有自由的農民，應享自治權。❾

　　起草委員會開始工作後，在一年七個月中，召開了四百零九次會議；在 1860 年 10 月 10 日，完成初稿提交主要委員會。經過三個月的審查與討論，委員在 1861 年 1 月 14 日將幾乎沒有更改的改革芻議，上呈由亞歷山大二世親自主持的皇家會議，做最後的裁決。皇家會議除了只對地主割讓的土地面積稍做修改外，其餘的建議則全部接受。修改的部分是允許地主們，在與農民協商後，可以只將法令規定的土地面積總數的四分之一，割讓給解放的農奴，從此雙方應盡的義務，就此正式終止。經過國家立法機構會議一個多月的討論後，解放農奴與廢除農奴制度的條文，全數通過。沙皇亞歷山大在 2 月

❾　Jerome Blum, pp. 588–589.

19 日（新曆 1861 年 3 月 3 日），也就是他登基六周年紀念日，正式簽署成為法律。但政府顧忌四旬齋節前的狂飲狂歡即將開始，假如在此人民情緒高漲的節日中，忽然宣布解放農民與廢除農奴制度的命令，一旦秩序失控，會造無法抑制的騷動，所以並沒有立刻公布。到了四旬齋節開始的禮拜一，也就是 2 月 21 日，沙皇的解放農奴命令才在教堂中與特定地點宣讀與張貼。偏遠的地區則一直要等到 5 月才獲知這個解放令。

亞歷山大在宣布解放時，特別表示對貴族們的感謝，稱讚他們自始以來就對沙皇的忠心，願意為了國家的利益而自我犧牲。接著他就宣布重點說：

> 農奴們將會及時獲得所有的權利，成為自由的鄉村居民。貴族們雖仍然擁有屬於他們的土地權，但同時也必須把農民們居住的房屋交給他們永久使用；農民則以向地主付出特別的義務服務作為交換。又為了保障農民們的生計及擔保他們能盡對政府的義務，地主們應給予農民們雙方已經議定好的土地與其他的財產。當農民在享有這些土地的時候，他們也應該向地主提供根據兩者事先已經同意的義務。
>
> 同時農民們也將獲得可以購買住宅的權利；只要經過地主們的同意，他們也可以購買他們永久使用的耕地與其他產業。獲得土地的所有權後，農民們在這塊土地上對地主的義務正式終止，成為自由的地主。
>
> 對於在家中服役的農奴，將會根據每人不同的職業與需要，制定一條特別規定他們暫時身分的法條。從宣布這條法令的這一天算起，兩年以後，他們將獲得自由與享受部分臨時豁免權。❿

亞歷山大知道俄羅斯幅員廣大，各處的歷史地理經濟等環境，都有非常大的差別，因此他期望地主們能與農民們協調，決定割讓土地的面積大小及連帶的義務關係。他特別強調一旦協議確定，雙方都要遵守，不得任意違反。再加以解放令條文眾多繁雜，實行困難，因此政府給於兩年的寬限，並且制定下列七項規定。⓫

---

❿　"The Emancipation Manifesto, March 3, 1861." Basil Dmytryshyn, *Imperial Russia: A Source Book, 1700–1917*, vol. 2, pp. 222–223.

⓫　Basil Dmytryshyn, pp. 223–224.

1. 在各省設立一個特別農民事務處，主管貴族土地上新成立的農民公社事務。

2. 在每一區設立保安法庭，調解新法實行後可能會發生的誤解與糾紛。保安法庭並協助在各區組織地方議會。

3. 在貴族的領土上設立保安處，保留農民公社的原狀。在大型的村莊中設立地方保安會 (volost)；合併小型村莊公社，總屬於一個地方保安會之下。

4. 制定、檢驗或確認每一個公社或地主的土地契約狀，是否依據每一地區的特殊情況，列舉了地主割讓給農民永遠使用的土地面積，以及農民們從地主處獲得土地與其他的權益後對地主應盡的義務。

5. 只要是每個地區通過的契約，就要盡快實行。否則，在本解放令公布後的兩年期限到期前，應全部實行。

6. 在期限屆滿前，農民與家庭僕役應繼續遵從貴族的命令，努力盡到他們以前就有的義務。

7. 在各地的保安會與地方法庭建立以前，地主們繼續擁有司法與警察權，以保持他們領土中的治安。

存在了幾百年、整個俄羅斯傳統體制賴以為基礎的農奴制度，就在沙皇亞歷山大二世在 1861 年 2 月 19 日宣布解放令後，正式廢除。雖然解放令中保有了許多維護貴族地主權益的條款，引起農民們強烈的爭議，但正式宣布解放農奴與廢除農奴制度一事，不但在俄羅斯歷史中，甚至在世界歷史中，也都是一個劃時代的創舉。亞歷山大沙皇絕對有資格被稱讚為解放者沙皇。當時是沙皇侍衛隊的克魯泡特金親王在四十年後回憶當時首都的反應說，宣布解放令的那個禮拜日，聖彼得堡中各地充滿了慶祝的歡呼。成群的人簇擁著到冬宮門外，大呼萬歲。當他們看到沙皇的車駕經過時，緊跟在後雀躍歡叫。歌劇院中的聽眾，也情不自禁地一遍又一遍的高唱〈沙皇頌〉。**⓬**

地方上的農民要靠政府或是鄉村教士們的協助，才能了解解放令的內容，因此反應比較遲緩。整個農奴解放令的條文總共有四百頁，包括十七章不同的項目及兩篇附錄。它使用的文字生澀難懂，內容複雜且前後矛盾。農民們

⓬ Kropotkin, *Memoirs*, pp. 133–135; Jerome Blum, pp. 590–691.

根本不可能了解這麼一個篇幅冗長的文件中，到底包含了些什麼。他們唯一可以依賴的鄉村教士們，多半知識淺薄，且又有許多近乎文盲，對解放令也只是一知半解。結果更引起了農民們的疑惑，他們無法了解為什麼他們的人身已經獲得解放與自由，卻沒有同時獲得土地所有權的原因是什麼，因為農民一直就有土地應該屬於耕種者的觀念。他們也無法了解為什麼他們反而要出錢去購買他們一直都在使用的土地、房屋及其他器具；為什麼他們獲得的土地，反而比以前他們耕種的面積要小得多。他們相信他們所敬愛的沙皇，不可能採取如此吝嗇的政策，因此一定是貪婪的貴族官僚與腐化的教士們狼狽為奸地隱藏沙皇的真正意旨，公布了他們捏造的解放令。這種想法先是引發了農民攻擊地主與搶奪土地的單一偶發事件，然後散布到較廣的地區。根據俄羅斯的官方統計，在 1861 年的農民暴動事件次數多達一千八百五十九（其中一千三百四十件，是在 1 月 – 5 月底）；1862 年八百四十四件；1863 年五百零九件；1864 年一百五十六件；1865 年一百三十五件；1866 年九十一件；1867 年六十八件；1868 年六十件；1869 年六十五件。**⓭**

　　不論在軍事、政治、經濟與社會上有多少迫切的因素，克里米亞戰敗後的國內危機有多大，知識分子的反政府活動有多激烈；解放農奴與廢除農奴制度，是俄羅斯政府自動由上層、而不是因民間的暴動才被迫採取的政策。儘管解放令充滿缺點，條文前後互相矛盾，處處故意剝奪農民、蓄意保障地主權益，但為數兩千餘萬的農奴（只包括註冊登計有案的成年男性），在沒有經過流血事件的脅迫下，就由一紙詔令，將他們從數百年以來近乎奴隸的身分，轉變成為了俄羅斯的自由公民；而且為了生活的保障，還可以獲得耕地，這確實是俄羅斯歷史中最偉大的一項貢獻。與美國在同一年因解放黑奴所引發的南北內戰中的殘忍與破壞性相較，俄羅斯的農民暴動的破壞性，真是小巫比大巫，有天壤之別。

⓭ *Krest anskoe dvizhenie v. Rossii v 1857–mae 1861 gg*, p. 736: *Krest anskoe dvizhenie v Rossii v 1861–1869 gg* (Moscow, 1964), pp. 798–800, Terence Emmons, *The Russian Landed Gentry and the Peasant Emancipation of 1861*, p. 325.

二、廢除農奴制度的實行

　　根據 1861 年農奴解放令的條文，農奴不但獲得人身的解放，並且領有土
地耕種。但實際上，他們並沒有取得真正的自由。他們雖然確實從地主處得
到了土地，但是其面積遠少於以前耕種的畝數，而且要交付補償金給地主。
除此之外，他們在短期內，仍然對地主有服勞役的義務。最使他們不滿的是
土地的劃分問題。解放令中規定，依據 1858 年人口總調查，凡是在公社登記
有案的成年或未成年男性農人，在解放時都可獲得定量的土地。農奴們在解
放前的住宅與鄰近的農地，在解放時無需經過地主的同意，可以歸為己有。
所以對這些土地面積的大小與補償金的多少，農民與地主之間很少爭執。但
是如何劃分農奴們以前耕種過的土地，是解放農奴制度中最複雜的問題。根
據解放令條文，農民自地主處獲得土地的面積，必須依照政府所規定的上限
與下限標準，經由雙方協調同意、政府批准後方能正式生效。政府在各地設
立了仲裁處，調解兩者無法化解的爭端。土地面積決定後，政府根據土地的
市場價格，先替農民以價值 80% 公債償付給地主，其餘的 20%，則由農民直
接交付給地主。政府代為支付的公債，由農民以「贖金」(redemption payment)
的方式，逐年償還。

　　農民們在解放後所獲耕地的面積，由於俄羅斯幅員廣大，很難有確實的
總數。加上土壤的肥沃與貧瘠影響到農作物的生產，地主們對於土地本身的
經濟價值有不同的衡量，因此農民所獲得的耕地面積，也會因人與地區的分
布而有所不同。根據俄羅斯四十三個處於歐洲省分的統計資料，解放前夕農
奴耕種的土地面積為三千五百一十九萬七千俄畝。到了解放後的 1877–1878
年之間，農民耕種的土地面積只有三千三百七十五萬五千俄畝，銳減的畝數
高達一百四十四萬一千三百俄畝之多。❶❹ 在西部諸省與北部土壤貧瘠地區的
農民，所獲耕地面積超過解放前的總數。其他省分，尤其是黑土地區的省分，
農民所得則遠低於以前所耕種的土地面積。其主要的原因是前者的土地經濟

---

❶❹　Geroid T. Robinson, *Rural Russia under the Old Regme*, p. 87（Desiatina 為俄國
　　農地的單元，約 2.70 英畝）. Robinson, p. 266.

價值較低，地主們並不太在意土地畝數；而後者則因土地肥沃，經濟價值高，地主盡量自己保留土地，不願割讓給農民。但從另一方面來看，土壤地的肥或貧，雖然決定了農民所獲土地面積的大小，但同時也決定了農民所付的贖金多寡。矛盾的是，土地貧瘠處的土地贖金反而要比土地肥沃地區要高。下列的統計數字可以作為參考：❻[15]

地　區	1663–1872 年土地市場價額	政府代付農民須償還的贖金額	兩者差額
非黑土區	179,000,000	342,000,000	+162,100,000
黑土區	283,900,000	341,500,000	+57,000,000
西部九省	184,000,000	183,100,000	−900,000
總　計	647,800,000	866,600,000	+218,800,000

　　根據上表的統計，黑土地區地主索求的贖金，雖比市價高出五千七百萬盧布之多，但與非黑土地區土質貧瘠的土地贖金反比原地價高出一億六千二百一十萬盧布來比較，就微乎其微了。這主要的原因是黑土地區的地主，為了要自己保留多數的耕地，寧願要求較少的贖金；而在非黑土地區或工業區土壤比較貧瘠的地主們，因為已漸漸依賴農民現金的貢獻，農奴的解放會直接減少他們的收入，所以他們故意抬高耕地補償金的金額，以彌補農奴被解放後的勞力損失。至於西部九省地區，地主多半是波蘭籍，而農奴為俄羅斯人，所以在政府的偏袒下，農民所付的贖金反而比市場價格要低。

　　在地主與農民達到耕地面積大小與贖金多少的協議後，先由政府替農民將總價的 80% 金額，以公債的方式交付給地主，然後再由農民以贖金的名義償還給政府。剩下的 20%，則由農民直接交付給地主。有些時候地主會減少或全部豁免農民 20% 的負擔。假如地主願意割讓耕地，而農民拒絕購買，地主有權堅持出售之權。在這種情況下，地主只能自政府處獲得 80% 的公債，放棄農民負擔的 20%。又假如地主與農民雙方都不願正式將耕地過戶，則農民便成為有「臨時義務」(temporary obligation) 的佃農，可以擁有住屋及四周的土地。不過在地主將應割讓的耕地面積減少四分之一交給農民後，雙方相

❻[15]　Robinson, p. 88.

對的義務正式告終，農民正式獲得自由。這樣面積縮小的耕地，被稱為乞丐式配給。農民在解放後付出贖金的總數，要比解放前多出 16%。其中的五分之四，須在四十九年內分期付還給政府所墊的款項。❻

農民在解放令公布後的初期，對於土地割讓及贖金的整個政策，都非常不滿。有些地方，甚至有以暴力的行為，拒絕承認解放令的真實性。政府擔心會有普加切夫式的新農變，因此派軍到不安定的地區戒備。農民願意與地主簽協議書的人數並不太多，在解放令公布後的兩年之內，總數不到 50%。在 1864 年 1 月的七萬九千四百六十八件案中，五百六十五萬九千六百八十位農民申請作為有臨時義務的佃農；二萬九千二百一十九件案子裡，有四百零二萬六千三百八十七位農民從地主處購買耕地，這其中還包括了獲得乞丐式配給的農民。在簽署願意購買耕地的四百萬農民中，有二百七十一萬六千五百二十九位是在西部多為波蘭地主的省分。在解放初期，購買耕地的農民總數，在俄羅斯歐洲省分中，只有三分之一，僅佔全俄羅斯解放前農奴戶的 19 %。農民們由臨時義務的佃農身分轉變成為自耕農的意願，一直都不高。到了 1881 年，自願維持臨時義務佃農的人數，在俄羅斯歐洲省分中仍然佔 15 %；有的地區則高達 44% 左右。❼ 處理整個解放農奴的負擔由地主交給政府，再由政府強壓給農民。農民的不滿，應是可以期待的。

農民獲得自由之後，地主原先對他們的管轄權也同時消失。政府根據以前的農民公社組織，在各地設立了鄉村社區 (selskoe obshchestvo, village community)❽，管理有關農民事宜。鄉村社區的基本原則，是將共同工作與享有共同權益的農民組織在一起，由其統籌負責農民的權利與義務，及與地主討論解放令實行時所產生的各項問題。其社員主要是在同一地主領土上耕作的農民，假如一個地主的農民人數不足二十人者，須與其他地主的農民合併組成。結果造成同地區的農民可能屬於不同的鄉村社區，或是一個社區混合了來自各地不同的農民。最複雜的是新社區與繼續存在的傳統土地公社 (zemel-

---

❻ Hugh Seton-Watson, p. 396.

❼ Hugh Seton-Watson, p. 395.

❽ selskoe obshchestvo 又稱 mir，也稱 obshchina，是傳統鄉村的組織，解放令後的農村組織沿用同樣的名稱。Jerome Blum, pp. 508–509.

noe obshchina, mir)，組織類似、功能重疊，造成極大的混淆。假如要嚴格劃分的話，鄉村公社是政府機構，主要職掌行政事務；土地公社則負責有關土地的分配，決定農作物耕種各方面的細節。縱然如此，連俄羅斯的政府本身也不遵守這區別，直到 1911 年的行政命令中，依然將兩者摻雜使用。因此學者們為了避免不必要的誤解，都建議使用中性的公社 (mir)。❶本書也沿用公社的名詞。

公社是以縣與農村為基準，完全自治的組織。兩者都由戶長組成，選舉長老負責庶務。每一縣有一官派的公證官 (pisar, notary)，調解地方的糾紛。他有罰款、短期拘留，及棍杖不超過二十次的權力。公社採集體責任制度，保證與督促社員定期繳納人頭稅及土地贖金。依循著古老的傳統，公社在農奴解放後，仍然根據土地所屬的不同方式，分為世襲制 (hereditary commune, podvornoe polzovanie 或 podvornoe vladenie) 與重新劃分制 (repartitional commune, obshchinnoe polzovanie 或 obshchinnoe vladenie) 兩種不同的公社。世襲公社農戶的住宅、菜圃與耕地，純屬自己所有，且可世襲相傳，公社無權定期瓜分重新分配。不過，此類公社農戶的耕地，並非完整一塊的單獨土地，而是呈長條形與其他農戶土地銜接在一起。為了耕作方便，農戶們不得私自修築阡陌，釐清田界。每年的農作物種類，也必須由公社的委員會規定，共同耕種。農戶不得隨自己意願，擅自更改。公社中的其他土地，如牧地、草原、伐木區等，則屬公社共有，不屬於任何農戶，但農民有權使用。重新劃分制則是定期重新劃分耕地，重新平均公社中的義務與負擔。

三、亞歷山大二世其他的改革

1.全民大會

自從亞歷山大沙皇要求貴族們討論解放農奴的各項建議時，有些思想比較開明的貴族們，已經計劃利用這個機會，進一步實行積極的政治改革。他們最希望的是將十六世紀已經存在的「全民大會」，發展成類似歐洲的議會制

---

❶　Robinson, pp. 70–71.

度，因此在解放令宣布之後，特沃的貴族們就在 1862 年 2 月 3 日，上書沙皇請求召集由俄羅斯全國各地選出的代表開會，因為這是唯一可能解決 1861 年 2 月 19 日的農奴解放令中所引起各項問題的機構。其中十三名比較開明的貴族，譴責貴族們免於賦稅的義務、或享受其他的特別豁免權等特權都是對其他人民不公平的待遇。他們要求沙皇先立刻宣布全國不分階級選舉，然後隨即召開國家會議討論國是。亞歷山大二世卻命令內政部長蘭斯寇宣將他們逮捕並判決下獄兩年的處罰，因為改革國內政務乃是政府的特權，應由政府主動，絕對不允許其他人士、尤其是貴族們置喙。他在 1865 年對各省省長的文告中，就很典型地表現出來他對整個政治改革的心態。他說：

> 從我在位十年之中的成功改革，以及經由我的命令現在仍在進行的改革來看，這都足以表示我對政府各部門從事盡力的改革並關懷它們的持續性。這些緩進改革的創意都只源自於我，它們與上帝交託給我的獨裁權力緊密連接在一起，無法分割。在我所有臣民心目中的想法皆認為過去必然是未來的鑑證。但我絕對不允許任何人肆意將我對俄國福利的關懷預先告訴他們，也絕對不允許有人事先擅自質疑有關國家組織的基本原則。任何人都不得自以為是地、以國家的福祉與需要之事向我請願。這種有違現行法律制定成程序的行為，只會阻礙我達成預期目的，更不會加速達到預定的成果。我深信俄羅斯貴族們不會再以類似舉動來煩擾我；我不曾忘記他們數世紀以來對皇室與國家的效忠；縱然就是現在，我對他們的信任依舊是堅定不移。[20]

其實亞歷山大在決定廢除農奴制度當時，就預計到其他政治、經濟與社會的改革已是無法避免。緊接著解放農奴而來的改革包括 1863 年的新大學法、1862–1866 年的財政制度革新、1864 年地方議會的選舉與組織法、1864 年的司法制度改革及 1865 年出版法的修訂。其中，地方選舉與創立議會，是最重要的改革。地方議會的「鄉土議會」(zemstvo) 這個字來自於俄文的土地，與十六到十七世紀的「全民會議」(zemskii sobor) 的字同源。

　　亞歷山大為了平復自由派貴族們強烈鼓動君主立憲及成立全國性國會的

[20] Terence Emmons, *The Russian Landed Gentry*, pp. 410–411.

運動，在 1860 年便任命米琉廷 (N. A. Milyutin, 1818–1872) 負責成立特別委員會，開始討論有關行政組織改革的事宜。委員會討論的重點是如何組織地方的議會制度。代表們對於代表的產生應依階級的比例或是不分階級的選舉，以及議會的主席應該從議員中選出還是由政府指派等問題，爭論不休。到了 1864 年的年初，國家議會通過了委員會所提的地方選舉法。根據新法，地方的選舉與議會的成立分為省級與縣級 (uezd) 兩個不同的層次舉行。這個新的地方議會叫「鄉土會議」。縣議會的代表根據貴族、商人與農民三個階級分別選出；農民代表的選舉採間接方式，首先由戶長在公社中選出長老，再由長老們選出「選舉人」(electors)，最後則由「選舉人」投票選出正式的縣議會代表。省議會的代表，則由縣議會議員中推舉而出。省、縣議會各選出執行委員會 (urprava)；兩者的議長都是由貴族領袖擔任。

第一次的地方選舉於 1865 年、在三十三個省分內展開；有資格的「選舉人」總數是一萬三千零二十四人，其中六千二百零四人屬於地主階級，五千一百七十一人是農民；城市居民與商人是一千六百四十九人。**㉑**縣議會中的代表若以階級劃分，則大略是：貴族 42%，農民 38%，城市居民與商人 10.5%，另有 6.5% 則來自於教士家庭。在省議會中的比例則分別是 74%、10.5%、11% 及 4%。**㉒**貴族的比例佔大多數，顯然掌握著管理地方政治的地位；代議型的政體，原本就是貴族們一直推動的理想，希望能與沙皇共同治理國家。他們接受地方議會的真正目的，是計劃趁解放農奴所帶來的改革熱度，以恢復傳統式的「全民大會」為名，而達到真正成立含有國家議會制度的君主憲政之實。

亞歷山大二世解放農奴，不是接受自由派憲政改革的主張；相反地，他是要藉此加強君主的中央集權。無庸置疑地，地方議會的成立，確實是要達到地方分權與地方自治的目的；但在另一方面，它也是在農奴解放之後，中央政府權力的延伸。因為它的任務就是下達上令、負責徵收賦稅、維持地方治安、興建地方各種公益事業。實際上，它替代了廢除貴族地主管轄權後所留下來的權力真空地帶。內政部長瓦琉耶夫 (Count P. A. Valuyev, 1814–1890)

㉑　Terence Emmons, p. 401.

㉒　Terence Emmons, p. 401; Hugh Seton-Watson, p. 531.

在 1862 年對沙皇的提案中，就強調地方議會是中央政府的代表，它的行政權
法源隸屬於中央。這也是為什麼亞歷山大極力支持由中央主導地方改革的原
因。

在地方人士的共同合作下，各地的議會推動了建設道路、灌溉工程、運
輸、救災等公益事務。它最重要的貢獻是推廣基本教育與建立公共衛生制度。
根據 1915 年的統計，在地方議會建立後的五十年之內，它的成就包括建立了
三千三百座地方公共衛生所；五萬所學校，就學人數高達三百萬人，教師也
有八萬人；維持了一萬三千間鄉村圖書館；各地合作社的總數有三萬二千三
百個，會員高達一千二百萬人。三十三省的地方議會在 1914 年的總預算已經
是四億盧布，佔全國總預算的十分之一。❷❸這是在 1865 年創立地方議會，實
行地方自治時，未曾預期過的成果。

亞歷山大對地方自治的改革，並不等於他能容忍君主憲政的體制。因此
他對於貴族們要求立憲與成立國會的運動，堅決地反對。他曾在 1865 年接見
莫斯科議會主席時間他說：「你們到底要什麼？一個由憲法規範的政府？當然
你們認為我只是為了點微不足道的虛榮，而各嗇地不肯交出某些權力。我告
訴你，現在我就準備在這桌子上馬上簽署任何一種，只要我認為確確實實是
對俄羅斯有益的憲法。但是我知道，假如我今天真是這樣做的話，俄羅斯在
明天就會分裂成為碎片。」❷❹雖然如此，要求立憲與成立國會的運動並沒有真
正的終止，到了 1905 年俄國在日俄戰爭失敗後，沙皇尼古拉二世終於被迫讓
步，宣布憲法並組織被稱之為「杜馬」的全國性的議會。

2.司法改革

沙皇尼古拉一世曾任命麥可‧斯波倫斯基負責修訂法典，在 1833 年完成
了《俄羅斯帝國法令總集》。不過他在司法制度上的改革，進度卻是相當緩慢。
亞歷山大二世即位後，有鑑於法官學識低落與品德敗壞、貪贓枉法無所不為、
審判章程與程序之混亂、冤獄重重等缺點，於是在 1856 年宣布說：「我的法

---

❷❸　Anatole G. Mazour, *Russia: Tsarist and Communist*, p. 272.

❷❹　Terence Emmons, p. 411, S. S. Tatishchev, *Imperator Aleksander II, Ego zhizn'i
    tsarstovoanie*, 2 volumes, St, Petersburg, 1911, vol. I., p. 492.

庭將以我的公正與仁慈為主」，開始從事司法的改革。到了 1861 年廢除農奴制度與終止階級特權後，為了應付新環境，建立法律之前人人平等的新司法制度已是勢在必行。經過了長期的討論與拖延，改革司法的法令到 1865 年才正式通過實行。

俄羅斯的新司法制度模仿歐洲，成立了不受行政干擾的獨立制度。最基本的司法組織是每省一個「地方法庭」(okruzhny sud)，負責民、刑事案件。其上是全國十個的「高等法院」(sudebnaya palata)。最高的上訴法院乃是參議院中分處民事與刑事的兩個上訴院，或是兩者混合的上訴院。若高級官員犯法，則直接由參議院的上訴院特別處理。但是在刑法程序第一條中特別註明：「在法律的規範之中，行政部門可以採取預防或減少犯罪與不法行為的措施。」這就是特別規定內政部有行政拘捕權，可以逕自將危險的政治犯逮捕後，放逐到國內各地。

除了正常的司法制度之外，另設有宗教法庭與軍事法庭，分別處理教士與軍人觸犯法律的事件。有關農民之間的輕微民事糾紛，則在各地設有保安法庭，處理懲戒少於三百盧布以下罰款與禁獄時期不超過一年以上的刑事案件。保安法庭的法官，由縣議會指派，任期三年。若有不服的案件，案者可以上訴到省級的保安法庭。

各地的法官是由司法部從符合資格的候選法官中選出，他們待遇優厚，一旦任職後，職位受到終身的保障；加以又不受到行政權的干涉，故可以維持司法的公正。所有的審訊過程都採公開式。高等法院審查刑事案時，採取陪審制度，被告者有權請律師辯護。律師們需要受過嚴格的訓練及通過資格考試，才有執照就業。律師業隨即成為一個新發展的行業。在亞歷山大二世時代，律師們互相的爭辯，使得法庭成了言論最自由的場所。在反政府革命運動的時期，沙皇與行政部門時常假借國家安全為由，不經司法程序而逕自逮捕「嫌疑與危險分子」時，法官與律師都會挺身而出，維護司法的獨立。雖然他們的抗議並不一定被政府接受，但是法律之前人人平等的觀念，確實是幫助了農奴解放過渡時期新秩序的建立。

3.教育改革

　　基本教育的改革是另一項重要的新政。教育部在 1864 年 7 月頒布了基礎教育法令，規定每一縣設立教育局，由內政部、教育部、宗教院，及兩名縣議員組成，在省教育廳的監督下負責當地的教育。省教育廳由省長、教育廳長、樞機主教，與兩名省議員組成，統籌全省的教育。新頒布的基礎教育法令，規定國內所有的小學，不論是公立或者是私立，應不分階級招收所有適齡的兒童入學，以求達到「增強宗教與道德的修養及傳播基本知識」的目的。

　　中等教育也在 1864 年 11 月開始改革。像小學教育一樣，中等學校也不得以階級為招生的標準。學校基本課程包括神學、歷史、地理、俄國語文、數學；除此之外，學生可以專攻古典或近代文字與文學、科學、藝術等科目。

　　大學教育的改革，由葛洛文 (A. V. Golovin, 1820–1866) 在 1863 年奉命開始進行。他給予每所大學較大的自主權，大學教授們可以組織自己的委員會，決定課程與聘請新任的教授。

4.軍事改革

　　另一項亞歷山大的改革，是 1874 年 1 月在國防部長狄密錘・米琉廷將軍 (Dmitri Milyutin, 1816–1912) 推動下實行的軍事改革。其中，俄羅斯政府首度採取了徵兵制度，打破以往貴族子弟可以豁免的特權。服役者的年紀規定從二十歲到二十六歲，服役年限則從二十五年減為六年，退役後則有九年的預備役與五年的民團役。實際徵召壯丁時，採不分階級的抽籤方式。獨子或其他特殊原因，可以申請緩召；受過高等教育者，也可以縮短服役年限。米琉廷將軍特別重視訓練與紀律，他廢除了軍中鞭杖的傳統，以公開的軍規為維持秩序的準則。此外，他也強調軍官的素質，採取公平與客觀的原則，以每人的才能及表現為主，作為升遷的標準。亞歷山大的目的是要將俄羅斯的軍隊，轉變成為一支現代化、職業性的軍隊。

　　亞歷山大的各項新政，並沒有立刻將俄羅斯變成一個類似歐洲的現代化國家。君主專制、東正教信仰與民族特性的三大官方信條，仍是無可置疑的立國根本。不過，農奴制度的廢除，已經帶動了不可能再遲緩的革命性改革。

教育的普及與新知識分子的興起、資本主義經濟與工業革命的急速發展、貴族階級的消失與中產階級的誕生、市場化的農業經濟等現象，都可溯源到1861年開始的大改革。亞歷山大二世雖然事後認為許多改革引起了可能威脅政府的結果，力圖加以拖延或阻止，但是這股被激發的改革狂流，已是無法抑制。亞歷山大沙皇本人成為他改革的犧牲品，在1881年遭極端革命分子刺殺而死。

四、亞歷山大二世的外交

1.波蘭

俄羅斯在克里米亞戰爭結束之後，在歐洲各地採取了敦睦鄰邦的保守外交政策，不再似亞歷山大一世與尼古拉一世在位時，動輒以軍力為威脅，企圖干涉他國的內政。連對待波蘭的態度，也不例外地遵守這個原則。亞歷山大二世即位後，就積極改進俄羅斯與波蘭的關係。他在1856年5月，曾經親自蒞臨首都華沙，向波蘭貴族保證俄羅斯政府將推動有利於波蘭的開明政策。他並任命克里米亞戰爭中鎮守塞巴斯時投波的總指揮麥可‧高查寇夫親王，為波蘭總督，負責策劃新政。不過由於波蘭地主階級與農民之間的經濟裂痕過深，知識分子又分裂成為贊成與堅決反對與俄羅斯合作兩派，爭執不息；加以日益高漲的民族情緒推動波蘭與俄羅斯之間的對立，因此高查寇夫所提出的各項改革政策，都無法獲得多數人民的支持。波蘭始終像是芒刺在背，是俄羅斯鏟除不去的隱憂。

亞歷山大在高查寇夫死亡後，就在1862年派任他弟弟麥可‧君士坦丁為波蘭總督。君士坦丁向以開明與同情波蘭著稱，他的任命受到波蘭改革派的支持。不過極端派的波蘭民族獨立者，唯恐波蘭與俄羅斯的合作，會摧毀他們的建國運動，因此不但極力阻擾他的改革，並且想以刺殺君士坦丁為手段，挑起國內反俄的革命。君士坦丁雖在1862年6月險遭刺殺身死，但他公開宣布絕不會被暴力行為屈服而放棄他推動改革的決心。反對與俄羅斯合作的極端分子，多半是年輕的城市居民。君士坦丁為了要根絕社會中的不安因素，

因此下令徵召波蘭青年入伍受訓。以「紅色」為名的極端學生組織，乘機號召反俄的運動。從 1863 年 1 月 22 日開始，以知識分子為主的波蘭叛亂在各地展開。與 1831 年波蘭革命不同的，是這次反俄運動無法引起農民大眾的共鳴，始終是侷限在少數的知識階級中；普魯士與奧地利統治下的波蘭省分，也未曾起而響應。相反地，普魯士的首相俾斯麥 (Otto von Bismarck, 1815–1898) 為了以後統一德國時，能獲得俄羅斯的中立，特別利用這個機會在 1863 年 2 月 8 日與俄羅斯締訂友誼的條約，支持其反對波蘭獨立的政策，以示友好。英法等歐洲國家，除了接納波蘭流亡分子、在道義上譴責俄羅斯的侵略行為外，也沒有採取其他任何實際的行動。1863 年的波蘭革命，缺少顯明的目標，引不起民眾的共鳴，因此不需俄羅斯大軍入境，就自然消失了。君士坦丁並沒有因為波蘭的叛亂，而採取高壓的政策。相反地，他堅持繼續未完成的改革。不過他因為身體狀況惡化，無法久居波蘭，在 1863 年退歸俄羅斯。

亞歷山大二世於 1861 年宣布廢除農奴制度，解放俄羅斯的農奴，自也不會忽視波蘭境內的農奴制度問題。他在 1863 年任命尼古拉·米琉廷前往波蘭，負責改革當地的農民的問題。在曾參與俄國解放農奴事務的專家尤立·薩馬林 (Yurii Samarin, 1819–1876) 及車卡斯基 (Cherkassky, 1824–1878) 親王協助下，波蘭在 1864 年完成了農村改革。根據這個新制度，大約七十萬農戶自地主處獲得了耕地，並繼續擁有使用牧地與山林的權利。與俄羅斯農民最大的不同是，他們不必向地主繳納土地贖金；地主們因土地割讓農民的損失，由政府向地主徵收土地稅償還。波蘭政府並開發公家的土地，使得以前沒有土地的十三萬農戶，可以有自己的耕地。俄羅斯政府對波蘭農民的政策，遠超過對自己農民的優待。其主要原因是希望能藉此討好波蘭農民，以減低其被地主或知識分子拉攏而參加反俄的獨立運動意願。俄羅斯的政策，的確在波蘭創造了一個擁有自己耕地的農民階級，成為對抗反俄的地主與貴族階級的基本支持者。但這個政策的結果是波蘭農民正因為擁有了自己的土地，也開始產生了衛土衛鄉的民族意識，反對外國勢力的干涉。俄羅斯政府在這個壓力之下，加強推動俄化政策，希望將波蘭人轉變成為俄羅斯人。其結果卻反而促使了波蘭地主與農民的互相團結，抵抗共同外來的敵人俄羅斯。

2.對歐外交

俄羅斯在克里米亞戰敗之後，重新調整其對歐洲諸國的外交關係。但亞歷山大始終無法忘懷奧地利的首鼠兩端的外交政策。除此之外，巴爾幹半島上的領土糾紛與民族問題，都可能是引起俄、奧兩國之間糾紛的導火線。薩丁尼亞首相加富爾 (Camillo Cavour, 1810–1861) 參加克里米亞戰爭的主要原因，是希望統一義大利的過程中，法國能出兵防止奧地利哈普斯堡王朝的干涉。法國國王拿破崙三世答允加富爾的請求。奧地利哈普斯堡王朝在法國出兵援助、俄羅斯保持中立的態度下，被薩丁尼亞擊敗，並喪失了其在義大利北部的領土；薩丁尼亞終於完成了統一義大利的大業。奧地利對此羞辱沒齒難忘，法、奧關係因此急劇轉惡；俄羅斯則乘機而入，與法修好。俄羅斯拉攏法國的目的，一方面是要孤立奧地利，另一方面是希望拿破崙三世會支持俄羅斯要求改變〈巴黎和約〉中有關俄羅斯的黑海航行權條文。雖然法國拒絕在這方面上有任何讓步，俄羅斯仍願意與法結盟。在兩國的合作下，俄羅斯得以在巴爾幹半島上控制了莫達威亞、瓦拉其亞兩地與塞爾維亞的內政，再度打擊了奧地利的威望。不過在義大利統一正式完成之後，法國與俄羅斯的關係漸漸冷卻。當 1863 年波蘭革命發生時，法國國內的天主教與同情波蘭知識分子的自由派，都要求拿破崙三世對俄採取強烈手段。俄皇亞歷山大二世認為法國干涉俄羅斯內政，兩國的友好關係因此終止。

但波蘭 1863 年的革命，則首度促進了俄羅斯與普魯士在國際上的合作。普魯士將軍奧文斯勒本 (Konstantin von Alvensleben, 1809–1892) 受首相俾斯麥之命，於 1863 年在聖彼得堡與俄簽訂協約，同意以後採取合作的手段共同對付波蘭問題。俾斯麥的政策，表面上似乎是支持俄羅斯政府，但其實際的用意乃是要破壞法、俄友誼，期望在以後的普法戰爭時，俄羅斯能保持中立，普魯士則可因此避免腹背雙方交戰之虞，達到統一日耳曼的最終目的。拿破崙三世在獲得俄普簽訂協約消息之後，便轉向尋求與奧地利及英國的合作。

「普法戰爭」(Prusso-French War, 1870–1871) 進行中，拿破崙在 1870 年戰敗被擒。法國主導歐洲大陸秩序的角色，由統一後的德意志帝國首相俾斯麥獨掌。俄羅斯的外相高查寇夫藉其與俾斯麥的友好關係，乘機在 1870 年 11

月 15 日出版的官方刊物《聖彼得堡學報》(*Journal de St. Petersbourg*) 中，刊載俄羅斯政府決定單方面終止〈巴黎和約〉中限制俄羅斯海軍在黑海中活動的條文。當時簽訂〈巴黎和約〉的戰勝國，除了只剩英國尚有實力對此反對外，其他國家則是自身難保，無法兼顧。在奧地利的勉強贊成支持下，英國於 1871 年的 1 月，在倫敦召開國際會議，討論俄羅斯的提議。與會者都知道克里米亞戰爭結束後的十五年中，世界局勢發生了巨大的變化，想要再阻止俄羅斯海軍在黑海活動，幾乎是一件不可能的事。倫敦會議只能發布一項空洞的宣言，強調「根據國際公法上的基本原則，除非經過簽約國在友好的態度同意下，既不允許任何一個國家隨意終止本身應盡的義務，也不得擅自修改條約規定」外，別無其他對策。倫敦會議決定「土耳其與俄羅斯兩國應該可以在黑海中維持海軍力量」。土耳其政府也答應得斟酌情形在「假如認為為了要履行 1856 年 3 月 30 日〈巴黎和約〉的必要情形下，可以在和平時期開放兩海峽，准許友邦的戰艦自由通過」。俄羅斯終於再度獲得了黑海沿岸安全線的控制權。

俄羅斯雖然曾倚仗俾斯麥的支持，維持其在歐洲的既得利益。不過俾斯麥唯恐新建立的德意志帝國，會受到法國報復的威脅，因此他在國際上採取相當謹慎的態度；深怕稍一失策，引起他國的不滿，便會被法國拉攏成為盟友。因此他一方面極力維持與俄羅斯的友誼，另一方面則又要平服奧地利戰敗的屈辱，盡力阻止法、俄或是法、奧結盟的形成。在他的斡旋之下，俄皇亞歷山大二世、奧皇法蘭西斯·約瑟夫 (Francis Joseph, 1848–1916) 與德皇威廉一世 (William I, 1871–1888)，於 1872 年在柏林相會，討論歐洲情勢。俄皇與奧皇同意暫時維持巴爾幹半島的現狀。次年 5 月，德皇親赴聖彼得堡拜訪俄皇；6 月，亞歷山大赴維也納拜望奧皇約瑟夫。三者都願意互相簽訂軍事協防條約，同意對方在未挑釁情況下就被他國攻擊的話，將出兵援助。雖然俄、德、奧三國並沒有正式締訂條約，但三國元首共同合作維護君主體制與歐洲秩序的默契，就延伸成為了「三帝同盟」(Dreikaiserbund, Three Emperors' League)。義大利的國王維可多·依曼紐 (Victor Emmanuel, 1861–1878) 也在同年訪問柏林與維也納，獲得德皇與奧皇們的承諾，倘若一旦法國將羅馬城交還給教宗時，必會出兵協助義大利共同抗拒。

俾斯麥的外交政策，表面上是聯合了歐洲諸國，達到了孤立法國的目的。
但是俄羅斯與奧地利在巴爾幹半島上無法避免的衝突，並沒有因為俾斯麥的
協調而有任何消失的傾向。相反地，由於當地人民在泛斯拉夫主義的挑動下，
不但反鄂圖曼土耳其，也同時反對奧地利的統治。俄羅斯與奧地利兩國隨時
都會被迫介入，而引發戰爭。俾斯麥就非得在這兩難之間，作一個兩面都難
討好的選擇；他最後的決定是以與奧地利的友誼為主。德皇威廉二世 (William
II, 1888–1918) 就位以後，放棄了俾斯麥的親俄，採取一意與奧地利交好的政
策。在與德國外交關係逐漸疏離的情況下，俄羅斯乃與法國修好。

不過俄、德交惡的遠因，可以回溯到俄羅斯－奧地利－鄂圖曼土耳其帝
國三者在近東與巴爾幹半島的傳統糾紛時，俾斯麥在 1878 年柏林會議中強作
調人不成而肇始。

3.泛斯拉夫主義與巴爾幹半島

俄羅斯特意強調斯拉夫民族的情結，雖然可以回溯到俄羅斯文化初創的
基輔時代；在莫斯科公國成立時，也曾被利用作為抵抗外族的團結工具；但
在俄羅斯的歷史發展中，一直要到十九世紀初，當知識分子在省思俄羅斯的
歷史地位及其民族特性時，才對其內涵的意義形成了共識。他們將其從學術
與思想的研討領域中，漸漸蛻變成為了俄羅斯文化中的一個重要意識形態，
影響著其內政與外交的政策。但是這個在十九世紀深深影響著俄羅斯對鄂圖
曼土耳其帝國與奧匈帝國外交政策的泛斯拉夫主義，既非俄羅斯人所創，也
不是源自於俄羅斯之地。而且當其他斯拉夫族呼籲俄羅斯領導散居各地的斯
拉夫族團結一起，建立斯拉夫王國時，俄羅斯政府不但反應冷淡，而且把它
當成是外交的障礙，蓄意加以反對與譴責。

推動近代泛斯拉夫主義的肇始者，主要是在奧匈帝國控制下的捷克與斯
洛伐克知識分子。他們一方面因為受到法國大革命的衝擊，挑起了自己的民
族意識；另一方面則受到日耳曼浪漫主義思潮的薰陶，特別強調斯拉夫民族
像是上帝的選民一樣，有著與其他民族截然不同的崇高與純潔的文化。影響
他們最深的是普魯士的浪漫派哲學家與詩人約翰·赫德 (Johann Gottfried von
Herder, 1744–1803)。赫德認為任何一個文化中所有的藝術、音樂、文學、法

律、傳統習俗等，都只不過是一個特殊的「民族精神」(Volksgeist) 表徵而已。他特別讚揚巴爾幹半島上斯拉夫民族的歌謠與民俗文學，認為它們顯示出了最純真的民族意識。為了追究斯拉夫文化特殊性的根本，捷克的約耶夫·薩法立克 (Joef Safarik, 1795–1861) 與斯洛伐克的健·寇拉 (Jan Kollar, 1793–1852)，從語言學的研究上著手，希望能尋求出所有斯拉夫語言的始源與它們之間的共同性。泛斯拉夫主義就從語言的考據起始，漸漸延伸到歷史、文學、藝術各方面，最後成為斯拉夫族要掙脫土耳其或日耳曼等異族統治的意識形態。泛斯拉夫主義者呼籲分居各地的斯拉夫人應該團結起來，解放所有受外族欺壓的斯拉夫同胞們，建立一個自己的國家。世界上唯一由斯拉夫族組成的國家是俄羅斯，唯一有可能解救其他斯拉夫同胞的也是俄羅斯，因此在泛斯拉夫主義運動中，俄羅斯也就成為其他斯拉夫族們渴望的救星。寇拉是這個意識最典型的代表。

寇拉是斯洛伐克的語言學家，終生盡力收集散失在各地的斯拉夫民謠。他最有名的著作是以十四行詩為題材所寫的《斯拉夫的女兒》(*Slavy dcera, Slav's Daughter*)。他在書中呼喚著說：「離散各地的斯拉夫人啊，讓我們團結在一起，不要再像是些零散的碎片了。讓我們這樣做吧！否則我們必將會被毀滅。」他所期望的不是要用武力創造出一個泛斯拉夫帝國，而是要將以斯拉夫文化為主的國家們結合成一個聯邦，使得斯拉夫民族互相融洽地生活在一起。

歐洲在 1848 年的革命，再度刺激了中歐的民族主義運動。波西米亞的泛斯拉夫主義者，乘機於 1848 年的 6 月，在捷克的布拉格召開斯拉夫民族大會。出席者共有三百四十一名，參與者多半來自於奧匈帝國中各地的斯拉夫代表。俄羅斯對此會議的冷淡，可以從只有兩位代表參加一事中看出。其中之一是密開爾·巴枯寧。與會的代表們在會議中，故意迂迴敏感的政治問題，只強調斯拉夫族應該促進語言與文化上的統一性。但他們無法獲得一個如何能達到這個目的的協議。最後草草決議說，他們應該一方面要求奧匈帝國政府給予他們民族的自治權，另一方面則願意協助政府，共同抵抗俄羅斯的入侵。布拉格的斯拉夫民族大會，顯示出泛斯拉夫主義運動的基本矛盾性。生活在鄂圖曼土耳其帝國與奧匈帝國境內的斯拉夫民族們，一直期望著俄羅斯帝國

的東斯拉夫族，能領導他們驅逐外族的統治，建立一個以斯拉夫文化為主的
聯邦；但同時他們又恐懼一旦俄羅斯真正介入，整個泛斯拉夫運動必會被充
滿了大斯拉夫沙文主義的俄羅斯族所壟斷，成為俄羅斯政府擴充領土的好藉
口。俄羅斯的獨裁專制體制，也必會隨之而來，強迫其他的斯拉夫民族接受。
這正是渴望爭取自由與獨立的斯拉夫族，最不願意看到的結果。因此在巴爾
幹半島上的西斯拉夫與南斯拉夫的知識分子對東斯拉夫俄羅斯民族的猜忌，
除了是弱小者面對強大的斯拉夫同胞時產生無法避免的恐懼感外，俄羅斯政
府的態度首鼠兩端，時而支持、時而反對的外交政策，也是其主要原因。在
泛斯拉夫主義有礙其國家利益時，俄羅斯政府不但與其劃清界限，並且盡力
阻擾其發展；反之，若能藉此乘機擴充領土與增加國家利益時，則儼然成為
所有斯拉夫民族的代言者，企圖控制泛斯拉夫主義運動。克里米亞戰敗，俄
羅斯在外交上受到英法等國加諸的挫折後，才開始熱衷泛斯拉夫主義運動，
希望能利用它作為外交工具，要脅奧匈帝國與鄂圖曼土耳其帝國。

　　因為對法作戰而曾經到過歐洲的俄羅斯軍人，首度接觸了近代泛斯拉夫
主義的運動；有些軍官回國後組成了「統一斯拉夫族會」，在俄羅斯國內推動
泛斯拉夫主義運動。他們主張先在俄羅斯國內發動革命，成功以後，便拯救
在異族統治下的西斯拉夫與南斯拉夫同胞們，幫助他們獨立，最後則與俄羅
斯共同組織一個互相平等的民主自由聯邦。在尼古拉一世即位時，他們參加
十二月革命的兵變，希望藉此強迫政府改革。事敗之後，會員被捕，該組織
也隨之消失。不過他們所信奉的泛斯拉夫主義卻被尼古拉與保守分子所接受。
政府規定的三大信條之中的「民族特性」中，就特別標榜斯拉夫民族的特性
與其拯救世界的歷史使命感。

　　當時最保守的知識分子、莫斯科大學的歷史教授密開爾・波格丁 (Mi-
chael Pogodin, 1800–1875)，便在 1857 年組織了「莫斯科斯拉夫民族慈善會」
(the Moscow Slav Benevolent Society)，廣泛宣揚泛斯拉夫主義。除此之外，
「親斯拉夫主義者」(Slavophilist) 也接受了泛斯拉夫主義，將其融入他們的主
要訴求之中。密開爾・波格丁所創的「莫斯科泛斯拉夫民族慈善會」，後來就
由極端親斯拉夫的伊凡・阿克沙寇夫 (Ivan Aksakov, 1823–1886) 所繼承。他
在 1867 年，召開了第二次的泛斯拉夫民族大會，會議中特別要求俄羅斯政府，

應該擔負起拯救所有斯拉夫民族對抗異族運動的重大任務。他們尤其同情在鄂圖曼土耳其帝國統治下的南斯拉夫族，責備俄羅斯政府在 1878 年柏林會議中未曾堅持加立亞的獨立，是出賣了斯拉夫民族利益的懦弱表現。伊凡・阿克沙寇夫為此發表了一篇措辭嚴厲的演說，譴責俄羅斯政府的無能。結果伊凡・阿克沙寇夫被政府下令強迫遷離莫斯科，「莫斯科斯拉夫民族慈善會」也隨之消失。

　　另外一位俄羅斯的泛斯拉夫主義者是動物學專家丹尼勒夫斯基 (N. Ya. Danilevsky, 1822–1885)。他從文化觀點上出發，強調斯拉夫族不同於其他民族的特性。在 1869 年出版的《俄羅斯與歐洲》(*Russia and Europe*) 著作中，首先提出了文化是區別人類的主要因素論點。他說，每一個民族的文化都有其本身內涵的特色，無法由其他民族承繼或抄襲。每一個民族也都可能將宗教、政治、社會經濟、文化四項範疇中的任何一項，發展到盡善盡美。但只有斯拉夫民族具有同時發展這四項的潛能，將來一定會替人類首度創造出一個完全平衡的文化。但要將這潛能化為實際，斯拉夫民族首先必須要從日耳曼與鄂圖曼土耳其族的統治下解放出來；然後與俄羅斯聯合，在沙皇的領導下，成立一個斯拉夫帝國。由於俄羅斯是唯一的、也是最強盛的斯拉夫帝國，因此他在制定外交政策時，一定要以統一所有斯拉夫民族的宏觀為依歸。

　　俄羅斯在克里米亞戰敗之後，將外交的重點轉移到中亞與遠東，在歐洲則採取了相當謹慎的政策。加上亞歷山大二世即位後，致力國內的改革，更難兼顧涉入國外的複雜局勢。不過俄羅斯政府深知俾斯麥統一德國的計劃中，需要俄國友誼，因此便乘機再度介入歐洲的外交事務。高查寇夫外相在 1871 年單方面廢除〈巴黎和約〉中限制俄羅斯海軍在黑海行動的條款，就是表示俄羅斯將再度關心其在歐洲與近東地區利益的起步。泛斯拉夫主義的論點，成為主導俄羅斯政府對鄂圖曼土耳其與奧匈帝國外交政策的重要根據。亞歷山大從故意迴避泛斯拉夫主義的消極態度，突然轉為熱烈的支持者。巴爾幹半島上的斯拉夫民族兩次反土耳其革命，對泛斯拉夫主義者提供了最好的藉口。他們要求俄羅斯政府擔負起不只是捍衛所有斯拉夫民族的利益，而且要領導他們統一的責任。在內、外的雙重壓力下，俄羅斯再度陷入火藥庫似的巴爾幹紛爭。

居住在赫塞哥維納 (Herzegovina) 的基督教徒，在 1875 年 7 月發動了反土耳其伊斯蘭教政府統治的革命。鄰近的波士尼亞 (Bosnia) 隨受波及，開始響應。曾經暗中鼓勵反土耳其運動的俄羅斯與奧地利，深恐這兩地事件的擴展，會促使各地不同民族在高漲的民族主義煽動下爆發類似的革命，破壞整個歐洲秩序。因此，俄、奧、德立刻召開「三帝同盟」會議，討論應變之策。德國在巴爾幹半島上向無切身的利益，但為了大局，願意支持俄、奧兩國的任何決議。1875 年 12 月 30 日，奧國外相安德拉斯 (Julius Andrassy, 1823–1890) 提出調解巴爾幹半島危機的計劃。其重點包括鄂圖曼土耳其政府允許基督教徒們的宗教信仰自由，並在赫塞哥維納與波士尼亞兩地立刻推動土地與稅務的改革。俄、奧、德三國將其協議以通牒方式寄交鄂圖曼土耳其政府；鄂圖曼土耳其政府願意接納其要求。但其境內已經進行革命的斯拉夫激進分子，則堅決反對並決定繼續行動，聲稱除了貫徹獨立運動外，不接受其他任何妥協。鄂圖曼土耳其因此派遣大軍前往弭平叛亂。為數約十五萬的赫塞哥維納與波士尼亞的難民，在 1876 年春季，逃入塞爾維亞、蒙地內格羅 (Montenegro) 與奧地利等鄰邦，尋求庇護。高查寇夫、安德拉斯與俾斯麥三人在 1876 年 5 月公布「柏林備忘錄」，除了仍然以安德拉斯的通牒為協調的基本外，特別要求鄂圖曼土耳其政府先停戰兩個月，冷卻緊張的局勢。法國與義大利贊成「柏林備忘錄」中的建議，英國則在狄斯瑞立 (Benjamin Disraeli, 1804–1881) 的堅持下，不但本身反對，且慫恿鄂圖曼土耳其政府拒絕。

在英國的支持下，鄂圖曼土耳其拒絕了 1876 年的「柏林備忘錄」，繼續其在巴爾幹半島上的鎮壓政策。巴爾幹半島上的斯拉夫民族革命，並未因此而稍有遏制，反而向各地擴散。1876 年，保加利亞境內暴發了抗土耳其運動；同年 6 月與 7 月，塞爾維亞與蒙地內格羅先後向鄂圖曼土耳其宣戰。亞歷山大二世在國內泛斯拉夫主義者要求俄羅斯政府援助巴爾幹半島上的斯拉夫同胞們的壓力下，開始採取了對鄂圖曼政府的強硬外交政策。高查寇夫與安德拉斯在 1876 年 7 月 8 日，聯合簽署「國會協議」(Reichstadt Agreement)，強調雙方合作維持巴爾幹半島的均勢。其重點即是：假若塞爾維亞與蒙地內格羅革命失敗，鄂圖曼政府必須要維持「戰前局勢」(status quo ante bellum)，但假若兩者獨立成功，則俄、奧兩國共同合作重新劃分巴爾幹半島上的國界；

兩國也同意合作、避免在巴爾幹半島上出現任何強大斯拉夫帝國的可能性。不過高查寇夫與安德拉斯兩人對於劃分赫塞哥維納與波士尼亞兩地領土各持己見，未能獲得協議。這是以後俄、奧交惡的主要原因。高查寇夫認為塞爾維亞與蒙地內格羅在獨立成功後，應割取赫塞哥維納－波士尼亞大部分的領土，奧地利所能獲得的只是剩餘後的一小片土地。安德拉斯的想法卻正好相反，他堅持奧地利將獲得兩地的大部分領土，而塞爾維亞與蒙地內格羅只能獲得一小片領土。

亞歷山大二世在「國會協議」後，自以為已經獲得了奧地利的強力支持。在塞爾維亞戰局進行不利時，他就在 1876 年 10 月 31 日，突然獨自向鄂圖曼土耳其政府下最後通牒，要求在六個星期內與塞爾維亞停戰。背後支持鄂圖曼的英國政府，匆匆邀請列強在 1876 年 12 月 11 日於伊斯坦堡召開會議，希望能夠化解危機。不過鄂圖曼政府因有英國在暗中支持，對這一次及以後數次國際會議的協議，都拒絕接受。協調既然不成功，俄羅斯在 1877 年 4 月 24 日，正式向鄂圖曼土耳其帝國宣戰。為數二十萬的俄軍，採取速戰速決的戰術從貝薩拉比亞入侵莫爾達維亞後，便跨越多瑙河，直接進攻保加利亞，並由此進逼伊斯坦堡。鄂圖曼土耳其政府於 1878 年 1 月 31 日，在距離伊斯坦堡十哩處的參斯提法諾 (San Stefano)，接受了俄軍所強制的休戰協定。雙方並立刻展開討論，處理巴爾幹半島的善後問題。俄方代表是泛斯拉夫主義積極派的伊格納契夫公爵 (Count N. P. Ignatiev, 1832–1908)。鄂圖曼土耳其政府在 1878 年 3 月 3 日，接受了伊格納契夫所提出的各項條件。兩國在 3 月 23 日換約，通過了〈參斯提法諾條約〉(Treraty of San Stefano)。由於俄羅斯政府堅持該條約屬祕密性，兩個政府都不得將內容公布，因此鄂圖曼土耳其被剝奪甚多權益。其中規定赫塞哥維納與波士尼亞可以合併，成為鄂圖曼帝國中的一自治省，享有高度的自治權；其省長由鄂圖曼政府指派，但必須經各國同意才算通過；該省可以有自己選出的議會及獨立的警察權。蒙地內格羅與羅馬尼亞獲得獨立。羅馬尼亞取得都布如加 (Dobruja) 的土地，作為放棄貝薩拉比亞給俄國的賠償。俄國除了從羅馬尼亞獲得貝薩拉比亞之外，並自鄂圖曼土耳其帝國奪取了其他的領土，及三十萬盧布的賠償金。

〈參斯提法諾條約〉中，最有爭議性的是有關保加利亞的領土問題。根

據條約，其領土北起多瑙河，東到黑海；西自阿爾巴尼亞一直延伸到南方的愛琴海。俄國一直就希望能在巴爾幹半島上建立一個版圖廣大的斯拉夫國家，作為繼續控制該地區及抵達黑海的基地。新成立的保加利亞正是俄羅斯設計而成。保加利亞雖然名義上仍承認鄂圖曼土耳其帝國對其有宗主權，但實際上已經是個獨立國家，受俄羅斯的控制。〈參斯提法諾條約〉規定土耳其的駐軍應立刻撤出，改以五萬的俄軍前來駐防兩年，維持秩序。

　　〈參斯提法諾條約〉中俄羅斯的各項索求被揭露後，引起了國際上的震撼。奧地利的安德拉斯與英國的狄斯瑞立，尤其無法接受俄羅斯此後將不只壟斷巴爾幹半島的事務，也將控制黑海的地位。安德拉斯認為保加利亞的建立，直接違反了俄、奧兩國禁止在巴爾幹半島上建立大型斯拉夫國家的「國會協議」條文。狄斯瑞立當然無法任由俄羅斯控制鄂圖曼土耳其帝國，而危害到英國的利益。兩國決定協助鄂圖曼土耳其，對俄重新作戰。在英、奧軍事行動的威脅下，沙皇亞歷山大二世接受了德相俾斯麥的邀約，於 1878 年 6 月 13 日在柏林召開國際會議，討論修改俄、土的〈參斯提法諾條約〉。此為「柏林會議」(Congress of Berlin)。經過一個月的討論，終於在 7 月 13 日獲得協議。根據〈柏林條約〉(*Treaty of Berlin*)，俄羅斯同意放棄建立大保加利亞國家的計劃，而將該地分為三部分。第一部分是規定位於巴爾幹山脈以北的保加利亞，成立為一自治區，由當地居民選出的國王治理；第二個部分是位於山脈以南保加利亞的如美立亞 (Rumeilia)，其地繼續隸屬鄂圖曼土耳其帝國管轄，其首長是由鄂圖曼土耳其政府指派的總督，但必須經過列強同意，也必須是基督教徒；第三部分是更南的馬其頓，仍然維持原狀，由鄂圖曼土耳其直接管轄。

　　俄羅斯被迫接受〈柏林條約〉、放棄了支持保加利亞立國運動的消息傳回國後，泛斯拉夫主義者大為憤怒。伊凡‧阿克沙寇夫發表公開演說，譴責俄羅斯背叛了所有斯拉夫民族的利益。「柏林會議」是由自稱「誠實的仲介者」(honest broker) 的德相俾斯麥所召開。會議結束後，俄羅斯政府開始懷疑俄、德之間友誼的持續性，開始與德國的敵人法國改善關係，終致締結了俄法同盟。俾斯麥圍堵孤立法國的外交政策，因此漸漸瓦解。俾斯麥也在會議後感到事態的嚴重，乃與奧地利建立軍事同盟，以免被孤立。原先在巴爾幹半島

事務上合作的俄羅斯與奧地利，現在則分屬兩個敵對的軍事組織織。此後若巴爾幹一旦再有危機，俄、奧因地理與血緣關係不得不牽涉時，與此地無直接利益關係的德國與法國也會因為軍事盟約中的義務被迫介入。第一次世界大戰的導因就埋伏於此了。

4.俄羅斯向東的擴充

俄羅斯向東部烏拉山區的發展，遠在伊凡四世時正式開始。由於該地區缺少天然屏障、人煙稀少，快速擴充及占領西伯利亞後，不但到達太平洋岸，也逐漸與中國的東北疆域開始接鄰，展開了此後兩國數百年錯綜複雜的關係。

莫斯科公國的大公，原是蒙古汗國統治俄羅斯的代理者。不過歷任的大公，利用被委任者的特權乘機併吞領土，大權攬於一身，最終成為俄羅斯的共主。一旦勢力鞏固，莫斯科大公便以捍衛俄羅斯民族的領袖角色，號召同胞反抗異族的統治。伊凡三世在 1480 年，終能擊退欲重整在俄羅斯神威的金帳汗國阿馬德 (Ahmad) 汗，終止了莫斯科公國對蒙古汗國的臣屬地位。繼位的伊凡四世，更進一步地將其他的韃靼國家統一。1552 年，他曾派水陸兩軍進攻卡贊，並親自前來督戰，佔領了卡贊汗國。卡贊地居伏爾加河中游，經該河可到阿斯特拉坎汗國 (Astrakhan Khanate)，並從此達裏海；向東則可沿伏爾加支流卡爾馬 (Karma) 河水道，進入西伯利亞。因此卡贊的征服是俄羅斯向東擴充的第一步。當俄羅斯真正佔領卡贊後，伊凡四世於 1556 年進兵併吞了阿斯特拉坎汗國。一直侵擾俄羅斯南疆的三大韃靼汗國，只剩下一個克里米亞汗國。伏爾加流域從此全部被俄羅斯控制，下一步則是向西伯利亞發展。

西伯利亞的發展與斯特拉格諾夫家族有密切的關係。該家族原是卡贊北部卡爾馬地區的農民，後因從事開礦的工業而致富。伊凡四世時阿尼卡‧斯特拉格諾夫 (Anika Stroganov, 1497–1570)，自願成為沙皇「歐撲力其尼納」特務組織的一員，在西伯利亞附近成立特區，家族勢力更為擴張。阿尼卡之子司門（Semen）發揚父志，在 1581 年召募了哥薩克領袖葉爾馬克‧提莫費耶維其 (Yermak Timofeyevich, ? –1584) 向西伯利亞地區進行武裝移民。葉爾馬克原居住在頓河流域，後遷往伏爾加河，專以打劫商旅為生。後因伊凡四世出兵爭討，乃向西逃竄投靠斯特拉格諾夫家族請求庇護。葉爾馬克在 1582 年

率哥薩克人、攻陷西伯利亞的庫春汗國 (Kuchun Khanate)，佔據其首都錫比 (Sibir) 後，立即由司門・斯特拉格諾夫進謁沙皇，將該地獻給伊凡作為莫斯科帝國的領土。葉爾馬克也因此獲得沙皇所賜的豁免權。沙皇獲得西伯利亞領土後，立刻增派俄軍前往駐防，並開始在各地建築如秋明 (Tiumen, 1586)、托勃司克 (Tobolsk, 1587)、北瑞佐夫 (Berezov, 1593)、蘇爾古特 (Surgut, 1594)、塔拉 (Tara, 1594)、納立木 (Narym, 1596) 與托木斯克 (Tomsk, 1604) 等城堡，控制了各地的水道，直抵葉尼塞河流域。葉爾馬克雖在 1584 年，因逃避庫春汗的反攻，渡額爾齊斯河時淹死，但俄國已經鞏固了在此的勢力。到了 1700 年，俄羅斯在西伯利亞拓墾的移民，多達二十萬人。彼得大帝在 1710 年，將西伯利亞劃分為一個行省 (Voeved)，以托勃司克為首都，正式派官治理。

　　西伯利亞屯墾者，以獵取皮毛動物及從事皮毛、皮革生意者為主。故一旦西伯利亞被俄羅斯佔領以後，沿河流繼續向東發展的結果，必進入中國東北疆的黑龍江流域，與當時的清政府發生衝突，是遲早無法避免的結果。俄羅斯西伯利亞內有鄂畢 (Ob)、葉尼塞、勒那與羅立馬 (Lolyma) 等四大河流。但其流向都是經過南北的冰凍之地，要向東入海之途，則只有藉其支流與黑龍江交匯後出海。俄人在西伯利亞企圖向南到達黑龍江流域者，以勒那與葉尼塞兩河為主，分頭進行。

　　從勒那河到達黑龍江的方式之一，是先進入其上游的精奇里河，然後再順流入黑龍江主流。1632 年，俄人在勒那河中流設立雅庫茲克城 (Yakutsk)，由彼得・葛洛文 (Peter Golovin) 管轄。首次探測精奇里河航路的瓦希立・波雅克夫 (Vasili Poyarkof) 便是採取該路線。他在 1643 年，率領了哥薩克人一百二十名、獵夫五十名、書記二人及引導一人，帶有大砲火槍等武器，從雅庫茲克出發。次年到達了黑龍江口。這是俄人第一次到達此處。雅庫茲克另一富商卡巴羅夫 (Yarka Pavlov Khabarov) 在 1649 年上書請求沙皇，願自己出資，另尋通路前往黑龍江。獲准後，經過一年途程，到達了黑龍江岸，奪取了當地人民所建築的城堡。俄人以當地酋長阿爾巴西的名字，命名此堡為為阿爾巴津 (Albazin)。該地清朝稱為雅克薩。《清聖祖實錄》中記載說，雅克薩原為我族人阿爾巴西等故居，後為沙俄竊據。㉕卡巴羅夫此後幾度以阿爾巴

㉕　《清聖祖實錄》 第 143 卷第 14 頁；中國社會科學院近代史研究室，《沙俄侵

津為根據，四出騷擾，並曾順黑龍江南下向東到達與烏蘇里江交口處。沙俄在 1858 年將該地命名為卡巴羅夫斯克 (Khabarovsk)，紀念他開疆拓土的功勞。

另一條進入黑龍江區域的途徑，是以葉尼塞河為據點出發。1619 年，俄羅斯的探險隊在河旁建築葉尼塞斯克城堡 (Yeniseisk)，向貝加爾湖地區進探。1655 年，葉尼塞總管帕什克夫 (Pashkov) 獲沙皇許可，率哥薩克群眾經貝加爾湖之東的石勒河向東進，經過幾年探險後，於 1658 年到達石勒河與尼布楚河處，在此地建立了涅爾琴斯克 (Nerchinsk，為尼布楚字的的轉音，俄人在尼布楚後加上俄語「斯」字尾而成，也稱為尼布楚)，成為俄人經營黑龍江上游的根據地。

當瓦希立‧波雅克夫在 1643 年從雅庫茲克出發，經由勒那河到達黑龍江後時，同時也正是滿清入關。滿人對於俄人窺伺其發源聖地之邊境，自是非常警惕。涅爾琴斯克之建築，不但使俄人有繼續東進的基地，而且更成為了清廷邊界罪犯逃避之所。清政府雖一再索求遣返罪犯，對方相應不理，因此決定出兵征討。康熙二十一年 (1682)，清政府決定派副都統郎坦與彭春前往該地視察敵情；1685 年，彭春帶領為數五千名兵士抵達雅克薩。除了來自吉林、北京、山東等地兵員外，彭春步卒並有調自福建的臺籍藤牌兵三百餘人。

涅爾琴斯克的俄羅斯總管見清廷決定採取軍事行動解決邊境罪犯逃匿問題時，便上書沙皇請求對策。當時俄羅斯因沙皇費多爾二世在 1682 年逝世，女兒蘇菲亞自 1682–1689 年，以弟弟伊凡與彼得年幼為由，自任為女沙皇主理國政。她接獲涅爾琴斯克求救書時，派狄奧多‧葛洛文 (Theodore A. Golovin) 為全權特使，與清政府談判邊界、逃犯等各項問題。經由耶穌會教士居中來回轉達雙方意向，終於在 1689 年 9 月 7 日，簽訂了〈尼布楚條約〉（〈涅爾琴斯克條約〉，*The Treaty of Nerchinsk*）。❷❻

〈涅爾琴斯克條約〉暫時結束了俄羅斯征服西伯利亞以後，向南經黑龍

華史》，人民出版社，1978，p. 101。

❷❻ 條約原文見《沙俄侵華史》，中國社會科學院近代史研究室，人民出版社，1978年，pp. 197–199；王鐵崖，《中外舊約匯編》，1957 年，北京，第一冊，pp. 1–2。

江發展到中國東北邊疆的擴充。蔣廷黻認為，兩國在該地區能保持一百五十年的安寧，都是這個條約的貢獻。❷不過，中俄在蒙古地區因通商問題，卻又引起不少爭端。這要在 1728 年 6 月 25 日，雙方簽訂的〈恰克圖條約〉中才獲得解決。

　　俄羅斯在羅曼諾夫王朝初期、尤其是彼得大帝時，因長期牽涉歐洲事務，注意力多半放在該地區，其他地方則無暇旁顧。對於西伯利亞及中國東北、蒙古、新疆邊境等地的擴充，沙皇的政策都是先由當地富商與哥薩克族聯合發動，稍有斬獲後，則立即以政府名義出兵協助，建立城堡，將侵佔的土地據為己有。在這樣官、商兩種不同的政策交替使用下，俄羅斯終將其疆土擴充到太平洋岸。

　　因為克里米亞戰敗的影響，亞歷山大二世在歐洲的外交發展並不太順利。不過這挫折感，反而促使了俄羅斯努力經營中亞與東亞地區，以求有所補償。克里米亞戰爭甫結束，俄羅斯政府就在伊格納契夫 (N. P. Iganatiev, 1832–1908) 慫恿下，旋即恢復對中亞的擴充。伊格納契夫是俄駐英國的武官。他在 1857 年獲知英國印度軍團叛變反抗英國統治時，認為正好可以利用反英情緒，擴充俄羅斯在當地的利益範圍。他向沙皇建議，將俄羅斯外交的注意力轉移到中亞地區。沙皇隨即在 1858 年派他率領船隻，由阿祿海 (Aral Sea) 出發，沿阿木達立亞 (Amu Darya) 河，前往齊瓦 (Khiva) 與布哈拉 (Bokhara) 等處，建立根據地，作為以後發展的準備。齊瓦與布哈拉等地地形險峻，居民多為土耳其的游牧民族，英勇善戰。俄羅斯在此地擴充的初期，受到天然與人為的阻力，進展困難而緩慢。

　　俄羅斯在中亞的擴充，除了外交上與英國的權力鬥爭外，在 1860 年代又有了一項新的經濟因素，這就是紡織業的興起。由於受到美國內戰的影響，俄羅斯的紡織廠無法定期獲得棉花的供應，因此開始特別重視中亞產棉區的土耳其斯坦。平定波蘭革命後，俄羅斯政府重新拾起自信性，外交政策也因此轉強。國防部長米琉廷支持伊格納契夫積極進展中亞政策，在 1864 年決定派遣軍力攻打浩罕與塔什干 (Tashkent) 等重要城市。經過數年的鏖戰，俄軍在攻陷了浩罕與塔什干後，於 1867 年成立了土耳其斯坦總督府。次年佔領帖

---

❷　蔣廷黻，〈最近三百年外患史〉，《清華學報》，8：1，1932 年 12 月，p. 29。

木兒帝國的首都撒馬爾罕後，囊括了與中國新疆交界的整個中亞地區。中、俄兩國在中亞地區原本就因為貿易而產生複雜的關係，現則加上疆界領土與其他的糾紛，更是糾纏不清。俄國藉地理之便，趁滿清政府內憂外患之危機，更肆無忌憚地大肆侵擾了。❷❽

俄羅斯在中亞的經營，由於交通困難，加上英國對當地重大的影響力，進行並不順利。前浩罕將軍阿古柏於 1865 年叛變，隨即控制了浩罕各地，並趁滿清海疆危機之時，侵佔伊犁。俄羅斯見阿古柏與英國勾結，威脅俄商在中亞的貿易，乃派軍前往將之驅除後，佔領了伊犁。阿古柏在 1877 年戰死，他的汗國也隨之滅亡。滿清政府在 1880 年派曾紀澤赴聖彼得堡談判，修訂〈伊犁條約〉，才將伊犁收回。

俄羅斯忙於在中亞擴充，因無法分身，乃決定將太平洋東北角的一片土地，削價出售給美國。這個被稱為阿拉斯加的地方，原是出產海獺皮毛的中心，俄羅斯政府因在該地經營皮毛貿易的「俄美公司」管理不善，負債累累，早在 1857 年就授意其駐美的大使與美國商討出售阿拉斯加事宜，後因美國的內戰發生暫時作罷。內戰結束後，兩國再重新討論。美國國務卿威廉·西沃德 (William Seward, 1801–1872) 認為美國若要向西發展，必須控制太平洋各島嶼。他獨排美國國內的反對聲浪，結果在 1867 年的 3 月 30 日，與俄羅斯政府簽訂條約，以七百二十萬美元的價錢購得了阿拉斯加。當時美國國內反對者認為出這麼高的價錢，購買一座冰庫，毫無意義。俄羅斯政府恐懼美國國會的反對，會阻擋西沃德購買阿拉斯加的計劃，還特別出錢影響美國的輿論，遊說國會議員協助推動其出售事宜。

俄羅斯欲向遠東發展，遠在十九世紀初就曾派遣探險隊前往日本海域測量，皆因日本施行鎖國政策，被驅離而折返。俄羅斯在遠東急速擴充的結果，促使了美國對太平洋岸的重視，乃命海軍大將培立率艦隊前往日本叩關。在不惜採取軍事攻擊的威脅下，培立將軍終於脅迫日本的江戶幕府在 1854 年與美國簽訂了〈神奈川條約〉，同意與美國通商及發展外交關係，從此開始開國的政策。繼美國之後，英國也援例與日本簽訂通商條約。原先已經幾度到日

❷❽　周雪舫：《俄國在新疆商業發展的研究 (1851–1920)》，博士論文，中國文化大學史學研究所，1995 年 11 月。

本北方各島探險過的俄羅斯，自也不甘落後，在 1855 年 2 月 7 日與日本幕府簽訂了條約，除了強調維持兩國的和善關係外，並暫時解決了日本北海道以北等島嶼歸屬爭執。兩國同意庫頁群島北方屬俄、南方屬日本所有，至於撒哈林島嶼則暫時由兩者共有，而不討論管轄權問題。此後俄羅斯海軍大將普提雅廷又於 1855 年 12 月 22 日，與日本簽訂了通商條約：日本同意開放長崎、函館與下田等港口，允許俄羅斯得在開放港口處設立領事，管理到此通商貿易的俄羅斯商人事宜。

由於撒哈林群島攸關日本北海道的安全，因此日本曾數度欲與俄羅斯政府磋商該島歸屬問題，但皆無成效。日本政府在 1862 年所派出的訪歐團，曾特別前往聖彼得堡談判，建議以北緯 50 度為界線，以北之地屬俄，以南之地屬日本。當時已經升任外交部亞洲事務處處長的伊格納契夫將軍斷然拒絕，聲言撒哈林整個島嶼不得分割，應全部屬於俄羅斯。日本明治維新 (1868–1912) 推動富國強兵政策後，國力大增。新派公使夏本武揚於 1874 年 8 月到俄京上任，次年 5 月 7 日，與俄羅斯政府簽訂〈聖彼得堡條約〉(*Treaty of St. Petersburg*)：議定撒哈林應全部由俄羅斯擁有，俄羅斯則同時承認庫頁群島屬日本管轄。除此之外，日本商人可前往鄂霍次克海及堪察加半島港口通商與捕魚；日本船隻與商人在俄羅斯境內得享有最惠國待遇。俄、日兩國在此後二十年內，保持良好關係；一直要到 1904 年的「日俄戰爭」才兵戎相見。

自從俄羅斯與滿清政府在 1689 年簽訂了〈尼布楚條約〉以後，兩國邊境之間商人與屯墾者的衝突，暫時和緩。但是哥薩克族的武裝商人，為了奪取天然資源及獵取水產動物的皮毛，仍然繼續沿河道向東發展。沙皇尼古拉一世在 1847 年任命了主張向東擴張領土的尼古拉·穆拉夫耶夫將軍，為東西伯利亞總督。他特別命令穆拉夫耶夫到任後，必須特地仔細了解當時西伯利亞、尤其是阿穆爾 (Amur) 的情況。在經過長時期的忽視後，俄羅斯政府因此又重新恢復了對黑龍江等地區的擴展。自 1847 年迄至 1855 年，穆拉夫耶夫一度率領兵士入侵黑龍江岸。當克里米亞戰爭進行時，他更以「防堵英夷」為藉口，強迫「假道行兵」，率汽船一艘、木船五十隻、兵丁千餘人，經黑龍江通過璦琿向下游進駛。清軍阻擋不住，穆拉夫耶夫乃命令俄軍在黑龍江上下游屯兵，建築城堡。俄羅斯在克里米亞戰爭中被擊敗後，更轉而加強其在亞洲

的擴充行為。結果俄羅斯在 1856 年，正式成立了濱海行政區，管轄堪察加半島、鄂霍次克海沿岸與黑龍江口等地事務。

當 1857 年清廷正被英法聯軍入侵、局勢危機之時，俄羅斯政府派遣普提雅廷前往廣東，冀與英法聯合，並乘機要求討論黑龍江等地的疆界與通商事宜。清廷以凡與俄國交涉之事，皆須經由黑龍江辦事大臣加以婉拒。穆拉夫耶夫聞訊後，立即照會黑龍江辦事大臣奕山，在璦琿舉行會議，討論邊界各問題。談判時期，穆拉夫耶夫以「大船兩隻，夷人二三百名，槍砲軍械俱全，泊於江東」。❷在如此的展示兵威之下，弈山在 1858 年被迫與穆拉夫耶夫訂立了〈璦琿條約〉。該條約有三條，主要包括：

⑴黑龍江、松花江左岸，由額爾古納河至松花江海口，作為俄羅斯國所屬之地；右岸順江溜至烏蘇里江，作為大清國所屬之地。

⑵烏蘇里江往彼至海所有之地，此地如同接連兩國國界交接明定之地方，作為大清國、俄羅斯國共管之地。黑龍江、松花江、烏蘇里江，此後只准大清國、俄羅斯國行船，個別外國船隻不准由此江河行走。黑龍江左岸，由精奇里河以南，至豁爾莫勒津屯，原住之滿洲人等，照舊准其在所住屯中永遠居住，仍著滿洲國的大臣官員管理。俄羅斯人等不得侵犯。

⑶兩國所屬之人，互相取利。烏蘇里江、黑龍江、松花江岸居住兩國所屬之人，令其一同交易官員等在兩岸彼此照看兩國貿易之人。❸〈璦琿條約〉替代了 1689 年的〈尼布楚條約〉，終止了以前中、俄兩國在邊境上相安無事的局面。俄羅斯在這條約中，不但從中國獲得了六十多萬平方公里的土地，更奠定了以後繼續向黑龍江、烏蘇里江、太平洋之間廣大領土擴展的基礎。

普提雅廷本人雖然沒有達到與清廷單獨討論黑龍江地區問題的目的，不過他利用英法聯軍進犯大沽的機會，也派遣兵艦隨同前往。他的戰略是一方面顯示軍威、恐嚇已面臨英法海軍聯合進攻的滿清政府，另一方面則是向清廷示好，不但不與英法聯合，並願暗中協助調解糾紛，以獲漁翁之利。他威脅利誘的戰略，終於得逞。中俄在 1858 年 6 月 13 日簽訂〈天津條約〉，俄羅

❷　佟冬主編，《沙俄與東北》，吉林文史出版社，1984，p. 130（引咸豐朝《籌辦義務始末》，第 25 卷，頁 13–14）。

❸　佟冬主編，《沙俄與東北》，pp. 130–131（引《中俄邊界條約集》，頁 20）。

斯除了獲得了黑龍江以東的土地及在各通商口岸享有與其他國家同等的權利外，並享有了最惠國待遇。根據此項規定，俄羅斯自動地享有了英法聯軍在當年 6 月 26 日所簽的〈天津條約〉中，清廷所給予的各項權益。當英、法兩國大使於 1858 年 5 月前往北京換約時，俄羅斯指派伊格納契夫海軍大將為駐北京公使。伊格納契夫被任命後，繞道經西伯利亞與穆拉夫耶夫商議共同經營中國事宜後，便由陸路啟程，抵北京上任。穆拉夫耶夫則同時派遣探險隊在沿海各地探查，他於 1859 年，自西伯利亞東部黑龍江口的廟街（也稱尼古拉維斯克，Nikolaivsk）出發，沿圖們江直下，發現一個大海灣，隨即命名為大彼得灣，將灣內的港口海參崴稱為符拉底沃斯托克（Vladivostok，東方的統治者之意），作為俄羅斯以後在太平洋發展的海軍根據地。伊格納契夫於 1859 年 7 月到達北京，他利用清廷因英、法船艦進迫、不知如何應付的危急之時，再度使用威脅利誘的手腕，在 1860 年 11 月 14 日簽訂了中、俄的〈北京條約〉。滿清政府將一片廣大的領土割讓給了俄羅斯。俄羅斯在〈璦琿條約〉與〈北京條約〉中，自中國所獲得土地面積高達四十萬平方哩以上，超過法、德兩國面積的總和。

第十四章　俄羅斯文化的劇變

一、思潮的轉變

在俄羅斯文化的發展上，十九世紀是一個變化多端、呈現著各種思維互相衝突與調和的時代。凱薩琳大帝不但繼承著彼得大帝的西化，而且更積極主動地接受當時最前進的法國開明思想，並將之引進作為執政的依歸。但當1789 年法國大革命發生之際，她擔心這些極端的自由思想，會促使俄羅斯知識分子開始質疑俄羅斯君主專政的適宜性，而開始加以禁止。其在 1790 年閱讀《從聖彼得堡到莫斯科的旅程》，當作者在書中贊揚英國清教徒領袖克倫威爾 (Oliver Cromwell, 1599–1658) 公開處決英王查理一世 (Charles I, 1625–1649) 時，她真正感覺到這些思想已像毒素一樣地侵蝕俄羅斯，必須立刻加以遏止。俄羅斯的文化與思想因此很微妙的從法國的開明主義，轉入以日耳曼的浪漫主義思潮為主。

尼古拉一世初即位時，受到十二月革命的衝擊，使他更堅定相信開明主義是破壞秩序的禍源，應該根絕。而來自日耳曼的浪漫主義，由於思想保守、重視尊重傳統，且其主題多傾向於情感的訴求，較少議論現實政治，因此被他尊崇成為知識分子應該追求與研討的新思潮。在政府大力的推動下，浪漫主義振奮了俄羅斯的文化與思想；尤其是在文學方面，更展示了前所未有的創造力。從普希金的詩歌開始，到杜斯妥也夫斯基 (Dostoevsky) 的小說為止的俄羅斯文學黃金時代，就是發生在這大約從 1820–1880 年的時期中。

浪漫主義對傳統的嚮往、對過去的緬懷、對血緣親密關係的偏愛，促使了十九世紀俄羅斯知識分子在追求其歷史發展的過去中，希望能挖掘出一個不但是真正、也是只屬於俄羅斯文化的斯拉夫精神特色。虔誠的東正教信仰、純樸的農民、互助的公社，甚至連集權的沙皇體制與農奴制度，都特意美化

成為充滿靈性的俄羅斯文化傳統，與西方物質文化截然不同。這些生活在實際社會狀況中、眼見社會與政治上許多不公平現象的知識分子，因為受到浪漫主義思潮的影響，乃將對俄羅斯傳統與歷史的解讀、對未來的各種期望，演變成自己的情感訴求與寄託。一場號稱為是親斯拉夫者與親西方者的文化論戰，從此展開。

亞歷山大二世解放農奴，鼓舞了所有的知識分子。不論是反政府或是支持政府，不論是親斯拉夫者或是親西方者，都爭相讚美這個開明與人道的措施，認為他們所期待的俄羅斯終於到來了。崇揚農民、特別標榜農民們是推動歷史前進主力的民粹主義，像狂焰一樣地展開，燃燒著理想的年輕人；他們懷著熱忱，抱著高超的理想，在 1870 年代奔向鄉村，要替農民服務、教導他們、向他們灌輸自由與進步的人權思想。他們天真地認為他們信仰的是真理，真理絕對不會錯，也必會被人接受。不幾多時，他們眼見亞歷山大在解放農奴後隨即採取的反動政策，親身體驗到了農民們除了對自己的歷史地位茫然不知外，而且滿腦子都是自私無知與頑冥不化的落伍思想，開始質疑本身信念的真確性，漸漸拋棄了美化農民的幼稚夢想。理想的幻滅，使得有些極端知識分子將以服務農民為主的奉獻精神，轉換成為利用暗殺等恐怖手段，與沙皇政權進行政治鬥爭；有的則開始探討思想錯誤的根源，並找尋另一個能解決俄羅斯困境的新思想體系。

在歐洲與浪漫主義共存的另一股社會主義思潮，在工業革命產生後，漸漸崛起。這些為了要對付工業革命所造成的政治、經濟與社會上各種危機的新興思想，從根本上挑戰以自由競爭為基礎理論的資本主義。社會主義者強調計劃經濟，要用國家或社會的力量，採取合作互助的方式來鏟除貧富不均、以求達到全體人民福利的目的。工人階級，是推動這個新時代的主要力量。在期望農民的幻覺破滅之後，那些拒絕從事暴力革命的俄羅斯民粹主義者，開始轉向研究在英、法、普魯士等地流行的社會主義。以普列漢諾夫為首的知識分子，在 1880 年代，漸漸將馬克思的科學社會主義介紹進入俄羅斯，成為了此後決定俄羅斯命運最重要的思想。

俄羅斯的文字與語言，成為了浪漫主義風潮下熱烈研究的主題。俄羅斯語言，屬於印歐語系的一支；但因為地緣與歷史的因素，它也接受了許多外

來語的字彙與文法。希臘、拉丁、蒙古、土耳其、日耳曼、法文等，都影響了俄羅斯語言的詞彙與其聲調。但其書寫的文字則沿自於舊教會斯拉夫文。由於該文字主要的用處，是記載或講解基督教教義或應遵守的教規，故字彙生澀、文法繁瑣，並不適合作為世俗的傳達工具。彼得大帝西化時，為了要增進此後科技與文化的傳播，便開始了文字的改革。他的目的是將俄文從舊教會斯拉夫文的束縛中解脫出來，使其文法結構與字彙都更接近西方。經過十八世紀密開爾・羅莫諾索夫，與十九世紀普希金兩人的研究與寫作，逐漸將俄文的字彙與文法規律化，奠定了近代俄羅斯語文的基礎。

密開爾・羅莫諾索夫因為科學成績優異，在 1736 年被俄羅斯政府派到普魯士，攻讀化學、數學與礦冶等科目。1741 年學成回國。伊麗莎白女皇因其在天文、冶金、地理與理化等科學領域中的學識，於 1742 年任命他為皇家科學院的院士，從事物理與化學的研究，成為了自彼得大帝創立皇家科學院後的第一位俄羅斯籍研究員。他除了在科學方面的成就外，對俄羅斯歷史與語言的研究，也有卓絕的貢獻。他因不滿當時科學院中日耳曼籍院士大力倡導俄羅斯文化來自北歐的論調，便決定致力研究俄羅斯古代史及其語言，希望能找出俄羅斯文化是斯拉夫民族所自創的證據。他在 1757 年出版了《俄羅斯文法》，在此書中，他先分析了俄文詞彙分歧、語法混亂無章等問題，最後則提出了如何修訂其缺點的實例與方案。由於對改革俄羅斯語文的努力，他被當時的人尊稱為是現代俄羅斯語言文字的奠定者。普希金非常佩服他用功之精，學識的廣泛，讚揚他是俄羅斯的「一人大學」。

自彼得大帝開始的西化運動，到了凱薩琳女皇時則更加積極。她特別強調要以當時的開明主義思想，作為她治理俄羅斯的根本。她不僅個人與法國、普魯士等國開明的哲學家保持聯繫，並且派遣留學生到歐洲各國去求學。在 1766 年，俄羅斯政府就選派了十二位學生到普魯士的萊比錫大學攻讀。亞歷山大・拉狄切夫就是其中之一。由於在凱薩琳一章中已經對拉狄切夫有所敘述，故不在此處重複，但值得一提的是拉狄切夫的《從聖彼得堡到莫斯科的旅程》，替俄羅斯的文學奠定了一個重要的傳統。這就是此後知識分子的寫作，絕不是為文學而文學；他們寫作的目的，是抱著敢言的態度，將文學當作是批評政治社會不平現象及伸張正義的工具，知識分子，一定要扮演著社會良

知的角色。此後的別林斯基 (V. G. Belisnsky, 1811–1848)、屠格涅夫 (Turgenev)、杜斯妥也夫斯基 (Dostoevsky)、托爾斯泰 (Tolstoy) 等作家，都是延續這個傳統，從事寫作。

當拉狄切夫被流放在西伯利亞時，保羅一世下令規定農奴替地主們的耕作日，每周不得超過三日。拉狄切夫得訊，歡喜非常，因為他在書中就曾嚴厲攻擊地主們強迫農奴們日以繼夜的為他們耕作，而無法耕作自己田地的痛苦。他從西伯利亞被召回後，衷心期望較開明的亞歷山大一世能夠更進一步地提出保護農奴們利益的措施。因此當沙皇正式就位時，他特別進奉詩歌一篇祝賀，預祝他大規模改革的成功。

二、浪漫主義：亞歷山大・普希金與密開爾・列爾蒙托夫

羅莫諾索夫對斯拉夫文字的研究、考證與文法的規律化，奠定了近代俄羅斯語文的基礎。到了普希金時，俄羅斯的語文發展，則更加完善。由於他本人除了俄文，還精通法文與英、法的文學，因此他的作品取材更是豐富。不論是詩歌、散文或戲劇，他都有不凡的成就。他對寫作要求非常嚴格，不但要求文句結構緊密、文法格式正確，就是連文字聲韻的美感，都不能忽略。他在文字與文學上的造詣，替後世的俄羅斯文學及作家們，制定了一個應該學習的典範。

普希金出生於莫斯科的貴冑之家，他的外曾祖父伊布拉希穆・漢尼巴 (Ibrahim Hannibal) 來自於非洲衣索匹亞的王室，服役於彼得軍中，故被稱為「彼得大帝的尼格羅」。普希金對他自己的非洲血緣關係非常珍惜，並引以為傲。他曾在〈彼得大帝的尼格羅〉詩篇中，特別加以讚美。當他在作品中描述他非洲父老、同胞們所承受的悲慘遭遇時，也自然而然的流露出悲憤與同情的感受。他從小就受到最好的教育，除了對俄國文字與古典文學，有深厚的造詣外，也涉獵英、法的文學。他尤其喜歡當時在歐洲流行的浪漫主義。英國的拜倫 (George Byron, 1788–1824) 與雪萊 (Percy Shelly, 1792–1822) 的浪漫主義詩篇，深刻影響了他此後的著作。他是俄羅斯文學中浪漫主義的開

創者。雖然普希金在世僅僅三十八年，寫作的生命更是短暫，但卻完成了許多內容豐富、題材廣泛的豐富作品。其中包括：

1. 抒情性作品：《老人》、《給查達耶夫》、《冬夜》、《給西伯利亞的信息》、《聖母》、《我追求無望的逃避》。

2. 長篇的敘事性史詩：《波塔瓦》(*Poltava*)、《青銅騎士》(*Bronze Horseman*)、《尤金‧歐涅金》(*Eugene Onegin*)。

3. 散文故事：《射擊》、《站長的女兒》、《郵局長》、《彼得大帝的尼格羅》。

4. 民間傳說：《教宗與他的佣人保爾達》。

5. 歷史戲劇：《玻立斯‧戈督諾夫》(Boris Godunov)。

普希金熱愛自由，痛恨暴政及壓迫。年輕時就與日後的十二月黨人為友。他在 1819–1820 年之間，參加了十二月黨人前身、福利聯盟所屬的「綠燈」文藝組織，寫作了第一首為題為《露絲與魯狄密亞》(*Ruslan and Ludmila, Rusland i Lidmila*) 的詩歌，諷刺政府的腐敗與無能。因為這首詩，他在 1820 年被政府拘捕後，放逐到俄羅斯南部、黑海邊的敖得薩。他在此結交許多參加希臘革命的自由分子，及此後是十二月革命主要領袖之一的帕維爾‧培斯特。

在這一段放逐的時間內，普希金以俄羅斯南方偏遠地區的特色為主，寫作了《高加索的罪犯》(*Kavkazskii plennik*)、《吉普賽人》(*Tsygany*) 與《巴克其薩拉伊的噴泉》(*Bakhchisaraiskii fontan*)，替俄羅斯的文學添增了許多異民族的色彩。同時他也開始思考歷經七年才能完成的《尤金‧歐涅金》。

普希金被釋放後，又在 1824 年因從事無神論與反政府的言論，被告發後軟禁在他父親的普斯克夫的田莊上。在其間，他開始寫作《尤金‧歐涅金》與歷史戲劇的《玻立斯‧戈督諾夫》。在俄羅斯的文學作品中，《尤金‧歐涅金》是一個大膽的創作，普希金以長篇史詩的方式，攙合了希臘悲劇式的主題與浪漫主義的精神，敘述男主角尤金‧歐涅金與女主角塔緹亞娜‧拉麗娜 (Tatyana Larina) 之間錯綜複雜的愛情與掙扎的故事。整篇敘述以自我寫照、分析人性的方式，寫出充滿著浪漫主義所追求的自由、衝破人性枷鎖的狂熱，同時也徹底描述與分析無情的現實及難以解脫的矛盾情結所產生的悲劇。《尤金‧歐涅金》的體裁與故事，及普希金對男女主角的細膩描寫，成為了以後作家們寫作的楷模。在列爾蒙托夫與屠格涅夫等人的文學創作中，類似的題

材都一再重現。《尤金‧歐涅金》作品的重要地位，一方面是繼承著浪漫主義的傳統，另一方面則也開創了此後俄羅斯寫實主義 (Realism) 的特色。別林斯基說普希金是俄羅斯的一部百科全書，應不是溢美之詞。

普希金在 1826 年被赦返回聖彼得堡居住後，經常到莫斯科去憑弔俄羅斯人民抵抗拿破崙入侵時的古戰場。他尤其無法忘懷俄羅斯犧牲慘重的波若狄諾戰役。他變得非常愛國，開始努力研究俄羅斯的歷史，卡拉姆金所寫的《俄羅斯國家發展歷史》，成為他此後寫作的主要參考資料。他的主要歷史著作是《彼得一世的歷史》(*History of Peter I, Istoriia Petra I*)。他在書中一方面稱讚彼得有魄力的改革，但同時也譴責他的專制暴政。1833 年所寫的《青銅騎士》詩篇中，就充滿了這種情結，他以彼得大帝的銅像為象徵，一方面歌頌彼得大帝高瞻遠矚，不怕一切困難興建聖彼得堡，使它成為通往歐洲的窗子；另一方面，他則指彼得好大喜功、草菅人命所造成的悲劇。另外一首命名為《波塔瓦》的詩歌，是描寫彼得大帝與瑞典海戰時的英勇事跡。

普希金對於普加切夫的遭遇特別同情，所以開始仔細研究俄羅斯農變所以發生的原因與結果。他所寫的《普加切夫的歷史》(*History of Pugachev, Istoriia Pugacheva*)，成為了第一部研究俄羅斯農民抗暴運動的著作。

普希金在寫作詩歌與歷史文學的同時，並沒有忘記對世事的關懷。他雖然沒有親自參與十二月革命，不過對整個運動都表示衷心的支持。事敗之後，他曾寫詩頌揚放逐在西伯利亞的革命志士。普希金在 1836 年開始發行《現代》雜誌，這一個刊載過許多名著的文學與時論的雜誌，一直延續到 1860 年代，深深影響了俄羅斯的學術與知識分子。

普希金在 1831 年與娜塔麗‧岡查若瓦 (Natalie Goncharova) 成婚。兩人的婚姻，因為普希金經濟拮据，再加上岳母索求無厭，始終無法美滿。在這種情形下，荷蘭駐俄大使的養子喬治‧安地斯 (George d'Anthes) 乃乘虛而入，與娜塔麗發生了親密的關係。普希金在忍無可忍的羞辱感下，在 1837 年 2 月8 日 (舊曆 1 月 27 日)，與喬治‧安地斯決鬥。決鬥結果，普希金重傷，兩天後因傷死亡；喬治‧安地斯則只受輕傷。普希金的死，正好引證了他所熱愛的浪漫主義精神。他的死，也終結了他在俄羅斯文學領域中所創立的一個時代。他寫作時所用的語言文字、表達的方式、內涵的主題，寫作涵蓋詩歌、

散文、戲劇、歷史小說之廣的範圍，都成了後世文學家們的典範。他們稱讚普希金，說他「等於我們所有的人」的話絕對是衷心之言，不是溢美之詞。

　　普希金因決鬥而死的消息，震撼了俄羅斯的文藝界。當時在聖彼得堡流行著一個傳言，說是某些貴族因為嫉妒普希金的天才，故意散播他妻子的不貞，引誘他墮入了這致命的決鬥陷阱。遠被放逐在高加索的密開爾・列爾蒙托夫 (Mikhail Lermontov, 1814–1841) 就以《詩人之死》(*Smert poeta*) 為題，寫了一首詩，憤怒地指責射殺普希金的元兇，並怪罪俄羅斯腐敗的社會風氣，竟然能容忍殘殺詩人的兇手逃避法律的制裁而繼續逍遙自在。他痛罵官僚們貪贓枉法，藐視正義。

　　密開爾・列爾蒙托夫本人就是一個浪漫派的詩人，他把普希金當作是他最崇拜的偶像。列爾蒙托夫的結局，也像普希金的結局一樣，都是因決鬥而死。列爾蒙托夫的祖先在十七世紀時，從蘇格蘭到俄羅斯當傭兵，便落籍於此。列爾蒙托夫深以他祖裔蘇格蘭人狂放與熱愛自由的民族特性自傲，他的性格與作品都顯示了這個重要的影響。他早年服役於騎兵隊，曾經是駐紮首都的禁衛軍。後因與人決鬥而違反軍紀，被貶到偏遠的高加索山區。他的許多作品都是在這一段流放的生涯中完成。他的詩篇與散文中充滿了痛恨專制、崇尚自由的精神。1841 年的夏日，他與幾位同伴在高加索地區的溫泉中，飲酒作樂。酒酣耳熱，正在狂歡時，列爾蒙托夫藉著酒意恥笑伙伴馬提諾夫 (Martynov)，並向他挑戰決鬥。結果列爾蒙托夫被射，當場死亡；死時只有二十七歲。沙皇尼古拉一世獲知他死亡的方式時說：「這條狗，像狗一樣地死了。」普希金與列爾蒙托夫都是浪漫主義者，在浪漫主義激動的情緒下犧牲了自己的生命。

　　列爾蒙托夫作品中的內涵，與他對理念的體認，都比普希金深刻。文學批評家別林斯基，稱讚他的詩充滿了哲學意味。他最成名的作品是 1840 年完成的《當代英雄》(*Geroi nashego vremeni, A Hero of Our Time*)，書中的主角裴丘林 (Pechorin)，是一個具有雙重性格的年輕人，他聰明絕頂，充滿著理智，遠超過社會的一群庸俗分子；但他同時也懷著似乎是被惡魔驅使著的邪惡感，為了自己的利益與所好，他不惜採取任何手段以達到目的。他在決鬥中利用詭計，射死對手古儒希尼斯基 (Grushnitsky) 的陰謀，就是最好的寫照。列爾

蒙托夫主要是借著這主角，把自己融入在內，揭露出俄羅斯社會的虛偽與腐
化。因為只有這種社會中，才會產生像裴丘林這樣內心充滿了衝突與矛盾性
格的人物。裴丘林只不過是社會的產物，扮演著一個悲劇的角色，他不應該
被譴責，反而應該獲得社會上的同情。列爾蒙托夫所塑造的英雄裴丘林，永
遠生活在折磨自己的困境中，無法解脫。這個角色成為了後世作者的雛形，
以不同的面貌，在不同的作品中不斷重複出現。

　　列爾蒙托夫的著作，在俄羅斯的文學中一方面將浪漫主義的風格，發展
到成熟的階段，另一方面則同時開創了細膩描寫現實的寫實主義。他在詩歌
方面的寫作，繼承著普希金的傳統。不過他許多作品是以散文方式，描寫人、
物、事的各種形態。他與普希金兩人，奠定了俄羅斯文學中詩歌與散文寫作
的基礎。列爾蒙托夫的死，終結了浪漫主義的高潮。不過屠格涅夫與杜斯妥
也夫斯基等作家們，都在浪漫主義傳統的滋孕中，獲得靈感，繼承其寫作方
法，慢慢熟練，終於發展出自己的特殊風格。

三、現實主義者的尼可萊‧果戈里

　　隨著普希金與列爾蒙托夫的死去，以詩歌與散文描寫情、仇、愛、恨為
主題的浪漫主義，一轉成為充滿了刻畫社會現實與分析小人物的現實主義。
尼可萊‧果戈里 (Nikolai Gogol, 1809–1852)，是這文風轉型中的首創者。他出
生於波塔瓦省中一個小地主的家中。他的第一篇著作是以《漢斯‧奎轍爾嘉
騰》(Hans Kuechelgarten) 為名的長篇詩。結果非常失敗，他不但到處收集可
以找到的版本加以焚燒，更遠避歐洲，並欲在歐洲找尋創作靈感。回國後到
聖彼得堡求職，找到一個政府機構中最基層的事務員工作。在聖彼得堡時，
他開始接觸當代的文學大師們。普希金是他最敬仰的文學家。果戈里在 1831–
1832 年，發表了以烏克蘭民間傳說為主的《近狄康卡農莊的夜晚》(Evenings
on a Farm near Dikanka)，描寫大自然的景況與農民們的純樸。出版後，贏得
讀者的愛戴，奠定了他的文學地位。接著他計劃寫一部俄羅斯的中古歷史。
這個計劃雖然沒有完成，不過他的研究使他獲得了豐富的俄羅斯歷史知識，
並因此被聖彼得堡大學聘任講授歷史。他只教了很短的時期，在 1835 年辭職。

他在任教時，以哥薩克族的生活為主，出版了《塔拉斯‧布爾巴》(*Taras Bulba*)。

　　果戈里在 1835 年出版了《阿拉伯集》(*Abrabeski, Arabesque*)。這是一本摻和了議論文與小說的選集。其中包括了《涅夫斯基瞻望》(*Nevsky Prospect, Nevsky Pospekt*)、《狂人日記》(*Zapiski sumaashedshego, Diary of a Mad Man*)、《肖像》(*Portret, The Portrait*)。與這個主題類似的還有《鼻子》(*Nos, The Nose*)與《大衣》(*The Overcoat*) 等作品。這些都是果戈里根據他對聖彼得堡的小人物以透徹觀察所獲得的材料為主，描寫他們無奈的掙扎與命中注定失敗的悲慘命運。其中以 1839 年開始寫作，到 1842 年才完成的《大衣》，最能呈現他對世態炎涼的諷刺寫照。故事的主角是在政府機構中最基層單位工作的阿卡其 (Akaky)。他的職務永遠是日以繼夜的抄寫。工作時他努力抄寫，回家後他繼續努力抄寫，賺著只能糊口的工資，但向來也沒有過一點怨言。除了抄寫以外，他沒有任何其他的生活。他唯一的一件禦寒大衣，經年累月的穿著後，已經無法縫補，嚴冬時擋不住刺骨的寒風。在前後諸多考慮下，決定要開始更省吃儉用後，訂做一件嶄新的大衣。當阿卡其終於存夠了錢，滿足了心願後，便興高采烈地穿著他的新大衣到辦公廳去上班。同事們忽然都改變了以前對他不理會的態度，前來祝賀。整個辦公室都知道阿卡其有了一件新大衣，並有同事為了他的新大衣，特地在家為他設宴慶祝。向來不出來交際的他，也接受了邀請，答應一定會穿著新大衣前來參加。他天生性情木訥，在宴會中不知如何應對，沒停留很久，便特別向主人告辭，先行離去。他穿著新大衣，在寒風凌厲的街上行走。忽然間，有一個大漢從黑暗中跳了出來，搶剝了他的新大衣後，便立刻逃竄無蹤。阿卡其驚慌失恐地，只好穿著剩下來的單薄衣物，急忙跑回家了。大衣被搶奪後，他不知該如何處理。在友人的慫恿下，終於提起了勇氣去求見一位要員，懇請他代為找回新大衣。不過這位官位不高的要員，卻故意擺出大官的架子。他不但沒有詢問他來的目的，反而喝斥他不遵守晉見的禮儀，竟敢不經層層轉呈的程序，直接前來見他。阿卡其在那夜被搶後因風寒引起的高燒，已經使得他身體病弱不堪，加上他向來就對大人物有畏懼感，經過了要員這次訓責後，更是驚嚇的神志不清。不久，他就死了。不過，沒多久大家就開始傳播，說在夜晚時，有一個看來就

像是阿卡其一樣的鬼，會從黑暗中突然衝出來，搶剝過路人的大衣後就跑的傳聞。有一天，這位曾經喝斥過阿卡其的要員，在參加過一個晚宴後，乘坐馬車順便前去探望他的情婦。在途中，他就遇到了這個長得像阿卡其的鬼魂，忽然從黑暗中衝了出來，一言不說地搶剝了他的大衣後就逃跑無蹤。他並沒有把當晚的遭遇告訴任何人。他的同事們只是奇怪，不知道為什麼這位以前事事刁難的長官，忽然變得很親和，完全沒有了以前故意裝出來的高傲氣態。搶剝路人大衣的鬼魂，也不知道為什麼從此再沒有出現過。

果戈里在 1836 年，發表了《欽差大臣》(Revizor, The Inspector General) 的劇本。這是一部用尖酸筆法諷刺俄羅斯官場虛偽現象的故事。戲劇中的主角是克勒斯塔寇夫 (Khlestakov)，他原是一個年輕無知的政府低級官僚，卻在鄉下地方上被誤認為是京城特派的欽差大臣，故意微服出巡。地方上的官吏與鄉紳，對其極盡阿諛諂媚之能、競相賄賂討好，冀求能藉此機會獲得政府的額外照顧。克勒斯塔寇夫起先還有些靦覥，不好意思接受招待。後經他們一直殷勤堅持，他也就開始樂得享受。他的真面目被揭穿後，官員與鄉紳們深覺被騙，認為是奇恥大辱，甚為氣惱。不過正在計劃如何報復時，真的欽差大臣已經即將到達了。果戈里這個諷刺故事，徹底揭露了俄羅斯官場的腐化惡俗，戳痛了官僚們的無能與卑鄙心理。該書出版後，他就立刻受到各種殘酷的攻擊。在無法承受這些痛苦的打擊下，他憤然遠離俄羅斯，自我放逐到國外，在日耳曼、瑞士、法國、義大利各地去流浪，最後暫時定居在羅馬。他在 1848 年前往耶路撒冷朝聖後，返回了已經離開十餘年的祖國，決定在此久居。在這段長時期的流亡生涯中，他完成了曠世之作《死靈魂》(Mertvye dushi, The Dead soul)。為了要親自安排它出版的細節，他曾在 1841 年秋季特地趕回俄羅斯短暫停留，監督一切有關的事宜。經過官方一再的堅持，他同意將《死靈魂》原名前加上《齊齊可夫的探險》(The Adventure of Chichikov) 主題後，最後才終於被批准得以印行出版。不過由於憂鬱症突然復發，等不及書的出版，他就匆匆返回歐洲治療。

《死靈魂》是描寫一個叫齊齊可夫 (Chichikov) 的神祕客，忽然出現在一個城鎮中，引起了許多複雜情節的故事。齊齊可夫的穿著、儀表、高雅的談吐與淵博的知識，立刻吸引了當地紳士與地主們的注意，把他當作是出身顯

赫門第的有錢貴族子弟。但他宣稱他只不過是一個普通的商人，前來的目的主要是向地主們收購他們已經死亡的農奴。因從彼得大帝開始，俄羅斯的新稅法規定每一個人都要向政府繳納人頭稅，連農民與農奴們都無法豁免。擁有農奴的地主們，因此一定要根據戶籍的資料，替登記有案的農奴人數，繳付定額的人頭稅。若農奴人數因死亡或新生有所變動時，則須等到下次戶口調查時方能更改。地主們常有雖然農奴已經死亡多年，但因戶籍更改年限未到，因此必須繼續繳納人頭稅之苦。齊齊可夫所要做的就是收購這些死亡農奴們的姓名。他願意付給地主們滿意的價錢，並負責將這些死農奴的姓名合法地轉移到他的戶籍中，成為他們的主人，負責他們應盡的義務。但是他並未透露他購買死農奴姓名的原因，地主們也不在乎他的動機到底是什麼。對他們來說，賣掉死農奴的名字，不但可以減輕自己的人頭稅負擔，而且還可以立刻獲得金錢上的補償，自是何樂而不為，根本不在乎齊齊可夫的目的到底是什麼了。

齊齊可夫來到這個城鎮之前，曾在另一地方向一位貴族富豪的女兒求婚，但她父親因見其家世既不顯赫，田產又過於微薄而斷然拒絕。齊齊可夫因此想出了收購死農奴的方法。他希望能假借名下擁有數字眾多的農奴，作為抵押，可以向銀行申請大筆貸款，以打動那位貪婪的父親，答應這門婚事。《死靈魂》這部寫實的小說，刻骨地分析了人性的虛偽與卑鄙，更徹底揭發農奴制度的非人道性。出版不久後，他就決定立刻開始寫作續集。從 1842–1852 年，經過了前後近十二年的時間，續集終於完成。

返回故國的果戈里，一直就沉陷於嚴重的厭世憂鬱症狀之中，終日生活在精神崩潰的邊緣上。他經常數日不食不語地自我折磨，冀求從軀體上的痛苦，換取到心靈中的安寧。作醫生的朋友們勸他用放血的治療方式，來減輕心理上的壓力。但他總是無法承受心靈與身體上的雙重熬煎，終於在 1852 年 2 月逝世。就在死亡前不久，他忽然將《死靈魂》續集的完稿，全部焚毀。後世的人從此無法獲知這本續集中到底寫的是什麼。

果戈里篤信基督教，一直就有強烈的使命感。他自認他像先知們一樣地被上帝選派到塵世來宣揚上帝的真理，因此他也應像以前的先知們一樣受到折磨。他因自己的作品沒能向世人明白地宣揚上帝的仁慈與真理，充滿了罪

惡感，經常因此折磨自己。他作品中所刻畫的小人物，活生生的反映了社會中的真實人物；對於潛存人性中邪與惡所作的精確分析，影響著杜斯妥也夫斯基的寫作。他對俄羅斯的狂熱及對它的那一種救世感期望，成為了親斯拉夫派的精神源泉。他對文學與藝術應該在社會上推動道德與教育的熱望，也深深影響托爾斯泰。托爾斯泰在他所寫的〈什麼是藝術?〉的論文中特別對其加以推崇。果戈里最大的貢獻，是將俄羅斯的文學從膚淺地模仿西方的題材中解放出來，使其面對俄羅斯赤裸裸的世界，使得此後的作者能將這個社會中的各種人物與現象真實的描述出來。

四、農奴解放與新興知識分子：尼古萊・車尼契夫斯基、狄密錘・比薩列夫

十九世紀下半期的知識分子們與上半期崇尚浪漫主義的知識分子不同，他們對黑格爾形而上式的玄學及烏托邦社會主義，沒有興趣。他們追求的是功利主義、現實主義，以及要推翻舊傳統的虛無主義。與以前出身上層貴族階級的知識分子不同的是，他們多半來自於與實際社會接觸廣泛、較下層的貴族階級，更以城市商人與教士家庭為多；他們屬於包容各階級的新興知識分子。自 1860 年代起，主導著俄羅斯歷史演變的主要力量，就是他們這一批反對空談、只信任採取實際行動、要求改革的知識分子。他們先是從亞歷山大二世改革的支持者，慢慢因為幻想的破滅，變成藉刺殺沙皇挑動農民革命性的暴力分子；再則因厭惡農民的保守性，認為歷史演進的動力不是農人而是勞工階級，最後接受了馬克思社會主義，成為了要從根鏟除沙皇體制重新建立社會主義秩序的極端革命分子。隨著他們的興起，一個源自拉丁文的字，變成了含有特別意義的字，這就是專指俄羅斯知識分子的 "Intelligentsia"。

"Intelligentsia" 一字的流行，始於「不列貴族籍者」(raznochintsy)❶知識分子興起的 1860 年代。這個字的本身意義，顯示了新舊兩代不同文化與世界

---

❶　raznochintsy 的意思是指「各階層的人」、「不擁有特定莊園的人」或「不入貴族階級籍者」。Martin Malia, "What is the Intelligentsia?," Richard Pipe, *The Russian Intelligentsia*. Columbia University, 1961, p. 5.

觀截然不同的知識分子階級。上一代的知識分子因為深受啟蒙主義的影響，崇尚法國文化，言談中喜歡夾雜法文；1860 年知識分子求知的語文工具，除了本國文字以外，是以拉丁文為主。縱然是神學院中的學生也不例外。屠格涅夫在其名著《父與子》中，就對此區別有深入的刻畫。書中主人的叔叔柯薩諾夫 (Kirsanov) 代表著上一代的知識分子，在會話時經常故意使用法文，炫耀自己的文化修養。書中主角巴札諾夫是主人的好朋友，是一個在大學中主修生物的學生，便在會話中動輒使用拉丁專有名詞。巴札諾夫出生於一個普通的小地主家庭，但並不屬於貴族階級。他自稱自己是一個虛無主義者，認為一切的真理都要以科學的實證為依歸；知識的目的是要解決有關人類的各種實際問題，而不是幻覺式的臆想。他的態度代表著 1860 年以後典型的「不列貴族籍者」知識分子。

在 1860 年代最具代表性的知識分子是尼古萊・車尼契夫斯基 (Nikolai Chernishevsky, 1828–1889) 與尼克萊・都布羅硫伯夫 (Nikolai Dobrolyubov, 1836–1861)。他們都是出身於東正教的教士家庭。從十九世紀開始，來自教士家庭的子弟們，因對宗教信仰發生疑惑轉而參加改革與革命運動的人數相當多。由於家庭教育與宗教信仰的原因，他們特別重視道德的修養，對己要求苛刻。他們懷著篤敬奉獻的精神，像是苦修僧追求彌賽亞一樣地，發誓犧牲一切，全身投入，希望能盡早創立理想烏托邦的工作。十九世紀的俄羅斯知識分子與革命運動，在他們的精神影響下，充滿了宗教性的堅韌不拔與嚴格律己的特色。

被蘇聯歷史學家稱為是「偉大的革命性民主主義者」與「偉大的俄羅斯經濟學家」的尼古萊・車尼契夫斯基在 1828 年出生於薩拉托夫的一個教士家庭中，從小接受父親嚴格的教育，準備長大後研究神學。❷ 不過在 1846 年進入了聖彼得堡後，卻轉攻歷史與語言學。求學過程中，閱讀了當時流行的如謝琳 (Freideric Schelling, 1775–1854)、黑格爾 (Hegel, 1779–1831) 等人著作後，便醉心於日耳曼的浪漫派與唯心論哲學。他在歐洲的 1848 年革命失敗後，

---

❷　Alexander Gerschenkron, "The Problem of Economic Development in Russian Intellectual History of the Nineteenth Century," Ernest Simmons, ed., *Continuity and Changes in Russian and Soviet Thought*, p. 26.

開始動搖了對這些不著邊際的玄學與神學的信心，開始研究功利主義 (Utili-
tarianism) 與社會主義的理論。亞當・史密斯 (Adam Smith, 1723–1790)、邊沁
(Jeremy Bentham, 1748–1832)、密勒 (John S. Mills, 1806–1873)、傅立葉
(Charels Fourier, 1772–1837)、聖・西蒙 (Saint-Simon, 1760–1825) 等人的著
作，都是他的主要閱讀物。對他思想影響最大的是傅爾巴哈 (Ludwig Feuer-
bach, 1804–1872)，他在 1849 年閱讀了傅氏的《基督教真諦》(*Das Wesen des
Christentums, Essence of Christianity*) 後，便矢言追隨他的理念，放棄唯心論，
成為一個唯物論的社會主義者。從 1855 年起他開始向《現代》投稿，討論經
濟理論與其如何被引用到俄羅斯實際情況的各種問題，後來終於成為該刊物
的主編者之一。

　　當沙皇亞歷山大二世宣布要廢除農奴制度的時候，他撰文熱烈的支持。
不過當農奴政策真正落實時，他看到政府為了維護舊地主的利益而剝削農民
所產生的許多問題之後，改變了態度，在《現代》上嚴厲的攻擊沙皇與政府。
結果在 1862 年被捕，1864 年放逐到西伯利亞。

　　車尼契夫斯基曾說最了解他、理念最相同、從事編輯《現代》的好助手
是與他背景相同的都布羅硫伯夫。尼克萊・都布羅硫伯夫是在 1836 年出生於
一個東正教教士的家庭。為了遵守的意願，他曾在神學院攻讀。但後來在聖
彼得堡就學時，有感於俄羅斯在克里米亞戰爭中被擊敗的恥辱，在 1855 年時
曾與同學們印行攻擊政府腐敗的宣傳品。從此他開始關心政治，並閱讀社會
主義書籍；對他影響最深的是赫森。

　　車尼契夫斯基在 1856 年遇見都布羅硫伯夫，立刻被這只有二十歲人的才
華與決定要改革社會的熱忱所吸引，便邀請他加入《現代》的編輯工作。他
在《現代》中的許多專論主要是討論如何建立一個新的、年輕的知識分子階
級。他說這個新知識分子不但要有改革社會與政治的理念，且有將其實現的
責任感，他們絕對不能像上一代知識分子一樣的只憧憬抽象的自由主義。他
認為知識分子的精神重生與增進社會大眾的生活有密切的關係。任何有意義
的改革，一定要有人民參與才可能成功，而這些改革不但要淘汰政治制度上
的弊病，更要清除農民、商人等人民大眾的陋習與懶迷信。他曾批評義大利
革命分子馬志尼 (Mazzini, 1805–1872) 所標榜的「上帝與人民」的口號，說他

只說對了一半，真正的革命與改革應該只有人民。❸

　　都布羅硫伯夫的特別知識分子應具有改革社會及教育大眾的使命感，這種將理念與行動合而為一的學說，深深影響了一八六〇年代到民間去的民粹主義者。

　　車尼契夫斯基雖然認為俄羅斯必須要改革，但他並不是要推翻傳統中所有的制度。正像許多俄羅斯的知識分子們一方面要從事經濟政治上的改革，同時又要維持俄羅斯傳統的矛盾情結一樣，他希望能融合西方與俄羅斯兩者文化的精髓，創造出一個嶄新的局面。他承認經濟演進科學定律絕對不可以違背，卻同時又深信俄羅斯的經濟進展可以產生例外的結果，因為俄羅斯的古老「公社」組織，一直就具有互助的傳統，所以可以使得俄羅斯不必經過西方資本主義曾發生的互相鬥爭弊病，而能直接走入社會主義的制度。車尼契夫斯基曾借用赫森的話說：「歷史像是個老祖母，她喜愛年幼的孫子們；她賜給後生的不是骨頭，而是骨頭的精髓。」❹

　　他承認在工業化的影響下，以前農村自給自足的經濟一定會慢慢走向市場經濟，鐵路運輸與國際貿易都會左右農作物的生產與價格，接著必然會導致農村組織的變化。但是他強調，俄羅斯的傳統農村組織，絕不能輕易隨之改變。他警告說，不論俄羅斯再怎麼改變，也絕對不能觸及那繼承自過去神聖的公社制度。車尼契夫斯基知道現代的經濟制度與古老的公社，在基本上實在是互相抵觸，難以共存；不過他利用黑格爾的辯證論說，正、反、合程式演進到最高層的真理時，會回歸到與其相似、不互相矛盾的原始點。既然所有的物質世界，都依循著這條定律前進，土地的使用權也不能例外。公社因此不但不是一個反歷史演進定律的組織，反而是一個歷史發展必然的結果；一個像俄羅斯公社的原始制度，正可以毫無偏見的採取西方科技的精華，發展出一個更為完美的境界。

---

❸　Franco Venturi, *Roots of Revolution,* p. 195.

❹　N. G. Chernyshevsky, *Izbrannye ekonomicheskie proizvedeniia*(Moscwo, 1948), vol. 1, p. 135. 轉引於 Alexander Gerschenkron, "The Problem of Economic Development in Russian Intellectual History of the Nineteenth Century," Ernest Simmons, ed., *Continuity and Changes in Russian and Soviet Thought*, p. 26.

　　車尼契夫斯基最有名的著作，是他在 1863 年放逐西伯利亞時完成的《該怎麼作?》(*What is to be done?*)。他以文學的方式，描述「新人類」應該具有的生活方式與思想範疇，說他們是一群敢恨敢愛、厭惡一切未經科學驗證傳統的年輕人；他們擁抱著大自然的純真，願意獻身於任何有益於社會福利的勞動；他們也能摒除情緒為主的情感，以理性為基礎建立「男女」或「兩性」之間的關係。像是屠格涅夫《父與子》中的主角巴札諾夫一樣，這種立志要破壞陳舊的傳統及建立一個純理性社會的忘我精神，奠定了虛無主義信徒追求的榜樣。車尼契夫斯基本人就因為自己的理想，遭受了在西伯利亞七年的苦役與終生放逐的迫害。受這本書影響而終身奉獻於革命的尼古拉・伊修廷 (Nicholas Ishutin, 1840–1879) 就說：「世界上有三個偉人，他們分別是耶穌、使徒聖保羅，與車尼契夫斯基。」❺列寧在攻擊孟什維克時，特別採取這本書名，作為自己書的名字，表示他敢擔負不怕艱難的任務。

　　另外一位虛無主義者是狄密錘・比薩列夫 (Dmitri I. Pisarev, 1840–1868)。他與車尼契夫斯基不同之點是他不只是一個理論者，而是有實際行動的革命者。他出身於沒落的貴族家庭，在聖彼得堡大學求學時，閱讀車尼契夫斯基等人作品，崇尚虛無主義的信念。在 1862 年畢業後，開始在一個極端主義的刊物《俄羅斯之聲》(*Russkoye Slovo, Russian Word*) 中撰文。當時尼克萊・都布羅硫伯夫已經死亡，車尼契夫斯基也被監禁在獄中，比薩列夫成為了虛無主義知識分子的領袖。他認為知識分子的任務不在改革現有的體制，而是要用革命的方式將其推翻。他的名言是：「凡是死去的與腐爛的一定會自己進入墳墓，我們必須要做的只不過是推一下，然後用泥土埋藏它們的屍體而已。」❻他因為這種主張，在 1862 年被捕，直至到 1866 年才被釋放；1868年他在黑海中游泳時溺斃。

　　比薩列夫知道大規模的革命在當時的情況下不可能發生，因此他強調少

---

❺　Franco Venturi, trans by Francis Haskell, *Roots of Revolution*: *A History of the Populist and Socialists Movement in the Nineteenth Centnry.* New York: The Universal Library, 1966, p. 331.

❻　M. Edie, James P. S. Scanlan and Mary-Barbara Zeldin ed., *Russian Philosophy*, vol. II. *The Nihilists, The Populists. Critics of Religion and Culture*, p. 62.

數精英的知識分子必須要先準備妥當，一旦機會來到，就可以奮不顧身地整個投入。這樣的年輕知識分子，一定要拋棄所有的偏見，絕對不能不經過理性的考證，隨意接受任何人云亦云的意見。有才幹的知識分子不能浪費自己的天才來從事無益社會的藝術等活動，「他們應該全心一致地為人民服務。任何一個有尊嚴的人，都應將自己的思想與活動的目的，面對如何永遠解決饑餓與無助者的許多問題；除此之外，沒有其他任何值得憂慮、思考與煩心的事。」❼他非常贊同屠格涅夫《父與子》一書中特意刻畫的巴札諾夫，認為他是年輕人應該效法的楷模。

五、知識分子與革命運動的醞釀

當沙皇亞歷山大二世宣布決心廢除農奴制度與解放農奴的意願時，俄羅斯的知識分子都歡喜雀躍地贊成，歌頌沙皇的偉大。影響力最大，自我流放在倫敦的亞歷山大・赫森，在他的雙週刊物《鐘》(*Kolokol, The Bell*) 中，一反以前反對政府的態度，著文支持他的改革。國內的《現代》雜誌的主編者車尼契夫斯基，代表自由派的心聲，將亞歷山大二世比作彼得大帝。國內、外的知識分子、不論是西方派或是親斯拉夫派，都同聲讚美沙皇，願意放棄他們對政府的批評，共同努力來改革俄羅斯，更有人希望可以一蹴而建立憲政的體制。

不過，當解放令開始執行後，問題逐漸呈現，知識分子們從支持轉為反對者。尤其是當他們看到許多農民們在廢除農奴制度命令公布後，不但沒有改善生活，反而遭遇到前所未有的困境時，認為他們非要組織起來，推動更進一步的積極改革。他們開始用文學研究會的名義，掩飾他們的行動。在1861年6月，一個《偉大的俄羅斯人民》(*Velikorus*) 的地下刊物，開始在聖彼得堡的知識分子圈中流傳。刊物的作者姓名雖然不詳，不過大家都知道他們必然是一群深受車尼契夫斯基思想影響的學生。這篇文章主要是針對知識分子所寫。它首先分析農奴被解放後的農村危機，然後特別警告知識分子們說，假如知識分子們不挺身而出替農民們要求政府立刻改善農村困苦的經濟，則農

❼　Hugh-Seton Watson, The Russian Empire, p. 365.

民們自己必會鋌而走險，引發另一場像普加切夫式的大規模變亂。其結果必然會同時對知識分子與政府帶來不可彌補的損壞。唯一可以補救的方式，就是政府必須被操縱在賢能者手中。《偉大的俄羅斯人民》建議，這樣的政府首先必須要採取憲政的體制為其合法的基礎，然後再選舉掌握立法與監督行政及財政責任的國會。假如政府拒絕提出的改革要求，知識分子們應該不惜犧牲個人的生命，以革命的方式來達到目的。

《偉大的俄羅斯人民》的文章，主張先以和平請願的方式要求政府改革，只是在一切嘗試都失敗後，才採取暴力的手段將其推翻。另一本由謝爾古諾夫 (N. V. Shelgunov, 1824–1891) 與密開洛夫 (Mikhailov, 1826–1865) 合寫的《告年輕人》(*To the Young Generation*) 地下宣傳冊子語句就非常強硬，他們譴責顢頇的沙皇，竟然將廢除農奴制度及相關的重要改革大任，交付給一群不熟悉民情的腐敗官僚分子處理，結果導致了農民的貧困與農村經濟的破產。他們警告沙皇說，假如他立刻改正改革的方向，現在仍然為時未晚，否則他就得面臨偉大群眾更嚴厲的要求了。他們也提醒年輕人要認清，所有的罪惡都源自於君主專制，一定要盡力將其推翻以後，才能建立一個不但對俄羅斯，也會對整個世界有益的新秩序。俄羅斯農民面臨最嚴重的問題是土地的所有權，他們強調土地必須要毫無條件的屬於耕種的農民，為了要達到這個目的，縱然犧牲十萬個以上的地主生命也在所不惜。他們提醒年輕人要時時警惕，除了參加所有有利於群眾的反政府活動之外，並要滲透到軍中去，教育兵士們知道誰才是真正的敵人。

《告年輕人》充滿了反西方的俄羅斯本土意識。作者謝爾古諾夫與密開洛夫承認俄羅斯是個落伍的國家，但它絕對不需要學習西方，「我們是落伍的民族，但我們一定要仰賴它才能獲救。我們一定要感謝我們的命運，因為我們不生存在歐洲人的生活形態中。他們現在無法逃脫的不幸處境，就是我們的好教訓。我們不需要學習他們貴族立國、帝室掌握權威的體制……我們信任俄羅斯的堅韌性，因為我們相信我們正被召喚著去給歷史一個新的法則，我們要用自己的語言，不去重複那些已經陳腔濫調的歐洲教訓與經驗。」❽

聖彼得堡大學的學生，在 1861 年 10 月曾經發動幾次嚴重的示威運動；

❽　Hugh-Seton Watson, *The Russian Empire*, p. 366.

政府因此強迫學校關閉兩週，並逮捕與開除了三百餘名學生。不論《偉大的俄羅斯人民》與《告年輕人》上述兩項宣傳積極改革的地下刊物，是否是挑動這些事件的主因，不可否認的是知識分子們開始漸漸覺悟到，請求政府改革的方式不可能被採納，或許只有採取更積極的行動，才可以達到目的。

就整個俄羅斯知識分子運動自十九世紀的上半期進展到下半期來看，以亞歷山大‧赫森為代表、呼籲用掃帚清除國內弊政的父親一輩，已逐漸被像比薩列夫等呼喚舉起斧頭從根鏟除一切舊秩序的虛無主義兒子輩所替代了。沙皇亞歷山大二世就是這個轉變的犧牲者。

莫斯科是另外一個學生活動的中心。一個年方十九歲的莫斯科大學學生載切涅夫斯基 (Zaichnevsky, 1842–1896) 組織了「少年俄羅斯」祕密會社，並成立了「第一個俄羅斯自由出版社」，印行煽動人民舉行反政府革命行動的宣傳品。其中一篇文告大力宣稱「革命，血腥的與無情的革命，只有它才能徹底的改變一切」，因此他們要發動一個摧毀現存社會基礎與毀滅所有舊秩序的革命；他們要求年輕人，當革命來到的時候，一定要大聲嘶喊，「拿起斧頭來，勇往直前」。根據「少年俄羅斯」的理想，什麼才是新秩序呢？「它必然是個民主化、聯邦式的共和國。它將採取自由選舉，不維持常規軍、只有國民兵的制度；廢除所有土地的私有制，將土地交給耕種者的公社分配處理；工廠也必須實行集體制，由選舉出的代表管理；教育是公共的責任；婦女們應獲得與男人相等的權力；制度化的家庭，也必須被廢除。」因為只有這樣，「我們高舉繡有『社會民主的俄羅斯共和國』的紅色大旗那一天才會盡快到來。在它的揮舞下，我們將向冬宮前進，消滅它的佔有者。」❾

知識分子的運動分散各地，缺乏互相聯絡。一個曾任職於政府的塞諾‧索羅威維其 (N. A. Serno-Solovevich, 1834–1866) 在 1861 年成立了「土地與自由」(Zemlya i volya, Land and Liberty) 的祕密組織，希望能夠協同所有的知識分子團體，為共同的理想而戰。他的構想受到了赫森的支持，兩人開始通信聯絡；但兩人信件不久被政府中途截獲，索羅威維其因此在 1862 年被捕，流放到西伯利亞，1866 年在該地被祕密殺死。「土地與自由」組織，隨之瓦解。

由於知識分子在各地發動反政府活動，政府開始採取報復的政策。就在

❾ Anatole G. Mazour, *Russia: Tsarist and Communist*, p. 282.

索羅威維其在 1862 年夏被捕之後，聖彼得堡發生了數件神祕的火災，造成生命與財產上嚴重的傷亡與損失。政府歸罪革命分子故意縱火，大肆搜查學生組織與地下刊物。車尼契夫斯基就是因此被捕者之一。政府為了警告其他的反政府知識分子，將車尼契夫斯基判處流放西伯利亞服勞役二十年的重刑。不過政府的鎮壓政策並沒有收到效果。莫斯科大學一個與「土地與自由」保持聯繫的學生尼古拉・伊修廷與他的堂兄卡拉寇佐夫 (D. V. Karakozov, 1840–1866) 就在 1865 年成立一個叫「組織」的祕密組織，從事實際的革命行動。這個組織中有一個被稱為「地獄」(Ad, Hell) 的核心小組，專門負責以恐怖的方式來挑動革命。卡拉寇佐夫認為暴力是唯一使俄羅斯政府了解到人民已經到了忍無可忍、不顧生命而要求更徹底改革的時候了。他在 1866 年 4 月 4 日，當沙皇亞歷山大二世散步完畢的時候，跑到他的面前，先請他原諒，然後就開槍射擊。但他沒有射中，亞歷山大倖免於難。卡拉寇佐夫當場被捕，被處以死刑。在就刑前，他說他眼見解放後的農民因為應該擁有的土地被地主與政府合作剝削，以致生活陷於極端的貧困中，才憤而不平的要替他們報復。沙皇是眾惡之首，故必須要先加以鏟除。他希望他能成為一個殉道者，替後繼者作一個犧牲小我的榜樣。

　　繼承他思想的是曾在莫斯科大學求過學的瑟爾基・內查耶夫 (Sergi Nechaev, 1847–1882)。內查耶夫於 1869 年在日內瓦與極端虛無主義者密開爾・巴枯寧 (Michael Bakunin, 1814–1876) 結識。巴枯寧近乎狂熱的無政府主義 (Anarchism) 思想，深深感動了他; 兩人合編了一本《一個革命者的問答錄》(*Katekhizis Revolutsinoera, Catechism of a Revolutionary*)。他們在書中的一開頭就對革命者下了一個定義:

> 革命家是一個命運早已經被註定的人。他沒有任何興趣，沒有任何牽掛，沒有情感，沒有習慣，沒有財產，甚至連名字都沒有。對他來說，所有的事都灌注成為了他唯一的、也是僅有的興趣，一個單一的思想，單一的熱愛，這就是革命。❿

內查耶夫回國後，成立了「人民正義社」(Narodnaia Rasprava, The People's

❿　Basil Dmytryshin, *Imperial Russia: A Source Book, 1700–1917*, p. 241.

Justice)。他認為要建立一個新的俄羅斯，一定要先將其政治社會經濟制度全部摧毀；達到這個目的的方法，是要將每一個獻身革命者，訓練成為絕對完全服從領袖的忠實信徒。

卡拉寇佐夫行刺沙皇，不但沒有達到預訂的目的，其結果卻適得其反，除了他所屬的「組織」被整個消滅、伊修廷被終生放逐到西伯利亞服勞役之外，也引起了一般民眾對知識分子的厭惡。俄羅斯政府在人民與輿論的支持下，採取高壓與反動的政策；最有影響力的刊物《現代》，在 1866 年被迫停刊之事，象徵著一個時代的終結。卡拉寇佐夫的行刺事件，也徹底透露了極端知識分子覺悟到無法推動改革的無奈，引起了他們認為只有採取暴力行為才能達到目的的心態。隨之而起的，是民粹主義 (Narodnichestvo, Populism) 與到民間去的運動 (V Narod, Go to the People) 以及頻繁的謀殺政府高級官員等恐怖事件。

六、民粹主義與到民間去的運動：密開爾·巴枯寧、彼得·拉夫若夫

知識分子們在 1860 年代的極端理論與革命行動，並沒有挑起農民群眾的反應。他們檢討失敗的原因後，開始覺悟到他們與農民之間有一條巨大的鴻溝；知識分子根本不了解農民，農民也不了解知識分子們所宣揚的到底是什麼。為了消滅兩者之間的差距，知識分子們響應著赫森呼喚年輕人到民間去的號召，展開了到民間去的運動。從 1870 年代初開始，一批一批的知識分子湧進農村去宣揚他們的理念及教育農民，使他們知道他們是歷史前進的主要動力。這一股滿懷著熱忱與希望到民間去的年輕人就被稱之為「民粹主義者」(narodniki, populists)；他們所獻身的運動便是「民粹主義運動」。

當民粹主義者初開始要下鄉解救與教導農民的同時，馬克·納譚森 (Mark Natanson, 1858–1919) 與妻子歐伽及其他的知識分子成立一個叫「柴可夫斯基圈」(Tsaikovsky Circle) 組織，從事於設立書局、印刷討論赫森與車契夫斯基等俄羅斯式社會主義思想的宣傳品。這個組織不久就被迫解散。

代之而起的，是知識分子們直接下鄉的運動。這一批受到赫森等著作影

響的民粹主義者，一方面要不惜任何手段推翻沙皇的體制，另一面則又懷有強烈的愛國感及仇視西方的情結。他們特別美化俄羅斯「農民」的純樸及稱讚互相合作的傳統公社制度。他們譴責西方的工業化重視競爭，只顧私利而漠視群眾的幸福，是一個非人道的制度。只有俄羅斯的土地共有、集體管理與自主的公社，才能在舊制度被毀滅後，將人民帶到社會主義的樂園中去。

成百的男女青年懷著熱忱，在 1873–1877 年之間，走入農村去宣揚他們的理想。農民們對這些舉止言行怪異、來自城市的學生，既好奇又畏懼，認為他們是政府派來的奸細，故意前來調查他們。結果有的學生被祕密殺死，有的被趕走，有的被送官，政府也開始捕捉他們。根據政府的資料，1873–1877年所捕的一千六百一十一個下鄉的民粹分子，有 15% 是女性；被定刑下獄或放逐西伯利亞者，來自貴族家庭者二百七十九人，來自非貴族的政府官吏家庭者一百一十七人，屬於教士家庭者一百九十七人，商人家庭者三十三人，猶太人家庭者六十八人，小商賈九十二人，有農民背景者一百三十八人。 ⓫

俄羅斯政府經過歷時三年多的搜查，在 1877 年與 1878 年，對拘捕在案的民粹主義者，舉行了兩次公開的審判。但民粹主義者卻正好利用這個機會，公開在被審訊時，批評政府的弊政與宣揚他們愛國的改革理念。經過報紙的登載，他們的行為獲得了社會大眾的同情。審判的結果，許多人只是受到懲戒後被釋或被迫遷移到偏遠的省分居住，僅有少數人被判下獄。1878 年 1 月24 日的審判，有一個劃時代的重要性結果。當一百九十三名到民間去的民粹主義者被審訊完畢後，一個叫葳拉・扎蘇立奇 (Vera Zasulich, 1849–1919) 的年輕女子，走進了曾下令鞭罰學生的聖彼得堡警察總長崔泊夫將軍 (General F. F. Trepov) 辦公室，對準他開槍射擊。但崔泊夫只受了傷，沒有被擊斃；扎蘇立奇當場被捕。當她以槍殺政府官員的罪名被公開審判時，毫無畏懼之色的陳訴她參加革命的原因。陪審員聽後受其真情感動，將她無罪釋放。她甫離法庭時，警察卻企圖將她重新逮捕；圍觀的民眾故意阻擋，讓她得以安全逃走。她經友人的幫助，最後逃亡到瑞士與其他俄羅斯的流亡分子在海外繼續革命的活動。扎蘇立奇的聲名立刻轟動歐洲，還引來不少的追求者。

從此之後，俄羅斯政府決定凡是有關革命、抗拒權威、謀殺或企圖謀殺

⓫　Hugh Seton-Watson, pp. 422–423. 根據第三部調查資料。

政府官員的刑案，都不再經由陪審制度而直接由軍事法庭處理。扎蘇立奇的行刺事件，雖然震撼與鼓舞了革命者的士氣，同時也驅使政府採取嚴厲的鎮壓方式，逮捕了許多民粹主義者。整個下鄉的運動，因此受到了嚴重的打擊。扎蘇立奇本人也覺悟到刺殺政府官員的恐怖手段，不但不能獲得預期的效果，反而使得許多同志被捕殺，喪失了許多精英分子，實得不償失；她決定脫離暗殺組織，採取不同的鬥爭策略。

倖免於難的民粹分子，經過初步的失敗以後，感覺到情緒性下鄉改革過於幼稚與衝動，根本不可能引起農民的共鳴。他們必須要重新思考，採取一個可行的策略。這個策略是要由知識分子先慢慢教育與培養農民政治意識發展後，由他們自己推動革命，還是精英的知識分子不考慮農民的反應如何，應先組織起來，再根據本身對歷史定律的了解來主導革命。巴枯寧、彼得・拉夫若夫 (Peter Lavrov, 1823–1900) 與彼得・特卡切夫 (Peter Tkachev, 1844–1886) 三人不同的理論，就成了當時知識分子們激烈爭辯的議題。

密開爾・巴枯寧生於莫斯科的上層貴族家庭；從小受到良好的教育，自砲兵學校畢業後，就被派任為軍官。在 1833 年經尼古拉・斯坦克維其 (Nicholas Stankevich, 1813–1840) 的推薦，閱讀康德《純理性的批評》(*Critique of Pure Reason*) 後，便沉醉於當時的歐洲哲學、尤其是浪漫主義思潮之中。辭去軍職之後，他依賴朋友赫森的經濟支助，搬到柏林居住。在當地認識了許多黑格爾派哲學家，也與馬克思相識，並曾在 1848 年參加他所組的民主聯盟。他們兩人雖然在思想上互相影響，但因為對於組織的觀念不同，且性格又勢同水火，故無法相容。他反對馬克思式的共產主義權威。巴枯寧認為哲學家的任務不是在解釋或是臆想宇宙中的現象，而是要親身投入改造世界的運動中。他此後在美洲、日耳曼、奧匈帝國、俄國到處參加革命與放逐到西伯利亞的生涯，便是要貫徹他所創的無政府主義的信念。他覺得只重理性分析的知識分子們，不似農民們能直接訴求於直覺與情緒一樣的敢於從事實際的活動；因此俄羅斯的革命，不能靠知識分子，只有靠農村中的農民大眾才可以完成。他說：「俄羅斯的農民天生就是社會主義者與革命家。我們絕對不能以老師的身分來對待人民，我們只能引導他們去革命。」他強調只有先徹底毀滅一切現存的體制與權威後，一個由農民私有結合的公社才會繼之而起。⓬

巴枯寧直接參與革命行動的楷模與直接訴求農民情感與直覺的信念,深深影響了俄羅斯到民間去的民粹主義者。

彼得・拉夫若夫出生於普斯克夫省的一個地主家庭;先在家中受完基礎教育,再進入聖彼得堡的砲兵學校。畢業後被任命為軍官,留校擔任數學與科學方面課程,由於教學成績優良,被升為校級軍官。教學之外,他一直研讀從古典希臘到十九世紀的哲學作品,對唯物主義與實證論尤其感到有興趣。他是在 1860 年,聖彼得堡大學哲學系自 1826 年尼古拉一世下令關閉後重新恢復時,以〈現代的哲學重要性〉為題,公開發表有關哲學問題講演的第一位學者。他在 1862 年因參加了塞諾・索羅威維其的「自由與土地」祕密組織被捕,流放到沃羅格達省;1870 年逃脫到瑞士,過著流亡的生活。在這段期間中,他出版了《歷史書簡》(*Historical Letters*);又於 1873 年,在倫敦與蘇黎世兩地發行了《前進》(*Vperyod, Forward*) 的刊物,宣揚他的革命思想。他用道德實證論 (Moralistic Positivism) 的原則,來解釋歷史的進展。他認為歷史的演進絕非盲目,而是依循定律達到其既定的終極目的,因此每個知識分子都應該將自己的修養與社會制度中的真理與正義結合為一,以為達到歷史終極目的的必要途徑。他認為精英的知識分子虧欠人民太多,因為他們之所以能有機會追求知識,主要是人民大眾的勞動貢獻所促成。因此只有在努力促進社會的改革,及將小我的利益推廣到所有的人、替勞苦群眾建立一個幸福的新社會時,知識分子才算是稍稍回饋了他們的恩惠。❸

拉夫若夫所要培養的知識分子,不是像巴枯寧式直接訴求直覺與情緒的激進革命者,而是一些能夠冷靜分析與批評問題思考的精英分子;他們使用他們特具洞察秋毫的眼光,找出隱埋著的社會弊病,加以徹底改革。知識分子的任務,是要將文化(歷史中陳舊習俗與制度)轉變成為文明(能夠滿足現世所需的各種方法與制度)。但是他知道要喚起農民們的革命意識,知識分

❿ FrancoVenturi, *Roots of Revolution: A History of the Populist and Socialist Movemts in Nineteenth Century Russia*, New York: Grosset and Dunlop, The University Library, 1966, pp. 429–436.

❸ James M. Edie, James P. Scanlan, Mary-Barbara Zeldin, *Russian Phiosophy*, vol. II, pp. 119–122.

子們一定會有一段長期的準備工作。在《組織的必要性》宣傳冊子中，他特別提醒知識分子在革命時機尚未成熟時，一定要組織起來；一旦機會來到，他們可以立即奮勇前進。他創辦《前進》雜誌的目的，就是要重複強調這一點。在整個到民間去的民粹主義運動中，拉夫若夫是第一個喊出「組織起來」口號的革命者。此後革命運動中對嚴密組織的重視，都直接受到他的影響。

　　被稱為是第一個布爾什維克的彼得・特卡切夫，出身於貴族家庭，在莫斯科大學求學時，曾因參加學生活動幾度被捕。他在 1869 年因涉及內查耶夫事件被捕下獄，在 1873 年逃脫後，到瑞士的日內瓦居住。從 1875–1881 年，他在瑞士發行《警鐘》(*Nabat, The Tocsin*) 的報紙鼓吹革命，特別宣揚推動革命的精英主義 (Elitism)，極力反對拉夫若夫重準備與重組織的緩進革命方式。他認為人民大眾的懵懵懂懂與遲鈍的思想，並無礙於革命的進行，因為革命運動的領導者必然是知識分子，而不是他們。他對革命的時機有強烈的急迫感，他認為目前是最好的時刻，所以知識分子必須要抓緊機會、立刻行動。否則，一旦反革命勢力成長，機會就一去不復返了。他說俄羅斯目前缺少勞動階級（普羅階級，proletariat），可能會造成遲緩革命發生的反效果，但反革命的資產階級也尚未成形，故兩者互相抵消。不過他承認經濟的發展，會急速地改變這個現象。他說地主階級為了要生存下去，必然會改進與增加農產品以提高競爭力，使得農村經濟逐漸變為市場經濟。為了要壟斷鄉村的經濟利益，地主們會成為一個新的保守階級，反對任何進一步的改革。他也認為農村的發展必導致國內工業化的發展，假以時日，一個以商業利益為主的資本家 (capitalist) 與中產階級 (bourgeoisie)，也會在俄羅斯的社會中形成。人民在這兩個階級雙重的壓迫下，生活的情況必然會每況愈下，發動革命與奪取政權的可能性也就日以減少。他說：「這是我們為什麼不能再等待，這是我們為什麼堅持急需在俄羅斯發動革命，這是為什麼就是要現在立刻行動的原因。我們絕對不再允許任何改期與拖延。不是現在，或是盡快的將來，就永遠也不會了。新環境現在對我們有利，十年或二十年以後，就會對我們有害。」 ❹

---

❹　Hugh Seton-Watson, *The Russian Empire*, p. 420 引 P. B. Kozmin ed., P. N. Tka-chov, *Izbarnnye sochineniya na sotsialno-politicheskie temy*, Moscow 1933, iii, pp. 69–70.

特卡切夫認為革命成功之後，知識分子一定要嚴密的控制政府，實行短期的獨裁制度，以求能達到社會主義的最終目標。**⓯**

七、「土地與自由」與恐怖行動

民粹主義分子除了滿腔熱忱，要替農民服務外，並沒有嚴密的組織與久遠的計劃。他們所共同享有的是一種虧欠農民過多的罪惡感。俄羅斯的農民被他們特別美化，被雕塑成為是一個正在醞釀著、但尚未成熟的選民；只要在他們的教育與指導之下，他們會變成不僅是俄羅斯、也是全世界的拯救者。這些知識分子們更一直深信，俄羅斯的傳統鄉村公社制度是阻擋西方資本主義弊端最有效的機制，只有依靠它，俄羅斯才可能跨越資本主義經濟發展過程中，勞資雙方永恆鬥爭所帶來的許多非人道結果，可以直接進入各盡所能、各取所需、互助合作的社會主義樂園。第一次到民間去的運動雖然失敗，但他們深信，只要組織起來、繼續努力，最後一定會挑動起農民潛存的鬥爭意識，共同奮起來達到重建俄羅斯的理想。

民粹主義分子徹底檢討失敗的原因後，知道他們必須要有一個組織嚴密、紀律嚴格的團體。曾是創始「柴可夫斯基圈」的納譚森夫妻與亞歷山大・米開洛夫 (Alexander Mikhailov, 1855–1884) 等民粹主義者，便於 1876 年在聖彼得堡與基輔各地成立祕密革命組織，採用以前「土地與自由」的名字，作為這個新組織的名稱。負責各地會務的核心組織是「基本圈」(osnonoy kruzhok, basic circle)，「基本圈」下分屬五組。第一組，處理一般性事物，並提供假造的文件以供會員們的非法居住之用。第二、第三與第四組，則分別負責有關知識分子、城市居民、勞工與農民等事宜。最重要的是稱為「瓦解部」(disorganizing section) 的第五組，其任務是專門負責劫獄、拯救同志、謀殺政府官吏以報復他們對組員們的迫害，及處決叛徒與潛伏在內的間諜分子。

「土地與自由」的成立，正好是俄土戰爭之際，全國人民愛國心高漲，大力支持政府之時，任何反政府的宣傳，在此時都會被認為是反叛國家利益的行為而受到民眾的唾棄。「土地與自由」的活動因此被延期，在戰爭結束後

⓯ Franco Venturi, pp. 635–698. 對特卡切夫的思想，有透徹的分析。

和約不利俄羅斯時，才獲得發展的機會。會員們的主要目的始終是要為農民爭取福利，實際行動的方式是下鄉煽動農民，引發他們集體暴動。但是由於農民們向來保守的態度，再加以農村散居各地、農民們無法時常聚集在一起的緣故，「土地與自由」無法在鄉間發動大規模革命。正因為這個原因，組員們修正運動的方向，開始組織城市的貧窮居民與勞動大眾，參加革命的行列。出人意外的，城市中的工人階級，對它們的號召遠比農民們反應激烈。在 1876 年的 12 月，「土地與自由」在首都的卡贊教堂前罷工示威，參加的勞工人數雖然只有二百名，但是與其他的示威運動相比，這已經是人數相當多的一次了；參加者以勞工為大多數，而且都是自動前來。這次示威運動對「土地與自由」有啟示性的意義，當他們看到勞工們自動自發的參與，開始感覺到此後推動革命的主力，將不再是他們一直期盼的農民，而是來自工廠的勞工階級。在這一次示威運動結束後，維克托・歐伯諾斯基 (Viktor Obnorsky, 1852–1920) 與史蒂芬・卡突林 (Stephan Khalturin, 1856–1882) 兩人組織了「俄羅斯勞工北方聯盟」(Northern Union of Russian Workers)。另外值得一提的是，組織此次勞工示威運動者之一，有一位名叫普列漢諾夫 (Georgy Plekhanov Plekhanov, 1856–1918) 的年輕礦冶學院學生，他就是以後將馬克思主義介紹到俄國，作為社會革命基本原則的奠基者。

除了農民們的冷淡反應外，「土地與自由」有挫折感的另一原因，是扎蘇立奇在 1878 年 1 月刺殺聖彼得堡警察總長後，政府加強對革命團體的鎮壓政策。許多「土地與自由」的同志不是被捕，就是遭殺戮，嚴重打擊實力。會員們於 1879 年 7 月在沃若涅茲 (Voronezh) 召集祕密會議，討論此後「土地與自由」的活動方向。會議中爭論最激烈的問題是，以刺殺政府官僚的恐怖行為而達到挑起革命目的的手段是否應該繼續。以亞歷山大・米開洛夫為主的代表們，極力主張刺殺的恐怖政策，不但要繼續，而且要將刺殺的對象提升到沙皇本人為主的最高層次。普列漢諾夫與保羅・阿克色羅德 (Paul Axelrod, 1850–1926) 則堅持應繼續遵守「土地與自由」設立時的原始目的，即是仍以農民的利益為主，既不能將注意力轉移到工人階級上去，也堅決反對採取暗殺等暴力行為，以為革命的手段。爭論的結果，普列漢諾夫以及曾從事暗殺的扎蘇立奇等離開會場，此後成立了專為爭取農民利益的「黑土分配社」

(Chorny peredyel, Black partition)。不久以後，因為政府的追捕，普列漢諾夫與其他同志，乃流亡到瑞士繼續他們的社會革命主張。另一派支持暗殺政策的密開爾、葳拉·菲格訥 (Vera Figner, 1852–1942)、索菲亞·波羅夫斯凱亞 (Sofia Perovskaia, 1853–1881) 等極端派者，則組織了「人民的意志」(Narodnaya volya, People's Will)，繼續政治暗殺的策略。「人民的意志」中設有一個高度祕密的小組，稱為「執行委員會」(Executive Committee)，以刺殺沙皇亞歷山大二世為其終極目標。

在 1879 年 4 月，有一個叫索羅夫尤夫 (A. K. Solovyov, 1846–1879) 的極端革命分子，因謀刺沙皇不成被捕後，類似的事件便接連發生。俄羅斯政府與第三部加強搜查革命與恐怖組織；「人民的意志」的創始者密開爾，在 1879 年因內奸的告發被捕下獄（他在 1883 年病死獄中，並未被控以弒君的罪名）；「俄羅斯勞工北部聯盟」的組織也被摧毀，創始者卡突林乘亂逃亡。他隱姓改名後，進入沙皇的冬宮擔任工匠。他隨身攜帶炸藥，晚上睡覺時，就將它暗藏在枕頭下。沙皇在 1880 年 2 月 5 日計劃接見來訪的保加利亞王子；卡突林就在那一天預先安置好了炸藥，定時爆炸，但幸好沙皇不在，又再度倖免於難。卡突林在混亂中乘機逃跑，但在 1882 年因牽涉刺殺敖得薩的軍法官被拘捕，被判處死刑。

刺殺沙皇的計劃，由「人民的意志」僅存的少數會員繼續努力。最重要的負責人是安德魯·哲立亞伯夫 (Andrew Zheliabov, 1850–1881) 與女友索菲亞·波羅夫斯凱亞兩人。哲立亞伯夫出身農奴家庭；波羅夫斯凱亞則是來自於顯赫貴族之家，父親曾是聖彼得堡總督。兩人為了革命理念相同，結為情侶，獻身於摧毀沙皇政權的恐怖活動。亞歷山大二世原定於 1881 年 2 月乘坐火車旅行，他們獲得消息後，將炸藥埋在鐵軌之下，計劃到時引爆將沙皇及通行者全部炸死。不過計劃失敗，哲立亞伯夫被俘，波羅夫斯凱亞與幾個僅存的「人民的意志」會員繼續完成刺殺沙皇的任務。經過這次失敗後，他們決定下一次謀殺沙皇時，一定要採取引爆先埋藏好的炸藥、丟炸彈、手槍射擊與用短刃近身刺殺的混合行動，不達目的絕不放棄。

沙皇在 1881 年的 3 月 1 日舉行完畢封齋 (Lenten) 儀式，心情大為放鬆，因為治安人員向他報告說謀刺的主兇哲立亞伯夫已經被捕，恐怖組織也即將

被徹底摧毀，因此他決定午餐後參加在莫斯科城中曼內格 (Manege) 前的閱兵大典。曼內格是亞歷山大一世為了紀念俄軍擊敗拿破崙五週年所建，他在 1817 年 11 月落成典禮時，親自參加俄羅斯的閱兵大典。此後，此地便成為沙皇檢閱部隊的處所。❶

　　亞歷山大二世在午後一點乘坐馬車前往曼內格前的廣場；「人民的意志」會員聞訊，在波羅夫斯凱亞的率領下，開始分據沙皇乘駕可能經過的要道，準備行動。負責丟擲炸彈的是格立涅維茲基 (Ignaty Grinevitzky, 1856–1881)、屬薩寇夫 (Nikoali Rysakov)、葉密立亞諾夫 (Ivan Yemelyanov) 與密開洛夫 (Timothy Mikhailov) 四人。

　　亞歷山大舉行閱兵典禮完畢後，於 2 點 5 分轉道回程，早已埋伏在路邊的屬薩寇夫，忽然跑了出來，將炸彈扔到馬腿下爆炸，護衛的哥薩克隨即被炸死，但沙皇的車輛在車駕的後方，沙皇除了手指頭稍微擦破外，沒有任何其他的傷害。屬薩寇夫當場被俘。亞歷山大原本可以即快回宮，但他卻堅持要看看謀殺者到底是誰，行程延誤了五、六分鐘，致使另外在別處埋伏的殺手得以趕到現場。當沙皇滿足了他的好奇感準備離開，才踏出幾步，剛剛趕到的格立涅維茲基立刻面對他投擲了第二顆炸彈。沙皇這次被擊中、鮮血流滿白色的雪地上；他被緊急送回冬宮，終因流血過多，在 3 點 40 分去世。兇手格立涅維茲基也在爆炸當場受傷，於晚上 10 點左右死於警局。❷

　　亞歷山大二世的妻子在 1880 年死亡，他隨即娶了他的情婦凱薩琳‧道格如卡亞 (Catherine Dolgrukaya) 為妻。他在晚年的時候，開始願意再度進行政治改革，以拉攏自由派人士，來打擊革命分子的吸引力。他在 1879 年任命「俄土戰爭」的英雄羅瑞斯‧密立寇夫 (General M. T. Loris-Melikov, 1825–1888) 為「最高委員會」的主席，研討國家議會中是否可以容有民選的代表為會員；他並接受了「最高委員會」的建議，廢除了惡名昭彰的第三部。在被炸死的當天清晨，他還與委員會討論公布政府改革計劃的時宜。不過這一切都太晚了。

---

❶　http://english.pravda.ru/culture/2002/11/12/39380.html.

❷　Avrahm Yarmolinsky, *Road to Revolution: A Century of Russian Revolution. Princeton*, New Jersey: Princeton University Press, 1957, pp. 277–281.

　　自 1862 年解放農奴以後所鬱積的各種危機，以及革命分子要藉製造驚天
動地的聳聞來喚起人民注意的急迫感，早已經定了沙皇的命運。民粹主義者
數度失敗的嘗試，終於在 1881 年 3 月 1 日成功，解放農奴的亞歷山大二世被
殺害。廢除沉積了近千年的農奴制度，解放農民與改革弊政，都應歸功於他。
他在俄羅斯歷史上的偉大貢獻，絕對不能因為他無法順應潮流實行君主立憲，
而加以磨滅。農奴解放後叢生的複雜問題，誰也無法在短期內解決。他為他
自己所製造的困境，犧牲了自己的性命，是一個無法避免的悲劇性了結。

第十五章　亞歷山大三世與尼古拉二世早期

一、亞歷山大三世

1.重建專制威權

　　隸屬於民粹主義派的「人民的意志」極端分子,在 1881 年所投擲的炸彈,不但炸死了亞歷山大二世的生命,終結了他所開端的各種改革,更導致了本身組織存亡的危機。遠自農奴解放之後,這一批充滿熱忱、集體下鄉要拯救農民的年輕知識分子,歷經政府的迫害與農民的猜忌後,產生了許多的無奈與挫折感。他們尤其無法了解為什麼農民對他們的反應,會是如此的冷漠。雖然他們仍堅持著農民是推動革命潛力的信念,不過已經開始懷疑他們所採取的策略是否正確。有的人甚至開始建議要製造些聳嚇驚人的事件,以驚醒沉睡中的農民們,迫使他們自動參加革命行動的行列。在這種不合邏輯的推論下,他們開始鋌而走險地從事刺殺政治人物的暴力行為。他們在 1881 年,以炸彈炸死了沙皇亞歷山大二世,立刻製造了俄羅斯國內的政治危機。但其結果卻大出他們意料之外。因為他們所預期隨之而起的全國農民反沙皇體制的革命,不但沒有接著發生,反而導致了人民對其組織以恐怖手段來達到目的的行為,產生極大的厭惡與反感。繼位的亞歷山大三世,即位後立刻採取嚴酷的報復政策,逮捕參與革命的民粹主義者。重要的領袖們,不是被捕下獄處以極刑,便是逃亡國外。民粹主義派的精英分子因此損失殆盡,民粹主義者的組織,也因內部對此後是否延續恐怖政策的爭論,瀕臨分裂。

　　在這種無法突破的困境中,「人民的意志」黨人在 1881 年 2 月,向繼承皇位的亞歷山大三世 (1881–1894) 提出一封公開信說,只要新政府能提供給

予人民自由及發展經濟、釋放所有的政治犯，並允許由人民選出的代表們決定政府體制的承諾，他們不但立刻停止一切的恐怖行為，並且願意與政府合作，共同達到這個目的。❶亞歷山大三世面對著自己父親犧牲於暴力行為的殘酷事實，自不可能接受民粹派任何妥協的表示。他能作的就是採取血腥的報復手段，鏟除任何革命組織與行動。

　　整個社會，也因炸死亞歷山大二世的暴力事件，深惡痛絕革命分子的暴力行為，轉而支持政府的嚴厲鎮壓政策。尤其是親斯拉夫主義者，更認為亞歷山大之死，是西方文化侵蝕俄羅斯的必然結果。他們強調只有堅信俄羅斯的君主專制、東正教及俄羅斯民族特性的三個基本信條，才可以保持俄羅斯文化純潔的特性；這些信念也是對抗西方所標榜的自由、平等、博愛等膚淺口號唯一的武器。

　　亞歷山大三世是亞歷山大二世的次子，出生於 1845 年。因為他不是皇儲，從小就沒有受過以後要掌執政權所必有的教育與訓練。原本已經被任命為太子的哥哥尼古拉忽然在 1865 年死亡，他才成為皇位的繼承者。不但如此，他並在 1866 年娶了原要嫁給他哥哥為妻子的丹麥公主達格瑪 (Dagmar)。兩人結婚後，達格瑪皈依了東正教，改名為瑪利亞‧費歐多若夫納 (Maria Fyodorovna)。

　　亞歷山大三世在繼位前，除了曾擔任過不同的文職與軍職外，並在 1877 年對土耳其的戰爭時，親自率領一個軍團作戰，因此獲得了一些實際的行政與管理的經驗。與前任的沙皇相比較，他不但是一個極端的愛國主義者，也是泛斯拉夫主義的強烈支持者。亞歷山大三世精力充沛，為人坦誠，因此甚獲部屬的尊敬與愛戴。在他統治的十餘年中，俄羅斯的國內秩序可稱尚為平靜。

　　他即位後，立刻罷除前朝的改革者，擢升了保守分子作為新政府的要員。其中包括他最信任的東正教教長君士坦丁‧勃貝都諾斯策夫 (Konstantin Pobedonostsev, 1827–1907) 公爵、內政部長狄密錘‧托爾斯泰 (Dmitri Tolstoy)、教育部長伊凡‧德立安諾夫 (Ivan Delianov, 1818–1897) 等人。他們的共同點是擁護極端俄羅斯愛國主義、強烈支持泛斯拉夫主義與徹底反對任何

❶　Anatole G. Mazour, *Russia: Tsarist and Communis*, p. 304.

來自西方的文化與自由思想。擔任東正教會教長的君士坦丁・勃貝都諾斯策夫是此派的領導者。他曾是沙皇亞歷山大三世的塾師。自 1881-1905 年這段時間中的保守政策，主要就由他策劃。

君士坦丁・勃貝都諾斯策夫公爵，是亞歷山大二世時著名的憲法學者。從 1860-1865 年，他在莫斯科大學教授法律，後來擔任最高法院的法官及國家議會的議員。亞歷山大二世有鑑於他對憲法學知識的淵博，對其禮遇有加，特地聘請他教授太子尼古拉及亞歷山大的法律課程。除此之外，並任命他為東正教的監督。他自 1880 年到 1905 年，都一直擔任這個職位。勃貝都諾斯策夫強調人性本惡，他尤其認為假若任由理性控制人性，則其所產生的結果必然更為害人群。工業發展及城市興起所引起的各項危機，就是最好的明證。他認為政府的責任是維持法治、秩序與安定。假如要在俄羅斯國內達到這個目的的話，就必須要遵守君主專制與東正教教義的基本原則。他曾寫作〈新民主〉(*The New Democracy*) 一文，闡解他強烈的反民主與反西方自由主義的思想。他譴責西方的虛偽民主政治，替人類帶來無窮的災害。他責問這個使多少人喪失理智、使多少人採取無理的行為、發表囈語似的演說而導致人民陷入無限痛苦的「自由」到底是什麼？他說，在所有的民主政治之中，真正的統治者總是那些操縱選票的機詐者。這些人在表面上會隨時大聲花言巧語地歌頌平等，但骨子裡，他們卻是像獨夫或是軍人獨裁者一樣兇狠。他認為民主政治是當代最大的謊言，他批評代議體制是自我利益的最極致表現。他說：

> 代議制實在是人類囈想最明顯的表徵。在代議制度中，議員們所做的一切，都是在計算如何達到自己的私利。在虛偽的議會制度中，他們假裝放棄個人的私心，要與民意溶合在一起。實際上，選民們在每一次選舉中，就早已經將自己的權益拱手交給了他們的民意代表。對民意代表來說，選民們只不過是他的獸群與總和的選票，他則是他們的擁有者。像是那些富有的游牧者把他們的走獸當作是自己所有的財富一樣，民意代表們只把選民當作是自己在社會中奪取權力與顯赫地位的基本工具而已。❷

---

❷ K. P. Pobyedonostseff, *Reflections of a Russian Statesman*, London: Grant

勃貝都諾斯策夫所陳述的指責，不僅僅是他個人的意見，也代表著那些痛恨在亞歷山大一世與亞歷山大二世自由改革的保守分子們心態。更重要的是，由於他對沙皇的影響力，他的反民主與反西方的思想，就成為了指導羅曼諾夫最後兩個沙皇執政的基本方針。

亞歷山大三世即位後的首務，就是要立刻處理「人民的意志」暴行所造成的紊亂局勢。他在 1881 年制定了〈臨時條款〉(*Temporary Regulations*)，給予政府特權，准許其在特定的地區內，可以不經正常的法律程序，進行搜索、逮捕、囚禁、放逐及以軍法審判任何危害社會的嫌疑分子。在政府嚴刑峻法的鎮壓政策下，革命分子們不是被捕捉下獄，就是逃匿國外。稍為轟動的是一群聖彼得堡大學學生，要在 1887 年 3 月 1 日哀悼亞歷山大二世被殺六週年的儀式時，乘機炸死沙皇亞歷山大三世的事件。負責製造炸彈的是主修科學的亞歷山大‧尤利安諾夫 (Alexander Ulyanov, 1866–1887)。但因保密不慎，事發前就被破獲；被捕的七十二名參與者中，五位被判處死刑，亞歷山大‧尤利安諾夫是其中之一。他在就刑前，痛責政府的腐敗及慷慨激昂陳述參與恐怖革命的原因。亞歷山大是列寧的哥哥，他視死如歸的行為，對列寧以後決定參加革命行動有極大的影響。〈臨時條款〉有效期間原訂為三年。但在革命活動已經銷聲匿跡、幾近停頓的狀態時，並沒有被取消，反而是無限制延長。俄羅斯人民從 1881 年到沙皇政權崩潰的這一段時間中，實際是生活在戒嚴的狀況下。

亞歷山大二世被炸死前，已經接受了內政部長洛瑞士‧梅立克 (Loris-Melikov, 1825–1888) 的建議，準備進行憲政改革。不過亞歷山大三世即位後，聽從勃貝都諾斯策夫的推薦，將他罷除，改任用曾在遠東與中亞服役過的伊格納契夫 (N. P. Ignatiev, 1832–1908)。伊格納契夫是一個保守主義者，深受極端親斯拉夫主義思想的影響，極力主張俄羅斯應向遠東與近東擴展的政策。他認為要穩定國內的局勢，首先要從農村著手，因此上任後，為了疏解民怨，便在 1881 年冬，下令取消了地處歐洲三十二個省分中農民仍然繼續對地主提供的暫時性義務，並減輕繳納給地主的臨時賠償金金額。他接著命令內政部

Richard, 1988. Robert Crozier Long 翻譯自俄文，Basil Dmytryshyn, *Imperial Russia: A Source Book, 1700–1917*, Third edition, pp. 382–387.

副部長卡漢諾夫 (M. S. Kakhanov, 1833-1900) 著手進行改革各省所屬「沃羅夫斯特」區域 (volost) 與鄉村的地方行政組織。為了要緩和地主們對於他改進農民生活政策的反彈，他建議沙皇恢復十七世紀時的「全民會議」，以便鄉紳地主們能參與地方的建設。不過這個「全民會議」的建議甫提出後，便被勃貝都諾斯策夫解釋成為是實行代議體制的開始，絕對不能實行。伊格納契夫隨即被撤職，由勃貝都諾斯策夫認為可以相信的教育部長托爾斯泰公爵所替代；托爾斯泰則推薦他的助手伊凡·德立安諾夫為教育部長。在這三個人的合作下，俄羅斯的保守與反動政策，一直延續到 1905 年的日俄戰爭。其結果是農業與工業生產停滯、教育品質倒退，與在非斯拉夫地區因強制推動俄化政策所引起的反抗。

　　亞歷山大三世雖然反對重設「全民會議」，不過他仍特意優惠地主，以換取他們對君主體制的支持。在 1885 年 4 月，他利用慶祝凱薩琳女皇頒布貴族特許狀一百週年紀念日的機會，特別讚揚貴族們雖然在 1861 年解放農奴時喪失了許多應有的特權，卻仍然不改對沙皇效忠之誠，因此他承諾此後貴族們若有替中央政府服務、或服務軍役、或從事地方政治的意願時，都必將會獲得政府的優先考慮及禮遇。除此之外，他並成立了「貴族土地銀行」(Noble's Land Bank)，以低息貸款幫助地主們解決財政上的危機。除此之外，他也於 1889 年在各地設立「土地總監」(Zemski nachalnik, Land Captain)，將管轄農民的權力交給地方上的地主們。「土地總監」的職位不經農民選舉，而是由政府直接任命。他又緊接著在 1890 年，改革地方的議會制度，將以前的普選制度改為了間接的選舉。為了讓地主們能實際控制地方，政府不但提高了參選者的財產標準，並規定有資格投票者也必須符合擁有基本的財產條件。許多在農奴制度終止後，靠自己努力而稍有資產的農民，因此喪失了選舉與候選的資格。而且所謂的選舉，只不過是由人民先選出候選人，然後再由內政部根據「土地總監」所推薦的候選者名單中挑選議員就職。類似的改革也適用在城市的選舉中。政府對選民與候選者的財產新規定，大量銳減了有選舉權的人數。聖彼得堡在 1892 年有資格投票者，便從以前的二萬一千一百七十六人，減少到只有七千一百五十二人。❸莫斯科的選民也從二萬人減到七千

❸　*Ocherki istorii Leningrada*, Academy of Sciences of the Soviet Union (Moscow,

人。❹

2.教育政策

　　亞歷山大三世時代中最違反當時潮流的政策，就是對教育的緊密控制。在俄羅斯的經濟已經開始展開工業化，現代化也正在起步的階段中，最需要具有實際學識的人才時，俄羅斯政府在勃貝都諾斯策夫的堅持下，不但不鼓勵教育，反而以家庭的收入及提高入學的成績標準，限制學生入學，扼殺現代化教育的發展。同時開始現代化的日本，在明治維新的政策下，就積極推動公共教育。俄羅斯在 1905 年的戰爭中被日本擊敗，其落伍的教育制度及不切實際的教育課程，是主要的原因之一。

　　負責教育的，表面上是前後擔任教育部長的托爾斯泰（任期 1866–1880）與伊凡・德立安諾夫，但真正的控制者，則是東正教總監督勃貝都諾斯策夫。德立安諾夫向來主張政府應該採取嚴厲的處罰政策對付學生而著名，故不受學生歡迎。他被任命後，聖彼得堡與卡贊等地的大學生，便以罷課及其他的抗爭方式表示反對。德立安諾夫上任後的第一個政策，就是在 1884 年取消大學自治權，將整個大學的行政直接隸屬於內政部管轄；校長、院系主管和教授等都直接由內政部指派。此外，他並增加大學學費，阻止非貴族階級學生的入學機會。德立安諾夫也以同樣的態度阻礙公共教育的發展，他曾下令各地的教育部官員，要他們盡量只允許與他們階級相同的家庭子弟入學。換句話說，公共的中等教育機構，主要是招收貴族與地主的子弟們。勃貝都諾斯策夫對這政策讚不絕口地說，只有這樣的政策，才可以將車夫、僕役、廚師、洗衣婦、小商店店主及類似階級的子弟們摒除於學校之外。這個政策使得貴族階級與地主的子弟，在 1882–1895 年之間的入學比例，從 47% 增加到 56%。相形之下，其他階級的學生則從六萬五千七百五十一人減到六萬三千八百六十三人。❺

　　政府對於小學的教育，並沒有像對大學與中學一樣地嚴格限制。不過沙

　　　　1956), iii 889. Hugh Seton-Watson, *The Russian Empire 1801–1917*, p. 469.

❹　Nicholas V. Riasanovsky, *A History of Russia*, Second edition, p. 436.

❺　Hugh Seton-Watson, *The Russian Empire 1801–1917*, p. 476.

皇亞歷山大三世與勃貝都諾斯策夫都主張小學教育應由教會管理。因此東正教會特設立教育委員會，協助內政部管理小學教育。在亞歷山大三世在位的短短十三年中，教會學校由容納十萬五千三百一十七名學生的四千零六十四間學校，急速增加到容納了九十八萬一千零六十七名學生的三萬一千八百三十五間小學。女學生的就學人數也在同時期中，從一萬三千二百一十一人增加到了十七萬五千零七十五人。根據 1904 年的官方統計，在公立小學中就讀的學生人數是三百三十六萬零一百六十七人；在教會學校中的學生有一百九十萬九千四百九十六人。❻不過學校的數字雖然在這一段時期中持續增加，但其設備與師資都相當貧乏。在這眾多的學校中，能有兩個不同班級的學校，僅僅只有二百二十五間而已。教學的課程多半只限於閱讀《聖經》、唱遊、俄文、作文與算數。

　　在這種嚴格控制教育的政策下，俄羅斯在 1897 年的國民識字率是總人口的 20%。從十歲到十九歲之間的識字率最高，到達 33%；五十歲到六十歲之間的識字率則只有 19%。男性的識字率要超出女性的一倍以上 (18,310,000：8,250,000)。在 1897 年就讀大學的學生總人數是十萬四千三百二十一人，女學生僅佔六千三百六十名。在這總學生人數中，屬於貴族或非貴族的官吏階級的學生佔 73%；城市新興階是 20%；教士階級佔 5%；出身農民的只有 2%。在中學就讀的總人數是一百零七萬二千九百七十七人，女學生近乎一半。學生的階級背景，與大學生的比例類似，仍是以貴族與官吏家庭為主。農民子弟入學者，則是少而又少。

3.「俄羅斯化政策」

　　「俄羅斯化政策」（俄化政策，Russification）是大俄羅斯民族本位主義的極致，也是莫斯科帝國發展成為一個包含多民族與多宗教信仰的俄羅斯帝國後所產生的必然結果。其目的是以斯拉夫中的大俄羅斯民族為中心，將其語言、文字、宗教為工具強迫其他民族接受而被同化，以求最後可以形成一個只篤信「專制君主」、遵奉「東正教」、及具有一種「民族特性」的俄羅斯帝國。遠在亞歷山大三世即位前，俄羅斯政府便已經開始實行這種「同文」、「同

---

❻　Hugh Seton-Watson, *The Russian Empire 1801–1917*, p. 477.

語言」與「同宗教信仰」的教化政策。不過，將其規劃為欽定的官方政策，且積極推動與嚴厲執行，則是亞歷山大三世時代的特色。

亞歷山大三世有鑑於父親亞歷山大二世之被刺殺，是西方自由主義的毒素所導致，再加以他長期受到勃貝都諾斯策夫的影響，擔任皇儲時就痛恨國內的親西方主義派，而擁護親斯拉夫派的愛國論調。他即位後，便決定終止亞歷山大二世所曾經推動過的改革運動，強調要採取尼古拉一世奠定的「正統東正教」、「君主專制」與「民族特性」三項「法定正統信條」作為他治國的基礎。由於當時歐洲各地民族主義運動蜂起，故他特別重視「民族特性」，以期藉此挑起俄羅斯的民族主義意識。信仰「東正教」者，雖然並不只侷限於大俄羅斯民族，但由於「民族特性」信條包含了俄羅斯民族應只信奉「東正教」基督教的原則，故俄羅斯的東正教會積極支持俄化政策，希望能乘機消滅境內的天主教與路德派等新派基督信仰。

強迫接受「俄化」政策者，除了新被征服的伊斯蘭教信仰地區外，也包括原已隸屬俄羅斯帝國、且世代提供軍事與經濟服務的波蘭、波羅的海與芬蘭等地。推動「俄化政策」最力，但抗拒也最大之地就是波蘭。

波蘭歷經三次瓜分後，分屬俄羅斯、奧地利與普魯士三國管轄。亞歷山大一世時曾允許俄屬波蘭成立「波蘭議會」，給予半自治的特權。尼古拉一世即位後，則一改前策，實行高壓的政策。波蘭的「華沙軍事學校」(Warsaw Military College) 師生在 1830 年發動反俄羅斯的革命運動；由於寡不敵眾而失敗。俄軍在 1831 年攻陷華沙，解散「波蘭議會」，終止了其半自治的政體，並將為數二萬五千名的士兵及其家屬放逐到西伯利亞。在國內、外繼續推動獨立的波蘭知識分子，在國外設立臨時政府，於 1863 年在波蘭各地展開反俄羅斯、反奧地利與反普魯士的「春季起義」(Spring Uprising) 革命運動，為時長達一年半之久。俄羅斯、奧地利與普魯士三國都相繼對其鎮壓，消滅了波蘭各地的革命運動。俄羅斯則直接將其管轄的「波蘭王國」撤除，改名為「威斯圖拉省」，劃為俄羅斯帝國中的一省。

波蘭的民族主義及復國運動，主要侷限在地主階級與知識分子之中。以農業為主的其他階級，因受到地主們的長期剝削，很少有參與的意願。由於政治發展的機會被外力統治者扼殺，少數富有的波蘭地主階級乃努力從事工、

商業方面的發展；尤其是在俄屬的波蘭境內，以樓茲 (Lodz) 為主的紡織業、達布若瓦盆地 (Dabrova Basin) 的礦產業與華沙的製造業更是欣欣向榮。一個資本主義的經濟制度與現代化的中產階級逐漸在波蘭形成。在既不可能恢復故國，也無法從事宦途以求發展的雙重困境下，知識分子們乃投身學術，或鑽研波蘭固有的歷史、文學、藝術等與現實政治無關的學問，或流亡歐洲參與當時流行的社會主義運動，以期解決貧富不均的經濟與社會階級現象。此後成為波蘭復國英雄的約塞夫‧辟爾蘇得斯基 (Josef Pilsudski, 1867–1935) 就因為在烏克蘭的卡寇夫大學推動反俄羅斯統治與宣傳社會主義而被捕，於 1887 年放逐到西伯利亞。

　　為了要抑制波蘭文化民族主義的成長與蔓延，俄羅斯政府乃加強實施「俄化政策」，企圖從教育與文化上同化波蘭民族，使其能接受大俄羅斯文化的統治。亞歷山大三世即位後，即任命「俄土戰爭」中的古爾克將軍 (Y. V. Gurko, 1828–1901) 為波蘭總督、阿普克庭 (A. Apukhtin) 為華沙的教育部長（任期 1879–1897），積極推動「俄化政策」。除了加強大學中必須使用俄語教學的政策外，更在 1885 年修訂基礎教育法，規定從小學一年級開始，除了波蘭文與天主教課程准用波蘭語授課學習外，其他所有科目必須使用俄文。

　　俄羅斯的東正教教會雖非「俄化政策」的主要推動者，但因為亞歷山大三世強調「法定正統三信條」的重要性，也對此政策特別支持。由於許多波蘭人民信仰天主教，俄羅斯的東正教會乃乘機干涉，規定凡是東正教徒與天主教徒成婚後的子女是當然的東正教徒；所有其他非東正教的基督教，都不得對東正教徒傳教，以求改變他們的信仰。在波蘭所施行的「俄化政策」雖然收效不彰，但卻成為了亞歷山大三世治理帝國境內其他少數民族的藍圖。

　　烏克蘭與白俄羅斯 (Belorussia) 的居民與大俄羅斯族一樣，同屬於東系的斯拉夫族，語言與風俗非常相似，也多半信奉東正教基督教。但就法定的「民族特性」信條來看，他們被認為是劣等的東斯拉夫族，不能與大俄羅斯族相提並論，因此分別被稱為是「小俄羅斯」與「白俄羅斯」族。「俄化政策」乃是要強迫他們完全接受大俄羅斯族統治的工具。俄羅斯政府對與俄羅斯民族血緣既不相同，語言、信仰與風俗更為迥異的芬蘭、喬治亞、亞美尼亞、波羅的海地區各不同民族，則更屬行其「俄化政策」，防止民族主義在各地產生。

總而言之，亞歷山大二世的「俄化政策」，乃是要在俄羅斯帝國內獨尊東正教信仰為正統及強調俄羅斯民族特性為名，以達到君主專制之實。

在「俄化政策」下受害最深者是種族、語言、宗教信仰都與俄羅斯民族完全不同的猶太民族。莫斯科公國時，居住在俄羅斯的猶太民族人數甚為稀少。他們在十二世紀時被歐洲基督教封建王國驅除，開始向東歐的波蘭及烏克蘭等地逃亡、定居。當凱薩琳女皇在 1764 年瓜分奪得波蘭後，將近七十五萬的猶太民族便成為了俄羅斯帝國的居民。由於猶太族被認為是殺害耶穌的元兇，及其堅持拒絕被異教文化與信仰同化的不妥協精神，俄羅斯政府一直對其採取歧視的政策，限制其居住處所與從事的職業，規定他們不得在政府機構任職、不准從事農業及擁有農地、不得在農村中定居、也不准接受正式的教育規定。雖然他們可以在城市中居住，卻無可以永久居住的保證，只要政府下令，他們就必須立刻遷離，另尋可以暫時安身之處。他們所能從事的，只有在農業社會中被歧視的工、商等賤業。由於基督教信仰譴責以借貸金錢而收受利息為不道德的行為，故一般基督徒都不屑為之，猶太商人乃乘機介入，從事放款及典當等行業，成為社會上被歧視但也必須存在的邪惡者。吝嗇與貪財被描繪成為猶太人的民族特性。像他們在歐洲其他地區的同胞一樣，在俄羅斯的猶太人也是在社會的邊緣上，一方面受歧視，另一方面卻又對社會提供必須的服務。

當尼古拉一世宣布要遵守「專制君主」、「東正教」與「民族特性」的法定信條為治國的根本時，對在血緣、信仰及民族性與俄羅斯民族都不相同的猶太族採取了更嚴厲的管制政策。他在 1835 年下令在各地設立專為隔離猶太族居住的「居留圈」(Pale of Settlement)，禁止猶太族與俄羅斯雜處。猶太族除了只能在既定的「居留圈」內居住外，不得任意遷往別處。這項命令一直要到 1917 年的布爾什維克革命時，才正式取消。「居留圈」的設立，完全由政府嚴格控制。由於人口繼續增加，在「居留圈」不得任意擴充及新設立的情況下，猶太人的生活是貧困交加。「居留圈」成為了真正的貧民窟 (ghetto)。

沙皇亞歷山大二世在 1861 年解放農奴的同時，也解除了對猶太族的許多禁令，允許他們有居住、求學及從事不同職業的自由。長期被壓抑在「居留圈」中的猶太族，乃乘機在學術、藝術、工、商等各方面努力發展，成果斐

然。但這短暫的自由，因亞歷山大二世在 1881 年被殺身亡後，隨即終止。亞歷山大二世是被極端民粹主義派的「人民的意志」恐怖組織刺殺而死，但一般民眾則直指主謀者是猶太族的社會主義者，各地的猶太人則無辜地被欺壓與殺害。類似事件，在一年之內發生多達兩百餘件；當地的警察與駐軍對此視若無睹，不加干涉。猶太族把這些故意傷害猶太族裔的事件稱為 "Pogrom"（俄文原意為暴亂之意，後則演變為組織性殺害猶太族的專有名詞）。

亞歷山大三世即位，宣布〈臨時條款〉，積極推動「俄化政策」，限制猶太族居住與遷徙、求學與就業的自由，規定所有的猶太族必須重回以前的「居留圈」居住。各地殺害猶太族的事件持續發生，導致許多猶太人向國外移民；迄於 1914 年為止，遷離「居留圈」到國外的猶太族，總數高達二百五十萬萬之多，其中絕大多數前往美國。

君士坦丁‧勃貝都諾斯策夫公爵曾戲說解決猶太問題有三個辦法。第一是將三分之一的猶太人轉化成為東正教徒；第二是要三分之一的猶太族移民國外；第三則是讓剩餘的三分之一的猶太人老死在「居留圈」內。在亞歷山大三世的「俄化政策」下，猶太族的境遇，已經離此戲言相差無幾了。

二、尼古拉二世早期：自即位到日俄戰爭

1.尼古拉的性格

亞歷山大三世在 1888 年 10 月與家人共同乘坐火車前往克里米亞時，火車忽然出軌，幸好沒有人受到重大的傷害。沙皇還當場親自將車廂蓋子打開，好讓家人盡快逃離。大家都深信身體強壯的沙皇，尚有一段相當長的時間要治理俄羅斯。其實當時並沒有人知道他因為長期酗酒，腎臟的功能已經損壞相當嚴重。因此他在 1894 年 10 月 20 日正值壯年之齡便因腎臟發炎死亡時，全國上下震驚，不知所措；死時只有四十九歲，他二十六歲的長子尼古拉匆匆即位，是為尼古拉二世 (Nicholas II, 1894–1917)。

與身材魁偉、性格強悍的亞歷山大三世相比，尼古拉則顯得個子較矮小、性情溫和與優柔寡斷；他因此常被爸爸責罵說太女孩氣。尼古拉本人一直希

望以後能過著像英國紳士一樣的輕閒生活，並不熱衷帝位與權力。在獲得即將繼承皇位信訊時，他驚慌的向身旁的表弟亞歷山大說：「我該怎麼辦呀，我還沒有做好當沙皇的準備那，而且我根本就不想做沙皇。對於如何統治，我一竅不通，我連怎麼與大臣們應對都不會。」❼一個心理上完全沒有準備，資歷及經驗都欠缺的尼古拉，就在緊急倉皇的時刻中即位，擔任為俄羅斯帝國、也是羅曼諾夫王朝的最後一位沙皇。他正式的登基大典，則要等到 1896 年 5 月 14 日才舉行。

尼古拉二世是亞歷山大三世的長子，出生於 1868 年 3 月 6 日，那一天也正好是受苦受難者聖約伯 (St. Job) 的哀悼紀念日。俄羅斯人認為在這一天出生的孩子，將來都會命運乖張，苦難甚多。這傳統的想法，似乎影響著尼古拉二世逆來順受的消極性格，也預兆著尼古拉二世本人與俄羅斯都終將遭遇到無法避免的悲劇。他繼位後的俄國確實是內憂外患，國外則是先在「日俄戰爭」中被日本擊敗而喪權辱國，後則參加第一次世界大戰，遭致敵國入侵；國內則民不聊生，反政府的革命運動頻頻發生，最後終於被迫退位而喪失政權。不過，尼古拉篤信聖約伯，認為上帝只是要考驗他的信念才故意降與他許多災難，因此他相信他與俄羅斯會像聖者約伯一樣，在受盡苦難後，都一定會獲得永恆的幸福與平安。這也是他在最危急的時候，能保持冷靜與樂觀的主要原因。

尼古拉在威嚴的亞歷山大三世呵護下成長，受到良好的基礎教育。他受業的塾師是個英國水彩畫家西斯先生 (Heath)。他除了教導英文外，還灌輸了他許多社交禮儀的規矩。因此尼古拉說得一口標準牛津腔英文，舉止儀態像是英國的高貴鄉紳。除了英文外，他也精通德文與法文。他曾向歷史學家克柳切夫斯基求教，學習過俄羅斯歷史。不過，影響他最深的是君士坦丁·勃貝都諾斯策夫公爵。經過他的灌輸，「東正教」、「君主專制」、「民族特性」的三大法定信條，從小就根深蒂固在尼古拉二世的思想之中，成為他後來執政的重要依據。

為了要讓尼古拉二世獲得統治俄羅斯的實際經驗，亞歷山大三世特地將

❼ Orlando Figes, *A People's Tragedy: The Russian Revolution, 1891–1924*, New York: Penguin Books, 1997, p. 18.

他送往禁衛軍的軍官團受訓，培養出他尚武的精神。受訓時，他深深愛上了軍隊中的群體生活，此後也常以軍事專家自居。受訓完畢，授階為「普力歐布拉鎮斯寇」軍團的上校；他終身以此為榮，拒絕接受任何更高的軍階。甚至在第一次世界大戰中，他以統率身分指揮作戰時，仍然堅持使用羅曼諾夫上校的頭銜，常造成軍令秩序的混亂。亞歷山大三世在 1890 年命令尼古拉二世到西伯利亞、日本、中南半島、埃及與希臘等地考察，增長外交知識。途經日本時，幾乎被一個日本恐怖分子刺傷。他此後就一直對日本印象惡劣，認為這是一個野蠻的國家，謔稱日本人為猴子。

尼古拉雖然性情順從，不敢違背父親亞歷山大的旨意，不過他也有脾氣固執與不妥協的另一面。這是以後如威特 (Witte) 等大臣，無法捉摸他性情的主要原因。最明顯的例子是他交女朋友一事上的堅持。他中意的是日耳曼聯邦中赫斯 (Hesse) 大公國的亞麗克絲・維多利亞公主 (Alix Victoria von Hessen)。亞歷山大沙皇認為小國寡民的赫斯大公國，其聲勢與國威都難與俄羅斯相比，極力反對。尼古拉則堅決己意，不肯聽從。最後亞歷山大三世讓步，允許他們在 1893 年訂婚。不過，結婚典禮則是在 1894 年的 11 月、亞歷山大死後一個月才正式舉行。成婚後，她改名為亞歷山德拉・費歐多若夫納 (Alexandra Fyodorovna)，也皈依了東正教，而且特別沉醉於神祕主義之中，認為延續「東正教」、「君主專制」、「民族特性」的三大法定信條，不只是羅曼諾夫王朝的義務，也是上帝特賜的神聖使命。

亞麗克絲的母親艾莉絲・瑪利 (Alice Mary) 是英國女皇維多利亞 (Queen Victoria, 1819–1901) 的女兒，在 1843 年嫁給赫斯大公國的路易斯。艾莉絲在 1878 年死亡，女兒亞麗克絲便搬到英國與外祖母維多利亞女皇同住，因此她的德文與英文都相當流利，與尼古拉交談與書信都以英文為主。由於她的俄文不太流利，嫁到俄國後，除了非不得已時，仍不太用俄文，並且盡量避免宮廷的社交活動，少與外界接觸，因此被謔稱為「德國女人」。赫斯大公國的宗教信仰是路德派，教規嚴格，在生活上特別注重簡樸與勤奮工作，她看到俄羅斯宮廷與貴族生活奢侈，相當厭惡。相反的，她覺得勞苦的俄羅斯農民大眾，才是上帝真正的子民，對他們有一種神祕的親近感；她也認為俄羅斯的問題主要是貴族與官僚作梗，阻擋了沙皇與農民之間的親密關係。她與尼

古拉二世一樣，都希望能從農民大眾中，體驗出什麼才是俄羅斯的「民族特性」。

尼古拉與亞歷山德拉婚後感情彌堅，前後生育了四個女兒，分別是歐伽 (Olga, 1895)、塔緹亞娜 (Tatiana, 1897)、瑪利亞 (Maria, 1899) 與安娜斯塔西亞 (Anastasia, 1901)，個個活潑健康。但亞歷山德拉所期求的是要有個男嗣，繼承尼古拉的皇位。幾經求醫後，她終於在 1904 年生了一個男孩子，尼古拉特以羅曼諾夫王朝第二個沙皇阿列克西斯 (Alexis) 之名為他命名。亞歷山德拉認為這是上帝特賜的恩惠，一定要厥盡母職，好好將他教養長大。但不久之後，阿列克西斯被發現患有先天性的「血友症」(hemophilia)，稍有不慎身體任何部位受傷，都會血流不止，痛苦不堪。他的「血友症」繼承自外曾祖母維多利亞女皇，這個病症經由母系遺傳，但只在男孩子身上發生。當阿列克西斯出生時，維多利亞女皇的幾個男性後裔已經先後病發而死，其中包括維多利亞女皇自己最小的兒子利歐坡德親王 (Prince Leopold)。亞歷山德拉的弟弟、也就是阿列克西斯的舅舅亦死於同樣的病症。阿列克西斯也是終身難保；他母親亞歷山德拉充滿了內疚，但絕不放棄，日夜辛苦照顧，並向各地尋訪名醫，希望他能平安成長，順利延續羅曼諾夫王朝。她變得更虔誠，更深信神奇的力量。故當 1905 年來自西伯利亞的格里高立・鄂非莫維奇・拉斯普廷 (Gregory Rasputin, 1–10, 1871–12–16, 1916)❽出現宮廷、能平服皇子阿列克西斯血流不止的痛苦時，沙皇與皇后立刻把這個衣冠不整、不修邊幅的僧人當作典型的農民，更是上帝特賜的良醫，對其供奉有加，且逕以「聖父」稱之。最後終因結黨營私而干涉朝政，被不滿的貴族刺殺而死。

2.官僚體系的矛盾：內政部與財政部的對立

亞歷山大三世以「君主專制」的獨斷方式治國，取消亞歷山大二世所執行過的自由政策，更削弱各地「鄉土議會」的地方自治權。故當他死亡、尼古拉二世即位時，「鄉土議會」議員們認為這是恢復地方自治及繼續改革的良

---

❽　根據他女兒瑪利亞的記憶。Maria Rasputin and Patte Barham, *Rasputin: The Man Behind the Myth, A Personal Memoir*. Englewood Cliffs, New Jersey: Prentice Hall, Inc. P. 10.

好時機，來自特沃地區的「鄉土議會」代表祝賀團員，就在祝賀詞中特別表示說:「我們一直期待著一個良好與適合的機會，讓公家機構能表達出他們心中的關懷，不但可以將他們本身，且包括所有俄羅斯子民的需求及想法上達沙皇。」新即位的尼古拉二世在 1895 年 1 月 17 日的接待大會中當眾宣布說:「根據報告，近有『鄉土議會』議員深受夢幻式謬論的讒惑，妄以為可藉『鄉土議會』代表之名參與國家內政之事，故在此特別宣諭各界得知，本人將繼續尊奉先父所堅持之『君主專制』原則，以堅定不移之態，盡力維護人民之福祉。」❾尼古拉二世在位二十幾年治國的主要信條，就是要固守君主專制的政體，絕對不與自由主義者妥協。只是他缺乏當機立斷的毅力，加上國內、外局勢瞬息萬變，已經無法駕馭俄羅斯的走向，反動政策的結果則是悲劇性的葬送了羅曼諾夫王朝。

俄羅斯自 1860 年代廢除農奴制度及推動各項行政改革後，已經開始向農業以外的工、商業發展。城市化與雛形的中產階級，也漸漸產生。尤其是在 1864 年宣布重要省分可以選舉「鄉土議會」管理地方事務之舉，更顯示出中央政府所強調的「君主專制」體制，實際上已經開始轉化。而最困擾尼古拉二世「君主專政」的，是政治體系中的保守派與改革派官僚，為了國內政、經及外交發展的不同途徑，所進行的激烈鬥爭。保守派包括東正教會、古老貴族及地主階級利益團體。他們強力維護「東正教」、「君主專制」與「民族特性」的三大法定信條，尤其認為「君主專制」的信徒條，絕對不容許任何挑戰。保守派以內政部為其勢力範圍，以內政部長威亞切斯拉夫‧普列維 (Vyacheslav Plehve, 1846–1904) 為其首領。改革派則主要是自由派官僚與新興工、商業中產階級所組成，他們也贊成延續三大法定信條，但同時認為應恢復亞歷山大二世所開始的各項改革並尊重「鄉土議會」地方自治的權力。改革派掌握財政部，以財政部長瑟爾基‧威特 (Sergei Witte, 1849–1915) 為代表。沙皇尼古拉二世徬徨兩者之間，猶豫不定而無法定奪。最後則終因內政部長與國內外危機的相反政策，而觸發了「日俄戰爭」。

俄羅斯「君主專制」的極致，是中央政府各部門的權責，完全隸屬沙皇管理。各部首長由沙皇親自任命，被任命者則直接向沙皇負責。各部之間相

❾　Hugh Seton-Watson, *The Russian Empire, 1801–1917*, p. 549.

互平行，向來沒有類似首相或總理職位者加以協調。各部的重要性，或新部門的設立，都因當時局勢需要或沙皇本人的喜好而各朝不同。其結果常是職位重疊、權責不明、行政效率低落。尼古拉二世時，最重要的部門是內政部、財政部與軍部；權力最大，管轄事務最多與範圍最廣的，莫過於內政部。

內政部在 1802 年初設立時，主要的職務是推動經濟及發展交通。但在 1880 年代農奴解放後，地主不再具有管理農民的權力時，內政部就有權任命各省的省長，監督「鄉土會議」的選舉與工作，成為了沙皇治理全國人民庶務的總代表。❿再加以當時革命運動初起，導致社會不安，內政部被賦予負責治安及可以不經法律程序而逮捕革命分子的警察權。當亞歷山大三世積極推動「俄化」政策時，又成為管理非東正教信仰的宗教派別及非俄羅斯少數民族的文化機構。

內政部是支持「君主專制」最積極的機構，其成員多半來自保守的貴族與地主階級。他們痛恨農奴解放後的開放政策，認為西方式的資本主義經濟是造成社會主義與導致俄羅斯社會混亂的基本原因，因此拒絕接受所有與工業現代化有關的措施。他們反對國際貿易與採取黃金本位的幣制改革；反對借貸外資作為發展經濟之用；反對興建鐵路，因為鐵路完成後的交通一定較方便，必然造成農村人口外流而不利於地主們的經濟利益。他們主張採取高壓政策，限制人民的言論自由，鏟除所有反俄羅斯的異議分子。

內政部之所以能成為中央政府系統中權力最大、組織最龐大的行政機構，主要是因其具有負責國家安全與社會治安的警察權力之故。除了隸屬其下的普通警察組織外，內政部更負責管理衛護國家治安的特務警察。普通警察的勢力範圍，從省城一直延伸到鄉鎮各層級；其在十九世紀後期的總數有八千四百五十六名。但要維持俄羅斯境內約八千萬俄羅斯人口的治安，警力實在

❿　除了隸屬內政部負責的省區外，另有特選的重要區域直屬沙皇本身的管轄。該
　　等區域首長是沙皇親自任命的總督 (governor-general)，同時擁有民政與軍政的
　　權力。在 1900 年時，共有七個總督管轄的特別區：一個是莫斯科；三個在秩
　　序不安定的西方省分，華沙、基輔及威爾諾 (Vilno)；另外則是邊遠的西伯利
　　亞，伊爾庫茲克 (Irkutsk)、阿穆爾河 (Amur River) 與大草原 (the Steppe)。
　　Richard Pipe, *The Russian Revolution*, New York: Vintage Book, 1991, p. 73.

很單薄。加以十九世紀的後期，農民暴動頻繁，革命運動者故意以暗殺等恐怖手段在各地製造危機，負責治安的警察更是疲於奔命，難以應付。為了補充普通警察力量的不足，亞歷山大三世乃在內政部中設立三個特務警察組織。第一，是負責聖彼得堡的特務警察局，主要維持首都的安危。第二，是在 1881 年成立的「歐克拉那」(Okhrana) 特務隊，除了專門負責沙皇本身安全外，並滲透各祕密組織，以暗殺手段將之摧毀。其職責與恐怖伊凡時代的「歐撲力其尼納」及蘇維埃的「內政人民委員會」(NKVD, People's Commissarat of Internal Affairs)、「國家安全委員會」(KGB, State Security Committee) 等祕密警察組織類似。「憲兵團」(Corprs of Genarmes) 是屬於內政部的第三個特務組織，擁有一萬到一萬五千名的民兵式憲兵，主要任務是平定內亂及維持交通運輸的通暢。每城市中的憲兵隊，也負責偵察與防止地方上所有危害國家治安的組織與行為。由於只有內政部擁有警力，故其他部門在強迫施行本身政策而遇到反抗時，也必得借重內政部的武力支持。在此情況下，內政部儼然成為各部之首，成為護衛「君主專制」的重要支柱。威亞切斯拉夫‧普列維是尼古拉二世早期最典型的內政部長。他因偵察謀殺沙皇亞歷山大二世兇案有功，被新即位的亞歷山大三世賞識，被任命為警察局長 (1881–1884)，後升為內政部副部長 (1884–1899)，於 1899 年調任為管理芬蘭事務的國家總理 (1899–1902)，因積極推動「俄化政策」成功而被提升為內政部長 (1902–1904)。擔任內政部長後期，反對財政部長威特對遠東和緩與商業性發展，以避免與日本正式衝突的策略。相反的，他積極推動軍事帝國主義的擴充政策，特意挑戰日本的經濟利益範圍，期求能藉此導致俄、日之間的戰爭，使國人能團結一致、共同面對外敵，轉移對國內革命運動所產生的危機。但當日俄戰爭真正爆發，且俄軍被擊敗時，普列維也被「社會革命黨」黨人刺死。

籌劃全國經濟發展的財政部，深知 1861 年廢除農奴制度後的各項改革是否能順利進行，全賴健全的經濟與財政制度為基礎，因此主張應急速發展資本主義及推動工業化。財政部的官僚較為開明，他們多半來自於傾向西化的貴族及新興的中產階級。曾任尼古拉二世財政部長的瑟爾基‧威特就是最典型的代表。

威特自敖得薩大學 (University of Odessa) 畢業後，便在鐵路公司中服務，

西伯利亞鐵路圖

獲得豐富的經驗，也深知鐵路與工業化之間有不可分割的關連。他認為俄羅斯將來要工業化，必須要有國外廣大的市場及供應不絕的原料；而當時潛力最大的就是遠東。他在亞歷山大三世仍然在位的時候，就幾次力陳建築一條橫跨歐亞大陸而可以直接到達太平洋海口的鐵路，乃是當前必須的急務，因為它不但可以帶動西伯利亞的開發，更可以作為俄羅斯向中國東北發展的工具，使得俄羅斯成為同時控制歐、亞商業市場的樞紐。他在 1889 年受命籌劃隸屬於財政的鐵路局，並擔任首任的局長，隨即在 1892 年被擢升為交通部長。在任內，他積極發展俄羅斯全國的鐵路運輸，「西伯利亞鐵路」(Trans-Siberian Railway) 就在 1891 年開始動工，於 1901 年完工。由於他對工業化的貢獻，亞歷山大三世在 1893 年任命他為財政部長，使其雄才大略得以施展。

威特就任後向沙皇保證，他一定會全力掃除國內有礙經濟發展的阻力，創造出一個有利發展工業的新環境，因為沒有一個發展健全的國家工業，就不可能會有一個偉大的現代化國家政體。❶❶工業化，就成為了威特財政政策

❶❶ Theordore H. Von Laue, *Sergi Witte and the Industrialization of Russia*, New York, 1963, p. 262.

的中心。他知道俄羅斯的工業化不可能再依賴國內農村的稅收為主，一來是農村在過多的苛捐雜稅負擔下，已經瀕臨破產，二來是農村稅額太少，不足以作為工業化的資本，因此他主張借貸國外資本來推動工業化。他在 1897 年採取金本位制度，穩定了俄國幣制盧布的價值，並使其成為可以在國際間兌換的貨幣。大批外資乃開始進入俄羅斯市場，最多來自法國，其次是英國、德國與比利時等國。據統計，俄羅斯到 1914 年為止的欠債總額高達八‧八兆 (billion) 盧布，其中有四‧二兆盧布（二‧一兆美元，約三千三百六十噸重的黃金）是外債❶，是總額的 48%，是當時世界上舉貸外資最高額的國家。除此之外，從 1892–1914 年間，投資俄羅斯工業的外資數額也高達二‧二兆盧布（一‧一兆美元）。根據威特自己的估計，俄羅斯在 1900 年的工、商業，有一半是外資所擁有。❸ 在威特領導與外資的協助下，俄羅斯的工業急速發展。西方的經濟學者們統計俄羅斯在 1890 年後的十年中，其工業出產額增加了 126%，比同時的德國要快兩倍；美國三倍。❹ 下列的統計，可以顯示出俄羅斯在 1890–1900 年之間的急速工業化成效。❺

工業項目	1890	1900	成長百分率
鐵（噸）	927,100	2,933,700	216%
石油（噸）(1885)	1,883,700	10,335,800	449%
鐵路（公里，km）	30,596	53,234	71%

俄羅斯的急速工業化，替「君主專制」的政體帶來了預想不到的衝擊。由於外資湧入，許多西方國家忽然成為俄羅斯的債權者，俄羅斯的政治、經濟與社會秩序不再只是國內的問題，而會牽涉到與他國之間的關係。「君主專

---

❶ billion 該字在英、德譯作萬億、兆，即 million 的一百萬倍；在美、法則為十億，million 的一千倍。

❸ Richard Pipe, *The Russian Revolution*, p. 78. 引用 *Istotik Marksist*. No. 2–3 (1953), p. 135.

❹ Richard Pipe, *The Russian Revolution*, p. 79. 引用 Rolf Wagenfuehr, *Viertels-jahreshefte zur Konjunkturforschung*. Sonderheft 31 (Berlin, 1933), p. 18.

❺ Richard Pipe, *The Russian Revolution*, p. 79. 引用 P. A. Khromov, *Ekonomich-eskoe razitie Rossii v XIX–XX vekak*(Moscow, 1950), pp. 452–454, 459, 462.

制」與改革派衝突結果所帶來的混亂政局，必會在國際上影響俄羅斯的信用，而導致盧布幣價貶值，俄羅斯償還債務的能力也相對的降低。因此，為了要穩定國內局勢，俄羅斯的「君主專制」政府勢必在國外勢力壓迫下，與國內的自由改革分子妥協。以威特為首的財政部並非激烈的改革自由派，但為了要加強推動工業化的效率，自非要求尊重理性的管理與條規，而不容個人恣意干涉。威特特別要求俄羅斯政府鬆弛「俄化政策」，不得對少數民族，尤其是猶太族，過於欺壓。因為國際的銀行家中，猶太族佔有相當大的比例。財政部較開明的政策，是獨尊三大法定信條的俄羅斯政府與保守派最無法容忍之事。他們將國內各派要求改革的運動，全部歸罪於工業化與西方勢力的入侵；對其始作俑者的威特，更是痛恨不已，誓必加以鏟除而洩其恨。內政部長普列維向沙皇密告中，就說財政部長威特藐視政府的「俄化政策」，不但膽敢私用猶太人，且對其特優有加之事。沙皇尼古拉二世本人對威特的改革政策早也不滿，乃在 1903 年乘機將其調職。

內政部與財政部的惡鬥仍如火如荼的進行時，俄羅斯在遠東的擴充已經侵犯了日本的經濟利益範圍，使得兩國劍拔弩張，隨時會爆發戰爭。財政部長威特在 1903 年 8 月去職；1904 年 2 月，日本攻擊俄國巡弋旅順的艦隊，正式開啟了「日俄戰爭」(Russo-Japanese War)；同年 7 月 15 日，內政部長普列維被暗殺死亡。俄羅斯進入了前所未有的大震撼。

3. 「日俄戰爭」的肇因及結果

俄羅斯與日本自 1875 年的〈聖彼得堡條約〉之後，雖暫時相安無事，但兩國持續擴充在遠東的經濟利益範圍所產生的衝突，終因無法和平解決而導致了「日俄戰爭」的爆發。

日本在明治維新時期推動工業化，急需原料的供應及海外市場，開始積極向外擴充。先是在 1875 年藉故侵佔琉球，於 1879 年將其改為隸屬日本的沖繩縣；又同時在 1875 年派遣「雲楊」號前往朝鮮江華灣測量，故意製造事端，強迫朝鮮政府在 1876 年與其簽訂〈江華條約〉，條約中特別強調朝鮮為一獨立自主的國家，強迫使其斷絕與滿清宗主國的隸屬關係。此後日本更積極經營，將朝鮮當作是本身的第一個海外殖民地，嚴防它國侵犯其利益範圍。

負責工業化的威特曾再三強調俄羅斯應急速向遠東發展，以獲得供應無缺的原料及銷售商品的海外市場。沙皇亞歷山大三世乃在其聳恿下，於1891年決定建造「西伯利亞鐵路」，以海參威為亞洲的出海口，將歐、亞兩陸貫穿一起。俄羅斯雖然在1860年取得海參威，但其地處於嚴寒之地，冬季結冰無法終年使用，因此窺伺機會希望能在滿洲及朝鮮獲取不凍港口以為補救。俄、日兩國因無法均衡在滿洲與朝鮮的經濟利益，逐漸發展成為戰爭。

俄、日衝突的直接原因，可以回溯到中、日因朝鮮問題而引發的「甲午戰爭」(1894–1895) 及滿清被迫所簽訂的〈馬關條約〉（1895 年 4 月 17 日）。在共有十一款的〈馬關條約〉中，日本盡情敲詐滿清政府，除了承認朝鮮獨立、割讓遼東、臺灣與澎湖外，更要賠償巨額軍費。其中牽涉到俄羅斯在遠東利益者，是日本強迫滿清將遼東半島割讓給日本的條款。❶俄羅斯自從建築「西伯利亞鐵路」後，就企圖在朝鮮及遼東海岸尋找不凍港，以補償海參威之不足。倘若根據〈馬關條約〉，日本果真佔有朝鮮及遼東半島後，則俄羅斯在遠東的利益必會受到日本的打擊。在 1893 年被任命為財政部長的威特，雖然在內政方面屬於改革派，但在對遠東的擴充上，卻是極端的帝國主義者，他認為日本侵略中國的目的，主要是奪取俄羅斯在遠東的利益，因此建議沙皇必須採取強硬態度加以阻止。滿清政府在「甲午戰爭」爆發前，曾希望英、德及俄等國出面干涉而不果；但列強眼見滿清海軍不堪一擊、日軍快速獲勝的戰事，乃決定採取行動。俄、德、法三國多次聯合要求日本放棄遼東半島，但日本堅持不允；俄羅斯則甚至不惜一戰，以達此最終目的。日本在三國將共同以武力干涉的脅迫下，於 1895 年 11 月 29 日簽約答應放棄遼東，但要求滿清政府須在原定的二億兩銀賠款外，多付三千萬兩白銀作為補償。

---

❶　黃大受編，《中國近代史》。臺灣，臺北：大中國圖書有限公司，中華民國 58 年 10 月三版，中冊，頁 260–261。〈馬關條約〉的第 2 款、第 1 條條文說：「中國將管理下開地方之權，併將該地方所有堡壘軍器工廠及一切屬公物件，永遠讓與日本」；第 2 款第 1 條則要求：「下開劃界之奉天省南邊地方，從鴨綠江口溯該江以抵安平河口，又從該河口劃至鳳凰城海口及營口而止，劃成折線以南地方，所有前開各城市邑，皆包括在劃界內，該線抵營口之遼河後，即順流至海口止，彼此以河中心為分界。遼東灣及黃海北岸，在奉天省所屬。」

　　清廷諸臣以三國干涉還遼之所以成功，俄羅斯貢獻最大，因此心存感激，咸主張聯俄共同抵制日本。故當俄皇尼古拉二世決定在 1896 年 5 月 26 日正式舉行加冕典禮，清光緒帝乃特派李鴻章為欽差大臣率團前往祝賀。李鴻章在甲午戰爭後前往日本議約時，在馬關曾被日人小山豐太郎槍殺擊中，因此對日深惡痛絕。他受命使俄時，已經是七十四歲高齡老人，且患病在身；祝賀團一行於 1896 年 3 月從上海動身，跨洋越海的前往俄羅斯。英、德、法等國聞知李鴻章率團出洋時，都殷勤邀請前往本國訪問。沙皇在財政部長威特建議下，特地派遣烏克托木斯基親王 (Prince Ukhtomoski) 先往蘇彝士運河處等待，一俟李鴻章到達便立刻迎往俄艦「露西亞」(Rossiya) 直航到克里米亞的敖得薩，再隨即專車赴聖彼得堡。**⓱**

　　當時外交部長為羅拔諾夫‧若斯托夫斯基親王 (Prince Lobanov-Rostovsky, 1824–1896)，沙皇因其全不諳遠東事務，乃特命財政部長威特為全權代表接待李鴻章。威特為交通部長時，就極力發展鐵路以為俄羅斯工業化的基礎，因此他對「西伯利亞鐵路」的修建與功能特別重視。雖然當時「西伯利亞鐵路」已經修抵外貝加爾地區，但繼續向前修建的路線則因為地形的因素遲遲無法決定。假若按照原定修建的計劃，鐵路必須經過阿穆爾河地區；此段地區不但地形險阻，難以開築，且翻山越嶺繞路而行，途程拖延太長。威特認為若能借道蒙古與滿洲之地，開建一條直接與海參崴相連接的鐵路，可縮短五百一十四俄里，則所有難題將可克服。他之所以要盡快與李鴻章見面，便是要商討此項事務。但沙皇尼古拉二世在來自蒙古的宮廷醫師巴德馬耶夫 (Badmayev) 影響下，則欲乘機建築一條從恰克圖到北京連接「西伯利亞鐵路」的鐵路，以利於擴充俄羅斯在中國的勢力。威特極力反對，他說建造「西伯利亞鐵路」的原因純是發展經濟，絕對沒有要藉其涉入清朝政治與軍事的動機；而且，假若採納巴德馬耶夫的意見，必會引起英、德、法列強嚴重的抗議，反而損害俄羅斯的利益。尼古拉暫時接受了威特的建議。

　　李鴻章抵達聖彼得堡後，威特便立即前往迎接；他再三向李保證俄羅斯

⓱ 該等記載皆出自威特的會議記錄。*The Memoirs of Count Witte*, Translated from the Original Russian Manuscript and edited by Abraham Yarmolinsky. Garden City, N. Y. Doubleday, Page Company, 1921, pp. 89–90.

絕對尊重大清帝國國土完整的原則，並說前次中、日甲午戰爭時，俄羅斯不但仗義直言，且動員武力準備協助清軍阻擋日軍，只是遠在歐洲的駐軍無法及時趕到，甚為遺憾。他接著說，若有一條可以貫穿歐洲境內的俄羅斯與亞洲海參威的快速、且短距離的鐵路運輸線，則下次大清國再遭受外力入侵時，俄軍即能立刻趕到相助。他並說假若此路線能在中國境內開築，不但對俄羅斯商業有利，也會促進中國沿途各地的生產及繁榮，甚至日本也會極力支持，因為日本可利用此較短近的路線直接到達西方，加強其西化運動，而不必跨洋越海的長途跋涉，浪費時間。為了要說服李鴻章，沙皇尼古拉二世也在正式加冕典禮前破例接見他，給予無比的殊譽。

根據威特在自傳中的記載，他與李鴻章就借地築路之事數度會談後，獲得三點初步協議：

⑴大清帝國允許俄羅斯得在境內建築一條沿赤塔到海參威的直線鐵路，但此路必須為私人公司所擁有。李鴻章堅決反對我所提出該路應由本國國庫出資及建築之建議。因此之故，吾等將成立一名為「中東鐵路公司」(Chinese Eastern Railroad Cooperation) 的私人性組織。該公司在名義上雖屬私人性質，但實際屬本政府所有，故隸屬於財政部管轄之下。

⑵清政府同意割讓一條足夠建築及操作該鐵路的地帶。在該地帶中，該公司得擁有私有的警力及全部、絕對性的權威。對該鐵路之建築及經營，清政府蓋不負責。

⑶假若日本一旦侵略中國領土或我濱海地區時，兩國有義務互相援助抵抗。❸

經過李鴻章與威特兩人再三商榷後，此三點協議終於成為〈中俄密約〉中的要點。李鴻章代表清廷，外交部長羅拔諾夫・若斯托夫斯基親王與財政部長威特代表俄羅斯，於 1896 年 6 月 3 日在俄羅斯外長官邸中簽字。威特說滿清與俄羅斯政府都同意對該條約內容與簽訂過程保持高度機密，因此報章中沒有刊載任何有關此事的消息。歐洲國家所知道的只不過是滿清政府已經允許一「中、俄銀行」（道勝銀行），得出資建造「西伯利亞鐵路」的延長線而已。❹

---

❸ *The Memoirs of Count Witte*, pp. 89–90.

❹ *The Memoirs of Count Witte*, pp. 94–95.

威特對此條約相當自滿，他說假如俄羅斯政府當時能真正履行該條約的話，不但可以鞏固俄羅斯在遠東的利益範圍，更可以避免以後敗於日本的恥辱。

威特並在其回憶錄中透露說，清政府給予俄羅斯相當優厚的築路條件，並答應在三十六年後才將鐵路收回。但俄羅斯政府則故意將未來的贖路費提高到七億盧布以上，使得中國根本不可能償還。不過，他特別對李鴻章收受巨額賄賂之事加以澄清，說絕無此事。

〈中俄密約〉簽訂後，「道勝銀行」立即出資四億法郎以為建造鐵路之需。第一批測量家在 1897 年 7 月到達滿洲，鐵路工程也隨即開始。沿途地形險阻，高山峻嶺，又有大河與湖泊，但工程積極進行，在 1901 年 10 月完成了所有幹線，但載運乘客及貨物則要到 1903 年 7 月才正式完工。據統計，建造「中東鐵路」曾動員了兩百萬華工，在約長四百俄里路線上，共建築了一千四百六十四座橋梁與九個山洞。「中東鐵路」通車後，海參崴及沿途城市立刻開始繁榮，海參崴成為了俄羅斯、中國、朝鮮及日本互相轉運貨物的最重要港口。「中東鐵路公司」除了火車車輛外，並擁有二十艘輪船負責海運事務。❷⓿威特預言「中東鐵路」可以作為俄羅斯控制遠東的工具，成為了事實。俄皇尼古拉二世眼見俄羅斯在遠東的得勢似乎輕而易舉，因此漸漸拋棄威特認為俄羅斯應以商業及緩進方式發展其遠東利益的政策，而開始採取以軍事為主的快速擴充行動。

「甲午戰爭」後的〈中俄密約〉及「中東鐵路」，奠定俄羅斯在滿洲的強勢地位；但日本在〈馬關條約〉後的對朝鮮政策，卻是徹底失敗。朝鮮自〈馬關條約〉後在名義上成為一獨立國家，但其實只是日本的保護國。日政府所派的駐朝鮮公使儼然以太上皇自居，動輒干涉內政，不但導致朝鮮內部強烈的反日情緒，也引起了國際間的不滿。日政府在 1895 年所派的公使三浦梧樓更是態度蠻橫，為了要徹底去除控制朝鮮政權的障礙，故意聳動國內反政府分子發動政變，刺殺反日的王妃閔氏，並以軍力脅迫國王聽從己意。美國與俄國駐日公使聞訊，立刻抗議日本的侵略行為；日本乃被迫將三浦梧樓撤回，並將其下獄，以示負責。

---

❷⓿ Burkova Valentian Fedorovna, *Chinese Eastern Line: History of Construction and Operation*. http://www.transsib.ru?Eng?history-kvzd.htm.

　　經此事變，日本政府改善對朝鮮的控制；朝鮮國王則在 1896 年 2 月乘機逃離王宮至俄羅斯使館請求庇護，並以此為行宮，管理國政及接見外國使節。在國際共同的譴責下，日公使接受俄公使的要求同意朝鮮國王安全返回，並減少駐軍的人數。俄羅斯外長羅拔諾夫‧若斯托夫斯基親王與日本代表山縣有朋則在尼古拉二世加冕典禮的當日（1896 年 5 月 26 日），在莫斯科簽訂了共同協助朝鮮的條約。兩國同意監督朝鮮的財政，並提供貸款以助實行改革新政之用；訓練新軍應由朝鮮自主；日本得繼續維持在朝鮮境內已經擁有的電報線，俄羅斯則可以鋪設一條自漢城到俄羅斯邊境的電報線。該條約劃分了俄、日在朝鮮的利益均衡範圍，[21]也暫時維持了兩國之間的和平關係。

　　俄羅斯積極經營遠東的利益範圍，在 1897 年又找到好藉口。這一年德皇威廉二世 (1888–1918) 假借德國傳教士在中國山東被殺，出兵侵佔膠州灣，次年強迫清廷簽約，除了將膠州灣以九十九年期限租借德國外，並給予建築鐵路及採礦的特權。其他列強起而效尤，英國乘機佔領威海衛，法國佔領廣州灣。清廷自認與俄羅斯有約，乃特請俄國派遣海軍前往膠州灣巡弋，注視德軍行動。俄駐北京公使誤導清廷說俄海軍已前往巡邏，但實際上俄艦卻在 1897 年 12 月逕自佔領旅順與大連港口，俄新任外交部長穆拉夫耶夫則聲稱此行動絕非侵奪中國領土，而只是保衛中國領土完整之策，一旦膠州灣危機解決，俄軍立刻撤離港口。財政部長威特自稱他堅決反對出動海軍的行為，但外交部長與國防部長都強烈的支持。俄皇尼古拉二世曾親口告訴威特，其實是他下令佔領旅順與大連，因為英國早已經覬覦該港口，故我若不先下手為強將之佔領，必會被英國侵佔。[22]

　　1898 年 1 月 1 日，俄皇命令他弟弟密開爾‧亞歷山卓維其召集國防部長克魯泡特金將軍、外交部長穆拉夫耶夫、財政部長威特會議，討論當列強搶奪中國領土時，俄羅斯應如何保障本身利益的各種措施。會中決議俄羅斯不但要繼續佔領旅順與大連港口，並且更進一步的要求清政府應將遼東半島以無補償的方式免費租借給俄羅斯三十六年，作為建築接駁「西伯利亞鐵路」支線之用。威特雖然在會後以辭職為要脅，要求俄皇下令撤退佔據旅順及大

---

[21]　*The Memoirs of Count Witte*, pp. 97–98.

[22]　*The Memoirs of Count Witte*, pp. 100–101.

連俄軍，但尼古拉回應說此決策已經決定，無法反悔，且命令威特協助與清廷商討上列之要求。威特乃銜命再與李鴻章交涉。在 1898 年 3 月 15 日簽訂的條約中，清廷割讓遼東半島及旅順港給俄羅斯二十五年的時間，也同意俄羅斯得從「中東鐵路」的哈爾濱建築一條直通旅順港的鐵路支線。❷❸

　　旅順雖然是常年可以航行的不凍港，但要通達到海參威則必須經過朝鮮與日本之間的海峽，甚為不便。因此俄羅斯海軍不能容忍日本獨霸朝鮮，而也必須在該地佔領海港作為基地。日本早已經知悉俄羅斯海軍對朝鮮的策略，因此防範甚深。日政府為了避免兩國之間的直接衝突，乃逕向俄駐日公使羅森 (Rosen) 建議兩國共同遵守對方的勢力範圍，即是假若俄羅斯承認日本在朝鮮的特權，則日本也願意接受俄羅斯在滿洲的勢力範圍。商談結果，兩國在 1898 年 4 月 25 日簽訂草案同意共同遵守三項決定：

⑴兩國尊重朝鮮的獨立及主權，及不得干涉其內政。

⑵為避免此後導致誤解的原因，當朝鮮政府需要俄、日兩國協助時，兩國政府在事前沒有協議的情況下絕對不得單獨指派軍事顧問或干涉有關財務方面的事宜。

⑶俄羅斯政府有鑑於日本在朝鮮已有商業與工業上的巨大發展，及大批日本人民已經在該地居住，故答應絕不阻擾日本與朝鮮兩國之間的工、商業發展關係。❷❹

首先在中國獲得勢力範圍的英國，眼見俄羅斯在遠東的快速擴充，開始積極採取預防的措施。英、俄在 1899 年簽訂有關劃分勢力範圍的協議，規定假如俄羅斯不在長江地區設立建築鐵路特區的話，則英國也不會在長城以北尋求任何的中國領土。此外，英國又想與德國合作共同阻止俄羅斯繼續擴充在遠東的勢力，兩國在 1900 年 4 月 16 日的協定中表述共同支持對中國的門戶開放政策及尊重中國領土完整的原則。但德國特別聲明說，德國將不會在遠東採取任何對付俄羅斯的行動；而且其首相布羅親王 (Prince Bernhard von Bu-

❷❸　Hugh Seton-Watson, *The Russian Empire, 1801–1917*, p. 585.

❷❹　此即為 1898 年 4 月 25 日的〈西·羅森草約〉(*Nishi-Rosen Protocol*). Hugh Seton-Watson, *The Russian Empire, 1801–1917*, p. 585. 條約內容見：http://www8.big.or.jp/~yabukis/asakawa/chap-16.htm.

low, 1849–1929) 在德國議會中宣稱該協定與滿洲事務毫不相干。德皇威廉二世的主要用意是鼓勵俄羅斯繼續在遠東發展，而轉移其與奧地利在巴爾幹半島上的衝突。他曾當面鼓勵尼古拉二世說，俄羅斯應發展成為太平洋的霸主。

　　俄羅斯在滿洲的發展，在 1900 年獲得一個難能可貴的藉口。反抗洋化運動的民間組織「義和團」，受到清政府慈禧太后的寬容後，在 1900 年高舉復清滅洋的旗幟，開始在京城中焚燒基督教堂及圍攻外國使館，導致列強派軍隊前來保衛，展開「八國聯軍」之役。遠在滿洲的東北三省居民，因受俄人統治之欺壓，早有反俄之意，也及時響應。俄國防部長克魯泡特金獲得該消息後，反而欣喜交加，特地走訪威特說：「我真高興我們有了佔領所有滿洲的藉口，我們必將滿洲轉化成為另一個布卡拉 (Bukhara)。」俄軍不但與德、日、英、法等國共同派軍進佔北京外，並乘機佔領滿清的東北。〈辛丑條約〉（1901年 9 月 7 日）簽訂後，各國同意逐步撤離佔領北京及各地的駐軍，但俄羅斯政府則故意拖延，拒絕撤離侵佔東北的軍隊。

　　在國際輿論的壓迫下，俄羅斯終於與清廷在 1902 年 4 月 8 日簽約，答應從 1902 年 10 月 2 日起按時分期撤兵。俄羅斯肆意侵奪中國東北的利益，日本與英國都深感威脅，乃在 1902 年 1 月 30 日締結了「英日同盟」(Anglo-Japanese Alliance)，共同對付俄羅斯。兩國在條約中同意共同尊重中國與朝鮮的自主權，英國則特別聲明日本在朝鮮的特殊利益；若聯盟中任何一國與他國交戰，另一國必須保持中立；但若有其他國家（實指俄羅斯）介入，則聯盟國必須相助，且不得在未與聯盟商議前逕自與該國（俄羅斯）訂立單獨和約。

　　俄羅斯依約在 1902 年 10 月 2 日按時實行了第一期撤退在東北的駐軍，但沙皇本人及侵略派認為從已經佔領的東北中撤退不但有損本國利益，更是軟弱的表現，因此極力反對由財政部長威特主持以經濟為主的漸進策略，並要尋找藉口拖延 1903 年 4 月 8 日第二期撤軍計劃。侵略派中最有影響力者，是一個名叫貝卓布拉左夫 (Bezobrazov) 的退役騎兵團校官。他極力主張俄羅斯政府應利用私人公司的名義，重新奪回在朝鮮舊有的勢力範圍。在 1901 年夏，他組織了一個由俄國國庫出資但為私人名義的「東亞公司」，專門從事採伐朝鮮的森林資源。沙皇尼古拉二世隨即令威特在華俄銀行中撥出兩百萬盧布，資助他到遠東實地調查值得開採的天然資源之用。威特曾數度向沙皇抱

怨說，貝卓布拉左夫在遠東的活動攪亂了他所代表的俄羅斯官方外交政策，沙皇不但相應不理，反而將貝卓布拉左夫任命為「國務大臣」以為獎勵。

由於沙皇親自介入遠東政策的擬訂，他經常召集財政部、外交部、內政部、國防部等部長與貝卓布拉左夫會議。外交部長蘭穆斯多夫公爵 (Count Lamsdorff, 1845–1907) 與財政部長威特都認為外交事務應由外交部負責處理，不應該由非專業人士任意干預；他們也強調俄羅斯必須要遵守國際間已經簽訂的條約。國防部長克魯泡特金將軍也同意俄軍應緊守滿洲的北部，而不要侵犯滿洲南部與朝鮮的日本勢力範圍。內政部長普列維則認為俄政府必須採取強烈的進取政策，普列維說創造俄羅斯的是刺刀而不是外交，因此要解決遠東問題的當然是刺刀而不是外交官的筆。俄皇尼古拉二世則是激進派的實際領導者，因此遠東的政策已經從緩進的蠶食轉變成為快速的軍事佔領。為了要實現激進派的政策，尼古拉二世在 1903 年 7 月 3 日成立了「皇家遠東總督府」(His Majesty's Viceroy in the Far East)，賦予管轄貝加爾區以東所有領土的軍事與民政大權，並負責與滿清、日本與朝鮮的外交事務。他任命寵信的「關東半島」省長阿列克西耶夫 (Alexeyev) 海軍大帥為首任總督及遠東俄軍的總司令 (Commander-in-Chief)，而以前國防部長克魯泡特金將軍為遠東陸軍司令為輔。

根據中、俄在 1902 年 4 月 8 日簽訂的條約，俄羅斯應在 1903 年 4 月 8 日自東北第二次撤離駐軍，但以日人在鴨綠江岸縱火燃燒森林為由，而拒絕履行。在沙皇本人授命下的激進派，在朝鮮與中國東北肆意的侵略行為，引起了列強的關注。日本政府更無法接受俄羅斯既不撤兵東北，且有同時囊括東北與朝鮮兩地利益之舉動，乃數度提出抗議，並要求與俄羅斯展開談判，重申兩國各自尊重對方在東北及朝鮮勢力範圍的舊有約定。由於日本雖然願意申明東北為俄羅斯的勢力範圍，但同時自己又有染指的企圖，而俄羅斯既要壟斷東北的利益，也不願放棄對朝鮮的經營，故雙方的談判終是徒勞無功。

兩國的關係在 1903 年底，已經緊張到了劍拔弩張，日軍登陸朝鮮，俄軍也再度侵佔瀋陽，兵戎相見終究是無法避免的結果。日本在 1904 年 2 月 5 日對俄下最後通牒，日艦隊司令東鄉平八郎隨即率艦在 8–9 日夜偷襲旅順與朝鮮仁川港的俄艦，10 日正式向俄宣戰；俄羅斯政府也在同日向日宣戰，「日俄

戰爭」正式展開。海、陸戰爭都在中國境內進行，滿清政府宣布中國中立，不予干涉。

俄皇尼古拉二世由於向來輕視日人，故未介意日本會有任何軍事行動，當 1903 年他到德國時，德皇威廉二世曾警告他應該事先準備在遠東可能發生的武力衝突，他卻輕鬆的說遠東不可能會有戰爭，因為他不想發動戰爭而日本根本不敢輕啟戰端。遠東陸軍總司令克魯泡特金則低估日軍的戰鬥力，他說兩個俄國兵足可以對付三個日本兵。戰爭一開始，日海軍將領東鄉平八郎便偷襲停泊在旅順的俄艦，擊沉一艘主力艦；當年 4 月，俄國艦隊的旗艦「彼得羅派帕夫羅夫斯可」(Petropavlovsk) 中雷沉沒，遠東艦隊司令馬卡若夫將軍司令 (Admiral Makarov, 1848–1904) 及重要將軍隨艦喪命，剩餘俄艦被封鎖於旅順灣內，無法出港；黃海的領海權，由日方掌握。日軍經此勝利後，士氣大振，一支為數六萬名的日軍由朝鮮跨鴨綠江直抵遼東半島的營州；另一支同數字的日軍也到達距離旅順 10 哩的基地，切斷旅順港與內地的交通。由於「皇家遠東總督府」總督及遠東俄軍總司令的阿列克西耶夫與遠東陸軍司令的克魯泡特金將軍兩人功能類似，但戰略不盡相同，故導致軍令混亂，無法配合一致對抗日軍。經克魯泡特金將軍及其他軍方的聯合抗議下，尼古拉二世才勉強撤換阿列克西耶夫，以克魯泡特金為遠東俄軍的總司令。

日軍登陸遼東半島後，便開始分頭攻擊旅順與遼陽。在圍城一百五十六日，經過近一個月的苦戰，俄軍在 1905 年棄守旅順。據估計，日軍傷亡十一萬人數；俄軍傷亡人數較少，在總數四萬二千人的陸軍中，傷亡九萬五千人；一萬一千名海軍人員中，傷亡七千七百人。若有士氣，俄軍應可以繼續作戰。守城的司令與另外三位高級將領在戰後，都受到軍法審判。❷⑤鎮守遼陽的克魯泡特金將軍，也在 9 月棄守，轉進瀋陽等待援軍。❷⑥經過三個月的休養生息，大批俄羅斯援軍到達瀋陽，克魯泡特金確信瀋陽大戰必會扭轉俄、日戰局，乃在 1905 年初出兵攻擊瀋陽西南部的日軍，但出師不利，俄軍大敗而逃。

❷⑤ Hugh Seton-Watson, *The Russian Empire, 1801–1917*, p. 595.

❷⑥ 同樣的，遼陽之役的日軍犧牲人數遠較俄軍為多，克魯泡特金撤退的原因是俄軍士氣低落無心戀戰之故。據統計日軍在此役中傷亡人數多達二萬四千人；俄軍則是一萬五千人。Hugh Seton-Watson, p. 594.

日軍乘勝追擊，展開 2 月 18 日到 3 月 10 日的「瀋陽大戰」，戰局激烈，雙方傷亡慘重。俄方傷亡包括：軍官死亡人數：二百七十三人；士兵：八千一百二十六人；負傷：四萬九千四百二十六人；被俘：二萬一千；失蹤：八千。日方則號稱傷亡總數只有四萬一千人。❷克魯泡特金旋即被削職調返，其職位由李涅威其將軍 (General N. P. Linevich, 1838–1908) 接任，但俄軍疲憊無心戀戰，其在遠東的陸戰幾近結束。

尼古拉獲知在遠東的太平洋艦隊被擊敗後，便命令季諾威‧若茲德斯文斯基將軍 (Admiral Zinovy Rozhdestvensky, 1848–1909) 率領波羅的海艦隊前來支援。艦隊在 1904 年 10 月啟航後不久，到達北海中距離英國六十浬的「道戈岸」(Dogger Bank) 時，正有數十條英國與瑞典漁船在鄰近作業。若茲德斯文斯基將軍誤以為是日本船隻在此巡弋，乃下令開砲襲擊。結果擊沉一英國拖釣漁船，船長死亡，六名水手受傷；另外又擊傷瑞典與英國拖釣船各一；事後，俄艦隊茫然不知此非日船，仍然繼續航行。英國政府聞訊，立刻動員海軍準備交戰，若茲德斯文斯基才知道勢態嚴重，幸兩國政府同意交由國際委員會處理，才舒解了「道戈海岸事件」的危機。

俄波羅的海艦隊在非洲停息兩月後，於 1905 年 4 月 13 日到達越南金蘭灣，準備與遠東艦隊會合，共同毀滅日本艦隊奪回領海權。但當兵員們得悉旅順已經失陷後，乃鼓譟返航；若茲德斯文斯基將軍則堅持按原計劃前進。休養生息一月後，俄艦隊再度啟航，擬穿越朝鮮海峽前往海參崴。日本海軍洞悉俄艦隊動向，早在對馬海峽列陣相迎。俄艦隊在 1905 年 5 月 27 日到達對馬海峽。俄、日艦隊勢力相當，俄艦的火力稍強。但俄艦遠自歐洲跨越半個地球航行到此，人員早已筋疲力盡、毫無士氣對戰。對馬海峽之戰，俄軍大敗，二十二艘軍艦被擊沉；十二艘被擊中；只有三艘驅逐艦逃抵海參崴，艦隊總司令若茲德斯文斯基將軍隊本人受傷被俘，俄海軍幾乎全部被殲滅。沙皇尼古拉經此慘敗，加以國內反政府運動在各地爆發，決定接受美國老羅斯福總統的調停，與日本議和；日本雖然獲勝，但也損失慘重，且俄羅斯仍有資源可以繼續戰爭，因此也同意羅斯福總統的調節。俄皇尼古拉二世親自任命在 1903 年被削職的威特為全權議和大使；日本則派外相小村壽太郎全權

❷　Hugh Seton-Watson, *The Russian Empire, 1801–1917*, p. 596.

處理。兩國爭議焦點在日方所提割地賠款之要求；威特強調俄羅斯絕非戰敗國，豈能忍受割地賠款之辱，俄皇則特別威脅說不惜再戰也絕不屈服。在羅斯福總統來回的調解下，雙方代表終於在 1905 年 9 月 5 日，於美國新罕布夏州 (New Hampshire) 的樸資茅斯 (Portsmouth) 簽訂了和約，是為〈樸資茅斯條約〉(*Treaty of Portsmouth*)，其同意事項大略如下：**㉘**

第 1 條：日本天皇與全俄羅斯沙皇此後將永保和平與友善。

第 2 條：俄羅斯承認日本在朝鮮有政治軍事與經濟上的特殊利益，故當日本採取任何措施保衛該等利益時，俄羅斯政府絕不阻擾或加以干涉。

第 3 條：兩國應該立刻自滿洲撤兵，但遼東租借地除外。

第 5 條：俄羅斯政府將向中國租借之旅順、大連及鄰近領海地區交讓給日本。

第 6 條：俄羅斯政府將從長春到旅順的鐵路及所屬支線，及鐵路範圍內之財產採礦權，全部交給日本。

第 7 條：俄日兩國在各自鐵路利益範圍中從事工商業的發展，但不得作為軍事戰略之用。但該項約束不使用於旅順租界中的鐵路。

第 9 條：俄羅斯政府將撒哈林島之南部永遠割讓給日本。北緯 15 度定為交讓土地北端之界線。

至於賠款問題，威特堅決拒絕。

　　條約簽訂後，俄羅斯與日本分享各自在遠東所掠奪的利益，日本壟斷朝鮮及遼東，俄羅斯則繼續經營東北的北部。美國總統則因調解有功，在 1906 年獲得諾貝爾和平獎。不過，俄羅斯被日本擊敗的消息傳達國內後，引起民眾強烈的反政府與反日運動，一方面責備沙皇政府的無能要求立即改革，另一方面要繼續與日本作戰，革命分子也在各地發動推翻專制的運動，「日俄戰爭」成為了國內改革與沙皇政權走向崩潰的主要導火線。

㉘　條文引自 Sydney Tyler, *The Japan-Russia War*, Harrisburg, The Minter Company, 1905, pp. 564–568. 及 http://www.lib.byu.edu/~rdh/wwi/1914m/portsmouth.html.

第十六章　帝國崩潰前的改革

一、改革的急迫性

　　當日俄戰爭初開始時，遠東陸軍司令克魯泡特金將軍曾責備內政部長威亞切斯拉夫‧普列維與國內的投機分子聯合引發了這場戰爭,普列維回答說:「阿列克‧西尼古拉葉維其呀! 你實在對國內的情勢不甚了解。我們需要些小勝利來阻擋革命的浪潮。」❶但俄軍累遭擊敗的消息傳回國內,反政府的革命運動便風起雲湧般在各地展開,連普列維的高壓政策也無法遏止。「社會革命黨」的行動組在 1904 年 7 月 5 日將他炸死以為報復,並特別宣傳說要讓 7 月 5 日像響雷一樣的爆炸,震醒所有尚未行動的俄羅斯人,趕快加入解放人民的偉大行列。❷普列維的前任內政部長狄密錘‧西辟亞金 (Dmitri Sergeye-vich Sipyagin, 1853–1902) 在 1902 年也是遭受「社會革命黨」槍殺而死。沙皇在前後兩任內政部長都被革命分子殺死的情況下逐漸覺悟,知道鎮壓政策無法奏效,乃任命較溫和的斯威亞托坡洛克‧墨斯基親王 (Prince Svyatopolk-Mirski, 1857–1914) 繼任為內政部長。這個被認為能開啟「政府春天」❸的墨斯基親王,出身顯赫的家族,曾經擔任過憲兵團團長。他雖然強力支持君主專政的制度,不過他認為在不違犯現狀下的改革也是當前的急務,故上任後,便極力推動法制化、終止警察暴力, 及加強各部會之間的溝通。他最重視的

---

❶ Witte, *The Memoirs*, p. 250.「阿列克‧西尼古拉葉維其」為「克魯治特金」之名,表示兩人交情深厚時使用。

❷ N. D. Erofeev, *Partiya sotsialistov-revolyutsionerov, dokumenty i materialy 1900–1907 gg.*, Rosspen, Moscow, 1996, pp. 153–155. Dr Francis King,英文翻譯。

❸ 此一名詞乃〈新時代〉(*New Times, Novoye Vremya*) 所給,認為這是政府威權與人民妥協的時代。Leon Trotsky, 1905, p. 62.

是要加強「鄉土議會」的權力，使其能真正發揮治理地方事務的功能；他驕傲的稱自己為「鄉土議會者」(Zemstov Man)。

各地「鄉土議會」受到墨斯基政策的鼓勵，乃選派了百餘名代表到聖彼得堡集會，討論各種改革事宜。墨斯基的原意是希望「鄉土議會」只討論改革地方弊政，不要牽涉到中央管轄的事務。但代表們在這難得可以表達意見的機會下，卻是情不自禁的大談如何組織國家級議會來協助沙皇治理國家的議題。原本信任墨斯基的尼古拉沙皇獲知「鄉土議會」代表們的討論後，開始懷疑他的動機，而性格本來就軟弱的墨斯基也因此不敢繼續推動「鄉土議會」運動，立刻取消了計劃要召開的全國性「鄉土議會」。在「鄉土議會」代表的嚴重抗議下，他又允許代表們可以分散到當地代表家中舉行非正式的交談。集會處所之一是伏拉地密爾·納巴寇夫 (Vladimir Nabokov, 1870–1922) 家中（他的兒子以後成為美國名小說家，以寫《羅麗泰》Lolita 著名於世），會員們在 1904 年 11 月 6–8 日之間的會議中，以七十比三十票的大多數通過決議案，要求政府保障人身自由、個人的豁免權，以及民選代表得具有參與立法的權力。他們所要求的其實就是「憲法」所保障的基本民權，但為了避諱起見，只是沒有用「憲法」這個字而已。國內的改革派為此大肆慶祝，認為該次會議幾乎可以與 1789 年法國所召開的「三級會議」(Estates General) 媲美，俄羅斯從此可以發展憲政體制；他們在聖彼得堡街上，舉辦類似法國民眾在迎接 1848 年革命的餐會。各地的賀電多達五千多件。墨斯基親王將「鄉土議會」決議案，以最婉轉的字句上呈沙皇，希望能夠獲得他的同意。

決議案中有兩點重要的要求：第一，是「鄉土議會」所選出的代表，得有權列席「國家議會」(State Council)；第二，是特別聲明俄羅斯傳統中，沙皇將國家當作是私有財產一樣的治理方式，早在 1860 年已經終止。現代的沙皇是一個公開政體的元首，代表著公共利益與公共輿論，而不再像以前一樣是擁有私有田莊的最高統治者。這兩點決議基本上挑戰了「法定正統三信條」中的「君主專制」原則，尤其是否認沙皇傳統權威的第二點，使得尼古拉無法接受「鄉土議會」的決議案。墨斯基隨即失勢去職，他沮喪的說什麼都完了，讓我們蓋監獄吧。

尼古拉二世為了答覆「鄉土議會」代表們的要求，乃召開御前會議討論

對策，並命令「部長會議」主席威特草擬改革方案。沙皇在 1904 年 12 月 12 日宣布韶令 (ukaze)，命令「鄉土議會」代表們應該安分守己、管理地方事宜，不要干涉中央的行政；不過，他也同時答應將命令各相關部門急速制訂有關言論自由、避免宗教迫害、改進少數民族生活，以及地方選舉等法案。但他堅決反對組織國家級議會的要求。托洛斯基在他的 "*1905*" 一書中說，這是俄羅斯政府在 1904 年終所作的最後一次事情，緊接著的是即將到臨的 1905 年春天，它也正是將過去與現在切割為二的的一條致命線；這一條血染的線，終止了「政治春天」，扼殺了初生的政治醒覺意識。❹他所指的是 1905 年春天，在 1 月 9 日所爆發的「血腥的星期日」事件 (The Bloody Sunday)。

二、「血腥的星期日」事件

聖彼得堡的工人在 1904 年的年底就持續的罷工，要求增加工資與縮短工作時數；加上 1905 年 1 月 1 日俄軍在旅順被日本擊敗消息傳來後，罷工者的情緒變得更為激動。他們要直接面見沙皇，一來是要向他效忠，團結一致的對抗敵人，二來是希望沙皇能幫助他們解決貧窮與痛苦的生活。在 1905 年 1 月 9 日大雪後的清晨，約十二萬名的民眾在一位叫加朋的神父 (Father Gapon) 率領下，聚集在聖彼得堡，要直接到沙皇居住的冬宮去請願。神情激動的加朋神父身穿白色袈裟，高舉著十字架，率領著隊伍徐徐前進；緊接著的是高舉著沙皇尼古拉二世的像，以及寫著「兵不射擊人民」大旗的民眾；再接著的是穿戴新衣帽的孩童與婦女們，大家都唱著「我主保佑沙皇」的聖詩，高舉聖像與十字架，像是舉行宗教儀式般興高彩烈地去面見沙皇。行列經過時，沿途的路人都脫帽致敬。請願者自己也充滿了信心，認為沙皇一定會接見他們，因為他們聽說沙皇已經在冬宮中準備了許多點心，等待著他們的來臨。

從各地前來的請願隊伍在下午 2 點陸續到達了冬宮附近的廣場，準備集合後分道出發去晉見沙皇遞請願書，並等候聆聽他的訓示。在附近維持秩序的騎兵隊，見群眾似潮水般的湧來，突然開槍警告，人民因此驚恐逃奔，秩序大亂，騎兵隊員見狀也是不知所措，只有繼續開槍自衛。結果有四十人被

---

❹　Leon Trotsky, *1905*, p. 71.

殺,上百人受傷;加朋本人見狀也趕快逃命,並在逃奔中受傷,他驚恐的尖叫著說:「沒有上帝了;沒有沙皇了。」❺ 其他地區的請願行列也遭到類似的射擊,請願者仍是蜂湧而來。禁衛軍用火砲、槍枝、皮鞭等武器盡力清除皇宮前廣場上的民眾。到了傍晚時分,請願者漸漸散離。根據事後的統計,當日大約有二百餘遊行請願者死亡,八百多名受傷。在這一天所發生的流血事件,成為了俄羅斯歷史中著名的「血腥的星期日」。不過,對沙皇政府打擊最大的是經此事件後,人民從此不再相信沙皇是他們心目中有慈悲心懷的聖父了。尼古拉所迷信的「三大法定信條」中的俄羅斯民族特性,隨著星期日的槍砲聲而煙消雲散。

從行列中逃跑的加朋神父,當晚剪掉了鬍鬚,並改裝易容在高爾基 (Maxim Gorky, 1868–1936) 公寓中躲匿了一晚。他曾寫信給離異的妻子說:「親愛的朋友,我獻上最真誠的祝福:俄羅斯的革命開始了。有人民死亡,但不要讓這些煩擾你,因為只有鮮血才能改變我們歷史的彩色。」❻ 事後,他曾要求晉見「部長會議」主席威特認錯,表示願意盡力幫助恢復國內秩序。威特拒絕接見他,並命令他在四小時內離開聖彼得堡,否則即將被拘補、審訊。❼ 兩天後,加朋與其他的同黨被捕下獄。不過,很神祕的,他忽然逃到了芬蘭,又從芬蘭逃到英國,準備在此隱居並寫回憶錄。他在 1905 年 12 月偷偷返國,與祕密警察合作共同對付社會主義者;1906 年 3 月,被俄國祕密警察殺死於芬蘭。

由加朋在 1905 年 1 月 9 日領導請願者遊行而演變成為反政府的運動,是俄羅斯政府預想不到的意外,因為加朋本是祕密警察所支持的擁政府工會組織者。他原是聖彼得堡神學院的學生,思想保守,尤其篤信沙皇與人民之間有不可分割的聯繫,所以他在聖彼得堡城中的工人住宅區傳教時,經常強調

❺ W. Sablinsky, *The Road to Bloody Sunday: Father Gapon and St. Petersburg Massacre of 1905*, Princeton, 1976, p. 241–243.

❻ A. M. Gor' kii, *'Pi' sma k E. P. Peshkovoi, 1895–1926'*, in *Srkhiv A. M. Gor'kogo*, vol. 7, Moscow, 1959. Orlando Figes, *A People's Tragedy: The Russian Revolution, 1891–1924*, p. 179 轉引。

❼ Witte, *Memoirs of Count Witte*, pp. 253–254.

沙皇像慈悲的父親一樣，一定會照顧他恭順的子民等論調。莫斯科祕密警察「歐克拉那」的頭目朱巴托夫 (S. V. Zubatov) 獲知他的言論後，便將他收買成為政府的線民。朱巴托夫原來是反政府的民粹派極端分子，但後因意見不和，乃轉向政府投誠。他建議政府必須採用「以子之矛，攻子之盾」的策略來分化工人階級與社會主義者所組織的工會；即是由政府出資祕密設立工會，使用社會主義者挑動工人階級的方法，替工人爭取福利，以削弱社會主義工會在工人運動中的領導地位。加朋就是在政府的祕密資助下，參加了工運的活動。但在與工人經常接觸後，深深體會到了工人所遭受的非人性工作環境及貧苦的生活，加朋乃漸漸改變了他對政府的態度；縱然如此，他仍繼續保持對政府的忠貞。他在 1905 年 1 月 9 日要呈遞給沙皇的請願書中所寫的，就是明證。請願書中說：

> 陛下，我們是聖彼得堡中一群不分階級的工人與居民，攜帶著我們的妻子、孩童、年老無助的雙親們，為了找尋正義與保護，特地來拜詣你。我們被剝削而成赤貧，我們被壓迫，我們因過度操勞而疲乏不堪，我們被人輕視。我們在獨夫的暴政與無法無天的侵虐下苟延殘喘。陛下呀！我們已經沒有殘餘的精力了，我們的忍受已經到了盡頭。我們已經到了認為死亡比拖延、比無法再忍受的痛苦生活還要好得多的時刻了。
>
> 這些是我們要呈述給你的需求。假如你能保證及下令完成它們，你不但會將俄羅斯發揚光大，你的名字也將永遠被我們以及所有的子孫銘刻於心。假如你不答應它們，假如你不聽我們的苦訴，我們就會死在你皇宮前的廣場上。我們沒有其他的地方可以去，我們也找不到任何其他的對策。在我們面前的只有兩條途徑：到自由與幸福，或是到墳墓去。陛下！請告訴我們該走那一條路，縱然它是一條死亡之徑，我們一定會遵守，也在所不悔。為了長期遭受苦難的俄羅斯，讓我們犧牲我們的生命吧。我們不會後悔我們的犧牲，我們會欣然的接受它。❽

---

❽　Leon Trotsky, *1905*, p. 72. Orlando Figes, *A People's Tragedy: The Russian Revolution*, 1891–1924, p. 175.

三、〈十月宣言〉與立憲運動

尼古拉二世在這個未曾被預料到的流血事件發生後，在 1 月 18 日撤換了較開明的墨斯基親王，以庸碌的老官僚布里金 (A. G. Bulygin, 1851–1919) 繼任。莫斯科的總督亞歷山卓維其・瑟爾格 (Alexandrich Sergei, 1864–1905) 在 2 月 4 日被革命分子的炸彈炸得血肉分離，連屍體都找不到。由於瑟爾格不但是尼古拉二世的叔叔，也是他妻子姐姐鄂拉 (Ella) 的丈夫，故該爆炸事件，使得尼古拉覺悟到國內政局的危機，非要立刻採取妥協的態度不可。他命令新上任的內政部長擬訂應對的政策。尼古拉根據其建議，在 2 月 8 日乃宣布詔令，承認官僚制度的腐敗與無能，並要求國內有識之士不分階級進呈良言，以為改革之本。詔令宣布之後，各地改革的建議案如雪片般飛來，沙皇政府無法應付，只得虛與委蛇，沙皇所允諾的改革，再度無限延期。

「鄉土議會」的代表們因此不顧政府的禁令，在 1905 年 4 月召開第二次全國大會，直稱其會為「立憲議會」(Constituent Assembly)，要求沙皇頒布憲法。各地的職業工會在帕維爾・米琉寇夫 (Pavel Nokolayevich Milyukov, 1859–1943) 的領導下，同意合併組成「工會聯盟」(Union of Unions)，要求沙皇頒布憲法。

波羅的海艦隊在 1905 年 5 月 27 日被日本海軍擊敗的消息傳來，停泊在黑海敖得薩港的主力艦「波坦金」號 (Potemkin) 水手兵變。城市中的工人階級，不但繼續罷工的運動，也開始有計劃的組織了起來。革命的氣息，不但從城市蔓延到了鄉村，也觸及到了芬蘭、波蘭及波羅的海等地區。為了要緩和國內緊張的情勢，沙皇在 1905 年 8 月 6 日宣布即將組織「皇家杜馬議會」(Imperial Duma) 的詔令。該詔令要點如下：

(1)本永遠運作的杜馬議會將與西方的議會相似。

(2)所有的法律與規則，不論是永久性或暫時性的，必須先在杜馬議會中討論。

(3)杜馬議會為一純諮詢性機構，但議員在討論議題時有絕對性的言論自由。

⑷就君主觀點出發來看，選舉法的制定主要是以人數最多、最可靠、也
　最保守的農民大眾利益為重。未經杜馬議會同意，選舉法不得被修改。

⑸投票資格不得因選民所屬的族裔與宗教信仰不同而有所歧視。

威特批評該詔令是虛應故事的老套，如此選出的杜馬議會名稱上將是議會，
但實際上又不是議會的兩不像，注定會失敗。❾

　　果然不出威特所料，該詔令宣布之後，毫無平復秩序之功。莫斯科的鐵
路工人在 1905 年 10 月 8 日開始罷工，其他段線的鐵路工人隨即響應，全國
鐵路交通整個癱瘓；其他如麵粉廠與紡織廠的工人也立即參加了罷工的行列。
由於首都聖彼得堡是工業重鎮，工會組織最多，也是全國的革命中心。為了
要互相討論與諮商如何協調罷工的行動，該城市的工人代表們乃決定於 10 月
13 日在一所「技術學院」中召開了第一次會議。這個會議的組織，就是以後
慣稱的「蘇維埃」(Soviet)。聖彼得堡的「蘇維埃」在 10 月 17 日印行了第一
期的《工人代表蘇維埃公報》(*The Bulletin Izviestiya of the Soviet of Workmen's
Deputies, Izvestia Sovieta Rabochikih Deputatov*)。

　　尼古拉二世面對羅曼諾夫王朝可能傾覆的危局，乃在 1905 年 10 月 9 日
重新任用威特，任命他為「部長會議」主席，❿希望他能盡快籌劃出拯救國
家秩序崩潰之道。威特奉命研究改革之策後，幾度與沙皇及各部首長會議，
於 10 月 15 日將所草擬的建議書與由沙皇宣讀的詔令初稿上呈沙皇裁決。威
特在建議書中開宗明義的指出說，政府絕對不能再把各地不分階級的暴動歸
罪於部分行政部門的過失或是極端組織的挑動所造成。他說，俄羅斯的危機
其實早已根深蒂固，而俄羅斯目前的成長早已經超越了現存的政體，而即將
發展成為一個以民權為基本的國家；因此之故，俄羅斯的政治形態也必須提
升，使其符合大多數人民所期望的理念。政府目前之急務已經不是再等待皇
家議會討論後而有所行動，而必須要立刻建立人身不可侵犯及保障言論、意
識、集會、結社等自由權利的制度。加強這些新政治基礎的唯一方法，是急
速召開不分種族、宗教信仰所選出的立法議會。政府為了表示改革的誠意，

❾　Witte, *Memoirs of Count Witte*, pp. 229–230.

❿　威特說為了要避免使用「內閣」之詞，故特意以「部長會議」名稱呼之。Witte,
　　Memoirs of Count Witte, p. 232.

必須不得干擾議會的選舉，也必須向人民保證，必定會依照 1904 年 12 月 12 日的詔令實行所有的改革方案。他最後警告沙皇說，目前只有兩條可行的路。第一即是立刻任命一位敢擔當的「獨裁者」，授予匡治亂世的特權。假如該「獨裁者」有堅韌不拔的毅力，或可憑其剛勇之力鎮服各地的暴亂。威特強調該「獨裁者」必須是身材魁梧、孔武有力且具備高等智慧的軍人。不過威特並不認為此是可行之道，但他覺得沙皇可能有類似想法，故提出討論而已。第二條路，就是立刻採取包括成立杜馬議會等各項改革的建議。❶沙皇聽後，猶豫不決，不願立刻裁決。其實他心中早有採取類似威特所列第一條途徑的預謀。他在 10 月 16 日召集的御前會議中，就當面任命他叔叔尼古萊‧尼古拉葉維其 (Nikolai Nikolayeveich, 1856–1929) 為「獨裁者」，賦予便宜行事的特權。尼古萊‧尼古拉葉維其聞言後，立刻掏出手槍威脅沙皇說，假如沙皇不立刻接受威特的建議，他將當場開槍自殺表明心志。尼古拉在無可選擇的情形下，接受了威特所建議召開杜馬議會的第二條途徑，並決定於次日公布〈十月十七日宣言〉(*Manifesto of 17 October 1905*，下文簡稱其為〈十月宣言〉)。其內容如下：

> 聖彼得堡、莫斯科以及帝國內其他許多區域內的不安，使得我們內心充滿了沉重的悲痛。俄羅斯君主的福利與人民的福利是無法分割的，因此國家的悲痛也就是他的。目前的騷擾必將導致國家不安、威脅到我們國家的團結。我就沙皇位時所發的誓約，促使我必須使用最大的努力、智慧與力量去盡快撲滅這個威脅我們國家的動亂。
>
> 有關的權威已經奉令採取直接措施去對付各地爆發的動亂與暴力，以求保護人民們能安全地過日常生活。但有鑑於從速採取措施及穩定國內局勢的必要性，我們決定政府的工作步驟必須聯合一致，因此命令政府貫徹下列政策，以完成我們堅決的心意：
>
> (1)將基本的「民權自由」(civil freedom) 賜於人民，其中包括人身不可被侵犯權及良心意識、言論、集會與結社的自由。
>
> (2)社會中目前仍然被剝奪沒有投票權的階級，將在召開杜馬議會前的

❶ Witte, *Memoirs of Count Witte*, pp. 234–236.

最短期間內，給予得以參加選舉「杜馬」的權利，以使選舉得普及展開。

(3)已經組織完備的杜馬選舉，不得延期。在此宣言中特別制定一不可被破壞的信條：即是凡未曾經過國家杜馬的同意，任何法律皆不得生效，人民的代表們必將被賦予真正參加督導政府各機構是否合法的權力。

我們呼喚所有真正的俄羅斯孩子們，千萬不要忘記對祖國的責任，奉獻出所有的力量來幫助我們一起終止這個史無前例的動亂，並藉此恢復祖國的和平。❷

　該宣言並未保證俄羅斯即將演變成為「君主憲政」體制，尼古拉仍然要保持「君主專政」的體制，更希望一部保障人民基本權利的憲法將由他頒布，而不是經過杜馬議會討論後所制定。不過，在羅曼諾夫王朝的政治發展過程中，〈十月十七日宣言〉的確有其劃時代的意義。

　為了要落實該宣言中的承諾，尼古拉在兩天以後（10 月 19 日）任命威特為「部長會議」主席，組織新政府。「部長會議」在亞歷山大二世時便已經存在，但並無確實的職責與會議的日期，且其功能也只是備沙皇諮詢之用。尼古拉此舉，是將其制度化，且將其提升到類似西方的內閣 (Cabinet) 組織；「部長會議」主席則是各部長之首的內閣總理，統籌各部事宜。不過，尼古拉無法原諒威特是逼他簽署改革令的始作俑者，因此對他既不信任，更是對其實行新政處處掣肘。威特就任後，首先將君士坦丁・勃貝都諾斯策夫公爵解職，除去了影響沙皇最有力的反動勢力。

　威特組織新政府的過程相當艱苦，上有期待他失敗的沙皇，再則是「鄉土議會」的自由派認為沙皇的讓步只是敷衍，根本沒有要頒布民主憲法的誠意，因此拒絕與威特合作；另一方面是左派的社會主義革命者繼續從事罷工與革命運動，而右派的反動分子則認為該宣言毀滅了俄羅斯的的寶貴傳統，決定以暴力的行為表示保皇的決心。在左右為難的情況下，威特只得任用舊官僚充當閣員。新被任命的內政部長彼得・杜爾諾沃 (Peter N. Durnovo,

---

❷　*Polnoe sobranie zakonov Rossiiskoi Imperii, 3rd series, vol. XXV/I, 26803 .*

1844–1915) 就是個好例子。杜爾諾沃出身警察，曾擔任內政部的警察署署長，由於任內強勢鎮壓工會運動及革命分子，故被稱為「幹練的警察」或「邪惡的反動者」。在改革派無人願意接受政府職位，杜爾諾夫故意向威特示好，加上沙皇也對他信任不移的情形下，威特乃只好任用他為內政部長。杜爾諾夫上任後，便原形畢露，與反動派聯合，反對威特的新政，使得威特就任後六個月便被沙皇撤職。

四、政黨雛成

〈十月宣言〉鼓舞了改革派，也掀起了政黨活動。「鄉土議會」運動在 1905 年為了對議會的性能及選舉議員的方式意見不同，漸漸分歧發展。大多數的代表堅持未來的議會應有立法及監督政府的權力，選舉議員的方式必須採取全民普選、祕密、平等及直接的基本原則；少數「鄉土議會」者則認為未來的議會應為政府的諮詢機構，而議員也以間接方式產生。當「鄉土議會」代表大會在 1905 年 8 月底開始舉行時，多數派決定與「自由聯盟」(Union of Liberation) 聯合成立「憲政民主黨」(the Constitutional Democratic Party, Konstitutsionno-Demokraticheskaya Partiya)，根據簡寫的俄文名稱，故也以「卡迭特」(Kadet) 為名，其主張是推動君主憲政及以全民所選出的獨立性議會政體。少數派代表在獲悉〈十月宣言〉公布後，在亞歷山大・古蚩寇夫 (Alexander Ivanovich Guchkov, 1862–1936) 的推動下，旋即組織了「十月十七日聯盟」(Union of October 17)，也稱為「十月黨人」(Octobrist, Oktyabrist)。其黨員多半為開明的大地主與工商界的首領；與「憲政民主黨」的基本不同點，是「十月黨人」完全接受〈十月宣言〉，強調體制內的改革是唯一振興君主專政之策。對他們來說，議會的功能只是備沙皇諮詢，而不得干涉沙皇所專有的行政權。

〈十月宣言〉也引起了擁護沙皇者的反擊。由《莫斯科新聞》(*Moscow News*) 總編輯格林姆特 (V. A. Gringmut, 1851–1907) 在 1905 年組成「俄羅斯保皇黨」(Russian Monarchist Party)，便主張恢復強勢的君主專政體制，頒布解嚴令，實行獨裁統治方式，及採取最嚴厲的刑罰制裁挑動社會不安的猶太族。又如戈林斯基親王 (Prince Glinsky) 集合保守的官僚組織了「俄羅斯會社」

(Russian Assembly, Russkoye Sobranie)，反對實行西方式的議會政體，重新振作以「君主專制、東正教信仰、俄羅斯民族特性」法定信條為基礎的俄羅斯傳統政治制度。但這兩個保皇黨對推動憲政的破壞性都遠不如通稱為「黑色百人」(Black Hundreds, Chernye sotni) 的恐怖組織。

「黑色百人」是極右派共同組成的泛軍事行動小組，團員包括貴族、大地主、右翼政客以及魚肉鄉里的無賴與流氓。他們的共同點是強調俄羅斯傳統君主專政遠超越西方的政治傳統，因此他們要以暴力及恐怖的手段來消滅傳自於西方的虛偽議會政體。類似以後的法西斯派一樣，他們經常舉行遊行大會，突顯自己的愛國信念。他們遊行時高舉沙皇的畫像、寫滿了愛俄羅斯標語的旗幟、東正教的各種聖像，口袋中裝滿著利刃與打架用的金屬指環，大聲嘶喊發誓向沙皇效忠。「黑色百人」中最重要的組織，是由宮廷醫生亞歷山大・杜布若文 (Alexander Dubrovin, 1855–1918) 所創的「俄羅斯民族聯盟」(Union of Russian People, Soyuz Russkovo Naroda, 簡稱 SRN)。

「俄羅斯民族聯盟」的宗旨是要發揚光大俄羅斯光榮的過去，會員們認為俄羅斯內部的危機乃是被波蘭人、芬蘭人，尤其是猶太所傳入的社會主義所造成，因此他們有強烈的仇外感，要以實際的行動來鏟除所有的外來影響。原本就在「俄化政策」下被歧視的猶太族，在「俄羅斯民族聯盟」慫恿「黑色百人」對其使用暴力的結果下，更成為了極端愛國主義的犧牲品。在〈十月宣言〉公布後的兩週內，就有六百九十件反猶太族暴動，三千多人被殺而死。尼古拉沙皇本人就是一個強烈的仇恨猶太族者，因此他特別讚賞「黑色百人」的反猶太活動，認為這是愛國者的行為。在寫給母親的信中，他就說猶太人被殺是咎由自取，因為十分之九的社會主義革命者是猶太人，所以忠貞的俄羅斯人民才挺身而起，捍衛祖國。**⓭**

主張暴力的「俄羅斯民族聯盟」並非合法的組織，但尼古拉二世與太子阿列克西斯卻都是其榮譽會員，他們也經常佩戴該聯盟的徽章。他曾下令內政部祕密提供經費支持其活動，並免費替其印刷仇外與反猶太的宣傳刊物。在沙皇的慫恿下，「俄羅斯民族聯盟」與「黑色百人」的暴力行為更是肆無忌憚。

迫使沙皇簽署〈十月十七日宣言〉的主要原因之一，是聖彼得堡工人組

⓭　Orlando Figes, *A People's Tragedy: The Russian Revolution, 1891–1924*, p. 197.

織「蘇維埃」所發動的大罷工。「蘇維埃」《消息報》(*Izvestia*)，在〈十月十七日宣言〉公布同一天所發行第一版中，對其有如此的反應：

> 憲法終於賜給了我們。我們以前也曾被給予過集會的自由，但集會處卻被軍隊包圍；我們也曾被給予過言論自由，但言論檢查法仍然不可侵犯；我們也曾被給予過學習的自由，但大學校園卻駐紮著軍隊；我們也曾被給予過人身不可侵犯權，但監獄中卻仍然是人滿為患。我們也曾給予過威特，但崔泊夫仍然在位；我們也曾被給予過憲法；但君主專制依然存在。我們被給予過所有的東西；但卻也什麼都沒有被給到。**⓮**

聖彼得堡的「蘇維埃」決定繼續要求八小時工作時數的罷工運動，並要求立刻釋放所有的犯人。其他如莫斯科等大都市群起響應。威特乃決定採取行動，將一百九十名「蘇維埃」代表於 1905 年 12 月 3 日在聖彼得堡集會時全部逮捕，暫時削弱了氣焰。

〈十月宣言〉也引起了邊界地區的激烈反應。首先是波羅的海地區的農民暴動。此地區的居民原來分為以日耳曼族為主的地主統治階級，及以農為主的本地勒特族 (Lett)。從亞歷山大三世開始的俄化政策起，俄羅斯政府就慫恿農民階級反抗地主，故意製造日耳曼與勒特族之間的糾紛。當〈十月宣言〉頒布後，勒特族更把它當作是反抗權威的合法化基礎，公然搶奪日耳曼地主的土地與財產，更殺害他們的性命。威特特地下令組織臨時總督府，將寇爾蘭德 (Courland)、伊斯特蘭德 (Estland) 與里夫蘭德 (Livland) 等重要地區直接隸屬於軍事管理之下，秩序才漸漸穩定。

芬蘭地區在 1905 年初就開始動盪不安。尼古拉初即位時，特地頒布詔令，保證遵守前任沙皇給予芬蘭的特優待遇。但當彼得・克魯泡特金親王擔任陸軍部長後，為了要貫徹俄化政策，他開始干涉芬蘭的軍事制度。沙皇為了支持他，也忽略了他自己的諾言，命令芬蘭所有的立法必須先經過俄羅斯皇家會議通過後才能生效。芬蘭議會的議員們，被俄羅斯政府隨意撤職與遞補；

⓮ Leon Trotsky, 1905, p. 123. 文中所指的崔泊夫，乃是狄密錘・崔泊夫 (Dmitri Trepov, 1855–1906)，為聖彼得堡總督，以暴力鎮壓革命運動而著名。

俄羅斯派來的祕密警察遍布各地。〈十月宣言〉公布後，芬蘭的反俄羅斯情緒非但未減反而更高漲；而俄羅斯境內的右派反動分子，則乘機藉此煽動仇外情結，打擊國內的改革運動。

對俄羅斯來說，波蘭問題一直像是芒刺在背，稍一處理不妥，便是痛疼難當。因此派有重兵駐紮，以防變亂。威特說當他接任「部長內閣」主席時，波蘭幾乎陷入無政府狀態，農民暴動與革命分子從事的政治暗殺與恐怖事件日日發生。除此之外，向未停止過的波蘭復國運動，在〈十月宣言〉公布後，更是如火如荼的發展，威特只得宣布緊急戒嚴，將波蘭隸屬軍事管制之下。

五、〈基本法〉與議會體制的形成

〈十月宣言〉並未允諾建立君主憲政的體制，而且沙皇尼古拉二世一直認為他是在威特脅迫下，才簽署該宣言，因此故意拖延公布議會選舉的法則，希望局勢好轉後，或可使他重新恢復君主專制的政體。歷經五個月的討論，尼古拉終於在 1905 年 12 月 24 日公布議會的組織及議員選舉法，並決定在1906 年的 3、4 月舉行大選。

即將成立的議會將有上、下兩院。上院為「國家議會」(Council of State, Gosudarstvennyi Sovet)，有一百九十六名議員。其中一半的議員由沙皇指派，另一半則由東正教、省級「鄉土議會」、貴族、大學、商業機構選出。下院被稱為「國家杜馬」(State Duma, Gosudarstvennaia Duma)，其代表的產生根據階級及財產而有所不同。在俄羅斯歐洲部分的大都市中，選民以直接投票的方式選出杜馬代表；鄉村地區的選民則以間接方式選舉代表，即是從「沃羅夫斯特」已經先選出的代表中投票產生。這複雜繁瑣的選舉方式，主要是要阻礙議會制度的形成。

尼古拉在 1906 年 4 月 23 日公布了〈俄羅斯基本法〉(*The Russian Fundamental Law of 23 April 1906, Osnovnye zakony*)。❶❺該法其實就是俄羅斯新頒布

❶❺　'Old–1906 Fundamental Law.' *East European Constitutional Review*, School of Law, New York University. http://www.law.nyu.edu/eecr/bycountryrefs/russia. html.

的憲法，但尼古拉不屑用「憲法」之詞稱之，故以〈基本法〉代之。〈基本法〉中的前三條界定了俄羅斯帝國的特性：

第1條：強調俄羅斯國家為一不可分割的整體。

第2條：規定芬蘭大公國雖為俄羅斯國家中不可分離的一部分，但其內政則由隸屬特殊立法會議所制訂的特殊法律管轄。

第3條：規定俄文為國家的法定語言，在陸軍、海軍以及政府與公共機關中，只有俄文才是唯一准許使用的法定語言。

〈基本法〉的第一章是闡述沙皇至高無上的專制權力，該條指出全俄羅斯的沙皇握有至高無上專制權力的原因，不僅是因為人民的恐懼、敬畏感與良知所造成，也是上帝特別賜給了他全人民都必須服從的權威（第4條）。沙皇在新憲法中不再使用「權力無限」的頭銜，但仍被稱為「至尊貴無上的沙皇」(Sovereign Czar)，沙皇本人與其地位是神聖、不可瀆犯者（第5條）；假如皇位由女皇繼承者，她得享有同樣至高無上的專制權力，但其丈夫除享有榮譽之頭銜外，則無此特權（第6條）。

在〈基本法〉中的沙皇仍然擁有獨裁式的行政權，第7條就明白規定沙皇與「國家議會」和「國家杜馬」共同行使權力。不但如此，沙皇更握有所有有關立法事務的倡議權。除非經由他的提議，基本大法不得任意被修改。他掌握新立法的批准權；任何法律未經其同意前，絕不可以生效（第8條）。他是全俄羅斯境內整體行政權的唯一執掌者。在最高層的行政階段中，他有直接的裁決權威；下級機構的行政權，則以法律為依歸。只有他可以決定下屬機構及官員以他之名行使職權時應具有何種權威（第10條）。

在外交方面，他獨自總掌俄羅斯外交事務；他決定外交政策的走向（第12條）。只有他握有宣布戰爭、締結和平及與他國制定條約權力（第13條）。他是全俄羅斯陸軍及海軍的總統帥（第14條）。各部會首長的任用權，也由他獨攬。〈基本法〉第17條，規定沙皇有權依法任免「部長會議」的主席、各部部長，以及其他部門的官員。沙皇以最高行政長官身分所頒布的命令或詔諭，得直接由「部長會議」主席，或所屬部、會長者實施（第26條）。這一條規定，使得沙皇可以超越了「國家議會」與「國家杜馬」的權限範圍，

保持其獨立不被侵犯的行政權。

〈基本法〉的第二章是規定俄羅斯人民的權利與義務。其中的第28條規定所有不分階級的俄羅斯男性公民到達法定年齡時，都有服兵役的義務；所有的公民也有納稅及遵守其他法律規定的義務（第29條）。〈基本法〉也給予俄羅斯人民應享有的權利，譬如第30條與第31條就保障人民的人身自由不得被侵奪的權利：除非依照法律條文規定，無人得以犯法之名而被迫害；也不得隨意被羈留與被審。第33到35條，則保障人民居住、國外旅行及擁有財產的自由；規定私有財產不可被侵犯權。凡政府或公共機構因公益而須強制性徵收人民不動產者，必須在公平及足額的賠償情況下，始得進行。第二章中的第36及38條明確規定有關集會與言論的自由：任何人民在法律範圍之內，都具有和平、非暴力性的集會自由；但政府有權限制其會議的內容、舉行處所，也有終止其集會的權力。人民有組織工會的權利；同樣的，政府也有權限制其活動及解除其組織的權力。除此之外，人民在法律的限制範圍之內，得享有口頭發表、出版及傳播意見的自由（第37條）；人民也享有信仰宗教的自由，但享有該自由的條件，則由政府規定（第39條）。

〈基本法〉的第三章，規定法律制定的過程及頒布的細節。沙皇在此等條款中剝削了民選「國家杜馬」的獨立立法權力，因為任何未經「國家議會」與「國家杜馬」同時通過的新法律都不得成立。它們縱然已經被通過，但若未經沙皇批准者，任何法律在法理上皆無約束力（第44條）。而且沙皇在對付緊急事故時，可以不受「國家議會」與「國家杜馬」普通立法程序的限制。第45條就規定說：「若因特殊情況的需求，當『國家杜馬』不在會議期中、而又必須要引用立法程序制定一套因應對策時，『部長會議』得將此措施直接上呈沙皇批准後實行。若『國家杜馬』在復會後之兩週內，『國家議會』與『國家杜馬』拒絕將其訂立為法令時，該措施之有效性即告終止。」

第四章是有關「國家議會」及「國家杜馬」職權的規定。其中規定只有每年經由沙皇宣布詔令後，「國家議會」及「國家杜馬」才得召開會議（第56條）；會期的長短，及各屆會議之間的休會時期也由沙皇的詔令來決定（第57條）。其次，則是規定「國家議會」與「國家杜馬」代表產生的條款：「國家議會」的代表由沙皇指派及間接性所選出的代表共同組成（第58條）；「國家

杜馬」由人民普選而出，任期五年（第 59 條）。但沙皇得在會期尚未結束前，頒布命令替換「國家議會」中的議員。該命令也等於宣布「國家議會」須重新舉行選舉（第 62 條）。在立法事務的權限上，「國家議會」與「國家杜馬」完全平等（第 64 條）。經由「國家杜馬」所討論及通過的議案，得交付「國家議會」批准；經由「國家議會」倡議與審議後而通過之立法措施，得交付「國家杜馬」議處（第 68 條）。凡被「國家議會」或「國家杜馬」任一會議拒絕之立法都以敗議論（第 69 條）。沙皇在立法事務上，有絕對的主導權，因為凡是由「國家議會」或「國家杜馬」任一會議提出且通過的法案，若不獲沙皇之同意，皆不得在本屆會議中重新提出。不過，任何由「國家議會」或「國家杜馬」任何一方提出，且只被一方拒絕時，只要沙皇同意，可以在本屆會議中重新提出（第 70 條）。沙皇對於國家的預算案，也具有決定性的權力。第 74 條就規定說：「若國家預算在應撥劃限期前尚未撥劃者，上屆議會所通過的撥款預算案得繼續有效。」

根據〈基本法〉的規定，行政部門似近乎責任「內閣」的制度，但「部長會議」主席、各部部長及各級行政事務的主管，都直接向沙皇負責；每人也都只對自己的行為與決定單獨向沙皇負責（第 81、123 條）。沙皇得繼續掌握行政大權的最主要保障是〈基本法〉中的第 87 條。其規定說：若因緊急事故須在杜馬休會期中立即立法應付時，「部長會議」得直接向沙皇提出應對之措施。不過，該等措施不得包含修改本〈基本法〉、「國家議會」、「杜馬議會」中條文之建議，也不得提出更改選舉兩者議會方式的條例。倘若該等措施在下屆杜馬議會開會後兩個月內不提交討論，即以失效論。

不論 1905 年 12 月 24 日所公布的議會組織及議員選舉法，或 1906 年 4 月 23 日所公布的〈俄羅斯基本法〉是否表示俄羅斯將真正進入君主憲政與代議性的政體，抑或尼古拉二世只是拖延時間虛與委蛇，等待革命風潮減退後再恢復君主專政，但它們確實是劃時代的文獻，促使俄羅斯漸漸擺脫了古老的政治傳統，走向合乎民主原則的政體。新成立的政黨，也列陣以待，開始競選的活動。

威特被沙皇任命為「部長會議」主席負責組織新政府後，發現俄羅斯政府面臨兩大危急：第一是國內的軍隊大半駐紮在遠東，以致無法對付國內各

地遍起的革命運動；第二是俄國國庫因「日俄戰爭」幾近乾枯，難以推動各項建設。他深知選出來的「國家杜馬」，一定會以杯葛行政部門的預算案來顯示本身新獲得的權力，因此他在事先向國際銀行團承借了大批貸款，預防國用之不足。貸款總額為二億五千萬法郎（八億四千三百七十五萬盧布），由於法國銀行團出資最多，故被稱為「法國貸款」(French Loan)，威特說這批貸款拯救了俄羅斯。❻威特在「法國貸款」商議妥當之後及與沙皇數度討論〈基本法〉及如何面對新選出的「國家議會」與「國家杜馬」後，威特便在〈基本法〉公布的前三天獲沙皇召見。沙皇尼古拉先當面感謝他對國家的貢獻，但隨即接受威特因體弱求退的聲請狀，准其辭去「部長會議」主席的職位；威特結束了他為期六個月的首相生涯（1905 年 10 月 20 日～ 1906 年 4 月 20 日）。

六、俄羅斯走向議會體制：第一屆「國家杜馬」

根據 1905 年 12 月 24 日所公布的議會組織及議員選舉法，俄羅斯的第一屆國家議會選舉正式在 1906 年的 3、4 月展開。由於上院「國家議會」缺乏民選，且因議員多為沙皇指派的極端保守者，故在俄羅斯憲政史中的地位並不太重要。主要的政黨活動都集中在「國家杜馬」的選舉。各政黨對於是否參與「國家杜馬」的競選，則是內部意見分歧。

繼承民粹主義運動的「社會革命黨」(Socialist Revolutionary Party, 簡稱 SR) 於 1906 年 1 月聚集在芬蘭，召開第一屆全體會員大會，會中決定將該黨界定為一國際社會主義軍事縱隊，強化了此後該黨鬥爭性的黨綱：土地社會主義化，即是將個人或團體私有的財產轉變為國家共有。各地區經由選舉方式所成立的權威，得根據「勞力所有制」(labor ownership, trudovaya sobstven-nost) 原則，將從地主處沒收的農地分發給單獨的農戶耕種。地方上的森林及大量的漁獲應由當地政府管理；而土地下層的天然資源則屬國家所有。SR 並強調俄羅斯的政治形態應採取聯邦制，各非俄羅斯族的少數民族得享有高度的自主權。他們決定拒絕參加杜馬的選舉，繼續在俄羅斯境內進行以暴力為

❻　Witte, *"The Loan that saved Russia,"* *Memoirs of Count Witte*, pp. 285–315.

主的革命運動。

「俄羅斯社會民主勞工黨」（Russian Social Democratic Labor Party，簡稱 RSDRP）於 1906 年 4 月在斯德哥爾摩舉行第四次大會，原本分裂的孟什維克與布爾什維克重新統一。是否允許黨員參加杜馬選舉，是大會中爭論非常激烈的議題。大多數的布爾什維克黨員認為武裝革命仍有成功機會，因此不能與舊秩序妥協參加杜馬的選舉。但有些孟什維克則贊成參與。最諷刺的是布爾什維克首領列寧的論調，他認為布爾什維克可以利用杜馬來作為公開批評沙皇專政制度的工具，故同意孟什維克的提議，贊成參加杜馬的選舉。但由於「俄羅斯社會民主勞工黨」政策搖擺不定，選舉的結果極不順利。

最熱衷第一次杜馬選舉活動的是較極端、簡稱為「卡迭特」的「憲政民主黨」與保守的「十月黨人」派。在米琉寇夫的領導下，「卡迭特」競選的口號是要將杜馬轉變成為「立憲會議」，然後制定一部真正民主的憲法以替代沙皇所頒發的〈基本法〉，如此俄羅斯才能發展出君主憲政體制。「十月黨人」派則接受〈基本法〉，主張在體制內改進有關土地改革等事宜，不願與政府敵對。競選結果是「卡迭特」大勝，在總數五百二十四名的杜馬議員中，佔有一百七十八席次；代表農民─工人階級利益的勞工團體 (Trudoviki) 有九十四票；波蘭代表有三十二票；「俄羅斯社會民主勞工黨」有十七票；「十月黨人」及右翼黨派共有四十四票；其餘席次則屬於零星小黨。**❼**

俄羅斯歷史上第一次由民選產生的杜馬議會，在 1906 年 4 月 7 日，於凱薩琳大帝所建築的「陶萊德宮」(Tauride Palace) 中的凱薩琳女皇殿中揭幕。尼古拉為了要保持沙皇至高無上的尊嚴，拒絕紆尊降貴前往致詞，他命令所有的會員前來沙皇居住之冬宮，聆聽他的祝詞。尼古拉第一次屈尊前往杜馬議會所在的「陶萊德宮」則要延到 1916 年 2 月，沙皇帝國已經是搖搖欲墜的時期了。當代表們乘坐汽艇前往冬宮經過「克瑞斯提」(Kresty) 國家監獄時，向監犯們致敬，感謝他們為民主的犧牲。釋放監犯，乃成為了杜馬議會開會後的第一要務。

揭幕之日，冬宮的皇位加冕大殿內，布置了傳統古典式的擺設與儀杖；

---

❼ 第一次杜馬席次總數，各資料記載不同。此處採取 Sidney Harcave, *Russia: A History*, Fifth Edition. New York: J. B. Lippincott Company, 1964, p. 423.

樂隊與歌詠隊不歇的吹唱「主佑吾皇」，宮廷皇親貴族、文武顯貴、高級教士均身穿華麗官服站立一旁；另外則為鄉村農民、工商及中產階級的代表，穿著農民便服或晚宴禮服站立在對面，形成了兩個不同世界的對照。上院代表眼見農民代表的衣著，不禁感嘆說以後將不知如何與這一群野人共同議事。沙皇在御隊簇擁保護之下，昂首進入會場，殿中的一邊立刻傳出雷聲似的歡呼，另一邊則視若無睹的沉寂。沙皇登上皇座後，雙目直視，不看杜馬代表一眼的宣讀了簡短的歡迎詞，他表示願意接受新秩序，但也絕對會繼續捍衛君主專政制度，最後他稱讚杜馬代表們是俄羅斯人民中最優秀的分子。宣讀完畢，沙皇隨即離開；杜馬代表們也回到「陶萊德宮」開始議事，俄羅斯的議會制度，就此開始。

　　面對杜馬議會的，是以伊凡·格瑞穆金為部長主席所組成的新政府。格瑞穆金是一個頑強的保守主義者，篤信君主專權的政體。因他是皇后亞歷山德拉親信格里高立·拉斯普廷的膩友，深受尼古拉二世的信任，故曾被任命為內政部長 (1895–1899)；威特去職之後，他便繼任為「部長會議」主席。內政部長由彼得·斯投里平 (Peter A. Stolypin, 1862–1911) 擔任。

　　杜馬中多數派的「卡迭特」（「憲政民主黨」）原本就是要利用議場作為戰場，強迫政府實現名符其實的議會式民主政體，因此提出了許多挑戰性的要求。首先他們要求政府宣布特赦，釋放包括恐怖分子的監犯；然後要求沙皇將行政權交付給杜馬，由其選任「部長會議」主席的行政首長，並組織對議會負責任的「內閣」；他們要求實行男性普選制度，及撤除上院的「國家議會」。最重要的是他們所提出的土地改革政策：重新劃分土地，及徵收大地主們多餘土地後，交由農民合作社管理耕種。他們希望能將要求直接面呈沙皇裁決，但沙皇拒絕接受，只命令格瑞穆金處理。格瑞穆金受理後，一直拖延到 6 月才宣布無法接受「卡迭特」所提出的所有要求。

　　杜馬議員獲知政府拒絕土地改革的答覆後，乃公開向人民宣稱土地改革不一定要由政府決定，而可在他們堅持下通過實行。政府則以此舉顯屬違法，已有解散杜馬之意。「卡迭特」的土地改革政策，導致了地主與保守分子的反擊。在政府的默許下，保守派的「俄羅斯民族聯盟」(SRN) 操縱「黑色百人」的暴力組織，在各地威脅改革者。「黑色百人」甚至擬就了一份包括威特及「卡

迭特」領袖在內的四十三人黑名單，作為暗殺的對象。其中有兩名「卡迭特」
的代表，就被他們暗殺而死。

　　農民們在「社會革命黨」慫惥下，開始自動沒收地主的土地，造成了地
方上的危急。有鑑於此，沙皇認為杜馬是國家動亂之源，決定將之解散。1906
年 7 月 9 日，當杜馬議員到「陶萊德宮」開會時，發現士兵佔據了議會庭，
解散杜馬議會的命令也已經宣布。部分代表抗拒命令，乃轉移到芬蘭境內的
威堡 (Vyborg) 繼續開會，並發布〈威堡宣言〉(*Vyborg Manifesto*)，要求農民
拒絕繳稅及服兵役的義務。不過，〈威堡宣言〉並未獲得農民的反應；政府乘
機逮捕了百餘名簽署宣言者，取消他們以後參選的資格。經此打擊後，「卡迭
特」黨員在此後的杜馬議會中，開始謹言慎行，逐漸趨向保守。

　　第一次杜馬解散後，沙皇下令於 1907 年 2 月舉行第二次的選舉。根據〈基
本法〉的規定，在新杜馬議會選出之前，沙皇便依〈基本法〉第 87 條治理國
政。他首先將庸碌無能、無法妥善應付杜馬議會的「部長會議」主席格瑞穆
金削職，然後命令內政部長斯投里平接任。從 1906 到 1911 年被謀殺死亡的
一段時間，斯投里平一直擔任「部長會議」主席之職，負責國家政務。可以
說是斯投里平時代。

七、彼得・斯投里平時代

　　斯投里平出身顯赫的世宦之族，該族自十六世紀起就投效沙皇服務，世
代以來獲賜之農田橫跨數省之多。他在成長的過程中，經常隨家人到歐洲各
地旅遊，並受到歐式教育，因此除了俄文外，他也精通法、英、德三種語言。
他在 1881 年進入聖彼得堡大學的物理─數學系攻讀。畢業後與大地主之女內
德嘉得 (Neidgardt) 成婚，便遷往妻子在波蘭所擁有的寇夫諾 (Kovno) 田莊，
管理田莊與農民的事務。寇夫諾地處俄羅斯帝國西部，此地農民在 1861 年的
農奴解放令後，並未採取土地再劃分式的「農民公社」制度，而是永遠耕種
自己的土地；此地的農民都能與地主和平相處。他在 1903 年被派任為薩拉托
夫省長，治理該地農亂頻繁的秩序。他到任後，發現此地農民都屬於土地公
社，他們生活貧窮，與地主處於極端的仇視地位，因此經常有縱火燒毀地主

農莊、房屋、穀倉，及殺害地主生命的暴力事件。斯投里平接任後，不顧自身安全的到各亂區視察，並採取非常殘酷的報復手段對付參與農亂者，當地的秩序才漸漸平定。因此之故，沙皇在 1906 年 4 月任命他為内政部長，希望他能掌控全國性的紊亂秩序。他根據治理薩拉托夫與寇夫諾兩地截然不同的經驗，認為農民的土地公社是導致地方秩序不安的主要因素，因此他決定先採用以暴治暴的手段來對付革命分子，希能快速恢復社會秩序，然後再推動他的土地改革政策。

斯投里平接部長主席後，採取強硬的手段對付革命者；他不顧司法程序的在各地設立軍事審判法庭，以軍法審判革命運動的參與者。上百個極端的工會被迫解散，同等數字的報刊雜誌也被勒令停刊；六萬多名的政治犯，未經合法審判的過程，便被處決，或流放到西伯利亞。前曾參予簽署〈威堡宣言〉的百餘名杜馬議員，就是他下令逮捕。在他毫不留情的酷刑鎮壓政策，以暴力為主的革命運動確實暫時收斂；他任意屠殺革命分子之名，也從遠揚各地。劊子手執行絞刑的繩套此後被稱為「斯投里平領帶」，押送犯人流放到西伯利亞的刑車也被命名為「斯投里平快車」；威特則稱其製造白色恐怖，認為斯投里平所領導的是最反動的政權。❶❽斯投里平自己也成為了恐怖分子謀殺的對象。當他擔任「部長會議」主席後，數度遭受革命分子的襲擊，恐怖分子曾有一次用炸彈攻擊他，結果炸毀了他的住宅、炸傷了他的女兒及幾名僕人。不過，他不因死亡的威脅而稍有退縮；他身穿防彈衣，在嚴密的安全人員保護下，貫徹始終實現自己的理念。他告訴他英國的友人、也是研究俄羅斯歷史的專家柏納德‧培爾斯 (Bernard Pares) 說，他同時在兩個不同的前線作戰：一方面是與革命分子之戰，另一方面則是為改革而戰。在自己所立的遺囑第一行寫著說：「就在我被殺的地點埋葬我」，以表示他不畏死亡、貫徹實現理想的決心。❶❾

在第一屆杜馬被解散與第二屆杜馬尚未選出之間的真空時期，斯投里平

❶❽ Witte, *Memoirs of Count Witte*, Chapter XIII: Stolypin's Reactionary Regime, pp. 363–400.

❶❾ Orlando Figes, *A People's Tragedy: The Russian Revolution, 1891–1924* , p. 223. Stolypin, *L'Homme du dernier tsar,* Paris, 1931.

利用〈基本法〉的第 87 條,以行政命令推動他土地改革計劃。改革的第一步
是取消農民公社,使農民得享有與其他人民同樣的居住與遷徙自由,並漸漸
發展出自耕農的生產方式。其次則是解決耕地不足與分配不均,以求能化解
農村中因爭奪土地而持續的動亂。首先,他說動沙皇釋放面積廣大的皇家私
有土地及國家土地;然後他命令在 1880 年代已經創立的「農民土地銀行」
(Peasant Land Bank) 降低利息貸款給農民,使其得以購買土地。據統計,皇家
釋出的土地約一百八十萬俄頃 (desiatiny, 二百萬公頃),國家土地則為三百
六十萬俄頃(四百萬公頃);除此之外,兩者釋放的林區及沼澤之地,也有相
等的面積。故在 1906 年底,總共有一千一百萬俄頃的土地可供農民購買。

斯投里平在 1906 年春季推動了另一個革命性的政策,即是他不但推翻了
以前農民不得輕易遷徙的禁令,反而運用政府的力量及經濟利益為引誘,發
動大規模的移民計劃,將俄羅斯歐洲地區的人民遷往西伯利亞及中亞草原地
帶。此移民計劃,延續到 1906 年時,已經有了三百萬農民遷往該兩地區。 **❷⓿**
斯投里平的土地改革計劃同時獲得尼古拉二世與大地主階級的支持。沙皇在
1906 年 11 月 9 日宣布〈農民得遷離土地公社詔令〉(*Ukaz of 9 November 1906,
On Peasants Leaving the Land Commune, Obshchina*) 將斯投里平已經實行的土
地改革計劃,制定為國家行政的首要急務。

詔令中規定自 1907 年 1 月開始,政府將全部停止徵收農民在 1861 年因
獲得農田而必須向政府交納的「贖金」;並從該日開始,凡是因欠繳「贖金」
而土地被封查之農戶,也因此得被免除債務。同時,凡農戶在土地公社中擁
有集體土地權者,得隨時申請將該土地轉換成為私人財產,並可要求將分散
各處的條狀、零星的土地合併,使其成為整塊的耕地。農民也從此享有遷離
「土地公社」的自由。

在斯投里平從 1906 年到 1911 年擔任部長主席的任期內,農民申請遷離
土地公社的人年年增加;他雖然在 1911 年月被殺死,但他所制定的政策則仍
然繼續。下列統計可以證明他政策的成功。 **❷❶**

---

❷⓿ 該等資料來自 Richard Pipes, *The Russian Revolution*, p. 171.

❷❶ 〈農民得遷離土地公社詔令〉及農戶遷離土地公社資料見網站 http://www.dur.
ac.uk/~dml0www/stolypin.html.

申請年分	申請遷離土地公社農戶	實際遷離土地公社農戶
1907	211,922	48,271
1908	840,059	508,344
1909	649,921	579,409
1910	341,884	342,245
1911	242,328	145,567
1912	152,397	122,314
1913	160,304	134,554
1914	120,321	97,877
1915	36,497	29,851
1907–1915	2,755,633	2,008,432

　　斯投里平土地改革計劃的主旨，是要藉此創造出一個新興的富農階級 (kulak) 及發展出自給自足的自由農業經濟制度。他認為只有如此才可以終止農民對極端社會主義的幻想，轉而接受政府的土地計劃，則國家的安定與繁榮可望逐漸實現。他曾對杜馬議員表示自己的抱負說:「社會主義分子所要的是偉大的革命，而我們所追求的是偉大的俄羅斯。」他土地改革的成功，確實威脅到了「社會革命黨」對農民們的影響力，他自己也因此招致殺身之禍。

　　斯投里平得以順利推動土地改革，是利用第一屆杜馬議會解散、第二屆杜馬尚未組成之間的空檔，用〈基本法〉第 87 條的行政命令行事之故。但當第二屆杜馬選舉完畢，於 1907 年 2 月 20 日開會時，他就要面對議員們的挑戰了。在第一屆杜馬議會選舉時，「俄羅斯社會民主勞工黨」與「社會革命黨」都未積極參與。但在第二次的選舉中，兩者黨員皆激烈的投入競選活動。「社會革命黨」在其 1906 年 6 月的大會中決定採用將杜馬議場作為訓練及吸取革命大眾之用的策略;「俄羅斯社會民主勞工黨」仍遵守 1906 年 4 月在斯德哥爾摩舉行第四次大會的決議，要在此次杜馬議會中，盡量製造政府與議會及政府各部門之間的衝突，癱瘓議事，以讓人民大眾警覺到議會政治的不可行。選舉的結果，社會主義黨派獲得大勝，共選出二百一十二名代表:「俄羅斯社會民主勞工黨」有六十五名;其他與其保持友好的勞工黨派有一百零四名;「社會革命黨」三十七名;其他溫和的社會黨團有六名。在上屆杜馬議會中

握有大多數席次的「憲政民主黨」(「卡迭特」),因其土地政策受到政府改革性的土地政策及社會主義極端性土地計劃雙重夾擊,漸漸失去引誘力,故當選的代表從一百七十九名減少到了九十八名。原先支持政府改革的「十月黨人」則有五十四席。縱觀上列組成杜馬議會代表者的背景,就可以預測多數議員要在發言豁免權的保護下,心懷不軌的在議會中宣揚革命立場以摧毀議會,而不會真正討論治國的議題。斯投里平必須要面對的,就是這樣的杜馬。

杜馬甫即選出、尚未會議時,宮廷勢力及極右派就已經籌劃應如何永遠取消議會制度的策略。他們認為〈十月宣言〉及〈基本法〉雖是沙皇親自宣諭,但是在他被迫、而非自動情形下的作為,故其合法性原本就非常值得爭議。而且,沙皇只是宣布〈基本法〉的條文及允許杜馬會議的選舉,而並未對其宣誓遵守,故自不應受其約束,而得逕自宣布解散杜馬。尼古拉本人也有此意圖,但國際上的抗議使得類似的論調逐漸減弱。當威特仍然是部長主席時,曾以俄羅斯即將走向議會體制為名,向以法國為主的國際財團請求巨額貸款。各國喜見俄羅斯即將選舉杜馬,確實要走向類似西方的政治體制,乃答應威特的要求,給予貸款,紓解了當時的財政危機。故當尼古拉及極右派醞釀罷除杜馬制度時,法國財團特別關注,向俄國財政部提出警告,可能要求立刻付清借款;俄國盧布的價值隨之頓挫 21%。因此之故,政府不敢輕舉妄動,只好另思他策解散議會。

第二屆杜馬議會在 1907 年 2 月 20 日開始;左、右派繼續其慣常的互相叫囂爭執,但卻都異口同聲的指責政府無能。爭論最大的議題,是斯投里平在兩屆杜馬議會之間的空檔中,以〈基本法〉第 87 條所實施的土地改革法案。根據同條文的規定,凡是以第 87 條之名暫時實施的政策,必須在新杜馬議會開會後兩個月內提交大會討論,否則即以失效論。斯投里平深知本屆杜馬議會必會阻擾他土地改革計劃之通過,故也處心積慮的等待或製造機會,以為將其解散的藉口。他期望解散第二屆杜馬議會後,可以由內政部再重新擬訂保證支持政府黨團能夠贏得杜馬席次的新選舉辦法。斯投里平以「俄羅斯社會民主勞工黨」代表在杜馬議會中散發反政府的革命宣傳品,並暗中煽動聖彼得堡守衛軍兵變為由,要求杜馬議會終止所有「俄羅斯社會民主勞工黨」黨員的人身豁免權。雙方爭持不下,沙皇乃在 1907 年 6 月 2 日宣布解散杜馬

議會。參與煽動兵變的代表，自動喪失了免於被逮捕的保護權，立刻被捕下獄，後被判苦勞之役。

在解散杜馬後的次日，即 1907 年 6 月 3 日，沙皇引用〈基本法〉第 87 條，以行政命令宣布新選舉辦法。該新修訂的選舉辦法，大大提高了候選者所必具的財產標準，剝奪了農、工階級及以薪金為主要收入者的候選人資格。此引用〈基本法〉第 87 條所宣布的新選舉法，根本就違犯了此一條文。因為該條明白規定說，凡利用本條所訂的暫時措施，皆不得包含有修改「國家議會」與「國家杜馬」選舉條例之決議。但斯投里平強調沙皇向來就沒有宣誓過要效忠〈基本法〉，故自不應受其約束。❷❷

第三屆的杜馬議會在 1907 年 11 月 1 日展開，根據新選舉法產生的新議員終於滿足了斯投里平的期盼。總數四百二十二名的代表中，一百五十四位是支持政府的保守派「十月黨人」，一百四十七位屬於極右派及少數民族代表，「憲政民主黨」（「卡迭特」）在此次選舉中再度失勢，只獲得了五十四票；其他自由黨團共有二十八票；社會主義政黨則包括「俄羅斯社會民主勞工黨」的十九票及勞工黨的十三票。❷❸由於政府能掌握議會中的大多數，故本屆議會是唯一正式完成五年會期者。「十月黨人」擁護沙皇體制，也支持現行的憲政制度，故黨員們認為他們的任務一方面將杜馬發展成為一個憲政中心，而不是要藉其來奪取政府權力，另一方面則也必須在〈基本法〉所限定的範圍內，盡力維護民選議會應有的權益。他們的領袖是亞歷山大·古蚩寇夫。

古蚩寇夫出身於世襲的殷商家族，在莫斯科及柏林受教育後，即加入軍旅，曾在非洲參加過1899–1902年的第二次對英作戰的波爾戰爭 (Boer War)；在日俄戰爭時，擔任紅十字會會長。當沙皇在 1905 年頒布〈十月十七日詔令〉後，他即與「鄉土會議」保守分子組成「十月黨人」，支持政府所領導的改革。由於他親身參加過戰爭，得知俄國軍備不足，故堅持必須盡快增添軍費；他也是俄羅斯帝國主義者，極力推動俄羅斯應繼續向外擴充。在第三屆杜馬議

---

❷❷　Richard Pipe, *The Russian Revolution*, p. 181.

❷❸　此為 Richard Pipe, *The Rassian Revolution*, p.182 所引據的數字。但加總之後的確實人數為四百一十五名代表，而非四百二十二名，其餘的七名代表或因不屬於任何黨派而未被計算在內。

會中，他擔任掌握審查軍事預算大權的國防委員會會長，與斯投里平合作，共同推動俄羅斯軍事設備的現代化政策。

　　在這種較和諧的氣氛下，政府與杜馬共同合作，推動了許多改革的政務。與前兩屆議會截然不同的第三屆杜馬議員，積極盡其監督與協助政府的職責。會議期間，杜馬議會總共審查過政府所提交的二千五百七十一項、及議會本身自動提出的二百零五項議案，質詢部長主席及各部長也多達一百五十七次；其所觸及的議題包括軍事、經濟、農業問題、社會立法、少數民族、宗教信仰等各方面的問題。在斯投里平不妥協的高壓政策下，革命運動慢慢減少，社會治安逐漸恢復；土地改革的結果及靠大自然所賜的溫和氣候，俄羅斯農民在 1908 年與 1909 年接連豐收；工商業也持續擴充。俄羅斯人民得以享受久未降臨的好日子；斯投里平的聲望如日中天，權力更是達到顛峰，除沙皇尼古拉外，似已無人可與其並駕齊驅。不過，就在此可能是功高震主的敏感時刻，斯投里平與沙皇、杜馬議員之間的關係開始發生微妙的變化。斯投里平的改革越見效，他的名聲與權勢也就越擴大；相形之下，沙皇的權威則似日漸衰退。在國內局勢逐漸穩定、經濟情況好轉下，沙皇尼古拉二世與保守派恢復了信心，開始要重振君主專政，並思進一步撤銷〈基本法〉中所設立的杜馬議會制度。原本在杜馬議會支持斯投里平的「十月黨人」，則因他成功的土地改革政策，損害到了他們在地方上舊有的勢力與權益，也故意刁難他的政策。至於自由分子，他們無法忘懷「斯投里平領帶」所代表的殘暴，永遠無法接受斯投里平。在三面圍攻的危機下，斯投里平的執政，受到了前所未有的挑戰。

　　斯投利里平與沙皇及杜馬議會的首次衝突，發生在 1908 年審查軍事預算案時。俄羅斯波羅的海艦隊被日本海軍在對馬海峽殲滅後，波羅的海的海防頓成空虛狀況，因此海軍部建議政府應立刻建造四艘無畏級戰艦 (Dreadnought)，❷⃝加強海防。斯投里平同意海軍部的建議，乃提交杜馬討論。軍旅

---

❷⃝　無畏級戰艦是英國海軍根據俄、日對馬海峽之役的教訓設計而成。在該海戰中，遠程大砲發揮了決定性的功能。英國海軍因此乃依此重新設計戰艦，將傳統戰艦的大砲由八座增加到十座，航行的速度從十八浬加快到二十一浬。無畏級戰艦出現後，引起了國際間的海軍軍備競賽。

出身的「十月黨人」領袖古蚩寇夫，是一個大陸軍主義者，強烈支持俄羅斯的領土擴張政策。他認為當前急需的是增加陸軍軍備，而不是建造耗費過大、且不合實際需要的無畏級戰艦，因此對斯投里平提出的預算案激烈反對。「憲政民主黨」領袖帕維爾・米琉寇夫也有同感，他說俄羅斯建造無畏級戰艦的預算要比德國海軍預算還要多，但俄羅斯除了有限的海運外，連海外殖民地都沒有，不知無畏級戰艦的用途何在。無畏級戰艦預算案因為「十月黨人」及「憲政民主黨」的反對，在 1908 與 1909 年兩度被杜馬議會否決，雖然上院「國家議會」通過了暫時維持造艦的預算，但數額太少，無濟於事。而且經此爭論後，斯投里平已難與該兩黨的開明保守分子繼續保持合作；他只好轉向極右派及民族派尋求支持，結果他的政策因此也受到了他們的牽制。

　　在杜馬議會中所討論的軍事預算案，也惹怒了尼古拉二世。尼古拉向來以為他是全國軍事統帥，處理軍務乃是他沙皇的特權；而如今，他感覺自己被排擠到連軍事預算似乎都無法插手的渺小角色。因此對於斯投里平要經過議會將軍事制度化作為政策相當不滿，認為這是他忽視沙皇權威的另一證明。

　　斯投里平與杜馬議會最嚴重的表面化衝突，是他在 1909 年所提出的「新設鄉土議會案」所引起。這個案件牽涉到原本屬於波蘭，但經俄羅斯、奧地利及普魯士三國瓜分後成為俄羅斯所管轄的領土。亞歷山大二世在波蘭愛國分子於 1863 年發動反俄羅斯獨立運動失敗後，便將該地區劃分成為九個新的省分：它們分別是威特波斯克 (Vitebsk)、沃立尼亞 (Volynia)、基輔、明斯克 (Minsk)、莫基勒夫 (Mogilev)、坡都立亞 (Podolia)、威爾諾 (Vilno)、柯夫諾 (Kovno)、與格若德諾 (Grodno)。這些省分中的統治階級主要是信仰天主教的波蘭大地主，俄羅斯民族則多為貧苦的農奴。因此在 1864 年建省後，俄羅斯政府一方面特別明令禁止波蘭地主不得經由組織「鄉土議會」而獲取地方自治權，另一方面則刻意培養只佔少數的俄羅斯地主，以使俄羅斯政府能鞏固在邊遠地區的統治權。在政府的特意保護與補助下，該等省分中的俄羅斯族地主漸漸獲得管理地方事務的權力，並當選成為杜馬議員。這些代表們，於 1909 年在杜馬議會中組織了「民族黨」(Nationalists)，極力維護狹窄的愛國主義者，並與極右派結盟，共同打擊保守與溫和改革派的「十月黨人」及「憲政民主黨」。當海軍預算案被「十月黨人」及其他黨派杯葛時，斯投里平就開

始與「民族黨」等右派黨團合作；他們是海軍預算案的主要支持者。

「民族黨」為了要鞏固本身在地方上的權益及削弱波蘭地主的優勢，便代表西陲六省要求斯投里平支持在地方上設立「鄉土議會」，使其能像俄羅斯內地省分一樣享有高度自治權的議案。❷❺ 由於他們深恐財力雄厚與知識水準較高的波蘭地主，會藉選舉當選而控制「鄉土議會」，故制定了對非俄羅斯族候選人及選民設限極嚴的選舉條例；譬如，凡是屬於猶太裔的選民，就因此喪失了投票的權利。他們認為在如此選舉制度下所產生的「鄉土議會」，必會被俄羅斯族控制，則向來被波蘭地主階級所控制的省分，俄羅斯人民可藉此奪回。

當斯投里平在 1910 年 5 月 7 日將該「新設鄉土議會案」提交杜馬討論時，他滿懷自信的向議員們報告說，只要該案通過，則西方省分中的俄羅斯族人民將不會再被波蘭地主欺壓，而該等省分也將永遠為俄羅斯族所擁有。該案在「民族黨」及其他極右派政黨的大力支持下，於 1910 年 5 月 29 日在杜馬議會中通過後，交由上院「國家議會」在 1911 年 1 月的會期中複議。斯投里平在杜馬通過此案後，認為與杜馬議會中極右派意見相似的上院議員，只是象徵性的討論該案後，必會無異議通過，所以根本就沒有把此事放在心上。他連聽證會都懶得參加。就在此時，上院中反對斯投里平的威特、杜爾諾沃與崔泊夫等議員們則暗中祕商，要以「新設鄉土議會案」刁難斯投里平，使其難堪。故當上院進行討論該案時，反對者則以在西陲省分特別設立只優惠某一族後裔的選舉條例，不但忽略了俄羅斯帝國是由多族裔共同組成的特色，而且更開創了「種族特設主義」(Ethnic Particularism) 的弊端為由，拒絕附議該案。威特則更嚴厲的指責說，該案假舉愛國主義的旗幟，其實是要在西方省分中建立一個地方性的「寡頭政權」以代替沙皇的威權。

沙皇本人對此案並無一定的意見，不過在杜爾諾沃與崔泊夫的說項下，同意上院的議員們不必等候宮廷的指示，可依自己的意志投票的決定。因此原本要投贊成票的議員們，聽到沙皇的指示後，改變心意轉投反對票。該案

---

❷❺ 由於威爾諾、柯夫諾與格若德諾三省，沒有俄羅斯族的地主，因此不在此案內。剩下的威特波斯克、沃立尼亞、基輔、明斯克、莫基勒夫、坡都立亞六省，是增設「鄉土議會」案的推動者。

在 1911 年 3 月付諸表決時，以九十二票對六十八票被擊敗。斯投里平驚奇的瞠目結舌，隨即憤怒的離開議場揚長而去。他深知「新設鄉土議會案」之被擊敗的原因，並非本案的內容，而是反對他的勢力與宮廷聯合，藉機共同羞辱他。因此他堅持要親見沙皇，以面辭部長主席之職位為威脅，強迫沙皇對此案表示真正的態度。沙皇拒絕接受他的辭呈，鼓勵他再度將議案提交「國家議會」及「國家杜馬」，並暗示他將在暗中協助通過。但斯投里平拒絕妥協，要求沙皇宣布上、下國家議會同時休會，引用〈基本法〉的第 87 條，以行政命名宣布實行「新設鄉土議會案」。同時，他要求沙皇將杜爾諾沃與崔泊夫兩位上議員驅離聖彼得堡。沙皇答應考慮。「國家議會」聞悉斯投里平的要求後，立即重新投票決定該法案是否應通過。或許是因為斯投里平態度過於蠻橫，引發眾怒之故，投票的結果是一百三十四票反對、二十三票贊成，再度擊敗該議案，給予斯投里平更大的羞辱。

　　沙皇深知上、下兩院議員反對斯投里平的情緒已經高漲到極點，不可能讓步，乃在 1911 年 3 月 12 日宣布兩院從當日到 15 日休會；他在 14 日以行政命令宣布西方六省，得以特定的選舉法選舉「鄉土議會」的代表。杜爾諾沃與崔泊夫也被判驅離聖彼得堡，一直到年底才獲准返回。斯投里平雖然獲得勝利，但已經成為社會上與輿論界共同唾罵的對象。以前一直支持他的「十月黨人」首領古蚩寇夫憤而辭去主席之職，不再與他交往。沙皇也因幾度被斯投里平脅迫，發表違反眾意的詔令，心中非常惱怒，已開始尋覓新人選作撤換他的打算。經此打擊，斯投里平一改其往常的自信，變成神喪氣沮、且喜怒無常的老人。

　　斯投里平在 1911 年 8 月底前往基輔參加亞歷山大二世雕像完成的揭幕典禮，他走前似乎預知可能會一去不返，乃將一個裝滿祕密文件的鐵箱交給瑟爾格・克里扎諾夫斯基 (Sergei Kryzanovskii) 保管。❷❻ 他不顧警察局要他前赴基輔時，應隨帶治安人員陪行及穿著防彈衣的警告，逕自單獨出發前往。他在 1911 年 9 月 1 日應邀到基輔市歌舞劇院觀賞〈蘇丹沙皇的傳說〉(*The Legend of Tsar Sultan*)，坐在沙皇與他家人的座次附近。斯投里平在第二幕演畢後的休息時間中，起立與友人講話時，一位穿著燕尾禮服的青年慢慢走近

---

❷❻　該祕密文件現存美國哥倫比亞圖書館中。

他身邊，然後從節目單下方拿出了白朗寧手槍，對準斯投里平連開兩槍。斯投里平中槍後，慢慢將外衣解開，凝視著殷紅的鮮血，似乎喃喃自語說：「一切都結束了。」當看到沙皇走近時，他說：「我真高興為沙皇而死。」❷四天後，斯投里平在醫院中不治而亡。沙皇特別前來探望，頻頻說：「原諒我，原諒我。」

槍殺斯投里平的刺客當場被捕，他名叫狄密錘·玻格若夫 (Dimitri Borgrov)，是一個二十四歲的猶太裔律師，出身基輔富商之家。在國內、外求學時受到了社會主義與無政府主義的影響，後曾參加「社會革命黨」。但他生性好賭，家中的接濟不夠他揮霍，經常欠債度日，因此在 1907 年被基輔的祕密警察「歐克拉那」吸收，專門為政府刺探社會主義恐怖組織的情報。他在 9 月 1 日當晚，因持有警察局所發的通行證，故得通行無阻的進入歌劇院，沒有任何人懷疑他有行刺的預謀。被捕後經過基輔警察局一星期的審問，玻格若夫被交由基輔軍事法庭執行死刑。在眾目睽睽的證人前，特別一再驗明正身、確定受刑者沒有被掉包的情況後，才正式執刑。軍事法庭之所以如此謹慎，是要消除社會上已經傳遍的謠言：即是玻格若夫為政府密探，而他槍殺斯投里平之舉也是政府策劃的陰謀。真假如何，仍是俄羅斯亂世中的一件懸案。

八、第四屆杜馬議會

斯投里平死後，財政部長伏拉地密爾·寇克夫策夫 (Vladimir Kokovtsev) 接任為部長主席。皇后亞歷山德拉當時警告他說，不要學斯投里平一樣的，事事都去尋求政黨的支持。由於他性格懦弱，也不敢有所作為，第三屆杜馬議會就匆匆收場。

自從與斯投里平關係惡化後，「十月黨人」在杜馬議會中，就一直扮演著反政府的角色。故選舉第四次杜馬議員時，寇克夫策夫盡量拉攏極右派，而不使「十月黨人」成為多數黨。但此策略並未完全成功，極右派雖然在此屆杜馬議會中獲得大多數的一百八十五票，但「十月黨人」也贏得了九十八席次。其餘的一百五十票則分散在各黨派中，其中包括七位孟什維克及六位布爾什維克黨員。布爾什維克黨員在杜馬的領導者是羅曼馬·林諾夫斯基 (Ro-

❷ Richard Pipe, *The Russian Revolution*, pp. 187–188.

man Malinovsky)，但他在 1914 年被發現是潛伏多年的政府密探，大大打擊了布爾什維克黨員的士氣。第四屆、也是最後一屆的杜馬議會，從 1912 年 11 月開始，一直延續到 1917 年 3 月革命臨時政府成立與沙皇尼古拉二世退位後才結束。在這一段時間中，俄羅斯的政局隨著國內外瞬息萬變的局勢也是動盪不安，杜馬議會則自從斯投里平被殺後，其地位更形日漸衰退，根本無法繼續監督或與政府合作，共同治理國政。再就是深受沙皇與皇后恩寵的格里高立‧拉斯普廷，假借宮廷俄皇之力，開始干涉人事，導致宮廷與杜馬更多的衝突。最後則是參加第一次世界大戰，在戰況不利的情勢下，所有累積的弊端像火山爆發的熔岩衝湧各地，終於摧毀了尼古拉的政權，也終結了羅曼諾夫王朝。

　　第四屆杜馬議會開會前，宮廷勢力與極右派早已醞釀取消議會制度及恢復君主專政的行動；皇后亞歷山德拉尤其痛恨杜馬干涉宮廷內政，極力鼓勵尼古拉盡快廢除杜馬。不過沙皇仍然有許多顧忌，不敢冒然從事，只是時常故意藐視它的存在而已。譬如在 1912 年所舉行的波若狄諾之役一百週年的紀念典禮中，政府故意不安排杜馬議員的座位，就是要當眾羞辱他們的證明。杜馬議員們對於皇后與拉斯普廷干涉人事任命權而任用私人一事，極為不滿；杜馬主席密開爾‧羅茲炎寇 (Mikhail Vladimirovich Rodzyanko, 1859–1924)就在 1912 年面見沙皇，請求將拉斯普廷罷除而被拒；部長主席寇克夫策夫也為此事面見沙皇陳情，同樣遭到沙皇的苛斥。朝野對沙皇與皇后的批評日趨嚴厲，沙皇乃在 1914 年以寇克夫策夫與杜馬議員串通、共同干涉宮廷內政為由，將他撤換，任命年邁、但被皇后及拉斯普廷支持的伊凡‧格瑞穆金繼任為部長主席，議員一時譁然不解。在俄羅斯已經參加第一次世界大戰的緊張局勢中，誰是部長主席已經不太重要，不但杜馬的地位每況愈下，已是名存實亡，就是羅曼諾夫王朝也已經岌岌可危。

第十七章　第一次世界大戰與羅曼諾夫王朝的覆滅

一、國際敵對陣營的形成

　　亞歷山大二世在世時，為了維持巴爾幹半島上穩定的均勢秩序，曾與奧匈帝國皇帝法蘭西斯・約塞夫與德皇威廉一世在 1872 年成了「三帝同盟」，議定三國中任何一個同盟國在未主動挑釁他國下而被攻擊的話，其他盟國都有出兵協助之義務。但 1877–1878 年的「俄土戰爭」及戰後兩國簽訂的〈參斯提法諾密約〉，再度引起了俄羅斯與奧地利的交惡。德國首相俾斯麥乃召集柏林會議，重新議定巴爾幹半島上俄羅斯、奧匈帝國與鄂圖曼土耳其三國的勢力均衡秩序。結果，俄羅斯因利益受損，決定改變與德國保持合作的外交政策，逐漸傾向法國；俾斯麥得知後，即與奧匈帝國外相安德拉斯協議，在 1879 年 10 月 7 日訂立了「兩國同盟」(Dual Alliance)，條約的主要目的是為預防俄羅斯的侵略而設，該條約的有效期是永久性，但每五年得自動延期，一直延續到 1918 年為止。條約中規定若任何一簽約國遭俄羅斯攻打，另一國必須盡全力協助；但若被其他國家攻擊時，則簽約國應保持中立；又若第三國經由俄羅斯協助而攻擊任何一簽約國者，另一簽約國則有盡全力協助之義務。❶俾斯麥為了避免德、俄外交關係過於急速性惡化，在 1881 年祕密將「三帝同盟」續約，故意對俄羅斯顯示友好；但由於義大利在 1982 年參加了德國與奧地利的軍事同盟，將「兩國同盟」轉變成為「三國同盟」(Triple Alliance) 後，「三帝同盟」雖然繼續存在，但已經是名存實亡，毫無意義。到了 1887 年，德國拒絕續約，「三帝同盟」正式終結。但俾斯麥仍不願與俄羅斯公開決裂，

❶　條約內容見耶魯大學法學院網站：*The Dual Alliance Between Austria-Hungary and Germany-October 7, 1879.* http://www.yale.edu/lawweb/avalon/dualalli.htm.

使得法國有隙可乘，乃在 1887 年與俄羅斯駐德大使彼得·蘇瓦洛夫 (Peter Shuvalov, 1827–1889) 簽訂了為期三年的祕密性〈再保條約〉(*The Reinsurance Treaty*)。條約的第一項規定，若任何一簽約國與第三國作戰時，另一簽約國必須保持友善中立；但該規定不適用於簽約國對法或奧匈帝國所引起的戰爭。第二項則是德國承認俄羅斯在巴爾幹半島上所獲得的歷史性權利，有合法化的根據；並特別尊重俄羅斯在保加利亞與東如美立亞地區的特別權力。兩國並保證不會在未通知對方的情形下，任意變更國際局勢的現狀。

〈再保條約〉是俾斯麥拉攏俄羅斯、預防它與法國關係過於密切，及避免俄、奧在巴爾幹半島上衝突的最後一次努力。一直支持俾斯麥外交政策的德皇威廉一世在 1888 年去世，由其子威廉二世繼任。即位後，他隨即推翻俾斯麥拉攏法國，而採取特別親向奧匈帝國的外交政策。俾斯麥在 1890 年去職，由卡普立威 (Graf von Caprivi, 1831–1899) 接任首相職位；威廉二世則親自主理外交，引用與俾斯麥不和的霍斯坦因 (Baron Frederich von Holstein, 1837–1909) 為外交顧問。俄、德之間的〈再保條約〉即在他的建議下終止。俄、德的〈再保條約〉雖然無法阻止俄羅斯與奧匈帝國在巴爾幹半島上的衝突，但兩者爭端一旦爆發，若無德國緩衝之力，終將演變成無法收拾的局面，則是不容質疑之實。

就在俾斯麥去職的同年，法國政府貸款給俄羅斯，使其獲得建造西伯利亞鐵路的資本，兩國友好關係逐漸發展。德國為了怕義大利可能漸漸轉對法國友善，乃在 1891 年 5 月 6 日提前將「三國同盟」匆匆續約。結果，反而引起俄、法對此舉動的猜忌，促進兩國關係更進一步的發展。法國艦隊在戈衛斯司令 (Admiral Alfred Gervais) 率領下，於 1891 年 7 月訪問俄羅斯克倫斯塔特軍港 (Kronstadt)。沙皇亞歷山大二世特地上軍艦參觀，並欣賞樂隊演奏〈馬賽曲〉。

俄、法雙方乃乘此討論軍事合作的計劃，法國方面態度積極，希望能與俄羅斯簽訂一項真正的軍事條約；但俄羅斯則態度非常謹慎，只願意與法國在軍事上各項問題互相諮商而已。結果，俄羅斯意見被採納，雙方在 1891 年 8 月 21 日簽訂了〈八月協議〉(*The August Convention*)。但法國政府仍是再接再厲，於 1892 年 8 月 1 日派勃斯德菲 (General Le Mounton de Boisdeffre,

1839–1919) 攜帶軍事協定草約前往聖彼得堡交涉。俄羅斯政府只願意原則上同意，但目前不希望有具體性的條文約束。後因法國國內危機，及俄羅斯政府為了國內大饑荒的問題無暇外顧，兩國的軍事合作問題，一直無法繼續。但 1893 年，德國通過新軍事預算案，要大肆擴充軍備，才使得俄、法兩國感到威脅，重新展開未完成的軍事合作計劃。1893 年 10 月 13 日，俄羅斯軍艦在阿威藍司令 (Admiral Feodor Avellan) 率領下，到法國的土倫港 (Toulon) 訪問，法國民眾歡騰迎接。

兩國政府在 1893 年 12 月 27 日開始慎重討論軍事合作事宜，到了 1894 年 1 月 4 日正式換文，接受在 1982 年 8 月 18 日就已經擬就好了的〈法俄聯盟軍事協議〉(*The Franco-Russian Alliance Military Convention*)。該協議共有七項條款，屬祕密性質，一直到 1918 年第一次世界大戰結束後，才公布於世。其協議的宗旨說:「法、俄兩國因熱愛維持和平，除了要面對會被三國同盟挑起的防衛性戰爭的必要性外，在無其他意圖的鼓勵下，通過下列各項決定。」❷很顯然，這個法、俄軍事協約乃是針對德、奧匈、義大利的三國軍事同盟所定。條文中的重要決定包括: 第一，假如法國被德國、或被義大利在德國支持下攻擊，俄羅斯必須盡全力攻打德國; 第二，假如三國同盟或其他任何一個所屬的簽約國動員的話，法國與俄羅斯只要一聽到該消息，在不必通知對方的情形下，必須立刻、且總體性的動員所有軍力，並盡可能的將其運送到前線。第三，法國對付德國的有效軍力應為一百三十萬人員，俄羅斯則為七十或八十萬人員; 第四，法國與俄羅斯都不得單獨議和。〈法俄聯盟軍事協議〉是法國外交上的大勝利，它不但突破了俾斯麥孤立法國的「圍堵政策」，而且與俄羅斯結盟後，反而迫使德國在東、西國界有同時受敵的威脅。

自從「三國同盟」續約及〈法俄聯盟軍事協議〉成立之後，歐洲局勢已經被分成為兩個敵對的陣營。一向號稱要保持「光榮孤立」外交政策的英國，開始感覺情勢對其不利，乃希望能與它國結盟，重返國際舞臺。俄羅斯在中國的義和團事件後，積極擴充他在遠東的勢力，結果不但一方面威脅到了日

---

❷　該條文資料來源，為美國耶魯大學法學院網站: The Avalon Project: The Franco-Russian Alliance Military Convention – August 18, 1892. http://www.yale.edu/lawweb/avalon/19th.htm.

本在朝鮮與中國東北新獲得的利益，另一方面也挑戰到了英國壟斷中國市場的固有領導地位。英、日兩國乃在 1901 年 7、8 月之間開始商討有關朝鮮與中國東北合作的可能性。在討論過程初期，雙方曾有邀請德國參加之意，但最後決定放棄。兩國在 1902 年 1 月 30 日宣布簽訂「英日同盟」(The Anglo-Japanese Alliance)，有效期為五年；但因日本在日俄戰爭中得勝，故該條約在 1905 年時提早續約。

「英日同盟」的重點包括兩國承認中國與朝鮮的獨立，但同時也承認日本在朝鮮及中國、與英國在中國的特殊利益；假如簽約國之一與第三國戰爭，另一簽約國應保持中立；但若有另一國家介入，簽約國則有義務參加作戰；簽約國不得在未與另一簽約國諮商前，單獨與敵方媾和❸。這個條約的條文意義並不重要，英國只是利用它向國際宣布「光榮孤立」的外交時代已經終止，準備要進一步的重返歐洲國際舞臺。英國頓時成為了「三國同盟」與「法俄聯盟軍事協議」兩個相對集團爭取的對象。不過，由於英國在海外的殖民地爭奪戰中，與法、俄、德等國在亞、非、中東各地都有嚴重的衝突，故又一時難以被接納。1898 年英、法在非洲蘇丹的法紹達事件 (Fashoda Incident) 就是個好例子。

該事件是法國與英國同時在非洲擴充殖民地所引發的爭端。十九世紀末，英國希望能在非洲控制從開普敦 (Cape Town) 到開羅的一長條領土；而法國則計劃建築一條從紅海橫跨非洲大陸連接大西洋的通道。法國派出馬侃德少校 (Major J. B. Marchand, 1863–1934)，率領軍力在 1898 年 7 月 10 日到達蘇丹的法紹達 (Fashoda, 現為寇豆克，Kodok)；同時，英國、埃及聯軍在戚車納爵士 (Lord Kitchener, 1850–1916) 率領下，也在 9 月 19 日到達法紹達，宣稱該城為埃及所有，法軍應立即撤退，但為法軍拒絕。兩軍互相對陣，大有戰爭一觸即發的危機。但 10 月 13 日，法國因在薩哈拉處獲得一小片領土作為補償後，忽然答應撤軍，解除了法紹達危機❹。英國對法國友善的表示，感懷在心，願意與法國繼續發展良好的外交關係。1904 年 4 月 8 日，兩國政

---

❸ 條約內容見 http://www.firstworldwar.com/source/anglojapanesealliance1902.htm.

❹ 該事件內容見 http://www.bartleby.com/65/fa/FashodaI.html.

府發表將互相遵守的「友善諒解」(entente cordiale)，作為共同處理國際事務的準則；此即英、法解決在非洲爭端的〈英法友好協約〉(*The Entente Cordiale between the United Kingdom and France*)。在該協約中，法國承認英國在埃及的特殊利益，英國則承認法國在摩洛哥的特殊地位❺。該協約並不含有須盡義務的條約，也沒有觸及軍事合作的問題，不過對兩國都有重要的意義。英國藉此重回歐洲的國際舞臺，法國則可以利用它作為增進英、法、俄三國的關係，對抗德、奧匈、義大利組成的「三國同盟」。

德皇威廉二世眼見法國積極突破外交圍堵政策，也開始警惕，要改善與英、俄之間的關係。英、德人民本屬於同種，且英國維多利亞女皇又是德皇的外祖母，因此英國國內聯德的聲調不絕於耳。但德皇採取海軍大臣特辟咨(Admiral Alfred von Tirpitz, 1849–1930) 的建議，在 1898 年 3 月 28 日通過第一次海軍案，開始大肆擴建海軍；1900 年，通過第二次海軍擴建預算，要在十七年內發展出僅次於英國的強大海軍力量。德、英交好的可能性，因此大大減低。

英、俄之間的合作，也是困難重重，非一時可以解除。兩國之間最大的糾紛是有關鄂圖曼土耳其帝國的問題，其次則是波斯與西藏。尤其是當俄羅斯與日本在 1904 年交戰時所發生的「道戈海岸事件」，幾乎使得英、俄大戰，後幸法國努力調停，才解除了危機。1905 年，俄羅斯被日本擊敗，高漲的氣焰減弱；同時，較開明的依佐夫斯基 (Alexander P. Izvolski, 1859–1919) 擔任俄羅斯的外相，加以法國的奔走，英、俄兩國開誠布公的討論合作事宜。1907年，兩國宣布〈英俄友好協約〉(*The Anglo–Russian Entente*)。本諒解所包括的範圍雖不如〈英法友好協約〉廣，但也解決了英、俄之間的矛盾。英、俄矛盾的癥結在波斯，該協約將波斯劃分為三部：面積最大的北部，成為俄羅斯的勢力範圍；中部為中立地區；東南部為英國的勢力範圍；俄羅斯答應不將阿富汗隸屬為其勢力範圍，但英國也不得改變其現狀、也不得干涉其內政；兩國都承認中國對西藏的宗主權，並尊重其領土完整❻。

〈英俄友好協約〉公布後，歐洲秩序壁壘分明的形成了「三國友好協約」

---

❺　The World War I Document Archive. 見 http://www.lib.byu.edu/~rdh/wwi.

❻　協約內容，見 http://www.yale.edu/lawweb/avalon/angrusen.htm.

與「三國同盟」兩個敵對陣營。

二、巴爾幹半島危機的重現

第一次世界大戰的肇因是巴爾幹半島上的危機。二十世紀開始時，巴爾幹半島上的局勢混亂，已經無法用和平或外交上的交涉解決。逐漸崩潰的鄂圖曼土耳其帝國，仍在該地握有廣大的領土。其南部是獨立的希臘；北部、臨黑海的山麓是保加利亞自治區與獨立的羅馬尼亞；在半島的中部、距離土耳其領土較遠的則是面積狹小、封鎖性的內陸王國塞爾維亞，銜接其旁是法律上屬於鄂圖曼土耳其帝國，但實際上從 1879 年就被奧匈帝國佔領的波士尼亞一赫塞哥維納（波一赫二省）；在奧匈帝國內部的波士尼亞北部，是克羅埃西亞 (Croatia) 及斯洛伐尼亞 (Slovenia)。奧匈帝國於 1908 年 10 月 6 日併吞波一赫二省，再度引起巴爾幹半島上秩序的紊亂。塞爾維亞、波士尼亞、克魯特、斯洛伐尼亞，都屬於斯拉夫族的南系，語言相同，書寫文字不同。塞爾維亞與波士尼亞人用聖斯里歐所創的希臘式字母，而克魯特與斯洛伐尼亞則使用拉丁字母。當斯拉夫民族主義高漲時，他們開始覺醒在種族的認同，把自己通稱為「南斯拉夫」(Yugo-Slav)，強調與其他斯拉夫族及日耳曼民族的不同❼。

奧匈帝國是1867年由奧地利與匈牙利共同組成的「兩元君主國」(Dual Monarchy)，在奧地利的統治階級是日耳曼族，匈牙利部分是馬扎兒族；其帝國境內的斯拉夫族則同時受制於這兩個民族之下。「兩元君主」奧匈帝國的日耳曼與馬扎兒族，為了要維持兩者之間的微妙均衡及壟斷已有的既得利益，故同時壓抑其他民族的需求。境內的克魯特與斯洛伐尼亞斯拉夫族，在受到種族歧視的不平等待遇下，乃企圖脫離奧匈帝國，與鄰近的塞爾維亞結合；塞爾維亞也當仁不讓的以此為己任，並希望能合併波士尼亞一赫塞哥維納，組成一個以南斯拉夫為主的國家。鄂圖曼土耳其帝國雖仍然是波士尼亞一赫塞哥維納的宗主國，但奧匈帝國實際上已經將其佔領、且視其為自己的領土。

❼ R. R. Palmer and Joel Colton, *A History of the Modern World,* New York: Alfred A. Knopf, 1971, p.726.

因此，奧匈帝國境內的斯拉夫民族主義運動，反而促使奧匈帝國提前併吞波一赫二省，以免塞爾維亞先行下手。這個計劃在阿倫泰爾 (Alois Aerenthal, 1854–1912) 於 1906 年接任奧匈帝國外相後，逐步實施。

阿倫泰爾擔任奧匈外相前，從 1899 年就是駐俄的大使，對俄羅斯情況熟悉，也與其外相依佐夫斯基相交甚深。他就任後，認為奧匈帝國必須要擴充在巴爾幹半島上的勢力，乃積極等待機會併吞波一赫兩地。鄂圖曼土耳其帝國內部在 1908 年所發生的革命運動，替阿倫泰爾提供了一個好藉口。

鄂圖曼土耳其帝國在阿布都・哈密德 (Abdul Hamid, 1879–1909) 的統治下，內政頹廢，外交上則遭受英、俄、奧匈等國欺壓。國內外有志之士乃祕密成立「團結進步委員會」(the Committee of Union and Progress，簡稱為 CUP)，推動君主立憲的運動。由於成員多為年輕軍官，故被稱為「少年土耳其」。1908 年 7 月 3 日，駐防馬其頓的土耳其軍在阿密德尼亞咨 (Ahmed Niyazi) 率領下兵變，要求哈密德恢復憲政、立即推動改革；各地「少年土耳其」隨即響應。哈密德在 7 月 24 日退位。「少年土耳其」運動主要的目的，不只是改革內政，更重要的是要恢復鄂圖曼土耳其帝國在歐洲的舊有雄威。俄羅斯與奧匈帝國因此都擔心鄂圖曼土耳其帝國革命成功之後，必會重回巴爾幹半島，收復其被列強侵佔的領土。因此在鄂圖曼土耳其帝國秩序尚未恢復正常前，保加利亞宣布獨立，脫離了鄂圖曼土耳其帝國；克里特 (Crete) 也乘機宣布脫離鄂圖曼土耳其帝國，與希臘合併。

俄羅斯在日俄戰爭中失敗後，重新將注意力轉回巴爾幹半島。當時的外相依佐夫斯基深恐革命後的鄂圖曼土耳其政府，必會在民族主義高漲的趨勢下，加強對博斯普魯斯一達達尼爾兩海峽的控制權；如此，俄羅斯的利益將受到極大的傷害。阿倫泰爾有同感，他所擔心的是鄂圖曼土耳其政府會加強對波士尼亞一赫塞哥維納兩地的控制，而逼迫奧匈帝國撤離。兩人乃在奧匈駐俄大使貝克圖爾德 (Leopold Graf von Berchtold, 1863–1942，駐俄大使 1906–1911，外相 1912–1915) 的安排下，於 1908 年在他莫拉威亞的布克勞 (Buchlau) 農莊中多次會晤，商談「少年土耳其」革命後所引起的嚴重後果及因應對策。兩人在 1908 年 9 月 16 日達成祕密協定：依佐夫斯基允諾，俄羅斯不會反對奧匈兼併波士尼亞一赫塞哥維納兩地；阿倫泰爾也保證，奧匈帝

國全力支持俄羅斯在兩海峽的特權。兩國並同意召開國際會議，討論密約中的協議事項及修改 1878 年的〈柏林條約〉。

獨立後的保加利亞國王，在〈布克勞協議〉後特地到維也納訪問，受到阿倫泰爾熱情款待，顯示他們會站在一條陣線上，對付鄂圖曼土耳帝國。

奧匈帝國皇帝法蘭西斯・約塞夫在 1908 年 9 月 29 日特別去信給德皇威廉二世，說因鄂圖曼土耳其帝國國內的變化，急速影響到了波一赫兩地情況，因此他不得不立刻將該兩地併入奧匈帝國，以防後患❽。他在等不及召開國際會議前，就在 1908 年 10 月 6 日，正式宣布兼併波一赫兩地為奧匈帝國領土；這出乎意料的行動，頓時引起了波士尼亞危機 (The Bosnian Crisis, 1908–1909)。原本也要併吞此兩地的塞爾維亞與蒙地內格羅立刻動員，準備採取武力干涉；事先未被告知的俄羅斯，立刻一方面拒絕承認〈布克勞協議〉的有效性，另一方面則強力支持塞爾維亞的動員行動。塞爾維亞與奧匈帝國兵戎相見，有大戰一觸即發的危機。在德皇的強烈支持及列強也不願因此過於介入，塞爾維亞只有在 1909 年 3 月 31 日忍辱承認奧匈帝國併吞波一赫兩地的事實。波士尼亞危機雖然暫時結束，奧匈帝國獲得勝利，但第一次世界大戰的導火線也就埋伏在此。第一次的巴爾幹危機，總算有驚無險的度過。

奧匈帝國併吞波士尼亞一赫塞哥維納兩地成功後，與阿倫泰爾商議〈布克勞協議〉的依佐夫斯基，在 1911 年被撤換，由沙佐諾夫 (Sergei Dmitrievich Sazonov, 1860–1927) 接任。沙佐諾夫從 1911 年開始擔任俄羅斯外相，直到 1916 年因保守派的反對，才被皇后免職。他的政策是削弱奧匈在巴爾幹半島上的影響力，並同時重振俄羅斯對斯拉夫族的影響力。在俄羅斯政府的鼓勵下，塞爾維亞、保加利亞、希臘和蒙地內格羅等四國簽訂了軍事盟約，組成「巴爾幹聯盟」。不過，這個聯盟並不是如俄羅斯所期望的反奧匈，而是變成了反鄂圖曼帝國的組織。

「巴爾幹聯盟」在 1912 年 10 月 18 日，利用鄂圖曼帝國內部仍然紊亂的時機向其宣戰，展開了第一次巴爾幹戰爭。在民族主義激動下的「巴爾幹聯盟」兵士，士氣如虹，戰事極為順利。保加利亞的軍隊甚至已進逼伊斯坦堡，

---

❽　World War I Document Archive. http://www.lib.byu.edu/~rdh/wwi/1914m/bosherz.html.

即可將其佔領；俄羅斯則忽然警告保加利亞不得妄動，否則將出動俄艦隊加以防守。土耳其守軍在聯軍攻擊下，節節敗退，到了1913年，幾乎喪失了所有在歐洲的領土。最後由英國出面調停，各國在1913年5月30日簽訂〈倫敦條約〉，終止了戰爭。但該條約並未觸及聯盟國應如何處理鄂圖曼土耳其帝國在巴爾幹半島上的領土，因此，聯盟國之間為此爭執不休。在與鄂圖曼土耳其帝國作戰時，塞爾維亞與希臘佔據了馬其頓的重要據點，戰後拒絕撤退；而保加利亞則認為這些領土原屬其所有，故塞爾維亞與希臘應立刻退讓。為了維護共同的利益，塞爾維亞與希臘乃在1913年簽訂為期十年的軍事聯盟條約，預防保加利亞有所行動。俄羅斯外相沙佐諾夫試圖調節失敗，保加利亞在1913年6月29日出兵攻擊塞爾維亞與希臘在馬其頓的守軍，展開了第二次的巴爾幹戰爭。戰爭開始後，鄂圖曼土耳其帝國與羅馬尼亞隨即加入對保加利亞作戰，在聯軍的夾攻下，保加利亞不支，於7月30日停戰。保加利亞、塞爾維亞、希臘、蒙地內格羅與羅馬尼亞在1913年8月10日簽訂了〈布克勒斯條約〉(Treaty of Bucharest)。保加利亞被迫只能保留西色雷斯與部分的馬其頓，其他的領土則必須放棄，由希臘及塞爾維亞劃分。希臘獲益最豐，其領土由二萬五千零十四平方哩增加到四萬一千九百三十三平方哩；人口從二百六十六萬人增加到四百三十六萬三千人；克里特島在1913年12月14日正式與希臘合併為一。塞爾維亞獲利次之，其所獲得的領土包括克索沃 (Kosso-vo) 的馬其頓中部等地，從原來一萬八千六百五十平方哩的疆域增加到三萬三千八百九十一平方哩；人口也突增了一百五十萬人。❾

　　領土增大、人口增多的塞爾維亞，更促使了奧匈帝國中斯拉夫民族與其合併的希望；波一赫兩地民眾尤其殷切。為了避免塞爾維亞過於擴大，奧匈帝國乃鼓勵阿爾巴尼亞獨立，避免塞爾維亞將國界延伸到亞德里亞海的計劃。塞爾維亞因此懷恨在心。不過無論如何，第二次的巴爾幹半島危機，也在沒有引發更大戰爭的幸運情況下度過。再一次的危機，將帶來什麼結果，則是

❾ http://www.mtholyoke.edu/acad/intrel/boshtml/bos148.htm. Anderson, Frank Mal-
oy and Amos Shartle Hershey, *Handbook for the Diplomatic History of Europe,
Asia, and Africa 1870–1914*. Prepared for the National Board for Historical Ser-
vice. Government Printing Office, Washington D. C., 1918.

無法預期。

　　第三次危機是 1914 年 6 月 28 日，奧匈皇儲法蘭西斯‧斐迪南大公 (Archduke Francis Ferdinand, 1863–1914) 在波士尼亞首府塞拉耶佛 (Sarajevo) 被刺殺的事件所引起。斐迪南是查理‧路易大公 (Archduke Charles Louis) 長子，而路易大公則是奧匈皇帝法蘭西斯‧約塞夫之弟，故斐迪南是奧匈當今皇帝之侄。當太子魯道夫大公 (Archduke Rudolf) 在 1889 年死亡後，路易大公成為皇儲，而他也在 1896 年死亡，故他的大兒子斐迪南成為皇儲。斐迪南為皇儲前，與宮女蘇菲亞‧卓特克 (Countess Sophie Choteck) 相戀，奧皇與內廷都極力反對，直到斐迪南宣誓他與卓特克的子女都無權繼承奧匈皇位、卓特克不得享受皇家頭銜與待遇後，兩人的婚姻才在 1900 年被奧皇批准。斐迪南與奧匈皇帝的關係，因此並不非常融洽。

　　斐迪南對於奧匈「兩元君主國」的體制，並不贊成；因此他準備在就位之後，將其以「三元主義」(trialism) 的制度加以替代。所謂「三元主義」制，就是提升帝國內斯拉夫民族的地位，使其與日耳曼及馬扎兒兩族完全平等。如此，斯拉夫族一定會認同這個國家，而不必硬行脫離祖國與其他斯拉夫國家合併。這是他特別關心波－赫兩地事宜的原因。斐迪南的改革，或可滿足某些斯拉夫族的需求，但卻被匈牙利的馬扎兒族極力反對。因為如此一來，他們在帝國中的特權必會被斯拉夫分享。境內反政府的斯拉夫極端分子，因恐此政策成功會阻擾泛斯拉夫國的成立，也處處加以破壞。鄰居的塞爾維亞在斯拉夫民族的運動中，向來以領導義大利建國的薩丁尼亞地位自居，更無法接受斐迪南的改革。因此斐迪南親斯拉夫的政策，反成為他被斯拉夫民族主義者槍殺的肇因。

　　在奧匈帝國併吞波－赫兩地後兩天，當地的斯拉夫革命分子及某些塞爾維亞官員、軍人便於 1908 年 10 月 8 日在貝爾格萊德 (Belgrade) 成立了一個「民族防衛黨」(National Defense, Narodna Odbrana) 的祕密組織，推動泛斯拉夫主義運動。其目的之一是訓練革命鬥士，以便塞爾維亞與奧匈帝國作戰時，可以立刻投入戰場；目的之二是在奧匈帝國內設立分部及推動反政府活動。認為該組織過於消極的極端分子在 1911 年 5 月 9 日成立了「不是合併就是死」(Union or Death, Ujedinjenje ili Smrt) 的行動性組織，也被稱為「黑手黨」

(The Black Hand)。該組織主張使用暴力手段以達到「大塞爾維亞」的目的；特別訓練暗殺小組，在奧匈帝國及波－赫兩地內行事。到了 1914 年，祕密黨員大約是二千五百人左右，其中有不少的塞爾維亞軍官；塞爾維亞政府對「黑手黨」的活動，瞭若指掌。❿

　　斐迪南除了是奧匈帝國的皇儲，當時也是全國陸軍的總監督。1914 年夏天，波－赫省長歐斯卡·坡投以瑞克 (Oskar Potoirek, 1853–1933) 邀請斐迪南前來首府塞拉耶佛參觀 6 月 8 日的軍事演習。這一天是他結婚十四週年紀念，他與妻子可以首度一起同乘車駕，接受人民的歡呼。在奧匈帝國內，他的妻子因不屬貴族，故不得享受貴族待遇，也不可與斐迪南同乘一部車輛。因此他對此邀請相當興奮；而且他更覺得可以乘此機會，表示他對斯拉夫民族的善意。「黑手黨」徒獲知他將訪問塞拉耶佛消息後，立刻籌劃謀殺他的計劃。他們在貝爾格萊德召募了三個年輕學生為殺手：普林西比 (Garvilo Princip, 1894–1918)、卡布里諾威克 (Cabrinovic, 1895–1916) 與戈拉貝咨 (Trifko Grabez, 1896–1918)。在塞爾維亞境內經過嚴格的狙擊及投擲炸彈訓練後，便在 6 月偷渡進入塞拉耶佛。他們隨身攜帶由塞爾維亞政府軍火庫提供的四把手槍與六枚炸彈；進入波－赫後，又招募到了其他四位年輕殺手。

　　塞爾維亞政府對於「黑手黨」謀殺斐迪南計劃早已知悉，故命令駐奧大使約瓦諾威克 (Jovan Jovanovic, 1869–1939) 傳遞消息，希望斐迪南取消塞拉耶佛行程；但該警告未被奧政府採信。

　　斐迪南照計劃來到塞拉耶佛，民眾夾道歡迎，毫無緊張的氣氛。在 1914 年 6 月 28 日清晨閱兵典禮完畢後，便在 10 點鐘前往市政府參加市長所主持的歡迎大會。斐迪南、妻子蘇菲亞·卓特克、省長坡投以瑞克共乘一車。七位殺手在人群中，各就其位，等待車隊經過。不過，當車隊經過時，殺手之一忽然膽怯，不敢動手。卡布里諾威克隨即拿出了炸彈，向斐迪南車駕扔了過去；炸彈碰到車頂，彈向後方爆炸，炸傷了後方車駕駛梅瑞咨 (Merizzi) 的頭部，及少數旁觀者。卡布里諾威克見任務已經完成，馬上吞食毒藥氰化劑自殺，但氰化劑過期，未起作用；他又急忙跳到河中自殺，河水太淺，他沒

❿　Micheal Shackelford, *The Secret Serbian Terrorist Society: The Black Hand.* http://www.ku.edu/~kansite/ww_one/comment/blk-hand.html.

有被淹死，被民眾拖了出來。斐迪南車隊駛離現場，繼續前往市政府，參加歡迎會。路旁的殺手見車隊突然經過，措手不及，忘了執行槍殺斐迪南的行動，他們就分散、轉移到其他的街道。普林西比此時感到飢餓，就到一家叫「莫力咨‧西樂」(Mortiz Schiller) 的雜貨店，買了份三明治充飢。

波一赫省長經過這次浩劫，建議將歡迎會後節目取消或延期，但不為斐迪南接受。他堅持一切依照原計劃進行：即是會後參觀博物館，然後到省長府第共進午餐。不過，他告訴省長他希望能先去探視受傷的梅瑞咨；省長隨即同意，但沒有來得及告訴司機。當司機照計劃開往博物館時，省長忽然提醒司機，他們要先去醫院。司機急忙剎車，準備掉頭回轉。車子正好轉到「莫力咨‧西樂」門口，斐迪南與妻子蘇菲亞‧卓特克正好面對著殺手普林西比，只間隔三呎的距離。普林西比立刻掏出手槍，走向前去，向斐迪南與蘇菲亞各開了一槍。省長面對著普林西比，眼看他開了槍後，即刻命令司機盡快行駛去省長官邸。沿途，斐迪南哀傷的說，「蘇菲亞！蘇菲亞！不要死！為了我們的孩子活下去！」車抵達省府前，蘇菲亞已經死亡，菲迪南則在府第中不久後也死亡。殺手普林西比得手後，馬上吞食氰化劑毒藥自殺，但氰化劑沒有起作用，民眾一擁而上，將他抓住。幸虧警察及時趕到，否則，他會被毆死在地。⓫

這個槍殺事件，震驚了世界。對奧匈帝國來說，槍殺事件的真相到底如何，已經不重要，重要的是塞爾維亞政府必定是該事件的幕後者，因此必須要採取強烈的軍事行動，來懲罰塞爾維亞。「七月危機」(The July Crisis) 於是展開。

三、「七月危機」

菲迪南被殺的消息傳回國內之後，奧匈帝國朝野震驚、人心憤慨，即欲立刻出兵懲罰幕後主持者的塞爾維亞。奧匈帝國的強硬態度，受到德皇全面

⓫　見 The World War I Document Archive. http://www.lib.byu.edu/~rdh/wwi/1914m/bosherz.html. Michael Shackelford, *The Secret Serbian Terrorist Society: The Black Hand*. http://www.ku.edu/~kansite/ww_one/comment/blk-hand.html.

支持。塞爾維亞政府由於事出突然，也驚恐不已，除了認為俄羅斯將會出面支持外，也不知如何因應。俄羅斯在前幾次的巴爾幹半島危機時，都是臨時退縮，背叛過塞爾維亞的利益，假如此次仍然不表示強烈支持塞爾維亞政府，則其威信不僅在國內受到打擊，在國外也會引起盟約國——尤其是法國——質疑與其結盟的可靠性。因此俄羅斯勢必介入，協助塞爾維亞。一件地方性的事件，由於國際間錯綜複雜的軍事條約，最後演變成為了第一次世界大戰。下面流水帳式的簡短敘述，或可幫助讀者了解國際間對 1914 年 6 月 28 日事件的反應過程。**⑫**

6 月 28 日	斐迪南被槍殺。
6 月 29 日	塞爾維亞政府立即致電奧匈帝國，表示哀悼。 塞爾維亞政府首相尼古拉・帕斯克 (Nokola Pasic, 1845–1926) 痛責「黑手黨」行為，並命令關閉所有公共場所，以表哀悼。 奧匈外相貝圖爾德 (Count Leopold von Berchtold, 1863–1942) 初步反應態度溫和，要求塞政府將警察總長解除職務、逮捕及監禁所有恐怖分子，及解散所有極端組織。 奧匈陸軍參謀總長郝曾道夫 (General Conrad von Hotzendorff, 1852–1925) 力主出兵，但完成總動員，則需要十六天時間。 奧匈政府獲悉法國總統朋加萊 (Raymond Poincare, 1860–1934) 及總理芮凡尼 (Rene Riviani, 1863–1925) 將在 7 月 20 日 –23 日到俄羅斯訪問，故在他們離境之前不採取任何行動。 奧匈政府的匈牙利首相提斯扎 (Istvan Tisza, 1860–1918) 堅決反對任何可能挑起與俄羅斯戰爭的政策。 俄羅斯沙皇尼古拉命令全國遵守十二天的哀悼儀式。
6 月 30 日	德駐奧匈帝國大使特策斯基 (Count Heinrich von Tschirschky) 警告奧匈外相貝克圖爾德不得對塞魯莽行事。
7 月 2 日	奧皇法蘭西斯・約塞夫致函德皇威廉二世，感謝他致哀之意，他在函中說明奧匈帝國長期對塞政府敵對行為的容忍，但經此次事件後，他知道只有武力才可以解決一切**⑬**。
7 月 4 日	德國外交部特使納曼 (Victor Naumann) 抵達維也納，保證當俄羅斯因奧匈行動而介入該事件時，德國將全力支持奧匈。

	德國外交特使侯右思 (Alexander Hoyos) 將奧皇與貝克圖爾德共同擬就的求救祕函攜帶往柏林，親自交給德皇。
7月5日	侯右思抵達柏林，隨即與奧匈駐德大使左戈尼—馬力克 (Count L. de Szogyeny-Marich) 前往拜見德皇，希望能獲得德皇口頭承諾在奧匈對塞出兵時，德政府必會全力支持。該次會晤內容，沒有書寫記錄。不過，奧匈大使獲得了德皇所給予的「空白支票」(blank check)。
7月6日	德皇與首相柏特曼‧荷勒衛 (Theobald von Bethmann-Holl-weg, 1856–1921)，致電給奧匈外相貝克圖爾德說，德國將支持奧匈政府對塞所採取的任何行動。 柏特曼‧荷勒衛致密電德國駐奧匈帝國大使特策斯基，要他轉告奧皇說，雖然德皇無權干涉奧匈與塞爾維亞兩國之間的糾紛，但奧皇絕對可以放心，德皇一定會尊重條約及古老的友誼，忠實的與奧匈帝國站在同一條陣線上。 同日，德皇認為俄羅斯完全沒有作戰的準備，因此不會有什麼大事發生，乃依照計劃乘坐郵輪，開始為期二十日的北海假期。
7月7日到 7月22日	奧匈帝國祕密籌劃戰略及撰寫對塞爾維亞的最後通牒。 奧匈外相貝克圖爾德獲得調查報告，證明塞政府與槍殺斐迪南案件無關；貝克圖爾德隱瞞真相，未向奧皇報告。 最後通牒在7月19日完稿,奧皇在20日首度閱讀最後通牒;21日批准。
7月23日， 星期四	下午6時整，奧匈駐塞爾維亞大使基斯爾 (Baron Vladimir von Giesl) 將最後通牒遞交塞政府，限令四十八小時內答覆；基斯爾奉命將任何答覆都以無法接受而拒絕。 最後通牒首先責備塞爾維亞政府不但破壞在1909年保證遵守1878年〈柏林條約〉、採取與奧匈帝國和睦相處的承諾，反而支持強行脫離奧匈帝國的恐怖組織。這種偏袒惡行的政策，充分在6月28日的暴行中呈現無遺。最後通牒繼續說，奧匈政府已經無法相信塞政府的調查報告，因此要求塞政府必

---

⑫　見 http://www.worldwar1.com/tlplot.htm 中之 *Timeline: July–1914: The July Cri-sis. The Month of Plotters.*

⑬　http://www.lib.byu.edu/~rdh/wwi/1914/frzwilly.html. *World War I Document Ar-chive.*

	須採取更積極的步驟，終止其所有反奧的行動，或可解除危機。他要求塞爾維亞政府取締所有的反奧刊物；解散所有塞爾維亞從事反奧宣傳的愛國組織；停止在學校中對奧國不友善的宣傳教育；加強雙方邊境的人員與武器過境檢查；懲處與暗殺有關的人員，而奧國官員得參與調查工作。❹
7月24日	塞爾維亞政府召開緊急會議，商討對策。決定將最後通牒公布於世，以求獲得國際上的支持。 俄羅斯政府的態度：塞爾維亞絕對不能被奧匈侵略，其領土也不得被奧匈兼併。俄羅斯政府建議塞政府必須謹慎處理。 德皇在遊艇上閱讀挪威報紙才知道奧匈的最後通牒事件。
7月25日	奧匈政府向俄羅斯保證，絕對不會佔取塞爾維亞領土。 俄羅斯政府決定一旦奧匈進攻塞爾維亞，則立刻對奧匈宣戰。 塞爾維亞政府獲得俄羅斯將提供援助的信息後，士氣大振。 下午3時整，塞爾維亞下達總動員令。 下午5時55分，距離截止時間只剩五分鐘，塞爾維亞首相帕斯克親自將塞爾維亞政府的答覆信交給奧匈駐大使基斯爾。奧匈使節團隨即在6時30分離開塞爾維亞返國。 答覆信中的言詞雖然婉轉，但卻也軟中帶硬的拒絕了奧匈政府的要求。塞政府首先強調重視奧、塞兩國的友誼，然後說明自從1909年3月31日的宣言後，已經查禁了境內所有的反奧事件，而且也不允許國內有任何組織或官員參與改變波—赫兩地現狀的活動。塞政府無法接受奧匈指控因塞政府官員與軍人散播反奧匈的惡意宣傳，以致破壞了兩國友誼的說法；同時並向奧匈政府肯定說，沒有任何證據顯示「民族防衛黨」從事恐怖與暴力的活動；不過縱然如此，塞政府仍然接受奧匈政府的要求，解散了「民族防衛黨」及任何反奧匈的組織。塞政府在原則上，保證一定會盡力偵查奧匈政府的各項指控，也必將偵查報告傳交給奧匈政府；答覆中強調說，塞政府對奧匈政府的各項指控已經再三嚴密調查過，並沒有發現塞政府介入的任何證據；不過，只要奧匈政府能提供證據，塞政府必然會再努力偵查。至於奧匈政府要求派員到塞爾維亞協同偵查的要求，塞政府以其違反憲法原則及刑法程序為由，斷然拒絕❺。 晚上7時23分，奧匈皇法蘭西斯·約塞夫簽署對塞爾維亞的總動員令。
7月26日	奧匈最後通牒經由電傳，送交法國總統朋加萊。

	俄羅斯進入總動員預備階段。
7月27日	德皇切斷假日返國。 法國發布總動員準備命令；並希望戰爭一旦爆發，俄羅斯立刻進攻東普魯士。
7月28日	上午11時整，奧匈帝國以電報方式宣布全面對塞爾維亞作戰。
7月29日	奧匈開始砲擊貝爾格萊德。 俄皇尼古拉發布總動員令。
7月31日	德政府宣布「急迫性的戰爭危機狀況」(state of threatening war)；將限十二小時內答覆的最後通牒送交俄政府。 德皇拒絕英國要求遵守比利時中立的承諾。 奧匈帝國總動員。
8月1日，星期六	下午3時55分法國總動員。 下午4時整德國總動員。 晚上7時整德國對俄宣戰。
8月2日	德軍入侵盧森堡；並向比利時借道進攻法國，被拒絕。
8月3日	德國向法國宣戰。
8月4日	英國向德國宣戰。
8月6日	奧匈帝國向俄羅斯宣戰。
10月29日	鄂圖曼土耳其帝國與德國海軍聯合砲擊俄羅斯駐黑海艦隊，宣示對俄作戰。
11月4日	俄羅斯對鄂圖曼宣戰。 塞爾維亞對鄂圖曼宣戰。
11月5日	英國對鄂圖曼宣戰。 法國對鄂圖曼宣戰。

⑭ 部分中文翻譯見王曾才，《西洋現代史》，臺北：臺灣東華書局，民國七十六年十月，六版。頁43。英文版見 *23 July, 1914: The Austro-Hungarian Ultimatum to Serbia*. 網址 http://www.lib.byu.edu/~rdh/wwi/1914/austro-hungarian-ultimatum.html.

⑮ 答覆原文為法文，見 *World War I Document Archive*.http://www.lib.byu.edu/~rdh/wwi/1914/reponseserb.html；英譯答覆見 *25 July, 1914:The Serbian Response to the Austro-Hungarian Ultimatum, English Translation.* http://www.lib.byu.edu/~rdh/wwi/serbresponse.html.

　　像骨牌效應一樣，敵對陣營的盟約國在 1914 年的七月危機後，為了實現條約中所規定的義務，便逐一加入了與本國利益無直接關係的戰爭。結果是兩敗俱傷。哈普斯堡家族的奧匈帝國、霍亨索倫 (Hohenzollern) 的德意志帝國、羅曼諾夫的俄羅斯帝國，都成為第一次世界大戰的犧牲品。與本書主體有關的問題是，俄羅斯帝國如何因應這個危機，而其危機終將腐朽帝國消滅的原因與過程又是什麼。

四、俄羅斯的國內動員與戰況

　　當奧匈帝國在 1914 年 7 月 28 日向塞爾維亞宣戰時，俄羅斯政府立即採取備戰的反應，民眾們也顯示了高度的愛國情操。各地的「鄉土議會」更是積極推動草根性愛國活動，並立即聯合組織了救濟傷患兵士的機構。國家杜馬在 8 月 8 日特地召集會議，通過軍事預算及增收戰爭稅。勞工黨與社會民主黨拒絕出席，且提出書面的決議案，譴責所有戰爭及製造戰爭的社會組織。與會的布爾什維克代表，則在大會中鼓勵俄國的勞工階級團結一致反對自己的政府，而不是去打國外的敵人。逃亡在外的布爾什維克及孟什維克黨人，都反對這場戰爭。但工廠中的工人們，在愛國情操的激勵下，支持政府對德與奧匈作戰。

　　政府在初期備戰的整個過程，雜亂無章。外相沙佐諾夫在一開始認為部分動員就可以幫助塞爾維亞應付奧匈帝國的最後通牒，但軍方則認為部分動員會攪亂總動員的計劃，故強烈反對。同時，沙皇也接到了德皇的警告，要他千萬不得輕率從事。尼古拉二世因此在 7 月 28 日（舊曆 15 日），先只下令動員了全國十三個軍區中的三個軍區。但他又在叔叔尼古萊·尼古拉葉維其的建議下改變主意，竟然在 30 日（舊曆 17 日）連國防部長都不知情的狀況下，忽然下達總動員令。尼古拉二世隨時改變主意，又不預先通知有關人員的個性，是這場戰爭失敗的重大原因之一。德國在 7 月 31 日，將要求俄羅斯停止在俄、德邊境聚集大軍行動的最後通牒，交遞給俄政府；俄羅斯拒絕回覆，德國於是在 8 月 1 日（舊曆 7 月 19 日）向俄羅斯宣戰；俄羅斯隨即回應，也在次日宣布對德作戰。

　　若從軍事觀點來看，俄羅斯的軍力與裝備足可以應付短期的戰爭，但若戰爭拖延時日，則衍生的運輸與補給等其他問題，必會打擊士氣，恐無法持久。當俄羅斯宣戰時，其軍力大約有一百四十二萬三千人員；總動員時，後備軍有三百一十一萬五千名人，另有地方自衛隊一百三十萬人，及七十一萬五千名新抽壯丁。在 1914 年 12 月底時，俄羅斯動員的總人數是六百五十五萬三千人，遠超過德、奧匈兩者的總和。除此之外，俄羅斯由於曾經參加過日俄戰爭，故擁有經驗豐富的軍官團。俄國士兵也以驍勇善戰著稱。❶不過，由於武器短缺，無法全部裝備所有動員的兵士。在當時，所有的來福步槍只有四百六十五萬二千枝；另外有二十七萬八千枝正在國內兵工廠製造，也有向國外購買者。同樣的，彈藥也因短缺而不夠分配❶。

　　大戰初起時，沙皇尼古拉二世原要擔任總司令，親自到前線指揮與督陣；後經全朝文武力勸，才暫時作罷，改派尼古萊‧尼古拉葉維其為總司令，亞努西克威其 (N. N. Yanushkevich, 1868–1918) 將軍為參謀總長。總司令部辦公室是幾輛火車箱改裝而成，設立在波蘭境內的巴拉諾威其 (Baranovichi) 火車站上。總司令部被稱為斯塔夫卡（Stavaka，俄語的意思是將軍營地）；此後，沙皇經常攜帶太子阿列克西斯前來該地視察。布防的主要陣地是面對德軍的西北方與奧匈軍的西南方，其次是為防護波羅的海岸所設，以及在高加索與敖得薩、預防鄂圖曼及羅馬尼亞一旦參戰的據點。

　　根據俄羅斯原有的戰略計劃是單一性的作戰：即是先在西南加利西亞的戰區中，對奧匈軍力發動激烈的攻勢；對與德軍對峙的西北戰場，則採取防衛性的戰術，不直接交鋒。在法國強烈的要求下，俄羅斯才改變戰略，發動了同時在西北與西南兩個戰場的攻擊戰。德軍在戰爭一開始，就依照德國賴以快速致勝的「希利芬計劃」(the Schlieffen Plan)，侵越比利時直攻法國本土。該計劃的策劃者是希利芬將軍 (Alfred von Schliffen, 1833–1913)；他在 1891 年接替毛奇將軍 (Helmuth von Moltke, 1800–1891) 為德意志帝國的參謀總長。他深知統一之後的德國因位居法、俄之間，故其致命之傷就是東西兩面

❶　Hugh Seton-Watson, *The Russian Empire: 1801–1917*, p. 699–700. 引 Lt. General N. N. Golovin, *The Russian Army in the World War*, New Haven, 1931, pp. 45–47.

❶　同上引，p. 127.

同時的戰爭。為了要避免這個危機，德國必須先下手為強。他在 1905 年籌擬了「希利芬計劃」，這個計劃成功的先決條件是採取「快速度」為主的軍事行動。希利芬知道俄羅斯領土廣大、兵員分散，動員的時間至少要六個星期，因此一旦兩面受敵的戰爭開始，德國必須要在四十二日之內，先投入 90% 的軍力跨越比利時、盧森堡、荷蘭形成鐮刀式的攻擊進入法國，然後進逼巴黎。西線戰事結束後，德軍再轉向東戰場與俄羅斯作戰。當毛奇將軍的侄子小毛奇將軍 (Helmuth von Moltke, 1848–1916) 在 1906 年接任為參謀總長後，他修改了原「希利芬計劃」，決定只進攻軍力薄弱的比利時與盧森堡而不借道荷蘭。當 1914 年 8 月 2 日戰爭開始，德軍便依照新「希利芬計劃」，以三十四個師入侵比利時，八個師駐紮在東普魯士預防俄軍的進攻。

在法國政府的敦促下，俄羅斯動用了尚未動員完畢的軍力，在 8 月初突然入侵東普魯士，迫使德軍非得調動兵力對付，以致減輕了對法軍的壓力。俄羅斯的戰略是一方面由瑞能坎普將軍 (General P. K. Rennenkampf, 1854–1918) 率領下的大軍直朝柯尼斯堡 (Konigsberg) 猛攻，另一方面則由薩木索諾夫將軍 (General A. V. Samsonov, 1859–1914) 的部隊由波蘭向南進攻；兩軍最後形成鉗子般的包圍東普魯士的德軍。在俄軍猛烈攻擊，德軍東線戰區總司令普力特威咨 (General Friedrich von Prittwitz) 驚恐失措，準備下令撤退戰場，放棄東普魯士。如此一來，柏林即刻成為受敵威脅的危城；德皇聽後大怒，立即將其撤職，並在 8 月 22 日任命年已六十八歲、退隱中的興登堡將軍 (Paul von Hindenburg, 1847–1934) 為東戰場總司令，以魯道夫將軍 (Erich Ludendorf, 1865–1937) 為其參謀，挽救局勢。他們決定冒險寧願讓瑞能坎普的軍力向西方前進不加阻止，而集中兵力專門對付薩木索諾夫。同時，他們特從西方對法作戰的戰線上，調動兩個軍團前來助陣。法國受德軍攻打的危機因此大減，是使其能獲得馬恩之役 (The Battle of Marne) 勝利的主要原因。這也是法、俄聯盟後，俄羅斯對法國所付出的最大貢獻。

德軍聚集完成後，興登堡將軍在 8 月 27 日開始攻擊薩木索諾夫軍，鏖戰三日，俄軍潰敗，陣亡或失蹤者達七萬人，被俘者多達十萬人數之眾，薩木索諾夫將軍自殺盡忠。德軍士氣大振，稱此場戰爭為「坦能堡之役」(Battle of Tannenberg)，認為這次勝利終於洗刷了 1410 年條頓武士在此地被斯拉夫族

擊敗之恥。

興登堡在坦能堡的勝仗，將俄羅斯剪鉗式攻擊的戰略摧毀了一半後，乃乘勝轉攻剪鉗另一半的瑞能坎普將軍陣地。瑞能坎普部隊駐守在柯尼斯堡與馬蘇連湖 (Masurian Lakes) 中間地帶。德軍以人數三比一的優勢從 9 月 7 日開始進攻；直到 13 日戰爭才結束。結果，俄軍再遭敗績，被俘虜的官兵多達十二萬五千人之多；德軍陣亡人數雖只有四萬人，但以德軍總數來算，卻是相當大的比例，故損失相當慘重。戰後，德國官兵嘲笑瑞能坎普將軍說，他此後不能再叫 Rennenkampf，而應該改名為 Rennen von Kampf，意思是「臨陣脫逃的將軍」[18]。經此兩度戰役失敗後，俄軍在 10 月初撤離德國的東戰區，解除了進逼柏林的威脅[19]。俄軍在東普魯士潰敗後，士氣大衰。幸好在西南戰區中的戰況順利，才重新鼓舞了他們的鬥志。

西南戰區面對奧匈帝國在波蘭的加利西亞地區，是由布魯斯羅夫將軍 (General Alexei Brusilov, 1853-1928) 率領的第八軍鎮守[20]。當俄軍在東普魯士被德軍追擊時，布魯斯羅夫則率領俄軍突破了奧匈防線，在 9 月 3 日攻陷了加利西亞首都洛夫 (Lwow)。此役中奧匈軍傷亡慘重，被俄羅斯俘虜者多達萬人以上，四百座槍砲也陷入敵手；奧匈帝國總軍力的三分之一耗損在此。布魯斯羅夫將軍率領騎兵師隨即穿越克爾巴阡山脈 (Carpathian Mountains) 進窺匈牙利大平原；西南戰區主力，則已經接近克拉科夫 (Cracow)，威脅到塞立希亞。

俄羅斯在西南戰區勝利，等於是敲開了德國的後門，德皇相當震驚。他立刻在 9 月初命令興登堡倉促組成新軍，從北部突襲華沙與佔領加利西亞的俄軍。但德軍戰事進展不順利。興登堡攻擊華沙的計劃，由於俄軍頑強抵抗與奧軍的軟弱，無法奏效；加利西亞始終無法被光復。俄軍則因為興登堡從

---

[18]　瑞能坎普將軍在 1918 年被布爾什維克捕捉，後因拒絕向布爾什維克政府效忠而被槍殺。

[19]　Hugh Seton Watson, *The Russian Empire: 1801-1917*, pp. 698-701.

[20]　布魯斯羅夫將軍治兵嚴厲，賞罰分明，但能與士兵同甘苦，因此深得愛戴，是俄羅斯在第一次世界大戰中卓絕的英雄。在共黨政權成立後，他以非共產黨黨員在 1929 年參加紅軍。

北而來的攻勢，也不敢輕易進取塞立希亞。到了1914年底，東線戰事，像西線一樣的陷入膠著局勢。德國賴以快速致勝的「希利芬計劃」，完全沒有收到成效，反使德軍深陷入這個原想要避免的兩面作戰困境。

俄軍在戰局膠著的情勢下，得以暫時喘息。不過，1914年10月9日，鄂圖曼土耳其帝國戰艦在德海軍的掩護下砲擊敖得薩港口；鄂圖曼政府隨即於10月31日對俄、法、英聯盟宣戰。俄羅斯得自聯盟物資補給的海運，因此受到嚴重的打擊。從1915年開始，俄羅斯的經濟因戰爭而疲蔽，國內的政局開始更形紊亂。

德軍在1914年深陷兩面持久作戰的困境中，士氣相當低落。毛奇將軍甚至在1914年的9月就預測說這場戰爭已經失敗了。[21]唯一解套的方法，是盡全力攻打俄羅斯，以使其筋疲力盡後，自動脫離戰場；然後再在西線加強兵力，迫使法國求和。毛奇在1915年初向德皇進言說，只有在東線戰場獲得勝利，才可以扭轉劣勢；也只有在東線得勝，才可以避免奧匈帝國提早單獨求和的危機。興登堡與魯道夫將軍也都同意這個看法。

由於東線戰事已經進入持久的壕溝戰，德軍參謀總部乃祕密的調動西線將士開往東線戰區。到了1915年春，在俄方不知不覺的情況下，三分之二的德軍（九十師中的六十五師）已經聚集在波蘭附近的東戰場。德軍的裝備遠超過俄方，整個戰略計劃是採取以大砲為主要火力的剪鉗式包圍戰，先由馬肯森 (General von Mackensen, 1849–1945) 率領的德軍及配合的奧匈軍自東北方向突擊俄軍，同時，由波美樏尼亞 (Pomerania) 而來的德軍向東南方向進攻，最後兩軍相遇，使得剪鉗收口；如此不但可以包圍俄軍，並可切斷其與華沙的連繫。

德軍在4月28日開始發動攻擊，先以大砲猛擊數日，然後再出動步、騎攻打俄軍。俄軍一方面事先不知德軍欲在東線發動大規模戰爭，另一方面則是彈藥、糧食、衣物短缺，故士氣極端消沉不振，無法久戰。俄軍總司令尼古拉葉維其在1915年7月22日，趁兩股德軍尚未來得及收口時，下令俄軍從波蘭中部撤退。德、奧聯軍隨即佔領了波蘭與立陶宛，結束了俄羅斯可能威脅德國本土的危機。

---

[21]　Richard Pipes, *The Russian Revolution*. P.217.

　　德軍在 1915 年春季展開的攻勢，對俄羅斯的政治、軍事及心理，都產生了嚴重的打擊。肥沃的波蘭與加利西亞被德軍佔領，兩千三百萬的俄羅斯居民受到敵人的統治，上百萬的俄羅斯民眾被德軍奴役，分送各地充當苦勞。最嚴重的是俄羅斯兵士們經過這幾次潰敗後，充滿了怯戰的畏懼與臨陣脫逃的風氣。曾以驍勇作戰的俄羅斯軍隊在 1915 年挫敗後便急速的癱瘓：俄軍總兵力的三分之二、約為八十七萬的兵員已經被消滅；受過正式訓練的基層幹部，也陣亡殆盡。剩下的，則是缺乏鬥志、充滿了不戰而降的悲觀氣息。此後補充的兵員多半是新抽、訓練不足的壯丁與年紀較大的民防兵。1915 年的戰役，決定了羅曼諾夫王朝顛覆的命運。

　　但意想不到的是，德軍在戰場上的輝煌勝利，也埋伏了德意志帝國滅亡的基因。德軍在 1915 年春季發動的大攻擊，有兩個重要的目的，其一是將俄軍在波蘭戰場中圍剿消滅，其二是迫使俄羅斯政府乞和。這兩個目的都沒有因為戰場上的勝利達到。俄軍雖在波蘭被突擊，但卻能在緊要關頭時突破逃脫。德軍將領因此預言，德軍將再也無法徹底消滅俄軍。德皇因此祕密派遣特使前往彼得格勒（Petrograd，參戰後聖彼得堡改名），試探談和的可能性 ❷。沙皇尼古拉斷然拒絕，並準備進行長期抗戰。而且德政府自各處調動大軍前來東戰場作戰之舉，正好被英軍利用作為休養生息的機會；故當德軍在 1916 年重返西線戰場時，發現敵人已經準備充分，銳不可當。德軍在 1915 年春的輝煌戰果，同時摧毀了俄羅斯與德意志兩大帝國。

　　軍火與彈藥的短缺是導致俄軍戰爭失利的主要原因，阿列克西耶夫將軍在總司令部的檢討會議中列舉了五項必須立刻補充的缺失，否則戰況只會更行惡化。以其嚴重性為準，該等缺失依次為：砲彈、兵員補充、重型大砲、來福槍及彈藥、軍官。官方與杜馬都知道要改善這五項基本缺失的，政府的財力已經於事無補，而必須依賴民間的通力合作才可以達到。杜馬主席羅茲炎寇乃因此聯合了彼得格勒與莫斯科的企業人士與富商們，在 1915 年 5 月組織了「保證提供現役軍隊大砲措施協調特別會議」(Special Council for the Co-ordination of Measures to Ensure the Supply of Artillery to the Active Army)，提

---

❷　Richard Pipes, *The Russian Revolution,* p.219. 引用 A. G. Shliapnikov, *Kto dolzh-nik?* (Moscow 1926), p. 26.

請沙皇批准。由於軍情緊急，沙皇勉於同意，首度給予杜馬與民間組織得參與政府事務的權力；國內改革派者因此士氣大振，咸認為由杜馬組織政府的日子即將達到。

該特別會議成立後，經由官方與民間共同努力的結果，俄羅斯的砲彈產量立即增加。有鑑於此，類似的組織也先後形成，處理各種不同的危機；其中最重要的是由羅茲炎寇全權負責成立、以便統籌全國軍務的「國防特別會議」(Speical Council of Defense of the Country, Osoboe Soveshchanie po Oborone Strany)。該特別會議為官方與民間人士共同組合而成，國防部長阿列克色‧坡立安諾夫 (Alexei Polivanov, 1855–1922) 為當然主席，其餘四十位委員則來自國家議會與杜馬議會、各地「鄉土議會」及企業界代表。「國防特別會議」的功能是凝聚全國的生產力量，充實軍備，扭轉惡化的戰局。為了要徹底實行該特別會議的功能，政府又特別設立「中央軍—工業委員會」(the Central Military-Industrial Committee, Tsentralnye Voennon-Promyshlennyi Komitet)，負責將中、小型民間工業轉換成為製造槍砲與彈藥的軍工廠。為數約一千三百家的兵工廠乃因此在國內各地成立，急速補充了槍枝與彈藥缺乏的供應。俄國兵工廠在 1914 年的彈藥生產量為十萬到十五萬發子彈；1915 年增加到九十五萬發；1916 年則增加到了一百八十五萬發，消除了彈藥不足的危機。在二月革命前夕，俄軍已經擁有足夠的砲彈，據統計，每一座輕機槍有三千發子彈；每一重機槍有三千五百發子彈。❷❸這些數字證明了官方與民間的合作，達到了改善戰局的效果。

其他協助對德作戰的民間組織，以各地的「鄉土議會」及「市政會議」(Municipal Councils) 為最重要。為了要更有效的實行其功能，它們開始合作，並擬成立全國性組織。沙皇政府原本反對地方性自治團體牽涉官方事務，以突顯中央之無能，但在戰爭緊迫的需求下，只得暫時允准。由洛沃夫親王 (Prince George Evgenevich Lvov) 聯合各地「鄉土議會」所組成的「全俄羅斯鄉土會議聯盟」(Zemstov Union, Zemskii Soiuz)，在 1915 年 8 月獲得沙皇的特准後正式成立，立刻投入戰場，負責救護傷兵及安頓難民的工作。洛沃夫親

---

❷❸　Richard Pipes, *The Russian Revolution*, p. 230. 引用 Sidorov, *Ekonomicheskoe polozhenie*, pp. 117–119.

王在日俄戰爭時，曾負責過類似的救護機構，因此他特別採用紅十字會的會旗作為「鄉土議會聯盟」的旗幟。另一民間組織的「市政會議」，也成立了聯盟。由於它與「全俄羅斯鄉土會議聯盟」性質與功能類似，故兩者在 1915 年 11 月合併成為「澤姆高」(Zemgor)。「澤姆高」的經費純來自民間，分會多達八千所，遍處各地；在 1916 年初，在各地分會工作的義工及雇員高達數萬人之多。會員們不顧自己性命的奔跑於戰場中，救護傷患者及抬運屍體；政府官僚及軍方戲稱這群非戰爭的民間鬥士為「澤姆高」(Hussar)。

在全國同胞合作抗戰的愛國氣氛下，連極端的社會主義者，也暫時拋棄了意識形態上的堅持，鼓勵勞工階級努力生產武器與彈藥。孟什維克派的戈沃茲德夫 (K. A. Gvozdev) 在 1915 年 11 月組織了「中央勞工團」(Central Workers' Group, Tsentral' naia Rabochaia Gruppa)，協助「中央軍－工業委員會」維持工人們的紀律。

上述的特別會議及「澤姆高」等組織，顯示出政府已經到了非得依靠民間組織與財力協助的地步；改革分子們認為類似的合作若能持續發展，則由杜馬議會組織成的責任性政府終將出現，俄羅斯也必會走上憲政之途，更可因此消除由社會主義分子所挑動的革命運動。但對強烈認為國家事毋庸人民介入的沙皇尼古拉二世來說，這現象顯然只是權宜、絕不可持久的制度。因此一旦戰局好轉，他一定要重申君主專政的信條。

五、尼古拉二世親任戰爭總司令與革命的醞釀

尼古拉二世接到華沙在 1915 年 8 月失守及俄軍撤退的消息後，臉色蒼白的說不出話來。最後他終於喃喃自語的說，不能這樣子的下去了。他已經不管文、武官員的反對，下定決心要親自上前線，與士兵共甘苦地對德抗戰。皇后亞歷山德拉與拉斯普廷都非常支持他的決定，尤其是亞歷山德拉。她一直就不喜歡現任的總司令尼古萊‧尼古拉葉維其；一來是她認為尼古拉葉維其身材魁偉，總是佔盡了尼古拉二世的光彩，二來則是尼古拉葉維其憎恨拉斯普廷的態度。他曾經警告過拉斯普廷說，只要他膽敢跨進總司令部一步，就一定會把他絞死。尼古拉親往前線替代尼古拉葉維其，終於可以解除她的

心頭之恨。

尼古拉二世在 1915 年 8 月 22 日到達總司令部，隨即將尼古拉葉維其解職，命令阿列克西耶夫將軍接任為名義上的總司令，而自己則在背後決定一切。他將總司令部遷移到東方兩百哩的莫基勒夫 (Mogilev)，決定繼續抗戰。莫基勒夫一字，源自俄文「墳基」之意，象徵著羅曼諾夫王朝，日漸接近死亡的厄運。此城位處德涅泊河上游，距離首都莫斯科有五百多哩的途程，聯絡非常不便。

自從沙皇遠離京城在戰場督戰後，皇后認為她有協助自己的丈夫處理國家大政的義務；從一個素不關心政治的婦女，一夕之間突然變成決定俄羅斯朝政的女主。她向沙皇保證說她將永遠是他後方的堡壘；她將個人的情感、家庭的瑣事及國家大事，鉅細靡遺的寫信向沙皇報告。

由於她來自德國，朝中大臣大多懷疑她對俄國的忠貞性而不願太接近，因此她一直有被孤立之感；沙皇到前線去後，她所能依賴與商討國事的只是宮廷內幾個親近人士而已。其中最重要的，莫過於救過太子性命的拉斯普廷。而拉斯普廷也乘機利用機會賣官鬻爵，敗壞了朝政。

尼古拉二世決定要到前線督戰時，也正是國內政局最需要他的時刻。東線戰局開始像西線一樣的平靜；但國內的政治卻是危難重重，威脅到整個政權的存亡。第四屆杜馬從 1912 年 11 月 15 日開會，一直繼續到 1915 年 1 月 9 日奉令休會為止。沙皇在下達休會命令時曾承諾說，一旦戰局穩定，他將立刻召集杜馬復會；因此他在 1915 年 6 月約見杜馬主席羅茲炎寇，告知他將命令杜馬在 7 月 19 日起復會六週的決定。「十月黨人」與「卡迭特」等改革派代表們聞訊後，乃組成了「進步集團」(Progressive Bloc)，決定在復會後的 8 月 25 日中，提出組織責任性政府、尊重杜馬立法權、釋放政治與宗教犯、波蘭自治、禁止種族歧視及給予芬蘭與烏克蘭自主權等九項要求的議案。當該案在杜馬議會中提出後，不但議會中四分之三——包括保守分子在內的代表們——贊成此提案，連向來保守的「國家議會」也投票通過。更驚奇的，是行政首長們都認為議會式的政體已經是刻不容緩了，而對此案大力支持。不但如此，部長們並聯名上書沙皇，說他們在目前的政治局勢下，已經失去民心，故無法繼續治理國事，若他仍然不承諾立刻組織責任性政府的話，願集

體辭職求去。官僚體制中的官員集體贊成改革派建議重組政府之事,是俄羅斯歷史中從未有過的先例;老邁的部長主席格瑞穆金驚恐的急忙趕赴莫基勒夫,向沙皇報告此危機。為了要重申君主專政的權威,尼古拉二世不顧朝野的共同反對,在 9 月 3 日下令解散杜馬議會,拒絕接受任何改革的要求;他命令聯署集體辭職的官員們前來總司令部,警告他們不得任意離職,否則必定嚴加懲罰。

美國歷史學家派珀斯 (Richard Pipes) 評論尼古拉說,他在 1915 年作了兩項重大錯誤的決定,以致葬送了羅曼諾夫王朝的命運。第一是將尼古拉葉維其撤職,親自指揮作戰;第二則是強迫杜馬議會休會。其中第二項決定更是致命傷;因為向來支持沙皇政權的官僚們,眼見沙皇在國家最危急的時刻,仍只聽信皇后及拉斯普廷讒言而不及時改革時,深感無望,開始唾棄尼古拉的政權,致使他在真正面臨生死存亡的關頭時,竟然是處於眾叛親離、孤苦無援的絕境。**❷❹**

尼古拉二世在解散杜馬議會後,開始整肅批評朝政的官員。首先去職的是部長主席格瑞穆金;他並非因反對沙皇,而是過於老邁與無能,無法與官員及杜馬議員們共事,故尼古拉在 1916 年初請他退休離職。接任者是由皇后所推薦的玻立斯・斯托莫 (Boris Sturmer, 1848–1917)。在俄羅斯仍然與德交戰的時候,任命一個日耳曼後裔的斯托莫作為部長主席之職,確實是匪夷所思之舉。不過,斯托莫是拉斯普廷摯友,因此皇后力排眾議的大力推薦,終被沙皇接受。接著,在前線的沙皇聽從皇后與拉斯普廷的建議,將聯署集體辭職案的部長官員們,先後一一撤職。國防部長坡立安諾夫先是因為曾經力勸沙皇應留守國內不要輕率的到前線去督戰而觸怒皇后,如今則不但是辭職案的聯署者之一,而且主張與杜馬合作共同改革內政,故在 1916 年 3 月被沙皇撤職,由狄密錘・蘇瓦耶夫將軍 (General Dmitrii Shuvaev, 1854–1937) 替代。英國駐俄羅斯的軍事顧問諾克斯上校 (Colonel Alfred Knox, 1870) 曾誇讚坡立安諾夫將軍是俄羅斯最有才幹的將領,認為他的去職勢將造成一項無法挽救的災難。蘇瓦耶夫將軍在 1917 年的 1 月被撤職,他在 1918–1919 年間,因協助托洛斯基成立紅軍,而成為蘇維埃政府的重要將領。

---

❷❹ Richard Pipes, *The Russian Revolution*, p. 228.

　　緊隨蘇瓦耶夫將軍後被撤職的是外交部長沙佐諾夫。沙佐諾夫是斯投里平的妹夫，也是集體辭職案的聯署者之一，因此一直就不被皇后接受。她再三警告尼古拉說沙佐諾夫不但與英國及法國政要們關係密切，而且更與國內改革派極力合作，企圖推動議會政體，故若不立即替換，最後必會瓦解君主專政的基礎。尼古拉在 1916 年 7 月，以沙佐諾夫曾建議波蘭自治為由，突然將他撤職；外交部長的空缺，則由部長主席斯托莫兼任。朝野官員對此輕率的行動，譁然抗議；與俄羅斯聯盟的英國及法國政府，也對沙佐諾夫突然被撤職之因，大感不解，咸認為接任的斯托莫無法信任，故盡量避免接觸。❷❺

　　內政部向來是支持君主專政最主要的基石，但簽署集體辭職信者，竟然有內政部長尼古拉‧契爾巴托夫 (Nicholas Shcherbatov, 1868–?) 之名；尼古拉對此甚為震怒，將其撤職後，改以拉斯普廷推薦的亞歷山大‧寇佛斯托夫‧(Alexander Khvostov, 1857–?) 繼任。到了 1916 年 9 月，沙皇為了要面對11月復會的杜馬議會及平服因撤換外交部長沙佐諾夫所引起的軒然大波，故特意任命杜馬議會副主席亞歷山大‧普洛托坡坡夫 (Alexander Protopopov, 1866–1918) 為內政部長。普洛托坡坡夫屬於「十月黨人」派，是個大地主，也擁有紡織工廠；「十月黨人」與「卡迭特」在 1915 年 8 月組織「進步集團」時，他是主要的發動者。但是不為外人所知的，他暗中是拉斯普廷的支持者，曾說過拉斯普廷是使俄羅斯免於革命災難的救護者。因此他的任命，其實是皇后極力推薦所促成。她寫信給沙皇說：「請即任命普洛托坡坡夫為內政部長。由於他出身杜馬，故正好可以用他來堵塞杜馬議員們的口。」❷❻杜馬議員推崇沙皇任命普洛托坡坡夫之舉，認為他確實有誠意要與杜馬議會合作推動改革，共同度過國難。不過，普洛托坡坡夫一旦正式任職後，馬上改穿憲兵軍官制服，表示對沙皇效忠。

　　在皇后與拉斯普廷的安排下，沙皇完成了懲罰集體辭職的官員，組成一個可以信賴的政府。皇后對這個新政府尤其滿意，她寫信給沙皇叫他放心，因為現在的政府是在斯托莫與普洛托坡坡夫兩位忠臣的掌握中，而他們又處處聽從我們的友人—智者（拉斯普廷）—的旨意辦事。❷❼在前線督戰的沙皇，

❷❺　Robert K. Massie, *Nicholas and Alexandra,* pp. 352–353.

❷❻　Richard Pipes, *The Russian Revolution,* pp. 248–249.

因此滿懷自信決定在 1916 年 11 月 1 日重新召集杜馬議會開會，討論國家預算問題。不過在杜馬復會前，「卡迭特」與「十月黨人」已經決定要在大會中採取對抗與衝突的策略，要求廢除所有在「基本法」第 87 條下所制訂的法律，調查政府高層是否有單獨與德國議和的叛國陰謀；最後，則是要逼迫部長主席斯托莫辭職。

當杜馬在 1916 年 11 月 1 日復會時，沙皇正帶著太子阿列克西斯在基輔探望母親及視察軍事基地，國內的大事都交由皇后處理，而皇后則又只對拉斯普廷言聽計從。因此杜馬議會要面對的，是由皇后、拉斯普廷、斯托莫與普洛托坡坡夫四人所組成的核心勢力範圍。杜馬議會按原計劃準時開會，由斯托莫與普洛托坡坡夫率領的官員們，外國使節們都列席參加。大會由議長密開爾·羅茲炎寇致簡單的歡迎詞後正式開始；斯托莫與普洛托坡坡夫隨即在議員們的怒罵中，率領官員們離去；外國使節因在事前已被告知，也跟隨離席。

這屆杜馬議會成為了自由改革、極左革命與極右反動三派聯合攻擊政府的場所。首先發難的是「十月黨人」領袖及「進步集團」發言人西德洛夫斯基 (S. I. Shidlovskii, 1843–1907)；他指責政府故意將杜馬休會，以「基本法」第 87 條的行政令治理國家，及利用祕密警察力量，鉗制人民批評政府弊端的言論自由。他說「進步集團」要在法律許可範圍之內，盡量推動組織一個可以使得人民信任的新政府。接著是左派的勞工黨代表亞歷山大·克倫斯基 (Alexander Kerensky, 1881–1970)，他首先咆哮式的批評歐洲統治階級，故意將「民主」淪喪為一場不可寬恕的戰爭，然後他指責俄羅斯政府助紂為虐的在國內實行「白色恐怖」，任意捕捉無辜的勞動者，填滿了所有的監牢。他話題一轉說，每一樁惡行後，都暗藏著拉斯普廷的醜陋面孔。他說真正的敵人不在前線的戰場上，而是潛伏在國內。他指著部長主席、內政部長及其他官員離席後的空位子說，這些都是被雇用的劊子手，他們觸犯了叛國及屠殺同胞的滔天罪惡，應該立刻被鏟除。他激昂慷慨的演說獲得極端派的熱烈掌聲，但因過於近乎謾罵，而被主席禁止繼續發言。

緊接著克倫斯基發言的帕維爾·米琉寇夫，屬於「卡迭特」的溫和派，

㉗　Robert K. Massie, *Nicholas and Alexandra*, p. 359.

在杜馬議會中一直扮演著理性改革者的腳色，故深受朝野的尊重。他的發言，將會有重大的影響。不過，這一次他為了尊重挑戰政府威信的戰略，要採取似是而非的證據，發表直接指控皇后與部長主席斯托莫涉嫌通敵，有賣國企圖的演說。首先他指出全國軍民在 1915 年戰敗後能發憤圖強，以致扭轉局勢。但最近的發展卻令人失望與痛心。他問，為什麼所有的盟約國家都能團結一致抗敵，而只有在俄羅斯的國家內，凡是盡忠報國的幹才都一一被罷黜呢？他自我回答說，根據法官的國家「黃皮書」報告，德國政府的戰略就是利用賄賂的手段腐蝕敵國的領導階層，以達到不戰而滅人之國的目的。他指出部長主席斯托莫的私人祕書就曾經是德國所收買的間諜，而斯托莫本人也間接接受過賄賂。他並引用德、奧報紙報導前俄羅斯外交部長沙佐諾夫被斯托莫替換時的喜悅語調，證明斯托莫是德、奧敵國可以信任的俄羅斯外長。然後，他下結論說，不論政府如何勵精圖治，都終歸無效，因為政府高層中有潛伏的敵人。因此，他呼籲沙皇應立刻撤除以斯托莫為首的政府，另由杜馬組織一個責任性的新政府。

斯托莫的名字確實是德國名字，他或許過於聽從拉斯普廷的指示而紊亂國政，但他卻不是德國的間諜。米琉寇夫本人也承認這個事實，他在自己的回憶錄中特別申明這一點。❷❽不過，他同時也強調，為了達到打擊現政府的合法性，他不得不如此。連向來篤信誠實原則的米琉寇夫，為了要達到政治目的，也不惜採取不正當手段之事，正好說明 1916–1917 年的俄羅斯政局，已經敗壞到了無法收拾、即將崩潰的地步。

不過，一般的民眾並不知道米琉寇夫捏造證據毀謗斯托莫的政治目的，他的演說隨即傳遍各地；據說其傳播量高達幾百萬份。更嚴重的是，他的演說被簡化成「杜馬議會握有皇后與斯托莫暗中要將俄羅斯出賣給德皇威廉二世的證據」。❷❾尤其當這些說法傳到前線作戰的官兵時，更具有破壞性的負面影響。米琉寇夫的演說，被認為是引起二月革命的導火線，因為這個演說挑

❷❽ P. N. Miliukov, *Vospominaniia, 1859–1917, II,* (New York, 1955), pp.218–210. Richard Pipes, *The Russian Revolution*, p. 255 引用。

❷❾ S. S. Oldenburg, *Tsarstvovanie Imperatora Nikolaia II,* (Munich, 1949), pp.218–220. Richard Pipes, *The Russian Revolution*, p. 255 引用。

動了俄羅斯人民對皇家與賣國行為的強烈仇視感，而二月革命也就是人民發洩這些仇恨的開端。

連最效忠沙皇的極右派民族黨，也對斯托莫的政府失去信心；其首領束爾金 (Shulgin, 1878-?) 在杜馬議會中說，與德軍奮戰兩年，且敢瞪視興登堡的俄羅斯人民，現在卻懼怕自己的政府，喪失了對抗斯托莫的勇氣。他的發言，甚至獲得了極左派的熱烈鼓掌。

拉斯普廷在皇后的羽翼之下任意干涉朝政，已經是眾所知曉之事。當尼古拉在 1916 年 11 月前往基輔視察，特地探望住在該城的母親時，他母親就警告他，若不盡早防範皇后與拉斯普廷干涉政務，必會後患無窮。同時，他的堂叔尼古萊·密開洛維其大公 (Nikolai Mikhailovich, 1859-1919) 也到總司令部與沙皇長談國家大事，請求他盡快去除拉斯普廷。走前，他留下一封措詞婉轉的信，希望他能即刻停止皇后干政，否則大難即將臨頭。沙皇因忙碌他事，忘了先閱讀該信，就直接寄給了皇后；皇后讀信後，勃然大怒，要求沙皇立刻將密開洛維其從彼得格勒放逐他地。另一位堂叔、前對德作戰總司令尼古萊·尼古拉葉維其也到軍營，要求沙皇盡快下令罷黜部長主席，由杜馬組織責任性政府。

在家族接二連三的壓迫，及杜馬議會中極左、極右與溫和改革派的共同反對下，尼古拉只好不顧皇后與拉斯普廷的反對，終於將斯托莫解職，改由與皇后及拉斯普廷無關連的交通部長亞歷山大·崔泊夫 (Alexander Trepov, 1862-1926) 接任。崔泊夫在正式接任部長主席職位前，曾誇言一定會清除拉斯普廷的勢力及撤除普洛托坡坡夫的職位。不過在皇后的保護下，兩人都相安無事。反而是崔泊夫計劃失敗後，想以重金賄賂拉斯普廷被拒，而貽笑大方。

杜馬議會在 1916 年 11 月 19 日復會，當崔泊夫上臺致詞時，因克倫斯基所領導的勞工黨叫囂，幾乎無法發言。就在此時，一位強力支持君主專政的保守派議員伏拉地密爾·普里士克威奇 (Vladimir Purishkevich, 1870-1920)，強行上臺講演，要求政府立刻停止「將俄羅斯出賣給德國」的叛國行為、剷除拉斯普廷及根絕「拉斯普廷主義」(Rasputinism)。他的演說獲得會場一致的支持；克倫斯基甚至公開呼籲民眾不要再遵守政府的法令。尼古拉企圖與杜

馬妥協的計劃完全失敗。就在此時，一項謀殺案正在祕密的進行中，慷慨發言的普里士克威奇是其中之一。

　　1916 年 12 月 17 日（新曆 12 月 30 日），莫斯科的警察在結冰的河流中發現了一具屍體，檢查後知道死者是拉斯普廷。皇后聞訊後，不食不語的呆坐，整個人的身體與精神面臨崩潰邊緣。沙皇為了此事，不顧戰場上的要務，便於次日（18 日）離開莫基勒夫的司令部返回首都彼得格勒，準備嚴格處罰殺害拉斯普廷的兇手。這是他最後一次回到彼得格勒。一直停留到 1917 年 2 月 22 日才返回總司令部。

　　尼古拉二世回到彼得格勒後，知道兇殺案竟然是羅曼諾夫家族、他的至親所主持，氣憤之外，更是許多的無奈。他說，他在所有的俄羅斯人民面前羞愧的抬不起頭來，因為他的親戚們竟然雙手沾滿了這個農民的鮮血。他又說，不管是誰，都沒有享受殺人的權力。這件謀殺案，就草草了事。以前曾宣稱要去除拉斯普廷的部長主席崔泊夫則被迫辭職，由老邁的戈林斯基接任。戈林斯基以年老體弱為由，多次請辭而不准。不過，部長主席之職，早已經是皇后的傀儡，誰來擔任，都無關緊要。沙皇與皇后經此劇變後，越與外界隔離，連 1916 年的聖誕節都在陰霾中渡過。他在 1917 年 2 月 22 日彼得格勒示威大遊行的前一天，辭別家人，重回前線。以後他就再也沒有回過彼得格勒的家。

六、拉斯普廷的興起與覆亡

　　「國之將亡，必有妖孽」一說，在古今中外歷史上屢應不爽，受沙皇尼古拉二世與皇后亞歷山德拉共同恩寵而顯赫一時的格里高立・拉斯普廷，就是一個明顯的例證。拉斯普廷之所以能影響俄羅斯內政的原因，與太子阿列克西斯的血友病症有關。沙皇與皇后亞歷山德拉育有四個女兒，分別是歐伽 (Olga)、塔緹亞娜 (Tatiana)、瑪利亞 (Maria)、與安娜斯塔西亞 (Anastasia)。她們姐妹關係親切，以每個人名字的第一個字母串連起來，共稱為 OTMA。沙皇與皇后由於一直沒有男嗣，所以一直擔憂皇位繼承無人的危機。皇后亞歷山德拉的父親是德國人，她與尼古拉的婚姻從一開始就被父母親反對；成為

皇后後，與太后瑪利亞・費歐多若夫納的關係更是形同水火，各不相容。雖然她婚後不但立刻皈依了東正教信仰，而且是一個非常虔誠的教徒，但仍然無法被國人接受，一直被視為是一個「外國人」或「德國女人」。皇太后則指責她無法生育男嗣之實，乃是為了德國利益而蓄意要斷絕俄羅斯皇家世系的陰謀。

在內外交加的壓力下，皇后亞歷山德拉求子之心更是殷切，因此向各處徵聘名醫，希望能治癒不孕男嬰之症。在 1901 年時，曾特從法國聘請了飛利浦 (Dr. Philippe) 醫生前來俄羅斯；他診視後，就斷言皇后必將會身懷男胎，皇后也深信不移。臨盆之日到達時，皇后按時進入候產房，由內廷御醫在旁伺候。等待數日後，皇后仍無生產時的陣痛現象，御醫乃被迫檢查皇后生理現象，發現皇后其實只是「假孕」(false pregnancy)，而不是如飛利浦醫生所說的真正懷孕。消息傳出，全國譁然，國人更加唾罵皇后邪惡，認為「假孕」乃是她要發瘋的前兆。聖彼得神學院教長，同時也是教導皇家子女教義的西奧凡 (Archimandrite Theophan) 大主教，則警告皇后說「假孕」是上帝懲罰妄聽妖言者之警訊，故必須立刻勤加祈禱、懺悔。皇后本人經此打擊，感到羞辱無加，從此深陷於宗教的神祕教義之中，以求能清除罪惡。

當俄羅斯的軍事在日俄戰爭中進展不利、內政部長普列維被恐怖分子炸死的紊亂局勢中，皇后亞歷山德拉終於在 1904 年 7 月 30 日誕生了一位皇子。尼古拉聞訊大喜，慶幸皇朝後繼有續，立即命令發射禮砲與全國教堂鳴鐘加以慶賀，並以他最尊敬的羅曼諾夫第二代沙皇阿列克西斯之名為他命名；皇后亞歷山德拉更是感謝上帝的恩賜，日夜守護著愛兒。不過，就在他出生後的第六週時，不幸的徵兆開始呈現。先是皇后發現他肚臍有出血不停的現象；稍為成長後，若不小心翻身跌倒，則手臂與腳都會有紫黑色的腫塊；三歲時，臉不小心被打破，隨即整個臉發腫，腫得幾乎將兩個眼睛都擠壓得看不見。皇后亞歷山德拉知道她的兒子已經從她身上繼承了無法治癒的血友症，她原本就有的罪惡感遂更加深重；除了寸步不離的守護著他外，她也無計可施。本病的帶原者及亞歷山德拉親戚因此而死亡者，已經在前文提及，故不在此重複敘述。

「血友症」是一種血液無法以正常速度凝固的反常生理現象，在當時是

一個絕症。患者若體外受傷，則必須立刻用紗布緊壓傷口，以免流血不止；但若鼻孔、口內或體內任何部位出血，因無法使用紗布緊壓傷口之故，則有時會血流不止而產生嚴重的後果。體內受傷後，因血液凝固劑稀少，血液會從傷口處流向身體各部而淤積不散，最後則全身臃腫形似氣球，疼痛難忍。尤其是當血液流到膝蓋、足踝與各處關節，神經被緊壓所產生的痛苦，會使患者痛得昏厥。阿列克西斯就經常會在「血友症」時，大聲叫痛後，便昏厥不省人事。不過當血液淤積後，全身臃腫所產生的壓力，會緊壓傷口而阻止其繼續流血，體內積血會慢慢被吸收，患者逐漸恢復正常。

　　阿列克西斯在時好時壞的情形下慢慢成長，健康時，他像所有兒童一樣的活潑，「血友症」一旦發作，則痛苦得無法動彈。國內的醫生面對阿列克西斯的「血友症」束手無策，只有等他自己慢慢恢復；沙皇與皇后在側，更是心如刀割。篤信神祕主義的皇后亞歷山德拉，眼見醫術無效，開始認為只有神力才能治癒她的兒子。就在此時，西奧凡大主教及其他宗教長老便向皇室進言說，不妨將有醫術的格里高立・拉斯普廷請入宮廷治療皇子。時值 1905 年 10 月 31 日，因為沙皇尼古拉二世在 11 月 1 日的日記中寫著說：「我們遇見了來自托勃司克 (Tobolsk) 的一位神人 (Starets)。」❸ 非常神奇的，當阿列克西斯流血發病時，拉斯普廷竟然能用催眠的治療方式，先使其平靜下來，然後再用手輕輕按摩，將阿列克西斯漸漸帶入睡眠；一覺醒來後，他已經忘記剛才的痛苦。拉斯普廷因此受到沙皇與皇后特別的恩寵，成為權勢顯赫、不可一世的人物。

　　格里高立・鄂非莫維奇・拉斯普廷 (Gregory Efimovich Rasputin, 1871– 1916) 出生於西伯利亞的托勃司克一個富農的家庭。他有一個智能低弱的哥哥，常常發病，要他照料，小時候掉入河中溺斃。後來學者因此認為拉斯普廷從小就養成了如何處理突發病症的知識，而並不是真正具有神力之故。不過，他能治癒阿列克西斯，減輕他痛苦之事，則是有目共睹。

　　拉斯普廷幼年時好幻想，號稱能懂牛羊等獸語，並會治療它們的疾病；

---

❸　Maria Rasputin and Patte Barham, *Rasputtin: The Man Behind the Myth,* Englewood Cliffs, New Jersey, Prentice-Hall, Inc., 1977, pp.111–112. Maria Rasputin 瑪利亞・拉斯普廷是拉斯普廷的女兒。

長大後，經常喃喃自語，宣稱在田野工作時，時常看到卡贊聖母顯靈，要他拯救世人。他的父母為了使他定下心，能好好處理家庭的田產，便同意他與同村女子寇威亞・費歐多若夫納・杜布若威納 (Praskovia Fedorovna Dubrovina) 成婚；婚後，他們生有兩男兩女。當拉斯普廷在聖彼得堡竄紅時，他的妻子一直住在鄉間，也知道他在外的行為，但從來沒有干涉過他的生活。他成婚後，依然無所事事的到處遊蕩，堅持要以神力來拯救世人；最後決定離家到附近「沃克突里」(Verkhoturye) 修院，跟隨一位叫馬卡力 (Makarii) 的「神人」學道。

「神人」多半為獨處荒郊，篤守赤貧與苦修戒律的隱士；他們自稱具有上帝特賜的神力可以安慰世人的心靈，也會治療身體上的各種惡疾。他們經常是衣冠襤褸、終年不清洗身體，獨自遊方各地，朝拜聖跡，尋找聖靈的「遊蕩朝聖者」(Strannik)。杜斯妥也夫斯基在他的《卡拉瑪卓夫兄弟們》(Brothers Karamazov) 中，曾對「神人」有深刻的分析，說他們具有一種可以懾服他人心魂，讓對方完全拋棄自我的神力；人民把他們當作是聖人一樣的崇拜。

「沃克突里」修院屬於一個叫「克力斯褅」(Khlysty) 的古老神祕宗教派別，首創於十八世紀。「克力斯褅」一詞是從信徒們互相鞭笞對方時所用的「樺樹枝」演變而來；其教義與歐洲中古時期的「鞭笞者」(flagellant) 極為相似。「克力斯褅」派認為祈禱、懺悔與神祕的儀式，是獲得解救的唯一之途；但把經典與東正教的教規，當作是阻止信徒與聖靈直接溝通的障礙，因此必須要棄絕。與正統的東正教教義相反的是，他們認為原罪並不存在，人的罪惡是愚昧與無知所造成，但是罪惡可以由祈禱與懺悔清除。因此「克力斯褅」教派不但不排斥罪惡，反而認為罪惡是獲得救贖不可或缺的要素。因此，從事放浪形骸、集體性的縱欲、暴飲暴食、讓身體骯髒、惡臭等各種反社會行為，反成為了教義中必備的條件。教徒們通常在禮拜日深夜時舉行神祕儀式，儀式開始時，先由主持的教長用「樺樹枝」鞭打信徒全身，信徒們則大聲祈禱與喊叫，當情緒到達最高潮時，男女老幼則不分親屬關係的界線開始集體雜交。拉斯普廷在此修行時，就受到了師兄們的性侵害。

拉斯普廷在此修行完畢後，便以「遊蕩朝聖者」身分到各處飄蕩。他在1903 年，以蓬頭垢面、渾身奇臭的流浪漢面貌出現在聖彼得堡，替人祈禱與

治病。由於他的醫術高超，治癒過許多病人的宿疾，患者把這位來自西伯利亞的「農民」當作聖人，因此他的聲名開始傳播。雖然他生活靡爛、邪惡多端，大家不以為意，反而相信他經過不停的祈禱與懺悔後，不但被上帝寬恕，而且更被上帝賜予能知未來及醫病的神奇功能。連東正教的尊貴們都把他當作聖人看待。拉斯普廷便利用這些聲響，開始在聖彼得堡過著放縱的生活，許多貴族婦女也趨之若鶩的爭相邀寵，希望這位聖人能慰藉她們空虛的心靈及身體上的肉慾。但是政府中許多官員，認為他行為違背倫常，要將他剷除。當時擔任部長主席的斯投里平就曾將他敗壞風俗的行為上呈沙皇，並要求他立刻下令將拉斯普廷驅除出聖彼得堡，沙皇先是不從；不過，在斯投里平的堅持下，拉斯普廷在 1911 年終於被迫離京，恢復他「遊蕩朝聖者」的生活。他誇稱曾乘此機會前往聖城耶路撒冷朝聖。

他被流放的日子相當短，一方面是斯投里平不久便被革命分子炸死，再則是 1912 年的秋天，因太子阿列克西斯的「血友症」爆發，被立即召回。沙皇與皇后在 1912 年秋高氣爽的季節，攜帶全家前往前波蘭王室狩獵聖地的斯帕拉 (Spala) 度假。剛渡過八歲生日的太子阿列克西斯興奮的隨父親各處打獵與釣魚；但有次因上下船不小心撞破了腿，開始血流不止。四位御用醫生面對痛不欲生的太子，束手無策。太子血流不止，身體越見衰弱，幾近垂死。沙皇與皇后不停的祈禱，也無補於事。他們忍痛開始辦理後事，並首度向全國報導太子身懷宿疾的消息。皇后此時忽然想起被放逐的拉斯普廷，立即打電報到他在西伯利亞的家中，請他立刻前來治療太子。拉斯普廷接到電報後立刻回電說：「不要害怕，上帝看見了妳的淚水，聽到了妳的祈禱。不要難過，妳的兒子會活回來。」❸ 不知真是他的神力，還是阿列克西斯的病情達到最高點後，慢慢消退而逐漸自我治癒；機緣巧合的是，當皇后接到拉斯普廷回電來探視兒子時，發現阿列克西斯已是眼睛睜開，開始有了動靜。她驚喜若狂，認為拉斯普廷一定是上帝特別派遣下凡，解救她母子、羅曼諾夫王朝的聖人。對任何有關他品德敗壞、暴飲暴食與縱慾雜交的報導，都被沙皇與皇后排斥，認為是惡意誣蔑，而置若罔聞的不予理會。

---

❸　Maria Rasputin and Patte Barham, *Rasputtin: The Man Behind the Myth*, pp. 177–178.

拉斯普廷從 1912 年解救了太子生命後，經由皇后的協助，開始培植自己勢力，並直接影響沙皇派任官員的決定。國內的官員與杜馬議會代表，都對拉斯普廷穢亂宮闈及干涉國政感到極大的不滿。當主席密開爾・羅茲炎寇就在 1912 年，手握拉斯普廷惡行證據面見沙皇，請求將拉斯普廷罷黜時，沙皇說拉斯普廷只是一個普通的農民，但能神奇的治療太子病痛，因此請他不要干涉他家庭的私務。㉜部長主席寇克夫策夫在 1915 年沙皇即將親自上前線督陣作戰時，請求沙皇盡速將拉斯普廷驅離彼得格勒，否則他必會使尼古拉家破人亡，也會導致羅曼諾夫王朝的毀滅。沙皇憤怒的替拉斯普廷辯護，並大聲斥責寇克夫策夫說：「社會大眾並不治理國事。為了他們的好與幸福，只有我才能治理他們，也只有我才知道他們所謂的好到底是什麼。不管他們知道不知道，我的決定都是為了他們的好。」㉝

沙皇在 1915 年 8 月離開彼得格勒（“Petrograd” 原稱聖彼得堡，第一次世界大戰時改為彼得格勒）親去前線督陣，國內的朝政交由皇后亞歷山德拉代理。拉斯普廷則乘機利用皇后對他的信任，更是氣焰高漲，不可一世，動輒任用私人霸佔政府中如部長主席、外交部長等重要職務。宮廷則傳出拉斯普廷除了與宮女、貴族婦女雜交外，更與皇后有曖昧關係的謠言。拉斯普廷自己也似有預感，知道他可能有殺身之禍，乃在 1916 年 11 月 4 日（新曆 12 月 7 日）給沙皇與皇后寫了最後的一封信。信中說，假如他被像他一樣的農民所殺，沙皇可以不必擔心，他的子孫將繼續統治俄羅斯百餘年之久。假如他是被「博亞」貴族所殺，則他們手上所沾滿的鮮血在二十五年內都無法洗乾淨，他們在二十五年內兄弟將互相殘殺，一直到國內所有的「博亞」全部被殺光為止。他警告沙皇說：「假如你聽到鐘聲響了的話，你就知道格里高立・拉斯普廷已經被殺。假如殺死我的人是你的親屬的話，你的子女們將活不過兩年；他們都會被俄羅斯人民殺害。」㉞二十三天後，拉斯普廷被殺死。

拉斯普廷的預感並非空穴來風，因為當時確實有由貴族們要謀殺他的陰

㉜　Joseph Fuhrmann, *Rasputin: A Life,* New York: Praeger, 1990, pp. 51; 119–120.

㉝　Maria Rasputin and Patte Barham, *Rasputtin: The Man Behind the Myth*, pp. 175–176.

㉞　Robert K. Mssie, *Nicholas and Alexandra,* New York: Atheneum, 1967, p. 374.

謀。參與謀殺計劃者是腓利克斯・于索坡夫 (Felix Yussoupov, 1887–1967)、狄密錘・帕夫羅威奇 (Dmitri Pavlovich, 1891–1942)、伏拉地密爾・普里士克威奇與禁衛軍的蘇克廷少尉 (Lieutenant Sukhotin)。于索坡夫是億萬家產的唯一繼承者，他在俄羅斯所擁有的土地與財富，遠超越沙皇世系的羅曼諾夫王朝；他的妻子伊莉納 (Irina, 1895–1970) 是沙皇尼古拉妹妹唯一的女兒，容貌絕眾。于索坡夫則性喜男色，與拉斯普廷是舊識。帕夫羅威奇是沙皇亞歷山大二世的孫子，與尼古拉沙皇有堂兄弟的關係。他曾與尼古拉的大女兒有婚約，但因他與于索坡夫同樣是同性戀者而作罷。普里士克威奇是「杜馬」議員，曾在「杜馬」議會中大聲指責拉斯普廷禍國殃民；其他兩人則是前者的朋友。

　　謀殺計劃的實施是由于索坡夫藉妻子伊莉納要結交拉斯普廷為由，將他引誘到于索坡夫城堡後殺害。拉斯普廷深知伊莉納美貌，早就想入非非、意圖染指，但一直無緣得見。故當于索坡夫在 1916 年 12 月 16 日深夜前來相邀時，便不疑有他的欣然前往。拉斯普廷到達後，先在樓下等待伊莉納出現；久等不見她的人影，開始覺得無聊與飢餓，乃食用專為招待他，但已經攙有劇毒氰化鉀的西點，及飲酒解渴。于索坡夫在旁觀看、等待，發現藥力竟然沒有發作，於是急忙上樓向帕夫羅威奇拿來一把手槍，下樓面對面的對他開了一槍，拉斯普廷中槍倒地。其餘的共犯也在此時一擁而上，協助于索坡夫。拉斯普廷雖然倒下，但並沒有死亡，大家對他拳打腳踢，並將剩下的酒倒在他頭上。就在這時，于索坡夫拿出利刃，將拉斯普廷的生殖器割下；不過，他發現拉斯普廷仍沒有死，而且雙眼怒視著他，且忽然跳了起來一把抓住于索坡夫不放。經過大家共同努力，才將他拉開；拉斯普廷隨即倒地。經此意外，于索坡夫驚恐的發狂，大聲說他現在才知道拉斯普廷的厲害。事畢之後，大家上樓休息時，忽然聽到樓梯上有怪聲；原來被認為已經死亡了的拉斯普廷居然又活了回來，正要衝出大門逃跑，並且說他要把他們全部告發給皇后知道。大家驚駭的不知所措。普里士克威奇立即掏出手槍，對他連開四槍，終於將他擊斃。最後他們把屍體抬到結冰的河邊，找到一個缺口，就將他拋入河中。拉斯普廷的屍體在 12 月 17 日被警察尋獲，發現他的雙手高舉，證明他當時並沒有完全死亡，而是掙扎著想游出水面。❸❺

❸❺　Jennifer Rosenberg, "The Murder of Rasputin," http: //history1900s.about.com/li-

　　沙皇與皇后獲知拉斯普廷被殺，難過的幾乎昏厥，他們更擔心此後太子病發時，誰能像拉斯普廷一樣的來治療與安慰他。沙皇特地下令將他的屍體葬在皇宮附近，以便可以長期與沙皇一家人互相為伴。主謀的于索坡夫與帕夫羅威奇在案發不久後被捕，社會輿論對他們大肆讚美，認為他們所作乃是英雄的行為。他們也以此自豪。沙皇為了避免審判此案可能會對宮廷引起更多的困擾，乃下令低調處理，從輕發落參與者。主謀的于索坡夫被判驅離彼得格勒，帕夫羅威奇則充軍到波斯作戰。兩人都在布爾什維克革命後自然死亡；于索坡夫死於 1967 年；帕夫羅威奇死於 1942 年。沙皇尼古拉二世、皇后亞歷山德拉、五個子女則在拉斯普廷死後十九個月內全部被殺害。

七、二月革命

　　拉斯普廷被殺後，皇后依舊把持政治，毫無放鬆之意；街頭上的示威遊行，則是規模越演越大。「十月黨人」與「卡迭特」保守派及改革派者，雖然反對君主專制，但為了要推動君主憲政，因此必須要維持君主體制的繼續存在。他們眼見尼古拉仍然執迷不悟，只聽信皇后的一意孤行，開始擔心革命運動將無法避免，而其結果必然是君主體制的毀滅。為了防患未然，他們開始計劃發動政變，逼迫尼古拉二世退位，交出政權後，再由他們另立新君。「十月黨人」領袖亞歷山大・古蚩寇夫，就與杜馬中的「進步集團」分子連絡，要乘尼古拉二世返回前線時，攔截其火車，並當場強迫他放棄皇位，由太子阿列克西斯繼承，太子成年前則暫時由尼古拉二世的弟弟密開爾 (Mikhail, 1878-1918) 輔政。該計劃因無法獲得軍中要員支持而被迫取消。

　　另一個政變的計劃是由洛沃夫親王策劃；洛沃夫親王是要以「鄉土議會」帶動地方自治的推動者，也是在 1915 年 11 月組織「澤姆高」，推動政府與民間合作共同效力對德作戰的發起者。在二月革命後，他是臨時政府的第一位

---

brary/weekly/aa020801b.htm. 他女兒瑪利亞的回憶錄中也有詳細的記載。Maria Rasputin and Patte Barham, *Rasputtin: The Man Behind the Myth,* pp. 229–237. 13 Richard Pipes, *The Russian Revolution,* p. 217. 引 Helmuth von Moltke, *Erinnerungen, Briefe Dokumenta, 1877–1916* (Stuuttgart, 1922), p.385.

首相。他計劃的第一步是強迫皇后亞歷山德拉遷居克里米亞，遠離彼得格勒的政治中心；然後強迫沙皇尼古拉二世將治理國家的實權交由尼古萊‧尼古拉葉維其持掌。洛沃夫親王將此計劃，祕密傳送給當時身為高加索戰區司令的尼古萊‧尼古拉葉維其，並告訴他俄羅斯的軍事參謀長也支持，願共同參與。但尼古萊‧尼古拉葉維其以事關羅曼諾夫王朝的存亡，不敢面對其後果，而加以拒絕。

強迫尼古拉二世退位，已經不是禁諱之言，也不再是祕密之事；連沙皇本人都知道此起彼落的傳言。新接任的部長主席葛立欽在 1917 年 1 月 5 日晉見沙皇時，就直言說外界早已經期待著「下一個沙皇」的出現。尼古拉二世只是平淡的回答說，他與皇后知道一切都是上帝的旨意，它在適合的時候就會顯示出來。兩天後，羅茲炎寇謁見沙皇時，坦誠請求他說：「整個俄羅斯都異口同聲的要求更改政府，任命一個人民能信任的首相。……大家都知道皇后早已不經你的許可發布命令了；官員們也直接向她報告國家的事務。痛恨皇后的情緒，在全國各地蔓延著；人民們把她當作是德國利益的維護者。……不要逼人民在你與國家的利益中作一選擇。」沙皇聽後，沮喪的自言自語說：「難道這二十多年來，我努力所作的一切，都錯了嗎？」❸❻其實尼古拉二世最大的毛病，就是過於自信，到了最緊要的關頭，仍然不知道在皇后與拉斯普廷的影響下，他早已經失去朝野的人心。尼古拉二世暫時停留在彼得格勒的這一段時間，信任的只有內政部長普洛托坡坡夫，而普洛托坡坡夫總是報喜不報憂，誤導沙皇認為除了前線的緊張局勢外，國內尚稱太平。實際的狀況，卻與此相去甚遠。

尼古拉二世在普洛托坡坡夫樂觀報告的影響下，決定在 1917 年 2 月 14 日召開為期十二日的杜馬議會。彼得格勒的警長警告普洛托坡坡夫說，城內危機重重，各派反政府團體都將乘機發動示威遊行——古蚩寇夫與洛沃夫親王已經宣稱是合法政府的代表，可能藉杜馬議會揭幕時，強迫沙皇退位；由孟什維克派的戈沃茲德夫領導的「中央勞工團」，則將發動革命，要推倒沙皇

---

❸❻　M.V. Rodzianko, *The Reign of Rasputin.* (London, 1928), pp. 253–254.
Richard Pipes, *The Russian Revolution*, p. 269; Robert K. Massie, *Nicholas and Alexandra*, pp. 394–395.

的君主專制政體。古蚩寇夫與洛沃夫親王是否真要採取行動，並無實際證據，且兩人地位重要，故普洛托坡坡夫接獲報告後，不敢對其隨意行動。但「中央勞工團」確曾在 1917 年 1 月 26 日散播傳單，呼籲所有的勞工，為了反政府的奴役，在杜馬議會開會時，前往「陶萊德宮」前示威，要求即刻成立一臨時政府，解決國內弊政及結束戰爭。普洛托坡坡夫以此為由，將「中央勞工團」領袖逮捕下獄；原先計劃在 2 月 14 日的示威遊行，乃因此取消。為了要預防杜馬開會時，可能發生的變動，普洛托坡坡夫特地從前線調來四個騎兵師，將彼得格勒劃為軍事區，由效忠政府的哥薩克將軍卡巴洛夫 (Sergei Khabalov) 負責治安。

在普洛托坡坡夫嚴謹的防範下，杜馬議會在秩序良好的彼得格勒中按時開幕。由「中央勞工團」所組織的示威遊行，雖然照常舉行，但九萬多的工人們，卻是以和平的方式，在首都的大街上行走而已。沙皇見此，認為國內的政治風暴已經過去，加上在與家人度過了兩個月的團聚生活後，疲憊的身心都已恢復，他殷切的要返回前線莫基勒夫督戰。普洛托坡坡夫懇求他必須留在後方，處理隨時可能爆發的危機，尼古拉則答應他三週以後就會趕回。

就在他離開的次日，彼得格勒城的居民為了麵包的問題，開始示威遊行；被遏止的民怨，一旦爆發，就像狂瀾奔騰一樣的無法阻止。五天以後，沙皇尼古拉二世退位，四百多年的羅曼諾夫王朝，像是彼得格勒的積雪，在陽光的照耀下，融化的無影無蹤了。鬱積的民怨是幾年來對德、奧戰爭的各項嚴重後果所造成；其中直接影響民生的是食物與燃料的供應。連年的征戰，千萬壯丁被徵召入伍，使得許多農地荒蕪、農作物生產急速下降；但同時食物的需求則相形增加，其結果不是農人與商人囤積糧食，造成糧價高漲；就是因生產力的下降，而導致食物短缺。食物的危機對城市的居民影響遠比農村要嚴重得多。與食物有連帶關係的，是產地與消費者之間的運輸問題。俄羅斯的鐵路運輸，在平時就嚴重的短缺；到了戰時，為了運送兵員、糧食補給與軍火，民生用運輸更變得次要。火車運輸及彼得格勒等工業城市，都依賴煤為動力。大戰前，國內煤產量不足提供工業用時，可以由波羅的海地區輸入煤加以補充；但戰爭發生後，該地陷入敵區，這條運輸線無法使用。因此，俄羅斯政府必須將烏克蘭區頓內次盆地 (Donets Basin) 出產的煤，以火車向北

運送；結果是消耗了更多的煤。民生用煤，自也受到影響。

過於頻繁及超重的運輸，自然增加火車頭的耗損。俄羅斯在大戰初期，共有二萬零二百七十一座火車頭，到了 1917 年初，僅剩下了九千零二十一座。車廂的損壞率，也相形的嚴重。在大戰初與 1917 年初的比例，是從五十三萬九千五百四十九節減到十七萬四千三百四十六節。彼得格勒及莫斯科都地處北部與東北部，與農產及產煤地區較為遙遠，因此最容易受到食物與燃料短缺時發生的危機。拉斯普廷因為常與民眾接觸，已經看出食物短缺及價錢昂貴的危機，曾將所見報告給皇后；皇后也因此特地向沙皇建議，每週必須有三天只准火車運輸麵粉、食糖及奶油等民生用品，因為對人民來說，它們比武器與軍火更重要。❸

1917 年的 2 月，天氣出奇的寒冷，全國的鐵路交通幾乎癱瘓。約有一千二百座的火車頭鍋爐因結冰而無法生火；五萬七千節車廂停止在鐵軌上無法動彈。政治及工業中心的彼得格勒城，麵粉、煤炭及取暖用柴火的供應開始短缺，不但工廠無法繼續開工，就是連家庭主婦也有斷炊的危機。公元 1917 年 3 月 8 日（俄舊曆 2 月 23 日）星期四，是國際婦女節。由社會主義者所組織、人數大約在七萬八千到十二萬八千之眾的的遊行隊伍，在當天謹守秩序的穿越訥夫斯基廣場 (Nevsky Square) 向市政府前進，爭取要男女平等的權利；間雜的是些婦女們在喊叫「給我們麵包」的口號。由於革命領袖在內政部長普洛托坡坡夫的高壓政策下，多流亡國外，故國內的革命運動幾乎停頓。列寧當時隱居在瑞士的蘇黎世 (Zurich)，過著頹廢沮喪的日子；他在 1917 年 1 月對瑞士工人的演說中，表示了極度的急迫感。他說期待的革命暴動一定要在歐洲盡快展開，否則，像他一樣的老一輩者，將無法目睹決定革命成功的偉大戰役了。克倫斯基事後回憶說，當時沒有任何左派或是革命組織有發動革命的計劃。連極右派民族黨領袖束爾金都說，革命分子還沒有準備好，但其他人已經處於箭在弦上，一觸即發的臨界點。❸

酷寒的冬天，卻在婦女節這天清晨忽然轉變得非常暖和，氣溫上升到了華氏 46 度（攝氏 8 度），暖和的氣溫一直持續到月底。被緊關在戶內的人民，

❸　上面所引用的數字，見 Robert K. Massie, *Nicholas and Alexander,* p. 398.

❸　Robert K. Massie, *Nicholas and Alexandra,* p. 398–399.

乘機外出享受陽光及呼吸新鮮空氣。負責烹飪的家庭主婦們，也抽空出外購買食物，但因麵包缺貨，導致民眾的不滿；有些沉不住氣的人，竟然敲破麵包店門，奪取麵包。這些只是孤立性、小規模的犯法事件，沒有製造社會上的不安。維持秩序的哥薩克騎兵，在各地巡邏；他們事前已經奉命不得佩帶皮鞭，以免與群眾衝突。除了少數事件外，哥薩克騎兵態度極端和善，且告訴遊行者說，不要擔心，他們不會開槍射擊。到了晚間十時左右，人群漸漸散去，彼得格勒總算度過了緊張的一天。第二天，3月9日（俄舊曆2月24日）的清晨，約有十一萬六千到二十萬的群眾塞滿了街道；有的是遊行者，有的是旁觀者。由極端社會主義分子所挑動的工人，要從威堡工業區徒步走過訥瓦橋，到市中心的訥夫斯基廣場與其他遊行者會合。在廣場上的示威者，排成行列，開始喊叫「打倒君主專政」、「停止戰爭」的口號。維持秩序的哥薩克騎兵，仍然忽視上司的命令，並沒有對示威者加以鎮壓。這天又在有驚無險的情況下度過。

皇后亞歷山德拉寫信給沙皇，叫他不要擔心後方，因為：

> 這只是不良少年們的鬧劇。為了要尋求刺激，年輕人乃隨著禁止別人做工的工人們，在各地街道上奔跑，並喊叫著「沒有麵包」的口號。假如氣溫很冷的話，他們可能都會蹲在家裡。只要杜馬議會的表現是循規蹈矩的話，則這些（小事）就會過去，平靜的日子也會很快恢復。❸❾

彼得格勒的軍區司令卡巴洛夫向沙皇報告說，首都情況都在他的嚴控下，希望他不要擔心；內政部長普洛托坡坡夫所上呈的報告也說首都雖稍有騷動，但卻無危機之慮。五百哩外的沙皇所能獲知的，都是來自於皇后、軍區司令、內政部長等的樂觀報告；對於真實的發展都被蒙在鼓裡。國內的官員卻是人心惶惶，乞求沙皇盡快回京處理危機。沙皇則命令軍區司令說，當此對德、奧作戰的緊要關頭，少數刁民乘機鼓動之動亂，應立即鎮服。軍人出身的卡巴洛夫將軍，始終認為軍人乃是攻打敵人之用，不應用來對付自己的人民。不過，他仍然遵守命令，在各地張貼告示，要民眾自動撤離街頭回家。彼得格勒的市政府，則連夜召開緊急會議，希望能解決食物短缺的危機。

❸❾　轉引於 Richard Pipes, *The Russian Revolution*, p. 276.

　　星期六（3月10日，俄舊曆2月25日）的清晨，彼得格勒城中聚集的人數比前兩天多，為數約二十到三十萬的工人因工廠關閉，蜂擁的擠到街頭上。麵包供應仍然缺貨，許多婦女也上街要求發放糧食，並砸毀烘焙店搶奪麵包。許多年輕學生也上街示威，他們站在訥夫斯基廣場上，高唱法國大革命時候的「馬賽曲」。這一天示威運動，在性質上稍有改變，開始摻雜了政治意味。紅色的旗幟及革命標語首度出現，有的人嘶喊著「打倒德國女人」的口號；在威堡工業區，工人與軍警發生了衝突。

　　星期日的情況與前一天類似，由於這天是假日，民眾晨睡晚起，因此清晨街道上沒有太多的人，顯得很安靜。到了中午，情況突變。大批工人從威堡工業區，強行穿越訥瓦橋，向城中心處狂奔。維持秩序的帕夫洛夫斯基軍團(Pavlovsky Regiment)，一時驚恐，乃開槍阻止，結果有五十餘人被槍殺或槍傷；其他地方也有類似的衝突。當天死傷的民眾，數量達兩百多人。這個被稱為第二個「血腥星期日」的事件，是造成示威運動激化的開始。人民警覺到了政府強硬的態度後，本身也變得更頑強；開槍射殺民眾的事件，在軍營中引起了極大的爭論。由卡巴洛夫將軍率領、駐紮在彼得格勒的哥薩克軍團，多半是臨時徵召入伍的年輕士兵，缺少街頭鎮暴的訓練；鎮守京城的精銳禁衛軍，早在對德作戰時被殲滅，新填補的兵員，則多半來自彼得格勒城。示威遊行者，有許多他們的親戚與友人。有個年輕的士兵，就事後嚎啕大哭的說，他親眼看到自己的母親被槍殺。因此他們對於沙皇要他們遵守槍殺自己同胞的命令，深感不滿。

　　雖然事後的社會主義學家，強調「二月革命」的成功，是由階級意識強烈的工人們所促成；但實際上，工人、學生、婦女及一般群眾在2月23-26日這幾天的示威行動，只不過是「饑餓抗爭」(hunger strike, golodnyi bunt)，根本沒有推翻資本主義，建立社會主義的動機存在。連彼得格勒的布爾什維克黨員在被恭喜社會主義革命已經開始時，都忍不住的哧笑說，革什麼命，你只要給工人一磅麵包，這個運動就馬上煙消雲散。但真正將示威轉變成為革命運動的，則要等到鎮守彼得格勒的軍隊叛變，與示威者站在同一條陣線後才開始。

　　杜馬議會主席羅茲炎寇獲知民眾死亡的消息後，當晚就急電沙皇，催促

他立刻回京處理動亂；沙皇則笑他膽小。沙皇先下令將「製造國家紊亂的杜馬議會」解散，並準備命令駐守戰場東區加利西亞的伊凡諾夫將軍 (General Ivanov)，自前線抽調軍隊到彼得格勒鎮壓暴民。他並告訴皇后說，再過兩天，他就會回家。2 月 28 日，尼古拉的專車離開莫基勒夫向彼得格勒前駛；但始終沒有到達過目的地。

星期一，2 月 27 日（3 月 12 日）的上午，彼得格勒的局勢，突然急轉直下。其主要原因，是駐防首都的禁衛軍不但不遵守政府鎮壓民眾的命令，反而與示威民眾站在同一陣線上。曾參加鎮壓民眾示威遊行的沃令斯基軍團下士克披奇尼寇夫 (Kirpichnikov)，回憶當時違抗長官命令時說：

> 縱然去死，也比再繼續聽命去射殺群眾光榮得多。我們的父母、兄弟、姐妹以及剛娶進門的新娘都在乞討麵包。你要我們去射殺他們嗎？難道昨天你沒有看見街上的鮮血嗎？我認為我們明天不該再回到遠處去。至少，我會抗令、拒絕前往。一個一個的士兵都接著說，我們與你站同在一邊。❹

當一位長官聽到如此違抗軍令的話，要將鬧事者拘捕，違令者因自保而與其產生了衝突；他在驚駭中逃離現場時，背部被槍射中死亡。一時軍營秩序大亂，原本是一個孤立的軍紀問題，忽然演變成了兵變。像是野火燎原一樣的快，違抗軍令的事件急速傳出。帕夫洛夫斯基軍團也因鎮壓遊行曾有射殺民眾的事件，部分兵員聞訊後，也響應違抗軍令之舉。對政府威望破壞最大的是，連彼得大帝所創立的「普力歐布拉鎮斯寇」與「斯密諾夫斯克」軍團，也參加了兵變的行列。到了當天的黃昏，駐守彼得格勒的十六萬名官兵們，一半以上參加了兵變，其餘則是暫時採取觀望的態度；卡巴洛夫將軍所能控制的，只有一至二千人數之多。卡巴洛夫將軍只好去電向沙皇報告說，他已經無法禁止非法集會，因為官兵們不再聽從命令，用武力驅散群眾。這時候，連皇后的緊急電報中都說，已經到了非讓步不可的地步了。密開爾大公也去

❹ Orlando Figes, *A People's Tragedy: The Russian Revolution, 1891–1924*, pp. 313–314. 引用 T. Kirpichnikov, "Vosstanie I-go volynskogo polka v fevrale 1917", Byloe, pp. 27–28.

電沙皇，乞求他立刻解散日前的政府，由洛沃夫親王組織可以使杜馬信任的新政府。下午兩點，部長主席葛立欽也報告說，全部內閣官員準備集體辭職，並請沙皇即刻任命一個軍事總督，前來彼得格勒平亂。沙皇拒絕接受內閣的總辭，但指派了伊凡諾夫將軍為平亂總督，並自前線抽調兩個精銳的騎兵團及兩個步兵團，先行前往彼得格勒，保護沙皇家小。沙皇自己，則在 2 月 28 日上午，乘專車返京。為了避免增加伊凡諾夫將軍調動軍隊的重任，沙皇採取了距離較長的路線。當沙皇的列車行駛到距離彼得格勒東南一百七十哩的馬拉亞‧威歇拉 (Malaia Vishera) 站時，站長上車說，前段鐵路已經被「非友方」佔領，無法行駛。沙皇聽後，神情鎮靜，隨即命令列車轉駛到北方戰區總部的普斯克夫；3 月 1 日，晚上 7 點 5 分到達。省長到站歡迎，北方戰區司令茹茲斯基將軍 (General Nikolai Ruzskii, 1854–1918) 則故意遲到。

　　茹茲斯基將軍對於沙皇調動他的部隊回彼得格勒平亂一事早已不滿，而且他一直支持杜馬議會，認為君主專政已經不合時宜。因此沙皇一到普斯克夫，就落入了反對他而支持杜馬議會的陣營中。此後兩天，他幾乎是被軟禁在車廂上，等待杜馬議會主席羅茲炎寇前來，向他報告國內的局勢。不過，在這幾天的發展中，沙皇的地位與現勢變得越來越不相關了。全國的中心已經轉移到杜馬議會與蘇維埃組織。

第十八章 從臨時政府到十月革命

一、兩元化政體：臨時政府與蘇維埃的合作

自 1917 年 2 月 28 日的革命運動推倒沙皇後，俄羅斯的政體成為了一個「兩元制」(dyarchy, dvoevlastie) 現象，一直延續到 10 月 25–26 日布爾什維克奪得政權時才截止。這就是在「陶萊德宮」的左、右翼建築中同時存在著兩個不同的政府組織：一個是「杜馬臨時委員會」，另一個是蘇維埃「臨時執行委員會」。兩者當前的共同期望是盡快恢復國內的秩序，除此之外，則是南轅北轍的各有所圖。「杜馬臨時委員會」要遏止革命，而蘇維埃「臨時執行委員會」則要繼續且強化革命。前者認為革命已經成功；後者則認為革命方才開始，目前的革命只不過是真正、也就是社會革命的墊腳石而已。這兩個政治中心的聯絡者，是克倫司基。

「陶萊德宮」原來是杜馬議會所在地，當沙皇解散議會的命令下達時，大批的示威民眾聚集在其廣場前以行動表示支持杜馬，並要求杜馬組織新政府。但根據〈基本法〉的規定，只有沙皇有召開與解散杜馬議會的特權，因此當沙皇解散杜馬的命令 2 月 26 日晚到達彼得格勒，杜馬就自那一刻起便依法不繼續存在了。

星期一（2 月 27 日）清晨 8 點，議長羅茲炎寇被迫在「陶萊德宮」的右翼召集各黨派領袖，討論杜馬存廢問題。集會的大眾咸認為杜馬應繼續存在，但他顧忌這樣會議的決定缺乏法律上的根據，所以一直猶豫，不敢採取任何決策。保守派的束爾金見狀，慫恿他說：「我不想革命，……但請你趕緊掌握權力，假如你不要的話，有別人會要。」他聽後才勉強上臺向群眾宣布說，杜馬代表們已經同意違抗沙皇解散杜馬的命令，決定使其繼續存在，並組成「恢復首都秩序及重建與個人及機構關係的杜馬會員臨時委員會」(Provisional

Committee of Duma Members for the Restoration of Order in the Capital and the Establishment of Relations with Individuals and Institutions，簡稱「杜馬臨時委員會」)，盡快恢復國內的秩序。「杜馬臨時委員會」由包括「進步集團」的「十月黨人」與「卡迭特」代表、勞工黨的克倫司基等十二位委員組成，主席為羅茲炎寇。這個缺乏法源的「臨時委員會」，儼然成為了最高層的行政組織，代替沙皇及內閣治理國家事務。「陶萊德宮」的右翼成為了政治中心。

「杜馬臨時委員會」成立後，隨即命令逮捕為數四千名的政府官員，拘禁於「陶萊德宮」內。其目的不是要迫害他們，反而是要保護他們，因為他們一旦落入暴民之手，會有喪失生命之虞。連曾故意藐視杜馬的前內政部長普洛托坡坡夫也自動到案，希望被監禁以獲得保護。

就在「杜馬臨時委員會」於「陶萊德宮」右翼成立的同時，另一組織也在「陶萊德宮」的左翼成立：這就是「蘇維埃」。當工人們在罷工及示威遊行時，杜馬議會中的孟什維克派代表們，曾有恢復 1905 年聖彼得堡蘇維埃的建議；但真正的組織工作則是「中央勞工團」的戈沃茲德夫在 2 月 27 日從監獄被救出來之後才開始。由他及其他孟什維克黨員在倉促中所成立的組織，遂以「工人代表蘇維埃臨時執行委員會」(The Provisional Executive Committee of the Soviet of Worker Deputies) 的名義，向罷工與示威的工人們發出通知，要他們選派代表到「陶萊德宮」參加組織會議。但由於時間短促，選出的二百五十名代表中，有資格投票的不到五十人。會議決定選出一個八至九人組成的「臨時執行委員會」(Provisional Executive Committee，簡稱「伊斯坡孔」Ispolkom)，由杜馬會員的孟什維克派代表尼古萊‧齊克亥德茲 (Nikolai Chkheidze, 1864–1926) 為主席，勞工黨的克倫司基為副主席，並決定出版《消息報》(Izvestiia) 以為蘇維埃的官方媒介。

聚集在「陶萊德宮」外的叛軍們，也叫囂的要選出代表參加蘇維埃。由於他們手執武器，人數眾多，蘇維埃的「臨時執行委員會」經過喊叫式討論後，同意接納叛軍要求兩者合併的建議，成立了「彼得格勒工、兵代表蘇維埃」(Petrograd Soviet of Workers' and Soldiers' Deputies)。第一屆蘇維埃大會，就於 2 月 28 日在「陶萊德宮」的「凱薩琳女皇大殿」中展開；會廳中擠滿了三千名代表，其中軍人代表超過了兩千人。大家像是趕集似的，在既無會議

秩序，也無議程及記錄的情形下，吵吵鬧鬧的進行了會議，決定「臨時執行委員會」為掌控蘇維埃大權的機構。為了要爭取軍人的支持，「臨時執行委員會」隨即向首都的軍區頒布了「第一號命令」(Order 1)。❶其中規定：

1. 所有陸軍與海軍人員應立即組織委員會。

2. 每一組織得選派代表一名，參加「彼得格勒蘇維埃」(Petrograd Soviet)。

3. 所有武裝人員必須聽從「彼得格勒蘇維埃」認可的政治活動命令。

4. 所有杜馬軍事委員會的命令，只有在不違反「彼得格勒蘇維埃」的命令下，才准遵守。

5. 所有武器應由各部隊軍委會控制，無論任何情形，都絕對不得交給長官。

6. 擔任職務之軍人，必須嚴守軍事紀律；但不服勤務者，得享受其他公民一樣的權利；免除對不服勤長官敬禮之禮儀。

7. 取消所有官員的尊稱（例如「大人」等）。

8. 取消所有長官對士兵的粗魯待遇，違反者交由軍委會處理。

一個完全沒有法律根據的「彼得格勒蘇維埃」，儼然成為了全國最高軍事組織，從一開始就威脅著臨時政府的行政權。蘇維埃對杜馬的臨時政府採取模稜兩可的曖昧態度。它一方面認為臨時政府仍然被舊勢力掌握，不能信任；另一方面，則本身既無合法地位，也缺乏實力，故又不得不對其勉強支持。蘇維埃的原則，乃是只要臨時政府的政策，能夠符合其本身利益標準程度者（俄文說 postol' ku-poskol' ku），則願意支持；否則免談。

　　若就嚴謹的法律觀點來看，「杜馬臨時委員會」與蘇維埃的「伊斯坡孔」（「臨時執行委員會」）兩個機構，都缺乏法源根據，因此他們必須強調民意所歸，作為合法化的基礎。但由於蘇維埃所代表的人數遠超過「杜馬臨時委員會」的支持者，似乎更可以強調是民意的代言者；但「杜馬臨時委員會」乃是舊杜馬議會衍生而成，具有部分的合法基礎。兩者都處於半合法化的灰色地帶，只有互相妥協與合作，共同推動召開「制憲會議」，以決定此後的俄羅斯政體。兩者同意在召開此會議前，「杜馬臨時委員會」演變成為合法的「臨時政府」(Provisional Government)，處理國家事務；蘇維埃的「臨時執行委員

---

❶　見 http://college.hmco.com/history/west/mosaic/chapter15/source454.html.

「會」則享有絕大的自主權,並有權副署其決策。「杜馬臨時委員會」所組成的「臨時部長會議」,負責向全國宣布此後執政的八項基本原則。該八項原則實際上是由蘇維埃擬訂,但蘇維埃卻不願正式出面表示支持,其原因是倘若新政失敗,則臨時政府應擔負所有後果而與蘇維埃無關;但若新政成功,則蘇維埃可將一切歸功於己。故「兩元制」自一開始起,臨時政府就被蘇維埃在幕後操縱,無法自主治理國政。該八項原則如下: ❷

1. 立刻釋放包括恐怖分子在內的所有政治犯。

2. 立刻賦予言論、社交、集會的自由及實行 1906 年沙皇政府所准許但向來未曾施行過的罷工權利。

3. 立刻廢除因種族、宗教及出身階級所屬的障礙或特權。

4. 立刻準備召開根據普及、祕密、直接與平等投票方式選舉出的制憲會議。

5. 廢除所有警察機構,由各地方政府監督的民團 (militia) 替代,該民團必須要有民選的官員負責。

6. 根據普及、祕密、直接與平等投票原則,在各地舉行地方自治政府機構的選舉。

7. 凡參與革命運動之軍事單位得繼續擁有武器,並給予不被送往前線的特別保證。

8. 維持軍事人員的紀律;但當不執行公務時,得享有與平民同等的權利。

根據第 1 條的規定,所有監禁在國內的政治犯都立即被釋放,連流亡在國外的反政府革命及恐怖分子,也不例外;列寧與托洛斯基等就是持新政府所發給的簽證回國。彼得格勒頓時成為了極端革命分子的集中地。除此之外,因第 5 及第 6 條的規定,地方行政及警察機構被廢除,而新制度尚未能接替時,國內秩序大亂,幾乎成了無政府狀態。

1917 年 3 月 2 日,「臨時政府」正式成立,新組成的內閣成員如下:

內閣主席(首相)及內政部長:洛沃夫親王(無黨派)

外交部長:米琉寇夫(卡迭特)

---

❷ 原文見 Martynov, *Tsarskaia armiia*, pp. 177–178. Richard Pipes, *The Russian Revolution*, p. 238. 中引用 http://www.dur.ac.uk/~dm10www/provgov1.htm.

司法部長：克倫司基（社會革命黨）

交通部長：內克拉索夫 (N. V. Nekrasov)（卡迭特）

貿易部長：寇諾瓦洛夫 (A. I. Konovalov)（卡迭特）

教育部長：曼鈕伊洛夫 (A. A. Manuilov)（卡迭特）

國防部長：古蚩寇夫（十月黨人）

農業部長：辛伽若夫 (A. I. Shingarov)（卡迭特）

財政部長：特瑞西簽寇 (M. I. Tereshchenko)（卡迭特）

審計長：戈德訥夫 (I. V. Godnev)

聖教會議總長：洛沃夫 (V. N. Lvov)（中立派）

　　組成臨時政府的內閣閣員主要是「憲政民主黨」（卡迭特）代表，其中最重要的領袖是擔任外交部長的米琉寇夫。前杜馬議會主席羅茲炎寇雖然仍然是「臨時政府」中的一分子，但因蘇維埃的反對，所以並非內閣閣員；克倫司基是內閣中唯一的社會主義者，他當時身兼兩職，一方面是「臨時政府」內閣中的司法部長，另一方面又是蘇維埃的「臨時執行委員會」副主席。雙方的事務都由他來回奔波與協調。

二、尼古拉二世的退位與羅曼諾夫皇朝的終結

　　「臨時政府」的首要急務，就是處理沙皇尼古拉二世及君主專政的問題。「臨時政府」與蘇維埃的「臨時執行委員會」就此問題獲得協議：即是尼古拉二世宣布自願退位，由太子阿列克西斯繼任，但在他未成年前，先由沙皇尼古拉二世的弟弟密開爾擔任輔政。這個決議主要是杜馬改革派的意願，他們希望能藉此建立真正君主立憲的政體，繼續由他們掌握政府，以減緩的方式提出改革內政的方案。羅茲炎寇當下即將該協議，以電報傳遞到莫基勒夫總司令部，探詢阿列克西耶夫代總司令的反應；羅茲炎寇也同時與普斯克夫北方戰區司令部的茹茲斯基將軍通電報。阿列克西耶夫獲得伊凡諾夫將軍抵達彼得格勒後的報告說，該城幾乎整個被叛軍佔領，他本身自前線率領來的兵士也被慫恿參加叛軍的行列後，認為尼古拉二世自願退位是唯一可行之途。他並立徵詢其他將領的意見，結果也是尼古拉二世非得自願退位不可。連尼

古拉二世的叔叔、高加索戰區總司令的尼古萊‧尼古拉葉維其也說，他願意跪求尼古拉二世立刻自動退位。阿列克西耶夫將軍中將領意見彙整後，呈交羅茲炎寇。3 月 2 日清晨，羅茲炎寇打電報到普斯克夫，要茹茲斯基將軍不必再尊重禮儀的即刻將尼古拉二世叫醒，告知他非得自動退位的決定。

　　他在 10 時進入沙皇的車廂，告訴他眾將領要他自動退位的決定。他聽後，甚為驚愕，似乎無法置信。因為直到現在，他仍然以為自己是軍人們敬愛與效忠的總司令。他要求暫緩回答茹茲斯基的要求，以便觀察此後的動靜。但是要求他自動退位的電報繼續從各軍區傳來，迫使他非採取行動不可。下午 2 時 30 分，尼古拉二世讀畢各地的來電後，便請茹茲斯基將軍入見。兩人無言面對，尼古拉二世問身邊幾位將軍的意見，他們都異口同聲說，最好盡快自動退位。他凝思了幾分鐘後，對茹茲斯基及身旁的將軍們說：「我已經決定退位，由吾子繼任為沙皇。」尼古拉二世用手畫了十字，在場的將軍也同樣的畫了十字。他感謝他們對他忠誠的服務，也希望他們能幫助他的兒子。

　　茹茲斯基將軍獲得尼古拉二世口頭承諾願意自動退位後，隨即將拿出由他擬訂好的退位詔書，請尼古拉二世簽名。他將簽好的退位書妥善保管，俟臨時政府特使前來驗證後帶回。尼古拉二世在詔書上簽名的時間是 1917 年 3 月 2 日下午 3 點 5 分；依照羅曼諾夫王朝的繼承法，太子阿列克西斯應當即位成為沙皇，當時他只有十二歲。尼古拉在整個過程中，雖然神情凝重，但一直保持著君主式的尊嚴。他簽畢退位詔書後，退回休息室；隨後按時作午後的散步運動，似乎甚麼事都沒有發生過一樣。

　　臨時政府所派遣的特使是國防部長古峀寇夫及民族黨的束爾金，他們預定在當天晚上 9 點到達普斯克夫。就在他們到達前的幾小時內，尼古拉二世忽然改變了由兒子繼承的決定，因為他一直擔憂阿列克西斯的身體健康，怕他無法承擔沉重的政務。他特別請家庭醫師費多若夫 (Dr. Fedorov) 到軍營中，商談阿列克西斯是否可以勝任皇位的問題。費多若夫先從醫學觀點分析說，雖然曾有血友病患者幸運活到老年的病例，但不能保證阿列克西斯也會痊癒，因為這個病到目前尚無根治之法。且就阿列克西斯的狀況來看，他這一輩子都不可能騎馬，也必須避免任何損耗體力的活動，否則，一定會傷害關節而無法動彈。然後他撇開醫學理論，從旁觀者的立場說尼古拉退位後，必定會

與皇后亞歷山德拉等家人被放逐遠地，無法長久在阿列克西斯身旁照顧，故他必須自己單獨照顧自己與負責一切。尼古拉二世聽後，更堅信了他對阿列克西斯身體狀況的顧慮，認為不能讓他單獨承受這樣的痛苦，決定將他排除為皇位繼承者，改由他弟弟繼承。

尼古拉退位後，又擅自更改繼承者的次序，已經違反了羅曼諾夫王朝的繼承法。因為保羅一世制定繼承法，即是沙皇之位應依照嫡系長子為尊的繼承法。故尼古拉去位，太子阿列克西斯必然依法繼承，並不必經過尼古拉的確認。而且他弟弟密開爾‧亞歷山卓維其大公因在 1912 年迎娶一已經離婚、且非出身貴族的奧地利女子，早已經喪失了皇位的繼承權，今又被任命為沙皇，則更是不倫不類。尼古拉如此的決定，是希望羅曼諾夫家族仍能藉此安排，繼續掌握沙皇之位。杜馬臨時委員會中委員也有如此想法，他們希望能盡快獲得尼古拉簽署的退位詔書，使得臨時政府立有合法基礎，以免蘇維埃搶先終結專制體制，宣布俄羅斯為共和政體。在此考量下，古蚩寇夫與束爾金乃銜命乘專車，急速趕往普斯克夫面見尼古拉。

古蚩寇夫與束爾金在當晚 10 點到達後，隨即與尼古拉見面。尼古拉說，他在當天下午 3 點以前都決定由他的兒子阿列克西斯繼承沙皇位，但後來改變主意，認為應該由他弟弟密開爾接任；他希望他們能了解到作父親的苦心。古蚩寇夫與束爾金拿出隨身攜帶的另一份退位詔書，請尼古拉二世簽字。尼古拉二世接過詔書後，獨自離開。稍後，他將親自修正過的詔書交還給古蚩寇夫與束爾金過目後，在晚上 11 時 15 分正式簽字，再經過宮廷的內大臣菲特列茲 (Fredericks, 1838–1927) 副署，正式完成了退位的手續。尼古拉雖然在 1917 年 3 月 2 日 11 時 15 分正式簽名，不過官方的文件上，仍然訂為 1917 年 3 月 2 日的 3 時 5 分。今特將退位詔書根據英文版翻譯如下，並附有俄文原文版以及英文翻譯以為參考。

> 憑藉上帝的榮耀，我、所有俄羅斯的皇帝、波蘭沙皇、芬蘭大公等的尼古拉二世，申告所有忠實人民得知：
> 在三年來一直對抗企圖奴役吾等祖國外敵的偉大戰爭日子中，上帝特別降臨一個新的考驗給俄羅斯。普及國內的變亂，對這場持久戰爭的

未來會帶來毀滅性的影響。俄羅斯的命運、我們英勇軍人的榮譽、人民的福祉，以及我們所親愛祖國的整個前途，都促使這場戰爭一定要在不惜任何代價下，打到光榮勝利為止。殘忍的敵人正在作垂死之鬥，我們光榮的戰士在與我們英勇同盟的軍隊合作下，已經接近了摧毀他們的時刻。在這些決定俄羅斯人民命運的日子中，我們深以為負責任的良知，乃是加強團結人民與鞏固所有不同民族力量，以求能更迅速獲得勝利。

在與帝國杜馬議會的同意下，我們認為最好放棄俄羅斯帝國的皇位及交出至高無上的權力。由於我們不願與我們親愛的兒子分離，因此我們將繼承權轉交給我們的弟弟密開爾·亞歷山卓維其大公，並特別祝福他榮登俄羅斯帝國的皇位。我們也囑咐我們的弟弟，願他能與人民所選出的立法機構代表們以團結、完全精誠的合作來處理國事，並希望代表們能根據這個基礎制訂一個使他可以對其宣誓效忠的原則。

我們以熱愛祖國為名，呼喚我們祖國中的忠貞孩子們，擔負起對祖國應盡的義務，在這國家存亡的緊要關頭時服從他，並與人民代表們一起幫助他，以求能引導俄羅斯步上勝利、幸福與光榮的道路。

願上帝幫助俄羅斯。

尼古拉

1917 年 3 月 2 日 3 時 5 分

俄文原文：

Ставка

　　　　Начальнку Штаба.

Въ дни великой борьбы съ внѣшнимъ врагомъ,
стремящимся почти три года поработить нашу родину,
Господу Богу угодно было ниспослать Россіи новое тяжкое
испытаніе. Начавшіяся внутреннія народныя волненія грозятъ

бѣдственно отразиться на дальнѣйшемъ веденіи упорной войны. Судьба Россіи, честь геройской Нашей арміи, благо народа, все будущее дорогого Нашего отечества требуетъ доведенія войны во что бы то ни стало до побѣднаго конца. Жестокій врагъ напрягаетъ послѣднія силы, и уже близокъ часъ, когда доблестная армія Наша, совмѣстно со славными нашими союзниками, сможетъ окончательно сломить врага. Въ эти рѣшительные дни въ жизни Россіи почли МЫ долгомъ совѣсти облегчить народу НАШЕМУ тѣсное единеніе и сплоченіе всѣхъ силъ народныхъ для скорѣйшаго достиженія побѣды и, въ согласіи съ Государственною Думою, признали МЫ за благо отречься отъ Престола Государства Россійскаго и сложить съ СЕБЯ Верховную власть. Не желая разстаться съ любимымъ сыномъ НАШИМЪ, МЫ передаемъ наслѣдіе НАШЕ Брату НАШЕМУ Великому Князю МИХАИЛУ АЛЕКСАНДРОВИЧУ и благословляемъ Его на вступленіе на Престолъ Государства Россійскаго. Заповѣдуемъ Брату НАШЕМУ править дѣлами государственными въ полномъ и ненарушимомъ единеніи съ представителями народа въ законодательныхъ учрежденіяхъ на тѣхъ началахъ, кои будутъ ими установлены, принеся въ томъ ненарушимую присягу. Во имя горячо любимой родины призываемъ всѣхъ вѣрныхъ сыновъ Отечества къ исполненію своего святого долга передъ Нимъ, повиновеніемъ Царю въ тяжелую минуту всенародныхъ испытаній помочь ЕМУ, вмѣстѣ съ представителями народа, вывести Государство Россійское на путь побѣды, благоденствія и славы. Да поможетъ Господь

Богъ Россіи.

Г. Псковъ, 2 Марта 15 час. 5 мин. 1917 года.

Николай.

Министръ Императорскаго Двора, генералъ–адъютантъ
графъ Фредериксъ .

英文翻譯:

15 March, 1917

Abdication of Nicholas II

In the days of the great struggle against the foreign enemies, who for nearly
three years have tried to enslave our fatherland, the Lord God has been pleased to
send down on Russia a new heavy trial. Internal popular disturbances threaten to
have a disastrous effect on the future conduct of this persistent war. The destiny of
Russia, the honor of our heroic army, the welfare of the people and the whole fu-
ture of our dear fatherland demand that the war should be brought to a victorious
conclusion whatever the cost. The cruel enemy is making his last efforts, and al-
ready the hour approaches when our glorious army together with our gallant allies
will crush him. In these decisive days in the life of Russia, We thought it Our duty
of conscience to facilitate for Our people the closest union possible and a consoli-
dation of all national forces for the speedy attainment of victory. In agreement
with the Imperial Duma, We have thought it well to renounce the Throne of the
Russian Empire and to lay down the supreme power. As We do not wish to part
from Our beloved son, We transmit the succession to Our brother, the Grand Duke
Michael Alexandrovich, and give Him Our blessing to mount the Throne of the
Russian Empire. We direct Our brother to conduct the affairs of state in full and

inviolable union with the representatives of the people in the legislative bodies on those principles which will be established by them, and on which He will take an inviolable oath.

In the name of Our dearly beloved homeland, We call on Our faithful sons of the fatherland to fulfill their sacred duty to the fatherland, to obey the tsar in the heavy moment of national trials, and to help Him, together with the representatives of the people, to guide the Russian Empire on the road to victory, welfare, and glory. May the Lord God help Russia!

　　但當古蚩寇夫與束爾金將尼古拉已經簽署的退位詔書攜回彼得格勒後，臨時政府的克倫司基，激烈反對資產階級私相收授，由密開爾‧亞歷山卓維其大公繼任沙皇之事。他威脅說，假如密開爾接受沙皇之位，他將動員兵、工團起義，推倒臨時政府的內閣。幾經商議之後，原本就非常勉強的密開爾‧亞歷山卓維其在 1917 年 3 月 16 日，簽署宣言申明放棄繼承沙皇的意願，由以後召開的立憲會議決定一切。宣言內容如下：

> 在史無前例的戰爭與民間的動亂時，我哥哥表示要將所有俄羅斯帝國皇位轉讓給我，使我擔負起沉重責任的意願。抱著與整個國家都認為我們祖國的幸福超越一切的同樣啟示，我也因此堅持決定我只能在我們偉大人民有此意願下的情況下，才能接受最高的權力。而人民的意願則必須經由全國選出的制憲會議代表們、建立起俄羅斯國家的新政府及制訂新法律中呈現而出。
>
> 基於此故，並乞求上帝之祝福，我呼籲所有的俄羅斯公民們應在制憲會議前，遵守由國家杜馬倡議，現在已經組成且被賦予完全權力的臨時政府。這個在最短時間內，即將以普選、直接、平等、祕密選票方式所選出的制憲會議，將必會遵從民意，決定採取適宜的政府形式。

　　刊載於 1917 年 3 月 19 日英國泰晤士報之英文版，*The Times*, 19 March 1917。

Declaration from the Throne by Grand Duke Mikhail, March 16, 1917

A heavy task has been entrusted to me by the will of my brother, who has given me the Imperiall Throne at a time of unprecedented war and domestic strife.

Animated by the same feelings as the entire nation – namely, that the welfare of the country overshadows all other interests – I am firmly resolved to accept the Supreme Power only if this should be the desire of our great people, which must, by means of a plebiscite, through their representatives in the Constituent Assembly, establish the form of government and the new fundamental law of the Russian State.

Invoking God's blessing, I therefore request all citizens of Russia to obey the Provisional Government, set up on the initiative of the Duma and invested with plenary powers, until, within as short a time as possible, the Constituent Assembly, elected on a basis of universal, equal, and secret suffrage, shall express the will of the nation regarding the form of government to be adopted.

前後兩份宣言，創立於十七世紀的羅曼諾夫王朝，經過近三個世紀後，終於消失；俄羅斯也突然成為一個沒有元首的國家。

三、退位後的尼古拉二世

尼古拉二世退位後，立刻向首相洛沃夫親王請求准許他能再回前線，向他親愛的官兵辭別，然後要回到彼得格勒與家人團聚，最後他願意退隱到克里米亞，永不過問政事。洛沃夫親王准許他的請求，並極力與盟國聯絡，希望能接納尼古拉家屬前往居住。尼古拉在 1917 年 3 月 8 日如願回到前線向官兵們道別，他與每一位軍官握手、擁抱，大家都感動得眼含淚水。4 點 45 分，他乘專車回彼得格勒。就在同一天，新上任的彼得格勒軍區司令柯尼洛夫將軍 (General Lavr Kornilov, 1870–1918) 前往「沙皇鄉邸」(Tsarskoe Selo) 告訴皇后亞歷山德拉，為了她自己及家人的安全，他已經奉命保護該地，不准任何人隨意進出。

　　洛沃夫親王知道尼古拉返回彼得格勒後，蘇維埃必會以他為工具攻擊臨時政府，故曾特意請求英國能暫時庇護尼古拉及其家人。英國外相巴爾福 (Arthur J. Balfour, 1848–1930) 在 3 月 9 日（22 日）正式回電，願意考慮尼古拉及家人來英國居住的可能性。

　　當尼古拉二世將返回彼得格勒的消息傳回國內後，蘇維埃的「伊斯坡孔」委員聞訊大驚，認為他回來後，必定會組織反革命運動，因此要求臨時政府必須將其拘捕。英國願意接受尼古拉二世及其家人前往居住的消息透露後，「伊斯坡孔」更堅信他將像法國路易十六一樣地想逃亡國外，乃派遣三百名陸軍及一架機關槍駐紮「沙皇鄉邸」，俟他抵達後，立刻加以軟禁。3 月 9 日，尼古拉回到「沙皇鄉邸」與家人團聚後，便從此落入蘇維埃的手中，無法與外界聯絡。到了 3 月底，英王喬治五世（King George V, 1865–1936；王 1910–1936）在首相勞艾·喬治 (Lloyd George, 1863–1945) 的勸阻下，正式拒絕接納尼古拉及家人前來英國避難；而且擬訂政策，反對任何羅曼諾夫家族成員在戰爭仍然繼續時前來英國。尼古拉二世的母親瑪利亞·費歐多若夫納因原為丹麥公主達格瑪，也是喬治母親的親姐姐，故特別破例准許前來英國。尼古拉聞訊後，相當失望，此後幾個月他與家人，就一直在蘇維埃警衛的監視下，被困禁在「沙皇鄉邸」中。

　　所謂的「二月革命」，除了大規模的罷工運動外，並沒有太多的流血事件。根據統計，因參加罷工示威與兵變而受傷與犧牲的總人數大約是一千三百到一千四百人，其中死亡的人數是一百六十名，他們多半是因有德國姓名、在兵變時被私刑處死的官兵與普通百姓 ❸。究其之源，主要是由於對德的戰爭，與國內累積的危機同時爆發，再加上尼古拉本人生性多疑，遇到重大事件總是猶豫不定，致使羅曼諾夫王朝在工人與民眾發動罷工、罷市運動後，十幾天內便瓦解消失。這只能說天意如此，給蘇維埃及布爾什維克垂手可得的好

---

❸　確實的數字很難估計。Richard Pipes 根據 Martynov, *Tsaskaia armiia* 的估計說是一千三百　十五人；另一個統計的記載則是傷亡總數一千四百四十三人；其中有一百六十八或一百六十九人死亡，分別是警察十一人，官兵七十人，工人二十二人，學生五人，其他六十人（包括五名孩童）。*The Russian Revolution*. P. 304.

機會。

四、臨時政府執政時期

二月革命後，臨時政府與蘇維埃都認為在召開制憲會議前，應暫時採取分享權力的「兩元制」政府體制；但實際上，蘇維埃的「臨時執行委員」(「伊斯坡孔」)握有否決權，動輒反對臨時政府已經決定好的政策。蘇維埃願意退居幕後，主要是因它在當時僅為一侷限於彼得格勒的地方性組織，尚未能影響全國各地工人組織之故。

新政府的內閣首相是洛沃夫親王，他信心滿滿，準備根據臨時政府與蘇維埃同意的八項基本原則，創建一個新俄羅斯秩序。洛沃夫親王為一富庶的大地主，終生致力地方自治的「鄉土議會」運動。在大戰時，曾結合民間與官方的合作，組織了「澤姆高」，受到朝野的尊重。他之所以被選為首相，一方面就是基於這個形象，另一方面則是他個性溫和，容易被操縱之故。

臨時政府執政之初，先是解決尼古拉二世的沙皇問題，接著便聽從蘇維埃的建議，在 3 月 3 日拘捕所有羅曼諾夫家族成員。才被任命為戰區總司令的尼古萊‧尼古拉葉維其，也沒有例外的被逮捕。再接下來，便是依照前所宣布的八條執政原則及蘇維埃擅自發布的「第一號命令」，處理國政。

俄羅斯在革命後的一個月內，忽然成為世界上最「自由」的國家：首先是政府發布大赦令，釋放所有的政治犯；其次則是賦予人民各項應享有的自由，其中包括集會、言論與出版的自由；決定國家體制的制憲會議，也將依照公開、祕密投票，及平等的普選制度展開選舉；地方上的舊官僚體系完全廢除，地方秩序由「鄉土議會」及民團維持。在 3 月中旬時，婦女團體準備示威要求享受選舉與投票的權利，洛沃夫親王隨即答應，反使得來示威的婦女們有些掃興之感。農民們最關心的是土地問題，洛沃夫親王認為該問題牽涉範圍太大，應該由制憲會議決定。但農民們則因舊勢力已經崩潰，便逕自搶奪地主的私有土地。由於警察組織已經依照執政原則被廢除，尚沒有替代的新組織維持治安與秩序，故俄羅斯社會幾乎進入無政府的混亂局面。

彼得格勒工人在 1917 年 2 月的大罷工，主要是要求改善工作環境及減少

工作時數，很少有政治上的訴求。臨時政府成立後，便在蘇維埃積極的推動下，通過了彼得格勒工人每日工作八小時的限制，該項法令立刻延伸到全國其他工廠。蘇維埃的影響力隨之擴大，從一個地方性的團體逐漸成為一個全國性的組織。

臨時政府政治時期所面臨的兩大困難，一是軍隊的紀律，二是對德、奧戰爭是否繼續。蘇維埃為了爭取彼得格勒駐軍的支持，故在未通知臨時政府的國防部長古蚩寇夫前，便自行以蘇維埃「臨時執行委員會」（「伊斯坡孔」）名義，向彼得格勒的軍區 (Garrison of Petrograd Military District) 發布了「第一號命令」。命令宣布之後，其他軍區士兵也要求同樣待遇，因此「第一號命令」乃成為臨時政府全國性的軍事政策。彼得格勒軍區立刻依照該命令指示，開始在各單位選舉軍事委員會，取代傳統的指揮系統，並公開挑戰長官維持軍紀的權威；軍中組織與秩序一時大亂。蘇維埃如此越權行事的原因，是希望能將軍事指揮權隸屬於其控制之下。古蚩寇獲知消息後，認為蘇維埃的政策矯枉過正，嚴重打擊士氣，乃要求「臨時執行委員會」發布「第二號命令」以改正「第一號命令」的缺失。在他的壓力下，蘇維埃雖然發布了「第二號命令」，但卻非改正「第一號命令」之用。

古蚩寇夫在 3 月 9 日就電告代總司令阿列克西耶夫說，臨時政府根本沒有任何實力，它只是在蘇維埃的許可下繼續存在；尤其在軍事方面，臨時政府絕對不敢宣布任何有違蘇維埃旨意的政策❹。身為國防部長的古蚩寇夫，發出如此無奈的論調，充分顯示出權力分享的「兩元制」，其實是由蘇維埃所獨斷。

臨時政府與蘇維埃的「伊斯坡孔」，對於是否應該繼續沙皇時代遺留下來的對德與奧匈戰爭，立場大致相似：即是繼續下去，一直到勝利為止。民眾們在 1917 年初期的反政府、反尼古拉、反皇后亞歷山德拉的示威遊行，不是反戰，而是反政府中任何帶有德國姓氏的官員，認為他們故意拖延及暗中摧毀抗戰活動。為了符合民意所歸，蘇維埃也支持繼續作戰。但同時，蘇維埃又特意將這場戰爭命名為帝國主義者之戰，更宣布了「第一號命令」，阻擾戰

❹ Richard Pipes, *The Russian Revolution*, p. 307. A. Shliapnikov, *Semnadtsatyi god, II* (Moscow-Leningrad, 1925), p. 236.

爭的進行，希望藉這場戰爭打倒所有的統治階級。「伊斯坡孔」在 3 月 15 日
發表〈告世界人民書〉(*Appeal to the Peoples of the World*) 中，就顯示出其模
稜兩可的態度。蘇維埃在〈告世界人民書〉中呼籲世界人民，為了達到和平
的目的，要團結一致，共同摧毀所有貪婪無厭的剝削性政府。它並向全世界
保證，由革命所創立的俄羅斯民主，絕對不會接受侵奪他國領土的政策，它
也絕對不會在侵略者的刺刀下退縮，也絕對不會被外國武力所屈服❺。在 3 月
21 日，蘇維埃正式採取了「革命自衛主義」(Revolutionary Defensism) 作為支
持繼續作戰的基本方針，該主義是一方面呼籲全國同胞團結一致，保衛俄羅
斯；另一方面則遵守「既無領土割讓也無賠款」(without annexation and indem-
nities) 的外交原則，以求盡快達到世界和平。

　　臨時政府的外交政策則是相當明確，外交部長米琉寇夫明言俄羅斯不會
因為革命而改變其與盟國繼續共同作戰的協定。他在 3 月 6 日，向盟國保證，
臨時政府將忠實的履行盟約，堅持作戰到底的決心。盟國當即以實際的外交
政策作為回報。美國在 3 月 6 日首先承認臨時政府為俄羅斯合法政府，英國、
法國與義大利在兩天之後也分別承認。米琉寇夫在 3 月 11 日招待盟國大使的
宴會上，毫無忌諱的談論他的外交政策，他說革命之目的只是要推翻無法積
極推動戰爭的帝國政府，該阻礙現已被消除，故俄羅斯可以乘此機會，盡力
創造一個經由勝利而獲得和平的環境❻。隨後他又在 3 月 22 日的記者招待會
中，正式說明了臨時政府的戰爭政策。他說俄羅斯的戰爭目的乃是解放奧匈
帝國中的斯拉夫同胞，將奧匈帝國所佔領的烏克蘭領土（主要是加利西亞區）
收復，重新與俄羅斯合併。最後，他則強調說，臨時政府不但必將佔領伊斯
坦堡（君士坦丁堡），也要控制博斯普魯斯、達達尼爾兩海峽；他警告他國政
府絕對不應對此置喙，因為這是俄羅斯自古以來就追尋的外交政策。不過，
他也要他國放心，因為俄羅斯政府絕對沒有要以控制、或剝奪其他國家領土
的意願，因為俄羅斯的外交政策是基於民族自決的原則❼。米琉寇夫的談話

---

❺　刊於蘇維埃官方 Izvestiia, No. 15 (March 15/28, 1917), 1. Richard Pipes, *The
　　Russian Revolution*, p. 329. 轉載。

❻　Michael Florinsky, *Russia: A History and an Interpretation*, New York: The
　　MacMillan Company, 1964, vol. 2, p. 1395.

完全暴露了沙皇時代的外交野心，經報紙刊載後，引起國內外的強烈反應。法國駐俄大使，半開玩笑的說因為米琉寇夫是歷史學家，因此只會談些陳舊的外交事故。蘇維埃的反應則極端強烈，批評米琉寇夫所宣示的戰爭政策正好顯示了〈告世界人民書〉中警訊的正確性，充分顯示出戰爭的本質是場資本主義與帝國主義的戰爭，並藉此再度呼籲全世界人民必須團結一致，將這場戰爭轉變為消滅所有帝國主義戰爭的戰爭。由蘇維埃控制的報紙，開始刊載要求外交部長米琉寇夫及國防部長古蚩寇夫立刻引疚辭職的輿論；臨時政府在克倫司基的壓力下，在 24 日宣稱米琉寇夫的言論只是私人意見，不代表官方政策；並同意將再與「伊斯坡孔」討論，尋求一個雙方都能接受的外交政策。

臨時政府在 3 月 27 日正式宣布〈戰爭目的宣言〉(*Declaration of War Aims*)，其內容軟化了米琉寇夫的言論，使其大致符合蘇維埃〈告世界人民書〉中的訴求。宣言中說俄羅斯作戰的目的，既不是要統治其他民族，也不是要侵奪與割取他國領土，只是要遵守民族自決的原則，建立一個持久性的和平。但同時，俄羅斯人民也絕對不會忍受讓俄羅斯在戰後反而成為一個受屈辱、國力被摧殘的國家，因此臨時政府在履行對盟國的義務時，也勢必要保護國家利益❽。在輿論及蘇維埃的壓力下，米琉寇夫在 4 月 18 日將修訂過的作戰目的文件交由俄羅斯駐外使館傳送給盟國；不過，在官方外交文書上，他卻附貼了一頁反對性的私人意見，重申俄羅斯的戰爭目的依舊是爭取「決定性」的勝利，並貫徹沙皇時期的外交政策。米琉寇夫的這頁私人意見，其實是臨時政府授意，並在「伊斯坡孔」贊同下撰寫而成。因為克倫司基說，這個文件一方面可以滿足米琉寇夫的批評者，也可以向盟國保證俄羅斯將忠實履行條約義務，繼續作戰。

該項外交文件經俄羅斯報紙透露後，引起蘇維埃支持者熱烈反彈，並上街頭示威，要求米琉寇夫立刻辭職。在彼得格勒街頭的示威遊行，已經是司空見慣，故臨時政府並不在意。但以前的示威遊行的性質，經濟因素遠超過

❼　Richard Pipes, *The Russian Revolution*, p. 330. 引用 Miliukov, *Vospominaniia II*, p. 345–346.

❽　Michael Florinsky, *Russia: A History and an Interpretation*. Vol. 2. P. 1398.

政治因素，而且較為自發性，缺乏嚴密的組織。但一個新勢力開始介入運作，使得此後的示威遊行成為充滿意識形態意味的政治鬥爭工具。這個新勢力就是布爾什維克黨。

反對臨時政府外交政策的示威遊行是在 4 月 20–21 日由一個屬於民社黨的少尉軍官西奧多・林德 (Theodore Linde) 發動。林德少尉是「第一號命令」擬稿者之一。他不是反戰者，反而是主張這場戰爭應該繼續打下去的支持者；但同時他也堅信這場戰爭一定要由帝國主義者戰爭轉變成為民主戰爭，並應堅守「既無領土割讓也無賠款」原則。因此他認為臨時政府模稜兩可的外交政策，違反了〈告世界人民書〉的精神，乃擅自發動他所屬的芬蘭軍團，上街遊行示威，要求臨時政府改變戰爭計劃，並撤職及查辦外交部長米琉寇夫及國防部長古蚩寇夫。

林德率領軍團示威遊行顯屬違法行為，故彼得格勒軍區司令柯尼洛夫將軍要求內閣授權將其逮捕及驅散兵眾。但內閣官員恐因此而擴大事件，不但拒絕了柯尼洛夫將軍的請求，甚至事後將柯尼洛夫將軍調離彼得格勒，以求能平服眾怒。臨時政府萎縮與無能的態度表露無遺，此後柯尼洛夫將軍及布爾什維克領袖列寧都無視其權威，率領群眾鬧事。

林德發動的示威遊行在 4 月 20 日下午開始，布爾什維克的中央委員會臨時召集會議，採取列寧事前已經擬訂好的計劃，決定參與遊行運動。故自 20 日起，示威遊行隊伍中開始出現了「打倒臨時政府」與「所有權力屬於蘇維埃」等標語。列寧在 1917 年 4 月 3 日才返回彼得格勒，次日發表〈四月論證〉 (April Thesis) 作為布爾什維克的活動方針。布爾什維克從這次運動起，開始滲透蘇維埃組織，一直到完全控制它為止。

面臨正規軍公然違抗政府威信，而臨時政府又因蘇維埃在旁掣肘，怕一旦採取強烈態度會引起更大衝突的雙重壓力下，乃在 4 月 26 日向全國民眾宣布其無法繼續治理國家之實，呼籲人民要求蘇維埃拋棄成見，正式加入政府，共同解決國家的危機。蘇維埃拒絕回應。國防部長古蚩寇夫眼見臨時政府之無能及社會秩序之崩潰，乃在 4 月 30 日宣布辭職；米琉寇夫也在同時表示倦勤，有離職之意願。蘇維埃的「伊斯坡孔」委員隨即在 5 月 1 日召集會議，在資產階級已經離開臨時政府的藉口下，以四十四票對十九票通過蘇維埃成

員得接受臨時政府官職，並隨即在 5 月 1 日組成聯合內閣。首相仍由洛沃夫親王繼任，國防部長由克倫司基擔任，外交部長由前財政部長、「卡迭特」派的特瑞西簽寇轉任。除此之外，另有六位社會主義者擔任不同的職務。這短暫的「聯合政府」，替代了二月革命後的「兩元制」政體。蘇維埃決定接受臨時政府的內閣職位，對政策的成敗開始擔負責任，其以前監督政府的角色，則由勢力尚不壯大的布爾什維克替代。

五、克倫司基

　　新聯合內閣中的克倫司基，位居樞紐地位。他是蘇維埃「伊斯坡孔」的副主席、前司法部長，現在又是國防部長。導致臨時政府改組的戰爭問題，開始由他負責籌劃。

　　亞歷山大・克倫司基為律師出身，1905 年的「血腥的星期日」事件後，加入「社會革命黨」(SR)，開始了他的革命活動。由於他經常批評新興的「俄羅斯社會民主勞工黨」只重視勞工而忽視農民的論調過於膚淺，故被杜馬議會中的「勞工黨」(Labor Party, Trudovik) 注意，提名參加 1912 年第四屆杜馬議會的選舉。「勞工黨」主要是民粹主義者組成，代表農民的利益。其主要政見是以農民的勞動力為基準，重新平均劃分土地。由於它在杜馬議會中屬於小型政黨，故常與「社會革命黨」合作議政。因此克倫司基雖然不屬於「勞工黨」，但因其專長法律及對農民的重視，故被徵召成為其黨員。他在 1912 年10 月選舉中當選，同時成為「勞工黨」與「社會革命黨」的代表。

　　克倫司基曾於 1917 年 2 月在杜馬議會中公開要求尼古拉二世退位，而被皇后認為室內叛逆之徒，應以吊刑處死。臨時政府成立後，三十五歲的克倫司基被選為司法部長，是內閣中唯一的社會主義者。由於蘇維埃已經決議不允許成員接受臨時政府的職位，齊克亥德茲就曾拒絕擔任勞工部長的邀請，故蘇維埃對於克倫司基接受司法部長之事，極端反對。克倫司基本人雖然信從社會主義的理念，但他並非是一個狂熱的革命者；他認為理性的改革而非無產階級革命，是解決俄羅斯危機的真正之途。托洛斯基就說他表面上喜歡與革命分子在一起混，但自己並不是個真正社會主義革命者。

克倫司基為了要獲得蘇維埃的諒解，在被提名為司法部長後，便立即到「陶萊德宮」左翼的蘇維埃會議廳，要求蘇維埃代表們准許他接受資產階級政府的官職。他說，假如他能獲得許可接受司法部長職位的話，則所有沙皇時代遺留下來的閣員都會在他的掌握中；他並保證說他就任後的第一件政策，就是立刻釋放所有的政治犯，並要舉行大規模的歡迎大會，慶祝他們像英雄凱旋一樣的返回首都。換句話說，他是為了蘇維埃的利益，才犧牲自己去參加臨時政府。最後他問蘇維埃的代表們是否相信他的誠意，允許他接受司法部長的職位；假如有人懷疑他的動機，他願意死在面前。在他激昂慷慨的陳詞下，蘇維埃代表們感動得情緒高漲，一致大聲嘶喊「贊成」、「贊成」。克倫司基就在這戲劇性的表演下，獲准進入內閣，成為了身兼臨時政府閣員與蘇維埃「臨時執行委員會」（「伊斯坡孔」）副主席的雙重職位。當聯合內閣成立時，他憑藉這個獨特的身分被選為國防部長，處理繼續對德、奧的戰爭。

克倫司基被任命為國防部長後所面對的第一個難題，就是如何重新整頓軍紀與提高士氣。自從蘇維埃擅自發布「第一號命令」後，軍中紀律立刻蕩然無存。前國防部長古蚩寇夫就因要求蘇維埃重新頒布另一命令，糾正「第一號命令」被拒絕而被迫辭職。克倫司基接任國防部長的次日，即召集仍舊停留在彼得格勒的總司令阿列克西耶夫及其他戰區司令等與蘇維埃「伊斯坡孔」會晤，討論軍紀問題。在他的堅持下，「伊斯坡孔」終於同意在「第一號命令」上增添兩項長官特有的權威：第一，唯有指揮官得有任用及解除軍官的權力；第二，在戰爭時軍官得以武力判處不聽號令的下屬。❾由此可見克倫司基擔任國防部長後，一改以前對是否繼續參戰的猶豫態度，轉為積極支持盟邦繼續作戰，直到勝利為止。

但如何急速解決戰爭而重建國內秩序，才是臨時政府當前的急務。克倫司基認為重新發動攻勢，可以激發國人的愛國情操，更可鼓舞士氣及解決軍紀鬆散的問題。攻勢的日期定在 6 月中。他首先任命驍勇善戰且特別重視軍紀的布魯斯羅夫將軍替換阿列克西耶夫為戰爭總司令；又為了鼓舞士氣，自己到各戰區巡視，發表愛國演說，灌輸繼續作戰的重要性。但是食物、彈藥

---

❾ Richard Abraham, *Alexander Kerensky: The First Love of the Revolution*, New York: Columbia University Press, 1987. P. 196.

及其他補給的短缺危機，並沒有在革命後解決，而且在布爾什維克的反戰宣傳下，士兵們對於6月的攻勢，都抱著悲觀的心態。

英、法盟國獲知俄羅斯將在6月主動攻擊的計劃後，士氣大振，立刻加速運輸武器及彈藥以為支援。計劃的攻勢在6月16日展開。主要攻擊地區是南方加利西亞的首都洛夫，由柯尼洛夫將軍率領的第八軍負責；同時在中區及北方戰區，則採取防守式的軍事行動為助。戰爭一開始，俄軍先以大砲猛攻，然後由步卒衝鋒陷陣。防守加利西亞的奧軍無力抵抗，節節撤退；俄軍則乘勝追擊，一時士氣大振。俄軍勝利消息傳回國內，人心振奮，咸認為克倫司基真知灼見，足可以領導俄羅斯，重建國家聲威。克倫司基本人的聲望，也因此達到顛峰狀態。連布爾什維克原要乘臨時政府發動軍事攻擊時，策動彼得格勒軍區以反戰為名的反政府行動，也在愛國心高漲的情況下無法順利展開。不過，俄羅斯的勝利似曇花一現，隨即消失。德國獲知奧軍潰敗後，立即在7月6日派援軍前往加利西亞協助奧地利；俄軍一見德軍出現戰場，頓時懼戰，棄陣而逃。原本要一舉收復加利西亞的勝利，反而成為一場潰敗，嚴重打擊了臨時政府與克倫司基聲望。

就在克倫司基在前線督戰時，後方的布爾什維克在列寧的操縱下，正煽動彼得格勒的禁衛軍發動反戰的暴動，要求臨時政府聯合內閣將權力完全交付給蘇維埃。被布爾什維克滲透的京城禁衛軍，早有反戰的思想，故當臨時政府在6月發動大攻擊戰，需要大批兵員，決定將其調往前線時，不滿政府的情緒更是高漲。列寧認為這是千載難逢的好機會，在不顧其他布爾什維克黨員的反對下，堅持要利用禁衛軍的不滿，在7月3日發動包圍「陶萊德宮」，強迫臨時政府交出政權的暴動。臨時政府內閣首相洛沃夫親王怕事態擴大，故對布爾什維克所煽動的兵變，不敢採取強硬的干涉；但卻適時公布了列寧私下與德政府合作、企圖促使俄羅斯早日離開戰爭的祕密。鼓譟鬧事的禁衛軍聽後，對列寧幾近賣國的行為大為反感，乃自行離開「陶萊德宮」返回基地。其他忠於政府的駐軍立即出動，驅散群眾，恢復了秩序。

臨時政府乘機穩定局勢，在7月6日下令以叛國及煽動兵變之由，搜捕包括列寧在內的作亂首領，及將參加包圍「陶萊德宮」的八百名叛軍，將他們全部下獄並以軍法處理。由於要洗刷領導革命失敗的惡名，布爾什維克的

中央委員在 7 月 6 日公開宣布向來未曾煽動兵變，也更指責臨時政府肆意毀謗列寧為德國間諜之過，要求公開調查，將真相告知民眾。蘇維埃的「伊斯坡孔」雖然組成五人小組調查列寧與德國的關係，但只是虛應故事，不了了之。列寧本人則怕被補，到處藏匿，最後在 9 月偷渡到了芬蘭。列寧自以為可以假借蘇維埃名義，利用兵變機會而由布爾什維克實際掠奪政權的計劃，在未經仔細籌謀的盲動下，徹底失敗。

六、柯尼洛夫事件

臨時政府首相洛沃夫親王，在經過「七月兵變」危機後，自知無法繼續執政，因此決定不再眷戀職位，在 7 月 11 日辭職，由國防部長克倫司基繼任。克倫司基自此，既是內閣首相，又是國防部長，單獨肩負起了臨時政府存亡的大任。他接任首相職位後，立即將政府遷往前沙皇處理公務的冬宮，並命令蘇維埃撤離「陶萊德宮」，遷到彼得格勒城外一所「斯莫尼」女子學院處。克倫司基終於獲得了他一直都期望能解救俄羅斯的歷史性任務。

克倫司基接任首相後，面臨兩項重大危機。第一是如何重整 7 月初戰敗後的俄羅斯軍紀與士氣，以使其能繼續作戰；第二則是如何同時削弱日漸強大的布爾什維克及防止右派保皇黨復辟的危機。其實，這兩者危機互為因果，單獨解決任何一項危機，必會牽動另一危機，結果是兩敗俱傷。但若迴避其存在而不予處理，則兩害並發，勢必摧毀甫即成立的新內閣。故克倫司基自就任內閣首相之刻，便被困於兩難之際，無法兼顧重新劃分土地及改善經濟等其他迫切性問題，致遭民眾厭棄，被布爾什維克乘機掠取權力，終於結束了臨時政府時期。

克倫司基以首相及國防部長的雙重身分，堅持俄羅斯必須履行對盟國的義務，繼續對德、奧作戰。7 月大反攻的失敗，使他對總司令布魯斯羅夫將軍失去信心，故決定指派在二月革命時鎮守彼得格勒的軍區司令柯尼洛夫將軍接替。

柯尼洛夫將軍，出生於西伯利亞哥薩克家庭。曾在哈薩克－吉爾吉斯(Kazakh-Kerghiz) 處居住，故熟悉中亞地區事務與人文，能操流利土耳其語，

成為俄羅斯的亞洲事務專家。他的私人衛隊，全部來自土克曼 (Turkeman) 的騎士，身披紅色戰袍，與他以土耳其語交談，尊稱他為「偉大的博亞」(Ulu Boiar, Great Boyar)。自軍校畢業後，便被派往阿富汗與波斯地區作戰；曾參與 1905 年的日俄戰爭，在戰爭結束後為俄羅斯駐中國武官。在二月革命前夕，被沙皇尼古拉指派為彼得格勒軍區司令；後因主張對布爾什維克採取強烈制裁手段，乃被調往西南戰區。

　　柯尼洛夫將軍治軍嚴格，深惡痛絕蘇維埃「伊斯坡孔」擅自發布「第一號命令」的作為。他認為軍中的蘇維埃及政治指導幹部，是導致軍紀崩潰、士氣低落的主要原因。因此當他擔任戰區司令時，便不顧臨時政府的反對，在軍中恢復死刑，命令指揮官對臨陣脫逃者格殺無論。他的強硬治軍態度，受到其他將軍的支持，更成為反蘇維埃勢力集團的英雄。前作戰總司令阿列克西耶夫將軍曾誇獎他作戰兇猛，有個像獅子一樣的心，但也嘲笑他對政治判斷的幼稚感，說他的頭腦像羊的頭腦一樣小。不論此比喻是否公允，不過，當他接獲作戰總司令任命狀時，並未貿促接受，而是乘此機會，要求克倫司基先接受他整頓軍紀的計劃，然後再上任。他的條件包括：他只向自己的良心負責及對國家效忠；無人得干涉他的作戰謀略或軍中人事指派權；他強調嚴刑峻法、包括死刑在內的治軍原則，不但適用於前方，也包含後方在內。柯尼洛夫將軍的強烈作風，顯然是故意挑戰蘇維埃的權威，其他軍區司令及國內保守分子則對其大力支持。但他同時也給了克倫司基相當大的壓力，因為他是蘇維埃「伊斯坡孔」的副主席，支持他的主力，也來自於蘇維埃；故他不可能遵守這些要求。不過，克倫司基在當時因急需穩定軍心，故他才在 7 月 24 日勉強接受；柯尼洛夫將軍在當日就職為戰區總司令。

　　柯尼洛夫接任戰區總司令後，聲望大增；尤其是保守及右派分子，更把他視為唯一能維持國家秩序及恢復俄羅斯光榮的英雄。克倫司基在 8 月初，由戰區司令部莫基勒回到彼得格勒，與克倫司基討論整頓軍紀問題。克倫司基在 8 月 14 日，在莫斯科的大歌劇院 (Bolshoi Theater) 舉辦了一個大型的國家會議，企圖展現他治理全俄羅斯的首領聲望，柯尼洛夫也被邀請參加。當克倫司基入場時，除了蘇維埃與布爾什維克代表給予掌聲歡迎外，其他代表則靜肅相對。但柯尼洛夫一到達會場時，則全場情緒沸騰，給予雷聲似的掌

聲，保守分子則更將他抬在肩膀上，把他當作是救世主降臨一樣的擁戴著。克倫司基見此，耿耿於懷，深恐自己的領導地位將被柯尼洛夫取代；柯尼洛夫自也沾沾自喜。

蘇維埃及布爾什維克因柯尼洛夫被派任總司令一職之事，對克倫司基大為不滿，對其內閣處處刁難。克倫司基眼見保守勢力在柯尼洛夫聲望支援下，有逐漸囂張之跡，故在此兩難的困局中，只有更容忍蘇維埃及布爾什維克對政事的干涉，以換取他們的支持。整頓軍紀問題，成了柯尼洛夫與克倫司基權力鬥爭的焦點。

柯尼洛夫就職後，對於克倫司基前曾允諾施行，但卻一直沒有下文的整頓軍事計劃，相當不滿。蘇維埃的全體會員代表大會在 8 月 18 日召開，布爾什維克代表在會中要求討論軍中應否恢復死刑的議題。投票結果是 850 : 4 反對，其原因是「恢復死刑，乃是以恐怖方式，強迫士兵大眾繼續受指揮官奴役的伎倆」。❿柯尼洛夫一直認為恢復死刑，是重建指揮官的威嚴及整頓軍紀的第一步，蘇維埃的決議使他覺悟到克倫司基實際沒有實權，只不過是蘇維埃及布爾什維克的傀儡而已。他從此就開始採取軍事措施，防範布爾什維克奪權的陰謀。克倫司基認為柯尼洛夫的軍事行動，顯然是他要藉發動兵變而成為軍事獨裁者，以及保守分子要恢復舊秩序的策略，因此伺機要將其撤職。克倫司基與柯尼洛夫兩人互相的猜忌，終於因德軍重新發動攻勢而爆發。

德軍在 8 月 18 日於南方戰區發動攻勢，隨即渡過德威納 (Dvina) 河，進攻里加；8 月 21 日，守軍見德軍來攻，立即棄械逃竄，里加城輕易被敵軍佔領。德軍佔據里加後，便直逼京城彼得格勒。由克倫司基為首相的臨時政府，激烈討論是否應該撤離彼得格勒以確保安全，或應堅守京城奮力抗敵。此爭論無法避免的又觸及了蘇維埃－布爾什維克與柯尼洛夫一直爭執的敏感問題，也因此引發了克倫司基與柯尼洛夫之間的矛盾關係。

臨時政府閣員咸認為彼得格勒是俄羅斯的首都，絕對不能輕易棄守，因為如此一來，必會影響全國政局的安危，更會摧毀新內閣威信。柯尼洛夫則將俄軍棄守里加之舉，當作是士氣低落與軍紀敗壞的明顯例證，因此非要立刻在軍中恢復施行包括死刑的嚴格軍律。他的堅持雖然獲得軍中將領及保守

❿　Richard Pipes, *The Russian Revolution*, p. 444.

派的支持，但並不被基本兵員接受。蘇維埃與布爾什維克更認為柯尼洛夫只是假借整頓軍紀為名，而要達到壟斷大權的獨裁者之實，因此極力反對。

　　國防部副部長玻立斯・薩溫寇夫 (Boris Savinkov, 1879–1925) 得自法國傳來消息，知悉布爾什維克黨將在 9 月初發動大規模暴動事件。俄羅斯戰區總部也在事前獲知情報，知道德軍正好選定同一時間進攻彼得格勒；柯尼洛夫乃祕密命令第三軍司令克立莫夫將軍 (General Krymov) 率軍前往彼得格勒，預防布爾什維克的暴動。柯尼洛夫的祕密指令說：假若直接獲得我的命令，或在當地獲知布爾什維克暴動已經展開時，得立即率軍前往佔領彼得格勒，即刻解除防守部隊中參與布爾什維克暴動者及城中攜械民眾的武裝，然後驅散布爾什維克黨徒。克立莫夫將軍一旦完成該使命後，將再派遣一砲兵團前往克倫斯塔特港，解除當地水手們的武裝，並將鬧事者押送到陸地監禁❶。不過，克倫司基根本不相信布爾什維克會發動暴動，反倒是懷疑柯尼洛夫私自調遣軍隊入京，是否為奪權的前奏。克倫司基對柯尼洛夫的猜忌，被一位自以為是愛國者的傳言加深。

　　該位愛國人士曾是臨時政府初期洛沃夫親王組閣時的聖教會議總長洛沃夫，他出身富庶的大地主家庭，屬於保守派，政界中交友廣闊，懷抱著解救俄羅斯危機的使命感。他覺得當前的內閣過於軟弱，閣員們個個皆庸碌之輩不能寄予大任，唯一的希望是要一個性格果敢且有實力的獨裁者統治俄羅斯，俄羅斯的國難方可紓解。因此在雙方都不知情的狀況下，他逕自擔任克倫司基與柯尼洛夫之間的傳話人，希望能找到願擔負重任的獨裁者。克倫司基早有身任該獨裁者之意，但一方面缺乏武力的支持，另一方面則顧慮柯尼洛夫也有其意而與他競爭，因此他特地利用洛沃夫試探柯尼洛夫在內閣改組後，是否有擔任獨裁者的意願。柯尼洛夫不疑有他，乃答應為了救國，願意一試。他並將先以軍事行動掌握局勢後，再改組政府的計劃以筆錄方式記下，作為克倫司基參考之用。該計劃分三個步驟進行：1.彼得格勒戒嚴；2.所有軍事及民政權力隸屬於總司令一人控制；3.包括首相在內的所有內閣部長立即辭

❶　柯尼洛夫本人證詞。米琉寇夫所著《歷史・革命篇》中之記載。Miliukov, *Istoriaia*, I, Pt. 2, p. 202., *Revoliutsia, IV*, p. 91. Richard Pipes, *The Russian Revolution*, p. 450 轉引。

職，其應負之職責在總司令指定的內閣成立前，由副部長代理❷。

洛沃夫在 8 月 26 日將該筆錄呈交給克倫司基，克倫司基讀畢筆錄後，長期對柯尼洛夫的猜忌，終於獲得了鐵證。他隨即在 8 月 26 日召集內閣緊急會議，要求內閣立即給予他絕對性權力，因應突發的柯尼洛夫事件。閣員們隨即贊成克倫司基得全權處理柯尼洛夫事件，並願意全體辭職，以便克倫司基施行獨裁者之權。從 8 月 27 日到 10 月 6 日，內閣首相的克倫司基成為了真正的獨裁者，他不再正式召集內閣會議，而以個人的名義與決定治理國家。為了穩固自己的獨裁者地位，他下令將柯尼洛夫撤職，並宣布彼得格勒戒嚴。

柯尼洛夫接獲去職令後，不知起因為何，但開始感到克倫司基並非他先前所想像的布爾什維克傀儡，而是整個事件的幕後策劃者。因此他認為他曾宣誓只對自己的良心及國家效忠的責任感驅迫下，有義務擔負起平定紊亂局面的重任，便在 8 月 28 日致書前線將領，指責臨時政府說：

> 俄羅斯的人民：我們的祖國正在死亡中，死亡的時刻已經臨近了。
> 我，柯尼洛夫將軍，被情勢所迫，不得不公開說明，臨時政府在蘇維埃中多數布爾什維克黨徒的威脅下以及與德國參謀總部密切的合作，企圖乘敵軍即將登陸里加摧毀我們軍力之時，從內顛覆我們的國家。
> 我，柯尼洛夫將軍，一個哥薩克農家的孩子，特地向每一個人宣示，除了要拯救俄羅斯以外，沒有任何私人的欲望。我發誓，我將率領人民擊敗敵人，邁向制憲大會之途，讓它來決定（俄羅斯）應何去何從，及選擇一個新的政治制度。❸

這個宣言正好是他要兵變的證據，克倫司基立刻親自接任戰區總司令職位，並再三懇求阿列克西耶夫將軍為參謀總長，號召將領拒絕柯尼洛夫的煽惑，

---

❷ 克倫司基與柯尼洛夫事件背景，見 Richard Abraham, *Alexander Kerensky: The First Love of the Revolution*, Chapter 13: Statesman or Revolutionary?

❸ Katkov, *The Kornilov Affair: Kerensky and thenbreak-up of the Russian Army*, London, 1980, p. 97. Martynov, Kornilov Popytka voennogo perevorota, Leningrad 1927, pp. 110–111. 轉引於 Orlando Figes, *A People's Tragedy: The Russian Revolution*, 1891–192, p. 451.

並將之繩之於法。最矛盾的是，克倫司基身仕總司令後，號令無法下達，反而懇求被判為叛逆者的柯尼洛夫約束部屬，保持首都秩序。

就在克倫司基解除柯尼洛夫兵權之時，克立莫夫將軍的前頭部隊拒絕接受克倫司基要其轉回陣地的命令，直接進入首都的南郊。克倫司基在孤立無援的困境下，乃求救於蘇維埃的「伊斯坡孔」動員防守彼得格勒的力量。「伊斯坡孔」乃組織「反革命鬥爭委員會」(Committee For Struggle Against the Counter-Revolution)，由「社會革命黨」、孟什維克與布爾什維克各派三名代表為委員。由於只有布爾什維克有「紅衛兵」的組織及所控制的克倫斯塔特港的水手，故防守彼得格勒的重任就由布爾什維克負責。

為了獲得布爾什維克黨的武力支援，克倫司基故意討好布爾什維克；他不但不再追究七月暴動中列寧與德國祕密妥協的罪行，反而將監禁在獄的布爾什維克領袖全部釋放，托洛斯基就是其中一員。布爾什維克在被邀請的情況下，似浴火重生般的再度成為克倫司基所倚重的勢力。為數約四萬的紅衛兵 (Red Guard, Krasnaia Gvardiia) 及水手們，在政府授意下開始武裝，成為一支強有力的勤王之師。但柯尼洛夫事件落幕後，他們並未解除武裝。此後創辦紅軍的托洛斯基就說，柯尼洛夫事件中所組成的這批武力，就是十月革命時的軍隊❶。克倫司基本人在事後也覺悟到了柯尼洛夫事件的錯誤性，他曾說，就是 1917 年 8 月 27 日那天，讓 10 月 27 日成為可能。10 月 27 日就是「十月革命」，布爾什維克正式掠奪政權成功的那一天。

克立莫夫將軍的使命，原是保衛彼得格勒的安全。今見克倫司基已經安坐於位，彼得格勒的危機似已過去，故認為任務完成。但他在 8 月 30 日到達彼得格勒後，克倫司基就指責他擅自率軍入京，企圖反叛，即將他交由軍事法庭議處。克立莫夫將軍回營後，舉槍自盡。阿列克西耶夫將軍於 9 月 1 日抵達莫基勒夫的總司令部，將柯尼洛夫將軍逮捕，軟禁在附近的白寇夫修院 (Bykhov Monastery) 中。柯尼洛夫事件正式閉幕。

柯尼洛夫事件是柯尼洛夫真要以兵變掠奪政權而為獨裁者？抑或是克倫司基故作圈套引誘柯尼洛夫自投羅網？雙方各持己見，真相似乎難辨，若就整個事件過程來看，則克倫司基為了要自任獨裁，故意製造圈套，以為解除

❶ Leon Trotsky, *My Life*, p. 331.

柯尼洛夫兵權之藉口較合情理。俄羅斯政府為了發掘柯尼洛夫發動兵變的真相，在 1917 年 10 月特別組成一個調查委員會。委員會在 1918 年 6 月已經為布爾什維克執政時期宣布調查結果，證明指控柯尼洛夫兵變之事，是子虛烏有。柯尼洛夫派軍進彼得格勒的動機，不是要推翻臨時政府，而是要防護它以免被布爾什維克推翻之用。委員會並指責克倫司基，說他在柯尼洛夫事件上，因缺乏勇氣承認錯誤，乃故意扭曲事實以致造成嚴重的後果 **⓯**。克倫司基藉柯尼洛夫事件在政治鬥爭中所獲得的勝利，卻也正是斷送自己政治生涯的主要原因。他雖然終於掌握了獨裁者之位，但卻喪失了所有的權威。他的妻子就評論他說：「克倫司基與臨時政府的威信，被柯尼洛夫事件摧毀殆盡。最後，他落得沒有一個支持者。」**⓰**

　　克倫司基對柯尼洛夫事件的處理，不但疏遠了「卡迭特」、「十月黨人」改革派的支持者，也得罪了愛國主義的極右派，更觸怒了軍方。蘇維埃漸漸落入布爾什維克的控制，其目的已經不是協助克倫司基，而是伺機奪取整個政權。因此他雖然有獨裁者之尊，但卻沒有願意襄助他治理國家事務的人才。他在 9 月 1 日，倉促組成了一個五人小組的「監督」(Directory) 式政府；另一次的聯合內閣則遲至 9 月 25 日才組成。

　　為了要討好蘇維埃及其他左翼黨派，克倫司基採取了許多他們一直堅持的要求。他在 9 月 1 日，未經合法程序的過程，逕自將俄羅斯帝國更改成為一共和體制 (Republic)；廢除柯尼洛夫在軍中各項整頓軍紀的命令；最後則在 10 月 6 日解散了象徵舊勢力的「國家杜馬」。同情柯尼洛夫者，不是被降職或撤職，便是被逮捕下獄。前國防部長古蚩寇夫就以莫須有的罪名被捕。這些措施，只是克倫司基政府想藉此苟延殘喘之計，始終無法挽救大局。故當列寧將「所有權力歸屬蘇維埃」的口號改變成為「所有權力歸屬布爾什維克」，並在 10 月 10 日呼籲奪權的日子已經到了時，臨時政府就在 10 月 25 日隨著克倫司基的逃亡而煙消雲散。

⓯　Richard Pipes, *The Russian Revolution*, p. 463. 轉引該調查報告。

⓰　轉引於 Orlando Figes, *A People's Tragedy: The Russian Revolution*, 1891–1924, p. 455.

第十九章　布爾什維克與十月革命

一、布爾什維克的創導者：列寧及其思想的形成

推翻臨時政府，導致克倫司基逃亡的，是大他十一歲的同鄉——列寧。他們都出生在西波斯克 (Simbirsk) 城。❶兩人的父親都在西波斯克的學區中服務。克倫司基的爸爸曾經是列寧與他哥哥亞歷山大的老師，在列寧申請卡贊大學受到阻擾時，曾特別寫推薦信協助，列寧日後一直感念著這位老師。列寧從小就沉默寡言，但意志堅定。他靠著這個固執的個性，創立了布爾什維克黨，並以此發動十月革命推翻臨時政府。革命成功後，便根據自己的理念，建立了布爾什維克專政的共產集權體制。因此十月革命、布爾什維克與列寧是不可分割。

西波斯克城地處於莫斯科東南、伏爾加河的山谷中，向來是兵家必爭之地。此地民風強悍，曾兩度擊敗哥薩克所發動的民變。一是十七世紀初期的司提芬・拉辛的民變；另一是凱薩琳女皇時代普加切夫的叛亂。列寧就在1870 年 4 月 10 日 (22 日) 誕生於此。❷他的原名是伏拉地密爾・伊立艾其・

---

❶ 為了紀念列寧，西波斯克後被改為尤利亞諾夫 (Ulyanov)。蘇聯共產政權崩潰後，該城又恢復了西波斯克原名。

❷ 彼得大帝開始採用當時歐洲通用的朱里安曆法 (Julian Calendar) 記事，由於該曆法中的計算有錯誤，天主教教皇格里高立八世 (Greogory XIII, 1572–1585) 乃開始重新計算建立了新曆法，稱為格里高立曆法 (Gregorian Calendar)。格里高立曆法的計日要比朱里安曆法早十二日，格里高立曆法此後曾再經改革，結果比朱里安早十三日。 蘇維埃政府在 1918 年 1 月 26 日決定放棄朱里安曆法記年（通稱舊曆），改用格里高立曆法（新曆）。故以朱里安曆法計算的時日，在 1918年以後要比新曆晚十三日。參考資料：http://www.norbyhus.dk/calendar.html。本章中有關俄羅斯本身的歷史日期採用舊曆，若有含混處，則在舊曆後附以新曆為參考。

尤利安諾夫 (Vladimir Ilyich Ulyanov)，後來從事革命運動時，根據西伯利亞的列納河 (Lena) 改名為列寧，終其一生便以列寧為名。

列寧從小受到哥哥亞歷山大很大的影響。亞歷山大品學兼優，尤專長數理科，故得進入聖彼得堡大學攻讀化學。在列寧的印象中，他的哥哥只熱衷科學，對政治沒有興趣。但亞歷山大在聖彼得堡就學時，開始閱讀馬克思與普列漢諾夫的著作，對社會主義發生興趣，也被當時知識分子所鼓吹的「民粹主義」理念所吸引。他並接受了「人民的意志」的信條，即是政治性謀殺乃是推翻沙皇專制及引發社會革命的必要手段。他於是利用他的科學知識，製造了一枚炸彈隱藏在醫學百科全書中，準備在 1887 年 3 月 1 日、沙皇亞歷山大二世被刺殺的第六週年時、將其引爆炸死亞歷山大三世；但因機密洩漏而被捕，判處死刑。被審訊時，他慷慨陳詞，毫不畏縮。亞歷山大從容就義之舉，對列寧影響深刻。

就在此時，列寧高中畢業，申請入卡贊大學就讀。但因哥哥之故被拒，後因克倫司基的父親擔保，方得入學。入學後，隨即被民粹派的「人民的意志」團體吸收，參加反對學校行政示威運動。列寧與其他三十九名學生同時被捕，遭到勒令退學的處分。此後數年列寧無所事事，致力閱讀導致他哥哥成為革命者的書籍。這些作者都是十九世紀俄羅斯的社會主義者先知，他們主要是密開爾・巴枯寧、亞歷山大・赫森與尼古萊・車尼契夫斯基。其中尤以車尼契夫斯基對他影響深遠，他所寫的《該怎麼作?》成為了他的經典。該書中的主角拉克密特夫刻苦自立律、誓以革命為終生唯一之志，而無他想的生活，成為了列寧的楷模。他也立志革命，終生不渝。1902 年，他攻擊離經叛道的社民分子的名著，就採取了這個同樣的書名。像俄羅斯其他知識分子一樣，在閱讀俄羅斯的社會主義著作同時，列寧也開始接觸馬克思的思想；他隨即被馬克思對人類歷史演進分析的邏輯性及科學性所懾服，以馬克思主義者自居。

列寧自己苦讀的結果，終於使他在 1891 年以校外生的名義通過了聖彼得堡大學法律系所舉辦的考試，獲取了律師資格。作了短暫的律師後，他在 1893 年遷往聖彼得堡居住，專心研究社會主義與馬克思理論，並與當地的社會主義知識分子聯絡，從事革命活動。在 1892 年的祕密集會中，遇見了娜德秩達・

克魯珀斯卡亞 (Nadezhda Krupskaya, 1869–1936)。四年後,兩人成婚,克魯珀斯卡亞是他終生的親密妻子與戰友。

德國的「社會民主黨」(簡稱社民黨,Social Democratic Party),自 1890 年被政府解禁後,在大選中獲勝。它的成功影響到俄羅斯的社會主義者,他們認為俄羅斯已經工業化,工人數字劇增,故德國社民黨的訴求也可適用於國內。在瑞士的普列漢諾夫與保羅・阿克色羅德 (Paul Axelrod, 1850–1926),及俄國境內的彼得・斯特魯夫 (Peter Struve, 1870–1944),乃就俄羅斯的特殊情況,解釋社民運動將會如何在國內展開。他們都認為俄羅斯革命必須經過兩個不同的階段才能達到社會主義的目標。首先,俄羅斯要有成熟的資本主義,因為只有如此,才可以一方面產生保護資產階級利益的言論自由、議會政體等權利,另一方面則同時也會製造資產階級與無產階級之間的衝突。資本主義健全後,勢必會推翻沙皇的君主專制政權。故俄羅斯的社會主義革命者,可以先與資本主義合作,並利用其體制獲得政權。當這個目的達到後,俄羅斯的革命就會進入第二個階段:即是社會主義革命。

列寧當時對於上述的革命方向,頗有猶豫的態度。他在 1895 年出國到瑞士,訪問了他所欽佩的普列漢諾夫後,似乎接受了革命兩段論的說法。返國後,與尤立・馬托夫 (Iulii Martov, 1873–1923) 在聖彼得堡組織了日後被稱為「解放勞動階級鬥爭聯盟」(Union of Struggle for the Liberation of the Working Class) 組織,煽動勞工罷工示威等運動。由於他實際參加了組織及煽動勞工罷工及示威的運動,他體驗到「煽動」(agitation) 戰略的重要性;「煽動」成為了他以後反沙皇政權及發動十月革命、奪取克倫司基政權的主要工具。

列寧因在聖彼得堡煽動勞工罷工及發表反政府宣傳品,在 1895–1896 年被捕,判處流放西伯利亞三年 (1897–1900)。他在西伯利亞並未服勞役,反而生活輕鬆,並乘此機會大量閱讀社會主義的著作。他的女友克魯珀斯卡亞隨即前來西伯利亞陪伴他,不久兩人在 1898 年成婚。

在放逐這段時間中,社會主義革命理論及運動急速逐漸變化,列寧為此相當憂心。首先是在 1899 年之際,有些俄羅斯的社會主義者,接受了德國愛德華・柏恩斯坦 (Eduard Berstein, 1850–1932) 的修正論,開始懷疑馬克思革命理論在國內的適用性。柏恩斯坦根據德國社民黨以合法手段增進勞工福利

的成功案例，認為社會主義理想只能靠革命才能達到的正統馬克思主義顯然並不適用，因此推動社會主義者應循合法途徑，以求達到社會主義的最終目的。換句話說，社會主義的目的不是靠「革命」(revolution)，而是靠「演進」(evolution) 才能達到。

然後，他又閱讀到了由艾卡特莉娜‧枯斯寇瓦 (Ekaterina Kuskova, 1869–1958) 寫的小冊子《克立多》(Credo)。枯斯寇瓦呼籲社會主義者應將反對君主專制的政治性革命，交由資產階級負責，而本身則只協助勞動階級改善他們的經濟情況。她強調說：

> （社民）黨的改變不僅僅是推動更積極的經濟鬥爭以及團結所有的經濟性組織，更重要的是改變該黨對其他反對黨的態度。無容忍性的馬克思主義、消極性的馬克思主義、原始性的馬克思主義（該派的社會階級劃分觀念過於公式化）都將對民主性的馬克思主義讓步，在現代化的社會中，（社民）黨的社會地位必須要作極端的改變。只要能認清社會，則它（社民黨）狹窄的、共同串聯的，以及在許多情況下充滿門戶之見的任務，就會轉變成為一個社會性的任務，將其掠奪政權的目的轉向迎合目前改造社會的情勢，而其改造的過程必須要以最有效的防守機制、保衛所有勞動者的權益。❸

枯斯寇瓦下結論說，俄羅斯的馬克思主義者只有一條路可以走，就是放棄對其他政黨的偏見，協助無產階級的經濟鬥爭，一同從事自由的政治活動。「經濟主義者」採取「自動自發」(spontaneity) 的原則，認為勞工們爭取自己經濟利益，乃是「自動自發」的行為，故社會主義革命者只應該在旁觀察與協助。

列寧把這種說法稱為「經濟主義」(Economism)，認為其破壞性遠比「修正論」更可怕，因為這樣的原則是要將社會主義運動轉換成為與資本主義合作的工會主義運動 (trade unionism)，絕對要加以痛貶。他服畢西伯利亞三年的流刑，於 1900 年返回聖彼得堡後，便籌劃如何創辦一個致力攻擊「經濟主義」與「修正主義」的刊物，以求捍衛馬克思正統思想。同時，他也在思考

---

❸ 列寧全集第四卷，頁 171–174。列寧將 Credo 全文抄錄。後被編入其全集中。列寧全集見網站：http://www.marxists.org/archive/lenin/works/cw/

如何根據民粹派的「人民的意志」原則，將俄羅斯的社民黨轉變成為一個純由精英分子控制的陰謀式鬥爭團體。他在聖彼得堡小住後，便到德國的慕尼黑，與流亡該地的普列漢諾夫與馬托夫在 1900 年 12 月發行了《火花》(*Iskra, Spark*)，作為社民黨的官方刊物。編審委員會除了他們三人外，還包括維拉・扎蘇立奇與托洛斯基。由於國內祕密警察查禁嚴格，《火花》先後在萊比錫、倫敦及日內瓦等地印行後，再以偷渡的方式帶入國內。

他在創刊號中，首度以列寧這個筆名發表攻擊「修正主義」與「經濟主義」的文章，他警告說，凡是任何脫離由社民黨領導的無資產階級革命，最後一定會退化成為資產階級的勞工運動。他認為《火花》的使命就是要堅持鼓吹一個精英式、不妥協、全心全力獻身革命組織的重要性。

> 「社會民主」的任務，是將「社會民主理念」與「政治意識」(political consciousness) 灌輸給無產階級大眾，及組織一個與自動自發性勞工運動有緊密關係的革命性政黨。假如不能產生一個有組織能力及領導其前進的領袖及代表們，歷史中沒有任何一個階級可以掌握到權力。我們必須要訓練出一批將整個生命（而不只是在空閒的晚上）全心全意奉獻給革命的黨員，我們必須要籌劃成立一個強有力、能精確劃分我們工作任務的組織。❹

他認為真正的社會革命不能由勞工階級順隨本身經濟利益前進，也不能等待時機成熟才發動。真正的革命必須要由少數的知識分子，在嚴密的組織控制下，緊緊抓住且又能創造歷史潮流，抱著無我的犧牲精神才能完成。列寧的布爾什維克主義雛念，從 1900 年開始逐漸發展，在 1902 年 3 月出版的《該怎麼作?》(*Chto Delat?, What is to be done?*)❺的小冊子中終於成形。

---

❹ Leopold H. Haimson, *The Russian Marxists and the Origins of Bolshevism*, Cambridge, Harvard University Press, 1955, p. 119.《火花》創刊號。列寧全集，第四集，頁 341–345。

❺ http://www.marxists.org/archive/lenin/works/1901/what-itd.
Vladimir Lenin, *What is to be Done? Burning Questions of our Movement*，寫於 1901–1902 年，1902 年 3 月出版。見列寧全集，第一卷，頁 119–271. *Lenin Se-*

　　首先他攻擊「批評的自由」(freedom of criticism) 在歷史上所造成的傷害。他說「自由」確實是一個偉大的名詞，但在「工業自由」的旗幟下，世界上最殘暴的戰爭因此被引發；在「勞工自由」(freedom of labor) 的口號下，工人被欺負與搶奪。他說現代最流行的「批評的自由」，包含了同樣的矛盾現象，因此絕對不容許在組織嚴密的政黨中出現。他接著根據歷史上的例證，分析勞工階級自動自發的抗爭運動，說其最後會淪落到只顧本身經濟利益的工會意識團體。因為政府與雇主們為了保護本身的利益，必會在最緊要的一刻讓步，給予滿足勞工們經濟訴求的法律與保障。如此，則勞工階級也必會滿足於現實，不再繼續為社會革命而努力。「社會民主」的意識根本不存在於勞工階級中，而必須要以外力強灌輸給他們。他說，與「工會意識」勞工運動不同的社會主義理論，則是由資產階級的知識分子們，根據哲學、歷史與經濟理論演化而成。因此，根據社會階級來看，創立現代科學社會主義的馬克思與恩格斯等人，都屬於資產階級的知識分子。同樣的，俄羅斯的「社會民主」理論，也不是經由實際的勞工運動中產生，它只是隨著社會主義知識分子們在發展思想過程中所產生的結果而已。換句話說，俄羅斯早期的「社會民主」黨派，也充滿了書生之見，缺少嚴密的組織與實際的革命經驗。因此唯有在一個由小規模、組織嚴緊、凝聚心強烈、且獻身祕密革命行動的核心分子們所組成的專業性團隊領導下，才可以完成「社民黨」的社會革命任務。「社民黨」在接受這個挑戰當前，必須要完成兩項準備的工作：第一，是盡快撰寫「社民黨」成立的宗旨、此後發展的計劃與願景，以便人民得知其運動的重要性；第二，則是制訂「社民黨」的組織方針、入會條件及推動革命應採取何項策略等各項細節。

　　《火花》編輯委員會通過列寧的建議，由普列漢諾夫允諾負責撰寫「社民黨」成立宗旨及此後發展的計劃，列寧則專門寫作有關黨組織、黨員紀律、及革命活動等各項事務。完稿後，交由「俄羅斯社會民主勞工黨」，作為第二屆黨員代表大會中的討論主題。

---

lected Works, vol. 1, pp. 119 – 271, First Published: March, 1902 Online Version: Lenin Internet Archive (marxists.org)1999.

二、「社民黨」的分裂：布爾什維克派與孟什維克派

「俄羅斯社會民主勞工黨」第二屆代表大會於 1903 年 7 月 30 日在布魯塞爾揭幕，討論的議題由列寧擬訂。參與會議者包括國內二十一個及來自海外五個不同派系的「社民黨」組織，總共有五十二名代表；除了只有四個真正來自勞工階級的代表外，其他則全是知識分子。投票的方式相當混亂，在五十二名代表中，有資格投票者只有四十二名，而其中的九名因為代表人數較多的派系，故又可以投兩次票。比利時政府獲知俄羅斯的「社民黨」即將開會訊息後，便嚴密監視，並將幾位極端的與會者逮捕並驅除出境。為了安全起見，「社民黨」會員們匆匆結束在布魯塞爾的會議，決定遷往倫敦繼續會議。倫敦的會議是在 8 月 11 日開始，主要討論列寧在《該怎麼作？》中所強調的組織章程、入黨條件與黨員職責等議題。列寧堅持「社民黨」必要有中央集權式的管理方式，因為勞工運動絕不能任由勞工階級依本身經濟利益的「自動自發」發展，而必須要有一個由少數職業革命家組成的精英式政黨來領導。因此申請入會者，除了要絕對遵守黨中央的所有決定、提供經濟上的支持外，本人也必須親自參與「社民黨」或其有關組織的實際活動。他認為政黨的存亡不在黨員的數字，而是由黨員素質之精、黨員的忠誠度與願意奉獻一切的精神所決定。托洛斯基聽完列寧的意見後，禁不住的問他說，你不是要推動獨裁體制吧？列寧隨即回答說，除此之外，別無他途。❻

以馬托夫為主的反對派，嚴厲攻擊列寧的中央集權論調。他說，任何一個組織假如只能消極式的聽從上級命令，則不可能長久存在。假如列寧的黨組織理論被採納的話，則黨中央必會進入一虛空之境，而沒有任何依靠的邊緣性組織作為支援。這樣一個嚴格、且過於陰謀式的政黨組織，不但不會增強、反而會削弱勞工大眾對它的支持。缺少與勞工階級接觸，只依循自以為是的政治意識行事的革命精英分子們，終將與現實世界隔離。因此「社民黨」應鼓勵勞工階級踴躍參加，而不是故設限將其摒除於外。❼

---

❻　Ronald W. Clark, *Lenin: A Biography*, New York: Harper & Row, Perennial Library, pp. 83–84.

普列漢諾夫在聆聽了雙方辯論後，較傾向列寧的主張，因為他覺得假如採取了馬托夫的理論，則「社民黨」會過於散漫，黨中央也無法約束黨員行為。不過，他的意見並沒有影響到投票的結果。投票結果，列寧的建黨組織理論，以二十八票反對、二十三票贊成而未通過。列寧對此結果相當失望，怕從此以後將會有許多投機分子加入「社民黨」，因此必須要即刻從另一方面加以彌補。他的策略是設立三個由中央控制的組織，由他的支持者加以掌握，負責嚴格審查黨員資格及衛護黨紀律；如此，則列寧所強調的黨中央集權、重紀律的精英式「社民黨」，仍然可以組成。此三個組織是「黨議會」(Party Council)、「中央委員會」(Central Committee, CC)，以及由《火花》編審委員會組成的「中央機構」(Central Organ, CO)。因此他以懇求與脅迫的方式，要求代表們投票支持他所提名的候選者。不過，馬托夫有「猶太聯盟」(Jewish Bund) 及「經濟主義」派系的支持，故他努力的結果仍然無法獲得多數贊成票。但就在此時，一個與建黨理論爭執議題毫不相干的事件發生，打擊了馬托夫集團，使得列寧暫時佔優勢。這個事件是有關「猶太聯盟」會員的資格問題。

「猶太聯盟」是由居住在俄羅斯、立陶宛、烏克蘭與波蘭等地的猶太勞工們在 1897 年組成，從事革命活動。在「錫安主義」(Zionism) 的影響下，該聯盟希望能成為俄羅斯境內（包括上述的俄羅斯本身、立陶宛、烏克蘭與波蘭）猶太族的代言者，故堅持以代表所有猶太裔無產階級工人的身分，在「社民黨」中投票。但該論調有違馬克思主義中反「民族情結」的精神，因此被大會否決。「猶太聯盟」四位代表乃憤而離席抗議，另兩位「經濟主義」者，也先後離席。馬托夫在會中的大多數，因此減少了六票支持者。列寧見狀，立即宣稱他的支持者為多數 (bolchinstvo)，即是「多數派」(布爾什維克派，Bolshevists)，貶馬托夫等為「少數」(menchinstvo)，即是「少數派」(孟什維克派，Mensheviks)。雖然「猶太聯盟」及「經濟主義」派系代表隨即返回，使得馬托夫派再成多數，不過，「布爾什維克」與「孟什維克」之名從此固定，成為了歷史中無法變更的名詞。

列寧自認掌握了多數票後，便更進一步的要改選《火花》編審委員會，以便奪取由該組織控制的「中央機構」。他提名普列漢諾夫、馬托夫及他自己

---

❼ Leopold H. Haimson, *The Russian Marxists and the Origins of Bolshevism*, p. 175.

為新編審委員，而將原委員的阿克色羅德、扎蘇立奇與坡德瑞佐夫排除在外，當時普列漢諾夫是列寧的支持者，因此列寧如此的安排，可以確保他對《火花》刊物及「中央機構」的控制。馬托夫對此極為憤怒，揚言他不會接受大會對此投票的決定；充滿信心的列寧則堅持立刻投票表決。但出乎他意料的，前曾退席的「猶太聯盟」及「經濟主義」派系卻及時返回，投票的結果反而是列寧提案遭否決。列寧憤而辭去《火花》編審委員及「黨議會」職位，並撰寫《前進走一步，退兩步》(*One Step Forward, Two Steps Back*)，攻擊孟什維克的鬆散組黨理論，強調布爾什維克精英式的革命性政黨。自他離開編審委員會後，「社民黨」的官方刊物《火花》自此（五十二期）起，便由孟什維克系控制。不過縱然如此，在表面上，布爾什維克與孟什維克只是「社民黨」的派系組織，並未正式分裂，兩派成員仍然共同參加黨會議與繼續合作。

「俄羅斯社會民主勞工黨」第二屆代表大會在 1903 年 8 月 23 日結束後，列寧遷往日內瓦居住，籌劃發行一個純討論布爾什維克理論的刊物。這就是從 1905 年 1 月 4 日到 5 月 18 日、前後印行了十八期的《前進》(*Vperyod, Forward*)。

當 1905 年的「血腥星期日」事件發生時，孟什維克與布爾什維克的革命者大半流亡國外，因此對其沒有什麼重要的影響力。列寧當時人在瑞士，努力籌劃將在倫敦召開的「俄羅斯社會民主勞工黨」第三屆代表大會，更因消息阻隔，他對國內的情勢並非十分了解。但主導事件的加朋神父曾在 1905 年 7 月到日內瓦密訪列寧，列寧也對加朋的革命熱忱大加稱讚。不過，加朋訪問列寧的主要目的為何與會談的內容，一直未曾全部公開，因此仍然是一個解不開的謎。❽

由列寧主導的「社民黨」第三屆代表大會於 1905 年 4 月在倫敦開會，九位中央委員中除了列寧外，其餘八位全部在會前被逮捕，其他三十八位代表則全屬布爾什維克系。由於出席代表者不到合法人數，故此屆會議實屬非法；列寧則堅持開會，並被選為大會主席。列寧在第二屆大會中根據《該怎麼作？》所提出、但被否決的「社民黨」組織條例，在此次會議中全部通過。孟什爾克派在列寧前往倫敦時，則故意在列寧居住的日內瓦舉行「社民黨」第

❽　Ronald W. Clark, *Lenin: A Biography*, p. 105.

三屆會議，以為對抗。「社民黨」正式分裂成為兩個派系。兩者雖然於 1906 年 4 月，在斯德哥爾摩舉行第四次代表大會，試圖化解衝突、並重新合併，也徒勞無功而散。

沙皇尼古拉二世在「血腥星期日」事件後，宣布改革憲政的〈十月宣言〉，並特赦革命分子；流亡國外的知識分子乃陸續返國。列寧與他太太克魯珀斯卡亞由瑞士在 1905 年 11 月 21 日返回聖彼得堡；馬托夫與扎蘇立奇也前後回國；托洛斯基返國後，並成為新成立的聖彼得堡蘇維埃的主席。列寧親自觀察國內的革命情勢後，發展了與正統馬克思主義不同調的革命策略。他認為「社民黨」要獲得最後勝利的策略，除了不能與資產階級合作外，首先必須要權宜性的聯合所有反專制勢力對抗沙皇體制，再在勝利後，清除非社會主義者的同盟，以達到無產階級專政的終極目的。其中最有潛力的合作者，是俄羅斯境內的廣大農民階級。

傳統的馬克思主義者認為，農民與小資產階級一樣，都是只重視本身經濟利益是反動分子，不可能參加無產階級的革命。俄羅斯社會主義的先驅普列漢諾夫，也有同感。他早期曾參加「到民間去」的民粹運動，眼見農民們只顧滿足本身經濟需求的貪婪感及對其他事漠不關心的消極態度後，乃放棄了農民，轉向組織無產階級以發動社會革命勞工運動。列寧則認為俄羅斯農民不但具有傳統性的反叛精神，且在農奴解放後，更因土地兼併及「公社」的限制，使得農村充滿了身無恆產的貧農階級，因此「社民黨」必須挑動其不滿情緒，得使其與勞工階級共同發動革命。為了要討好農民，他在第三屆「社民黨」代表大會中提出國家應先沒收所有土地然後交由農民耕種的土地國有政策 (nationalization)；普列漢諾夫雖大力反對，但因寡不敵眾而失敗。列寧這個政策，使其能在 1917 及 1918 年的政權的鬥爭，獲得了農民階級的支持。

布爾什維克與孟什維克派系在 1905 年的黨員數字相等，都是在八千四百人左右；「社民黨」於 1906 年在斯德哥爾摩召開大會時，布爾什維克有一萬三千黨員，而孟什維克則有一萬八千人；1907 年是「社民黨」成長的顛峰時期，黨員總數高達八萬四千三百人，已經與「卡迭特」黨員人數相等。該總數中孟什維克派有三萬八千人，布爾什維克有四萬六千，及其他小派系黨員。

不過，由於沙皇政府的改革及祕密警察的逮捕與滲透，「社民黨」從 1908 年開始衰退。列寧在這段時間中，奔走於俄國、瑞士、德國與其他國家之間，進行黨內的鬥爭。

三、布爾什維克派所主導的革命活動

為了與國內的黨徒聯絡，列寧在大戰前兩年，遷往波蘭的克拉科夫 (Cracow) 居住。由於他支持俄國境內的烏克蘭獨立運動，因此受到奧地利政府在金錢上的支持，並在 1914 年 8 月 19 日，特別提供軍方郵遞火車的位子，使其夫婦及岳母得以經維也納前往瑞士。

列寧到達瑞士後，發表《革命社會民主在歐戰中的任務》(*The Tasks of Revolutionary Social Democracy in the European War*)，大力批評歐洲的社民黨背叛不得支持本國從事戰爭的約定，並首度公開表示他期望俄羅斯戰敗的觀點。他說，自俄羅斯的工人階級及勞苦大眾的立場來看，戰爭的最完善結果，乃是擊敗沙皇專制者及其軍隊；因此社會主義者的任務，不是要阻止或早日結束戰爭，反而是使其延續，將一場國際性的戰爭轉變成為國內不同階級的內戰。❾德國政府獲知列寧希望俄羅斯被戰敗的論點後，開始利用一愛沙尼亞籍的布爾什維克黨員亞歷山大‧克斯庫拉 (Alexander Keskula) 與其聯絡，並暗中資助列寧的出版事業。列寧曾在 1915 年 9 月提供了一旦布爾什維克奪得政權後，重建俄羅斯的七項藍圖，其中對外的政策包括有：假如德國能放棄割讓土地及賠款的要求，則他願意與德單獨議和；俄羅斯撤離土耳其領土。俄羅斯臨時政府成立後，不但沒有退出戰場的跡象，反而向盟國保證將繼續對德作戰。希望沙皇潰敗的列寧，因此成為了德國爭取的對象。

由於消息阻隔，列寧在 1917 年的 3 月 2 日（新曆 15 日）才從德國報紙上獲得二月革命成功的消息。他一旦獲得消息後，就急著要立刻回國去阻止布爾什維克同志接受臨時政府徵召而與其合作的意圖。他警告同志們說：

---

❾ Lenin PSS, XLVIII, p. 155. 列寧全集。Richard Pipes., *The Russian Revolution*, p. 380. 引用。

> 我們的策略是：絕對不信任也不支持新政府。我們尤其要對克倫司基
> 存疑。將無產階級武裝化是唯一可行之途。立刻參加彼得格勒市政府
> 的杜馬選舉。不要與任何其他黨派妥協。❿

不過，列寧因當時仍然是通緝犯，故不敢冒險偷渡入境。德國外相柏特曼—
荷勒衛 (Bethmann-Hollweg, 1856–1921) 認為列寧有利用的價值，乃請德國財
政部提撥五百萬馬克專為從事「俄羅斯工作」之用，命令駐瑞士大使容柏格
(Romberg) 安排列寧返國事宜。列寧夫婦等一共三十二位流亡海外的俄羅斯
革命分子，於 1917 年 3 月 27 日（新曆 4 月 9 日），從蘇黎世出發前往德國邊
境。到達德國境內後，隨即搭乘由德國政府準備妥當的兩節車箱，經司徒加
特 (Stuttgart) 與法蘭克福 (Frankfurt)，於 3 月 30 日（4 月 13 日）達到柏林。
乘客之一的拉狄克 (Karl Radek, 1855–1938) 特別說明該兩節車箱並沒有被封
閉，這個說法與當時流傳的說法顯然不同。他們再由柏林轉往波羅的海，乘
瑞典輪船到達首都斯德哥爾摩。俄羅斯臨時政府原擬拒絕給予返國的簽證，
後又改變計劃，因此列寧等一行人眾於 3 月 30 日（4 月 13 日）離開斯德哥爾
摩前往芬蘭，三天後，於 4 月 3 日（16 日）到達了彼得格勒。

　　列寧到達之日，止是「全俄羅斯布爾什維克會議」(All-Russian Bolshevik
Conference) 的最後一天。與會群眾乃簇擁前往芬蘭車站，盛大歡迎他返回祖
國。列寧返國後的第二天，就趕赴大會，報告他流亡瑞士時所擬訂好的鬥爭
策略，希望布爾什維克能在一個月內奪取政權。由於這個報告是在四月宣讀，
故被稱為〈四月論證〉(April Theses, Aprelskiye Tezisy)。其中包括了十項重點：

1. 對世界大戰的看法：由於洛沃夫親王領導的臨時政府本身就是一個資
   本主義集團，故其所繼續的戰爭仍然是一場侵奪性的帝國主義戰爭。
   （本黨的任務）乃是要以徹底、堅持、耐心的態度來說服被資產階級
   誤導而接受這場戰爭的無產階級們，讓他們認清資本主義與帝國主義
   戰爭之間的連帶關係後，知道不先推翻資本主義將無法以民主自由的
   方式來終止戰爭。

2. 俄羅斯的目前情況：俄羅斯正從革命的第一個階段邁入第二個階段。

---

❿　列寧全集：XXXI 集，p. 7.

在第一階段中，由於無產階級缺乏足夠的自我意識及組織，故由資產階級掌握權力；第二階段則是要將權力轉移給無產階級及最貧窮的農民手中。由於農民群眾的政治意識開始覺醒，本黨的工作必須要加以調整，以求能適應此特殊情況。

3. 絕對不支持臨時政府，並全力暴露其虛偽的本性。

4. 工人代表的蘇維埃是唯一可能實行的革命政府組織，但同時要確認（本黨）在工人代表的蘇維埃組織中仍然屬於少數，必須與其他小資產階級勢力鬥爭的事實。本黨的任務是一方面繼續批評及糾正蘇維埃的錯誤，另一方面則是積極策劃，以期能將國家權力全部轉移到蘇維埃。

5. （未來的國家）絕不是議會式的共和國，而是一個徹底的工人、農工與農民代表的蘇維埃共和政體。
廢除警察、軍隊及官僚組織。

6. 沒收所有耕地。所有土地應國家化，由各地的農工與農民代表的蘇維埃決定如何處理所沒收的土地。
組織獨立性的貧農蘇維埃：在每一百到三百俄里的農地中，設立一由農工蘇維埃管理的模範農村，並受公共的監督。

7. 兼併國內所有銀行後成立一個單獨的國家銀行，隸屬於工人代表的蘇維埃。

8. 本黨當前任務不在於立刻推動社會主義，而只是將社會生產及產品分配由工人代表的蘇維埃加以控制。

9. 本黨當前急務：立刻召開全黨會議，討論下列主要黨計劃方案：(1)有關帝國主義及帝國主義戰爭問題；(2)本黨對「國家」的態度，以及對「公社國家」的要求；(3)修改過時的基本黨計劃；更改本黨名稱。

10. 成立新國際共產組織。**⓫**

列寧在國外流亡過久，不諳國內實情，且布爾什維克經政府的迫害與滲透，其勢力已經耗損相當多，故他當時要在一個月內奪取政權的論調，與現勢相差過於遠而無法被同志接受。《真理報》編審委員會，故意以印刷機故障

⓫　《真理報》第 26 號；1917 年 4 月 7 日。
見 http://www.marxists.org/archive/Lenin/works/1917/apr/04.htm.

為由，將列寧的〈四月論證〉延遲到 4 月 7 日才刊行。德國駐斯德哥爾摩外交人員獲知列寧〈四月論證〉中的反戰論調後，立刻向柏林報告說：「列寧入境成功。他正從事我們所希望的工作。」

　　列寧為了要擴充本身的勢力，布爾什維克在臨時政府面臨四月危機時 ⓬，首度在彼得格勒與莫斯科兩地，發動了以反戰及反割讓領土為主要訴求的示威遊行。黨徒們高舉「打倒戰爭」、「打倒臨時政府」與「所有權力屬於蘇維埃」的旗幟與標語，以求突顯其聲勢，但終因其人少勢寡，草草了事。臨時政府在四月危機後，深知無法繼續單獨執政，乃公開懇求蘇維埃加入政府，共同治理國政，以求渡過難關。蘇維埃中的「伊斯坡孔」首鼠兩端，猶豫不決；先是堅決反對與資產階級的臨時政府合作，但在 5 月 1 日因國防部長古蚩寇夫與外交部長米琉寇夫同時辭職，則又以資產階級棄絕國事為由，以 44：19 通過與臨時政府合作，並允許蘇維埃成員得接受臨時政府的官位。蘇維埃的形象，因此遭受到嚴重的打擊。反對蘇維埃與臨時政府合作最激烈者是布爾什維克代表，他們認為蘇維埃應乘機奪取全部政權，而不是與其妥協的組織聯合政府。也正因為這種堅持的態度，布爾什維克反而被人民認為是可以依靠的真正反對黨，可以替代資本主義控制的臨時政府。

　　列寧企圖利用四月危機壯大布爾什維克的計劃失敗後，感到奪權成功的先決條件是要自己控制的武力。彼得格勒蘇維埃在二月革命時，為了保護工廠與工人的安全，曾組織了「工人民兵團」(Workers' Militia)。布爾什維克在 4 月 28 日將其合併，組成「紅衛兵」，作為此後罷工與示威時的私有武力。但列寧最重視的是要控制宣傳工具，可藉此將反戰及反政府的論調傳播到軍中去。布爾什維克除了已經擁有發行八萬五千份的《真理報》外，在 1917 年 4 月 15 日購買發行量高達五萬至七萬五千份的了軍中報紙《戰士真理報》(Soldiers' Pravda, Soldatkaia Pravda)；此後又陸續購買了在克倫斯塔特港印行的《水手報真理報》(Sailors Pravda, Golos Pravda) 及其他刊物。購買這些宣傳媒介品的資本，大部分是由德國資助。根據愛德華‧柏恩斯坦的估計，德國

⓬　該危機是臨時政府外交部長米琉寇夫宣布，戰後俄羅斯將佔領伊斯坦堡（君士坦丁堡）、博斯普魯斯與達達尼爾兩海峽所引起。請參閱上一章〈從臨時政府到十月革命〉。

在 1917-1918 年之間，對布爾什維克的資助高達五百萬金馬克以上，其當時的市場價值，足可以購買九噸以上的黃金。第一次大戰結束後，德國外交部的檔案資料證明了該數字的正確性。❸ 這些報章雜誌的目的是要教育軍人們知道戰爭的主導者是誰、戰爭的真正目的為何、戰爭的獲益者是誰，以求軍人們在勞工階級罷工與示威時，不但不要聽信政府的命令對其鎮壓，反而要協助他們共同起義。

臨時政府在四月危機後，由克倫司基接任國防部長。他上任後，立即指派布魯斯羅夫將軍為作戰司令，改革軍紀，並親自到前線勞軍，以求能鼓舞士氣。為了遵守對盟邦的承諾，他計劃在 6 月對東線的奧地利戰區發動攻勢。歷經三年征戰的俄軍，對沙皇政權已經崩潰但仍要繼續作戰一事相當不滿，再加上布爾什維克的反戰宣傳，更使得前線官兵充滿了厭戰的情緒。列寧見此，認為有機可乘，乃故意製造事端，以求能一舉推倒臨時政府後，奪得政權。布爾什維克的中央委員會，在 6 月 6 日下達命令，要動員四萬名士兵前來首都示威。列寧的策略是要等待士兵入城後，立刻包圍臨時政府的所在地，然後點明特定官員出場接受群眾的詢問，潛伏的布爾什維克黨員則在旁大聲嘶喊「不滿意」與「下臺」等叫罵，等到群眾情緒沸騰時，布爾什維克的中央委員則在「所有權力歸於布爾什克」的口號下，宣布成立新政府。這是所謂的「六月暴動」(June Putsch)。

列寧挑選 6 月初發動事件的原因，是要配合在 6 月 3 日所召開的「第一屆全俄羅斯蘇維埃會議」(First All-Russian Congress of Soviets)。在該會議中的八百二十二名代表中，「社會革命黨」佔有二百八十五名、孟什維克二百四十八名、布爾什維克則只有一百零五名。❹ 大多數的代表都贊成支持已經改組的新臨時政府內閣，拒絕以武力將其推翻。布爾什維克在大會中居於劣勢，因此列寧希望布爾什維克能藉六月暴動成功奪取政權之實，逼迫大會會員對

---

❸　Richard Pipes 在其 *Russian Revolution*, p. 411 引用 Winfried Baumgart, *Desutsche Ostpolitik*, 1918. (Vienna-Munich 1966), pp. 213–214.

❹　Edward H. Carr, *The Bolshevik Revolution*, 1917–1923, New York: The MacMillan Compnay, 1951, vol. 1, p. 90. 也可參閱 http://www.marxists.org/glossary/events/a/l.htm.

其追認。他在大會中宣示布爾什維克絕不退縮的堅強態度說:「郵、電部長公民 (策立特力, Tsereteli) 剛剛宣稱在俄羅斯中, 沒有一個政黨願意來承當所有的權力。我的回答是: 有。」**⑮** 這個演說是列寧首度面對大多數的反對者, 強力展現布爾什維克將當仁不讓奪取全部政權的決心。雖然「六月暴動」者仍然手執「所有權力屬於蘇維埃」的旗幟, 表示他們是為蘇維埃而戰; 但其真正目的乃是以此先實現「所有權力屬於布爾什維克的蘇維埃」的謀略, 然後再進一步由布爾什維克達到奪取臨時政府政權的終極目的。

由於列寧未曾在事前諮詢蘇維埃的同意, 故其六月暴動的計劃在「第一屆全俄羅斯蘇維埃會議」中遭到大多數與會者的反對而被封殺。為了集中籌劃蘇維埃的整體活動, 大會特地通過成立「全俄羅斯中央執行委員會」(All Russian Central Executive Committee, 俄文為 Vserossiikii Tsentral'nyi Ispolni-tel'nyi Komitet, 故簡稱為 VTsIK); 根據各黨派的黨員總數比例選出二百五十名代表, 布爾什維克只有三十五席。大會更進一步的通過表決, 此後任何組織在未經其同意前, 皆不得使用蘇維埃的名義發起任何運動。布爾什維克的《真理報》隨即答覆大會的決定說, 縱然蘇維埃在未來可能會獲得政權, 但布爾什維克已經決定獨自行動, 再也不聽從蘇維埃的命令。**⑯**

列寧自認布爾什維克勢力已經壯大, 可以不必再依附蘇維埃而行事。六月暴動雖然沒有如期發動, 但克倫司基在 6 月反攻奧地利陣地的軍事行動受到挫敗, 軍紀與士氣都因此而更形渙散。列寧又準備乘機在 7 月初, 由親布爾什維克的士兵再發動一次兵變或暴動。但臨時政府事先獲得情報, 故在 7 月 1 日下令逮捕二十八位布爾什維克領袖。列寧則事先獲得風聲, 先行逃匿到芬蘭躲藏, 一直到 7 月 4 日才返回彼得格勒。他在藏匿之處, 仍然繼續策劃與領導七月暴動。

七月暴動主要是由駐威堡、親布爾什維克的第一機槍團所發動。該機槍團由一萬一千三百四十個士兵與三百名軍官組成, 軍官中有許多左翼知識分

⑮ Joel Carmichael, trans. and edit., *The Russian Revolution*, 1917: *Eyewitness Account by N. N. Sukhanov*, New York: Harper & Brothers, 1955, vol. II, p. 380.

⑯ Pravda, No. 80 (June 13, 1917). Richard Pipes, *The Russian Revolution*, p. 415 轉引。

了，與布爾什維克經常保持聯繫。政府為此甚為困擾，乃決定在 7 月初將其裁撤，把整編後的士兵與軍官送往前線作戰。該團官兵獲知即將被裁撤消息後，鼓譟抗議，再經布爾什維克首領如托洛斯基、季諾維夫 (Gregory Zinoviev, 1883–1936) 與卡米涅夫 (Lev Kamenev, 1883–1936) 等教唆，更是群情憤慨。7 月 4 日，由為數約五千名的機槍團官兵開道，紅衛兵、克倫斯塔特港的水手、罷工的工人等隨後，聲勢壯大的向蘇維埃總部「陶萊德宮」前進。布爾什維克的中央委員會也通過決議案，支持工人與士兵們應立刻走上街頭及以武力推翻臨時政府的運動。

　　情緒高昂的示威群眾在 7 月 4 日的午後聚集在「陶萊德宮」前的廣場上，布爾什維克則率領了士兵與工人的代表團進入蘇維埃的「伊斯坡孔」總部辦公室，強迫蘇維埃當局宣布終止臨時政府，並立刻組織蘇維埃政權。首領之一的馬托夫高聲嘶喊說，這一切都是歷史意志所注定的。列寧也在此時藏身群眾之中，似乎要當歷史意志顯示的一刻時，突然顯身出來擔當大任。蘇維埃的實際領袖克倫司基當時仍然在前線督師，未能即時趕回，留守的閣員不敢自我作主，更不敢將示威者以武力驅散，因為守衛的武力只有六個站崗的衛兵而已。這個千載難逢、垂手可以奪得政權的機會，列寧卻在最緊要的關頭忽然改變主意而消失。列寧為何如此改變的原因，撲朔迷離，無法令人理解。當時在列寧身旁的季諾維夫事後回憶說，列寧當時猶豫不定，一直不停的問自己說，這是不是該行動的時刻。他可能認為時機尚未成熟，因此忍痛改變計劃。不過，臨時政府的司法部長培瑞斯沃澤夫 (P. N. Peresverzev) 適時公布列寧與德國勾結、企圖藉反對戰爭顛覆政府的證據，以摧毀他聲望的舉動，也可能是列寧最後決定暫緩奪取政權的原因。原本支持列寧的官兵及工人，獲知列寧與德國的關係後，開始撤離「陶萊德宮」轉回營地與工廠。效忠政府的軍隊及右派組織「黑色百人」，在次日清晨出動，追打尚在原地示威者；布爾什維克的《真理報》報社與印刷廠，也全部被暴民搗毀。**❼** 很可能成功的七月暴動，就此功虧一簣地草草收場。列寧恐懼地對托洛斯基說：「他們要槍殺我們了，一切都完了。」他與其他的布爾什克領袖開始逃竄，尋求藏

❼　Max Eastman, trans., Leo Trotsky, *the History of the Russian Revolution*. Ann Arbor, Michigan: University of Michigan. 1964, pp. 49–50.

身之處。

克倫司基在 7 月 6 日自前線趕回，立刻下令逮捕列寧及他其他的布爾什維克領袖。蘇維埃的伊斯坡孔特地成立一個五人小組，調查列寧與德國政府合作的各項指責，以為此後對他審判的參考。列寧一方面怕右派組織「黑色百人」取他性命，另外一方面又怕克倫司基假借審判之名而實際要將他鏟除的陰謀，因此決定逃亡。他先在彼得格勒鄉下的拉茲立夫 (Razliv) 藏身，然後在 8 月 6 日，改名為伊凡諾夫 (Ivanov) 轉往芬蘭。一直要到十月革命前夕再重新回國。他的逃亡，導致許多布爾什維克黨員的不滿，他們認為七月暴動是列寧所堅持的主張，失敗之後卻一走了之，將後果由他們負擔，這是不道德的行為。**⓲**

四、托洛斯基

當列寧藏匿在芬蘭的這一段時間，領導蘇維埃革命運動的是甫即回國不久的托洛斯基。托洛斯基原名為列夫·大維多維其·布朗司坦 (Lev Davidovich Bronstein, 1879–1940)，曾因參與俄羅斯社民黨的活動而被流放西伯利亞。在 1902 年自西伯利亞逃亡時改名為托洛斯基，以躲避祕密警察的發現。他逃到倫敦後與列寧相遇，並參加了《火花》的編寫工作。當第二屆社民黨會議於 1903 年在倫敦舉行時，列寧為布爾什維克領袖；托洛斯基則屬於孟什維克派。1905 年的十月革命爆發時，他特地返國參加反對沙皇尼古拉專制政權的運動，組織了聖彼得堡的蘇維埃，並被選為主席。事敗後，他被逮捕，再度被流放到西伯利亞；1908 年逃離到維也納居住，與越非 (Adolf Joffe, 1880–1927) 等人編印《真理報》。列寧賞識他的文采，曾特叫卡米涅夫邀他加入布爾什維克而未果。

第一次世界大戰爆發後，托洛斯基被迫離開維也納，經蘇黎世轉往巴黎居住；他因極力反對資本主義的第一次世界大戰，故經常煽動工人反戰，在 1916 年終被法國政府逮捕，遣送到西班牙。此後他又從西班牙遷往紐約。二

⓲ Joel Michael, *The Russian Revolution*, 1917: *Eyewitness Account by N.N. Sukhanov*, pp. 470–472.

月革命成功後，他隨即乘船返國。英國政府也因其反戰的言論，曾命令加拿大當局將其覊留月餘，直到 5 月他才回到彼得格勒。他返國後，立即參加彼得格勒的蘇維埃活動；由於他是 1905 年蘇維埃組織的創始者，故立刻被奉為領袖。托洛斯基當時雖仍然是孟什維克派，不過回國後參加了獨立派系的「聯合社民者」組織（United Social-Democrats，慣稱為 Mezhraionka）。「聯合社民者」由彼得格勒城的勞工與少數知識分子在 1913 年成立，其宗旨在推動各國社會主義之間的合作，不屬於布爾什維克、孟什維克或其他任何黨派。托洛斯基回國後，看到孟什維克的消極漸生反感，開始接受列寧明顯反戰、反臨時政府、主張以武力奪取其政權的主張。列寧曾在 5 月 10 日親自參加「聯合社民者」的會議，當面邀請托洛斯基等參加布爾什維克派外，並允諾他可以擔任《真理報》編輯委員的職位。托洛斯基以時機不適，加以婉拒；不過，在 6 月 3 日所召開的「第一屆全俄羅斯蘇維埃會議」中，他便以非布爾什維克黨員的身分強烈支持列寧的布爾什維克派。

　　克倫司基在布爾什維克所策劃的七月暴動失敗後，於 7 月 11 日接任臨時政府的首相，並繼續同時兼任國防部長的職位。克倫司基本人是蘇維埃「中央執行委員會」（「伊斯坡孔」）的副委員，新的閣員也是經由克倫司基與蘇維埃中的孟什維克代表協商後才指定；譬如，孟什維克派系的策立特力，便是新內閣中的內政部長。克倫司基的新政府是與蘇維埃中孟什維克勢力結合所形成；蘇維埃既是其政權合法化的主要依據，但同時也是牽制他企圖獨裁的阻力。蘇維埃中的孟什維克熱衷支持克倫司基的結果，大大減損了勞動大眾與士兵們對它的支持；相對的，堅持不妥協的布爾什維克，被視作為是唯一維護基本民意的鬥爭團體，漸漸獲得廣泛的支持。為了要穩固本身的勢力，克倫司基開始向保守派靠攏。首先，他以煽動七月暴動為由，逮捕了托洛斯基等人；然後，為了防止布爾什維克藉發動軍變而奪取政權之舉，撤換了思想較自由的作戰總司令布魯斯羅夫將軍，在 7 月 24 日改派二月革命時鎮守彼得格勒的軍區司令柯尼洛夫將軍接任。柯尼洛夫將軍素以治兵嚴格著稱，對於蘇維埃任意干涉軍事，尤其痛恨。克倫司基又放縱右翼「黑色百人」組織，肆意攻擊蘇維埃及布爾什維克黨員。

　　士氣渙散且又是在群龍無首的情況下，布爾什維克黨員於 7 月底在彼得

格勒舉行十年來未曾召開過的第六屆黨員大會，檢討七月暴動失敗的原因及此後的鬥爭方向。大會中由史達林 (Joseph Stalin, 1879–1953) 與布哈林 (Nikolai Bukharin, 1888–1938) 負責討論列寧在藏匿處所寫作的〈論口號〉(*On Slogans*) 短文。列寧自從七月暴動失敗後，對蘇維埃失去信心，認為它已經成為了資本主義者的工具，故在〈論口號〉中主張取消「所有權力歸屬蘇維埃」的口號，以「工農革命專政」替代；換句話說，武裝革命必須要由各地方工廠中等基層組織發動，也就是說基層蘇維埃的布爾什維克化，乃是取勝之道。托洛斯基與四千名的「聯合社民者」，正式被接受成為了布爾什維克黨員。

七月暴動後的布爾什維克黨，前途岌岌可危，似乎幾近衰敗之途。卻就在此時發生了柯尼洛夫事件，給予布爾什維克喘息與重整旗鼓的好機會。柯尼洛夫事件在前一章中已經敘述，故不在此贅筆。值得一提的是克倫司基為了要對付以柯尼洛夫所代表的右派保守勢力，不得不請求布爾什維克的奧援。為了表達善意，他在 8 月 30 日下令開始釋放所有被監禁的布爾什維克黨員；托洛斯基在 9 月 4 日被釋放後，立即投入將蘇維埃轉化成為布爾什維克控制的活動。

蘇維埃在柯尼洛夫事件中，獲得了被克倫司基利用的教訓後，漸漸走向布爾什維克化：即是拒絕繼續與臨時政府的克倫司基合作，要以武裝革命的方式奪取政權。布爾什維克的黨員數字也在同時持續上升。在 7 月舉行的第六次布爾什維克黨員大會時，黨員的人數是二十萬名；兩個月之後，突然增加到了三十五萬名。各地的蘇維埃也漸漸落入布爾什維克黨的控制。布爾什維克勢力急速擴充，可以從 8 月與 9 月的地方選舉中看出。在彼得格勒城市的選舉中，布爾什維克從 5 月的 20% 選民支持度，躍升到 8 月的 33%。莫斯科，則是從 6 月的 11% 跳升到 9 月的 51%；而社會革命黨則自 56% 滑落到 14%，孟什維克則自 12% 減低到 4%；代表資產階級利益的「卡迭特」則從 17% 升到 31%。❶⑨這個比例，顯示出勞動階級已經對孟什維克與社會革命黨感到相當不滿，願意接受布爾什維克的鬥爭路線。在各地方上的情況也是類似，原本掌握蘇維埃的孟什維克都被布爾什維克所替代。

列寧眼見布爾什維克氣勢重現，乃在 9 月 3 日自藏匿處寫就〈論妥協〉

⑲ Orlando Figes, A *People's Tragedy: The Russian Revolution*, 1891–1924, p. 457.

(*On Compromise*) 分析此後鬥爭的新路線。他在文中呼籲重新恢復「所有權力歸屬蘇維埃」的口號；他說蘇維埃已經從 7 月欺壓無產階級的工具，演變到了 8 月時反抗資產階級的組織；除此之外，轉變後的蘇維埃已經抓緊了軍隊。因此布爾什維克一定要採取妥協的策略，與孟什維克派及社會革命黨合作，讓所有的權力歸屬蘇維埃，讓孟什維克及社會革命黨成立一個服從蘇維埃的新政府。列寧的〈論妥協〉並不是要布爾什維克向孟什維克或社會革命黨讓步，而是他確信布爾什維克有奪權必勝的把握，只不過假借「妥協」之名，解除孟什維克與社會革命黨的警備心而已。列寧所謂的「所有權力歸屬蘇維埃」其實是「所有權力歸屬布爾什維克的蘇維埃」的障眼法而已。他所希望的是藉蘇維埃為名，以武裝暴動為方式盡快奪取政權之實。❷⓿

五、「全俄羅斯民主會議」與「前議會」：最後的聯合

為了要防止列寧所堅持的武裝革命成為事實，孟什維克與社會革命黨分子乃於 1917 年 9 月 14 日 –22 日（新曆 9 月 27 日 –10 月 4 日）在彼得格勒召開了「全俄羅斯民主會議」(All-Russian-Democratic Conference)。到會者共有一千二百名代表，主要是「卡迭特」與社會革命黨分子，托洛斯基與卡米涅夫等布爾什維克代表也出席參加。臨時政府的主席克倫司基特地到會祝賀並發表演說。會議討論的主題是「民主分子」是否應繼續與臨時政府合作的問題。托洛斯基雖代表布爾什維克極力反對，但大會仍然通過與克倫司基合作、各黨派得接受內閣職位成立聯合政府的決議。由於這個決定，克倫司基才終於有足夠的閣員，得成立政府。托洛斯基把這次合作稱為最後一次的聯合 (The Last Coalition)。

「全俄羅斯民主會議」在散會前，特決議成立「俄羅斯共和國臨時議會」(Provisional Council of the Russian Republic)，或稱為「前議會」(pre-Parliament)，以為在 11 月 22 日召開的制憲大會 (Constituent Assembly) 前的過渡性機構。克倫司基堅持「前議會」必須接受臨時政府有絕對的人事任用權，否則

---

❷⓿　Leon Trotsky, *The History of the Russian Revolution*, pp. 518–520.

不承認其法律地位。在「卡迭特」的運作下，絕大多數代表通過克倫司基的要求，「前議會」乃正式成立。「前議會」中「大多數」的民主分子代表有三百零八席：社會革命黨，一百二十名，其中包括二十名的左派分子 (Lefts)；孟什維克，六十名；布爾什維克，六十六名；資產階級代表共有一百五十六名，「卡迭特」佔其中一半，其他則是克倫司基所指派者及右翼分子。成立「俄羅斯共和國臨時議會」的目的，表面上是希望能藉此組織以不流血的革命方式，推動俄羅斯邁向議會體制；但真正的用意則是要粉碎列寧武裝奪取政權的計劃。

列寧在國外非常關心「全俄羅斯民主會議」的討論與決議，他尤其擔心像卡米涅夫與布哈林等布爾什維克分子，會被對方引誘而願意接受先實行議會體制再達到社會主義革命的嘗試。他特地從芬蘭趕到近彼得格勒八十哩的威堡，想就近指揮。他的擔憂絕非空穴來風毫無根據。布爾什維克的中央委員會在 9 月 20 日召集了一個由「全俄羅斯民主會議」的代表、全體中央委員、彼得格勒蘇維埃代表組成的會議，討論是否應與臨時政府的克倫司基合作。托洛斯基在會中激烈主張抵制「前議會」；卡米涅夫等則主張加入「俄羅斯共和國臨時議會」，與克倫司基合作。爭議結果，大會以七十七票贊成、五十票反對托洛斯基的提案，在 9 月 22 日正式宣布加入，以便就近揭發所有資產階級的伎倆。**㉑**

由於「全俄羅斯民主會議」的支持，克倫司基的內閣才得以在 9 月 25 日正式組成。不過就在同日，彼得格勒的蘇維埃也發生了一個震撼性的改變；這就是 1905 年創立聖彼得堡蘇維埃的托洛斯基，被當選為主席團的主席。當他出面感謝被當選時，群眾給以雷聲似的掌聲。孟什維克的尼古萊·蘇卡諾夫 (Nikolai Sukhanov) 是當時的目擊者，他回憶當時的情景說：「他現在成為彼得格勒蘇維埃的主席，當他出現時掌聲雷動。所有一切要改變了。從 4 月起，蘇維埃先是反對革命，然後又成為資本階級的支柱。在半年的時間中，它也擔當過反人民及鎮壓他們憤怒的堡壘。它也曾經是祕密刑房 (Star Chamber) 的守衛者，聽憑克倫司基與策立特力的使喚。現在，它又重新成為一支與彼得格勒群眾無法分割的革命軍；它是托洛斯基的侍衛者，只要他發號施

㉑ Leon Trotsky, *The History of the Russian Revolution*, II. Pp. 339–340.

令，隨時都會去衝擊『聯合政府』、冬宮以及所有資產階級的大本營。與人民再度結合在一起的蘇維埃，再度恢復了它無限的精力。」他說，從現在開始，一切都掌握在列寧與托洛斯基的黨派中。沒有任何力量可以阻擋新蘇維埃的破壞性威力。唯一的問題是托洛斯基會在什麼時候去啟動它而已。㉒ 彼得格勒蘇維埃在托洛斯基的領導下，於 9 月 25 日通過了對克倫司基反對與新政府合作的決議案，他說：「在革命的歷史過程中，新政府將會被視作為是一個內戰的政府。我們這些在彼得格勒的工人與守衛們拒絕支持資產階級專政以及反革命暴力的政府。我們堅信所有的革命民主必會給予新政府一個同樣的答覆，這就是：下臺。」㉓ 彼得格勒蘇維埃對新政府的不信任與敵視，不只是該地的單獨事件，也不僅限於勞工階級；由於戰爭繼續惡化，民生凋敝，士兵與農民也抱著同樣反政府的態度。

布爾什維克中央委員會曾在 9 月 20 日投票贊成加入「俄羅斯共和國臨時議會」，但在蘇維埃逐漸被布爾什維克控制的新發展情況下，咸認為應重新考慮。10 月 5 日開會的結果，除了只有卡米涅夫一個人仍然堅持己見外，其餘的委員都贊成退出「俄羅斯共和國臨時議會」。布爾什維克在只有兩個星期的時間中，竟然有如此急速的轉變，連托洛斯基本人都感覺到震撼，因此他信心倍增。「俄羅斯共和國臨時議會」按時在 10 月 7 日正式開幕。當輪到托洛斯基代表布爾什維克上臺發言時，他就先指責這個「俄羅斯共和國臨時議會」名義上是為籌劃「制憲大會」而設，實際上是支持克倫司基苟延殘喘，而暗中摧毀「制憲大會」，使其永遠無法召開的工具。接著他說：「不，我們布爾什維克派公開宣布，我們與這個背叛人民的政府與這個反革命幫兇的議會沒有任何共同點。……在退出這個臨時議會時，我們要呼喚全俄羅斯的勞動者、士兵、農民站起來保衛自己，要鼓起勇氣。彼得格勒正面對著危機；革命陷入了危機；人民們也在危機中。我們向人民宣呼：所有權力歸屬蘇維埃。」講演完畢後，他率領布爾什維克離席。會中其他代表，則眼見布爾什維克的離席感到高興，因為可惡的反對聲浪從此在會場中消失。但布爾什維克的退席，

㉒　Joel Carmichael, trans and edit., *The Russian Revolution*, 1917: *Eyewitness Account by N. N. Sukhanov*. Vol. II. Pp. 528–529.

㉓　Joel Carmichael. Vol. II. P. 529.

正顯示出布爾什維克在控制蘇維埃後，已經決定採取武裝的行動來奪取政權。

　　布爾什維克退席後，「俄羅斯共和國臨時議會」在 10 月 10 日立刻討論有關戰爭的議題。與會者罔顧前線士兵早已陷入彈藥與衣物困乏、缺少鬥志的嚴重危機，反而一再強調重整軍紀，努力作戰能力等空論。克倫司基為了重視首都彼得格勒的安全，特地前往波羅的海視察艦隊，這是一支方才被擊敗、傷亡慘重的艦隊。在他訓斥官兵應努力作戰時，艦隊中的海軍士兵就當他面請求蘇維埃的中央委員們，幫助他們將臨時政府中「一位以無恥的詭詐伎倆羞辱、摧毀了偉大革命的人」加以鏟除。克倫司基惱羞成怒，以該艦隊曾違法私截政府糧食為由，要逮捕軍中蘇維埃委員。蘇維埃委員則冷靜回答說：「恭候大駕！」這舉動顯然已經是公開違抗全國軍事統帥、不服臨時政府指令的反叛行為了。食物與衣著的缺乏已經是前線的常態，北方戰區司令就警告政府說：「饑餓是摧毀軍中倫理與士氣的主要原因。假如不立刻解決這個問題，當 10 月嚴冬季節來臨時，守軍必會集體逃離戰場。」❷❹

　　波羅的海戰局的挫敗，使得臨時政府急忙撤離自波蘭到立陶宛地區的守軍及工廠，因此大批士兵與工人擠向彼得格勒與其他城市，將反戰與反政府的仇恨傳播各地。當前線緊急，首都彼得格勒可能即將被攻打的危機下，臨時政府的國防部急忙下令要將彼得格勒的防衛團調往前線增援。在布爾什維克長期的煽動下，彼得格勒防衛團早已經將這場戰爭視作為是帝國主義與資本階級之間的戰爭，不屑參加。因此調防的命令，而助長了他們反戰與反政府的情節。而布爾什維克的所喊出等的「停戰」、「和平」、「土地」等口號，正是疲敝的士兵、勞工、農民等夢寐所求之物。托洛斯基就說：「布爾什維克的理念雖然已被廣泛接受，但真正的行動則要建築在積極『煽動』的策略上；這些分散在各地的士兵、勞工、農民，都是最基層的『煽動者』。」

　　奪取臨時政府政權的氣息已經蔓延各地，但發動的時機卻是蘇維埃與布爾什維克黨中的爭執議題。在這爭執中，第二屆蘇維埃大會 (The Second Congress of Soviets) 是否應按時召開則成為了各派鬥爭的焦點。

---

❷❹　有關前線軍紀與士氣的危機，Leon Trotsky, *The History of the Russian Revolution*, III. Pp. 69–71. 有詳細的報導。

六、召開第二屆蘇維埃大會的爭議

布爾什維克化後的蘇維埃，已經取得政權的實力，但真要將其奪得的政權合法化而獲得人民的支持，則需要國內所有蘇維埃組織的贊同。「第二屆蘇維埃大會」之召開，乃成為了布爾什維克派武裝奪取政權與反布爾什維克派武裝奪取政權鬥爭的角力點。

在 6 月所召開的「第一屆全俄羅斯蘇維埃會議」中，大會雖然已經決定此後應每隔三個月召集會議一次，但孟什維克及社會革命黨控制下的蘇維埃中央執行委員會則藉機故意將其拖延。在 9 月 21 日「全俄羅斯民主會議」結束前，彼得格勒的蘇維埃通過托洛斯基的決議案：為了團結所有蘇維埃以達到對抗反革命的目的，召開蘇維埃大會已是刻不容緩。此外，參加「全俄羅斯民主會議」的布爾什維克代表們，也在次日的蘇維埃中央執行委員會中要求在兩星期之內必須召開蘇維埃大會，否則，他們將以彼得格勒與莫斯科的蘇維埃為主，另外召開一個獨立性會議。蘇維埃中央執行委員會在此脅迫下，勉強同意將在 10 月 20 日召開「第二屆蘇維埃大會」。不過，委員之一的孟什維克代表丹 (Fydor Dan, 1871–1947) 隨即在 9 月 26 日提議將大會延期舉行。托洛斯基則回報說，假如大會不能依照日期合法舉行，則不惜以革命的方式使其召開。

為了抵制蘇維埃中央執行委員會先拖延、最終取消會議的企圖，布爾什維克決定動員各地方的基層蘇維埃，要求不必理會蘇維埃中央委員會的首肯，逕自召開蘇維埃大會。愛沙尼亞塔林縣的駐軍就決議立刻撤銷「俄羅斯共和國臨時議會」，而以蘇維埃為主成立新政府；莫斯科、諾夫格羅、烏拉山各地的工、農、兵蘇維埃都有類似的決議案。❷❺布爾什維克的中央委員見其煽動策略奏效，乃在 10 月 5 日召集彼得格勒、莫斯科、克倫斯塔特、瑞瓦（Reval，在愛沙尼亞的塔林郡內）等二十三個軍區蘇維埃，在彼得格勒舉行「北區蘇維埃大會」(Northern Regional Congress of Soviets) 地方性會議，以為第二屆蘇維埃大會的前奏。會議中通過成立「北區委員會」，監督召開第二屆蘇維埃大

❷❺ Leon Trotsky, *The History of the Russian Revolution*, III, pp. 81–82.

會事宜，並以其名義向各軍區及民間蘇維埃發送公文，要他們選派代表準備參加 10 月 20 日揭幕的第二屆蘇維埃大會。會議中也通過了反對政府任意調動首都附近的防衛部隊以及肆意破壞蘇維埃組織的決議案；托洛斯基則在大會結束前宣示說，中央政府去留的問題已經到了非要蘇維埃出面決定的時候了。蘇維埃中央執行委員雖然對此公然挑戰其權威的行動相當不滿，拒絕承認其會議及決議案的合法性，但知道大勢已去，難以挽回，只好堅持會議日期應延後到 10 月 25 日才能召開。

布爾什維克雖在各地方已有足夠的力量可以隨時奪取政權，但卻缺乏一個統籌全盤動員的機構，因此列寧就計劃先成立一個軍事組織整合力量，以突擊的方式在大會開幕前取得政權，之後再強迫蘇維埃大會追認。適在此時，北區的戰事提供了良好的機會。

德國海軍在 9 月初發動對里加海灣的攻擊，經過與俄海軍的鏖戰後，於 10 月 8 日佔領了海灣中的孟恩 (Moon)、歐瑟爾 (Osel) 與大溝 (Dago) 三個島嶼，直逼首都彼得格勒。克倫司基政府因此乘機提出遷都莫斯科的計劃，一來可以免受德軍圍城之虞，二來則更可以遠離布爾什維克控制的蘇維埃，並可以假借德軍之手毀滅城中的反政府分子。當地守軍的蘇維埃在托洛斯基的主導下，乃在 10 月 6 日通過決議案，決定「假如臨時政府無能力防衛彼得格勒的話，則它應該不是馬上求和，就是應該立刻解散由另一個政府來作」。**㉖**在各方的壓力下，克倫司基才打消了遷都的計劃。

為了能確保彼得格勒不落入敵手，蘇維埃中央執行委員會特別召開會議，討論對策。會中有一孟什維克代表提議蘇維埃應組織一「革命防衛委員會」(Committee of Revolutionary Defense) 以提高士氣，確保彼得格勒城的安全，並負責保衛首都的一切事宜。布爾什維克因堅持本身應成立一個可以直接控制的軍事組織，故對此建議先持反對意見。但托洛斯基深思之後，感覺到以蘇維埃為名的軍事組織，會比布爾什維克的更有廣泛的號召力，乃改變態度轉為強烈的支持。他在會議中提議「革命防衛委員會」不但要負責抵抗帝國主義的德軍，也同時要預防反革命分子乘機作亂。蘇維埃中央執行委員會在 10 月 9 日同意該案，將「革命防衛委員會」改名為「革命軍事委員會」(Mil-

---

㉖ Leon Trotsky, *The History of the Russian Revolution*, III, p. 64.

itary-Revolutionary Committee, Voenno-Revolittsionnyi Komite，簡稱為 Mil-revkom）後正式成立，隸屬其下者有七個部門，分別為防衛、供給、傳播與交通、資訊、勞工民軍團、情報與指揮總部，其功能為統籌所有防衛彼得格勒的武力及採取必要措施動員武裝勞工與軍事守衛軍聯合，共同對抗德軍入侵及柯尼洛夫黨羽的作亂。

「革命軍事委員會」的成立，無形中將軍事統治權一分為二。防衛首都彼得格勒的指揮權，由政府的指揮總部轉移到地方上的權宜性組織。實際上，由孟什維克所提議的「革命軍事委員會」，即將被布爾什維克控制，成為了發動武裝奪權的樞紐。托洛斯基事後回憶說，「革命軍事委員會」的成立，已經帶給 10 月 25–26 日的革命，雖說不上是十分之九、至少是四分之三的成功率了。❷❼

七、列寧與十月革命

七月暴動失敗後，列寧氣餒的說：俄羅斯革命和平進展的希望全部消失了。在臨時政府的追捕下，布爾什維克黨在 7 月 9 日決定將躲藏在彼得格勒郊區的列寧送往拉茲立夫湖畔的艾米立亞諾夫 (Emelyanov) 家地下室暫居。不過，他並沒有因此而放棄革命活動；在極艱苦的情況下，他仍然一面為 7–8 月要召開的第六屆布爾什維克大會準備資料，另一方面並開始寫作《國家與革命》(State and Revolution)。❷❽ 他在 8 月 6 日，頭戴假髮、借用伊凡諾夫的證件偷渡前往芬蘭，繼續寫作及推動俄羅斯的革命運動。

在這一段時期中他與俄羅斯的革命運動完全脫離了關係，只從馬克思的理論上沉思有關革命的基本問題。他在 9 月完成了闡述馬克思對國家組織與革命兩階段論看法的《國家與革命》；這一本極富虛無主義的著作，強調革命的目的乃是摧毀資產階級制度所有的根本與枝葉。他引用馬克思與恩格斯的

---

❷❼　Richard Pipes, *The Russian Revolution*, p. 479.

❷❽　*The State and Revolution Marxist Theory of the State and the Tasks of the Proletariat in the Revolution.* 見 http://www.marxists.org/archive/lenin/works/1917/sep/staterev.

話，說歷史上所有的國家都代表著剝削階級的利益，因此革命的任務不是將國家的機制從一個政權轉移到另外一個政權，而是要徹底摧毀它，以免反革命者借屍還魂。國家機制被毀滅後的情況會怎麼樣？列寧下結論說：「從資本主義轉移到共產主義的過程中，一定會產生許多不同形式的政治形態。但鎮壓仍然是必須的，而這卻成為了大多數被剝削者對少數剝削者的鎮壓，因此永恆的終結性真理都是一樣：這就是『無產階級專政』，能推動無產階級專政的只有『共產黨』，而唯一能達到這個目的的方式，除了武裝起義外別無他法。」「武裝起義」像夢魘一樣扣緊著列寧整個心思；但是這種急促感並沒有被所有的布爾什維克領導者接受。至少國際派的卡米涅夫與季諾維夫，直到十月革命的前夕仍然反對列寧武裝起義的冒險主義 (adventurism)。

當以卡米涅夫為主的布爾什維克黨員贊成參加 1917 年 9 月召開的「全俄羅斯民主會議」時，列寧就非常擔心。他接連寫了兩封給中央委員的信，要求黨中央立刻發動武裝起義。他說布爾什維克不但有能力，而且也必須將國家的權力緊抓在自己的手中。說「有能力」的緣故，是因為布爾什維克黨已經贏得了彼得格勒與莫斯科蘇維埃絕大多數的支持，足可以在任何內戰中率領著群眾。他強調「必須」，因為假如還要拖延到制憲會議召開時再採取行動的話，則克倫司基集團一定會先發制人、摧毀權力的轉移。他譴責「全俄羅斯民主會議」是一個上層資產階級的利益結合組合，必須加以抵制。最後他警告同志說，人民群眾已經與布爾什維克站在一起了，假如現在還不乘機起事奪權的話，則歷史絕對不會寬恕我們。❷⁹布爾什維克中央委員會在 9 月 15 日接獲列寧的信，討論後並沒有採取任何決議。列寧對此消極的反應，更是焦急；乃決定在 9 月 24–25 日從芬蘭的赫爾辛基遷到距離彼得格勒較近的威堡，希望能就近推動他的理念。

他到了威堡後，在 9 月 29 日又寄了一封叫〈危機已經成熟了〉(*The Crisis Has Ripen*) 的信給中央委員會。他在信中說，他堅決反對有些同志要將武裝奪取政權延遲到「第二屆蘇維埃大會」時才發動的意見，因為這樣的想法與作法簡直是絕頂的愚蠢與違背常規。他說布爾什維克目前有足夠的武力與武裝

❷⁹ Leon Trotsky, *The History of the Russian Revolution*, III, p. 129. Orlando Figes, *A People's Tragedy*, p. 469. 引用 Lenin, *Polnoe sobraine sochinenii*, 34: 239–241.

的勞工，因此只要從彼得格勒、莫斯科與波羅的海三處突然起事，則他擔保可以一舉成功的奪得政權。再拖延武裝起義就是軟弱行為的表現，等到蘇維埃大會開會再奪取政權，根本就不可能，因為到時他們會調集足夠的哥薩克兵等待著。❸中央委員會對此激烈的建議反應冷淡，而且《真理報》的主編還故意拖延及任意修改他來信的內容，列寧因此憤怒去信，要辭去中央委員的職位；但經勸阻後，他答應繼續留任。中央委員會認為列寧出國甚久，故應回國了解國內實際的情況並與同志當面討論不同的意見。在 10 月 3 日到 7 日之間，列寧喬裝、剃去了鬍鬚，搭乘火車頭後的煤、水車廂上，從芬蘭偷渡回到了彼得格勒。❸

　　列寧回國後立刻再度展開了布爾什維克是否仍應參加「俄羅斯共和國臨時議會」的爭論，在他堅持的反對下，中央委員會終於決定推翻參加的原案，命令與會的托洛斯基退席。（該段已經在前處討論過，故不在此多筆。）彼得格勒蘇維埃在 10 月 9 日報告布爾什維克已經撤離「俄羅斯共和國臨時議會」的消息時，特別祝賀說：「革命運動萬歲！」❸

　　列寧隨即要求在次日（10 月 10 日）舉行中央委員會議，公開討論武裝起義的細節。列寧威脅的說，他下一步的行動將由這次會議討論的結果為定奪。這次會議是在布爾什維克女同志蘇卡諾瓦家中舉行，二十一位的委員中共有十二位到會。蘇卡諾瓦的孟什維克黨籍的丈夫蘇卡諾夫日後對此會議有極風趣的描寫。他說這真是主管歷史的歡樂女神繆斯 (Muse) 開的玩笑，因為他竟然不知道這麼重要的會議是在他家召開的。他家住在卡珀坡夫卡第三十一號公寓 (Karpovka)，與蘇維埃所在地的「斯莫尼」女子學院距離甚近。由於工作的關係，他經常會在辦公室中過夜。開會那一天，他太太特別囑咐他在外過夜，千萬不要回家。他說不但雲集各方的重要代表都前來赴會，就連躲匿在地下的大頭目與其黨羽也都出現了，其中包括戴著假髮、但沒有鬍鬚的列寧以及只有鬍鬚、但沒有一頭蓬髮的季諾維夫。會議從下午開始，一直討論

❸　《列寧全集》，vol. 34: 281–282.

❸　該車廂由芬蘭政府於 1957 年贈送給蘇聯政府，目前陳列於列寧格勒的芬蘭火車站中。http://www.stel.ru/museum/Russian_revolution_1917.htm.

❸　Leon Trotsky, *The History of Russian Revolution*, III, p. 146.

到清晨三點才結束；有一半與會者在會議結束後只好在公寓中自行找地方睡覺過夜。

蘇卡諾夫說他不知道這會議中討論的細節是些什麼，但其焦點顯然是有關武裝起義之事。列寧從兒童筆記本上撕下了一頁紙，寫下了武裝起義的決議案。除了卡米涅夫與季諾維夫兩人仍然執反對意見外，其餘與會者都贊成通過此案；不過對於起事的確實日期除了覺得越快越好外，並沒有取得其他共識。

蘇卡諾夫特別說，最重要的是托洛斯基與列寧站在同一條陣線上。❸ 不過，列寧深知立即武裝起義之舉在布爾什維克黨內仍有極大的阻力，因此他希望甫成立的「北區蘇維埃大會」能公然宣布抗拒政府命令，則一切計劃就可以開始實施了。由於卡米涅夫在會議中再度質疑立刻起事的妥當性，並堅持一切還是等待蘇維埃大會時再決定的建議，故列寧的提案並未被接受。

在 10 月 16 日另一次的中央委員會議中，列寧仍然堅持立即起事的急迫性，他說決定武裝革命的成敗命運不在人數而是在素質，只要有一支人數不多、但訓練精良、驍勇善戰的兵士就可以達到目的。卡米涅夫與季諾維夫則像以往一樣的執反對意見。投票結果，大會以十五票對六票，通過了列寧武裝起義的提案。卡米涅夫辭去委員職務以為抗議，並於 10 月 18 日在高爾基所辦的報紙 *"Novaia Zhin"* 投書說：「在蘇維埃大會召開前就擅自發動武裝起義之舉絕不可行，因為它對無產階級與革命都會是致命之擊。」季諾維夫贊同他的意見。列寧對此公開批評應屬祕密性的武裝起義言論，相當不滿；他立即在 19 日致函中央委員會，要求開除卡米涅夫與季諾維夫黨籍。布爾什維克內部的爭論公開化後，蘇維埃中央執行委員會的丹就要求托洛斯基講明布爾什維克準備武裝起義的謠傳是否屬實。他說，我要的只是「是」或「不是」的答案。❸ 托洛斯基則反問他要知道這個問題的答案目的何在？是不是替克

---

❸ Joel Carmichael, *The Russian Revolution 1917: Eyewitness Account by N. N. Sukhanov*, vol. II, pp. 556–557. 討論決議案的過程，見 Leon Trotsky, *The History of Russian Revolution*, III, pp. 148–149.

❸ Alexander Rabinowitch, *The Bolsheviks Come to Power*, New York: W. W. Norton, 1976. P. 215.

倫司基與反革命分子在打聽機密？他說布爾什維克確實是在準備武裝起義，但發動的日期目前仍未曾訂妥。

　　蘇維埃中央委員會既已確知布爾什維克將在蘇維埃大會開會前將有武裝奪權之舉，因此故意將會期向後推延五日，即是 10 月 25 日才正式開始。布爾什維克雖然反對延期，但反而因此有了比預計的日期多了五天時間，正可加緊煽動更多的駐防部隊參加起義。另一方面，布爾什維克正好利用蘇維埃中央委員會延期開會的決定，指責其行動徹底暴露了要阻止、且要摧毀蘇維埃大會的的真面目，布爾什維克黨才是維護正統蘇維埃的正義之師。

　　當布爾什維克即將武裝起義奪權的消息公開化後，臨時政府的克倫司基似乎不聞不問的不把它當作是一回事。他一方面過於低估布爾什維克，認為他們只是叫囂而根本無力起事，縱然真的作亂，也必然遭遇七月暴動的同樣結果；另一方面他則又期待他們真能鬧事，因為他可以乘此機會，將布爾什維克黨一鼓作氣的徹底毀滅。他在 10 月 20 日曾對納巴寇夫說：「我去準備祈禱著，催動這個事變，因為他們將會被壓滅。」㉟他一直充滿著自信，認為俄羅斯的人民會在緊要的時候支持他。

　　托洛斯基希望克倫司基能先發動鎮壓的攻勢，如此一來，布爾什維克就可以名正言順的以自衛為理由反擊，終而演變成為武裝奪權的革命鬥爭。托洛斯基賴以起事的主力除了彼得格勒、莫斯科與各地方被布爾什維克控制的蘇維埃、「北區蘇維埃大會」所管轄的軍事蘇維埃、克倫斯塔特的海軍外，「革命軍事委員會」與紅衛兵的貢獻更是功不可沒。

　　蘇維埃中的孟什維克派雖原是「革命軍事委員會」的倡議者，但因成立的過程及人員的指派全為托洛斯基所掌控而拒絕參加，故當其在 10 月 20 日正式組織完成時，已儼然是隸屬於布爾什維克的機構。其總部指揮辦公室設於「斯莫尼」學院的十樓；蘇維埃中央委員會與布爾什維克的中央委員會的總部，也都同時設立於此。「革命軍事委員會」成立後，立即選派政工幹部(commissars) 到各首都各軍事單位，就近負責防守彼得格勒的任務，並公開向

㉟　U. D. Medlin and S. L. Parsons, ed, *V. D. Nabakov and the Russian Provisional Government, 1917*, New Haven, Conn, 1976, p. 78. Orlando Figes, *A People's Tragedy*, p. 490. 轉引。

民眾宣示其任務:

> 為了防護革命以及摧毀反革命分子的攻擊,本部已選派幹部進駐首都
> 及其臨近地區的軍事單位及戰略地點。所有的命令與訓示必先獲得幹
> 部們的允准,方可生效;任何人都不得違抗代表蘇維埃的幹部,凡是
> 反對其幹部者,形同反對「工、兵蘇維埃」。蘇維埃已經採取所有必要
> 措施保護革命秩序,以免被反革命者及其黨羽所破壞。請人民將所有
> 相關情報直接向幹部們報告;若有任何變亂發動,請即聯絡各臨近軍
> 區中的「革命軍事委員會」代表幹部。❸

彼得格勒的軍事調動權,因此在 10 月中旬已經由政府的參謀總部轉移到布爾什維克控制的「革命軍事委員會」。

「紅衛兵」原是 1905 年革命時,工廠工人自動自發組成的武裝自衛隊,不屬政府管轄,也不向任何黨派效忠。革命結束後,人員返回各自的工廠。在 1917 年二月革命時,勞工們再度恢復「紅衛兵」組織。根據當時防守彼得格勒的軍部統計,大約有三萬把手槍與四萬枝來福步槍失蹤;許多是落入「紅衛兵」之手。臨時政府成立後,擔心私擁武器的「紅衛兵」勢力過大無法駕馭,乃命其繳械解散;「紅衛兵」因此被迫解散或轉向地下活動。布爾什維克乃乘機滲透,不但發送武器,並且提供教官教導其使用的方法。布爾什維克在七月暴動時,曾獲「紅衛兵」的協助;不過,也正因此故,七月暴動事敗後,「紅衛兵」再遭政府嚴厲取締。但當柯尼洛夫事件在 8 月爆發時,克倫司基孤立無援,乃宣召「紅衛兵」為勤王之師;「紅衛兵」因此成為合法組織。克倫司基在柯尼洛夫事敗、獨掌政權後,開始鏟除其勢力,致使「紅衛兵」更傾向於布爾什維克,最後成為其武裝起義時的一支主力。

「紅衛兵」是勞工們自動參加組成,他們於 10 月 22 日在彼得格勒舉行大會,正式界定其組織與功能為一為抵抗反革命及保衛革命成果所組成的無產階級武裝團體。托洛斯基特別強調說,「紅衛兵」在武裝起義前的二十四小

---

❸ Ronald W Clark, *Lenin: A Biography*, p. 262. 引| James Bunyan and H. H. Fisher, *The Bolshevik Revolution, 1917–1948, Documents and Materials*, Stanford, Calif, Stanford University Press, 1965, p. 79.

時仍然是一個被動、而不是個主動攻擊性的組織。但其組織卻相當嚴密，其最基本的單位是由十人組成的「隊」(unit)；四個「隊」為一「排」(squad)；三個「排」為一個「連」(company)；四個「連」為一個「營」(battalion)；一地區的數個「營」為一「師」(division, otyard)。而大型工廠則可自行組織成「師」。除此之外，另設特別隊，如壕溝、自行車、電報、機槍射擊手、火砲放射等隊便是。工廠中的女性勞工則組成救濟傷兵的「紅十字」會。 ❸❼

「紅衛兵」最急需、但也最大的困難，就是向政府領取足夠的武器與彈藥，而這困局在與布爾什維克結盟後，急速獲得改善。托洛斯基的記載是個最好的例證。他說，當一團武裝勞工代表前來要求武器與彈藥的補給時，他告訴他們應前往「色司緽瑞茲克」(Sestroresk) 軍火庫處領取。他們說他們已經去過，但當地負責人說除非蘇維埃下令，否則不會發放。托洛斯基說他當即下令發放五千枝來福槍，勞工代表於是立刻獲得了如數的槍枝。 ❸❽

克倫司基在 10 月 24 日所要應付的，除了起義的正規軍外，就是這些組織嚴密、武器與彈藥充足的「紅衛兵」。

根據估計，在 10 月 24 日正式衝突前，布爾什維克可以掌握的武力有三十萬名武裝勞工、支持布爾什維克的海、陸軍力以及二萬名「紅衛兵」；效忠政府的軍力大約是三萬名之多，其中包括二千名軍校學生及一個「婦女營」。 ❸❾ 首都防衛軍大約有三十五萬名之多，不過其中大多數在 10 月 20 日因抗拒調往前線作戰的命令，拒絕接受軍本部的指揮已經轉向對「軍事革命委員」效忠，故響應政府號召者人數十分有限。不過克倫司基卻仍然充滿自信，認為所謂的武裝起義只是虛張聲勢，其實缺乏成事的實力。而且，假如一旦情勢果真失控，他還可以調動防衛軍前來鎮暴。

政府軍採取軍事行動的可能性，是布爾什維克黨內反對急速武裝奪權的主要原因之一。彼得格勒的軍事參謀部直到 10 月 20 日，仍有權下達首都防衛隊發動鎮壓布爾什維克的攻擊命令；因此，布爾什維克必須搶奪指揮權，

❸❼ Leon Trotsky, *The History of the Russian Revolution*, III, pp. 187–189.

❸❽ Leon Trotsky, *The History of the Russian Revolution*, III, pp. 95–96.

❸❾ Ronald W. Clark, *Lenin: A Biography*, pp. 262–263. 由於缺乏實際數據，該等數字只是大約性的估計而已。

去除武裝起義時最大的障礙。「革命軍事委員會」成立前，布爾什維克便已經派遣了二百多名幹部進駐彼得格勒守衛軍基地，該等幹部都曾參加過功敗垂成的「七月暴動」，是布爾什維克的死忠黨員。因此在事發前，守衛軍的基層已經被布爾什維克控制了。托洛斯基在 10 月 21 日召集首都守衛軍代表，希望他們能與「革命軍事委員會」精誠合作，共赴國難。他在會中提議說：

> 國家已處危亡之邊際。兵士所要求的是和平、農人要求的是土地、勞工要求的是麵包與工作。聯合政府罔顧民意，成為人民公敵之工具。空談已成過去。即將在 10 月 25 日召開的「全俄羅斯蘇維埃大會」，必須要將權力緊握在手，才可以將和平、土地與麵包交給人民。只有這樣，革命與人民的安全才可以得到保證。「革命軍事委員會」將立刻派遣代表前往軍部參謀說明，此後調動首都守衛軍之命令必須由其副署方可生效。❹

「革命軍事委員會」隨即派代表往見軍部指揮官玻可夫尼克夫 (Pokovnikov) 要求遵守該項決議案，當場被拒絕後，乃隨即發表宣言說：

> 因此之故，參謀部已經斷絕了與首都革命防衛部及彼得格勒蘇維埃的關係，且成為反革命陣營的利器……彼得格勒的兵士們！第一，在「革命軍事委員會」領導下的保衛革命秩序、反抗反革命的大任已經落在你們的身上。第二，所有有關首都防衛軍事宜的命令，若無「革命軍事委員會」的簽字皆不得生效。❹

克倫司基的聯合政府對於「革命軍事委員會」公然挑釁政府威權，不敢掉以輕心，乃在 10 月 23–24 日召開內閣會議，命令參謀部拒絕其要脅，並同

---

❹ *Izvestiia*, No. 204 (October 22, 1917). Richard Pipe, *The Russian Revolution*, p. 487. 引用 Ronald W. Clark, *Lenin: A Biography*, p. 263.

❹ Richard Pipes, *The Russian Revolution*, pp. 487–488. 引用 D. A. Chugaev, ed., *Petrogradskii Voenno-Revoliutsionnyi Komitet: Dokumenty I materially*, I (Moscow 1966), 63. 該宣言由布爾什維克的黨報 *Rabochii put* 在 10 月 24 日刊載。

時下令準備採取軍事行動。首都防衛部下令「勇克軍校」(Iunker Academy, Iunkerskie Uchilishcha) 學生、射擊隊、「婦女敢死隊」動員、進入備戰狀況，佔據城中交通要衝；命令親布爾什維克的巡洋艦「奧若拉」號 (Aurora) 立即駛離內瓦港，並將內瓦河吊橋升起以確保冬宮的安全；自帕夫洛夫處調動砲兵隊前來；北方戰區則候命派遣援兵。司法部並下令逮捕所有仍有案在身的布爾什維克黨徒，尤其不能走漏托洛斯基。蘇維埃中央執行委員會，也下令警告各蘇維埃組織不得妄動。❷

　　為了對付政府即將可能發動的攻擊，托洛斯基在指揮中心「斯莫尼」學院召集會議，商討對策。出席者有共有十一位中央委員。列寧當時仍然在威堡藏匿，故未出席；季諾維夫故意缺席；但與其意見相同的卡米涅夫則不但參加，且全程熱烈參與；史達林因忙於編輯《真理報》，故無暇參加。會議中決定武裝起義一旦展開，必須要在二十四小時內佔領整個彼得格勒，奪取所有仍由聯合政府控制的政治與技術性機構，事成後則在蘇維埃的控制下定期召開第二屆蘇維埃大會。有關軍事行動計劃，由「革命軍事委員會」與布爾什維克的軍事委員會共同擬定。

　　布爾什維克的軍事行動其實相當簡單：先由克倫斯塔特的水手與威堡的武裝工人聚集一起，然後由紅衛兵與首都防衛軍接應，搶奪橋樑，直接攻入彼得格勒城中心。彼得格勒本身則被劃分為幾個區域，由紅衛兵、武裝工人與首都防衛軍共同負責，等候「奧若拉」鳴砲為號，共同進攻圍困「俄羅斯共和國臨時議會」所在的馬林斯基殿 (Marinsky Palace)，強迫議員投降就擒；然後再進攻冬宮，迫使克倫司基交出政權，結束臨時政府時代。

　　克倫司基下令在 10 月 24 日清晨 6 時展開對付布爾什維克的軍事行動，他可能心中暗有必勝的把握，故對整個過程並非積極關注。首先，他命令玻可夫尼克夫加強冬宮的防守，除了正規軍外，並特地調遣「婦女敢死隊」、自行車隊、哥薩克騎兵等前來助陣；但他並沒有調動可以阻擋敵軍來襲的機關槍隊，致使彼得格勒被輕易攻陷。實在的軍事行動主要包括：「勇克軍校」學生砸壞了布爾什維克的印刷工廠機器，使得《工人的道路》(*Worker's Road, Rabochii put'*) 與《士兵》(*Soldat, Soldiers*) 兩報無法按時印行；切斷通「斯莫

❷　Leon Trotsky, *The History of Russian Revolution*, III, p. 205.

尼」布爾什維克總部的電話線使其無法與外界聯絡；拉升內瓦河的吊橋，以免親布爾什維克的武裝工人及防衛兵進入首都市中心；嚴禁防衛部官兵接受「革命軍事委員會」的命令；逮捕「革命軍事委員會」遣派在軍中的幹部。**❹❸**

這個不能算是真正軍事攻擊的行動，正是托洛斯基長期等待著的口實，他立刻乘機將其渲染成為反革命，而布爾什維克的武裝行動則被說成是被迫性的自衛，而非主動性的攻擊行為。「革命軍事委員會」在 24 日晨獲知報紙印刷機器被搗毀一事，當即以電話向首都各軍事單位發布命令說彼得格勒正被威脅中！由於反革命陰謀分子在深夜間出動軍校學生及突擊部隊滋事攻打蘇維埃，故各單位必須即刻進入備戰狀況、聽候命令行事。**❹❹**從芬蘭戰線中特選的一千五百名水手與突擊隊，也奉命前來支援。

「革命軍事委員會」所遣派的先頭部隊，先後將被打壞的印刷機器修復，報紙因而得以印行；然後佔據了電信總局、修復了布爾什維克總部「斯莫尼」與外界聯絡的電話線。這些行動似乎都在沒有抵抗的情形下完成。「革命軍事委員會」因此特別向人民保證說：「無論各種遍傳之謠言如何，但『革命軍事委員會』在此重新嚴重聲明，本會成立之目的不在於籌劃與實行奪權之事，而是確保彼得格勒守衛軍的利益以免其受害於反革命者與屠殺無辜者之手。因此之故，各地已經駐守的單位，都會負起保土安民的責任。」**❹❺**

不過，仍然藏匿在威堡附近的列寧，並不知道布爾什維克的奪權行動已經開始，在當天仍然非常憂慮的寫信給中央委員們，警告他們假如不立即行動，就時不我予了：

> 我在 10 月 24 日的晚上寫下這些要點。現在的情況已經非常急迫。很明顯的，假如再拖延武裝起事，就是死亡。
> 我願盡我之力來說服我的同志們，現在所有的發展都已危如懸髮。我們所面對的問題，已經不是能靠商討、議會，而只能由人民、群眾與

---

❹❸ Richard Pipes, *The Russian Revolution*, p. 490.

❹❹ Joel Carmichael, *The Russian Revolution 1917: Eyewitness Account by N. N. Sukhanov*, vol. II, pp. 603–604.

❹❺ Joel Carmichael, vol. II, pp. 603–604.

武裝群眾的鬥爭才可以解決。……無論如何，必須就在這個黃昏、這個夜晚中，逮捕所有的政府官員、解除勇克士兵的武裝（假如他們反抗，就解決了他們）。

所有的軍團與兵員必須立刻動員，選派代表到革命軍事委員會與布爾什維克的中央委員會處去，提出強烈的要求無論在什麼情況下絕對不能再讓克倫司基集團掌握權力了。這個問題非得在今夕、今夜完成。

歷史將不會寬恕那些可以在今天獲得勝利但卻拖延的革命分子，拖延到明天不但會有損失慘重的危險，更會有喪失一切的危險。假如要等到 10 月 25 日靠猶豫不決的投票才作決定，那才是個災難。人民有權利也有義務用力量，而不是投票，來解決這些問題；在緊急的關鍵時，人民有權利也有責任去督導他們的代表，而不只是聽從他們。

政府已經是搖搖欲墜，因此要不惜任何代價的給它一個致命之擊。拖延是自取滅亡。❹❻

列寧實在忍不住布爾什維克的消極行為，故他克服了旅途的困難，在 10 月 24 日深夜潛行來到「斯莫尼」。為了怕認出被抓，他用紗布裹臉、喬裝成牙痛的病患者；在途中幾乎被政府巡邏逮捕，他假裝醉漢逃過。到了「斯莫尼」後，立即與托洛斯基商討武裝奪權之事；25 日清晨 2 時，托洛斯基從懷中拿出錶說：開始了！列寧到現在才露出笑容說，太好了；並誇獎說以前低調行事，正是誤導敵人、趁其不備而攻之的好策略。

位處冬宮的臨時政府與在馬林斯基殿的「全俄羅斯民主會議」，在 10 月 23、24 日都忙於會議，討論因應方案，克倫司基則穿梭兩者之間，想不出對策。駐守彼得格勒的防衛軍，士氣渙散，不是親布爾什維克，就是敷衍對付，已經無法寄予守城之責。沙皇時期的阿列克西耶夫與布魯斯羅夫將軍都願意組志願軍保衛彼得格勒及對抗布爾什維克，但克倫司基因恐柯尼洛夫事件重

---

❹❻ http://www.marxists.org/archive/lenin/txtindex.htm. Lenin, "Letter to the central committee members." PPS, XXXIV, pp. 235–236.

演，故都加以婉拒。當時仍駐防在前線、率領哥薩克騎兵師的克拉斯諾夫將軍 (General Krasnov)，願意前來勤王。但克倫司基在柯尼洛夫事件時，曾將克拉斯諾夫將軍及其哥薩克軍列為叛逆，如今為了要保持政權，則不得不乞求他率軍前來。但因克倫司基的命令缺乏蘇維埃的副署，前線軍隊不得任意轉移陣線，故無法即時前來赴難。克倫司基與政府官員及「全俄羅斯民主會議」會員們，在毫無外援的困境中，只得枯坐圍城、等待布爾什維克來臨後束手就擒而已。

克倫司基在 25 日晨 9 時召集部會首長會議，說明援軍即將抵達防衛彼得格勒，美國大使館已經允諾將插有美國國旗的汽車供他乘用，因此他必須前往彼得格勒附近的陸加港 (Luga) 迎接，然後共同揮兵返回、光復首都。說完後，他在 11 時就喬裝離開彼得格勒，前往普斯可夫的軍營。❹ 不過，克倫司基的去向如何，已經與臨時政府及俄羅斯的歷史沒有直接的關係了。

「革命軍事委員會」在 10 月 25 日清晨 2 時，正式展開起事的行動。第一步是佔據威堡及附近的火車站，然後再與來自芬蘭的增援者會合，向東推進直達彼得格勒城外後，則與城內埋伏人員裡應外合的向城中央進攻；首先已經在各要點埋伏好的布爾什維克黨員、首都守衛兵員、武裝工人與紅衛兵，依照計劃逐步佔領交通站、橋樑、發電廠、電信局。原先在各地站崗的「勇克軍校」學生，被勒令撤離；有的巴不得早些回營，反抗者則被繳械。整個軍事行動，幾乎沒有激烈的戰鬥，布爾什維克佔據重要據點的過程好像只是衛兵換崗而已。比較有戰爭氣味的是在內瓦河邊，雙方人馬在此為了吊橋的升降，互相射擊、幾度交鋒。臨時政府所在的冬宮與「全俄羅斯民主會議」開會場所的馬林斯基宮都已無守衛站崗，布爾什維克原可以乘勝追擊、直接進入兩處，擒獲克倫司基、部會首長與所有民主議會會員，但並沒有如此作，不知原因為何。

列寧一直堅持布爾什維克一旦起事，必須先逮捕克倫司基及臨時政府的部會首長，然後再召開蘇維埃大會；因為只有如此，蘇維埃大會面對已經形成的事實，則非承認臨時政府的終結不可，並且接受布爾什維克政權的成立。

---

❹ Richard Abraham, *Alexander Kerensky: The First Love of the Revolution*, pp. 316–317.

因此列寧與托洛斯基等人，於 25 日晨 10 時便擬定了《告俄羅斯人民書》，以「革命軍事委員會」之名交由新聞界發表：

> 告俄羅斯人民！
>
> 臨時政府現已被推翻。政府權威已經轉移到工、兵代表的蘇維埃以及率領彼得格勒無產階級及防衛軍的革命軍事委員會手中。
>
> 人民參加戰鬥的主要目的是要立刻獲得民主的和平、土地私有制的廢除、勞工控制生產及建立蘇維埃的權力，這些都已經達到了。
>
> 工人、士兵、農民革命萬歲！
>
> 彼得格勒工、兵蘇維埃的革命軍事委員會。
>
> 1917 年 10 月 25 日，上午 10 時。❹❽

當《告俄羅斯人民書》宣布時，奪權的軍事行動仍然進行著；這足以證明列寧與布爾什維克已經是急不可待，要立即單獨成立自己政府的企圖。

10 月 25 日的下午，許多大街上的辦公室、店鋪，在當天下午 2 點半就已經關閉休息，大街上顯得非常冷清。所謂的武裝起義，竟然沒有震動如雷的槍砲聲，也沒有流血事件；民眾們根本不知道臨時政府與布爾什克政權存亡的鬥爭正在進行。列寧自己也沒料想到十月革命竟然如此輕易的完成，他忍不住說這個武裝奪權，像拔根羽毛一樣的輕鬆。❹❾

當天中午，馬林斯基宮已經被革命軍事委員會佔領，在其中集會的「全俄羅斯民主會議」委員們提議散會後，魚貫離去，沒有一個人受到侵害；這點綴性的民意代表組織，正式告終。

這一天也是「第二屆蘇維埃大會」預定開會的時間，但臨時政府所在地的冬宮仍然沒有被攻陷，政府首長也沒有被拘捕，故尚無開會跡象。但如拖延過久，則布爾什維克新成立的政權，將缺少能給予其合法化的機構；另一方面也會被指責為會議的破壞者。托洛斯基乃在下午 2 點 35 分在「斯莫尼」

---

❹❽ http://www.marxists.org/archive/lenin/works/1917/oct/25.htm. *Lenin's Collected Works*, Progress Publishers, Moscow, vol. 26, 1972, pp. 236.

❹❾ Lenin, *PSS*, XXXVI, pp. 15–16. Richard Pipes, *The Russian Revolution*, p. 493. 引用。

匆匆召集彼得格勒蘇維埃的緊急會議，此時孟什維克與社會革命黨人已經離開，剩下的都是了布爾什維克與其支持者的群眾。托洛斯基致開幕詞說：

> 我以「革命軍事委員會」之名在此宣布，臨時政府已經不存在了。有些部長已經被捕，其餘的會在下幾個小時或幾天內被捕。革命的首都守衛軍，已經驅散了「前議會」（「全俄羅斯民主會議」）。我們曾被指控在武裝起義時會重新煽動反猶太暴行以及會將革命陷入一股滔滔的腥血中。但到目前，沒有一個流血的事件。我們連一個傷亡的報告都沒有聽到。我想不出在其他的歷史中，有那一個動員如此大規模人民參與的革命運動，會在毫無流血的情況下完成。冬宮雖然尚未被攻陷；但其命運在下幾分鐘內就會被決定。在目前，兵、工、農蘇維埃代表們所面對的是要嘗試著去創立一個史無前例的政權，一個不在乎其他階級，但只滿足兵、工、農階級利益的政權。國家一定要成為人民大眾，為了解除所有束縛而鬥爭的工具。控制工業是首要之急務。農民、勞動者、士兵們一定要把國家的經濟當作是自己的經濟。這是蘇維埃政府的基本原則。❺⓿

在場的蘇卡諾夫說，托洛斯基講演內容刻意含糊，只不過是應景之辭而已。

此時，托洛斯基介紹從地下活動中首度出現在公共場所的列寧，群眾掌聲如雷、給予熱烈的歡迎。列寧致謝詞後便簡短報告革命政府重建俄羅斯的新計劃，其中包括打碎舊政府體制，由蘇維埃為主建立新行政制度；參考其他國家的革命運動進度，立刻採取停戰措施；廢除地主私有財產所有權，以贏取農民的信任；建立勞工控制生產的機制。最後他說：「這第三次的革命，最後一定要走向社會主義的勝利。」❺❶

十月革命，就由布爾什維克所領導的武裝起義在一天內完成，接替沙皇政權的臨時政府，存在了八個月後，也被布爾什維克化的蘇維埃所推翻，接下來的是召開收拾殘局以及開創新局勢的第二屆蘇維埃大會。

---

❺⓿　根據在場者蘇卡諾夫的記憶。Joel Carmichael, *The Russian Revolution 1917: Eyewitness Account by N. N. Sukhanov*, vol. II, pp. 627–628.

❺❶　Leon Trotsky, *The Russian Revolution*, III, pp. 238–239.

八、第二屆蘇維埃大會

依照原定計劃，「第二屆蘇維埃大會」應在 10 月 25 日傍晚 6 時 30 分揭幕，但因為臨時政府殘餘的勢力仍然拒絕投降，故開會的時間一直順延。列寧一直希望能在臨時政府所在地的冬宮被攻克，以及所有政府高層官員被逮捕後，再召開「第二屆蘇維埃大會」；不過，「革命軍事委員會」所遣派的武力雖然從 10 月 25 日上午就已經開始包圍冬宮，但進展並不順利。一直到了晚上 9 到 10 時，停泊在內瓦河的「奧若拉」號軍艦開空彈砲警告後，守衛者才投降。圍攻者乃一擁而入，肆意搶劫。率領攻進冬宮的安佟諾夫 (Antonov) 在 26 日清晨的 2 時 10 分，以「軍事委員會」的名義宣布，為了避免流血事件發生，已經逮捕了所有的政府官員，並擬將其囚禁於彼得與保羅的監獄中；而杜馬議會會員則釋放回家。臨時政府於焉結束。

就在武裝暴動者即將攻入冬宮時，蘇維埃中央執行委員會的孟什維克黨員丹，在 10 月 25 日深夜的 10 時 40 分宣布，「第二屆蘇維埃大會」正式在「斯莫尼」開始。會場中被擠得水洩不通，參加的群眾來自各方，有許多是剛剛從戰壕中被選出的士兵代表，列寧仍混雜在人群中，還不願意公開露面。如托洛斯基所說，這個會議的確是世界上最民主的會議。由於秩序過於混亂，真正的代表人數在當時難以清查，根據托洛斯基的估計，有權投票的大約有六百五十位代表：屬於布爾什維克派的共有三百九十票；孟什維克八十票；社會革命黨一百五十九票，其中的五分之三屬於左派代表；其餘則分屬少數民族及零星的黨派。❺❷

大會主席由布爾什維克派中和解派的領袖卡米涅夫擔任。來自莫斯科的布爾什維克代表阿瓦訥叟夫 (Avanessov) 建議，根據出席黨員總數的比例先選出主席團：布爾什維克，十四名；社會革命黨，七名；孟什維克，三名；國際派，一名。他隨即提出代表布爾什維克的主席團名單：

列寧、托洛斯基、季諾維夫、卡米涅夫、里克夫 (Alexi Rykov, 1881–

---

❺❷　Leon Trotsky, *The Russian Revolution*, III, pp. 302–303.

1938)、諾金 (Viktor P. Nogin, 1878–1924)、斯克廉斯基 (Efraim Skliansky)、克里廉寇 (Nikolai Krylenko, 1885–1938)、安佟諾夫·歐森寇 (Vladimir Antonov-Ovseenko, 1884–1938)、立亞贊諾夫 (David Riazanov, 1870–1938)、穆拉諾夫 (M. K. Muranov)、魯納察斯基 (Anatoly Lunarcharsky, 1875–1933)、寇隆臺 (Alexandra Kollontai, 1873–1952)、司徒卡 (Stuchka, 1865–1932)。

孟什維克拒絕接受主席團席位，並退出會場以為抗議；第二屆蘇維埃大會，實際成為了布爾什維克控制的大會。

大會主席卡米涅夫決定大會討論三個緊要的議題：第一是成立新政府；第二是討論戰爭與和平的議題；第三是規劃制憲會議選舉的日期及會議的功能。第一天的會議從 25 日深夜開始一直延續到 26 日的清晨 5 時，會議中多半是來自各地的恭賀及效忠電信；魯納察斯基代表主席團向與會者宣布說：蘇維埃的中央執行委員會已經結束、臨時政府也被推翻，故其權力應由第二次屆蘇維埃大會承繼。新蘇維埃政府將提議立刻停戰，將土地轉移給農民，軍隊民主化，建立控制生產的機制，立刻召開制憲會議，並保證國內各民族得享有自決權。大會群眾聽後，雷聲式的贊同，並一致通過建立蘇維埃式的政府。

布爾什維克的中央委員在大會後，討論新政府中的實質組織；由於與會者厭惡舊官僚體制中的部長稱呼，托洛斯基建議採取「人民委員會」(Council of People's Commissars, Sovet Narodnykh Komisarov，簡稱 Sovnarkom) 為此後的內閣名稱，各部門的負責人則被稱為「委員」(Commissar)。議決後，決定交由大會正式通過採用。

第二次會議在 26 日夜 10 時 40 分開始，在大會中尚未正式露過面的列寧首度出現，托洛斯基對這戲劇性的一刻如此的描述：「大會群眾尚未見過的列寧，上臺提出有關和平的報告。他在講臺上的出現引發了喧囂似的歡呼。來自戰壕的代表們，瞪目凝視著這個他們在沙皇時代一直被教導要仇視、但現在卻已暗中開始喜愛的神祕人物。列寧緊抓著講桌的邊緣站著，用似乎不在意的眼神掃視過群眾，好像失落在隆隆的歡迎聲中。歡呼聲一直延續了好幾

分鐘，停止後，列寧只簡單的說，現在我們可以開始建立社會主義秩序了。❸
然後他拿出已經寫好的稿子，開始用照本宣科的方式報告〈和平法令〉(*Decree of Peace*) 的內容。其實這並不是個法令，只是新政府對將來外交政策的宣傳
而已。列寧說蘇維埃政府認為目前這場由強國任意宰割其他國家的戰爭，是
侵害人類最大的罪惡，因此他特以新蘇維埃政府之名，要求各國能在三個月
內先停戰，以為談判和平的準備。這將是個公正與民主的和平，絕對不能包
含土地的割讓與金錢的賠償，也必須能保證所有民族都有自決的權力。蘇維
埃政府不但要廢止所有的祕密外交、將所有的外交談判都放在全民知曉的公
開方式中舉行，而且還要毫無條件公開所有往昔締結的祕密條約，並宣布它
們不再有效。他說要求停戰與談判的呼籲會受到帝國主義國家的反對，不過，
他期望在這些國家中隨時爆發革命，如此必會加速和平的到來。」❹

接下來，他宣讀〈土地法令〉(*Decree on Land*)。這個〈土地法令〉內容
簡單明了，總共沒有超過三十行字。其要點為立刻以不賠償的方式廢除地主
們所擁有的土地財產權；他特別加以解釋說，在制憲會議制訂有關的法條與
規定前，凡是地主、修院與教堂與其他不從事農耕者之私有土地與動產，都
將被無賠償的沒收，之後交由各區土地委員會處理；但自耕農與哥薩克的私
有財產得免被沒收。法令雖然簡明，但實行的方式卻非常繁瑣，共有二百四
十二條之多。不過，這並非列寧親自擬定，而是社會革命黨的原定土地政策，
曾在 8 月 9 日的《農民蘇維埃真理報》(*Izvestia of the Peasant Soviet*) 上刊載
過，列寧只是將其抄襲附於〈土地法令〉之中而已。社會革命黨因此感到相
當自傲。

為了要獲得農民的支持，以穩固才奪取到的政權，列寧故意暫時違反了
土地國家化的政策，特意在〈土地法令〉中允許私有自耕農的存在。他曾說
過，假如農民們要繼續擁有他們小塊土地財產的話，就讓他們擁有好了。因
為沒有一個有理性的社會主義者，會因此與貧窮的農民斷絕關係。不過他補

充說，私有土地的數量要以平等為原則加以規律化，而且要經常丈量、重新分配。

列寧的〈和平法令〉與〈土地法令〉報告，在全場熱烈掌聲下通過。在場的委員們已經相當疲倦，希望能暫時休會，但列寧堅持繼續，他說一定要在當夜決定新政府的組織及官員的人事問題，則晨報可立刻發布消息，通知國際上與全國人民得知。蘇維埃大會會員於是再接再厲的討論最後一個議題：新政府的組織與各部首長的人事問題。

大會主席卡米涅夫根據布爾什維克中央委員會已經擬妥的名單向大會提出報告。他說此後政府的權力在制憲大會正式制訂前，暫時由「人民委員會」掌理；「人民委員會」由主席與各部首長組成；「人民委員會」受「蘇維埃大會」及其所設的「中央執行委員會」監督。原設的蘇維埃「中央執行委員會」(Ispolkom) 從此裁撤，由擁有一百零一位委員的新中央執行委員會替代。該會委員有六十二位布爾什維克代表，二十九位社會革命黨左派代表，其餘則散布各小黨派，卡米涅夫為主席。卡米涅夫所宣讀的「人民委員會」的委員名單，早已經由布爾什維克的中央委員會擬定如下：

「人民委員會」主席：列寧

「內政委員」：里克夫

「農業部」：米琉廷 (Miliutin)

「勞工部」：希立亞坡尼寇夫 (A. G. Shlyapnikov)

「戰爭與海軍部」：安佟諾夫－歐森寇

　　　　　　　　克里廉寇

　　　　　　　　狄本寇 (P. E. Dybenko)

「貿易與工業部」：諾金

「文明部」：魯納察斯基

「財政部」：斯考緯夫 (I. I. Skortsov, Stepanov)

「外交部」：托洛斯基

「司法部」：歐坡寇夫 (G. I. Oppokov, Lomov)

「供應部」：特歐多若維奇 (I. A. Teodorovich)

「民族事務部」：史達林

「郵電部」: 阿威洛夫 (N. P. Avilov, Glcbov)

大會對此名單無異議接受。列寧深知「第二屆蘇維埃大會」雖然已經接受了布爾什維克奪取政權及建立新政府的既定事實，但蘇維埃大會終究是階級性代表的組織，其決定不一定能代表民意，故他強調他所提議的〈和平法令〉、〈土地法令〉及政府的組織都只屬臨時性，一切都要等到 11 月 12 日全民選出的「制憲大會」決定後才算正式定案。

「第二屆蘇維埃大會」在 26 日清晨 5 時 15 分結束。蘇卡諾夫說這是一場最短的蘇維埃會議。❺會員們唱著「國際歌」(Internationale)，拖著疲乏的身體不是回家，就是回工廠，有的則重返前線。在 1917 年一年之內，沙俄與臨時政府先後消失，一個新的政權隨即開始統治俄羅斯。托洛斯基引用 26 日早晨《真理報》的社論，作為他所寫的「俄羅斯革命歷史」的結論:

> 人民叫我們單獨去奪取政權，促使我們單獨面對困擾著國家的危局，我們做了。在全國人民的囑咐及歐洲無產階級的友情協助下，我們單獨無靠的奪取了政權。在獲得政權後，我們一定要用鐵一樣的手段來對付革命的敵人與破壞者。有的人曾經想要過柯尼洛夫式的專政政權。我們所能給的，只是無產階級的專政。

新蘇維埃政府確實是一個以無產階級為名的專政政權，也使用了鐵一樣的手段，但它是否真是以無產階級利益為主的專政政權，則是值得商榷的問題。以後的蘇聯歷史，是歷史的見證者。本書以蘇聯建立前的俄羅斯歷史為主，故可以「第二次蘇維埃大會」的結束與蘇維埃新政府的起始，作為本書的終結。但被廢除的尼古拉二世、太子阿列克西斯及其他羅曼諾夫王朝家族成員繼續存在，卻似芒刺在背一樣的煩擾著布爾什維克政權。列寧尤其恐懼一旦保皇的「白軍」勝利，必會以擁戴羅曼諾夫王朝復辟為口號，挑戰布爾什維克非法所奪取的政權，故必須要盡快將其消滅，以除後患。

---

❺　Joel Carmichael, *The Russian Revolution 1917: Eyewitness Account by N. N. Sukhanov*, vol. II, pp. 666.

第二十章　終結篇:尼古拉家族的傾滅

　　敘述蘇維埃共產政權之前的歷史,假如不將末代沙皇與其家族的遭遇作一交待,總是有欠缺之感。但尼古拉與其家族遇害的真相,一開始就被才奪得政權的列寧與布爾什維克故意隱瞞及欺騙,又經史達林及以後的領袖故意迴避這個極不光榮的事件後,更是撲朔迷離,難以獲知。這個疑案直到他與皇后的屍骨被發掘,經 DNA 確認無誤,在 1998 年 7 月 17 日埋葬在聖彼得教堂後,才算有個交待。❶

一、撲朔迷離的遇害事件

　　布爾什維克發動十月革命奪權後,雖然建立了以蘇維埃為名義的政府,但因其內有「白軍」的抗爭、外有德軍伺機再發動攻擊的危機,故情勢岌岌可危,隨時都有崩潰的可能。如何處理仍然活著的前沙皇尼古拉二世,使其不致成為國際關懷的焦點,更是棘手之事。在 1918 年 7 月 18 日那一天的夜晚,列寧正在召開「人民委員會」時,布爾什維克中央委員會的祕書雅可夫‧斯沃德洛夫 (Yakov Sverdlov, 1885–1919) 靜靜走到列寧背後坐下,就著他的耳悄悄說了些話。列寧聽後,隨即打斷正在進行的討論,將會場交給斯沃德洛夫,說他有重要的事件報告。這個報告揭開了前沙皇尼古拉被殺的消息。

　　斯沃德洛夫報告說,前沙皇尼古拉因欲陰謀逃跑不果,已經被槍決處死,但其家人則被護送到某安全地點。列寧聽後,沉默不語;大會隨即討論應如何處理尼古拉被槍決的事件。「人民委員會」的資料記錄了當天對此事的討論說:

---

❶ 沙皇尼古拉、皇后亞歷德拉及五個子女是在 1918 年 7 月 17 日清晨 1 時 15 分被槍殺而死,他們的屍體隨即被卡車載往廢墟的礦坑中丟棄。1998 年 7 月 17 日正是他們死亡的第八十週年。

案由：根據來自依卡特陵堡 (Ekateringburg) 電報，聽獲尼古拉‧羅曼
　　　諾夫被處決事。

決議：經大會討論後，通過下列決議案：主席團所代表的中央委員會，
　　　決議支持烏拉地方蘇維埃的決定。指令斯沃德洛夫、索斯諾夫斯
　　　基 (Sosnovsky)、阿瓦訥叟夫 (Avanessov) 撰寫妥善聲明後發交
　　　出版界；指令印行中央執行委員會所握有之尼古拉日記、書信等
　　　文件；指令斯沃德洛夫組織特別調查委員會。❷

英國《泰晤士報》根據斯沃德洛夫所提供的官方資料，在 1918 年 7 月 20 日
報導尼古拉二世死亡的消息中說：

> 甫即被第五屆委員大會所選出的中央執行委員會在其第一次會議中，
> 公布直接來自烏拉地方委員會傳來有關前沙皇尼古拉‧羅曼諾夫被處
> 決的電報。
>
> 紅色烏拉地區的首都依卡特陵堡，目前正面臨被捷克─斯洛伐克幫盜
> 匪的威脅。同時，一企圖以武力將暴君自當地委員會手中劫走的反革
> 命組織被當局發覺。緣此之故，烏拉地方委員會主席乃決定將前沙皇
> 尼古拉‧羅曼諾夫槍決處死。該決定在 7 月 16 日執行完畢。
>
> 羅曼諾夫的妻子與兒女們已經被送往安全地區。被發現的陰謀逃跑者
> 文件正由專人攜帶來莫斯科。
>
> 先曾有將前沙皇由法庭公開審處其反人民罪狀之議，但因最新之發展，
> 故不得不將原議延緩執行。中央執行委員會主席團在討論及考量當時
> 迫使烏拉地方委員會採取槍決處死尼古拉‧羅曼諾夫決定的情勢後，
> 達成下列決議：中央執行委員會以主席團的名義通過接受烏拉地方委
> 員會的決定為一適當行為。
>
> 中央執行委員會現握有與尼古拉事件有關之極重要文件：他本人直到

---

❷　Edvard Radinsky, *The Last Tsar: the Life and Death of Nicholas II*, Translated
　　from the Russian by Marian Schwartz, New York: Doubleday, 1992. P. 354. 此書
　　為 Radzinsky 根據解密後的原祕密檔案中的尼古拉與皇后亞歷山德拉日記寫
　　作而成。

死前都一直所寫的日記以及妻子與兒女們的日記，拉斯普廷寫給羅曼諾夫家人及與其他來往者的信件。所有文件都將盡快被審查後加以刊行。❸

經此報導後，俄羅斯前沙皇尼古拉的死亡，已是舉世皆知之實。不過，當時英國《泰晤士報》的特約記者維爾敦 (Wilton) 對此事的正確性卻極為懷疑，為了要發掘尼古拉二世死亡的真相，他曾親自前往依卡特陵堡及尼古拉遇害之處的「依帕帖夫宅」(Ipatiev House) 作實地調查。在他抵達前，依卡特陵堡已經在 1918 年 7 月 25 日被亞歷山大・寇察克 (Alexander Kolchak, 1874–1912) 將軍所率領的白軍克復，寇察克將軍隨即指派尼古拉・索寇洛夫 (Nicholas Sokolov) 立刻展開調查尼古拉被處決的真相。索寇洛夫幾度到尼古拉被槍決及埋葬的地點作實地調查，雖然沒有找到尼古拉二世的遺骸，不過卻發現了些碎骨及許多屬於皇后及她女兒的首飾；也找到了幾個參與槍決尼古拉的執行者及證人，記錄下了他們的口證。索寇洛夫的調查報告總共有七大冊，詳細記錄了從 1918–1920 兩年之間所發生的各項細節、參與者及間接證人的口供與回憶，現存於美國哈佛大學圖書館。❹維爾敦也將七個有關證人的口供附錄在他 1920 年出版的《從一九一七年三月十五起的羅曼諾夫家族末日記》(*The Last Days of the Romanovs, From 15th March 1917*) 中。❺他們共同認為布爾什維克政府「人民委員會」在 7 月 18 日的討論及此後發布的官方消息，純屬為了要掩飾列寧等主導謀殺尼古拉真相，故意捏造出的謊言，無法令人置信。因為處決尼古拉之事攸關布爾什維克新政權的誠信度，因此除非由以他為主的中央直接主導外，地方黨部與政府絕不敢任意行事。人民會

---

❸ Robert Wilton, *The Last Days of the Romanvos: From 15th March, 1917*, London: Thornton Butterworth Limited, September, 1920, pp. 98–99.

❹ *Documents concerning the investigation into the death of Nicholas II: Guide*, Houghton Library, Harvard College Library(c)2003 The President and Fellows of Harvard College Houghton Library, Harvard College Library. 見 http://oasis.harvard.edu/html/hou01456.html.

❺ Robert Wilton, *The Last Days of the Romanvos: From 15th March, 1917*, London: Thornton Butterworth Limited, September, 1920, pp. 167–308.

議記錄中有關來自烏拉地方委員會的電報記載,也是事先由斯沃德洛夫擬稿,等待接獲中央命令後,再由依卡特陵堡打回莫斯科的虛謊之舉。❻

俄羅斯的新人民政府為了要讓世人知道尼古拉確實已經死亡,並避免白軍攻陷依卡特陵堡後調查他的死亡真相,特別命令官方《消息報》向國際各界發布埋葬尼古拉典禮的消息。荷蘭阿姆斯特丹的報紙在 1918 年 9 月 23 日就轉載來自《消息報》的電報,其標題說前沙皇已經在依卡特陵堡人民軍所舉行的莊嚴典禮下被埋葬了,文內詳細報導葬禮的過程說:

> 根據熟悉槍決事件經過者的指引,在處決地點附近埋葬前沙皇屍體的墳墓已經在亂林中被尋獲,屍體當即被掘出土。蘇維埃的報導說,挖掘的過程是在來自西伯利亞地區高層教士、當地僧侶、人民軍、哥薩克、捷克─斯洛伐克等代表者面前公開舉行。沙皇的屍體被挖掘後,特別放置在以珍貴的西伯利亞香柏為外殼的鍍鋅棺材中,在由人民軍精選所組成的榮譽隊守護下,陳列於依卡特陵堡大教堂。屍體將暫時停放在一特製的精美石棺中後,埋葬在歐穆斯克 (Omsk)。❼

這個報導只提到發現了沙皇尼古拉的屍體,對其家人的去向及當時的處境則無隻字片言。經過索寇洛夫在現場的實際調查,他不但陸續發現了許多沙皇、皇后及孩子們親自使用過的器物、裝飾品外,並找到了一根皇后手指頭的殘骨,證明了尼古拉的家人並沒有被安置在安全之處,而是同時遇害了。布爾什維克新政府乃被迫修改先前所宣布過的謊言,默認沙皇全家被害之實,不過,這要等到 1926 年。

俄羅斯的新政府軍在 1919 年 7 月 14 日擊敗白軍後,再度佔據了依卡特陵堡。為了要洗刷列寧是殘殺尼古拉全家主導者的疑惑,布爾什維克的《真理報》在 7 月 17 日突然向世人宣布偵破謀殺前沙皇與其家屬及逮捕到二十八名兇犯的消息。這是官方推翻在 1918 年 9 月 23 日宣布有關尼古拉家人被安置在安全處所的謊言,首度承認他們也在同時被害的事實。

《真理報》報導說,烏拉地區的蘇維埃革命法庭在 1917 年 9 月 17 日,

---

❻ 維爾敦曾在 1918 年前往依卡特陵堡採訪尼古拉被殺的真相。

❼ Robert Wilton, The Last Days of the Romanvos: From 15th March, 1917, p. 102.

處理謀殺前沙皇及其妻子與子女等共十一人的命案。涉及命案的兇手共有二十八人，有兩名是女性，分別為阿普拉克斯娜 (Apraksina) 與密洛夫娜 (Mirovna)。兇手中三人為依卡特陵堡的蘇維埃委員，是戈如西諾夫 (Grusinov)、雅孔托夫 (Yakhontov)、馬琉廷 (Malutin)。雅孔托夫是主謀者，他說他自從參加了社會革命黨的左翼組織後，便誓與蘇維埃為敵，其謀殺尼古拉等人的動機，是要利用該兇殺案件故意污蔑蘇維埃當局的聲名。他們早在沙皇被囚禁在托勃司克時，就已經計劃謀殺尼古拉的行動，但因他被嚴格監視，故無法得逞。後在依卡特陵堡即將被捷克—斯洛伐克軍攻破後，他才乘機以他是當地蘇維埃反革命特別委員會主席的名義，下達射殺尼古拉與其家屬的命令。他承認自己親自參與了射殺，不過他保證說，沙皇與其家屬們絕對是在沒有受酷刑與羞虐的情況下被槍殺而死。雅孔托夫說尼古拉死前最後所說的，是「布爾什維克將會因謀殺他而永遠被詛咒」。烏拉地區的革命法庭審訊完畢後，將戈如西諾夫、雅孔托夫、馬琉廷與阿普拉克斯娜及密洛夫娜兩名女性共犯判處死刑，次日即刻執行。

　　《真理報》又報導說，屬於前沙皇家屬的器物在奇立特契夫斯基 (Kiritshevsky) 家中尋獲。奇立特契夫斯基稱該等器物為友人索林 (Sorin) 所贈送。索林為地方特別委員會主席，謀殺尼古拉時，為革命軍大隊的隊長；他的的另一位友人，貝洛玻若斗夫 (Beloborodov)，也是直接涉及槍殺前沙皇者。❽

　　該《真理報》的官方報導顯然與事實真相相差甚遠，因為參照依卡特陵堡的蘇維埃名單來看，根本沒有文中所提及的戈如西諾夫、雅孔托夫、馬琉廷三人的名字，阿普拉克斯娜與密洛夫娜也不知是何人。❾唯一與事件有關者的名字是貝洛玻若斗夫，當時確實有一個人名是這個名字；不過，他是烏拉省的「工、農蘇維埃」主席團主席，是中央槍殺尼古拉及其家屬命令的傳達者，似不應該是《真理報》中所指稱的竊盜之友。若依文中報導說他也是直接涉及槍殺沙皇者，他不但沒有像其他主謀者一樣的被處死刑，反而事後被擢升為中央執行委員會委員，更是與情理不符。故布爾什維克政府企圖了

---

❽　Robert Wilton, *The Last Days of the Romanvos: From 15th March, 1917*, pp. 102–103.

❾　Robert Wilton 曾核對名單，不見此三人名字在內。P. 103.

結沙皇及家族被害疑案的聲明，不但沒有受到預期的效果，反而更增加世人
對該悲劇的關懷，要努力挖掘使真相大白。

　　自 1918 年白軍政府開始調查槍殺尼古拉及其家屬事件起，其後歷經無窮
的追索，一直到 1970 年代蘇聯瓦解前公布有關祕密檔案及發現尼古拉與其家
人的屍骨為止，尼古拉與家屬被殺害的過程才漸漸有了頭緒。

二、從「沙皇鄉邸」到托勃司克：1917 年 3 月 –1918 年 4 月

　　「二月革命」後，尼古拉在 1917 年 3 月 2 日正式退位；才成立的臨時政
府與彼得格勒的蘇維埃在 3 月 7 日宣布「逮捕尼古拉二世與其他羅曼諾夫家
族成員」的命令，並盡快將他們囚禁在「沙皇鄉邸」中。同時，政府並規定：
1.沙皇家屬及仍然伺候沙皇家屬的各人員，必須立刻與外界隔離； 2.內、外
皆部署警衛； 3.家屬只准在「亞歷山大皇宮」範圍中活動； 4.沒收所有沙皇
與皇后的文件，交由特別審查會處理。

　　命令發布的次日──3 月 8 日，柯尼洛夫將軍駛車前來面見皇后亞歷山
德拉，告知必須立刻撤離「亞歷山大皇宮」，前往「沙皇鄉邸」之令。沙皇預
期可在次日前來與家人相會。臨時政府中司法部長、也是蘇維埃「伊斯坡孔」
的副主席克倫司基，事後解釋採納該命令的原因，主要是保護尼古拉及其家
屬，以免被暴民凌遲致死。不過，這個囚禁的命令就決定了他們全家在 1918
年 7 月 16 – 17 日被殘殺的命運。

　　沙皇退位後，親自到前線向官兵辭別，然後乘車返回彼得格勒。他在 3 月
9 日上午 11 點 45 分到達「沙皇鄉邸」，全家大小包括皇后亞歷山德拉與歐伽、
塔緹亞娜、瑪利亞、安娜斯塔西亞四個女兒及快十三歲的兒子阿列克西斯都
等著在歡迎他回家團聚。亞歷山德拉在那天的日記中寫著：「11：45。尼古拉
到了。」❿ 他們雖然在革命軍的監視下，被囚禁在「沙皇鄉邸」中，但行動與

---

❿　Edvard Radzinky, *The Last Tsar: the Life and Death of Nicholas II*, p. 197. 尼古
　　拉與亞歷山德拉的日記，都輾轉的流落到 Edvard Rodzinky 之手。他書中引用
　　了許多日記中的第一手資料。

日常的生活仍然相當自由與舒適。克倫司基經常來探望他們，對沙皇的印象逐漸改善。

　　就在他們被囚禁在「沙皇鄉邸」時，發生一件特別使得皇后無法忍受的事件。守衛的士兵聽說沙皇鄉邸下埋有寶藏，在開始挖掘找尋時，卻無意中在教堂的下方挖掘到被皇家尊奉為聖人的拉斯普廷墳墓。守衛部獲知後，命令立刻將拉斯普廷的屍體掘出，丟到荒野中去焚燒。皇后亞歷山德拉聞訊，幾經昏厥，只得親自祈求克倫司基協助，克倫司基居然派兵前來阻止守衛隊要毀滅屍體的行動，並命令將屍體運送到彼得格勒。但當軍隊到達時，拉斯普廷的屍體已經被掘出，朝天的放置在拖車上。不顧克倫司基的禁令，守衛們將載有拉斯普廷屍體的拖車拖到荒野，用汽油將其全部燃燒。當夜皇后惡夢連連，夢見拉斯普廷警告她說烈火會將她全家燒死。❶

　　尼古拉與家人在沙皇鄉邸並沒有受到任何肆意的虐待，三餐及午點由專用的廚師製作及由僕役伺候，他可以閱讀報紙，教導子女們的課業，也自己種菜與砍伐木頭作取暖之用；皇后專心照顧病痛中的阿列克西斯，空閒時縫衣、繡花。一家毫無怨言的過著平民式的生活。不過，有些守衛看到被囚禁的沙皇及家屬竟仍然如此的享受，而曾參加過反革命的自己與家人卻依舊在窮困邊緣上討生，深感憤怒，要求政府撤除對尼古拉家屬的優厚待遇。英國可能會庇護沙皇與家屬的謠傳，更增強了蘇維埃中極端分子對沙皇們要逃脫的猜忌。臨時政府最後決定將沙皇與家屬轉移離首都彼得格勒遙遠的西伯利亞，斷絕他們逃跑或被救的生路。克倫司基尤其認為西伯利亞是以前沙皇政府流放政治犯、也是他們家屬尊崇的聖人拉斯普廷出生之地，故應該是尼古拉及其家屬最好的歸屬處所。

　　阿列克西斯在 1917 年 7 月 30 日（新曆 8 月 12 日）度過了十三歲生日，次日 5 時左右，克倫司基前來送行，尼古拉一家隨即乘車到火車站，搭乘鐵路前往並沒有被告知的目的地。不過，他們被保證說，只要上了車就會知道詳細的行程。尼古拉在日記中寫著：

❶　Edvard Radzinky, *The Last Tsar: the Life and Death of Nicholas II*, pp. 201–202. Robert Wilton, *The Last Days of the Romanvos: From 15th March, 1917*, pp. 172–173. 根據當時守衛長事後的供詞。

8 月 1 日 (14 日)，全家安然上車。當火車到站時，所有的窗簾都必須放下。

8 月 4 日 (17 日)：穿越烏拉山區，清晨時經過依卡特陵堡。11 點 30 分終於到達秋明 (Tyumen)。在此處搭乘「俄羅斯」號輪船。

沙皇家屬及隨員搭乘「寇密列茲」(Kormilets)，在當天下午 6 時出發。船行中經過拉斯普廷出生地的坡可洛夫斯寇依 (Pokrovskoe) 鄉村，亞歷山德拉還含淚說他以前曾在這條河中捉魚特地送到沙皇鄉邸。輪船在 8 月 19 日到達目的地托勃司克，他們被安排住在原省長官邸、現已經被改名為「自由屋」(Freedom House) 的大廈中。托勃司克的大主教正好是以前曾經襄助拉斯普廷獲勢、但最後卻被拉斯普廷陷害而招致流放西伯利亞的何墨根 (Hermogen) 大主教，二月革命後，被臨時政府指派到此擔任大主教職位。他盡釋前嫌，誠心替尼古拉及亞歷山德拉提供心靈慰藉的服務。

尼古拉二世被放逐到邊遠之地的西伯利亞，幾乎與世隔絕，國內發生的事情要幾天後才能輾轉傳來。他說這樣的生活真難以度過的熬煎。他在 11 月 17 日（新曆 12 月 1 日）的日記中記載說：「在報紙上讀到兩星期前在彼得格勒與莫斯科所發生的事，真讓我倒胃口。簡直比混亂時代還要更糟糕。」他開始後悔他過於匆促退位之舉。他所提到的倒胃口事件，就是 10 月 24–25 日由布爾什維克奪得政權的十月革命，但他當時根本想不到這個新政權就是此後要屠殺他與家人的主兇。

尼古拉二世到達托勃司克後的新年除夕，發生了一件撲朔迷離的事件。當他與亞歷山德拉及五個孩子們在儀式完畢正要離去的時候，當日負責儀式的阿列克西斯神父大聲喊叫「沙皇與皇后陛下」，然後接著以沙俄時代的頭銜——叫出沙皇子女們的名字，最後則用低沉但莊嚴的聲調，用力地祝福說「吾皇萬歲」。教堂的人群突然目瞪口呆的鴉雀無聲，因為自從二月革命後，再也沒有人如此的稱呼過尼古拉。由於托勃司克距離彼得格勒遙遠，當地的東正教仍然掌握絕大權力，故當蘇維埃政府要懲處阿列克西斯時，大主教何墨根特別辯護說，根據教會傳統，凡是被塵世權力削爵的王公與貴族，一旦進入教會管轄之下，仍有權保持其原有的頭銜。阿列克西斯雖因此得倖免於難，

但布爾什維克則無法忘懷此事，深恐尼古拉確實是反革命者擁護的首領，因此必須要立刻鏟除。但另一方面，亞歷山德拉開始期待著擁皇派的特使，隨時會前來協助他們逃脫到海外的安全之地。雖然這個期望永遠沒有實現，但要逃脫的可能卻成為布爾什維克政權強迫將沙皇及家屬遷往他處監禁的最主要原因。

托勃司克困處內陸，沒有鐵路連接，因此布爾什維克的勢力並沒有在十月革命後，立刻在此建立勢力。但臨近的依卡特陵堡與歐穆斯克兩地卻是布爾什維克黨人相當活躍的地區。依卡特陵堡在 1918 年的 2 月召開了一個烏拉地區的蘇維埃會議，並選出了一個五人小組的主席團。主席是貝洛玻若斗夫，但主席團中最有權力者是烏拉地區的軍事委員葛洛士契金 (Goloshchekin)，他背後有蘇維埃中央委員斯沃德洛夫的大力支持。葛洛士契金為猶太裔俄羅斯人，從 1903 年就是列寧的忠實戰友，在 1912 年成為布爾什維克的中央委員。列寧在 1917 年派他到烏拉地區發動布爾什維克的革命，當祕密警察組織「切卡」(Cheka，是 Chrezvychainaia komisia dlia borby z kontrrevoliutsie 的簡寫，英文的名稱是 Extraordinary Commission for Combating Counter-Revolution，反革命鬥爭特別委員會) 機構成立後，他也成為其駐紮在烏拉地區的代表。

自從布爾什維克黨人掌握依卡特陵堡的控制後，就開始注意應如何處理被軟禁在托勃司克的前沙皇問題。他們對於沙皇家屬竟然仍享有高度自由及獲得政府給予優厚的飲食待遇，相當不滿，故要求削減自由，並將沙皇家屬的飲食配給改為與普通士兵相等。尼古拉與家屬的自由生活及尚稱舒適的生活，到此終於告終。

尼古拉二世在 2 月底聽說列寧正派遣代表向德皇威廉二世提出停戰的要求後，就在日記中說這真是一個無法令人置信的夢魘，他實在後悔他倉促退位的決定。當他在 3 月 2 日確知列寧已經接受了類似投降的〈布列斯特—立托夫斯克條約〉(Treaty of Brest-Litovsk) 後，幾乎崩潰，他覺得他以退位來拯救俄羅斯的犧牲徹底被背叛，太不值得。看守他的布爾什維克黨徒察覺到尼古拉的激動，怕他要脫逃去參加白軍反抗新政府的運動，因此希望能將他全家轉送到依卡特陵堡，就近監視。

列寧在簽署〈布列斯特—立托夫斯克條約〉後，也感覺到尼古拉的重要

性，知道他可以用尼古拉及其家屬的性命作為與歐洲國家交涉的籌碼，因此也希望他們全家能遷來莫斯科。除此之外，托洛斯基也計劃將尼古拉押運到莫斯科後，希望藉舉辦人民法庭，由他擔任審判沙皇尼古拉所犯各項罪狀之舉，來提高自己的聲望。

托勃司克附近的歐穆斯克被當地的布爾什維克黨人所佔據後，對沙皇的問題，也相當注意，並且派遣「紅衛兵」前來維持秩序。尼古拉在日記中寫著說，3月27日（4月9日）：來自歐穆斯克的「紅衛兵」進城，他們企圖接替原來防守「自由屋」的衛隊，但被拒絕後憤憤不平。

尼古拉與他的家屬突然變成為了莫斯科、托勃司克、依卡特陵堡與歐穆斯克四地中不同布爾什維克勢力的鬥爭焦點。但暗中決定尼古拉及其家屬命運的是列寧與斯沃德洛夫。

斯沃德洛夫也是猶太裔俄羅斯人，在1902年就加入了「俄羅斯社會民主勞工黨」，屬於列寧所組的布爾什維克。由於參加反政府的革命運動，幾度被捕與放逐，在西伯利亞時與另一猶太裔革命分子葛洛士契金結為好友。二月革命後，被釋放返回彼得格勒，成為布爾什維克黨的中央執行委員；他與托洛斯基都是列寧武裝革命的最強烈支持者，為十月革命的主謀者。他口才鋒利，是列寧許多政策的代言人，曾被視為是托洛斯基後的另一列寧繼承者。他在1919年3月逝世，只有三十三歲。列寧在讚詞中說他是一個無法被替代的的同志。由於兩人的特殊關係，列寧處理尼古拉的決定，就交由斯沃德洛夫實際執行。

為了確保押運尼古拉的行動能順利進行，斯沃德洛夫在1918年4月1日召集中央執行委員會祕密會議，會議中決定派遣一支為數二百名的突擊隊前往托勃司克，伺機行事。假如情況允許，則立刻將尼古拉押送到莫斯科受審。不過這原本是祕密的決議案，卻被依卡特陵堡的布爾什維克黨人獲知，引起強烈的反應。⓬因此，斯沃德洛夫乃附加一補救案，即是假如情況有變，可以將尼古拉押往依卡特陵堡暫時監禁，等情勢穩定後再送回莫斯科。前往托

⓬　有謂該機密是由斯沃德洛夫親自洩露給他在依卡特陵堡擔任蘇維埃中委的好友葛洛士契金，因其本意原本就是要將尼古拉解送到依卡特陵堡。Edvard Radzinky, *The Last Tsar: the Life and Death of Nicholas II*, p. 255.

勃司克執行押送尼古拉祕密使命的，是斯沃德洛夫特地派遣的瓦西里・亞寇夫列夫 (Vasily Yakovlev)。

亞寇夫列夫的本名是密亞欽 (Miachin)，1886 年出生於奧倫堡，於 1905 年加入「俄羅斯社會民主勞工黨」，成為「暴力革命組織」的　分子，後來為了在海外工作方便的關係才改名為亞寇夫列夫。在二月革命與十月革命中，他都擔任危險的爆破工作；當「切卡」成立時，他是主席團的會員。斯沃德洛夫選派他執行這個任務的原因，就是要借重他從事祕密工作的經驗。臨走前斯沃德洛夫給他「貨物」(cargo) 及「包裹」(baggage) 兩個暗碼（前者是指沙皇，後者是他家人），要他隨時與他保持聯絡。為了應付押送過程中可能突發的事件，他有權將沙皇押送到依卡特陵堡或烏法 (Ufa，亞寇夫列夫的根據地) 暫時停留。他也給了他三個暗號：「一號路：依卡特陵堡」、「新路：烏法」、「舊路：莫斯科」。

亞寇夫列夫像是沙皇時代的革命分子一樣，隱瞞著身分在 4 月 22 日到達了托勃司克。尼古拉在日記中的 4 月 10 日（4 月 22 日）說，守衛隊長伴同新到的特使亞寇夫列夫前來訪問。**❸** 4 月 24 日，他再度造訪時告訴尼古拉說，他奉命將尼古拉及家人移送到別處居住，但由於高度機密性的原因不能透露目的地為何處。尼古拉聽後驚恐與憤怒交加，況且兒子阿列克西斯正在病中，無法行動，因此拒絕前往任何其他處所。亞寇夫列夫婉轉說，基於公務，假如尼古拉繼續拒絕他將使用武力完成任命，不過他說他可以暫時通融，即是允許尼古拉一人前往，待阿列克西斯病癒後全家再走也不算遲。出發的時候就是明天清晨。

亞歷山德拉聞知後，更是驚恐萬分，不知如何處理。不過，她隨即想到列寧對德的〈布列斯特─立托夫斯克條約〉，她肯定這必然是德皇威廉二世所耍的花樣。他必然不信任列寧，因此非要尼古拉前來簽字後才能接受。她不能讓他一個人前去，因為上次他一個人的時候就輕易把皇位拋棄，這一次又是他一個人的話，必然會在德、俄雙方的壓力下簽署和約。她絕對不能讓他的丈夫去作這個賣國喪權的恥辱勾當，因此堅持陪同前去。尼古拉對妻子的決定雖然感到意外，卻欣然接受；亞寇夫列夫也只有勉強同意。

---

❸　Edvard Radzinky, *The Last Tsar: the Life and Death of Nicholas II*, p. 265.

尼古拉、妻子亞歷山德拉、女兒瑪利亞、三個僕人、前侍衛道格如寇夫親王 (Prince Dolgrukov) 與家庭醫生玻特金 (Dr. Botkin) 等人，在亞寇夫列夫押送下於 4 月 25 日清晨 4 時乘馬車到秋明後轉接火車繼續下一段的旅程。其他的家人要等阿列克西斯病好後再前去會合。尼古拉一眾在 4 月 27 日到達秋明，旋即進入已經在等待的火車，亞寇夫列夫則立刻發電報給莫斯科的斯沃德洛夫，報告說已經取得「貨物」，並獲指示沿「舊路」出發。但真正由秋明出發到達莫斯科的路線卻又與先前規定的不一樣。原先的決定是由秋明轉依卡特陵堡再向莫斯科行駛，由於歐穆斯克與依卡特陵堡兩方布爾什維克派的爭執，當火車行駛後卻在兩個火車站之間來回行駛，後來經由中央的斯沃德洛夫干涉，才決定將火車先停靠依卡特陵堡站，然後再駛往莫斯科。

押送尼古拉的火車在 4 月 30 日清晨 8 時 40 分到達了依卡特陵堡車站，出乎亞寇夫列夫意料之外，當地蘇維埃黨部主席團的貝洛玻若斗夫、葛洛士契金與狄特寇夫斯基 (Ditkovsky) 率同「紅衛兵」已經在車站等候，車外也擠滿了叫囂的群眾，要強行登車，拖出「血腥的尼古拉」來接受人民的公審。亞寇夫列夫立刻發電向中央的斯沃德洛夫請示，但始終無法接通，等得不耐煩的「紅衛兵」則威脅說假如再拖延的話，他們即將開槍強行進入。亞寇夫列夫只好屈服，貝洛玻若斗夫上車後好像點貨一樣的巡視車中的尼古拉等來人，然後他寫妥一張驗收條交給亞寇夫列夫，作為已經收到尼古拉等「貨物」的證據。❹ 在現在的依卡特陵堡革命博物館中，就有一副「送交羅曼諾夫到烏拉蘇維埃圖」的畫像，描畫當時尼古拉被當作貨物一樣被驗收的羞辱情景。

依卡特陵堡的蘇維埃對亞寇夫列夫的行為相當不滿，立刻將其囚禁。斯沃德洛夫聞訊後，立刻發電給葛洛士契金，告訴他說亞寇夫列夫的一切行動都是遵守政府事先安排好的指示，故應立刻將他釋放。葛洛士契金接到電報後，才知道事情的端倪，將他釋放。由此看來，尼古拉被押送到依卡特陵堡並非是突發的事故，而是列寧與斯沃德洛夫早已經擬訂好的計謀；派遣亞寇夫列夫將尼古拉押運到莫斯科等宣稱，都只是掩蓋祕密行動的煙幕而已。

但為什麼要將尼古拉押送到依卡特陵堡，而不將他送回莫斯科接受公審

---

❹ Robert Wilton, *The Last Days of the Romanvos: From 15th March, 1917*. Pp. 167–308. Pp. 311–312. 附有英文翻譯的收條。

的原因，因缺乏文獻查證而無法獲知。但若仔細分析十月革命後的布爾什維克內部的衝突，則可對其真相略窺一二。就推動十月革命成功的角度來看，托洛斯基的貢獻實際要比列寧重要得多，但由於列寧是布爾什維克的創始者，故托洛斯基將一切功勞推給列寧，自己甘願以繼承者的身分屈居第二。托洛斯基向以能言善辯著稱，故尼古拉的公審必然會提供一個機會，讓托洛斯基再度顯示他的才華而提高他的聲威。這個可能會是功高震主的結果，必然無法被列寧接受。故若尼古拉困死他鄉，則他永遠無法前來莫斯科，人民法庭公審之事自也不可能實現，托洛斯基也就缺乏一個賴以鞏固自己領導地位的舞臺。他的心思早被斯沃德洛夫猜透。

斯沃德洛夫也暗中反對尼古拉回到莫斯科被公審的安排，因為他也認為自己是列寧的繼承人，當然不願意讓聲威更高漲的托洛斯基來阻礙他的前途。列寧與斯沃德洛夫兩人目的相同，乃祕密計劃，故布迷局，表面上是下達命令要將尼古拉押往首都莫斯科公審，但卻暗中進行將他押往依卡特陵堡祕密行動。列寧對斯沃德洛夫的貢獻必然相當感謝，因為依卡特陵堡在 1924 年就改名為斯沃德洛夫斯克 (Sverdlovsk)，特別紀念他為布爾什維克黨的貢獻。

身分神祕的亞寇夫列夫被依卡特陵堡「紅衛兵」釋放後，行蹤成謎，顯示出他不願意暴露他的真正「切卡」身分與透露這個事件真相的決心。失蹤後的他忽然再度出現，在西伯利亞參加了反抗白軍的游擊隊。但在 1919 年又倒戈參加了反布爾什維克的白軍，撰寫要布爾什維克同志們起義來歸的宣傳品。不久，又傳出他被白軍槍殺的消息。又一個謠傳則說他實在已經逃到中國東北哈爾濱，後來輾轉到了南方化名為斯投亞諾維奇 (Stoyanovich)，成為孫中山的顧問。❶❺後來與蘇聯政府情治單位聯絡後，被允許回國；回到俄國後，先是被逮捕，後則被派往 1934 年才成立的「內政人民委員會」(NKDV) 內任職。❶❻他曾在 1937 年寫信給史達林，要求平反，並抱怨政府對他的不公。結果，他不但沒有獲得平反，反而在大清算中被整肅了。尼古拉到底是要被押送到莫斯科受審，還是要押到依卡特陵堡等待處死之謎也隨他之死而無法獲得真相。

---

❶❺　Edvard Radzinky, *The Last Tsar: the Life and Death of Nicholas II*, pp. 282–283.

❶❻　Richard Pipes, *The Russian Revolution*, p. 758.

三、最後的七十八日:「依帕帖夫宅」

依卡特陵堡位處歐、亞交界的烏拉山區,在莫斯科以東約一千哩之地,是彼得大帝以他妻子凱薩琳❶之名在 1723 年 11 月 7 日(18 日)所建。彼得大帝建造此城的目的是要以此為據點向東發展,屯殖礦產豐富與土地肥沃的烏拉地區與西伯利亞大平原之用。從十八世紀開始,它漸漸成為俄羅斯東部最重要的工業與礦冶中心,是聖彼得堡與莫斯科之後的第三大都市。

當尼古拉二世仍然在火車上的時候,當地布爾什維克的中委會主席貝洛玻若斗夫就告訴工程師尼古拉·依帕帖夫 (Nicholas Ipatiev)❶說政府要借用他的豪宅,因此他必須要在二十四小時內遷出,屋子中的所有家具都應停留在原處,不得搬出。他保證事成之後,政府會照樣歸還。這棟共有兩層、用石頭建造成的「依坡帖夫宅」,就是尼古拉與家屬們要居住的處所。這樓的上層有三間臥室、餐廳、沙龍、會客室、廚房、浴室及廁所。樓下是尚未裝飾的半地下室,其中有間小儲藏室。政府借得後,便立刻在大門前建造一個短牆,隔絕內外的視線。

當沙皇與亞歷山德拉進入後,貝洛玻若斗夫當眾宣布說:「根據中央執行委員會的命令,前沙皇尼古拉及其家人,今以罪犯的身分被押送到依卡特陵堡交由烏拉地區的蘇維埃看管。阿維德耶夫同志 (Comrade Avdeyev) 受命為本宅總管,所有必須要與蘇維埃接觸之事務必須經由阿維德耶夫同志轉呈。」❶

尼古拉成為了新政府的罪犯。與他同行的玻特金醫生與私人侍衛道格如寇夫親王也陸續趕到,但道格如寇夫被指控私帶槍械,甫下車後就被一叫尼庫林 (Nikulin) 的「切卡」拖到附近荒野槍斃。仍然停留在托勃司克的尼古拉子女們,在阿列克西斯病情轉好後,也啟程前來依卡特陵堡與父母團聚。他

---

❶ 依卡特陵堡 Ekaterinburg 是凱薩琳城的俄語發音。

❶ 羅曼諾夫皇朝的創始者密開爾·羅曼諾夫在 1613 年被全民大會推舉為新沙皇前,藏匿在「依帕帖夫修院」,正巧與尼古拉被殺的住宅名字完全一樣。

❶ Edvard Radzinky, *The Last Tsar: the Life and Death of Nicholas II*, pp. 286.

們在 5 月 23 日安全抵達，由貝洛玻若斗夫護送到「依帕帖夫宅」。所有的「包裹」都到齊了。尼古拉在日記中寫著，經過四個星期的分離，真高興能再看到他們。

　　與外界隔絕的尼古拉家人過著呆板但尚稱安靜的生活，但西伯利亞瞬息萬變的局勢，卻決定了他們悲慘的命運。這就是捷克軍團與白軍反攻的事件。捷克軍團原是由在俄羅斯境內的捷克反奧匈帝國分子所組成，當第一次世界大戰爆發後，奧、匈軍隊中的捷克士兵開始逃亡到俄羅斯加入反政府的軍事行動，由於他們是以奧、匈為敵人，故俄羅斯政府允許他們在俄羅斯境內成立一支獨立軍團，在西南戰場作戰，其人數逐漸增加，擴充到了四千人員左右。當布爾什維克奪得政權，又在 1918 年 3 月與德議定〈布列斯特—立托夫斯克條約〉後，捷克軍團乃決定乘西伯利亞鐵路到海參威由海路返回歐洲繼續對德作戰。當人數仍然繼續擴充的捷克軍團，獲得蘇維埃政府允許可以攜帶限量武器搭乘火車經過俄羅斯領土前往海參威時，卻遭遇到各地蘇維埃的故意阻擾。捷克軍團因此進退失據，乃在西伯利亞與白軍會合，共同展開反布爾什維克政權的軍事行動，在當地「紅衛兵」的節節敗退下，佔據了西伯利亞鐵路附近的各城鎮；6 月 6 日攻下歐穆斯克後，隨時可以進攻依卡特陵堡。

　　依卡特陵堡的布爾什維克曾以搶奪的方式硬將尼古拉等強迫到此監禁，但在白軍進攻的威脅下，卻又想要急速將他們擺脫。黨中央的列寧與斯沃德洛夫也有同樣的感覺。但托洛斯基似乎仍然被蒙在鼓裡，依舊籌劃著如何公審尼古拉的戲劇性表演。他在 1935 年回憶說，他在 1918 年 6 月的政治局會議中，曾提到烏拉地區的緊張局勢，因此要求盡快將尼古拉提押到莫斯科進行公審。他並建議將公審的整個過程，用無線電收音機傳播到每個村落去。列寧當時神情沮喪，聽後回答說假如能做到的話，當然很好。[20]其實這個時候列寧已經決定要下手屠殺尼古拉與其家屬及羅曼諾夫家族其他成員，命令「切卡」著手進行。

---

[20]　托洛斯基日記，1935 年 4 月 9 日條。現藏哈佛大學圖書棺。Trotsky Archive, Houghton Library, Harvard University, bMS, Russ 13, T–3731, p. 110. 見 Richard Pipes, *The Russian Revolution*, p. 763.

羅曼諾夫家族首先遇害的是尼古拉的弟弟密開爾‧亞歷山卓維其。臨時政府時，他與英國籍的祕書約翰森被囚禁在坡畝 (Perm)。1918 年 6 月 12–13 日的深夜，當地的「切卡」幹員將他們拖到荒野以莫須有的罪名槍殺，當地報紙在事後說，密開爾與祕書約翰森被白軍劫綁到一不知名處所，行跡仍被繼續追蹤中。❷❶

密開爾祕密被殺，是「切卡」屠殺尼古拉二世及家屬的預演。正像密開爾被劫走失蹤的謊言一樣，莫斯科的報紙在 6 月 17 日開始刊登尼古拉被當地愛國的「紅衛兵」衝入「依帕帖夫宅」後槍殺的消息；列寧也在 6 月 17 日與記者交談中說，連他也不知道尼古拉到底是活著或者已經死亡了。這一串的謊言主要是要使人民聽慣尼古拉生死之謎的謠傳，一旦聽到尼古拉真正死亡的消息後，不會有太大的震撼。但是要處決尼古拉，一定要有確實的證據，才可以向國人與世人有個交待。屠殺尼古拉與家屬的計劃，就沿著這個路線在 6 月中慢慢實行了。

尼古拉與亞歷山德拉都有寫日記的習慣，亞歷山德拉尤其有逃脫回歐洲的願望，假如兩人的日記中記錄著逃跑的計劃的話，就是反叛祖國與新政府的鐵證，足可作為處決的最好藉口。

當地的「切卡」奉命製造羅織尼古拉反叛罪名的證據。依卡特陵堡有個諾沃替克玟斯基修道院 (Novotikhvisky Monastery)，其中的主持聽說前沙皇及家人被困在此，特地請准可以送些牛奶、雞蛋與奶油的等補品前來。6 月 2 日，尼古拉在牛奶瓶蓋子中發現了一封用法文寫的神祕信件，他讀畢後交給亞歷山德拉。她讀時，發現寫信者程度不高，因為其中有不該犯的文法錯誤。不過，她反而因此相信信的真實性，因為文法好的貴族們貪生怕死，絕對不會寫這樣的信。信中說：「我們是一群願意為你犧牲生命的俄羅斯軍官。」亞歷山德拉乞求他立刻回信，他回了信，但是私通亂黨企圖逃跑的證據也因此正式確立。對方又有回信說：「你的朋友們絕不輕言放棄，我們久等的時間就快來臨了，藉著上帝的協助及你的允諾，我們希望能在不帶來任何的傷害下達到我們的目的。」緊接著又有一封信，其中指示說：「你必須打開一扇窗戶，但你必須要告訴我們是那扇窗。假如到時太子無法同時走的話，事情會變得

---

❷❶ Richard Pipes, *The Russian Revolution*, p. 765.

非常棘手。是不是在事前先給他些麻醉藥？請相信，除非有絕對的把握，我們不會貿然從事。」尼古拉又去信問清他們是否可以攜同家人一起離去。尼古拉在日記中寫著說：「6月14日（新曆27日），整夜合服而臥，主要是前幾天曾接獲兩封信，囑咐我們準備隨時會被綁架的事件。□了已經過了幾天，卻都沒有發生，等待與不確定感真是煩人。」亞歷山德拉雖然很興奮，也經常在窗口等這些愛國志士，但她卻非常謹慎地在日記中隻字不提。

尼古拉要逃跑的鐵證已經被掌握，依卡特陵堡布爾什維克副主席的葛洛士契金，急忙趕往莫斯科請示訓令。但這些神祕的法文信件到底是誰所寫？尼古拉是否從一開始就知道這些信件本來就是偽造，而他自己只是故意回信並將細節寫在日記上自願上鉤？這些疑問在當時都無法獲得答案。但當愛德華‧拉德金斯基 (Edvard Radzninsky) 在 1970 年代研究蘇聯祕密檔案及當時人在 1964 年的懺悔談話時，終於發現了真相。懺悔者之一是當地「切卡」的副隊長尼庫林。尼庫林就是尼古拉初到依卡特陵堡時，射殺他私人侍衛道格如寇夫的兇手。他在 1964 年的莫斯科電臺節目上向聽眾說，尼古拉逃跑鐵證的法文信件，根本不是來自擁皇派的志士，而是由當地「切卡」故意偽造，以為羅織尼古拉叛國罪名之用。❷❷

根據拉德金斯基的分析，他認為尼古拉原本就知道這些是偽造的信件，他故意不戳穿反而假裝信任並仔細記載在日記中的原因，是要以此為他叛國的證據，好讓布爾什維克政府將他一人處決，而釋放其他的家人。❷❸但不論真相是否如此，尼古拉與家人都是在 1918 年 7 月 16–17 日共同遇害。

來自依卡特陵堡的葛洛士契金於 1918 年 7 月初到達莫斯科後，隨即與斯沃德洛夫聯絡。布爾什維克政府的「人民委員會」，在 7 月 2 日夜召開會議，討論如何充公羅曼諾夫家族所有財產的決議案。這條議案其實與當時緊張的局面毫無關係，但在白軍與捷克軍團節節勝利，威脅布爾什維克政權存亡的關頭下，卻討論這件事，絕非平常之舉。該決議案在 7 月 13 日正式被簽署成為法令；但四天以後才正式公布，那天正巧是尼古拉及家人被屠殺的同一天。因此列寧與斯沃德洛夫的黨中央，在 7 月初就已經批准了屠殺尼古拉及其家

---

❷❷ Edvard Radzinky, *The Last Tsar: the Life and Death of Nicholas II*, p. 321.

❷❸ Edvard Radzinky, *The Last Tsar: the Life and Death of Nicholas II*, p. 324.

人的行動。

　　葛洛士契金到莫斯科的主要目的，就是與列寧及斯沃德洛夫見面，釐清如何處理尼古拉及其家屬的細節。與會者一致同意，由於依卡特陵堡隨時可能被白軍攻陷，因此必須及早動手，動手的對象不僅是尼古拉，還包括他的家人及一起在「依帕帖夫宅」的隨從們。執行時在表面上一定要作成是當地蘇維埃政府的獨立決定，而不是獲自中央的指令後才發生；但實際上，列寧等人特別強調說，若未獲得中央的明確指示，地方執行者絕對不得任意行動。會議中又通過事發後的新聞宣布內容，其中當然要說明尼古拉是因有逃竄及叛國的行動而被處決，對他的家人下落，則要強調說是已經被送往安全之地。

　　中央的決定隨即下達到依卡特陵堡的地方組織執行，尼古拉在 1918 年 6 月 21 日（新曆 7 月 4 日）的日記中記載說，那天貝洛玻若斗夫前來說，由於防衛人員偷竊珠寶被發現，故「依帕帖夫宅」的原總管阿維德耶夫已被撤離，改由亞寇夫・尤若夫斯基 (Yakov Yurovsky) 繼任，守衛本宅安全的士兵，也改由新調來的部隊替換。尤若夫斯基其實是依卡特陵堡區的「切卡」主管，他所指定的助手尼庫林、也是「切卡」的殺手，他們如今各就各位，就等中央的信號了。

　　尤若夫斯基也是另外一個猶太裔的俄羅斯人，❷❹他的祖父就曾因犯罪被放逐到西伯利亞過。他本人則在 1905 年成為布爾什維克主義的忠實信徒，參加了當年的革命運動；被捉後，貶放到依卡特陵堡。他在該地開設攝影館，以為布爾什維克同志的聚集處。十月革命成功後，他被指派為依卡特陵堡的副司法部長。當「切卡」組成後，他是「切卡」中的革命審查法庭的主席。❷❺列寧與斯沃德洛夫為了要處理尼古拉的問題，特地派他為依卡特陵堡的「切

---

❷❹ 除了列寧外，屠殺尼古拉及其家人的主謀者與執行者幾乎全是猶太裔的俄羅斯人：斯沃德洛夫、亞克夫列夫、葛洛士契金與尤若夫斯基等人都是，故 Robert Wilton 在他的 *The Last Days of the Romanvos: From 15th March, 1917* 一書中，就直指屠殺尼古拉與其家人是猶太裔的陰謀。史達林時代的清算中，就有一次專門對付猶太裔的整肅。

❷❺ 根據尤若夫斯基在 1938 年病死前，對自己子女所透露的生平。Edvard Radzinky, *The Last Tsar: the Life and Death of Nicholas II*, pp. 244–245.

卡」首領。尤若夫斯基接管「依帕帖夫宅」後，對守衛紀律嚴明，他甚至將以前被偷竊的珠寶找回還給亞歷山德拉及女孩子們，獲得了尼古拉家人的信任。

在同時，葛洛士契金也在 7 月 12 日，帶著莫斯科的密令返回依卡特陵堡，並立刻召集烏拉地區蘇維埃中央執行會議，通過了射殺尼古拉的指令，其內容為：

> 烏拉地區工、農、紅軍代表蘇維埃執行委員會，因獲知捷克匪徒已正威脅烏拉地區紅色首都依卡特陵堡，並無法忘懷被加冕的劊子手可能會有藏匿及逃脫人民法庭之虞，故執行人民意志的執行委員會特此通過處決充滿血腥罪惡的前沙皇尼古拉‧羅曼諾夫之令。命令執行者指定為亞寇夫‧尤若夫斯基。❷⑥

尤若夫斯基在葛洛士契金返回依拉特陵堡後，忽然好幾天沒有到「依帕帖夫宅」視察，他多半的時間是與依色茲克 (Isetsk) 區的政委爾馬寇夫 (Ermakov) 到距離依卡特陵堡十八俄里（十二哩）的寇普特亞基 (Koptyaki) 鄉下去。這個地區的荒林有幾個很深也很大的廢棄礦坑。這就是尼古拉家屬要被送到的安全處所。

亞歷山德拉仍然耐心地等待著忠貞的俄羅斯軍官，但尼古拉卻在 6 月 29 日（新曆 7 月 12 日）的日記中寫著說：「穿越的砲聲不絕於耳，好像是要抵抗來自西伯利亞的捷克兵。」白軍與捷克軍團正逼臨依卡特陵堡，當地的「切卡」的行動也已經準備妥當，像是箭在弦上，只等中央的信號來臨。尤若夫斯基在 7 月 14 日這一天，特別允許尼古拉與家人可以舉行晚禱 (Vesper) 的宗教崇拜儀式。尼古拉在日記中說，這真是一個美麗的禮拜日。尤若夫斯基在作最後的準備，原來的守衛全部撤離住宅，由「切卡」的槍擊手進駐。包括尤若夫斯基、尼庫林、爾馬寇夫與射擊手等共十二人，分別認定了要射擊的對象。行動的暗號是「清掃煙囪」。

7 月 16 日的上午，尤若夫斯基像往常一樣的在 10 點前來巡視及查點人數，並與尼古拉等人寒喧。這一天似乎又會平靜地度過。也就是這一天，葛

---

⑥　該命令在尼古拉被處決後，貼在依卡特陵堡各處，以為通告。

洛士契金接到自坡畝轉來一封密電，訓令他在今晚按計劃行事。尤若夫斯基獲得動員令後，決定在晚上 12 時準備就緒，等到約定的卡車開進「依帕帖夫宅」後，立刻動手。但葛洛士契金為了確定中央的決議，他在行事的前一刻，用先前約定好的方式發電報給季諾維夫，再由他將正本轉給斯沃德洛夫，副本送列寧。該電文說：

> 致莫斯科，克里姆林宮，斯沃德洛夫，副本交列寧。由依卡特陵報直接電遞下列消息：告知莫斯科，前與葛洛士契金決定之事，因軍事情況不得再拖延，我們已無法等待。若貴方有異議，請立刻回電。有關此事，請自己直接與依卡特陵堡聯絡。❷⑦

該密件是 1918 年 7 月 16 日晚 11 點 22 分由季諾維夫簽收，編號是 14228。列寧與斯沃德洛夫隨即回電，確定依計劃行事。回電到達時已經過了 16 日的午夜，葛洛士契金立即叫爾馬寇夫調動卡車前來，卡車到時已經是 7 月 17 日的清晨 1 時 30 分，超過了原定的時間。尤若夫斯基先把醫生玻特金博士叫醒，告訴他說，因為情勢緊張，最好去把尼古拉全家及僕役叫醒後，搬動到樓下來睡。❷⑧尼古拉與亞歷山德拉、四個女兒、阿列克西斯、玻特金醫生、廚師與僕役等十一人，乃魚貫而出，走到樓下儲藏室旁的空房間。已經十三歲的阿列克西斯當天不利於行，故由五十歲的爸爸尼古拉抱著下樓。

尼古拉等集合好之後，尤若夫斯基面對尼古拉說：「由於你的親戚們仍然

---

❷⑦ 見 Edvard Radzinky, *The Last Tsar: the Life and Death of Nicholas II*, p. 326.

❷⑧ 尤若夫斯基等槍殺尼古拉及家人的詳細經過，是根據他事後的敘述。見網址 http://victorian.fortunecity.com/rembrandt/571/yurovsky.html。尤若夫斯基敘述屬極機密檔案，但 Edvard Radzinky 在 1989 年閱讀已經解密的檔案時，無意間發現了一批《前沙皇尼古拉二世家庭檔案：1918–1919》，其中就有尤若夫斯基的敘述。參閱 Edvard Radzinky, *The Last Tsar: the Life and Death of Nicholas II*, p. 376–377。尤若夫斯基生前有寫日記的習慣。他的日記在 1978 年由他的兒子亞歷山大‧尤若夫斯基送給了美國歷史家 Robert Massie。亞歷山大‧尤若夫斯基是退休的蘇聯海軍副司令，他叫出日記的目的，是要把父親這一生中最殘酷的一段公諸於世，替他贖些罪。Robert Massie, *The Romanovs: The Last Chapters*, New York: Random House, 1995, p. 30.

繼續攻擊蘇維埃俄羅斯，故烏拉地區的中央執行委員會已經決定要處決你們所有的人。」尼古拉聽了之後，驚恐的問「什麼？什麼？」尤若夫斯基再重複一遍後，隨即發號命令射擊手進入行動。由於事先已經決定好了射擊的對象，所以整個射擊的過程只花了兩三分鐘而已。尼古拉由尤若夫斯基一槍斃命，亞歷山德拉也一槍斃命，但有些被擊中的女孩子（瑪利亞與安娜斯塔西亞），卻因擊中的子彈反彈而沒有立刻死亡，爾馬寇夫拿出刺刀結束了她們的生命。後來他們才知道女孩子們的身上纏有珠寶與鑽石的腰帶，所以阻擋了子彈，反彈到周圍牆壁上。

被槍殺死的屍體，由爾馬寇夫等人在清晨 3 時抬上卡車，向依卡特陵堡的郊外寇普特亞基鄉下的廢棄礦坑處開駛。開到一個叫「四兄弟」(Four Brothers) 處的礦坑時已經早上 6 時，天快亮了，他們匆匆把屍體的衣服剝下燒毀，屍體則丟進充滿污水的礦坑中。在埋藏屍體時，因用手榴彈把礦坑炸深，所以有些屍體受損，並有一小拇指被炸離手掌。他們在處理屍體時，正好有人經過，因此第二天就有人在酒肆中談論前沙皇等屍首事，尤若夫斯基決定重新把屍體拿起放到卡車上移往別處埋藏。這期間，他也就一直與屍體在一起。

殺害尼古拉及其家人完成後，烏拉地區蘇維埃在當日（17 日）9 點密電莫斯科：「莫斯科，克里姆林宮，致『人民委員會』祕書轉斯沃德洛夫，並請決定回電。請告知斯沃德洛夫，家屬們遭遇到與他們家長同樣的結果。但官方說法則應是家屬將在撤退時全部死亡。」該密電在白軍入城後被搜獲。❷❾

尤若夫斯基與尼庫林等人繼續找尋更隱祕之地，最後找到了沿莫斯科公路九俄里處叢林中的三個大礦坑，決定作為永久埋藏屍體之用。他們先把屍體卸下，然後回城準備必需的器物。在 17–18 日的午夜 12 時 30 分，他們又調動了卡車，載運了兩桶煤油與一大桶硫酸回到原地。為了徹底毀屍滅跡，他們用斧頭把屍體支解、將硫酸灑在其上以腐蝕面目，然後倒上煤油燃燒殆盡。❸❶但是人體不容易被燒盡，天已經快亮了，尤若夫斯基下令把燒剩的屍體疊著丟進礦坑，再灑上硫酸以掩遮屍體腐爛之臭，然後填蓋泥土與石灰，

---

❷❾　Edvard Radzinky, *The Last Tsar: the Life and Death of Nicholas II*, p. 354.

❸❶　一把斧頭、火燒痕跡都在事後調查時被發現。Edvard Radzinky, *The Last Tsar: the Life and Death of Nicholas II*, p. 370.

最後又鋪上樹幹，車子來回碾過幾次才算大功告成。

白軍與捷克軍團在 7 月 19 日已經在依卡特陵堡城外，尤若夫斯基急急忙忙於當日趕回「依帕帖夫」，他與車夫一共搬運了七件大行李及一個滿載尼古拉檔案的蠟封公事包，他非得盡快在城陷前離開依卡特陵堡不可；他的助手尼庫林也在 20 日假裝難民離開。莫斯科的「人民政府」在 19 日，正式公布尼古拉被處決及他家人已經被安置到安全之地的消息。對列寧來說，羅曼諾夫的王朝，直到現在才算正式終結。

四、魂兮歸來

蘇維埃政府在 7 月 20 日宣布尼古拉被槍決及其家人已被放置安全之地的消息，不但不被世人接受，就是連俄羅斯本國民眾也無法相信。當白軍進入依卡特陵堡後，便立刻要調查真相。在調查官尼古拉‧索寇洛夫的實地探討及對涉及人士交叉審問後，才開始發掘出了初步真相，戳破官方散布的謊言。他在 1924 年出版了《謀殺俄羅斯皇家案的司法偵查》(*Judicial Enquiry into the Assassination of the Russian Imperial Family*)，書中除了目證者的供詞，並附有從「四兄弟」處發掘得到的屍骨、斷指、假牙及首飾品等相片。他不但描述了當時尼古拉及家人被殺的慘況，更提出了用硫酸及火燒滅屍的證據，他說：「肢體被砍切工具剁成片狀，灑上硫酸後再用煤油點火焚燒。肢體上的脂肪因高溫而溶化，流到地下與泥土混合在一起。」**❸❶**

索寇洛夫的書出版後，世人得知不但尼古拉被殺，就是連無辜的家人、家庭醫生及僕役也一起遭到殘殺的真相後，群起譴責蘇維埃政府的殘酷與扯謊的行為。在世界輿論共同批伐下，史達林政府乃在 1926 年命令烏拉地區蘇維埃的主席白寇夫 (Bykov) 負責編寫有關尼古拉及其家族被殺之事。白寇夫根據索寇洛夫的調查報告，出版一部官方觀點的《沙皇政權的末日》(*The Last Days of Tsardom*)，**❸❷** 指出亞歷山德拉及孩子們都與尼古拉同時被殺。蘇維埃

---

❸❶ Robert Massie, *The Romanovs: The Last Chapters*, p. 19.

❸❷ Pavel Mikhailovich Bykov, *The Last Days of Tsardom*, Tran. Andrew Rothstein, London: M. Lawrence, 1935.

政權終於拆穿了自己的謊言、承認了尼古拉全家一起遇害的事實。

　　當依卡特陵堡在一年後被紅軍重新佔領後，謀殺尼古拉與家人的主謀與參與者漸漸露面，被塑造成是毀滅舊制度的愛國英雄，更有人捏造謊言說，自己是槍殺尼古拉的英雄，沾沾自喜，爾馬寇夫就是其中之一。他領取政府發放的退休金度日，每當伏特加酒下肚後，便向路人吹噓當年他在「依帕帖夫宅」的日子及射殺尼古拉的英勇行為，雖然後來他承認實際的射殺者不是他而是尤若夫斯基，但仍然樂此不疲地侃侃而談。當年被他故事吸引的人其中之一是亞歷山大・阿夫都寧 (Alesxander Avdonin)，他也是在 1960 年發現沙皇尼古拉二世屍骨的第一人。

　　依卡特陵堡（已經被稱為斯沃德洛夫斯克）在第二次世界大戰時，發展成為重要的軍工業中心，專門製造坦克及砲彈等武器。冷戰時期，成為發展原子武器的祕密基地。美國政府曾在 1960 年派 U-2 偵查機前來蒐集情報，其中一架由包爾斯 (Gary Powers) 所駕駛的就在此被擊落，造成美蘇之間的緊張局勢。

　　城中的「依帕帖夫宅」漸漸發展成為一個觀光的博物館，以前尼古拉與家人居住的樓上特別改為羅曼諾夫家屬的陳列室，展示著尼古拉與亞歷山德拉的片斷日記。最顯眼的陳列是當年依卡特陵堡新聞的大標題，寫著是：「戴有皇冠的血腥謀殺者尼古拉的處決：他未經資產階級的虛偽儀式、而是依照我們新民主原則而被槍斃。」參觀的俄羅斯人對沙俄時代的歷史已不關心，但總禁不住要問為什麼連沒有犯過罪的小孩與無辜者都要如此被殘殺呢？更有趣的發展是依卡特陵堡的「依帕帖夫宅」忽然有了宗教意義，漸漸成為了宗教受苦受難者的聖地，被殺害者也被視為是殉道的聖者。

　　祕密警察的國家安全委員 (KGB, Committee for State Security) 主席尤立・安卓坡夫 (Yuri Andropov, 1914–1984)，建議蘇聯總統布列茲涅夫 (Leonid Brezhnev, 1906–1982) 急速將其鏟平，以免被有心人士利用。當時斯沃德洛夫斯克的第一書記是葉爾欽 (Boris Yeltsin, 1931–)，他接到命令後，在 1977 年 7 月 27 日夜晚命令推土機將其鏟平。葉爾欽事後為自己的這個野蠻行為感到羞愧。

　　「依帕帖夫宅」雖然已不存在，但在 1918 年 7 月 16–17 日所發生的慘劇

並沒有被忘懷，阿夫都寧就是其中之一。他日後雖然主修地質學，但對於發掘尼古拉等人屍骨的興趣卻是鍥而不捨，經常依據索寇洛夫及白寇夫兩人的著作前往寇普特亞基的礦坑處尋找遺物。就在此時，1976 年，莫斯科的電影界名人戈立・厲亞玻夫 (Geli Ryabov) 到此拍攝電視節目。兩人相識後，決定共同合作發掘屍骨的計劃，幾度嘗試，都未成功。在 1979 年 5 月 30 日清晨，阿夫都寧與厲亞玻夫等六人再度前往挖掘，這次卻出乎意料之外地發現了三個骷髏頭。由於他們沒有認證的知識，也找不到願意協助檢驗的實驗室，他們只好把這三個骷髏頭裝入一個放置了聖像的木箱子中，在 1980 年重新埋回原發掘地。

他們一夥人將發掘獲得尼古拉等屍骨的消息，一直保密了十年，不敢聲張。直到密開爾・戈巴契夫在 1985 年擔任黨主席推動「開放」(glasnot) 與「改革」(perestroika) 時，厲亞玻夫才敢將該消息透露給《莫斯科新聞》。該報在 1989 年 4 月 10 日以頭條新聞刊出尼古拉等頭顱被發現之事，從此轟動整個世界。❸ 但俄羅斯在 1989 年到 1990 年之間，發生了劇烈的大變動，共產主義正走向毀滅之途；曾擔任依卡特陵堡第一書記的葉爾欽在 1991 年的全國大選中獲勝，成為前所未有的民選總統。

葉爾欽於 1991 年 7 月 10 日在莫斯科宣誓就職後的次日，就派遣工兵、科學家等前往依卡特陵堡挖掘尼古拉等人的屍骨。由阿巴拉墨夫博士 (Dr. Abramov) 所率領的科學調查團，前後挖掘了九百五十個碎骨及九個頭顱殼骨。經過科學式的研究與拼組後，阿巴拉墨夫調查團認證出下列被埋藏者的身分：

1. 尼古拉，五十歲
2. 亞歷山德拉，四十六歲
3. 子：阿列克西斯，十三歲，屍骨失蹤
4. 長女：歐伽，二十二歲
5. 二女：塔緹亞娜，二十一歲

❸ 該等新聞見《聖彼得報》報導。*St. Petersburg Times* 見網路：
http://members.surfeu.fi/thaapanen/Articles/st16.html.
http://www.ishipress.com/czarbone.htm.

6. 三女：瑪利亞，屍骨失蹤

7. 四女：安娜斯塔西亞，十七歲

8. 玻特金醫師，五十四歲

9. 特如普 (Trupp)，六十一歲，男僕

10. 德密豆瓦 (Demidova)，四十歲，女僕

11. 卡立托諾夫 (Karitonov)，四十八歲，男廚師

阿巴拉墨夫博士指出，根據所蒐集到的頭顱殼及骨骼，可以確定九個人的身分，其餘失蹤者應是三女瑪利亞與太子阿列克西斯。❸

　　阿巴拉墨夫調查報告公布後，依卡特陵堡地方政府為了要用最新進的科技肯定認證所發現的屍骨，特地邀請美國佛羅里達州大學的屍體實驗室主任美坡斯博士 (Dr. Maples) 率團前來，他們的研究結果與阿巴拉墨夫的結論大致相同，爭論最多的是失蹤的女性究應是誰？美坡斯博士認為是四女安娜斯塔西亞，阿巴拉墨夫則堅持是三女瑪利亞。❸ 究竟是瑪利亞還是安娜斯塔西亞的問題，仍然沒有肯定的答案。不過，經過英國的 DNA 測驗後，在寇普特亞基礦坑發現的屍骨可以確定是尼古拉與其家人的。

　　葉爾欽在尼古拉等屍骨的身分確定後宣布，為了要彌補歷史上的裂痕，俄羅斯政府應以國葬的典禮將遺留的屍骨重新埋葬在聖彼得堡中，讓他們能與祖先們共眠，他答應將以總統的身分參加，俄羅斯東正教的大主教與世界各國的領袖都會被邀請前來參加。國葬典禮的日期定在 1998 年 7 月 17 日。

　　國葬典禮舉行前，在依卡特陵堡「依帕帖夫宅」上新建的「濺血教堂」(Church of the Spilled Blood) 舉行過移靈儀式後，由專機將屍骨自西伯利亞飛回聖彼得堡，降落後，儀隊鳴砲十九響（正式沙皇應有二十一響）迎接，然後由機車隊開道駛向聖彼得堡。葉爾欽在典禮中致詞說，他期望埋葬俄羅斯前沙皇的喪禮，能夠贖償祖先們在八十年前所犯的罪惡。他說，不論我們的政治觀點是否相同，更不應論種族與宗教信仰為何，我們一定要抱著懺悔與和平之心，來終結這一個在俄羅斯歷史中充滿了血腥與暴力的世紀。在典禮

---

❸　Victor Weedn, M. D. and J. D. *The Identification of Czar Nicholas II*. http://www. westinghouse.com/pdf/E3e_CZAR.pdf.

❸　美坡斯的研究報告，http://www.livadia.org/missing/remains6.htm.

進行中，他故意不提羅曼諾夫的名字。但在經過了這麼一段漫長與悲慘的折磨後，尼古拉與家人們的屍骨終於回到了家。其餘兩具屍骨的下落，是否是以後謠傳仍然活在人間的阿列克西斯與安娜斯塔西亞，只能當作懸案，永遠無法獲得答案了。

像是受盡苦難的聖者約伯一樣，俄羅斯的東正教也正在籌劃將尼古拉封為聖者；這種發展至少不辜負他也出生在約伯誕生時刻的榮耀。

用歲月的眼睛，觀照時間的印記 //////////

在字裡行間旅行，
實現您 **周遊列國** 的夢想

國別史叢書

日本史——現代化的東方文明國家

　　她擁有優雅典美的傳統文化，也有著現代化國家的富強進步。日本從封建的舊式帝國邁向強權之路，任誰也無法阻擋她的發光發亮。她是如何辦到的？值得同樣身為島國民族的我們學習。

韓國史——悲劇的循環與宿命

　　位居東亞大陸與海洋的交接，注定了韓國命運的多舛，在中日兩國的股掌中輾轉，經歷戰亂的波及。然而國家的困窘，卻塑造了堅毅的民族性，愈挫愈勇，也為韓國打開另一扇新世紀之窗。

西班牙史——首開殖民美洲的國家

　　大航海時代的海上強權——西班牙，締造了傲人的日不落國，也將王國帶入前所未有的輝煌。在時代的轉移下，經歷高潮、低盪、君權和獨裁，今日的西班牙，終於走出一條民主之路。

墨西哥史——仙人掌王國

馬雅和阿茲特克文明的燦爛富庶，成為歐洲人夢寐以求的「黃金國」，然而貪婪之心和宗教狂熱矇蔽了歐洲人的眼，古老的印第安王國慘遭荼毒，淪為異族壓榨的工具，直至今日，身為強大美國的鄰居，墨西哥要如何蛻變新生，請拭目以待。

菲律賓史——東西文明交會的島國

由於特殊的殖民背景，菲律賓融合了傳統東方文化與現代西方文明，在「外表東方，內心西方」的十字路口，且看菲律賓如何在殖民統治下，努力走向獨立的民主國家，走出屬於自己的獨特道路。

澳大利亞史——古大陸‧新國度

南方的大陸——澳大利亞，是人們傳說中的仙境。隨著西方人的航海、冒險，以及英國人的殖民與開墾，漸漸地掀開不為人知的神秘面紗，也為這塊古老的土地開創了歷史的新頁，將澳洲從荒蕪的焦土變成繁華的樂園。

土耳其史——歐亞十字路口上的國家

在回教色彩的揮灑下，土耳其總有一種東方式的神秘感；強盛的國力創造出充滿活力的燦爛文明，特殊的位置則為她帶來多舛的境遇。且看她如何在內憂外患下，蛻變新生，迎向新時代的來臨。

俄羅斯史——謎樣的國度

俄羅斯為何有能力以第三羅馬自居！俄羅斯為何得以成為世界上領土最大的國家！在二十世紀後半期與西方的山姆大叔分庭抗禮！且看此書為您盡數這隻北方大熊的成長奮鬥史。

阿富汗史——文明的碰撞和融合

什麼？戰神亞歷山大費盡心力才攻下阿富汗！什麼？英國和蘇聯曾經被阿富汗人打得灰頭土臉！沒錯，這些都是阿富汗的光榮歷史！就讓本書一起帶領你我了解不同於電視新聞的阿富汗。

敘利亞史——以阿和平的關鍵國

敘利亞，有著與其他阿拉伯國家不同的命運。幾千年來，不同的入侵者先後成為這裡的主人，艱苦的環境和無盡的苦難，讓敘利亞人民除了尋求信仰的慰藉外，也發展出堅忍的民族性，使其終於苦盡甘來。

匈牙利史——一個來自於亞洲的民族

北匈奴在竇憲的追擊下，是「逃亡不知所在」？抑或成為導致蠻族入侵歐洲的「匈人」？匈牙利人是否真的是匈奴人的後裔？這一連串的問題，本書將告訴您答案。

西洋現代史　　李邁先　著

　　本書共分十九章。分為三段落：自二十世紀初年起至第一次大戰止為第一階段（一九〇〇～一九一八），戰間期為第二階段（一九一九～一九三九），二次大戰以後為第三階段（一九三九～一九七七）。在後面兩個階段中，將作「國別史」性質的詳盡討論，期使讀者對於二十世紀各個主要國家的現況和來因去脈獲一清晰之概念。另附插圖多幅與「中外名詞對照表及索引」，以助瞭解。

世界通史　　王曾才　著

　　本書以科際整合的手法和宏觀的歷史視野，討論自遠古以迄地理大發現時期的歷史發展。本書對於歷史人物之生卒，地理情況之沿革，以及名詞涵義之釐清亦極為留意。不僅可作大學教科書，亦適合社會一般人士閱讀。

現代西洋外交史——兩次世界大戰時期　　楊逢泰　著

　　本書以第一次世界大戰前的歐洲局勢為出發，從外交上的角力，看戰爭爆發的必然性。戰爭帶來的災害，成為人們的夢魘，因此兩次大戰結束，都曾建立國際性的組織，期望以外交方式解決國際紛爭，消弭戰火。人類面臨新穎的世界，有悲觀的看法，也有樂觀的態度，如何進入一個沒有戰爭的時代，成為一個莊嚴、偉大和責無旁貸的任務和挑戰。

東歐諸國史（當代完備版）　　李邁先　著　洪茂雄　增訂

　　前美國總統雷根在 1980 年訪問西柏林時，曾赴象徵「光明與黑暗」、「自由與奴役」的柏林圍牆參觀，並指出「共黨政權將被拋入歷史的灰燼之中」。1989 年東歐變天，1991 年蘇聯瓦解，雷根此語成為先見之明的不朽名言。本書除了為讀者介紹東歐諸國的重要史實外，對於當代東歐諸國之變遷亦有深入描述。